陈兴良/著

正当防卫论（第四版）

A Theory of Justifiable Defense

中国人民大学出版社
·北京·

总　　序

一个人开始对自己的学术生涯进行总结的时候，也就是学术创造力衰竭的时候。“刑法学文丛”这一作品集就是对我的刑法学研究生涯的一个总结，因此也是我的学术创造力衰竭的明证。

刑法学研究是我毕生从事的事业。与刑法学的结缘，始于 1978 年，这年 2 月我以 77 级学生的身份入读北京大学法律学系。1978 年被称为中国改革开放的元年，这一年 12 月召开的中国共产党第十一届三中全会确定了改革开放的方针。至于说到法制的恢复重建，是以 1979 年 7 月 1 日刑法等 7 部法律通过为标志的。从 1949 年到 1979 年，在这 30 年的时间里我国是没有刑法，也没有民法的，更不要说行政法。1979 年刑法是社会主义中国的第一部刑法，从 1950 年开始起草，共计 33 稿，至 1979 年仓促颁布。这部刑法的起草经历了我国与苏联的政治蜜月期，虽然此后我国与苏联在政治上决裂，但刑法仍然保留了明显的苏俄痕迹。同时，从 1950 年代成长起来的我国刑法学家，基本上都是接受苏俄刑法学的学术训练，他们在荒废了 20 年以后回到大学重新执教，恢复的是苏俄刑法学的学术传统，我们是他们的第一批正规学生。1979 年 7 月 1 日通过的刑法，生效

日期是 1980 年 1 月 1 日。而根据课程安排，我们这个年级从 1979 年 9 月开始学习刑法这门课程。也就是说，我们是在刑法尚未生效的时候开始学习刑法的，课程一直延续到 1980 年 7 月。一年时间，学完了刑法的总则与分则。对于刑法，我们只是粗略地掌握了法条，对其中的法理则不知其然，更不用说知其所以然。至于司法实务，更是因为刑法刚开始实施，许多罪名还没有实际案例的发生，所以不甚了然。大学期间，我国学术百废待兴，刚从“文化大革命”中走出来，受到摧残最为严重的法学学科几乎是一片废墟，我们经历了这个过程。现在很难想象，我们在整个大学四年时间里，每一门课程都没有正式的教科书，我们是在没有教科书的情况下完成学业的。也正是如此，我们阅读了大量非法学的书籍，基于本人的兴趣，我更是阅读了当时在图书馆所能借阅的大量哲学著作，主要是西方 17 世纪以来的，包括英国、法国、德国的哲学著作，对康德、黑格尔的德国古典哲学尤其着迷。因为原来就有一定的马克思主义哲学的基础，所以我对于马克思主义来源之一的德国古典哲学理解起来较为容易。这段阅读经历，在一定程度上培养了我的哲学气质，也对我此后的刑法研究产生了重大影响，我在 1980 年代后期至 1990 年代初期的刑法哲学研究，就是这段读书经历的衍生物。我在 1981 年年底完成的学士论文题目是《论犯罪的本质》，这就是一个具有本体论性质的题目。从这个题目也可以看出当时我的学术偏好。但这篇论文很不成功，只是重复了马克思主义关于犯罪的阶级性等政治话语，缺乏应有的学术性。因此，论文的成绩是良好而没有达到优秀。我的本科刑法考试成绩也只是良好，当时我的兴趣并不在刑法，后来只是因为一个偶然的原因才走上刑法的学术道路。

在我 1982 年 2 月大学毕业的时候，正是社会需要人才的时候，我们班级的大部分同学被分配到最高人民法院、最高人民检察院和中央机关，也有部分同学回到各省的高级法院和检察院，还有部分同学到各个高校担任教师，从事学术研究。而我们这些较为年轻的同学则考上了硕士研究生，继续在大学学习。我考上了中国人民大学法律系（从 1988 年开始改称法学院）研究生，师从我国著名的刑法学家高铭暄教授和王作富教授，开始了我的刑法学习生涯。

1982年2月，我从北京大学来到中国人民大学。中国人民大学成为我接受法学教育的第二所大学。正是在这里，我接受了最为经典的带有明显苏俄痕迹的刑法学的学术训练。我的硕士论文是王作富教授指导的，题目是《论我国刑法中的正当防卫》，这是一篇贴近司法实务的论文，也是我最初的论文写作。该文答辩时是4万字，后来扩充到20余万字，于1987年以《正当防卫论》为书名在中国人民大学出版社出版，成为我的第一部个人专著。到1988年3月获得法学博士学位的时候，我娴熟地掌握了已经在中国本土化的苏俄刑法学，这成为我的刑法学的学术底色。

1984年12月，我在硕士毕业的时候就已经办理了在中国人民大学法律系留校任教的手续，因此博士学位相当于是在职攻读。当然，当时课时量较少，没有影响博士阶段的学习。1988年3月博士论文答辩获得通过，论文是高铭暄教授指导的，题目是《共同犯罪论》，有28万字。这是我第一次完成篇幅较大的论文。博士论文虽然以我国刑法关于共同犯罪的规定为基本线索，但汲取了民国时期所著、所译的作品，例如较多的是日本20世纪30、40年代的作品，试图将这些学术观点嫁接到我国刑法关于共同犯罪的理论当中。其中，以正犯与共犯二元区分为中心的理论模型就被我用来塑造我国刑法中的共同犯罪的理论形象。后来，我的博士论文被扩充到50余万字，于1992年在中国社会科学出版社出版。以上在硕士论文和博士论文基础上修改而成的两部著作，是我早期学习以苏俄刑法学为基础的刑法知识的产物，由此奠定了我的学术根基。

从1984年开始，我在中国人民大学法学院任教，从事刑法的学术研究。在中国人民大学法学院，我完成了从助教到教授的教职晋升：1984年12月任助教、1987年12月任讲师、1989年9月任副教授、1993年6月任教授、1994年任博士生导师。及至1998年1月，我回到母校——北京大学法学院任教。在大学担任教职，培养学生当然是主业。但对于研究型大学的教师来说，学术研究也是其使命之所在、声誉之所系。因此，我将相当的精力投入刑法的学术研究，见证了我国刑事法治的演进过程，也参与了我国刑法学术的发展进程。在我自己看来，我在提升我国刑法研究的学术水平与拓展我国刑法研究的理论疆域这两方面作出了努力，有所贡献。我的研究领域主要在以下五个面向。

（一）刑法哲学

1992年由中国政法大学出版社出版的《刑法哲学》一书，可以说是当时篇幅最大的一部刑法著作，也是我的成名作，这一年我35岁，距离大学本科毕业正好10年。《刑法哲学》一书可以说是我对过去10年学习与研究刑法的总结之作，完成了我对以苏俄刑法学为源头的我国刑法学的理论提升与反思，并且确定了我进一步研究的学术方向。这是我国整个法学界第一部采用哲学方法研究部门法的著作，因而受到瞩目。在《刑法哲学》的基础上，我于1996年在中国方正出版社出版了《刑法的人性基础》一书，并于1998年在中国人民大学出版社出版了《刑法的价值构造》一书。以上三部著作构成了我的刑法哲学研究三部曲，成为我的刑法学术研究的一个独特面向。

我的刑法哲学研究是在一种十分独特的学术生态环境下进行的，也是我在极度贫乏的我国刑法学中试图突破，寻求前途的一种学术能力。如前所述，当我在1980年代中期进入刑法学术界的时候，我国刑法理论还是苏俄刑法学的“拷贝”，当然也结合刚刚颁布的我国刑法进行了一些阐述。但从总体上来说，我国当时的刑法理论是十分肤浅的，这对于正处于知识饥渴阶段的我来说，是很不解渴的。1988年当我获得博士学位的时候，现有的刑法知识我已经完全掌握了。当时我国学术尚未对外开放，在一个自闭的学术环境中，我基于对拘泥于法条的低水平解释的刑法理论现状的不满，以为刑法理论的出路在于从刑法解释学提升为刑法哲学。因此，在刑法哲学的名义下，我对现有的刑法知识进行了体系化的整理，并试图探索我国刑法学的出路。在刑法哲学的三部曲中，《刑法哲学》一书是在对苏俄刑法知识的系统化叙述的基础上，以罪刑关系为中心建构了一个刑法学的理论体系，可以看作是对苏俄刑法知识的哲理化改造。如果说，《刑法哲学》一书还是以叙述刑法本身的知识为主的，那么，《刑法的人性基础》与《刑法的价值构造》两书则是对刑法的形而上的研究，实际上可以归属于法理学著作而非刑法学著作。这是在学术境况晦暗不明的情况下，从哲学以及其他学科汲取知识，寻求刑法学的突破的一种努力。刑法哲学的研究从 1990 年持续到 1996 年，这是我从 33 岁到 38 岁这样一段生命中的黄金季节。尽管刑法哲学的研究给我带来了较高的声誉，但这只是我进入真正的刑法学研究的学术训练期。正是刑法哲学的研究使我能够把握刑法的精神与哲理，从思想的高度鸟瞰刑法学术。

（二）刑法教义学

1997 年我国完成了一次大规模的刑法修订，从这时起，我将学术目光转向刑法条文本身。1997 年 3 月，我在 40 岁的时候于中国人民公安大学出版社出版了《刑法疏议》一书，这是一部以法条为中心的注释性的刑法著作，是我从刑法哲学向刑法解释学的回归。《刑法疏议》一书中的"疏议"一词，是一个特定的用语，不仅仅具有解释的意思，而且具有疏通的含义。我国唐代有一部著名的著作，称为《唐律疏议》，流传千古，被认为是我国古代最为重要的律学著作。《刑法疏议》这个书名就带有明显的模仿《唐律疏议》的色彩，这也表明我试图从我国古代律学中汲取有益的知识。我国古代的律学，是一门专门的学问。律学与现在的法学还是有所不同的，法学是清末从国外移植的学术，主要是从日本，以及通过日本而吸收德国的刑法知识。因为该书是对刑法条文的逐条注释，随着时间的推移，该书的内容很快就过时了。该书成为我的著作中唯一一部没有修订再版的著作，这次也同样没有收入"刑法学文丛"作品集。

2001 年我在商务印书馆出版了《本体刑法学》一书，这是继《刑法疏议》之后又一部关注刑法本身的著作。但《本体刑法学》完全不同于《刑法疏议》：后者是逐条逐句地注释刑法条文的著作；前者则是没有一个刑法条文，而以刑法法理为阐述客体的著作。《本体刑法学》是《刑法疏议》的后续之作，力图完成从法条到法理的提炼与升华。《本体刑法学》这个书名中的"本体"一词来自康德哲学，具有物自体之义。我将法条视为物之表象，把法理看作是隐藏在法条背后的物自体。因此，《本体刑法学》是纯粹的刑法之法理的叙述之作。这里应该指出，在整个 1980 年代我国刑法学还是在一种与世隔绝的状态下进行学术研究的。只是从1990年代初开始，随着我国对外开放，与国外的学术交流也随之展开。尤其是英美、德日的刑法学译著在我国的出版，为我国刑法学者打开了一扇学术之窗。从刑法的对外学术交流来看，最初是与日本的交流，后来是与德国的交流，这些都在相当程度上为我国的刑法学研究提供了学术资源。刑法学界开始对我国传统的刑法学进行反思，由此开启了我国当代的刑法知识的转型之路。

2003年我在中国政法大学出版社出版了《规范刑法学》一书，这是我的第一本刑法教科书，或者也可以称为刑法体系书。该书以我国的刑法条文为中心线索，完整地展开对刑法总论和刑法各论的知识铺陈，以适应课堂教学的需要。该书到目前已经出版了第三版，篇幅也做了较大规模的扩充。《规范刑法学》对于刑法总则的法理阐述是较为简单的，其重点是对刑法分则的分析。我国刑法是一部所谓统一的刑法典，所有罪名都规定在一部刑法之中，有近500个罪名，其他法律中都不能设立罪名。《规范刑法学》对这些罪名逐个进行了构成要件的分析。对于重点罪名分析得尤为详细，这对于正确把握这些犯罪的法律特征，具有一定的参考价值。除了刑法规定以外，我国还存在司法解释制度，即最高人民法院和最高人民检察院可以就审判与检察中涉及的法律适用问题作出解释。这种解释本身就有法律效力，可以在判决书中援引。自从刑法实施以来，最高人民法院和最高人民检察院作出了大量的司法解释，这种解释实际上成为一种准法律规范。《规范刑法学》一书中所称的“规范”，不仅包括刑法规定，而且包括司法解释。因此，《规范刑法学》尽可能地将司法解释融合到法理叙述当中，并且随着司法解释的不断颁布该书也不断进行修订。

2010年我在中国人民大学出版社出版了《教义刑法学》一书，这是一部以三阶层的犯罪论体系为中心线索，并对比四要件的犯罪论体系，系统地叙述德日刑法知识的著作。该书所称的教义刑法学，是指教义学的刑法学。该书以教义或曰信条（Dogma）为核心意念，以三阶层的犯罪论体系为逻辑框架，在相当的深度与广度上，体系性地叙述了刑法教义的基本原理，充分展示了以教义学为内容的刑法学的学术魅力。该书对三阶层的犯罪论体系和四要件的犯罪构成理论进行了比较研究，是对三阶层的犯罪论体系的本土化的知识转换，为引入三阶层的犯罪论体系清理地基创造条件。该书是我为推动我国当代刑法知识的转型，以德日刑法知识取代以苏俄刑法学为底色的刑法知识所做的一种学术努力。

（三）刑事法治

1998 年对于我来说又是人生道路上的一个转折点，这一年 1 月我回到了母校——北京大学法学院任教。与此同时，从 1997 年到 1999 年我在北京市海淀区人民检察院兼职担任副检察长，这段挂职经历使我进一步了解司法实务工作，尤其是对于我国刑事诉讼程序的实际运作情况有了切身的了解，这对于我此后进行的刑事法治研究具有重要助益。这也在一定程度上使我的学术视野超出刑法学，建立了刑事一体化，即整体刑法学的观念，从而开阔了理论视域。2007 年我在中国人民大学出版社出版的《刑事法治论》一书，就是这一方向的努力成果。这是一部面向法治现实之作，而且是以刑事司法实际运作为结构，贯穿了刑事司法体制改革的中心线索。该书讨论了刑事法治的一般性原理，基于刑事法治的理念，我对警察权、检察权、辩护权和审判权都进行了法理探究：寻求这些权力（利）的理性基础，描述这些权力（利）的运作机理，探讨这些权力（利）的科学设置。同时，我还对劳动教养和社区矫正这两种制度进行了研究。尤其是劳动教养，它是中国独特的一种带有一定的保安处分性质的制度。但由于保安处分的决定权被公安机关所独占，其被滥用日甚一日。我在该部分内容中明确提出了分解劳动教养，使其司法化的改革设想。

刑事法治，是我在过去 20 多年时间里始终关注的一个现实问题，也是基于对我国的社会现状所进行的刑事法的理论思考，为推进这个领域的法治建设所做的一份学术贡献。尽管现实与理想之间存在巨大的差距，这种差距难免使我们失望，但学术努力仍然是值得的。我国目前正处在一个法治国家建设的关键时刻，既需要改革的勇气，也需要改革的思想。

（四）刑法知识论

2000 年我在《法学研究》第 1 期发表了《社会危害性理论：一个反思性检

讨》一文，这是我对深受苏俄影响的我国刑法学反思的开始。社会危害性是苏俄刑法学中的一个核心概念，被认为是犯罪的本质特征。正是在社会危害性的基础之上，建构了苏俄刑法学的理论体系。我国刑法学也承继了社会危害性理论，以及在此基础上的四要件的犯罪构成体系，由此形成我国刑法学的基本理论框架。对社会危害性理论的批判，成为我对苏俄刑法学的学术清算的切入口。2006 年我在《政法论坛》第 5 期发表《刑法知识的去苏俄化》一文，明确地提出了去除苏俄刑法知识的命题，从知识社会学的角度展开对苏俄刑法学的批判，并对我国刑法知识的走向进行了探讨。其结论反映在我发表在《法学研究》2011 年第 6 期的《刑法知识的教义学化》一文当中，这就是吸收德日刑法知识，建构我国的刑法教义学知识体系。在这当中，完成从苏俄的四要件到德日的三阶层的转变，可以说是当务之急。当然，我国的知识转型并没有完成，四要件的犯罪构成体系仍然占据着通说的地位，但三阶层的犯罪论体系已经开始普及，走向课堂，走向司法。围绕着以上问题的思考，我于 2012 年在中国人民大学出版社出版了《刑法的知识转型（学术史）》和《刑法的知识转型（方法论）》两书，为 10 年来我对我国刑法知识的研究画上了一个句号。刑法知识论的研究，使我从具体的刑法规范与刑法法理中抽身而出，反躬面向刑法学的方法论与学术史。这是一个刑法学的元科学问题，也是我的刑法学研究的最终归宿。

（五）判例刑法学

在我的刑法研究中还有一个独特的领域，这就是判例刑法学。我国传统的刑法学研究都是以刑法的法条为中心的，这与我国存在司法解释制度但没有判例制度具有一定的关联性。然而，判例对于法律适用的重要性是不言而喻的。因此，深入的刑法学研究必然会把理论的触须伸向判例。前些年，我国虽然没有判例制度，但最高人民法院公报以及最高人民法院刑事审判庭出版的案例选编等司法实际素材，为刑法的判例研究提供了可能性。我在法学院一直为刑法专业的硕士生开设案例刑法研究的课程，作为刑法总论与刑法各论学习的补充，受到学生的欢迎。在这种情况下，我以最高人民法院刑事审判庭出版的有关案例为素材，进行

判例刑法学的研究，于2009年在中国人民大学出版社出版了《判例刑法学》（上下卷）一书。该书从案例切入，展开法理叙述，将案例分析与法理研究融为一体，成为刑法学研究的一个新面向。

2010年中国正式建立了判例制度，这是一种具有中国特色的判例制度，称为案例指导制度。这种判例制度完全不同于德日国家的判例制度，它是以最高人民法院不定期颁布指导性案例的方式运行的。最高人民法院颁布的指导性案例在下级法院审判过程中具有参照的效力。这里的参照，既非具有完全的拘束力，又不是完全没有拘束力，而是具有较弱的拘束力。这些指导性案例虽不能在判决书中援引，但判决与指导性案例存在冲突的，可以作为上诉的理由。尽管这一案例指导制度仍然具有较强的行政性，它是以颁布的方式呈现的，而不是在审判过程中自发形成的规则秩序；但它毕竟是一种新的规则提供方式，对于我国司法实践具有重要的意义。判例制度的关键功用在于通过具体判例形成具有可操作性的司法裁判规则，因此，对于裁判规则的提炼是一项重要的工作。我作为首席专家，从2010年开始承担了《中国案例指导制度》的国家社科重大项目，并于2013年年初在北京大学出版社出版了《人民法院刑事指导案例裁判要旨通纂》（上下卷）一书。该书在对既有的刑事指导案例进行遴选的基础上，提炼出对于刑事审判具有指导意义的裁判要旨，并对裁判要旨进行了法理阐述，以此为司法机关提供参考。

刑法学属于部门法学，它与公民权利具有密切的联系。因此，刑法学者不仅是一个法条主义者，更应该是一个社会思想家；既要有对于国家法治的理想，又要有对于公民社会的憧憬；既要有对于被害人的关爱之情，又要有对于被告人的悲悯之心。

罪刑法定主义是我所认知的刑法学的核心命题：它是刑法的出发点，同时也是刑法的归宿。在我的刑法理论研究中，罪刑法定主义占据着极为重要的位置。中国1979年刑法并没有规定罪刑法定原则，反而在刑法中规定了类推制度。及至1997年刑法修订，废弃了类推制度，规定了罪刑法定原则，由此而使中国刑

法走上了罪刑法定之路。在我国刑法规定罪刑法定原则的前后，我先后撰文对罪刑法定主义进行了法理上的深入探讨。这些论文编入《罪刑法定主义》一书，由中国法制出版社于2010年出版。在该书的封底，我写了这样一句题记，表达了我对罪刑法定主义的认知："罪刑法定主义：正义之所归，法理之所至。"罪刑法定主义应当成为刑法的一种思维方式，并且贯穿于整个刑法体系。我国刑法虽然规定了罪刑法定原则，但这只是一个开端，还会经历一段罪刑法定司法化的艰难进程。在相当一个时期，我国刑法学者还要为实现罪刑法定原则而奋斗。

整体刑法学的研究也是值得提倡的。李斯特提出了整体刑法学的命题，这对于今天我国的刑法学研究仍然具有指导意义。北京大学法学院教授、我的前辈学者储槐植教授提出了刑事一体化的思想，追求刑法的内在结构合理（横向协调）与刑法运行前后制约（纵向协调）。作为一种方法论，刑事一体化强调各种刑法关系的深度融合。应该说，整体刑法学与刑事一体化都是从系统论的角度看待刑法，反对孤立地研究刑法，提倡把刑法置于整个法律体系与社会关系中进行分析。对于这样一种刑法研究的方法论，我是十分赞同的。因为刑法本身的研究领域是较为狭窄的，必须拓宽刑法的研究领域，并且加深刑法的研究层次。对于刑法，应当以教义学为中心而展开。如果说，刑法教义学是在刑法之中研究刑法，那么，还需要在刑法之上研究刑法的刑法哲学、在刑法之外研究刑法的刑法社会学、在刑法之下研究刑法的判例刑法学，等等。除了对刑法的学理研究以外，刑法学者还应当关注社会现实，关注国家法治建设。只有这样，才能使刑法学不仅是一种法教义学，而且具有经世致用的功效。

刑法是具有国别的，刑法效力是具有国界的；然而，刑法知识与刑法理论是具有普世性的，是可以跨越国界的。因此，我始终认为我国刑法学应当融入世界刑法学的知识体系中去，而不是游离于世界刑法学之外。在这种情况下，我国应当向德、日、英、美等法治发达国家学习先进的刑法理论。相对而言，由于历史的原因，我国借鉴的是大陆法系的法律制度，包括法律技术与思维方法。因此，吸收与汲取德日刑法知识是更为便利的。从1980年代以来中国刑法学演进的路径来看，其也是在学术上的对外开放当中发展起来的。最初是引进日本的刑法知识，后来是引进德国的刑法知识；开始是以引进刑法总论知识为主，后来逐渐引进刑法各论知识；从翻译出版刑法体系书（教科书），到后来翻译出版刑法学专著，经历了一个发展过程。这些来自德日的刑法知识对于中国刑法学的发展起到了重要的促进作用，推动了我国刑法学的发展。我国学者将这些舶来的刑法知识用于解决中国刑事立法与刑事司法中的问题，其实践功能也是十分明显的。可以说，我国刑法学正在融入德日刑法知识的体系之中。

“刑法学文丛”作品集将对已经出版的个人著作进行修订整理，陆续出版。我的著作初期散落在各个出版社，首先要对各个出版社的编辑在我的著作出版过程中付出的辛勤劳动，表示衷心感谢。自2006年起，我的著作列入中国人民大学出版社的“中国当代法学家文库”，出版了20余种。现在，我的个人专著以“刑法学文丛”的名义修订出版，作为本人学术生涯的一个总结。对于中国人民大学出版社的编辑在我的著作出版过程中的敬业、细致和认真的职业精神，表示敬意。30年来以学术为旨归，以写作为志业，虽劳人筋骨，伤人心志，亦执着以求，守职不废。这对于一个学者来说，当然是本分。然此盈彼亏，心思用于学问多，则亏欠家人亦多。因此，对于夫人蒋莺女士长久以来对我的理解与襄助，深表谢意。

自从1987年我在中国人民大学出版社出版第一本个人专著《正当防卫论》以来，正好30年过去了。这30年是我学术研究的黄金时节，在此期间，出版了数十种个人专著，主编了数十种著作以及两种连续出版物，即《刑事法评论》（40卷）和《刑事法判解》（9卷），发表了数百篇论文。收入“刑法学文丛”的，是我在这30年间出版的个人专著，共计以下14种，分为18卷（册），计一千余万字：

1.《刑法哲学》

2.《刑法的人性基础》

3.《刑法的价值构造》

4.《刑法的知识转型（方法论）》

5.《刑法的知识转型（学术史）》

6.《刑事法治论》

7.《正当防卫论》

8.《共同犯罪论》

9.《刑法适用总论》（上卷）

10.《刑法适用总论》（下卷）

11.《规范刑法学》（上册）

12.《规范刑法学》（下册）

13.《判例刑法学》（上卷）

14.《判例刑法学》（下卷）

15.《本体刑法学》

16.《教义刑法学》

17.《口授刑法学》（上册）

18.《口授刑法学》（下册）

学术是一个逐渐累积的过程，每个人都只是一门学科所形成的知识链中的一个节点。我作为从20世纪80年代开始登上我国刑法学术舞台的学者，学术生命能够延续到21世纪20年代，正好伴随着我国刑事法治的恢复重建和刑法学科的起死回生，以及刑法知识的整合转型，何其幸也。“刑法学文丛”所收入的这些作品在刑法学术史上，都只不过是“匆匆过客”。这些作品的当下学术意义日渐消解，而其学术史的意义日渐增加，总有一天，它们会成为刑法学术博物馆中的古董摆设，这就是历史的宿命。

在“刑法学文丛”作品集的编辑过程中，总有一种“人书俱老”的感叹。我知道，这里的“书”并不是一般意义上的书，而是指书法的“书”。但在与“人”的对应意义上，无论对这里的“书”作何种理解都不重要，而对“俱老”的意识和体悟才是最为真实和深刻的。对于一个写作者来说，还有什么比亲笔所写的

书，伴随着自己一天天老去，更令人激动的呢?

最后，我还要感谢中国人民大学出版社对我的厚爱。如前所述，我的第一本专著《正当防卫论》就是1987年在中国人民大学出版社出版的。从2006年开始人大出版社将“陈兴良刑法研究系列”纳入“中国当代法学家文库”，这次又专门为我出版“刑法学文丛”作品集。我还要感谢北京冠衡刑辩研究院院长刘卫东律师为作品集的出版慷慨解囊，提供资助。作为我指导的法律硕士，刘卫东在律师从业生涯中践行法治，成为业界翘楚。为师者，我感到十分荣幸。

是为序。

陈兴良

谨识于北京海淀锦秋知春寓所

2017年9月1日

序

高铭暄

陈兴良同志是一位敏而好学的刑法专业博士研究生。还在硕士生学习阶段，他就对刑法中的正当防卫制度特别感兴趣，并为此深入各地司法部门进行专题调查，搜集了大量的实际素材，同时对中外刑法理论上关于正当防卫问题的文献进行综述，以后便顺利地完成了题为《论我国刑法中的正当防卫》的硕士学位论文，获得了通过。在硕士学位论文的基础上，结合近年来正当防卫的理论和实践的发展，他又做了大量的充实和反复的修琢，从而写成本书。这是令人欣慰的。

本书面向实践，重在解决刑事审判工作中关于正当防卫的疑难问题。书中运用马克思主义刑法理论分析了大量案例，从对案例的剖析中抽象出一般原则，从而使案例分析与理论观点的阐述有机地结合起来。本书的立论以我国刑法关于正当防卫的规定为依据，但不限于对法条的注释，而是从社会、政治等各方面对正当防卫的本质进行论述，并运用犯罪构成的一般理论，研究了防卫过当的犯罪构成问题，从而为追究防卫过当的刑事责任提供理论基础。

本书注意纵向研究和横向研究相结合，不仅讲述了正当防卫制度和理论的历史沿革，而且介绍了外国关于正当防卫的立法例和各种理论观点。书中不回避难

点，对于那些在刑法理论和司法实践中争论较大、分歧较深的重点问题，如正当防卫的必要限度问题，用了较多的篇幅进行考察和论述，从而使该问题的研究大大深入一步。同时，本书还对过去较少涉及而其本身又具有一定意义的一些问题，例如对意外事件、间接故意支配下的行为、过失心理状态下的行为、不作为犯能否实行正当防卫等，都逐一进行了研究和探讨，既突出重点，又保持理论体系的完整性，把研究的深度和广度恰当地结合起来了。

当然，由于作者是第一次独立完成专著的撰写工作，书中难免还有不足之处，比如个别论点还有待商榷，某些论证还缺乏说服力等。但瑕不掩瑜，总的说来，本书不失为一本系统论述正当防卫的好书，值得一读。

1986 年 5 月

第四版出版说明

自从 1987 年《正当防卫论》一书出版以后，我国正当防卫的立法与司法都发生了巨大变化：在立法方面主要表现在 1997 年刑法修订，对正当防卫作了重要修改补充。在司法方面则主要反映在随着于某故意伤害案等具有影响力的正当防卫和防卫过当案件的出现，最高人民法院、最高人民检察院和公安部在 2020 年 9 月 3 日颁布了《关于依法适用正当防卫制度的指导意见》。该司法解释对正当防卫的司法适用问题进行了系统规定，为正当防卫的司法认定提供了较为具体的司法规则。此外，最高人民法院和最高人民检察院还分别颁布了正当防卫的指导性案例和典型案例，采用以案说法的方式，指导各级司法机关正确办理正当防卫案件，由此而激活了正当防卫制度。随着正当防卫立法与司法的发展，我国正当防卫的理论研究不断跟进，并且正当防卫的学术话语也发生了重大转变。在此期间，我对正当防卫制度一直进行跟踪，并且在不同时期撰写了从不同角度对正当防卫进行研究的论文。这些论文曾经在报纸杂志上发表，并且以附录的形式收入本书第三版，成为本书的重要组成部分。这次对本书进行修订，出版第四版，除对本书中较为陈旧的内容和观点进行修订以外，还将原先作为附录的内容收入本书的正文，从而完成了本书内容的更新。因此，本书第四版相对于第三版而

言，无论在内容上还是在体例上，都有重大改变。

本书新收入的附录是三篇在正当防卫论坛的发言的书面整理稿。按照时间顺序，第一篇的主题是从“于某故意伤害案”谈正当防卫，时间是 2017 年 6 月 23 日。这是北大冠衡刑事法治沙龙第 2 期，由北大冠衡刑辩研究院主办。在这时点正好于某故意伤害案的二审判决公布，对于某的刑罚由一审的无期徒刑改判为有期徒刑 5 年。应该说，这个改动还是较大的，对于当事人于某来说，刑期大为缩减。在媒体披露于某故意伤害案以后，最高人民检察院就十分重视该案，并两次组织刑法专家对该案的法律适用问题进行研讨。在研讨过程中，几乎所有参加会议的专家都一致认为该案具有防卫性质；但对于防卫是否过当，则支持者与反对者几乎是一半对一半。也就是说，有半数专家认为防卫不过当，另有半数专家认为防卫过当。我是其中认为于某防卫不过当的专家之一。最终，二审判决认定于某的行为构成防卫过当。这个判决结果获得了社会的普遍认同，该案也是司法中影响力最大的正当防卫案之一。本次北大冠衡刑事法治沙龙就是以于某故意伤害案为切入点讨论正当防卫问题。与会专家主要是北大、清华和人大的刑法学教授，此外还有三位知名律师。从本次论坛的内容来看，对于于某故意伤害案的二审判决结果也还是存在不同意见。当然，本次讨论并没有囿于于某故意伤害案，而是透过于某故意伤害案对正当防卫制度进行全面而深入的分析与考察，展示我国正当防卫制度的各个面向。应该说，本次论坛达到了这个目的。虽然只是一个晚上的讨论，但其在深入程度上不亚于一次中等规模的学术研讨会。

第二篇的主题是对正当防卫的反思性检讨。这是洪范经济与法律研究所主办的洪范论坛的实录，时间是 2018 年 12 月 18 日。这次论坛虽然也论及于某故意伤害案，然而更为关注的是于某明故意伤害案，亦称昆山反杀案。该案的大致案情是：2018 年 8 月 27 日 21 时 35 分，在江苏昆山市开发区震川路、顺帆路路口一辆轿车与一辆电动车发生轻微交通事故，双方争执时，轿车车内一名男子（刘某龙）拿出刀，砍向电动车车主（于某明），之后长刀不慎落地，电动车车主捡起长刀反过来持刀追赶该男子，男子被砍伤，倒在草丛中。截至 2018 年 8 月 28 日，该案件导致轿车内的刘某龙死亡，电动车车主于某明受伤。2018 年 8 月 28

日晚，江苏省昆山市人民检察院宣布提前介入此案调查。9 月 1 日，江苏省昆山市公安局就“昆山市震川路于某明致刘某龙死亡案”发布通报，称，于某明的行为属于正当防卫，不负刑事责任，公安机关依法撤销案件。昆山反杀案，虽然发生在于某故意伤害案之后，但其现场视频带来的视觉冲击力是十分巨大的，对社会的影响力也是于某故意伤害案所不能比拟的。因为于某故意伤害案中主要是辱母情节吸引眼球，但其具体案情是通过文字传递的，不如视频那样具有强烈的画面感。而昆山反杀案则通过视频，将整个反杀过程以一种直观的形式展示在公众眼前，因而具备了人人都可当法官的条件，即每个人都有条件对本案进行评判。应该说，昆山反杀案的处理过程十分迅速，从 8 月 27 日案发到 9 月 1 日得出正当防卫不负刑事责任的结论，前后不过数天。这是难以置信的。这次论坛距离昆山反杀案的时间较近，因此该案就成为讨论的重点案例之一。参加讨论的有我、周光权和刘仁文三位教授，主持人王涌是民商法学教授，因而也能够从民法角度提出一些问题，并且听众也参与了讨论。由于此次论坛被安排在下午，时间较为充裕，因而讨论也较为深入。

第三篇的主题是关于正当防卫制度的准确适用与未来发展。这是最高人民检察院《人民检察》编辑部主办的“正当防卫三人谈”，这三人包括我、陈璇和王勇。其中，陈璇是中国人民大学法学院副教授，他出版了《正当防卫：理念、学说与制度适用》（中国检察出版社 2020 年版）一书，在正当防卫理论研究方面颇有创新之处。王勇是江苏省苏州市人民检察院副检察长，参与了昆山反杀案的处理，具有较为丰富的司法实践经验。这次论坛采取录像的方式，并且是《人民检察》编辑部主办的，因而较为正规。讨论的主题较为宏大，是对正当防卫制度司法适用的整体性分析，因而并不囿于个案。应该说，近些年来最高人民检察院十分重视正当防卫的司法适用，并且介入了具有重大影响的正当防卫案件的处理。2020 年最高人民检察院工作报告明确指出：“指导地方检察机关查明涞源反杀案、邢台董某刚案、杭州盛某平案、丽江唐某案等影响力案件事实，依法认定正当防卫，引领、重塑正当防卫理念，‘法不能向不法让步’深入人心。”在这种背景下，如何宣传、弘扬“法不能向不法让步”的正当防卫理念就成为检察机关的

重要职责。所以，本次讨论从司法理念和法治制度以及认定规则等方面对正当防卫作了探讨，取得了较好的效果。

以上三篇论坛实录虽然具有口语化的特点，但涉及的内容还是具有一定理论深度的，并且能够传递论坛发言中的不同观点的交锋、主讲人与听众之间的交流等细节。这是一般文字作品中所难以见到的。因而，本书第四版将这三篇正当防卫论坛的实录作为附录收入，对本书可以说是增色不少。在此，我要感谢论坛的主办方、论坛的参与者以及各位听众。

这里还要指出，本书第四版与前三版相比较，在案例上做了大量的增补，由此而使本书能够生动而真实地呈现我国正当防卫制度适用的司法状态。在我写作本书初版的时候，正当防卫制度实施不久，故收集司法实践中的真实案例较为困难。即使有正当防卫案例，由于当时的司法裁判文书论证说理还存在不足，因而这些案例对于正当防卫的理论论述来说，只是具有以案说法、印证理论的功能，还不能融入理论叙述之中，成为正当防卫学术话语的有机组成部分。随着 2010 年我国案例指导制度的建立，各级司法机关都十分重视案例对解决司法适用难题与统一司法裁判标准的指导作用。尤其是在激活正当防卫司法适用的过程中，最高人民法院、最高人民检察院都颁布了数十起正当防卫指导性案例，这些案例说理充分，论证翔实，成为正当防卫教义学研究的重要资料来源。在这种正当防卫指导性案例中，司法机关对案件定性的意见分歧、评析意见的理论展开、裁判理由的提炼概括，都反映我国正当防卫制度的司法真实状态，因而被吸纳为本书的重要内容。

《正当防卫论》一书从 1987 年初版到现在第四版，已经过去了 35 年，它伴随着我国正当防卫制度的发展而不断获得新生。本书第四版是一次较大的修订后的成果，我期待着本书能有更为长久的生命。

谨识于北京海淀锦秋知春寓所

2021 年 5 月 20 日

增补于三亚领海寓所

2023 年 1 月 28 日

第三版出版说明

《正当防卫论》是我的硕士学位论文，于 1984 年 12 月通过答辩，于 1987 年在中国人民大学出版社出版。这也是我的第一部个人专著。2006 年本书被纳入中国当代法学家文库·陈兴良刑法研究专著系列，在中国人民大学出版社出版了第二版。转眼之间，十年过去了。2017 年本书再次被纳入“刑法学文丛”出版第三版。

这次出版，并没有对本书的内容进行大规模的修订，而是将本书出版以后，我在正当防卫领域的相关论著以附录的形式收入本书，以此作为本书的补充，从中可以看到我国正当防卫理论进展的若干片段。正当防卫主要是一个实践的问题，从刑法立法上来说，已经对正当防卫作了十分完善的规定，尤其是在 1997 年刑法修订中，增加了无过当防卫制度，为公民行使正当防卫权利提供了充分的法律根据。然而，在我国司法实践中，对正当防卫的认定仍然不尽如人意。最近在媒体上争论得沸沸扬扬的于某案，就是一个生动的案例。于某母子在受到发放高利贷的黑社会分子暴力索债的情况下，奋起反击，造成一人死亡、三人伤害的结果，于某被一审法院以故意伤害罪判处无期徒刑。因为在黑社会分子暴力索债过程中，存在辱母情节，媒体以此作为吸引眼球的新闻要素报道以后，民情哗

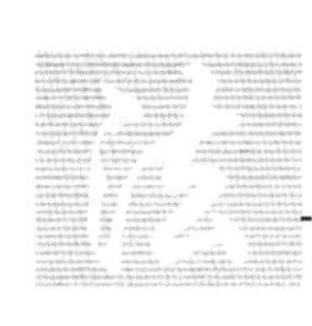

然。于某案经过最高司法机关的介入，在二审判决中认定于某存在防卫情节，但同时认为于某的正当防卫超过了必要限度，改判为有期徒刑5年。这个判决结果在一定程度上回应了社会公众对于某案的期待。但对于于某的防卫行为到底是过当还是不过当，仍然存在争议。我个人本来是期望通过于某案为此后的正当防卫认定树立一个标杆，但这一期盼还是落空了。这是令人遗憾的。其实，对于正当防卫的认定而言，说再多的话，颁布再多的司法解释，甚至对立法再进行修改，都不如判决于某成立正当防卫不负刑事责任来得有效，而且是立竿见影的效果。在于某案二审判决结果出台，围观人群逐渐散去之际，眼看正当防卫制度在我国发挥正常的法律效果和社会效果仍然遥遥无期。这种立法与司法之间的巨大罅隙不能得到填补，真是一个值得深思的问题。

收录本书的附录，主要是对正当防卫案件的具体解析。正当防卫的司法适用存在两个问题：第一个问题是对正当性的认定，以此区别正当防卫及其过当与一般犯罪行为；第二个问题是对正当防卫必要限度的认定，以此区别正当防卫与防卫过当。在我国目前司法实践中，第一个问题尚且未能得到圆满解决，更遑论第二个问题。因为正当防卫的必要限度，是一个司法裁量权的问题，在何种情况下符合正当防卫的必要限度，在何种情况下超过正当防卫的必要限度，完全取决于法官的自由裁量。但在这个问题上，法官还是表现得较为保守，其结果是：能够认定为防卫过当的，认定为一般犯罪；能够认定为符合正当防卫必要限度的，认定为超过正当防卫必要限度。因此，如何在具体案例中正确区分一般犯罪与正当防卫及防卫过当的界限，正确区分正当防卫与防卫过当的界限，这是一个值得重点关注的问题。

将正当防卫从犯罪中区分出来，这是法治文明的进步。然而，在一个法治发达、秩序井然的社会是不会有太多的正当防卫案件的，正当防卫永远只是一个例外。这是一个悖论。但在我国，正当防卫还是需要的，因为它对于保障公民权利来说，是必不可少的法律武器。

谨识于北京大学法学院科研楼609工作室

2017年8月4日

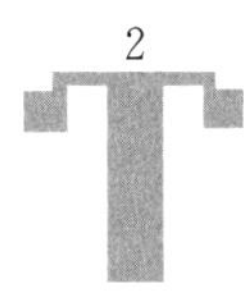

第二版出版说明

《正当防卫论》是我的第一本书，对于第一本书总是印象较为深刻的。因此，当北京大学出版社吕亚萍编辑为《法律书评》第4辑（北京大学出版社2006年版）向我约稿，让我写一篇“我的第一本书”的文章时，尽管是命题作文，我还是慨然应允。在该文中对本书的写作过程作了回顾，正好符合本书出版说明的主旨，因而全文照录如下：

我的第一本书

“我的第一本书”，这是一个命题作文。令人联想起“我的初恋”之类的题目，虽然有点儿俗，却也引人遐思。至今我已出版了个人著作大大小小20本。其中有我的成名作，也有代表作，但是令我难以忘怀的还是我的第一本书。

我的第一本书名曰《正当防卫论》，中国人民大学出版社出版于1987年6

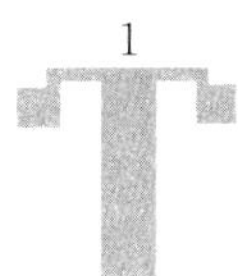

月，距今已经19年。19年，在历史长河中只不过是瞬间而已，但对于一本书来说，已经是一段足够长的岁月。从我的书架上翻捡出这本发黄的小书，令人感慨系之。说发黄，这本书的封面本身就是黄颜色的，只不过书名如同一条深黄的横幅。说小书，也确实是小，开本是小32开，和现在各种与国际接轨的异型开本相比，显得小气。更为特别的是，这还是一本铅印的书。随着电脑排版的普及，铅印已经绝迹，现在恐怕想铅印一本书也没有地方去找那么些铅字了。经过多次搬家，《正当防卫论》我自己也只剩下一本，可称之为“孤本”。由于本人的原因，一直想修订而未能修订，因此本书也是“绝版”。书店自然是没有了，图书馆要找一本也不那么容易。俗语云，“物以稀为贵”，因此，本书不仅仅是我的第一本书，而且也是现在难以寻觅的一本书，遂格外敝帚自珍。

《正当防卫论》是在我的硕士论文基础上修订而成的。硕士论文的题目是“论我国刑法中的正当防卫”，这是一个平实的题目，出书时我改为“正当防卫论”，这样一个颇具学术性的题目，我至今还是十分自赏的。因为书名与论文题目毕竟有所不同。本书基本上是我硕士阶段学习与研究刑法的成果，它成为我的学术起点。在我的“学术自传——一个刑法学人的心路历程”一文中，我曾经忆及硕士论文的写作过程：“当我进入到刑法的学术领域的时候，我很快经过专业训练，接受了以注释法条为主要内容的刑法解释学。在硕士生毕业的时候，我选择正当防卫作为我的硕士论文选题。正当防卫是一个热点问题，尤其是正当防卫限度如何掌握，成为刑法理论与司法实践中的疑难复杂问题。王作富教授作为我硕士论文的指导老师，其立足于实践的学问之道给我留下深刻印象。记得王先生看完我的硕士论文初稿以后，明确地告诉我，把你自己设想为一个法官，而对许多正当防卫案件，你怎么处理？应该提出一些具有可操作性的规则，作为认定正当防卫的标准。在这种情况下，我就不是把正当防卫当作一个纯粹理论问题来构造，而是作为一个实际问题来掌握。这种理论联系实际的刑法研究方法，是高、王两位教授所竭力倡导的，并成为中国主导性的刑法理论风格。硕士论文原4万字，后扩展到20万字，在高先生的推荐下，以‘正当防卫论’为题，1987年由

中国人民大学出版社出版。”① 在此，我须提及与本书出版有着直接关系的两位恩师：王作富教授和高铭暄教授。

王作富教授是我硕士论文的指导老师，正当防卫是我自己选定的题目，主要是因为在20世纪80年代初期1979年《刑法》刚开始施行，正当防卫的认定与处理成为当时司法实践中的一个疑难问题。之所以疑难，除了因为从1983年开始的“严打”致使正当防卫的认定遭遇一定的困难以外，我现在想来，不外是与在此之前我国从来没有实行过正当防卫制度有关。1979年《刑法》是我国正式施行的第一部刑法，此前的30年，我国是在没有刑法的状态下度过的，当时的刑事司法活动主要是以政策以及极少数的单行刑法为根据的。在这种刑事法治极不健全的情况下，正当防卫制度根本就没有建立。1979年《刑法》施行以后，一方面刑法规定了正当防卫，另一方面律师制度恢复，正当防卫往往成为辩护的重要理由。刑法对正当防卫的规定还是较为笼统的，司法机关如何正确地区分防卫与非防卫、正当防卫与防卫过当，就成为司法实践中的一个疑难问题。

当时，我对这一问题十分关注，尤其是对有关法学刊物上讨论的正当防卫案件都认真搜集，并作了正当防卫的综述。这一综述后来收入高铭暄教授主编的《新中国刑法学研究综述（1949—1985）》（河南人民出版社1986年版）一书。应该说，正当防卫硕士论文的写作还是十分顺利的，因为平时积累了不少资料，对这个问题也有所思考。初稿写出了六万多字，其中涉及对正当防卫制度的沿革与本质的一些纯理论的考察。论文初稿交到王作富教授那里，王老师几乎逐字逐句地对我的论文作了修改。这种修改也发生在此后的《中国刑法词典》（学林出版社1989年版）词条撰写中，高老师作为审稿人，对我撰写的词条也作了大幅度的修改。这种修改使我写作的自信心大受挫折，不禁对自己的写作能力产生了某种怀疑。现在想来，当时正是我的学术写作风格的形成时期。

应该说，我从小锻炼形成的书面表达能力还是较强的。但从一般性的文字表

① 陈兴良：《走向哲学的刑法学》，9页，北京，法律出版社，1999。

达到学术表达还是存在重大差别的。在这一转变过程中，我感受到挫折也是十分正常的。当然，高、王两位教授所特有的口语化表达方式与我所追求的书面化表达方式的冲突，也是造成我的挫折感的原因之一。高、王两位教授向来主张理论联系实际，文章也以通俗易懂见长。高老师还出版过一本纯口语式的《刑法总则要义》（天津人民出版社 1986 年版），书中每个标题都是以提问的方式出现的。王老师的代表作《中国刑法研究》（中国人民大学出版社 1988 年版）一书，几近口语化的表述增添了几分亲近感。而我对书面表达的口语化颇有不同看法，除非是录音整理稿，我一直坚持书面语言与口头语言的区别。我在大学本科阶段，是通过文学爱好获得写作训练的，因而书面表达自然文学化。而在研究生阶段，开始从事学术写作以后，又受到黑格尔、康德等思辨哲学的影响，书面表达又趋哲学化。在这一转变过程当中，语言变得艰涩难懂，不文不白，当然会受到以口语化表达为风格的高、王两位教授的批评。其实，当时对我的表达方式提出批评的，不仅是高、王二人。我记得 1983 年年底，我给《法学研究》投稿“论教唆犯的未遂”一文，后来发表在《法学研究》1984 年第 2 期。《法学研究》刑法责任编辑廖增昀老师在审读通过后给我来信要求作适当修改，就指出我的论文语言过于晦涩，让我改得通俗易懂一些。

以上涉及我的学术语言形成的一些题外话，现在忆及还是颇有意思的。对于学者来说，表达是第一点，包括口头表达与书面表达，尤其是书面表达。思想当然是重要的，但语言是思想的载体，思想不通过语言表达出来，又何成其为对社会能够发生影响的思想？高、王两位教授对我语言表达上的批评对我当时触动是很大的，如果不是高、王两位教授的批评，我会在语言晦涩的道路上走得更远。看着王老师批改后变得斑驳陆离的文稿，当时我就想，有朝一日能够一遍成稿就好了。现在，我基本上实现了一遍成稿，无论是一气呵成的短文，还是历经半年或者一年完成的数十万字的著作，几乎都是一稿而成不作修改。这当然是有一个熟能生巧的训练过程。而一开始在写作上受到的挫折和刺激，恰恰成为这种努力的一个动力。

王老师不仅对我的论文初稿逐字批改，而且向我提出了一个基本研究立场，就是像法官那样思考。“如果你是一个法官，碰到正当防卫的疑难案件，你会怎么办？能不能归纳出一些规则，能够指导正当防卫案件的正确处理？”这是王老师当时向我提出的问题，这一提问确有当头棒喝之效，使我产生了某种顿悟。这是一种学术立场的明确，就是规范刑法学的立场，致力于解决实际问题。在论文的修改中，我基本上贯彻了王老师的意图，把初稿中自以为得意的沿革与本质等内容统统删去，6 万字的初稿删成 4 万字。以至于后来杨敦先老师评阅我的论文后，有次见到我时夸我的论文写得简洁。当然，硕士论文定稿时删掉的内容在成书中经过补充又纳入了。此是后话。可以说，在硕士生阶段，我接受了严格的规范刑法学的训练，硕士论文就是其成果之一。一种法官的立场就是司法的视角，这是刑法最初的也是通常的视角。通过这一视角我们可以获得对刑法规范的正确解读。当然，对于刑法理论研究来说，单纯的司法视角是不够的，还需要立法的视角以及法理的视角，要有对刑法的形而上的把握与体认，由此开始了我后来的刑法哲学的研究进路。当然，规范刑法的研究是始点，如果不从此始，则难以抵达刑法哲学的彼岸。对此，我是深有体会的。因此，我十分反对初学刑法一上来就进入刑法哲学领域，那是不适当的，也是不可能的。规范刑法学是达致刑法哲学境界的阶梯。因此初学刑法应当接受的是规范刑法学的训练。

正当防卫硕士论文写作过程中，我也有多次机会向高老师请教。高老师对正当防卫这个题目也是颇有兴趣的，当时也正在搜集资料准备对正当防卫进行研究。我记得是在 1984 年年底的一天，我外出后返回宿舍，宿舍留有一张字条，是中国人民大学出版社熊成乾编辑留的，他来访我正好不在。在字条中熊编辑说，高老师介绍我的正当防卫论文写得不错，想约我就此写成一本书。原来当时中国人民大学出版社出版了一套法学丛书，该丛书“主要反映我校法律专业的科学研究和教学水平，加强法学理论的宣传，促进法学研究的发展，为我国社会主义现代化建设服务”（见丛书说明）。此前已经出版了 4 本书，都是黄皮书，十万字左右一本，书价是几毛钱。熊编辑去找高老师约稿，高老师推荐了我，遂有此

次熊编辑的登门来访。当时法学研究刚刚恢复不久，学术出版方才起步，学术著作可以说寥寥无几。对于我这样在读的学生来说，发表一篇论文都不容易，更何况是一本书，简直是天上掉馅饼。高老师的推荐使我有了将4万字的硕士论文扩充为20万字的专著的机会。硕士毕业以后，我又开始了博士生阶段的学习，那是1985年春季，此后的一年，我的精力都投入到《正当防卫论》一书的写作中，因此，本书主要是在1985年完成的。当时的生活条件，尤其是居住条件十分艰苦。我结婚以后居住在五道口附近名为暂安处的一间农民出租房中，度过了那段不寻常的日子。书稿完成以后，交给高老师审阅，并请高老师作序。由于出版周期上的原因，本书拖到1987年6月才出版。因为是第一本书，在盼望中等待书出版的那段时间，显得格外漫长。尽管现在看来是一本极为普通、很不显眼的小书，但第一眼见到的时候，兴奋之情难以抑制。19年过去了，当时的情景还十分清晰地烙刻在我的脑海里。

现在重读旧作，感到这本书的内容是质朴的，有我的某种学术追求浸润其中，但还是难掩其青涩。在本书中，我力图建构起一个正当防卫的构成体系。从本书正当防卫构成示意图可以清楚地看出我对正当防卫条件的设计。本书对正当防卫的构成条件，尤其是限度条件作了当时所能达到的深入分析。我将缺乏正当防卫前提条件的假想防卫、防卫第三者和防卫不适时统称为防卫不当，以此与防卫过当相区分。对此我形象地指出："正当防卫因超过必要限度造成不应有的危害，而转化为防卫过当，正如鸡蛋因得适当的温度而变化为鸡子。而假想防卫、防卫第三者和防卫不适时等防卫不当行为，不存在正当防卫的前提条件，因而缺乏转化为防卫过当的内在根据，正如温度不能使石头变化为鸡子一样。"这些论述，今日已经成为刑法学界的通说。尤其值得一提的是，本书中引用了大量的案例，主要是一些争议较大的案例，穿插在理论叙述过程中，成为本书的一个特点。这种案例的引用，对于说明正当防卫中的争议问题是具有重要作用的，当然也在一定程度上冲淡了本书的学术含量。尤其是本书第十章"正当防卫的具体形式"对各种具体犯罪的正当防卫加以讨论，现在看来意义不大，且有凑字数之

嫌。此外，本书对于正当防卫未能从正当化事由的高度加以把握，也没有涉及正当防卫在刑法中的体系性地位问题，这些都是不足之处。也许有一天，我将对本书进行全面修订，使其学术水平有所提升。当然，这种修订对于本书来说也无疑是一种“谋杀”——使其变得面目全非。

在学术界存在一种“悔其少作”的风气，对于稚嫩的少作，往往不以为荣反以为耻。更为极端的也许是为其不悔而不写少作，总是想等到思想成熟的时候才写，对此我是不以为然的。其实，一个人的学术生命正如同人的自然生命，都有一个从青涩到成熟的成长过程，我们应当通过自己的作品将这一成长轨迹展示出来。那种“不鸣则已，一鸣惊人”，一出手就是一部经典作品的例子是极为罕见的，非天才而不能。因此，我们不仅要在学术上耕耘，而且这种耕耘还应当有所收获，而著作正是这种学术耕耘的收获。《正当防卫论》作为我的第一本书，尽管存在这样或者那样的不足，毕竟是我当时的呕心沥血之作，也反映当时我的理论水平，同时也反映当时我国刑法学界的学术水平。每念及此，倍珍惜之。

这次将《正当防卫论》纳入“陈兴良刑法研究专著系列”的时候，我就面临着一个两难选择：是对本书进行“谋杀”——全面修订，还是基本上保留其原貌，只对刑法修订以后刑法条文的序数进行适当调整。经过反复衡量，终于选择了后者，当然这也是一种偷懒的方法。为反映从1979年刑法的正当防卫到1997年刑法的正当防卫的制度变迁，我又新写了一篇论文，作为本书的代跋，也算对本书有个交代。

谨识于北京大学法学院科研楼609工作室

2006年6月13日

前　言

自从刑法公布、实施以来，我国刑法学界围绕着正当防卫展开了一系列的讨论，尤其是正当防卫的必要限度等问题，是争论的焦点。这些讨论不仅推进了我们对正当防卫的研究，而且极大地丰富了我国社会主义刑法理论。可以说，正当防卫是我国刑法理论中学术观点最活跃的热点之一。正当防卫在司法实践中也是疑难问题之一，据作者所知，正当防卫案件虽然为数不多，但几乎每一个正当防卫案件都引发了争议。有些正当防卫案件，经过一审、二审，甚至再审，最后还是存在分歧意见。司法实践向我们提出了许多关于正当防卫的问题，这就要求我们从刑法理论的高度进行深入的研究。总之，正当防卫是一个具有理论意义和实际意义的问题。

本书是由本人的硕士学位论文扩充而成的。在准备硕士学位论文的过程中，作者广泛地搜集了有关正当防卫的理论资料，同时，还深入北京、上海、成都、重庆、武汉等地的司法部门进行调查，搜集了有关正当防卫的实际素材，并走访了有关政法院系，得到马克昌教授等专家学者的指点。在此基础上，本着理论和实际相结合的原则，对正当防卫中的几个重点问题进行了研究。由于硕士学位论

文的篇幅所限，对许多问题不能展开论述。在本书中，作者得以较大的篇幅对有关问题展开论述，尤其是对正当防卫的必要限度问题，进行了比较充分的论述。本书力求以马克思主义法学理论为指导，以我国刑法关于正当防卫的有关规定为依据，吸收我国刑法学界对正当防卫的研究成果，并把外国刑法理论关于正当防卫的一些观点作为背景材料作了评述。特别应当指出的是，本着学术争鸣的方针，本书在涉及学术观点的分歧时，尽可能地引述一些学术论著的观点，以展示我国刑法学界对某一个问题的研究现状，在此基础上发表本人的见解。同时，为了论证，引用了一些案例并进行了分析，对个别案例根据本书的需要进行了适当的改写。可以说，没有刑法学界关于正当防卫问题的讨论以及由此而发表的一系列论著，本书的完成是不可能的。

在硕士学位论文和本书的写作过程中，自始至终得到导师高铭暄教授和王作富教授的悉心指导和热情鼓励，高铭暄教授还在百忙中审阅了全书并欣然为本书作序。本书今天能与读者见面，显然是和两位导师的辛勤劳动分不开的。在硕士学位论文和本书的写作过程中，作者得到了本教研室鲁风、阴家宝、陈德洪、韩玉胜等老师的鼓励和帮助，还颇得益于本专业同学赵秉志、周振想、张智辉和姜伟的切磋启迪，在此一并表示由衷的谢意。

由于本人学术水平所限，书中的谬误之处在所难免，尚希读者予以批评指正。

1986年5月于北京

目　录

第一章 正当防卫的沿革

第一节　正当防卫的历史起源

正当防卫从习俗到法律、从观念到学说，经历了一个漫长而曲折的历史发展过程。在论及正当防卫的历史时，德国学者李斯特曾经指出：正当防卫（Notwehr）尽管合法程度有所不同，但始终被视为合法的行为，而不仅仅是作为不受处罚的行为得到承认。因此，在此等意义上，西塞罗所说的“非制定法，而是自然法”（non scripta，sed nata lex）或盖普所说的“正当防卫没有历史”是正确的。进一步研究便可得知，正当防卫权同样有一个既丰富又重要的发展史。[①] 正当防卫蜕变于私刑，萌生于复仇，其历史渊源一直可以追溯到原始社会。

原始社会是以人从动物界分离出来为起点的，恩格斯在谈到人类社会如何起源于动物社会时，指出：“为了在发展过程中脱离动物状态，实现自然界中的最

① 参见［德］李斯特：《李斯特德国刑法教科书》，［德］施密特修订，徐久生译，176 页，北京，北京大学出版社，2021。

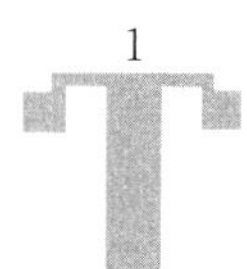

伟大的进步，还需要一种因素：以群的联合力量和集体行动来弥补个体自卫能力的不足。”[①] 人和动物一样，具有一定的由先天或者遗传的因素所牢固地控制着的生物本能。食欲、性欲和防卫，是生物学家和人类学家所公认的一切生物所具有的三大本能。所以，防卫是人类社会维持个体和族类的生存和延续的必要条件之一。问题不在于人和动物具有共同的生物本能，而在于满足这种生物本能的方式。正如苏俄历史学家谢苗诺夫指出：“如果动物的这些和那些生物本能是唯一的，因而也唯有这本能才是支配它行为的动因的话，那末，人的本能则总是隶属于另外一些动机，这些动机的根源不是在他的肉体组织中，而是在他为其成员的那个社会有机体的结构中。”[②] 人类满足防卫本能的方式根本不同于动物——动物依赖个体的防卫本能以适应自然环境，并且凭借着这一防卫本能使其免受或者少受来自其他动物的侵害，所以，动物始终脱离不了生物学的自然法则的影响和控制；而人类则依靠社会力量弥补个体自卫能力的不足，以社会为中介，在社会的影响和控制下满足其防卫的生物本能。这一事实表明，动物的防卫本能在何种程度上变成了人的防卫本能。马克思指出：“人的本质不是单个人所固有的抽象物，在其现实性上，它是一切社会关系的总和。”[③] 所以，人虽然也是一个生物学上的存在物，但他的本质却全然不在于此。人的本质在于他的社会本性。正是在这个意义上，我们可以把以群的联合力量和集体的行动来弥补个体自卫能力的不足，视为人从动物界分离出来的动因之一，并且是人和动物的根本区别之所在。

为了弥补个体自卫能力的不足，以血缘为基础的人类社会自然形成的原始形式——氏族应运而生。摩尔根指出：“氏族既以团结亲属为其原则，所以它对于每一个成员所尽的保护之责，是现有的任何其他力量都办不到的。”[④] 所以，摩

---

① 《马克思恩格斯选集》，2版，第4卷，30～31页，北京，人民出版社，1995。

② ［苏］谢苗诺夫：《婚姻和家庭的起源》，蔡俊生译，75页，北京，中国社会科学出版社，1983。

③ 《马克思恩格斯选集》，2版，第1卷，56页，北京，人民出版社，1995。

④ ［美］摩尔根：《古代社会》，上册，杨东莼、马雍、马巨译，68页，北京，商务印书馆，1977。

尔根把亲属团结列为氏族组织产生的三个主要动因之一。在这个意义上，我们可以说，氏族是为满足人类的防卫本能而出现的原始的社会组织。在以血缘为维系人与人之间关系的天然纽带的氏族社会，凡伤害个人，便是伤害了整个氏族，因而，从氏族的血亲关系中产生了为全体成员所绝对承认的血亲复仇的义务。正如恩格斯指出："假使一个氏族成员被外族人杀害了，那么被害者的全氏族就有义务实行血族复仇。"[①] 随着私有制的发展，氏族制度逐渐瓦解，血缘关系日益松弛，复仇的对象由侵害者所在氏族的全体成员，缩小为侵害者本人。复仇的主体由被侵害者所在氏族的全体成员，缩小为被侵害者的家庭成员，血亲复仇演变为私人复仇。在这种情况下，氏族已经不能向个人提供保护，氏族终于走到了它的尽头。因此，复仇是人类满足防卫本能的原始形态。

人类在氏族制度的废墟上建立了国家。国家区别于氏族组织的一个重要特征是公共权力的设立，刑罚权是这种公共权力的最主要的内容之一。国家行使刑罚权结束了以复仇作为防卫形态的历史，正如恩格斯指出的，"我们今日的死刑，只是这种复仇的文明形式"[②]。国家通过惩罚犯罪的刑罚手段，在名义上向全体公民提供法律保护。因而，刑罚是人类满足防卫本能的文明形态。正是在这个意义上，马克思指出："刑罚不外是社会对付违犯它的生存条件（不管这是些什么样的条件）的行为的自卫手段。"[③] 由于在一定的阶级社会里，社会的生存条件是统治阶级所赖以存在的物质生活条件，所以，刑罚不过是统治阶级维护其统治秩序的手段而已。

刑罚是复仇的文明形态，但它并没有完全取代复仇。古代刑法在某些特定的情况下，允许私人复仇；复仇被合法化，成为刑罚的补充形式，这就是私刑。在我国古代，春秋时期盛行的报仇，可以说是私刑的一种特殊形式。先秦时期，道

① 《马克思恩格斯选集》，2版，第4卷，85页，北京，人民出版社，1995。
② 《马克思恩格斯选集》，2版，第4卷，95页，北京，人民出版社，1995。
③ 《马克思恩格斯全集》，第8卷，579页，北京，人民出版社，1961。

义上以报父母兄弟之仇为义务。《礼记·曲礼》说："父之仇，弗与共戴天。兄弟之仇，不反兵。"孟子亦有"杀人亲之重也：杀人之父，人亦杀其父；杀人之兄，人亦杀其兄"[①] 的说法。关于报仇的缘由，有时加以限制。《公羊传·定公四年》指出："父不受诛，子复仇可也。父受诛，子复仇，推刃之道也。"也就是说，父母犯死罪而被杀者，则子不可报仇。从这里我们可以充分地认识中国古代的报仇作为刑罚的补充形式的性质。不仅如此，报仇还有一定的程序。例如，《周礼·秋官·朝士》说："凡报仇者，书于士，杀之无罪。"在外国古代刑法中，亦有关于私刑的规定。例如，《汉穆拉比法典》（约公元前1792年～公元前1750年）第21条规定："自由民侵犯他人之居者，应在此侵犯处处死并掩埋之。"《十二铜表法》（公元前451年～公元前450年）第八表第12条规定："如果于夜间行窃，就地被杀，则杀死他应认为是合法的。"而在古罗马，犯罪分为公罪和私罪。所谓公罪，又称公犯，按照罗马法学家的解释，是指违反整个国家利益的行为；或者目的虽为侵犯个人利益，但违反了统治阶级的共同利益的行为。对于公罪，由国家行使刑罚权。所谓私罪，又称私犯，是指违法加害于他人的人身或财产的行为。对于私罪，一般采取损害赔偿的方式处理。但国家赋予私人对于某些私罪，例如：盗窃，具有就地惩处的私刑权；假如犯罪分子隐藏起来，受害人可以进行搜查；对于夜盗或白日持凶器行抢者，允许当场杀死。因此，私刑是私人代行国家的惩罚权，具有合法的形式。

广泛地允许私刑，势必削弱国家的刑罚权，并且会危害统治阶级所赖以存在的社会秩序，造成社会动乱，所以，正如我国学者指出："法律机构发达以后，生杀予夺之权被国家收回，私人便不再有擅自杀人的权利，杀人便成为犯罪的行为，须受国法的制裁。在这种情形之下，复仇自与国法不相容，而逐渐地被禁止了。"[②] 以古代中国为例，根据日本学者穗积陈重在《复仇与法律》一书中的见

① 《孟子·尽心下》。

② 瞿同祖：《中国法律与中国社会》，70页，北京，中华书局，1981。

解，古代中国可被划分为复仇的公开允许时代、限制时代和禁止时代，唐朝以后都属禁止时代。[①] 随着国家刑罚权的加强，私刑逐渐受到限制，直至最终禁止。法律只是在公民的人身和其他权利受到正在进行的不法侵害，依靠国家的刑罚权保护公民的人身和其他权利已经来不及的紧急情况下，才允许公民以暴力手段保护本人的人身和其他权利。这样，正当防卫作为一种在人身和其他权利受到正在进行的不法侵害的情况下的救济措施，从私刑中蜕变出来。正当防卫，在某种程度上被概念化了的立法例的出现，据有关资料记载，是在13世纪以后。1532年的《卡罗林纳刑法典》对正当防卫作了明确的规定，指出："为了防卫生命、身体、名誉、贞操等不受侵害，可以实施正当防卫，直至把人杀死。"

第二节　中国古代的正当防卫

我国是一个历史悠久的文明古国，中华法系是世界上公认的五大法系之一。古人留给我们丰富的法律文化遗产，我们应该批判地继承。我国古代虽然没有正当防卫的概念，但正当防卫的观念和内容，却可谓源远流长。

我国古代关于正当防卫观念的最早记载，见于《尚书》。《尚书·舜典》中的"眚灾肆赦"一语，包含着正当防卫的观念。"眚"指过失，例如《左传》云："不以一眚掩大德。""灾"指祸患，例如《公羊传》云："害物曰灾。""眚灾肆赦"可以解释为："遇不正之侵害，与避现在之危难，皆可谓之不幸。因不幸而至触犯罪刑，亦当赦之。"[②] 应该说，"眚灾肆赦"一语所包含的正当防卫观念还处于一种混沌状态。从"眚灾肆赦"一语中，还可以分析出紧急避险、过失、赦免，甚至缓刑等现代刑法观念。

---

① 参见［日］西田太一郎：《中国刑法史研究》，段秋关译，73页，北京，北京大学出版社，1985。该书曾引述《复仇与法律》的观点。

② 徐朝阳：《中国刑法溯源》，129页，北京，商务印书馆，1933。

如果说《尚书》关于正当防卫的记载还不清晰的话，那么，《周礼》的有关记载使正当防卫的观念进一步明确化。《周礼·地官·调人》云："凡杀人而义者，不同国，勿令仇，仇之则死。"这里的杀人而义，就是指现代刑法中的正当防卫。荀况指出："杀人者死，伤人者刑，是百王之所同也，未有知其所由来者也。"[①]"杀人者死"可以说是中国古代法律的一条原则，其所由来就是原始社会的同态复仇。但原则之中有例外，杀人而义者则不仅可以不死，而且不允许被害人的亲属报仇，报仇则死。杀人而义者不死，作为中国古代杀人者死的法律原则的例外，其意义重大。它表明中国古代调整犯罪和刑罚关系的刑法，逐渐摆脱了原始社会同态复仇的习俗，而越来越被纳入以伦理为原则的轨道这是中国古代刑法伦理化的一个重要标志。那么，什么是杀人而义呢？汉人郑玄注谓："义，宜也。谓父母、兄弟、师长尝辱骂而杀之者，如是为得其宜。虽所杀者人之父兄，不得仇也，使之不同国而已。"从这个解释中，我们可以看出："义"是对于因辱骂父母兄弟师长而杀人者的肯定的伦理道德的评价，因而也是肯定的法律的评价。所以，杀人而义是免除杀人者的刑事责任的根据。

《周礼·秋官·朝士》又云："盗贼军乡邑及家人，杀之无罪。"春秋时期的李悝在《法经》中曾经指出："王者之政，莫急于盗贼。"那么，什么是盗贼呢？贾公彦疏曰："盗谓取人物，贼谓杀人。"可见，盗是指侵犯财产权利的犯罪，贼是指侵犯人身权利的犯罪。对军乡邑的盗贼之所以可以杀之无罪，《义疏原案》注谓："军中乡邑有盗贼来劫，窃其财物及家人者，当时杀之则无罪也。盖奸人起于仓卒，不杀之则反为彼所伤，故不可以擅杀罪之。"据此，我国学者蔡枢衡认为，这实际是具体而微的正当防卫，不无道理。[②]从正当防卫的范围来看，不仅可以对杀人等侵犯人身权利的不法侵害实行正当防卫，而且可以对盗窃等侵犯财产权利的不法侵害实行正当防卫，因此，正当防卫的范围十分广泛。并且，

① 《荀子·正论》。

② 参见蔡枢衡：《中国刑法史》，176页，南宁，广西人民出版社，1983。

《周礼》明确规定对不法侵害实行正当防卫，杀之无罪。所谓杀之无罪，按照《义疏原案》的解释，就是不得以擅杀对其定罪；或者说，免除其擅杀之罪责。这种对正当防卫的法律评价，较之《尚书》所谓“肆赦”，更加接近现代刑法关于正当防卫不负刑事责任的观念。

在我国春秋时期，正当防卫作为法律原则在司法实践中得以运用。《左传》云：“郑游贩夺人之妻，其夫攻杀之，而以其妻行。子产复之，令游氏弗怨。”这段话记载了一个我国古代正当防卫的案例：郑国游某强奸他人之妻，其夫对游某实行正当防卫，杀死游某以使其妻免遭强奸。郑国执政子产（？一前522）认为游某咎由自取，不准游氏复仇。从这里可以看到，中国古代不仅为使本人的人身或者其他权利免受正在进行的不法侵害，可以对不法侵害人实行正当防卫，而且在他人的人身或者其他权利受到正在进行的不法侵害的情况下，亦允许对不法侵害人实行正当防卫。不仅如此，秦律还把防卫他人所遭受的不法侵害规定为法律义务，追究不救助者的刑事责任。秦简《法律答问》指出：“贼从甲室，贼伤甲，甲号寇，其四邻、典老皆出不存，不闻号寇，问当论不当？审不存，不当论；典、老虽不存，当论。”① 根据秦律，四邻在家闻呼喊而不救者，要追究刑事责任。对于里典、伍老而言则不论在家与否，都要论罪。唐律对不救助罪的规定更为具体：“诸邻里被强盗及杀人，告而不救助者，杖一百；闻而不救助者，减一等；力势不能救助者，速告随近官司，若不告者，亦以不救助论。”② 自此以后，宋、元、明、清的刑律均有此类规定。

我国古代法律规定，不仅对于侵害人身和财产权利的盗贼可以实行正当防卫，而且对于侵犯住宅者亦得实行正当防卫。汉代郑玄在注释《周礼·秋官·朝士》“盗贼军乡邑及家人，杀之无罪”一语时指出：“谓盗贼群辈若军共攻盗乡邑及家人者杀之无罪。若今时无故入人室宅庐舍，上人车船，牵引人欲犯法者，其

① 《睡虎地秦墓竹简》，193页，北京，文物出版社，1978。

② 长孙无忌：《唐律疏议》，530页，北京，中华书局，1983。

时格杀之，无罪。”这里所说的室、宅、庐、舍，都是居住的处所；车、船也可以成为居住的临时处所。这类地方，未经主人同意，他人一概无权入内。这里所说的无故，就是没有正当的理由。至于所谓牵引人欲犯法，则是指侵犯人身自由。我国刑法学家蔡枢衡经过考证明确指出：这是后世所谓正当防卫。[①] 由此可见，汉律规定可以对无故入人室宅庐舍、上人车船者实行正当防卫。后北周律亦规定：“盗群攻乡邑及入人家者，杀之无罪。若报仇者，造于法而自杀之，不坐。”

《唐律》是我国古代社会一部具有代表性，并且最完备的法典，是我国封建法典的楷模，在我国法制史上具有重要的地位。唐律关于“诸夜无故入人家者，笞四十。主人登时杀者，勿论”[②] 的规定，被公认为我国封建法律关于正当防卫的规定的典范。虽然其内容仅限于对于夜晚无故入人家者实行正当防卫，但从刑法理论上分析，它具备了现代刑法中正当防卫的前提条件，唯在立法上对于正当防卫没有体现对必要限度的控制。不法侵害是正当防卫的起因，唐律规定“诸夜无故入人家者，笞四十”，首先把于夜晚无故入人家规定为犯罪，予以否定的社会政治和法律的评价，足以表明于夜晚无故入人家是不法侵害。所谓“家”者，根据《唐律疏议》解释，就是指“当家宅院之内”[③]。在封建社会中，家不仅是私有财产的基础，而且是封建伦理道德关系的体现，是神圣不可侵犯的，因此，夜晚无故入人家，构成对人身和财产权利的严重威胁。唐律把它规定为犯罪，并允许主人对其实行正当防卫。不法侵害人是正当防卫的客体，唐律明文规定只能对在夜晚无故入人家者本人实行正当防卫。《唐律疏议》在解释“外人来奸，主人旧已知委，夜入而杀，亦得勿论以否”时指出：“律开听杀之文，本防侵犯之辈。设令旧知奸秽，终是法所不容，但夜入人家，理或难辨，纵令知犯，亦为罪人。若其杀即加罪，便恐长其侵暴，登时许杀，理用无疑。”[④] 这就是说，主人

① 参见蔡枢衡：《中国刑法史》，177 页，南宁，广西人民出版社，1983。
② 长孙无忌：《唐律疏议》，346 页，北京，中华书局，1983。
③ 长孙无忌：《唐律疏议》，346 页，北京，中华书局，1983。
④ 长孙无忌：《唐律疏议》，346 页，北京，中华书局，1983。

对于外人来奸已有防备，仍可登时杀之。不过，如果主人明知在夜晚无故入人家者，不是为侵犯而来或力不能侵犯，即《唐律疏议》所指“知其迷误，或因醉乱，及老、少、疾、患，并及妇人，不能侵犯”[①] 者，不得实行正当防卫，否则，就要受到刑罚处罚。例如唐律规定，“若知非侵犯而杀伤者，减斗杀伤二等”[②]。所以，唐律规定正当防卫的对象只限于不法侵害人。不法侵害之正在进行，是正当防卫的时间。对此，唐律规定得十分明确：登时杀者，勿论。所谓登时，根据《唐律疏议》的解释，就是指“登于入时”[③]。如果不是登于入时，而是“已就拘执”[④]，则不允许再对其伤害格杀，否则，也应受刑罚处罚。例如，《唐律疏议》指出：“已就拘执，谓夜入人家，已被擒获，拘留执缚，无能相拒，本罪虽重，不合杀伤。主人若有杀伤，各依斗法科罪，至死者加役流。”[⑤] 从以上分析我们可以看出：唐律对正当防卫的规定是具体明确的，堪称中国古代法律关于正当防卫规定的典范。

除以上文献记载和法律规定以外，我们还可以从清朝遗留下来的案例和判词考察当时的正当防卫观念。清王朝嘉庆十七年（1812 年），荆杰强奸荆吴氏被咬伤嘴唇一案中，荆吴氏应依律问斩，奏请定夺。嘉庆皇帝喻旨曰：此案荆杰蔑伦强奸，翁媳之义已绝，应依律勿论。[⑥] 可见封建统治者是将封建纲常礼教作为确立正当防卫的出发点。封建统治者确认正当防卫，首先是为了维护封建社会的统治秩序，其次才是维护被害人的正当权益。

《清朝名吏判牍》所载张船山《拒奸杀人之判》，是一篇关于正当防卫不负刑事责任的判词。张船山（1764—1814），名问陶，字仲冶，四川遂宁人，乾隆年

① 长孙无忌：《唐律疏议》，346 页，北京，中华书局，1983。
② 长孙无忌：《唐律疏议》，346 页，北京，中华书局，1983。
③ 长孙无忌：《唐律疏议》，346 页，北京，中华书局，1983。
④ 长孙无忌：《唐律疏议》，346 页，北京，中华书局，1983。
⑤ 长孙无忌：《唐律疏议》，346 页，北京，中华书局，1983。
⑥ 参见《刑案汇览》，第 5 卷。

间进士，由御史出知莱州府。张船山的《拒奸杀人之判》对于研究中国古代的正当防卫来说，可以说是一份珍贵的历史文件。现将案情和判词介绍如下：有陶文凤者，涎其弟妇丁氏美貌，屡调戏之，未得间。一日其弟文麟因事赴亲串家，夜不能返。文凤以时不可失，机不可逸，一手执刀，一手执银锭两只，从窗户跳入丁氏房中，要求非礼。丁氏初不允，继见执刀在手，因佯许也。双双解衣，丁氏并先登榻以诱之。文凤喜不自禁，以刀置床下，而亦登榻也。不料丁氏眼快手捷，见彼置刀登榻，即疾趋床下，拔刀而起。文凤猝不意，竟被斩死。次日鸣于官。具不能决，呈控至府。张船山悉心研审，尽得其实，即下笔判陶丁氏无罪。判词曰："审得陶丁氏戳死陶文凤一案，确系因抗拒强奸，情急自救，遂致出此。又验得陶文凤赤身露体，死在丁氏床上。衣服乱堆床侧，袜未脱，双鞋又并不齐整，搁在床前脚踏板上。身中三刃：一刃在左肩部，一刃在右臂上，一刃在胸，委系伤重毙命。本县细加检验，左肩上一刃，最为猛烈。当系丁氏情急自卫时，第一刃砍下者，故刀痕深而斜。右臂一刃，当系陶文凤被刃后，思夺刀还砍，不料刀未夺下，又被一刃，故刀痕斜而浅。胸部一刃，想系文凤臂上被刃后，无力撑持，即行倒下。丁氏恐彼复起，索性一不做二不休，再猛力在胸部横戳一下，故刀痕深而正。又相验凶器，为一劈柴作刀。正与刀痕相符。而此作刀，为死者文凤之物。床前台上，又有银锭两只，各方推勘，委系陶文凤乘其弟文麟外出时，思奸占其媳丁氏，又恐丁氏不从，故一手握银锭两只，以为利诱，一手执凶刀一把，以为威胁。其持刀入房之际，志在奸不在杀也。丁氏见持凶器，知难幸免，因设计以诱之。待其刀已离手，安然登榻，遂出其不意，急忙下床，夺刀即砍，此证诸死者伤情及生者供词，均不谬者也。按律因奸杀死门载：妇女遭强暴而杀死人者，杖五十，准听钱赎。如凶器为男子者免杖。本案凶器，既为死者陶文凤持之入内，为助威强奸之用，则丁氏于此千斤一发之际，夺刀将文凤杀死，正合律文所载，应免予杖责。且也强暴横来，智全贞操，夺刀还杀，勇气加人，不为利诱，不为威胁。苟非毅力坚强，何能出此！方敬之不暇，何有于杖。此则又敢布诸彤管载在方册者也，此判。"张船山在判词中，赞扬了陶丁氏拒奸杀死陶文凤的正当防卫行为，其判词合于情理，适于法条，确是一份不可多得的关于

正当防卫不负刑事责任的判词。

我国正当防卫的概念首次出现在1911年《大清新刑律》中，该律第15条规定："对现在不正之侵害，而出于防卫自己或他人的权利之行为，不为罪。"该律未及施行，清王朝就覆灭了。民国元年（1912年），该律改名为《暂行新刑律》后颁布施行。后来，国民政府1928年和1935年刑法承袭了正当防卫制度。

第三节　西方近代的正当防卫

在法制史上，正当防卫作为法律制度在刑法中地位的真正确立，是在1791年的《法国刑法典》。可以说，现代意义上的正当防卫制度，是18世纪启蒙学家所鼓吹的天赋人权论的产物。

启蒙学家，恩格斯称之为"为行将到来的革命启发过人们头脑的那些伟大人物"①，是一些非常革命的人物。启蒙学家以自然法为其思想武器，倡导天赋人权，鼓吹正义、自由和平等，由此合乎理性地引导出正当防卫的观念。洛克指出："当为了保卫我而制定的法律不能对当时的强力加以干预以保障我的生命，而生命一经丧失就无法补偿时，我就可以进行自卫并享有战争的权利，即杀死侵犯者的自由，因为侵犯者不容许我有时间诉诸我们的共同的裁判者或法律的判决来救助一个无可补偿的损害。"② 洛克把自卫解释为一种正当的权利和自由，认为在法律不能保障自己生命的紧急情况下，可以杀死侵犯者。只有这样，才合乎正义。孟德斯鸠指出："在公民与公民之间，自卫是不需要攻击的。他们不必攻击，只要向法院申诉就可以了。只有在紧急情况下，如果等待法律的救助，就难免丧失生命，他们才可以行使这种带有攻击性的自卫权利。"③ 孟德斯鸠把保障

① 《马克思恩格斯选集》，2版，第3卷，719页，北京，人民出版社，1995。

② ［英］洛克：《政府论》，下篇，瞿菊农、叶启芳译，14页，北京，商务印书馆，1964。

③ ［法］孟德斯鸠：《论法的精神》，上卷，张雁深译，137页，北京，商务印书馆，1961。

公民人身和财产安全的救济形式分为两种：第一种是诉诸法律，即所谓公力救助。第二种是直接诉诸暴力，即所谓自力救助。公力救助是保障公民人身和财产安全的一般形式，而自力救助则是在公力救助所不济的紧急情况下，为保障本人的人身和财产安全而采取的暴力手段，是保障公民人身和财产安全的特殊形式。启蒙学家所表述的这些思想，具有两个共同特点：一是把正当防卫视为紧急情况下的自力救助，其目的在于保障本人的人身和财产安全。这样，启蒙学家就把正当防卫和私刑明确地区分开来了，不是把正当防卫视为复仇，而是视为自卫权，所以，我们可以说启蒙学家为现代刑法意义上的正当防卫奠定了理论基础。当然，由于启蒙学家信奉自然法思想，在某种程度上还是把正当防卫视为人的与生俱来的防卫本能，由此确立了正当防卫权的神圣性。二是以个人主义为出发点阐述正当防卫的性质，把正当防卫视为天赋人权之一，是对人的天然自卫权的恢复，强调个人权利神圣不可侵犯，认为个人权利的行使只以保证社会上其他成员能享有同样权利为限，除此以外，个人权利是无限的，任何人不得干涉。这种理论导致了无限防卫权的思想的出现，就是对正当防卫的强度没有任何控制。我们可以把启蒙学家所宣扬的这种思想称为权利本位的正当防卫理论，它体现了当时以个人权利为主的法律精神。近代西方国家的政治制度和法律制度无不是按照启蒙学家的思想模式建立起来的，是其思想的法律化和制度化。1791 年和 1810 年《法国刑法典》，作为法国大革命的产物和当代大多数国家的刑法典的范本，尤其体现了启蒙学家的思想，正当防卫制度亦不例外。1791 年《法国刑法典》第 6 条规定："防卫他人侵犯自己或他人的生命而杀人时，不为罪。"该刑法典没有关于防卫过当应当负刑事责任的规定，而是从权利本位的正当防卫理论出发，规定为了保护个人权利，对于轻微的侵害行为可以采取剥夺生命这一最严厉的防卫手段。例如，1810 年《法国刑法典》第 329 条规定："下列两情形均视为迫切需要的防卫：一、在夜间因抗拒他人攀越或破坏住宅、家室或其附属物的围墙、墙壁或门户而杀人、伤害或殴击者；二、因防御以暴行实施犯罪的窃盗犯或掠夺犯而杀人、伤害或殴击者。"而且，正当防卫的主体大多限于本人。即使允许在他人

的权利受到不法侵害时实行正当防卫，其范围亦有限制，一般仅限于亲属，在英国习惯法中尤其如此。根据英国传统的习惯法，人们有权保卫处于他所保护下的人，如父母有权保护子女，监护人有权保护被他监护的人。① 权利本位的正当防卫理论的代表学说是权利行为说，其认为侵害既为不法，对其实行防卫，乃基于权利而来。

进入 20 世纪以后，西方国家在法律制度和法学理论上也发生了重大的变化。以个人权利为法律的唯一基础的权利本位的法学理论已经不能适应社会生活，法学理论面临着一个重大的转变，这就是所谓法的社会化的问题。如果说，根据启蒙学家的思想模式建立起来的法律制度，体现了以个人权利为主的法律精神，那么，在进入 20 世纪以后，西方国家的法律不仅强调保护个人权利，而且更强调保护社会利益，因此，个人权利的法律精神就代之以法的社会化的精神。只有这样，才能适应现代西方国家的社会生活。所以，所谓法的社会化，其基本内容就是以社会本位的法代替权利本位的法。反映在正当防卫的理论上，就是由过去以个人权利为基础阐发正当防卫的本质，发展到以社会利益为出发点阐发正当防卫的本质，即主张立法上对正当防卫权利实行一定的控制。因此，我们可以把这种以社会利益为基础的正当防卫理论称为社会本位的正当防卫理论。社会本位的正当防卫理论在菲利《刑事社会学》一书的下述论段中得到精辟的阐发："正当防卫是权利的执行，因为不法侵害者之受被害者之反响，是取决于法律的与社会的旨趣的；攻击行为是表现行为者的冒昧性和反社会性，阻止这种力量扩大的人——正当防卫者——正是站在社会利益上和法律利益上以完成他应执行的法律行为。"② 根据社会本位的正当防卫理论，法律之所以允许对侵犯个人生命和财产权利的不法侵害实行正当防卫，就在于这种不法侵害具有社会危害性。因此，正当防卫，不

---

① 参见欧阳涛等：《英美刑法刑事诉讼法概论》，64 页，北京，中国社会科学出版社，1984。

② 徐鹏飞：《比较刑法纲要》，115 页，北京，商务印书馆，2014。徐鹏飞所引菲利《刑事社会学》(《犯罪社会学》) 一书中的这段论述，在该书的中文译本中未能找到。特此说明。

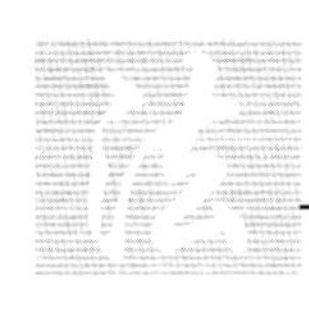

像权利本位的正当防卫理论所认为的那样，仅是单纯维护个人利益的自卫权，而是维护社会利益的法律行为。对正当防卫权利的行使，应以不危害社会利益为限，否则，就和不法侵害一样具有社会危害性，同样为社会和法律所不允许。社会本位的正当防卫理论要求在刑事立法上规定防卫过当应负刑事责任，甚至主张正当防卫须出于不得已。例如，《日本刑法典》第 36 条对正当防卫作如下规定："（一）为防卫自己或他人的权利，对于急迫的不正当侵害而采取的出于不得已的行为，不处罚。（二）超过防卫限度的行为，根据情节，可以减轻或免除其刑罚。"社会本位的正当防卫理论的代表学说是社会利益说：认为不法侵害含有反社会性，针对此种反社会性之行为，人人皆得加以防御，借以保全社会之共同福利。

第二章 正当防卫的制度变迁

正当防卫是刑法中一项十分独特的制度。刑法是罪刑价目表，它既为犯罪确定边界，同时也为刑罚圈定范围，因此，刑法具有双重制约功能：一方面是对公民行为的限制，另一方面则是对国家刑罚权的限制。正当防卫是公民的一种防卫权，它的存在使国家刑罚权有所限缩，从而形成对其的侵蚀。德国学者在论及正当防卫的本质时指出：究竟应当如何解决公民自身防卫的权限与既存的现代化社会秩序，以及与国家的专有的法律保护权之间的矛盾呢？[①] 确实，正当防卫制度作为刑法的一个组成部分，它的变迁是公民与国家的关系、立法与司法之间的关系之嬗变的一个缩影。当正当防卫被理性的目光所聚焦时，正当防卫制度背后的社会变动现象就会呈现在我们面前。

第一节 正当防卫的制度初创

1979年《刑法》第17条规定："为了使公共利益、本人或者他人的人身和

① 参见［德］汉斯·海因里希·耶赛克、托马斯·魏根特：《德国刑法教科书》（总论），徐久生译，401页，北京，中国法制出版社，2001。

其他权利免受正在进行的不法侵害，而采取的正当防卫行为，不负刑事责任。”这是我国刑法中首次出现正当防卫的规定。当它出现在我们面前时，我们就对它充满着一种矛盾的心情，在正确使用与滥用之间犹豫。正如我国学者高铭暄指出：正当防卫是公民的一项合法权利。当公民正确行使这项权利的时候，不仅对社会无害处，而且对社会有好处。故法律规定，正当防卫行为不负刑事责任。但是，法律禁止滥用此项权利，过当地对不法侵害分子给予不必要的报复。[①] 当然，如何在正确使用与滥用之间寻找一个平衡点，是一个难题。在大陆法系国家的犯罪论体系中，正当防卫作为违法阻却事由，具有出罪功能，因而对于被告人来说，其是一种出罪事由。只有在人权保障理念彰显的社会环境中，正当防卫制度才能真正发挥其出罪功能。但在我国，正当防卫制度可以说是生不逢时。1979年《刑法》实施不久，就开始了“严打”，因而正当防卫制度在司法适用中遇到强大的阻力。虽然立法上对正当防卫的规定是十分明确的，但司法上则往往将正当防卫作为防卫过当加以认定，并将防卫过当作为普通犯罪加以认定。例如，孙某亮故意伤害案[②]，就是一个适例：

被告人：孙某亮，男，19岁，甘肃省泾川县人，原系甘肃省平凉市柳湖乡保丰村农民。1984年6月25日晚8时许，被告人孙某亮偕同其友蒋某平去看电影，在平凉市东关电影院门口，看到郭某祥及郭某平、马某全3人尾追少女陈××、张××，郭某祥对陈××撕拉纠缠。孙某亮和蒋某平上前制止，与郭某祥等3人发生争执。争执中，蒋某平动手打了郭某祥面部一拳，郭某祥等3人即分头逃跑，孙某亮和蒋某平分别追赶不及，遂返回将陈××、张××护送回家。此时，郭某平、马某全到平凉市运输公司院内叫来正在看电影的胡某革、班某存等6人，与郭某祥会合后，结伙寻找孙某亮、蒋某平，企图报复。郭某祥等9人在一小巷内发现孙某亮、蒋某平2人后，即将某明亮、蒋某平2人拦截住。郭某平

① 参见高铭暄：《中华人民共和国刑法的孕育和诞生》，43页，北京，法律出版社，1981。

② 参见《最高人民法院公报》，1985（2）。

手持半块砖头，郭某祥上前质问孙某亮、蒋某平为啥打人。蒋某平反问："人家女子年龄那么小，你们黑天半夜缠着干啥？"并佯称少女陈××是自己的妹妹。郭某祥听后，即照蒋某平面部猛击一拳。蒋某平挨打后与孙某亮退到附近街墙旁一垃圾堆上。郭某祥追到垃圾堆继续扑打，孙某亮掏出随身携带的弹簧刀（孙某亮系郊区菜农，因晚上在菜地看菜需要，在市场上买来此刀防身），照迎面扑来的郭某祥左胸刺了一刀，郭某祥当即跌倒。孙某亮又持刀对空乱抡几下，与蒋某平乘机脱身跑掉。郭某祥因被刺伤左肺、胸膜、心包膜、肺动脉等器官，失血过多，于送往医院途中死亡。

1984年10月7日，甘肃省平凉地区人民检察分院以故意杀人罪对被告人孙某亮提起公诉。平凉地区中级人民法院依法组成合议庭，对该案进行公开审理，认定孙某亮在打架斗殴中，持刀伤害他人致死，后果严重，犯有1979年《刑法》第134条故意伤害罪，依照该条第2款的规定，于1984年11月23日判处孙某亮有期徒刑15年。

宣判后，被告人孙某亮不上诉。甘肃省平凉地区人民检察分院以第一审判决定罪不准、量刑失轻为由，依照1979年《刑事诉讼法》第130条和第133条第1款的规定，于1984年12月4日向甘肃省高级人民法院提出抗诉，并将抗诉书副本抄送甘肃省人民检察院。甘肃省平凉地区人民检察分院认为：(1) 孙某亮在打架斗殴中，对用刀刺人会造成被刺人死亡或者受伤的后果是清楚的，但其在主观上对两种后果的发生，均持放任的态度。在这种情况下，是定（间接）故意伤害罪，还是定（间接）故意杀人罪，应以实际造成的后果来确定。鉴于郭某祥已死亡，应定（间接）故意杀人罪。第一审判决对孙某亮定（间接）故意伤害罪不当。(2) 孙某亮持刀致人死亡，造成严重后果，无论是定故意伤害罪还是定故意杀人罪，判处有期徒刑15年均失轻。全国人大常委会《关于严惩严重危害社会治安的犯罪分子的决定》对1979年《刑法》第134条作了补充，规定对故意伤害致人死亡的，可以在刑法规定的最高刑以上处刑，直至判处死刑。其精神在于对持刀行凶者，要予以严惩。1979年《刑法》第132条对故意杀人罪处刑规定

的精神是：故意杀人的，首先应考虑处死刑，其次是无期徒刑，最后才是有期徒刑。因此，对孙某亮判处15年有期徒刑，不符合上述法律规定的精神。

甘肃省高级人民法院依照1979年《刑事诉讼法》规定的第二审程序对该案进行第二审。在审理中，发现第一审判决适用法律有错误。与此同时，甘肃省人民检察院调卷审查甘肃省平凉地区人民检察分院的抗诉，并于1985年1月28日经检察委员会讨论，认为：孙某亮的行为属于防卫过当，第一审判处15年有期徒刑失重；甘肃省平凉地区人民检察分院以定罪不准、量刑失轻为由抗诉不当。遂决定依照1979年《刑事诉讼法》第133条第2款的规定，向甘肃省高级人民法院撤回抗诉。

由于抗诉撤回后，第一审判决已发生法律效力，甘肃省高级人民法院依照1979年《刑事诉讼法》第149条第2款的规定，决定提审该案。1985年2月27日经该院审判委员会讨论，认为第一审判决对孙某亮行为的性质认定和在适用刑罚上，均有不当。孙某亮及其友蒋某平路遇郭某祥等人在公共场所对少女实施流氓行为时，予以制止，虽与郭某祥等人发生争执，蒋某平动手打了郭某祥一拳，但并非流氓分子之间的打架斗殴，而是公民积极同违法犯罪行为作斗争的正义行为，应予以肯定和支持。郭某祥等人不听规劝，反而纠结多人拦截孙某亮和蒋某平进行报复，其中郭某平手持砖块与同伙一起助威，郭某祥主动进攻，对蒋某平实施不法侵害。蒋某平挨打后，与孙某亮退到垃圾堆上，郭某祥仍继续扑打。孙某亮在自己和蒋某平已无后退之路的情况下，为了免遭正在进行的不法侵害，持刀进行还击，其行为属正当防卫，是合法的。但是，由于郭某祥是徒手实施不法侵害，郭某平手持砖头与同伙一起助威，孙某亮在这种情况下，持刀将郭某祥刺伤致死，其正当防卫行为超过必要的限度，造成不应有的危害后果。这属于防卫过当，构成故意伤害罪。依照1979年《刑法》第17条第2款的规定，孙某亮应当负刑事责任，但应当在《刑法》第134条第2款规定的法定刑以下减轻处罚。第一审判决未考虑这一情节，量刑畸重，应予纠正。据此，甘肃省高级人民法院判决撤销第一审判决，以故意伤害罪改判被告人孙某亮有期徒刑2年，缓刑3年。

最高人民法院审判委员会1985年6月5日第226次会议，依照《中华人民共和国人民法院组织法》第11条第1款的规定，在总结审判经验时认为，对于公民自觉地与违法犯罪行为作斗争的，应当予以支持和保护。人民法院在审判工作中，要注意把公民在遭受不法侵害而进行正当防卫时的防卫过当行为，与犯罪分子主动实施的犯罪行为区别开来，做到既惩罚犯罪，又支持正义行为。甘肃省高级人民法院对该案的提审判决，正确认定了孙某亮的行为的性质，且适用法律得当，审判程序合法，可供各级人民法院借鉴。

应该说，孙某亮故意伤害案发生在“严打”的背景下，因而其曲折的遭遇是可以理解的。有鉴于此，最高人民法院对本案防卫过当的处理结果予以肯定，已经是不容易的。当然，从现在的理念去分析孙某亮故意伤害案，就会得出孙某亮的行为是正当防卫而非防卫过当的结论。因为在本案中，不法侵害人郭某祥及郭某平、马某全3人尾随少女图谋不轨，不法在先。经孙某亮及其友蒋某平干涉制止后，郭某平、马某忠和郭某祥又叫来6人，加上他们3人，共计9人，寻找孙某亮、蒋某平进行报复，并对孙某亮、蒋某平进行殴打。在这种情况下，孙某亮才掏出随身携带的弹簧刀将郭某祥刺伤致其死亡。平凉地区中级人民法院认定孙某亮是打架斗殴，这一定性首先就是完全错误的。检察机关则甚至认为孙某亮的行为是（间接）故意杀人罪，判处其15年有期徒刑尚觉畸轻。甘肃省高级人民法院虽然认定孙某亮、蒋某平与郭某祥之间并非流氓分子之间的打架斗殴，而是公民积极同违法犯罪行为作斗争的正义行为，应予以肯定和支持，因而认定孙某亮的行为具有防卫性质。但与此同时又以郭某祥是徒手实施不法侵害，郭某平手持砖头与同伙一起助威，孙某亮在这种情况下，持刀将郭某祥刺伤致死，其正当防卫行为超过必要限度，造成不应有的危害后果，属于防卫过当，构成故意伤害罪。这一对防卫过当性质的认定，完全是根据工具不对称、后果严重这样一种判断思路得出的结论。但就没有考虑到孙某亮是见义勇为，并且对方人数达9人之多，虽然郭某祥是徒手殴打孙某亮，但郭某平是用砖头在助威，孙某亮的人身安全受到不法侵害的严重威胁。在这种情况下，孙某亮用随身携带的弹簧刀进行防

卫，即使致人死亡，也不能简单地根据后果认定其行为是防卫过当。当然，从平凉地区中级人民法院判处其有期徒刑 15 年，到甘肃省高级人民法院判处其有期徒刑 2 年，缓刑 3 年，就处刑上来说有了大幅度的减轻，但对行为性质的认定仍然存在可质疑之处。

这样一个可质疑的案件居然受到最高人民法院审判委员会的肯定，并在《最高人民法院公报》上作为指导性案例刊出。这表明在当时的司法实践中，正当防卫案件在认定上存在重大偏差。在本书前言中，我曾经指出："正当防卫案件虽然为数不多，但几乎每一个正当防卫案件都引发了争议。有些正当防卫案件，经过一审、二审，甚至再审，最后还是存在分歧意见。"这确实是当时的实际情况，反映出司法机关对正当防卫制度的理解与立法本意的严重偏离。

这一切，都与 1983 年开始的"严打"有关。"严打"是在 1979 年《刑法》实施不久发起的严厉惩治危害社会治安犯罪的一场刑事镇压活动。其背景是当时一些地方，尤其是京、津、沪等大城市，社会治安不好，刑事犯罪活动相当猖獗，严重危害经济建设和人民群众的安全。社会各界和广大人民群众对此很有意见。在这种情况下，中央发起了"严打"运动，力图通过"严打"实现社会治安的根本好转。应该说，"严打"在当时历史条件下具有一定合理性与必要性，也曾经取得过使社会治安有所改观的一定成效。但不可否认的是，"严打"也存在一些经验教训。例如我国学者在总结"严打"的经验教训时，就将"'严打'必须依法进行，才能准确打击犯罪"列为其中一点，指出："严打"政策指导"严打"活动，但是这并不意味着"严打"政策可以取代法律。依法"严打"，这是刑事执法的必然要求。日常的刑事执法，不能突破刑事法律界线，在"严打"期间同样不能突破法律的限定，否则，"严打"本身破坏了法律的公平性，可能会制造出新的违法犯罪，从而适得其反。近二十年的"严打"实践，显然我们在这一方面有一定的失误，存在不顾事实和法律的情况。[①] 这里所说"严打"突破法

① 参见张穹主编：《"严打"政策的理论与实务》，45～46 页，北京，中国检察出版社，2002。

律的界限，不仅表现为轻罪重判，从而导致罪刑失衡，而且表现为形成一种对“打击不力”指责的畏惧，因而重惩治轻保障。正是在1983年“严打”以后，“打击不力”才成为悬在司法机关头上的一把达摩克利斯之剑，随时可能掉下来。在这种情况下，司法机关在正当防卫的认定上，就出现了明显的偏差。尤其是指控机关，往往不敢轻易认定正当防卫，甚至都不敢认定防卫过当。在正当防卫与防卫过当界限不明时，宁可认定为防卫过当也不敢认定为正当防卫；在防卫过当与普通犯罪的界限不明时，宁可认定为普通犯罪也不敢认定为防卫过当。

这样一种宁枉不纵、宁重勿轻的思想在孙某亮故意伤害案的处理中也表现得十分明显。对于孙某亮的见义勇为行为不仅不认定为正当防卫，而是认定为流氓斗殴，甚至认为是一种间接故意杀人行为，要求判处重刑，这是一种典型的“严打”思维。平凉地区中级人民法院则基本上是按照公诉机关的指控认定是普通犯罪，只是在犯罪性质上改为故意伤害罪。甘肃省高级人民法院虽正确地认定了孙某亮的行为具有正当防卫性质，但在正当防卫必要限度的认定上却做出了不利于孙某亮的判断。应该说，对于孙某亮案件，在当时的“严打”氛围下，能够做出这样一种处理，法院已经是冒着很大的政治风险，克服了相当阻力，因而是很不容易的。最高人民法院对这一案例的肯定，意义也正在于此。尽管我们今天来看，孙某亮的行为应当被认定为正当防卫，但是当时被认定为防卫过当都能够得到最高人民法院的肯定，这说明在当时司法实践中对正当防卫界限把握偏离了立法本意。

对正当防卫必要限度的认定以及防卫过当的量刑，都直接关系对防卫人的法律评价。对于这种法律界限，司法机关如何正确地把握，确实是一个较为复杂的问题。这里除思想认识以外，我以为法律素质也是不可忽略的一个因素。在1997年《刑法》修订以来，最高人民法院的公报先后又刊登了两个关于正当防卫的案件，它们所反映出来的司法机关对正当防卫案件的处理方法仍然值得我们思考。

其中，第一个是妥某尔防卫过当案。[①]

上诉人：妥某尔，男，28岁，甘肃省东乡族自治县农民。

抗诉机关：甘肃省兰州市人民检察院。上诉人妥某尔因防卫过当故意杀人一案，被甘肃省兰州市中级人民法院第一审判处无期徒刑，剥夺政治权利终身。宣判后，上诉人妥某尔以"为了保护自己和同伴的安全被迫用刀自卫，没有杀人的故意，应当从轻判处"为由，向甘肃省高级人民法院提出上诉；甘肃省兰州市人民检察院也以"妥某尔杀人的行为属于防卫过当，原判量刑畸重"为由，提出抗诉。

甘肃省高级人民法院经审理查明：1990年2月8日，上诉人妥某尔与同乡马某二布去甘肃省永登县收购皮毛。下午六时许，天已傍晚，妥某尔和马某二布途经永登县河桥镇东山村便道时，被祁某俊、杨某林挡住去路，祁某俊、杨某林以"我们有刀有枪，你们是给钱还是要命"等言语相威胁，索要钱财。妥某尔向其求情，要求让路。祁某俊见妥某尔、马某二布不给钱，突然对妥某尔拳打脚踢，致其鼻子流血。妥某尔在与祁某俊扭打中，顺手掏出随身携带的割皮毛用的单面刃刀，在祁某俊身上连刺数刀，将其刺倒。接着，妥某尔见杨某林与马某二布正在厮打，便上前相助，在杨某林身上连刺数刀。祁某俊、杨某林被刺后，均当场死亡。经法医鉴定：祁某俊系被他人用单面刃刀刺破肺脏及股动、静脉致大失血而死亡；杨某林系被他人用单面刃刀刺穿肝脏致大失血而死亡。

还查明：祁某俊、杨某林在当日拦截妥某尔、马某二布之前，曾将拉车上山装草的岳某两姐妹拦住，要强行坐车上山。岳某姐妹不允，祁某俊、杨某林就破口谩骂，还挡住去路。岳某姐妹无奈，只得拉车回村。随后，祁某俊、杨某林又将路经此处的一对老夫妇王某林、巴某莲拦住，声称自己是"马路上的小龙头"，抢夺王某林骑的自行车，巴某莲上前阻止，被祁某俊、杨某林三次摔倒在地。正在纠缠之际，祁某俊、杨某林看见妥某尔、马某二布走过来，才放走王某林、巴

① 参见《最高人民法院公报》，1992（2）。

某莲夫妇，去拦截妥某尔和马某二布。

上述事实，有证人证言、物证单面刃刀子1把和法医鉴定结论证实。上诉人妥某尔亦供认不讳。

兰州市中级人民法院认为：妥某尔在遭受不法侵害的情况下，有权实施防卫行为。但是，防卫的行为必须与不法侵害的程度相适应，才是正当的。妥某尔在受言语威胁和拳打脚踢的情况下，明知用刀在人体要害部位连刺数刀，可能发生将人刺死的危害后果，但为了摆脱不法侵害人的侵害而放任这种危害后果的发生，使防卫行为超过了必要的限度，造成了不应有的危害后果，显属防卫过当。依照1979年《刑法》第17条第2款的规定，应当负刑事责任，但是应当酌情减轻或者免除处罚。妥某尔在防卫过程中故意刺死2人，其行为构成1979年《刑法》第132条规定的故意杀人罪。依照1979年《刑法》第53条第1款的规定，对妥某尔应当剥夺政治权利终身。据此，兰州市中级人民法院于1990年8月2日判决：妥某尔犯故意杀人罪，判处无期徒刑，剥夺政治权利终身。

甘肃省高级人民法院认为：原审判决认定的事实清楚，证据确凿，定罪准确，但量刑不当。妥某尔所犯的是故意杀人罪，1979年《刑法》第132条与此罪相适应的法定刑是"死刑、无期徒刑或者十年以上有期徒刑"这一量刑幅度。在这个法定刑中，"十年有期徒刑"是法定最低刑，只有在"十年有期徒刑"以下判处刑罚才是减轻处罚，判处无期徒刑只是从轻处罚。因此，原判妥某尔无期徒刑，剥夺政治权利终身的刑罚，显属不当。上诉人妥某尔的上诉理由应予采纳，兰州市人民检察院的抗诉有理。据此，甘肃省高级人民法院依照1979年《刑事诉讼法》第136条第1款第2项的规定，于1991年4月12日判决：撤销原审判决中对妥某尔的量刑部分，对妥某尔以故意杀人罪改判免予刑事处分。

妥某尔案反映的还是如何认定正当防卫的必要限度的问题。对于本案，一审法院与二审法院均认定为防卫过当，但一审法院判处被告人妥某尔无期徒刑，而二审法院则改判为免予刑事处分，两者相距何其之大。尤其值得注意的是，在一审判决以后，连检察机关也认为量刑过重并提出抗诉。在司法实践中，公诉机关

在绝大多数情况下提起的都是不利于被告人的抗诉，提起有利于被告人的抗诉是极为罕见的。而在妥某尔案中，公诉机关对于一审判刑畸重的抗诉表明，其与一审法院在量刑问题上存在重大分歧。其实，这里不仅是一个防卫过当的量刑轻重问题，而且涉及对减轻处罚的理解问题。在《正当防卫论》一书中，我主要讨论了减轻处罚是采条文说还是幅度说的问题，结论是应采幅度说。这里还存在一个如何理解幅度的问题。例如，对于故意杀人罪，“处死刑、无期徒刑或者十年以上有期徒刑”，是一个独立的法定刑幅度，还是将死刑、无期徒刑、十年以上有期徒刑理解为三个法定刑幅度？显然，一审法院是将死刑、无期徒刑和10年以上有期徒刑理解为三个法定刑幅度，认为在具有减轻处罚情节的情况下，本应判处死刑而判处无期徒刑就是减轻处罚。而如果把死刑、无期徒刑和10年以上有期徒刑理解为一个法定刑幅度，则在具有减轻处罚情节的情况下，应当在10年有期徒刑以下处刑。我认为，应将死刑、无期徒刑或者10年以上有期徒刑理解为一个法定刑幅度，因此，一审判决在量刑上存在适用法律的错误。而二审法院改判免予刑事处分，则是将减轻处罚改为免除处罚，体现了二审法院对本案法律评价与一审法院之间的重大差别。联系到孙某亮案，本案也同样发生在甘肃，这似乎表明甘肃省高级人民法院在对正当防卫案件的处理上都要比中级人民法院更接近立法本意。孙某亮案和妥某尔案都被认定为防卫过当并受到刑罚处罚，这与当时的“严打”有一定关联，也说明不同司法机关对正确地认定正当防卫存在思想认识上的差距。当然，这里还有司法人员法律素质的影响。

在司法实践中，尽管正当防卫案件不计其数，但每一个最后被认定为正当防卫的案件都经过了复杂的法律程序。朱某红正当防卫案[①]说明了这一点，这也是在1997年《刑法》修订以前在《最高人民法院公报》中刊登的唯一的一起正当防卫案件，因而具有特殊的法律意义。

被告人：朱某红，女，29岁，原系吉林省长春市蛋禽公司储蓄所储蓄员，

① 本案载《最高人民法院公报》，1995（1）。

因故意伤害他人于1993年11月9日被逮捕。被告人朱某红故意伤害一案，由吉林省长春市南关区人民检察院于1994年1月25日向长春市南关区人民法院提起公诉。

吉林省长春市南关区人民检察院指控：1993年9月9日20时许，被告人朱某红与其妹朱某梅拎水回家，正遇被害人李某文与朱某红的母亲刘某玲厮打。李某文看见朱某红后，上前一脚将其踹倒，并手持水果刀声称："你不跟我谈恋爱，我就挑断你的脚筋。"刘某玲见状，手持手电筒打李某文头部，并叫朱某红快跑。朱某红趁机跑到室外。此时，李某文转身用水果刀在刘某玲左前臂划中3刀。朱某红见状上前制止，李某文冲向朱某红，将其右手扎破。这时，刘某玲用手电筒将李某文手中的水果刀打掉，朱某红抢先将刀拿到手，刺中李某文胸部、腹部数刀。经法医鉴定：李某文系右肺、肝脏受锐器刺伤，造成血气胸急性失血性休克死亡。案发后，朱某红投案自首。朱某红的行为属防卫过当，构成伤害罪，应依法判处刑罚。

吉林省长春市南关区人民法院经审理查明：被害人李某文要与朱某红谈恋爱，多次对朱某红进行纠缠和拦截，遭拒绝后竟进行威胁恐吓，并伺机报复。1993年9月9日20时许，李某文携刀强行进入朱某红家中，与朱某红的母亲刘某玲发生口角，厮打起来。李某文扬言："找你算账来了，我今天就挑朱某红的脚筋。"正在厮打时，朱某红进屋。李某文见到朱某红后，用脚将其踹倒，一手拿水果刀，叫喊："你不跟我谈恋爱，我就挑断你的脚筋。"说着李某文就持刀向朱某红刺去。刘某玲见李某文用刀刺朱某红，便用手电筒打李某文的头部，李某文又返身同刘某玲厮打，朱某红得以逃出门外。此时，被告人朱某红再次进入屋内，见李某文正用刀刺向其母亲，便上前制止。李某文又持刀将朱某红的右手扎破。刘某玲用手电筒将李某文手中的水果刀打落在地。朱某红抢刀在手，李某文又与朱某红夺刀、厮打。在厮打过程中，朱某红刺中李某文的胸部和腹部多处，经法医鉴定：李某文系右肺、肝脏受锐器刺伤，造成血气胸急性失血性休克死亡。案发后，朱某红到公安机关投案自首。

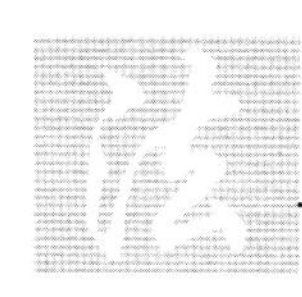

另查明：被害人李某文曾因流氓、调戏妇女被拘留，因打架斗殴被劳动教养，因盗窃被判有期徒刑；在被害前因盗窃正被公安机关通缉。

上述事实，有证人证言、法医鉴定和现场勘验笔录证实，被告人朱某红也予以供述，证据确实充分。

吉林省长春市南关区人民法院认为：被害人李某文曾因流氓、调戏妇女被拘留因打架斗殴被劳动教养，因盗窃被判刑，后又因盗窃被公安机关通缉。在此期间，李某文用纠缠和威胁的方法要朱某红与其谈恋爱。当遭到朱某红拒绝后，李某文持刀对朱某红和朱某梅、刘某玲三人实施不法侵害。被告人朱某红在本人及其母亲刘某玲生命遭到严重威胁时，为了制止不法侵害，在不法侵害正在进行过程中，持刀刺伤李某文致死。这一行为的性质不具有社会危害性，属于防卫行为，且防卫的程度适当。依照1979年《刑法》第17条第1款关于“为了……本人或者他人的人身和其他权利免受正在进行的不法侵害，而采取的正当防卫行为，不负刑事责任”的规定，朱某红的行为，不构成犯罪。据此，吉林省长春市南关区人民法院于1994年3月5日判决：被告人朱某红无罪。

第一审宣判后，吉林省长春市南关区人民检察院以吉林省长春市南关区人民法院的判决定性不准，事实根据和法律依据不足，被告人朱某红的行为构成伤害罪，系防卫过当为由，向长春市中级人民法院提出抗诉。该案在二审期间，长春市人民检察院认为吉林省长春市南关区人民检察院的抗诉不当，依照1979年《刑事诉讼法》第133条第2款的规定，于1994年5月6日向长春市中级人民法院发出撤销抗诉决定书，撤回抗诉。第一审判决发生法律效力。

本案的裁判要旨指出：“不法侵害人持刀实施不法侵害，防卫者在本人及其母亲生命遭到严重威胁时，为了制止不法侵害，在不法侵害正在进行过程中，持刀刺伤不法侵害人致死，行为的性质不具有社会危害性，属于防卫行为，且防卫的程度适当。”我认为，本案是一起典型的正当防卫案件。死者李某文作为不法侵害人携刀强行进入朱某红的家里，并持刀分别刺中朱某红及其母亲刘某玲。在厮打过程中，朱某红抢刀刺中李某文，致其死亡。这样一起典型的正当防卫案

件。检察机关居然以伤害罪起诉，尽管认定为防卫过当，但其对于正当防卫必要限度的理解确实与立法本意相去甚远。

第二节　正当防卫的规范修订

随着社会发展和犯罪嬗变，我国从1980年代后期开始启动了对刑法进行大规模的修订，而正当防卫恰恰成为刑法修订中迫切需要解决的重点问题之一。

在刑法修订过程中，围绕着正当防卫的修订、立法机关分别征求了刑法学界和司法实务部门的意见。例如1996年5月全国人大法工委就修改刑法的10个重点问题征求最高人民法院、最高人民检察院的意见，其中就包括关于如何强化对公民正当防卫权利的保护问题。关于这个问题，最高人民法院和最高人民检察院分别提出了以下意见。下面，我分别对刑法学界和各司法机关提出的正当防卫修订意见进行综述，并对立法机关对正当防卫的修订结果加以介绍。

（一）刑法学界的修订意见

在对正当防卫的修订中，刑法学界提出的修改意见主要是以下四点：(1) 应当放宽正当防卫的限度。在司法实践中，防卫人造成侵害者重伤、死亡的，因法律没有明确规定，往往被认为是防卫过当而被追究刑事责任，束缚了公民进行正当防卫的手脚。(2) 认为1979年《刑法》第17条第2款关于防卫过当的表述存在明显的逻辑矛盾，“正当防卫”不会“超过必要限度”，即超过必要限度的行为肯定不是正当防卫，所以，应修改为“防卫行为超过必要限度……”。(3) 主张借鉴外国的立法例，规定防卫过当免除刑罚的具体事由。如“由于恐怖、激愤而超过必要限度造成不应有的危害的，应当免除处罚”。(4) 建议正当防卫的立法模式采用总则规定与分则条款相结合的方式，在分则的有关章节增设防卫过当故意杀人罪、防卫过当故意伤害罪、防卫过当过失杀人罪、防卫过当过失重伤罪等

罪名，本着减轻处罚的精神规定适当的量刑幅度。[①] 在以上意见中，最关键的还是扩大防卫权的问题。

（二）最高人民法院的修订意见

刑法关于防卫行为要与不法侵害行为相适应，不能超过必要限度的规定，但这在实践中很难掌握，不利于保护公民的合法权益，更不利于鼓励公民见义勇为，同违法犯罪行为作斗争。但是若没有一定防卫限度的要求，无限制防卫的提法也有弊端，容易被犯罪分子利用，通过制造防卫情况的手段达到犯罪目的。解决这一问题的关键是确定一个便于操作的防卫限度。最高人民法院的修订意见是：

1. 公民对于正在发生的不法侵害所采取的制止不法侵害所必需的行为，属于正当防卫行为。将正当防卫行为界定为制止不法侵害所必需的行为，目的在于司法机关在判断防卫行为是否正当时，有一个比较大的灵活度，对于公民的正当防卫权利给予有效的司法保护。

2. 公民由于情况紧急，对于严重侵害或威胁其人身、财产安全的行为，或者对于正在发生的侵害或威胁公共利益、他人的人身和其他权利的行为，采取的防卫行为超过必要限度的，不负刑事责任。这样规定：一是鼓励公民积极行使正当防卫权利，实行自我保护；二是鼓励公民为保护国家、集体、社会利益和其他公民的合法权利的见义勇为的行为。

3. 公民对不法侵害行为实施防卫，致使不法侵害人丧失了侵害能力，有效地制止了不法侵害后，又对不法侵害人实施侵害的，属于不法侵害。“致使不法侵害人丧失了侵害能力，有效地制止了不法侵害”，实际上是提出了一个划分正当防卫与防卫过当的界限，便于公民在行使防卫权利时以及司法机关在判断防卫行为是否合法时掌握。

4. 对于行为人为规避法律，故意制造防卫情况侵害公共利益、公民的合法

① 参见高西江主编：《中华人民共和国刑法的修订与适用》，105 页，北京，中国方正出版社，1997。

权益的行为，依法处罚。对于犯罪分子利用防卫挑逗等手段侵害公民合法权益的行为依法处罚，也是从另一个侧面来保护公民的正当防卫权利。

5. 应当把依法履行职责的行为，同正当防卫行为严格区别开来。这有利于保护执法人员的合法权益，令其依法行使法定职权，打击犯罪。

（三）最高人民检察院的修订意见

1. 刑法应当强化对公民正当防卫权利的保护。

(1) 刑法中规定正当防卫，实质上是确认合法权利的不可侵犯性。随着社会主义民主法制建设的不断加强，强化对公民正当防卫权利的保护，是十分必要的。

(2) 强化对公民正当防卫权利的保护，有利于动员和鼓励人民群众见义勇为，积极同犯罪作斗争。目前，刑法规定过于原则，以致实践中对正当防卫掌握过严，对防卫过当掌握过宽，对见义勇为行为常常在是否防卫过当上纠缠，在一定程度上伤害了人民群众见义勇为的积极性。

(3) 现行刑法对正当防卫的规定不尽完善，尤其对公民财产权利的保护较弱。一些应当被视为正当防卫的行为却没有明确规定，对防卫过当的处罚也规定得不清楚。这种状况不适应切实保护公民权利的客观需要。

(4) 强化对公民正当防卫权利的保护，并不必然导致防卫权的滥用。因为防卫权是否被滥用，关键在于正当防卫有无明确的条件限制，而不在于对正当防卫的范围和防卫过当标准的界定。

2. 修改的基本思路。

(1) 进一步明确正当防卫的保护范围。1979 年《刑法》第 17 条第 1 款规定中的“其他权利”的范围并不明晰，实践中通常只重视和强调对人身权利的保护而忽视对其他权利的保护，因此，建议在修改刑法时将正当防卫的保护范围具体化，明确规定：为了使公共利益，本人或他人的人身、自由、财产等权利免受正在进行的不法侵害，而采取的正当防卫行为，不负刑事责任。

(2) 增加正当防卫的手段。建议在 1979 年《刑法》第 17 条中增加一款，规定对以破门撬锁、暴力方法强行非法侵入或以秘密方法潜入他人住宅、银行、仓

库等重要场所的人，不论其意图的非法行为是否实施，都可以实行必要的防卫。这样规定，有利于切实保护公民的人身和财产安全。目前，我国的社会治安尚未根本好转，以破门撬锁、暴力等非法手段侵入他人住宅和有人看守的银行、仓库、办公室的犯罪时有发生。这对公民的人身权利和财产权利构成了极大的威胁，而公安机关又警力不足、快速反应能力较差，在这种现实状况下，这种规定对于保护人民群众的人身权利和财产权利具有特别重要的意义。这类立法在国外已有先例。如1994年《法国新刑法典》第122条至126条，《加拿大刑法》第38条、第40条、第41条、第42条等就有类似的规定。

（3）建议在刑法中规定，人民警察和其他执法人员对依法缉拿、制服罪犯等执行职务行为，不负刑事责任。目前执法人员的执法行为往往以正当防卫认定，应改为按执行职务看待。

（4）严格规定防卫过当的条件。建议将1979年《刑法》第17条第2款修改为：防卫行为明显超过必要限度造成不应有的危害的，应当负刑事责任；但是应当减轻或者免除处罚。增加“明显”二字。这样修改的目的是把防卫过当限制在防卫人至少有过失的范围之内。目前司法实践中对过当的条件掌握得过宽，不利于鼓励人民群众运用正当防卫的权利同犯罪作斗争。另外，从实际情况看，正当防卫通常都是在双方相互争斗的运动状态下进行的，行为人往往难以准确把握防卫是否过当。

（5）关于防卫过当的处罚。建议从1979年《刑法》第17条第2款中删除“酌情”二字，因为该句中的“酌情”二字的含义不甚明确，容易产生歧义。同时，建议在该条中增加一款：不法行为的受害人因激愤、恐惧或慌乱而防卫过当的，免除处罚。这样规定有利于保护公民正当防卫的权利。

（6）建议在有关正当防卫的规定中增加两条：第一，对实施挑衅行为的人不适用正当防卫的规定。第二，实施犯罪行为的人对正当防卫人实施加害行为的，对其所犯之罪或加害行为构成的犯罪，从重处罚。增加上述第一条的理由主要是防止有人借正当防卫之名行恶意伤害之实，保证正当防卫权利的正确行使。增加

上述第二条主要是鉴于一些不法之徒专门伤害见义勇为的人，对其有必要规定较重的法定刑。

（四）立法机关的修订结果

在关于是否应扩大公民防卫权的讨论中，主导性的意见是应当扩大防卫权，但对如何扩大防卫权，尤其是是否应当规定无限防卫权，则存在分歧意见。无限防卫权是指法律赋予防卫人对不法侵害者任意处置的权利。鉴于目前社会治安形势严峻，犯罪现象激增，人民群众对违法犯罪行为束手无策、不敢防卫的现状，有人提出应在较大范围内给予公民无限防卫权。为避免对防卫权利的滥用，稳定社会秩序，也有人认为，可以考虑放宽防卫的条件，但不宜给予公民无限防卫权。从现代各国的刑事立法看，完全赋予公民无限防卫权的国家几乎没有，但是，有的国家允许公民对相当一部分犯罪侵害实行无限防卫。如《印度刑法》指出：对故意杀人、故意伤害、强奸、绑架、抢劫、夜间破门侵入房屋、放火等侵害行为，防卫人可以故意致侵害人死亡或者伤害。

如何修改刑法中的正当防卫规定，立法机关实际是在两难之中进行选择，一方面试图鼓励公民积极利用正当防卫与违法犯罪行为进行斗争，另一方面又唯恐公民滥用防卫权，造成新的混乱。经过反复权衡，比较多种方案，最终形成了现有的规定。立法机关认为，对正当防卫的立法要修改的问题较多，但是，这次修改的重点是关于正当防卫的规定中不利于打击违法犯罪、保护公民利益的部分。至于文字表述的缺憾，不修改也不至于引起歧义。①

立法机关在听取各方面意见的基础上，对正当防卫制度作了较大幅度的修改。修改以后的条文如下：

第20条　为了使国家、公共利益、本人或者他人的人身、财产和其他权利免受正在进行的不法侵害，而采取的制止不法侵害的行为，对不法侵害人造成损

① 参见高西江主编：《中华人民共和国刑法的修订与适用》，105～106页，北京，中国方正出版社，1997。

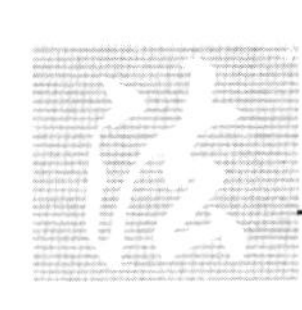

害的，属于正当防卫，不负刑事责任。

正当防卫明显超过必要限度造成重大损害的，应当负刑事责任，但是应当减轻或者免除处罚。

对正在进行行凶、杀人、抢劫、强奸、绑架以及严重危害人身安全的暴力犯罪，采取防卫行为，造成不法侵害人伤亡的，不属于防卫过当，不负刑事责任。

应当指出，1997 年《刑法》关于正当防卫的修订，在一定程度上回应了司法实践中在认定正当防卫案件中出现的问题，对于强化对公民防卫权的刑法保护具有重大意义。可以说，在 1997 年《刑法》修订中，立法机关对正当防卫规定的修订幅度是较大的。这种修订主要体现在以下三个方面。

1. 关于正当防卫概念的规定

我国 1979 年《刑法》第 17 条第 1 款规定："为了使公共利益、本人或者他人的人身和其他权利免受正在进行的不法侵害，而采取的正当防卫行为，不负刑事责任。"这一正当防卫的法定概念对正当防卫的内涵作了正确的揭示，对于正当防卫的认定提供了法律标准。当然，这一规定也存在过于简单的弊端，例如对防卫行为本身的内容未作规定。而 1997 年《刑法》就正当防卫的概念增补了内容，使其更加完善。这一增补包括以下两点：一是在防卫行为所保护的利益中，增加了关于为保护国家利益而实行正当防卫的内容。二是对防卫行为的内容作了界定，认为防卫行为是采取的制止不法侵害的行为，并且包含对不法侵害人造成损害的内容。

2. 关于防卫过当的规定

我国 1979 年《刑法》第 17 条第 2 款规定："正当防卫超过必要限度造成不应有的危害的，应当负刑事责任；但是应当酌情减轻或者免除处罚。"而在 1997 年《刑法》修订中，立法机关对这一规定作了个别文字的增删：一是将"正当防卫超过必要限度"修改为"正当防卫明显超过必要限度"，增加了"明显"二字。这虽只是二字之增，但意义十分重要，它表明了立法者扩大防卫权、限制过当范

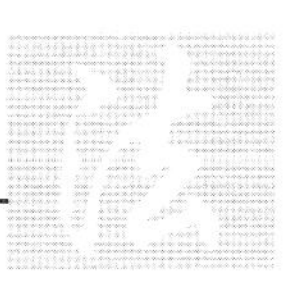

围的意图。那么，如何理解这里的“明显”一词呢？立法机关认为，“明显超过必要限度”是指一般人都能够认识到其防卫强度已经超过了正当防卫所必需的强度。[①] 至于在具体判断上，我国学者提出了明显超过必要限度的以下三种情形：(1) 防卫行为所保护的利益明显小于防卫行为给不法侵害人造成的损害。(2) 不法侵害行为明显不具有紧迫性，防卫人却采取了急迫的防卫手段，如为制止骂人行为而将骂人者的嘴撕烂；或者不法侵害虽具有一定的紧迫性，但防卫行为却明显超出了应该具有的急迫程度，如甲的邻居正在修建的房子房檐伸到甲的院子里，甲为制止该行为，将正在修房的建筑工人打成重伤等。(3) 根据当时的客观环境，防卫人明显不必要采取给不法侵害人造成重大损害的防卫手段即可制止不法侵害，但防卫人却采取了这样的防卫手段。[②] 应该说，这一论述对于认定防卫行为是否明显超过必要限度具有一定的参考价值。二是将“不应有的危害”修改为“重大损害”。“重大损害”是指由于防卫人明显超过必要限度的防卫行为，造成不法侵害人或者其他人人身伤亡及其他能够避免的严重的损害。[③] 相对于“不应有的危害”所具有的主观性而言，“重大损害”则更具有客观性。因为应有、还是不应有，更多的是一种主观判断；而损害是否重大，则具有一定的客观标准。在对重大损害的判断中，立法机关强调的是两点：只有造成人身伤亡以及与之相当的损害才属于重大损害，这是从损害的性质上加以界定的。这种人身伤亡或者其他损害还具有能够避免性，如果是不能避免的，即使属于人身伤亡等损害也不能认定为重大损害。至于是否能够避免，应当根据具体情况加以正确判断。三是删去了 1979 年《刑法》关于防卫过当“应当酌情减轻或者免除处罚”规定中的“酌情”二字。“酌情”给我的感觉是：是否减轻或者免除处罚还要根据案件情况决定，包含一定的犹豫性。而“应当减轻或者免除处罚”的规定更加直截

---

① 参见胡康生、李福成主编：《中华人民共和国刑法释义》，28 页，北京，法律出版社，1997。

② 参见王政勋：《正当行为论》，186 页，北京，法律出版社，2000。

③ 参见胡康生、李福成主编：《中华人民共和国刑法释义》，28 页，北京，法律出版社，1997。

了当，立法意图更为明显。

3. 关于特殊防卫的规定

在1997年《刑法》中，特殊防卫之规定也许是争议最大的。首先，对这一规定本身的称谓就有所不同，大约有以下三种表述：一是称为无限防卫①；二是称为特殊防卫或者特别防卫，这种观点认为，无限防卫权的称谓容易使社会公众发生误解，从而导致防卫权的滥用，而若将该款的规定称为特殊防卫权，则既可避免无限防卫权称谓所潜藏的危险，又有利于广大公民正确地认识这种防卫权，从而积极地利用正当防卫制度与违法犯罪作斗争②；三是称为无过当之防卫，这是我所主张的称谓。我国学者认为，无过当防卫没有揭示《刑法》第20条第2款和第3款之间的关系，使人误以为这两款是对立的关系而不是第3款进一步补充第2款的关系。③ 我认为，这种误解不会发生。从1997年《刑法》第20条规定来看，我国刑法中的正当防卫存在两种情形：第2款是有过当之防卫，第3款是无过当之防卫。从逻辑来说，第3款是第2款的例外。无过当防卫具有特殊的条件，这是在司法适用中应当加以注意的。当然，考虑到特殊防卫这一称谓已经成为较为通行的称谓，本书采用特殊防卫的称谓。

特殊防卫是针对特定犯罪适用的，这些犯罪是指行凶、杀人、抢劫、强奸、绑架以及其他严重危及人身安全的暴力犯罪。立法机关之所以作出特殊防卫的规定，主要是基于两点考虑：一是当前社会治安的实际状况。当前，各种暴力犯罪猖獗，不仅严重破坏社会治安秩序，也严重威胁公民的人身安全。对上述严重的暴力犯罪采取防卫行为作出特殊规定，对鼓励群众勇于同犯罪作斗争，维护社会治安秩序，具有重要意义。二是上述暴力犯罪的特点。这些犯罪都是严重威胁人身安全的，被侵害人面临正在进行的暴力侵害，很难辨认侵害人的目的和侵害的

① 参见王政勋：《正当行为论》，204页，北京，法律出版社，2000。

② 参见田宏杰：《刑法中的正当化行为》，253～254页，北京，中国检察出版社，2004。

③ 参见王政勋：《正当行为论》，204页，北京，法律出版社，2000。

程度，也很难掌握实行防卫行为的强度。如果对此规定得太严，就会束缚被侵害人的手脚，妨碍其与犯罪作斗争的勇气，不利于其运用法律武器保护自身的合法权益。因此，修订刑法时，对一些严重破坏社会秩序、危及公民人身安全的暴力犯罪，作了不存在防卫过当的特殊规定。[①] 立法机关的这一考虑当然有其合理性，尤其是考虑到此前的司法实践中对正当防卫案件的认定出现的严重偏差。

当然，这一规定也有矫枉过正之嫌。对此，我国学者进行了批评，认为特别防卫权的立法化，不仅在立法和司法上存在弊端，而且因防卫权异化的不能完全避免，在一定程度上潜藏着破坏法治秩序的危险。[②] 这一批评不无道理。然而，特殊防卫的规定引起我思考的还有另外两个问题，这就是立法与司法的分野，以及立法的限度问题。诸如对正当防卫必要限度这样一些问题，在立法上只能作出概然性规定，将具体的裁量权交由司法机关行使。在这个意义上说，1997 年《刑法》修订前，司法实践中正当防卫案件在认定上出现的偏差并非立法的责任，而是司法的问题，尤其与“严打”的刑事政策具有一定的关联性。在 1997 年《刑法》修订中，立法机关试图通过立法解决这个问题，对此我国学者亦有肯定的观点，认为无过当防卫之规定把原由司法机关自由裁量的问题，改由立法机关直接作出明确规定。这样做显然对于公民大胆行使防卫权和司法机关处理案件都具有较强的操作性，利于贯彻正当防卫的立法主旨。[③] 这里其实涉及立法的限度问题。我认为：立法总是针对一般情形的，因而具有抽象性；而司法是针对个别案件的，因而具有具象性。立法不应也不能替代司法的判断。特殊防卫的规定，虽然在强化公民防卫权方面有所得，但在防止防卫权滥用方面必有所失。这里的得失平衡，不可能由立法来获得，而是应当通过司法活动来达致。

在 1997 年《刑法》修订以后，尽管《刑法》第 20 条第 3 款对特殊防卫作了

---

① 参见胡康生、李福成主编：《中华人民共和国刑法释义》，28～29 页，北京，法律出版社，1997。

② 参见田宏杰：《刑法中的正当化行为》，264 页，北京，中国检察出版社，2004。

③ 参见段立文：《对我国传统正当防卫观的反思——兼谈新刑法对正当防卫制度的修订完善》，载《法律科学》，1998（1）。

明确规定，但该款规定在司法适用中仍然存在问题。叶某朝故意杀人案就是在刑法修订后适用特殊防卫规定的第一案①，从这个案件的处理中可以看出司法机关在特殊防卫认定上所做的努力。

被告人叶某朝，男，1976年7月30日生，因涉嫌犯故意杀人罪，于1997年2月21日被逮捕，同年5月21日被监视居住。浙江省台州市路桥区人民检察院以叶某朝犯故意杀人罪，向台州市路桥区人民法院提起公诉。

台州市路桥区人民法院经公开审理查明：1997年1月上旬，王某友等人在被告人叶某朝开设的饭店吃饭后未付钱。数天后，王某友等人路过叶某朝的饭店时，叶某朝向其催讨所欠饭款，王某友认为这有损其声誉，于同月20日晚纠集郑某伟等人到该店滋事，叶某朝持刀反抗，王某友等人即逃离。次日晚6时许，王某友、郑某伟纠集王某明、卢某国、柯某鹏等人又到叶某朝的饭店滋事，以言语威胁，要叶某朝请客了事，叶某朝不从，王某友即从郑某伟处取过东洋刀往叶某朝的左臂及头部各砍一刀。叶某朝拔出自备的尖刀还击，在店门口刺中王某友胸部一刀后，冲出门外侧身将王某友抱住，两人互相扭打砍刺。在旁的郑某伟见状即拿起旁边的一张方凳砸向叶某朝的头部，叶某朝转身还击一刀，刺中郑某伟的胸部后又继续与王某友扭打，将王某友压在地上并夺下王某友手中的东洋刀。王某友和郑某伟经送医院抢救无效死亡，被告人也多处受伤。经法医鉴定：王某友全身八处刀伤，因左肺裂引起血气胸、失血性休克死亡；郑某伟系锐器刺戳前胸致右肺贯穿伤、右心耳创裂，引起心包填塞、血气胸而死亡；叶某朝全身多处伤，其损伤程度属轻伤。

台州市路桥区人民法院认为：被告人叶某朝在分别遭到王某友持刀砍、郑某伟用凳砸等不法暴力侵害时，持尖刀还击，刺死王某友、郑某伟两人，其行为属正当防卫，不负刑事责任。依照《刑法》第12条第1款、第20条第1款、第3

---

① 参见《叶某朝故意杀人案——刑法第20条第3款应如何理解与适用》，载最高人民法院刑事审判第一庭：《刑事审判参考》，第6期，北京，法律出版社，2000。

款的规定，于 1997 年 10 月 14 日判决如下：

被告人叶某朝无罪。

一审宣判后，台州市路桥区人民检察院向台州市中级人民法院提出抗诉。其主要理由是：叶某朝主观上存在斗殴的故意，客观上有斗殴的准备，其实施行为时持放任的态度，其行为造成二人死亡的严重后果。叶某朝的犯罪行为在起因、时机、主观、限度等条件上，均不符合《刑法》第 20 条第 3 款的规定。

台州市中级人民法院经审理认为：叶某朝在遭受他人刀砍、凳砸等严重危及自身安全的不法侵害时，奋力自卫还击，虽造成两人死亡，但其行为属正当防卫，依法不负刑事责任。依照《刑事诉讼法》第 189 条第 1 项的规定，于 1998 年 9 月 29 日裁定如下：

驳回抗诉，维持原判。

本案涉及的主要问题是：《刑法》第 20 条第 3 款规定的特殊防卫应如何理解与适用？对此，本案的裁判理由指出：1979 年《刑法》第 17 条对正当防卫及防卫过当规定得比较抽象、笼统，特别是将防卫过当界定为“超过必要限度造成不应有的危害”，在实践中缺乏可操作性，致使司法机关对正当防卫的限度条件掌握过严，束缚了防卫人行使正当防卫权，不利于同犯罪行为作斗争。1997 年《刑法》完善了正当防卫的概念，进一步明确了防卫过当的范围，而且特别增加了一款，即第 20 条第 3 款，规定“对正在进行行凶、杀人、抢劫、强奸、绑架以及其他严重危及人身安全的暴力犯罪，采取防卫行为，造成不法侵害人伤亡的，不属于防卫过当，不负刑事责任”。此款规定使守法的人在对严重危及人身安全的暴力侵害采取防卫行为时，可以不必过于顾虑防卫的手段、结果。当前，各种暴力犯罪在一些地方较为猖獗，严重危害公民人身安全，也严重破坏了社会治安秩序，《刑法》第 20 条第 3 款这一新规定有利于鼓励人民群众同严重危及公民人身安全的暴力犯罪作斗争，弘扬正气，震慑犯罪。这是该款立法目的之所在。

特殊防卫具有以下特点：特殊防卫的前提必须是严重危及公民人身安全的暴力犯罪。首先，不法侵害行为是针对人身安全的，即危害公民的生命权、健康

权、自由权和性权利，而不是人身之外的财产权利、民主权利等其他合法权益。对危害其他合法权益的不法侵害行为采取防卫行为的，适用一般防卫的规定。这是特殊防卫区别于一般防卫的一个重要特征。如抢夺的犯罪行为，所侵犯的客体是财产权利，对抢夺行为进行的防卫则不应当适用特殊防卫规则。其次，针对人身安全的不法侵害行为具有暴力性，属于犯罪行为。这与一般防卫的前提只属“不法”性侵害有明显不同。如行凶、杀人、抢劫、强奸、绑架行为，均属严重犯罪行为。应当指出的是，对杀人、抢劫、强奸、绑架应作广义的理解，它不仅仅指这四种犯罪行为，也包括以此四种暴力性行为为手段，而触犯其他罪名的犯罪行为，如以抢劫为手段的抢劫枪支、弹药、爆炸物行为，以绑架为手段的拐卖妇女、儿童行为。此外，针对人的生命、健康采取放火、爆炸、决水等其他暴力方法实施侵害，也是具有暴力性的侵害行为。最后，这种不法侵害行为应当达到一定的严重程度，必须是严重危及人身安全，即这种危害有可能造成人身严重伤害，甚至危及生命。对一些充其量只能造成轻伤害的轻微暴力侵害，则不能适用特殊防卫。因此，对“行凶”行为要注意区分危害的严重性程度。该款规定的“行凶”行为仅指严重危及人身安全的非法伤害行为，如使用凶器暴力行凶，有可能致人重伤的伤害行为。根据该款规定，只要符合以上条件，则对防卫人采取的防卫手段、造成的结果法律没有限制，即使造成不法侵害人伤亡的，依法也不属防卫过当，不负刑事责任。这是特殊防卫区别于一般防卫在防卫后果上的本质特征。这一规定，是针对这类严重危及人身安全的暴力犯罪具有侵害性质严重、手段凶残的特点而作出的。对此类犯罪行为，防卫人往往处于被动、孤立、极为危险的境地，在这种情况下，如对防卫人过苛，则难以取得制止犯罪、保护公民人身权利不受侵害的效果，亦不利于鼓励人民群众同犯罪行为作斗争。

在本案中，被告人叶某朝向王某友追索饭款是合理、合法的行为，王某友吃饭后不但不还欠款，在被合理追索欠款后，还寻衅滋事报复，在本案的起因上负有责任。叶某朝虽准备了尖刀并随身携带，但从未主动使用，且其是在王某友等人不甘罢休，还会滋事的情况下，为防身而准备，符合情理，并非准备斗殴。斗

殴是一种违法行为，其特征是斗殴参加人互相均有非法伤害的故意，双方均属不法行为。本案中，王某友纠集人员到叶某朝所开设的饭店滋事，并持东洋刀向叶某朝左臂、头部砍击两刀，属于严重侵害他人人身安全的行凶行为。叶某朝在被砍两刀后，持尖刀反击，其间，向持凳砸自己的郑某伟反击一刀，并在夺过王某友的东洋刀后，停止了反击的防卫行为。这表明叶某朝是被迫进行防卫的，其在防卫的时间、对象上均符合法律的规定。

叶某朝在防卫行为开始前和开始防卫后，身受犯罪分子行凶伤害致轻伤，能否认定王某友等人的行为系“严重危及人身安全的暴力犯罪”？首先，法律并未规定特殊防卫的行为人必须身受重伤、已被抢劫、强奸既遂等才可以进行防卫。因此，叶某朝虽只身受轻伤，但只要其受伤情形足以表明对方侵害的严重暴力性质，就符合法律规定。其次，防卫的目的恰恰是使行凶、杀人、抢劫、强奸、绑架等暴力犯罪不能得逞，因此，即使防卫人根本没有受到实际伤害，也不应当影响特殊防卫的成立。本案中，王某友等人手持东洋刀，且已砍在防卫人身上，如不对其进行有力的反击，如何制止其犯罪行为？因此，行为人放任，甚至不排除希望将对方刺伤、刺死，在适用本条款规定时，不应成为障碍。因为叶某朝在受到严重人身侵害的情况下进行防卫，是法律允许的，具有正义性，虽造成两人死亡的严重后果，但仍符合《刑法》第 20 条第 3 款的规定，故不负刑事责任。一、二审法院的判决、裁定根据从旧兼从轻的原则适用该款规定是正确的。

毫无疑问，《刑法》第 20 条第 3 款是人民群众同严重危害人身安全的犯罪行为作斗争的有力武器。但在实际审判业务中，此类案件往往情况复杂、造成的后果严重，因此要注意案件发生的前因后果，把握住正当防卫的正义性这一基本要素，排除防卫挑拨、假想防卫等情况，既要保护人民群众依法维护公民合法权利的行为，又要防止坏人假借防卫而犯罪，以体现《刑法》中本条款的立法原意。

在叶某朝案中，死者系滋事方，并且是持刀在叶某朝的饭店行凶的情况下被叶某朝杀死的。即使没有《刑法》第 20 条第 3 款关于无过当之防卫的规定，叶某朝行为也应认定为正当防卫。我关注的不是这样的案件法院为什么判决无罪，

而是这样的案件检察机关为什么起诉。对于本案，检察机关在起诉时认为，叶某朝对不法侵害进行防卫，使用凶器致二人死亡，其行为虽属正当防卫，但已超过必要限度，构成故意杀人罪。但在抗诉时，检察机关又认为，叶某朝有斗殴的故意，有斗殴的准备，持放任态度，造成严重后果，明显超过必要限度。[①] 应该说，检察机关对无过当之防卫的理解是存在错误的，主要在于对行为性质理解的混淆。叶某朝是在受到正在进行的不法侵害时进行防卫的，但检察机关却认为是斗殴。如何区分正当防卫与斗殴？这是我国司法实践中一直没有得到很好解决的问题。从形式上看，正当防卫与斗殴确实十分相似，两者区分的关键在于起因。如果是由于一方的不法侵害引起他方防卫的，防卫方的行为就不能被认为是斗殴，在符合正当防卫条件的情况下应当认定为正当防卫。当然，由于本案发生在1997年《刑法》修订前，而一审判决则是在1997年《刑法》生效后，公诉机关对刑法关于正当防卫的新规定不熟悉。这是一个可能的理由。无论如何，即使《刑法》第20条第3款规定了特殊防卫，如果司法机关的思想观念不转变，其适用前景仍然不容乐观。

从1979年《刑法》的正当防卫规定到1997年《刑法》的正当防卫规定，其内容发生了重大变化。这一刑法制度变迁折射出在公民防卫权的保障与避免其滥用之间的艰难抉择、立法理性与司法逻辑之间的紧张角力。

第三节　正当防卫的司法激活

通过1997年的《刑法》修订，我国刑法对正当防卫的规定可以说已经为正当防卫权的行使留下了广阔的空间，尤其是对特殊防卫的规定，可谓举世无双。然而，立法只是为司法提供了依据，立法精神能否贯彻到个案之中，还是取决于

---

① 参见王幼璋主编：《刑事判案评述》，26页，北京，人民法院出版社，2002。

司法机关。相对于正当防卫立法效果的立竿见影，我国正当防卫司法的启动则是一个缓慢的过程。从 1997 年《刑法》修订，一直到 2017 年的于某案，正当防卫的司法才被激活。

一、正当防卫的认知偏差

正当防卫制度之所以处于一种睡眠状态，究其原委，主要还是因为司法机关对正当防卫存在某种认知上的偏差。目前在我国司法实践中，司法人员对正当防卫的认识存在各种错误观念。如果不对这些错误观念进行反思和检讨，我国正当防卫制度仍然会被束之高阁，正当防卫的规定也就会沦为僵尸条款。

（一）只能对暴力行为防卫，对非暴力侵害不能防卫

防卫行为必然表现为暴力，这是法律赋予公民的权利，因此，防卫是一种合法的暴力。基于这种认知，一般把防卫客体限于暴力行为，只有对暴力侵害才能进行正当防卫。由此，正当防卫就具有以暴制暴的性质。在这种情况下，对非暴力侵害就不能进行防卫。我认为，这种理解是偏颇的。对于严重危及人身安全的暴力侵害，我国《刑法》第 20 条第 3 款专门规定了特殊防卫。第 2 款规定的防卫过当，其防卫客体包括两种情形：第一种是没有达到严重程度的暴力犯罪。因为没有达到严重程度，因此虽然是暴力犯罪，但不能适用第 3 款进行无过当防卫，而属于第 2 款的防卫客体。如果防卫超过必要限度，则构成防卫过当。第二种是非暴力犯罪，例如非法拘禁、非法侵入住宅、入室盗窃，以及其他侵害人身权利或者财产权利的不法侵害。在日本刑法理论中，对防卫客体的不法侵害在理解上是极为宽泛的。例如，日本学者大塚仁教授指出："所谓侵害，就是对他人的权利造成实害或者危险，不问是故意行为还是过失行为，是基于作为还是不作为。而且，也不要求是相对于犯罪的行为。"① 大塚仁教授还具体论述了对侵入

① ［日］大塚仁：刑法概说（总论），3 版，375 页，冯军译，北京，中国人民大学出版社，2003。

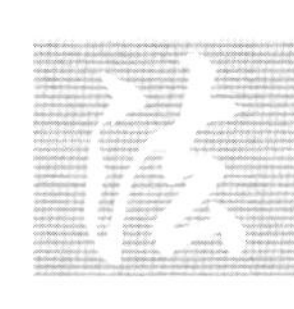

住宅不退出的人采取措施拉到屋外，属于对基于不作为的侵害的正当防卫。

在我国司法实践中，也存在对非法侵入住宅行为防卫的案例。例如，赵某故意伤害案就是对非法侵入他人住宅实行防卫的案例。该案一审判决认定赵某的行为构成防卫过当，二审判决改判成立正当防卫、不负刑事责任。当然，非暴力侵害对人身权利的侵害程度较轻，因此不能采取过于激烈的暴力进行防卫，否则就会构成防卫过当。由此可见，那种认为只有对暴力侵害才能进行正当防卫、对非暴力侵害不能进行正当防卫的认识是不能成立的。

在大量案件中，暴力侵害与非暴力侵害是夹杂在一起的，例如，如果是单纯的非法拘禁行为，可以说是非暴力的侵害，但在扣押被害人的时候，会采取暴力手段。而且，在非法拘禁过程中，也伴随着辱骂和殴打。就非法拘禁罪而言，在客观上其与绑架罪表现无异。只不过，非法拘禁罪是不以勒索财物为目的的绑架罪，反之，绑架罪是以勒索财物为目的的非法拘禁罪，因为，根据我国《刑法》第 238 条第 3 款的规定，以索要债务为目的扣押、拘禁他人的，应当以非法拘禁罪论处。可以想见，于某故意伤害案中如果对方的主观目的不是索要债务而是勒索财物，那么，于某的行为被认定为正当防卫就不会引起争议。

（二）只有暴力侵害发生的一刹那，才能实行防卫

刑法规定只有对正在进行的不法侵害才能实行正当防卫。如何理解不法侵害的正在进行？这是在认定不法侵害的时候特别容易发生错误理解的问题。最容易发生的错误理解就是，把不法侵害的发生时间仅仅视为侵害的一刹那，例如，用刀杀人就是举刀砍下来的时刻，用枪杀人就是扣动扳机的时刻。如果这样理解，则几乎就没有给防卫留下必要的时间。一般人都不可能如此精准地掌握防卫时间，因此，无论防卫迟早，防卫人都会被论之以罪、绳之以法，对防卫人实在没有公正可言。我认为，对不法侵害应当整体进行考察，从侵害开始到侵害结束期间都可以对它予以防卫，并不是只有侵害发生的那一刹那才能实行防卫。就不法侵害的起始而言，只要发现对方具有侵害的现实可能性，就可以对之实行防卫。例如，对持枪的不法侵害，只要发现对方有举枪射击的迹象就可以实行防卫；对

持刀的不法侵害，只要发现对方逼近自己就可以实行防卫，就不法侵害的结束而言，不能认为侵害人的侵害举动完成就不能再实行防卫，而是要看是否存在再次侵害的可能性，只要侵害的危险没有被排除，就可以实行防卫。除非侵害结束以后，侵害人已经脱离现场。在这种情况下，再次侵害的危险已经被排除，被侵害人的人身安全已经得到保障，就不能再以防卫为名对侵害人进行报复。

就防卫时间的认定而言，于某故意伤害案的情况较为复杂。法院之所以没有认定于某的行为具有防卫性质，主要理由之一是在派出所已经出警的情况下，于某和其母亲的生命健康权利被再次侵犯的现实危险性较小，不存在防卫的紧迫性。事实上，民警来到事发现场以后，并没有制止非法拘禁行为，因此不能认为因为民警的到来于某母子的人身安全获得了保障。更为重要的是，在于某往外走的时候，讨债人还对其进行了殴打、阻止。在这种情况下，于某除非忍受非法拘禁，否则不使用暴力防卫手段就难以解除非法拘禁状态。可以说，于某是对正在进行的不法侵害所实行的防卫。而且，从对于某母子的整个不法侵害过程来看，从下午 4 点持续到晚上 10 点，在此过程中的辱骂殴打都对于某形成了强烈的心理刺激，与此后于某采取激烈的防卫措施具有密切关系。只有把前因后果结合起来进行分析，才能认识到于某实行防卫的合理性与必要性。

我国学者周光权对不法侵害中的持续侵害作了论述：“在持续侵害中，不法行为的成立和既遂往往都相对较早，但犯罪行为在较长时期内并未结束，在犯罪人彻底放弃犯罪行为之前，违法状态也一直持续，犯罪并未终了，在此过程中，防卫人理应都可以防卫。”① 周光权对持续侵害的防卫所作的论述是完全正确的，对于司法实践中考察反击行为是否具有防卫性具有重要参考价值。除了侵害的持续性，我认为，在于某故意伤害案中，侵害还具有复合性。复合性是相对于单一性而言的，虽然大多数防卫都是针对单一的不法侵害，但也存在对复合的不法侵害所实行的防卫。所谓复合性的侵害是指各种不同的侵害行为掺杂在一起或者前

① 周光权：《论持续侵害与正当防卫的关系》，载《法学》，2017（4）。

后相续，形成对他人的不同法益的侵害。例如在某些以索债为目的的非法拘禁案件中，不法侵害人不仅实行对防卫人的人身自由限制的行为，同时又有言语侮辱和殴打等行为。复合性的侵害具有弥散性的特征，对防卫的认定也会带来一定的影响。

（三）只要双方打斗就是互殴，就不是防卫

在正当防卫或者防卫过当未被认定的案件中，将正当防卫或者防卫过当与互殴相混淆，是我国司法实践中较为常见的情形。在对方已经实施侵害的情况下，被侵害人对侵害行为的反击，在客观上呈现出来的就是双方互相打斗，因此具有互殴的外观。如果不能明确地区分防卫与互殴，则正当防卫制度就会被拖拽进互殴的污泥潭中而不能自拔。将防卫与互殴区分就如同去除连泥拔出的莲藕身上的污泥，还其洁白的本色。虽然防卫与互殴具有相似的外观，但两者存在根本的区别，这就是事先是否具有殴斗的合意。只有事先双方经过约定，具有互相殴斗的合意，此后的相互打斗行为才能被认定为互殴，双方的行为都不具有防卫的性质。如果一方首先对另一方进行侵害，则另一方的反击行为不能被认定为斗殴，而应被认定为防卫。确实，在防卫与互殴这两种情形中，都存在双方之间的互相侵害。严格地说，只有存在事先具有互相殴打的约定的情形，才能被认定为互殴。如果没有这种约定，在一方首先对他人进行侵害的情况下，只要是为了制止他人侵害所作出的行为，都应当被认定为具有防卫性质。

问题的关键是：在一方的侵害行为已经完成以后，被侵害人在何种情况下的反击行为应该被认定为防卫？就“防卫”这个用语的本来含义而言，其具有防止侵害的意思。因此，在不法侵害开始之前或者之时实行防卫，避免不法侵害的意味更加明显，更容易被认定为具有防卫性质。但在侵害完成以后，似乎不存在防卫的前提，因而容易将反击行为认定为报复性殴打，进而认定为互殴。我认为，不能简单地说侵害完成就没有防卫的余地，因为在许多情况下，侵害不是一次性的，而是具有连续性的，第一次侵害结束不等于全部侵害完成。在还不能排除后续侵害到来的情况下，被侵害人完全有权进行防卫。这种防卫与互殴在性质上有

所区别：防卫是正与不正之关系，互殴则是不正与不正之关系。将具有防卫性质的反击行为认定为互殴，这是混淆了正与不正之关系，殊不可取。只有在侵害结束以后，侵害人不再具有再次侵害的现实可能性，被侵害人在其人身安全已经得到保障的情况下，仍然采取暴力进行报复的行为，才不具有防卫性质。

防卫与互殴的区分，主要在于对起因之性质的判断。在互殴的情况下，挑起事端的行为属于不法行为，行为人应当具有对招致的反击行为的忍受义务。反之，面对他人的无端侵害，被侵害人则没有忍受的义务而有防卫的权利。在目前司法实践中发生的将防卫混淆为互殴的案件中，司法机关对事态的起因往往轻描淡写为“因琐事引起纠纷”或者“因某事产生冲突”。这种判断似乎具有中立性，但完全是不分是非的，为此后的错误判断埋下了伏笔。例如，在于某故意伤害案中，判决认定：“被告人于某面对众多讨债人的长时间纠缠，不能正确处理冲突。”该判词一方面把讨债人对于某母子的长时间非法拘禁认定为只是互相的“冲突”，另一方面还指责于某“不能正确处理冲突”。这样的司法判断完全背离了常识，而且也与刑法规定相抵触，因此引发民意的不满。

（四）只要发生死伤结果，就是防卫过当

虽然防卫是正当的，但任何事物都有其界限，正如真理向前迈进一步就是谬误，正义向前迈进一步就是不义。我国《刑法》第 20 条第 3 款规定的特殊防卫，虽然取消了对必要限度的限制，但实际上，对严重的暴力犯罪进行防卫，即使造成侵害人伤亡，也不会超过必要限度。立法者直接将其认定为正当防卫，取代了司法机关对于是否超过必要限度的判断权。该条第 2 款保留了对防卫过当的规定，由此需要对这种普通正当防卫是否超过必要限度进行司法判断。在对是否超过正当防卫必要限度的判断中，存在一个最大的认识误区就是：只要发生死伤结果就是防卫过当。如前所述，我国有学者甚至认为《刑法》第 20 条第 2 款的防卫后果根本就不包括重伤和死亡。换言之，只要防卫行为造成重伤或者死亡就是防卫过当。对于这种在司法实务中和刑法理论上存在的做法和说法，我殊不以为然。在日本刑法教义学中，存在行为相当性和结果相当性之分，这种只要发生死

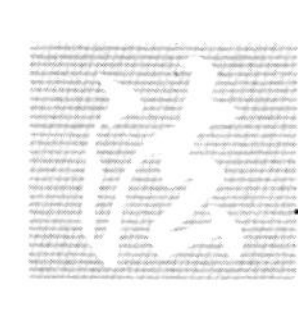

伤的结果就是防卫过当的观点，类似于结果相当性说。其实，任何防卫行为都会造成不法侵害人一定的伤亡结果，问题只是在于：这种伤亡结果是否为制止不法侵害所必要？是否与侵害行为相适应？在此，应该在行为具有防卫性的基础上，再考察行为强度和结果避免的可能性。只有在推定在当时的时空环境中可以并且完全能够采取强度较轻的反击行为进行防卫的情况下，防卫人没有控制反击强度，采取了明显超过必要限度的防卫行为，才能被认定为防卫过当。反之，如果在当时的情况下，只能采取一定强度的反击措施，即使造成了一定的伤亡结果，也不能认为超过了正当防卫的必要限度，因为在这种情况下，死伤这一防卫结果具有难以避免性。对防卫过当的判断，不应苛求防卫人，应当设身处地地考虑，尤其是，根据我国刑法的规定，防卫不需要迫不得已，只有紧急避险才需要迫不得已。关于正当防卫是否超过必要限度的判断，应当是行为时的判断，而不是行为后的判断。在进行这种判断的时候，不仅要考虑防卫行为与侵害行为在客观上是否具有相当性，而且要考虑侵害行为是否令防卫人的心理产生恐慌、激愤，由此导致认识能力和控制能力减弱，因而防卫人不能十分准确地把握防卫限度。在于某故意伤害案中，于某的刀具是随手从办公桌上取得的，如果不使用执刀乱捅的方法进行防卫，可能就不会发生伤亡结果。但在当时只有刀具可以作为防卫工具的情况下，我们还要求于某放弃使用刀具而设法寻找其他防卫工具，既不合理也不合法。

综上所述，我认为，对于正当防卫应当达成如下共识：降低正当防卫（包括防卫过当）的认定标准，就是提高不法侵害人的违法成本；提高正当防卫（包括防卫过当）的认定标准，就是增加被侵害人的维权成本。反思应当认定而没有认定正当防卫的司法偏差，其出现主要还是观念问题。虽然打击犯罪是司法机关的不可推卸的职责，但司法机关在履行这一职责的时候，首先应当区分罪与非罪，以便准确地打击犯罪，而不能误将防卫认定为犯罪。唯此才能获得司法正义。

二、正当防卫的司法偏差

正当防卫是我国刑法规定的重要制度。在行为符合刑法分则规定的构成要件的情况下，如果认定该行为属于正当防卫，则对行为人不追究刑事责任，因此，在刑法理论上，将正当防卫称为违法阻却事由。在司法实践中，公、检、法机关在审理案件过程中，如果认为犯罪嫌疑人或者被告人的行为构成正当防卫，就应当以公安机关撤案、检察机关法定不起诉、人民法院作无罪判决的方式结案。与此同时，辩护人也往往将正当防卫作为重要的辩护理由提出，以此维护犯罪嫌疑人或者被告人的合法权益。然而，目前在我国司法实践中，正当防卫制度未能得到有效的实施，防卫人的合法权益得不到有力的保护。这种现象可以被称为正当防卫的司法偏差。因此，需要对正当防卫案件处理中存在的现象进行深入探究，揭示问题的症结，提出解决问题的方法。

（一）正当防卫司法偏差的现象

我国刑法对正当防卫作了具体的规定，该规定为司法机关正确适用正当防卫提供了规范根据。值得注意的是，在我国1997年《刑法》修订过程中，对正当防卫作了重大修改，修改的目的是扩大公民的防卫权，并且设立特殊防卫制度，解除公民在正当防卫时的后顾之忧。立法的修改主要反映在以下两点：第一，将防卫过当的规定从1979年《刑法》的“超过正当防卫的必要限度造成不应有的危害”修改为“明显超过正当防卫必要限度造成重大损害”。这就放宽了正当防卫的限度。第二，增设了特殊防卫：对于严重侵害人身权利的暴力犯罪进行正当防卫的，即使造成重伤、死亡的后果，也不属于防卫过当，不负刑事责任。这就使公民可以放心大胆地进行防卫，不会受到刑事追究。然而，虽然立法作了修改，但司法实践中对正当防卫的认定依然如故，对正当防卫案件的处理仍然束手束脚，鼓励公民正当防卫的立法初衷没有得到落实。在正当防卫的司法认定上，我认为存在以下三种偏差。

1. 将正当防卫混同于犯罪

这种现象还较为严重。正当防卫是刑法规定的不构成犯罪的情形。不仅如此，在正当防卫中，除了为保护本人权益而实施的正当防卫，还包括为保护他人权益而实施的正当防卫，这种正当防卫具有见义勇为的性质。把这些见义勇为的行为认定为犯罪，明显挫伤了公民见义勇为的积极性，并且混淆了罪与非罪的界限。在司法实践中，许多正当防卫案件都会引发争议，通过正常的司法程序不能得到依法处理，只有在舆论等外在介入因素的推动下，才能得到一定程度的合理解决。例如武汉杨某伟、杨某平兄弟正当防卫案件：

因杨某平摸了彭某所牵的狗，双方发生口角。彭某扬言找人报复，杨某伟返回住所将一把单刃尖刀、一把折叠刀藏于身上。彭某邀约另外三名男子，手持工地上常用的洋镐把，返回找杨氏兄弟报复。彭某率先冲到杨某伟家门口，与其发生打斗，杨某伟用单刃尖刀朝彭某胸腹部猛刺。彭某邀来的三名男子也冲上来，用洋镐把对杨某伟进行围打。不远处的杨某平见弟弟被围打，便从家中取来一把双刃尖刀，朝彭某的胸部猛刺。彭某受伤后离开现场，因失血过多经抢救无效身亡。经法医鉴定，彭某身上有七处刀伤，因急性失血性休克而死亡。本案起因于琐事，彭某带领多人携带凶器前来报复，杨氏兄弟的反击明显具有防卫性质；但湖北省武汉市武昌区人民法院作出一审判决，认定杨某伟、杨某平二人故意伤害他人身体，致人死亡，其行为构成故意伤害罪，分别判处有期徒刑 15 年和 11 年，并赔偿彭某经济损失 56 万元。杨某伟、杨某平不服，提起上诉。该案被湖北省武汉市中级人民法院发回重审，杨某伟、杨某平的量刑结果改判为有期徒刑 9 年和 13 年。杨某伟、杨某平仍不服，提起上诉。最终，湖北省武汉市中级人民法院作出二审判决：撤销一审法院的刑事判决；杨某伟防卫过当，构成故意伤害罪，判处有期徒刑 4 年；杨某平无罪。

这是一起将正当防卫混同于普通犯罪的典型案例，即使是二审判决，还是认定杨某伟防卫过当、构成犯罪。面对彭某等多人使用凶器实施的暴力犯罪，杨某伟为保护自身的人身权利进行反击，这一行为完全符合《刑法》第 20 条第 3 款

规定的特殊防卫的构成条件，但该款并没有得到依法适用。由此可见，正确处理一起正当防卫案件，即使是在舆论的外在压力之下，仍然举步维艰。

2. 将正当防卫认定为防卫过当

根据我国刑法的规定，正当防卫明显超过必要限度，造成重大损害的，属于防卫过当；防卫过当构成犯罪，但应当减轻或免除处罚。在司法实践中，正当防卫被认定为防卫过当的案例也是较多的，致使某些本来不应作为犯罪处罚的防卫人受到刑罚处罚。例如，在赵某过失致人死亡案中，公安机关将赵某见义勇为的行为认定为普通犯罪，否定赵某的行为具有防卫性质。而该案被移送至检察机关以后，基层检察院经上级检察院审核，以防卫过当作出相对不起诉的决定，只是在最高人民检察院介入以后，才以之为正当防卫而作出绝对不起诉的决定。由此可见，如果不是自媒体披露以后，引起最高人民检察院的关注，那么将赵某的正当防卫行为误认为防卫过当的处理结果就不能得到纠正。

3. 将防卫过当认定为普通犯罪

防卫过当虽然构成犯罪，但依法应当减轻或者免除处罚，因而处罚较轻。但如果作为普通犯罪处理，防卫人就会受到严厉处罚，显失公平。例如于某故意伤害案，在一审期间，虽然辩护人进行了正当防卫的辩护，但当地公、检、法机关并未采纳，都认为于某的行为构成普通犯罪，因而判处其无期徒刑。在媒体报道以后，社会公众予以高度关注，最高人民检察院介入，该案才引起司法机关的重视，最终以防卫过当判处于某有期徒刑 5 年。即使认定为防卫过当在刑法学界也还是引发争议的，不少宪法学者也认为于某的行为属于正当防卫，没有超过必要限度。在现实生活中，这种防卫过当被以普通犯罪论处的案例为数较多。

综上所述，在目前我国的司法实践中，对正当防卫制度的适用没有遵循立法精神，对正当防卫和防卫过当未能严格依法认定。在个别案例经过媒体曝光以后，社会舆论普遍同情防卫人。因为正当防卫案件涉及伦理道德和是非观念，因而基于心同此理的公众意见，对此类案件的认知具有正当性和合理性，值得司法机关高度重视。虽然司法机关回应公众关注，对这些案件作了改判，在一定程度

上回应了社会公正观念，但与此同时，每一次改判都是对司法公信力的销蚀。

（二）正当防卫司法偏差的存在原因

正当防卫司法偏差的存在，在很大程度上影响了司法的公平性，也不利于鼓励公民利用正当防卫的法律武器维护本人或者他人的权益，因此需要认真对待。我认为，正当防卫司法偏差之所以存在，主要有以下三个原因。

1. 维稳思维的影响

在目前我国的司法实践中，维稳思维具有较大影响。当维稳被当作司法活动的指挥棒之一的时候，司法公正就可能会受到贬损。在正当防卫案件中，不法侵害人可能因为正当防卫而发生重伤或者死亡的后果进而成为被害人。如果司法机关将造成其重伤或者死亡的行为认定为正当防卫，则被害人一方就会到司法机关纠缠，甚至缠讼、上访，采取非法律手段向办案人员和司法机关施加压力。在这种情况下，如果司法机关认定防卫行为构成正当防卫就会面临来自司法机关内部、地方党委和政府等各方面的维稳压力。为此，司法机关根据重伤或者死亡后果将防卫行为认定为犯罪是最为简单的结案方式。长此以往，司法机关基于维稳思维处理正当防卫案件，在司法活动中对各方当事人不分是非，只是根据重伤或死亡结果将防卫行为认定为犯罪的做法，致使正当防卫的规定成为僵尸条款，正当防卫制度形同虚设。

2. 案件考评机制的作用

案件管理的一项重要内容，就是根据办案结果对办案人员进行优劣评价，以此作为奖励和升迁的重要参考指标。但在具体操作中，简单地将对案件改变定性或者改变量刑设定为负面指标，给办案人员带来不利后果。这就扭曲了公、检、法三机关之间的关系。例如，公安机关的处理结果如果被检察机关改变，就会影响公安机关办案人员的考评绩效。同样，检察机关的处理结果如果被法院改变，就会影响检察机关办案人员的考评绩效。而在法院内部，如果下级法院的处理结果被上级法院改变，就会影响下级法院办案人员的考评绩效。在这种机制的激励下，公、检、法三机关在处理案件时，为了不给他人带来不利后果，就会互相迁

就：对于公安机关移送起诉的案件，检察机关作不起诉决定难；对于检察机关起诉的案件，法院作无罪判决难；而对于下级法院判决的案件，上级法院改判难。在这种情况下，各司法部门职能的正常发挥就极大地受到影响。这反映在对正当防卫案件的处理上就是：除非公安机关直接认定为正当防卫就而撤案，否则凡是公安机关移送起诉的，检察机关认定为正当防卫就会受到阻力，因为如果检察机关认定为正当防卫，就是公安机关办了错案，相关办案人员就会受到差评。在这种情况下，检察机关也就不认定为正当防卫，即使认定，也只是认定为防卫过当。在检察机关和法院之间，对正当防卫案件的处理也是如此。可见，目前我国司法机关的考评机制不利于正确认定正当防卫。

3. 法律适用的复杂性

毋庸讳言，对正当防卫构成条件的把握，以及对正当防卫和防卫过当的区分，是刑法理论和司法实务中的难题。刑法本身对正当防卫条件的规定较为抽象，类似必要限度这样的授权性规定，要求司法机关根据案件具体情况行使裁量权。对正当防卫案件的正确处理，对于司法人员来说，不仅需要具备较高的法律素养，而且要具备较高的政策水平。再者，对于司法人员来说，正当防卫案件并不是常见案件，因此，其对正当防卫案件的法律界限的把握较为生疏。在这种情况下，对正当防卫案件的处理结果往往不能达到法律和社会的期待。

（三）正当防卫司法偏差的纠正

对正当防卫案件的正确处理，是司法公正的重要一环，也是司法机关建立公信力的重要途径。在目前自媒体日益发达的社会环境中，由于先前正当防卫案件的示范效应，只要正当防卫案件不能得到司法机关的公正处理，相关当事人就会通过媒体曝光的方式寻求社会舆论的声援，由此对司法机关造成外在压力。司法机关应当正确化解社会舆论的影响，变被动为主动，依法、合理、公正地办理正当防卫案件。

1. 刑法理念的更新

《刑法》（2017 年修正）第 1 条明确将“惩罚犯罪，保护人民”作为刑法的

立法目的。其实，“惩罚犯罪，保护人民”不仅是刑法的立法目的，而且是刑法的司法目的，对司法活动具有重要的指导意义。惩罚犯罪和保护人民是不可分离的两部分内容，刑法的目的在于：在采用刑罚手段惩罚犯罪的同时，还要有效地保护人民。因此，在司法活动中，不能片面地强调惩罚犯罪，还要时刻铭记保护人民的根本宗旨。正确地认定正当防卫，就是刑法保护人民的生动体现。在对正当防卫案件的处理中，司法机关实际上是在保护刑法赋予公民的防卫权。如果把正当防卫混同于犯罪，就是侵犯了公民的防卫权。只有在这样一个高度来看待正当防卫制度，才能在司法活动中妥善处理正当防卫案件。此外，在正当防卫问题上还涉及正确对待暴力的国家垄断问题。暴力可以分为非法暴力和合法暴力。在任何一个法治社会，只有国家权力机关才能依法实施暴力。这是一种合法暴力。而非法律授权的私人暴力是违法的，为法律所禁止。因此，国家具有对暴力的垄断权。但任何原则都存在例外，正当防卫就是国家对暴力垄断的例外。在公民受到正在进行的不法侵害的情况下，法律赋予公民防卫权，这种防卫权就是一种合法暴力，它是对国家暴力的必要补充。我国司法人员存在一种担忧的心理，认为如果允许公民实行正当防卫，尤其是无过当的防卫，就会导致随意使用暴力的社会后果，形成对公共秩序的破坏。我认为，这种担心是完全没有必要的，也是没有根据的。事实上，每个公民都不愿意受到不法侵害而行使防卫权，只是在迫不得已的紧急状态下，才进行正当防卫，因此，正当防卫并不是公民主动选择的，而是面对不法侵害时被动实施的。所以鼓励公民采用正当防卫保护本人的权益并不会导致暴力泛滥。至于保护他人权益的正当防卫，因其具有见义勇为的性质，更是法治社会应当鼓励的。如果将见义勇为的正当防卫认定为犯罪，将极大地损害社会公正，从而放纵不法侵害人，这才是对法治的破坏。在公权力对公民合法权利的保护还不能做到足够及时、有效的情况下，有必要放宽公民的防卫权，而不是严格限缩公民的防卫权。我国 1997 年《刑法》关于正当防卫的立法已经体现了这一点，但司法机关对正当防卫案件的处理明显滞后，因此，司法机关应当转变对正当防卫的认识，只有这样，才能为处理正当防卫案件提供正确理念。

2. 考评机制的完善

司法机关的考评机制对司法业务活动具有导向功能，对于司法人员依法办案具有保障作用。目前司法机关的考评机制在指标设置上存在一些值得商榷之处，对于司法人员依法办案，包括正确处理正当防卫案件会产生消极后果。司法机关的办案活动包括两项主要内容：其一是查清事实，其二是适用法律。在这二者当中，查清事实是前提，只有查清事实才能为正确适用法律奠定基础。相对来说，事实本身具有客观性，因而查清事实的标准相对明确。而法律适用分为两种情形：第一种是简单案件，这种案件的法律标准明确，法律适用相对简单；第二种是复杂案件，这种案件往往存在较大争议，法律标准较为模糊。我认为，基层司法机关主要应对案件事实负责。如果因为主观原因没有查清案件事实，在考评上则应当受到消极评价，承担不利后果。但对于法律适用，尤其是对于复杂案件的法律适用，不同司法人员和不同司法机关之间存在不同看法，这是十分正常的。在这种情况下，就不能因为法律适用结果的改变而对司法人员和司法机关的考评产生不利后果。对于争议案件，应当按照司法程序推进，以有权的司法机关的判断为最终标准，但被改变处理结果的司法人员和司法机关不能因为处理结果的改变而承受不利后果，更不能将这种处理结果的改变误认为是错案的标志，对正当防卫案件也是如此。以赵某过失致人死亡案为例：福建省福州市晋安区公安分局认为赵某构成犯罪，移送检察机关起诉。福建省福州市晋安区人民检察院认为赵某的行为属于防卫过当，作出相对不起诉的决定。最后，由于最高人民检察院介入，福建省福州市人民检察院指令福建省福州市晋安区人民检察院重新审查，最后认定赵某的行为属于正当防卫，作出绝对不起诉的决定。在这个案件的处理过程中，公安机关在查清事实以后，以赵某犯过失致人死亡罪移送检察机关起诉以后，公安机关对赵某的处理只是一种起诉意见，最终有权决定是否起诉和以何种罪名起诉的是检察机关，因此，即使检察机关改变处理结果，也不能认为公安机关办了错案。依此类推，由于上级检察机关的介入，福建省福州市晋安区人民检察院将相对不起诉改变为绝对不起诉，也不能由此认为福建省福州市晋安区人民检察院办了错案，因为根据法律规定，上级检察机关对下级检察机关是有案件指导权限的。假如检察机关将该案起诉到法院，法院认定为正当防卫，作出无罪判决，也不能认为检察机关办了错案，因为在刑事诉讼程序中，法院具有独立的审判权，包括对案件判决有罪或者无罪的权力。公安、司法机关只要在自身权力范围内，依法对案件作出处理，即使随着诉讼程序的推进，案件处理结果被其他机关改变，也不能认为被改变处理结果的公安、司法机关对案件的处理结果是错误的。更何况，我国刑事诉讼法还设置了公安、司法机关之间的制约程序，例如公安机关对检察机关处理结果的复议、复核权，检察机关对法院判决的抗诉权等。如果要求下一个程序的机关必须维持上一个程序的机关的处理结果，那么，公、检、法三机关之间只有协同一致的互相配合而没有互相制约，这就会扭曲公、检、法三机关之间的关系。这也正是目前冤假错案存在的原因之一。在对正当防卫案件的处理上，也要纠正这种扭曲的公、检、法三机关的关系，只有这样，才能为正当防卫案件的正确处理提供顺畅的司法程序。

3. 加强对正当防卫案件的司法指导

正当防卫是司法人员较生疏的一个业务类型，而我国刑法对正当防卫的规定又具有一定的抽象性。在这种情况下，为了指导司法机关正确办理正当防卫案件，首先应当加强案例指导。我国已经建立案例指导制度，它能够为司法活动提供更为细致、具有可操作性的规则，对于疑难案件的处理尤其具有其他规范性司法解释无法替代的指导功能。值得肯定的是，最高人民检察院和最高人民法院已经发布的指导性案例中都已经包含了正当防卫案件。例如于某故意伤害案、于某明涉嫌故意杀人案等曾经引起社会广泛关注的案例都以指导案例的形式被公布，对于处理同类正当防卫和防卫过当案件具有重要的指导作用。尤其是 2020 年 8 月 28 日最高人民法院、最高人民检察院、公安部出台了指导性司法文件《关于依法适用正当防卫制度的指导意见》，总结正当防卫和防卫过当的认定规则，从而明确正当防卫和防卫过当的法律界限。这对于正确处理正当防卫案件必将起到积极作用。

三、正当防卫制度的司法激活

正当防卫教义学原理是随着正当防卫的立法与司法的发展而变化的，在一定意义上是受立法与司法制约的。我国正当防卫教义学随着立法嬗变与司法激活而获得内在动力。

我国第一部刑法典（1979 年《刑法》）设立了正当防卫制度，该制度赋予公民为避免正在进行的不法侵害，可以对不法侵害人实施一定限度的防卫权。然而，在司法实践中如何正确认定正当防卫，是一个司法实务的难题。同样一种杀人行为，如果认定为正当防卫，则行为人不负刑事责任；反之，如果不是正当防卫，则行为人构成犯罪。因此，正当防卫的认定实际上是一个罪与非罪的区分问题，关系十分重大。

1979 年《刑法》是从 1980 年 1 月 1 日开始实施的，由此正当防卫制度进入我国的司法领域。然而，我国从 1983 年紧接着开始了“严打”运动，以从重从快惩治严重破坏社会治安的刑事犯罪为主要目标。在“严打”的刑事政策影响下，正当防卫所具有的出罪功能受到极大的抑制。在当时“严打”的氛围中，对正当防卫的认定十分困难，大量的正当防卫案件被作为普通刑事犯罪处理，因而混淆了罪与非罪的界限。

1997 年我国对《刑法》进行了重大修订。其中，正当防卫制度的修改令人瞩目。当时刑法修订的指导思想是可改可不改的不改，只有非改不可的才改。例如，1997 年 3 月 6 日主持刑法修订的王汉斌副委员长在第八届全国人民代表大会第五次会议上作关于《中华人民共和国刑法（修订草案）》的说明时指出：“注意保持法律的连续性和稳定性。对刑法的原有规定，包括文字表述和量刑规定，原则上没什么问题的，尽量不作修改。”[①] 因此，修订的重点是《刑法》分则，对

① 高西江主编：《刑法的修订与适用》，代序，1 页，北京，中国方正出版社，1997。

《刑法》总则修订之处寥寥无几。然而，立法机关对正当防卫规定却作了较大规模的修订。由此可见，正当防卫规定属于非改不可的范畴。我国学者把当时对正当防卫的修订归咎于正当防卫规定过于原则，单性较大，内容不明确，易使司法人员产生困惑，不利于鼓励广大公民充分运用正当防卫的法律武器与违法犯罪行为进行斗争。因此，我国学者指出："如何修改刑法中的正当防卫规定，立法机关实际是在两难之中进行选择，一方面试图鼓励公民积极利用正当防卫与违法犯罪行为进行斗争，另一方面又唯恐导致公民滥用防卫权，造成新的混乱。经过反复权衡，比较多种方案，最终形成现有的规定。立法机关认为，正当防卫的立法要修改的问题较多，但是，这次修改的重点是关于正当防卫的规定不利于打击违法犯罪，保护公民利益的部分。"① 然而，在我看来，1979 年《刑法》关于正当防卫的规定本身并没有缺陷，在法条表述上与各国刑法典关于正当防卫的规定并无差别，因此，我们不能从正当防卫的立法上寻找修订原因，而是应当从正当防卫的司法上寻找修订根据。我认为，1997 年《刑法》修订中，正当防卫规定之所以非改不可，主要原因还是在于司法机关在正当防卫的规范适用上存在明显的偏颇。换言之，正当防卫制度的立法初衷没有十分圆满地实现。立法机关试图通过修改正当防卫规定，促使司法机关更为积极地运用正当防卫，保障防卫人的合法权益。

1997 年《刑法》对正当防卫规定的修改主要表现在两个方面：第一是在正当防卫与防卫过当之间的关系上，扩张正当防卫的范围，限缩防卫过当的适用范围。立法机关在正当防卫与防卫过当的法律界定上，将"正当防卫超过必要限度"这一表述修改为"正当防卫明显超过必要限度"。这里的"明显"两字的立法意图可谓十分明显：这已经不是暗示而是明示，对于调整正当防卫与防卫过当的界限具有重大意义。第二是增设了无过当防卫的规定，即《刑法》第 20 条第 3 款，这种针对正在进行的行凶、杀人、抢劫、强奸、绑架以及严重危害人身安全

① 高西江主编：《刑法的修订与适用》，105、106 页，北京，中国方正出版社，1997。

的暴力犯罪实行的正当防卫，即使造成不法侵害人的伤亡，亦不负刑事责任。相对于《刑法》第 20 条第 1 款的普通正当防卫而言，这种无过当的正当防卫也可以称为特殊正当防卫，简称特殊防卫。特殊防卫的立法创制可谓横空出世，在其他国家刑法中都找不到类似规定。从特殊防卫制度的设立可以明显地看出，立法机关通过对正当防卫更为宽松的规定以推动正当防卫的司法适用的意图，从中也可以看出立法机关对于此前正当防卫的司法适用状况的某种不满，因而具有一定的矫正的意思。

在 1997 年《刑法》修订过程中，对于正当防卫如此大幅度的修改，尤其是设立特殊防卫制度，无论是我国刑法学界还是司法实务界都还存在一定疑虑。其中，最大的担忧是特殊防卫的规定是否会导致防卫权的滥用，由此形成对社会治安的冲击。有些学者甚至认为，特殊防卫会造成防卫权的异化，进而在一定程度上潜藏着破坏法治秩序的危险。① 这种担心是可以理解的，然而，这种破坏作用并没有发生。在特殊防卫制度设立以后，只有极个别案件被认定为特殊防卫。换言之，正当防卫的司法适用并没有发生如同立法机关所预期的明显改观。

对正当防卫规范适用的考察，不能仅仅基于刑法的视角，而且应当将其置于司法程序中进行观察。根据我国刑事诉讼程序，公安机关主导的刑事侦查、检察机关主导的起诉和提起公诉、审判机关主导的刑事审判形成刑事司法的三道工序，每个机关在其职权范围内都具有一定对案件的实体处置权。例如，公安机关具有撤案的权力、检察机关具有不起诉的权力、法院具有判决无罪的权力。在这个意义上说，三机关都可以在自身权限范围内，对正当防卫案件进行处置。例如，公安机关在立案以后，如果认定为是正当防卫，可以对案件进行撤案处理，不追究防卫人的刑事责任。

在江苏昆山于某明正当防卫案（检例第 47 号）中，公安机关根据侦查查明的事实，依据《刑法》第 20 条第 3 款的规定，认定于某明的行为属于正当防卫，

① 参见田宏杰：《刑法中的正当化行为》，264 页，北京，中国检察出版社，2004。

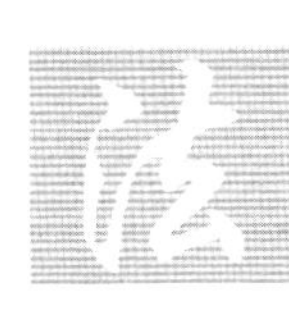

不负刑事责任，决定依法撤销于某明故意伤害案。其间，公安机关依据相关规定，听取了检察机关的意见，昆山市人民检察院同意公安机关的撤销案件决定。检察机关在批准逮捕、审查起诉过程中，如果认定为是正当防卫，可以对案件作出不批准逮捕或者不起诉决定。

在赵某正当防卫案中，公安机关以赵某涉嫌故意伤害罪立案侦查，侦查终结后，以赵某涉嫌过失致人重伤罪向检察机关移送审查起诉。福建省福州市晋安区人民检察院认定赵某防卫过当，对赵某作出相对不起诉决定。福建省福州市检察院经审查认定赵某属于正当防卫，依法指令福建省福州市晋安区人民检察院对赵某作出绝对不起诉决定。

审判机关在庭审过程中，如果认定是正当防卫，可以对案件作出无罪判决。如果一审判决有罪，二审认定为正当防卫或者防卫过当，可以进行改判，甚至通过再审进行改判。例如于某故意伤害案（指导案例 93 号）中，山东省聊城市中级人民法院于 2017 年 2 月 17 日作出（2016）鲁 15 刑初 33 号刑事附带民事判决，认定被告人于某犯故意伤害罪，判处无期徒刑，剥夺政治权利终身，并赔偿附带民事原告人经济损失。宣判后，被告人于某及部分原审附带民事诉讼原告人不服，分别提出上诉。山东省高级人民法院经审理于 2017 年 6 月 23 日作出（2017）鲁刑终 151 号刑事附带民事判决：驳回附带民事上诉，维持原判附带民事部分；撤销原判刑事部分，以故意伤害罪改判于某有期徒刑 5 年。

当然，各个司法机关对其他机关作出的处置，都具有一定的救济权。例如，对于审判机关认定为正当防卫并作出的无罪判决，检察机关可以进行抗诉。以上刑事诉讼程序的立法设计，体现了三机关之间互相配合、互相制约的关系。当然，这种程序设计的立法初衷也并非能够完全实现，因为刑事诉讼还会受到刑事政策的影响。在严打的刑事政策指导下，对正当防卫的认定就会变得十分困难。当然，在检察机关这个环节还是会有些后果较轻的正当防卫案件受到不起诉的处理而出罪。这些案件由于影响力较小，往往没有进入公众视野。然而，那些后果严重，例如造成重伤、死亡的，在公安机关或者检察机关的环节而出罪的案件则

少之又少，往往被起诉到法院。在这种情况下，法院对正当防卫案件如何处理就成为观察正当防卫制度在我国司法实践中适用状况的一个窗口。但恰恰是在这个窗口，我们看到正当防卫制度运行的窒息状态。最终，于某故意伤害案以一种突如其来的方式进行公众视野，成为激活正当防卫司法的一个突破口。

于某故意伤害案是一起由讨债纠纷而引发的恶性刑事案件，造成一人死亡、三人伤害的严重结果。此类案件在现实生活中时有发生。在一审判决中，法院认定死者杜某浩等人具有侮辱言行，并且在长时间限制于某母子的人身自由的情况下，到了晚上10时许，于某要离开接待室时仍然被阻止，并且发生冲突，导致血案发生。对此，辩护律师提出了防卫过当的辩护意见，并未被法院采纳。山东省聊城市中级人民法院认为：被告人于某面对众多讨债人的长时间纠缠，不能正确处理冲突，持尖刀捅刺多人，致一名被害人死亡、二名被害人重伤、一名被害人轻伤，其行为构成故意伤害罪；公诉机关指控被告人于某犯故意伤害罪成立，被告人于某所犯故意伤害罪后果严重，应当承担与其犯罪危害后果相当的法律责任。鉴于本案系被害人一方纠集多人，采取影响企业正常经营秩序、限制他人人身自由、侮辱谩骂他人的不当方式讨债引发，被害人具有过错，且被告人于某归案后能如实供述自己的罪行，可从轻处罚。因而，山东省聊城市中级人民法院以被告人于某犯故意伤害罪，判处无期徒刑，剥夺政治权利终身。

于某故意伤害案是2017年2月17日宣判的。本来，于某故意伤害案是一个稀松寻常的案件，尽管于某对一审判决不服，提起了上诉，但按照通常惯例，大概率会被二审法院依法驳回，维持原判。然而，2017年3月23日《南方周末》一篇《刺死辱母者》的新闻报道，却将这个案件推到了公众面前，报道中突出了于某故意伤害案中的辱母情节，更是刺激了公众的敏感神经。一时之间，于某故意伤害案成为舆论的暴风眼。在于某故意伤害案被推上媒体的第一时间，该案引起了最高人民检察院的关注。以下是相关报道的内容。

人民网北京3月26日电：据最高人民检察院网站消息，近日，媒体报道山东省聊城市于某故意伤害案即“辱母杀人案”，引起社会广泛关注。最高人民检

察院对此高度重视，已派员赴山东阅卷并听取山东省检察机关汇报，正在对案件事实、证据进行全面审查。对于某的行为是属于正当防卫、防卫过当，还是属于故意伤害，将依法予以审查认定；对媒体反映的警察在此案执法过程中存在失职渎职行为，将依法调查处理。

根据法律和人民检察院刑事诉讼规则的规定，最高人民检察院领导地方各级人民检察院和专门检察院的工作，上级人民检察院领导下级人民检察院的工作。上级人民检察院对下级人民检察院的决定，有权予以撤销或变更；发现下级人民检察院办理的案件有错误的，有权指令下级人民检察院予以纠正。[①] 也就是说，最高人民检察院正式介入了于某故意伤害案。同时，于某故意伤害案也引起最高人民法院的重视，其派员指导该案的二审审理活动。[②]

2017 年 5 月 27 日，于某故意伤害案二审公开开庭审理。山东省高级人民法院采取微博直播的方式通报庭审相关信息。2017 年 6 月 23 日，山东省高级人民法院认定于某属防卫过当，构成故意伤害罪，判处于某有期徒刑 5 年。二审判决认定，于某持刀捅刺杜某浩等四人，属于制止正在进行的不法侵害，其行为具有防卫性质；其行为造成一人死亡、二人重伤、一人轻伤的严重后果明显超过防卫限度造成重大损害，构成故意伤害罪，依法应负刑事责任。鉴于于某的行为属于防卫过当，于某归案后能够供述主要罪行，且被害方有以恶劣手段侮辱于某之母等情节，对于某应当依法减轻处罚，遂作出改判有期徒刑 5 年的判决。值得注意的是，二审判决对案件的性质作了正确的界定，指出：“本案系由吴某占等人催逼高息借贷引发，苏某霞多次报警后，吴某占等人的不法逼债行为并未有所收敛。案发当日，杜某浩曾当着于某之面公然以裸露下体的方式侮辱其母亲苏某霞，虽然距于某实施防卫行为已间隔约二十分钟，但于某捅刺杜某浩等人时难免

---

① http：//bbs. tianya. cn/post-207-58205-1. shtml，2021 - 02 - 04。

② 关于最高人民检察院介入于某故意伤害案指导案件处理的全过程描述，参见万春主编：《法不能向不法让步：正当防卫类案纵横》，5～7 页，北京，中国检察出版社，2021。

不带有报复杜某浩辱母的情绪，在刑罚裁量上应当作为有利于于某的情节重点考虑。”这一对案件事实的认定，为于某防卫性质的认定和刑罚改判奠定了扎实的事实基础。虽然于某最终仍然被认定为防卫过当，但从一审判决的无期徒刑到二审改判的5年有期徒刑，刑罚减轻的力度还是相当大的，基本上满足了社会公众对本案的正义期待。

于某故意伤害案是激活正当防卫司法的一个标志性案件，它在我国正当防卫制度演进史上具有重要意义。此后，于某故意伤害案成为最高人民法院指导性案例第93号，对正当防卫的审判活动起到指导作用。于某故意伤害案的裁判要点中，主要涉及对正当防卫认定具有重要指导意义的三个问题。

1. 不法侵害的界定

不法侵害的界定涉及两个裁判要点：(1) 对正在进行的非法限制他人人身自由的行为，应当认定为《刑法》第20条第1款规定的“不法侵害”，可以进行正当防卫。(2) 对非法限制他人人身自由并伴有侮辱、轻微殴打的行为，不应当认定为《刑法》第20条第3款规定的“严重危及人身安全的暴力犯罪”。第一个裁判要点是对不法侵害的进一步明确。在传统传统观念中，只有对杀人、抢劫等带有明显暴力性的犯罪才能实行正当防卫，而在于某故意伤害案中，杜某浩等虽然在较长时间内限制于某及其母亲苏某霞的人身自由，然而其虽有殴打、侮辱行为，但并没有使用凶器，暴力程度较为轻微。对于这种非法拘禁性质的不法侵害是否可以实行正当防卫，在司法规则上并不明确，因而在某些案件中往往否定对其可以实行正当防卫。而第一个裁判要点明确指出，这种限制人身自由的行为也是不法侵害，可以成为正当防卫的客体。第二个裁判要点涉及《刑法》第20条第3款的适用，第3款是关于特殊防卫的规定，那么，杜某浩等人采用限制人身自由的方式进行不法逼债行为，是否可以对其实行特殊防卫呢？对此，在于某故意伤害案的讨论中各方也是存在争议的。第二个裁判要点明确指出：非法限制他人人身自由并伴有侮辱、轻微殴打的行为不属于第20条第3款中的“严重危及人身安全的暴力犯罪”，由此排除了对其实行特殊防卫的可能性。上述两个裁判

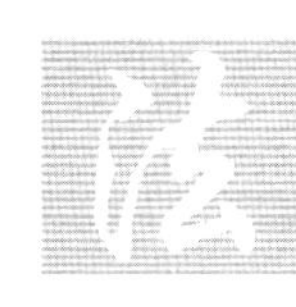

要点对于正确适用《刑法》第 20 条第 1 款和第 3 款，具有重要参考价值。

2. 必要限度的判断

必要限度的判断涉及第三个裁判要点：判断防卫是否过当，应当综合考虑不法侵害的性质、手段、强度、危害程度，以及防卫行为的性质、时机、手段、强度、所处环境和损害后果等情节。对非法限制他人人身自由并伴有侮辱、轻微殴打，且并不十分紧迫的不法侵害，进行防卫致人死亡、重伤的，应当认定为《刑法》第 20 条第 2 款规定的“明显超过必要限度造成重大损害”。对正当防卫必要限度如何判断，这是在确定某个行为具有防卫性质以后，需要进一步区分的问题。防卫限度的认定涉及行为人是否对防卫后果承担刑事责任：如果防卫行为没有超过必要限度，则属于正当防卫，依法不负刑事责任；如果防卫行为超过必要限度，则属于防卫过当，应当负刑事责任。第三个裁判要点首先确定了考察防卫限度的一般规则，即在防卫限度的司法判断过程中，应该考虑两个方面的因素：一是不法侵害方面，需要考虑不法侵害的性质、手段、强度、危害程度。二是防卫行为方面，需要考虑防卫行为的性质、时机、手段、强度、所处环境和损害后果等各种情节。对于防卫限度的认定应该结合以上两个方面因素进行综合判断，而不是仅仅关注防卫结果。这一裁判要点，对于矫正在防卫限度认定上的唯结果论偏差，具有重要指导意义。

3. 防卫过当的量刑

防卫过当的量刑涉及第四个裁判要点：防卫过当案件，如系因被害人实施严重贬损他人人格尊严或者亵渎人伦的不法侵害引发的，量刑时对此应予充分考虑，以确保司法裁判既经得起法律检验，也符合社会公平正义观念。这个裁判要点主要是根据于某故意伤害案中的辱母情节而作出的规定，具有一定的特殊性，对于其他防卫过当案件的量刑缺乏普遍的适用性。其实，这里应当考察的是防卫过当特定情景下的防卫人的心理特征。不法侵害对于防卫人来说是突如其来的，具有强烈的心理刺激性，因而会导致防卫人在瞬间丧失理智，难以控制其防卫限度。而这种状况是侵害人的不法侵害行为所造成的，因而侵害人应当承受其不利

后果，并因而成为在对防卫过当量刑时减轻或者免除处罚的根据。对此，《德国刑法典》第 33 条甚至规定："防卫人因为慌乱，恐惧或者惊吓而超越紧急防卫的界限的，不受处罚。"我国刑法虽然没有防卫过当在符合一定条件下不受处罚的规定，但我国《刑法》第 20 条第 2 款规定，对于防卫过当应当减轻或者免除处罚。因而，防卫人在防卫过程中的心理因素是在对防卫过当量刑时应当考量的因素。

在于某故意伤害案以后，正当防卫案件持续受到社会公众的关注，其中，具有极大影响的是昆山反杀案①：

2018 年 8 月 27 日 21 时 30 分许，某酒店业务经理于某明骑自行车在江苏省 S 市震川路正常行驶，刘某醉酒驾驶小轿车（经检测，血液酒精含量为 87mg/100ml），向右强行闯入非机动车道，与于某明险些碰擦。刘某的一名同车人员下车与于某明争执，经同行人员劝解返回时，刘某突然下车，上前推搡、踢打于某明。虽经劝解，刘某仍持续追打，并从轿车内取出一把砍刀（系管制刀具），连续用刀面击打于某明的颈部、腰部、腿部。刘某在击打过程中将砍刀甩脱，于某明抢到砍刀，刘某上前争夺，在争夺中于某明捅刺刘某的腹部、臀部，砍击其右胸、左肩、左肘。刘某受伤后跑向轿车，于某明继续追砍 2 刀，均未砍中，其中 1 刀砍中轿车。刘某跑离轿车，于某明返回轿车，将车内刘某的手机取出放入自己口袋。民警到达现场后，于某明将手机和砍刀交给民警（于海某称，拿走刘某的手机是为了防止对方打电话召集人员报复）。刘某逃离后，倒在附近绿化带内，后经送医抢救无效，腹部大静脉等破裂致失血性休克，于当日死亡。于某明经人身检查，见左颈部条形挫伤 1 处、左胸季肋部条形挫伤 1 处。

8 月 27 日当晚公安机关以于某明故意伤害案立案侦查。8 月 31 日公安机关查明了本案的全部事实。9 月 1 日，江苏省昆山市公安局根据侦查查明的事实，依据《刑法》第 20 条第 3 款的规定，认定于某明的行为属于正当防卫，不负刑

① 最高人民检察院指导案例第 47 号。

事责任，决定依法撤销于某明故意伤害案。其间，公安机关依据相关规定，听取了检察机关的意见，江苏省昆山市人民检察院同意公安机关的撤销案件决定。

检察机关的意见与公安机关的处理意见一致，具体论证情况和理由如下：

第一，关于刘某的行为是否属于行凶的问题。在论证过程中，有意见提出，刘某仅使用刀面击打于某明，犯罪故意的具体内容不确定，不宜认定为行凶。论证后认为，对行凶的认定，应当遵循《刑法》（2017 年修正）第 20 条第 3 款的规定，以“严重危及人身安全的暴力犯罪”作为把握的标准。刘某在开始阶段的推搡、踢打行为不属于行凶，但从持砍刀击打后，行为性质已经升级为暴力犯罪。刘某的攻击行为凶狠，所持凶器可轻易致人死伤，随着事态发展，接下来会造成什么样的损害后果难以预料，此时于某明的人身安全处于现实的、急迫的和严重的危险之下。刘某具体持杀人的故意还是伤害的故意不确定，这正是许多行凶行为的特征，但不是认定的障碍。因此，刘某的行为符合行凶的认定标准，应当认定为行凶。

第二，关于刘某的侵害行为是否属于“正在进行”的问题。在论证过程中有意见提出，于某明抢到砍刀后，刘某的侵害行为已经结束，不属于正在进行。论证后认为，判断侵害行为是否已经结束，应看侵害人是否已经实质性脱离现场以及是否还有继续攻击或再次发动攻击的可能。于某明抢到砍刀后，刘某立刻上前争夺，侵害行为没有停止，刘某受伤后又立刻跑向之前藏匿砍刀的汽车，于某明此时做不间断的追击也符合防卫的需要。于某明追砍两刀均未砍中，刘某从汽车旁边跑开后，于某明也未再追击。可见，在于某明抢得砍刀顺势反击时，刘某既未放弃攻击行为，也未实质性脱离现场，不能认为侵害行为已经停止。

第三，关于于某明的行为是否属于正当防卫的问题。在论证过程中有意见提出，于某明本人所受损伤较小，但防卫行为造成了刘某死亡的后果，二者对比不相适应，于某明的行为属于防卫过当。论证后认为，不法侵害行为既包括实害行为也包括危险行为，对于危险行为同样可以实施正当防卫。认为“于某明与刘某的伤情对比不相适应”的意见，只注意到了实害行为而忽视了危险行为。这种意

见实际上是要求防卫人应等到暴力犯罪造成一定的伤害后果才能实施防卫，这不符合及时制止犯罪、让犯罪不能得逞的防卫需要，也不适当地缩小了正当防卫的依法成立范围，是不正确的。本案中，在刘某的行为因具有危险性而属于“行凶”的前提下，于某明采取防卫行为致其死亡，依法不属于防卫过当，不负刑事责任。于某明本人是否受伤或伤情轻重，对正当防卫的认定没有影响。公安机关认定于某明的行为系正当防卫，决定依法撤销案件的意见，完全正确。

本案发生以后，在社会上引起广泛关注。对于本案，在检察机关的指导下，公安机关对于某明作出了正当防卫的认定，并撤销案件。该案还以“于某明正当防卫案（检例第47号）”的名义，作为最高人民检察院的指导案例颁布，对于正确处理正当防卫案件具有重大的指导意义。该指导案例的“指导意义”指出：“《刑法》第20条第3款规定，‘对正在进行行凶、杀人、抢劫、强奸、绑架以及其他严重危及人身安全的暴力犯罪，采取防卫行为，造成不法侵害人伤亡的，不属于防卫过当，不负刑事责任’。司法实践通常称这种正当防卫为特殊防卫。刑法作出特殊防卫的规定，目的在于进一步体现‘法不能向不法让步’的秩序理念，同时肯定防卫人以对等或超过的强度予以反击，即使造成不法侵害人伤亡，也不必顾虑可能成立防卫过当，因而构成犯罪的问题。司法实践中，如果面对不法侵害人行凶性质的侵害行为，仍对防卫人限制过苛，不仅有违立法本意，也难以取得制止犯罪、保护公民人身权利不受侵害的效果。适用本款规定，行凶是认定的难点。对此应当把握以下两点：一是必须是暴力犯罪，对于非暴力犯罪或一般暴力行为，不能认定为行凶；二是必须严重危及人身安全，即对人的生命、健康构成严重危险。在具体案件中，有些暴力行为的主观故意尚未通过客观行为明确表现出来，或者行为人本身就是持概括故意予以实施。这类行为的故意内容虽不确定，但已表现出多种故意的可能，其中只要有现实可能造成他人重伤或死亡的，均应当认定为行凶。正当防卫以不法侵害正在进行为前提。所谓正在进行，是指不法侵害已经开始但尚未结束。不法侵害行为多种多样、性质各异，判断是否正在进行，应就具体行为和现场情境作具体分析。判断标准不能机械地对刑法

上的着手与既遂作出理解、判断，因为着手与既遂侧重的是侵害人可罚性的行为阶段问题，而侵害行为正在进行，侧重的是防卫人的利益保护问题。所以，不能要求不法侵害行为已经加诸被害人身上，只要不法侵害的现实危险已经迫在眼前，或者已达既遂状态但侵害行为没有实施终了的，就应当认定为正在进行。需要强调的是，特殊防卫不存在防卫过当的问题，因此不能作宽泛的认定。对于因民间矛盾引发、不法与合法对立不明显以及夹杂泄愤报复成分的案件，在认定特殊防卫时应当十分慎重。”

以上“指导意见”针对本案的处理理由进一步提炼出相关规则，对于此后处理同类案件具有指导意义。其中，该“指导意见”强调了“法不能向不法让步”的秩序理念，这是具有特别意义的。一个法治社会应当具有良好的社会秩序，然而，不法侵害对社会秩序造成破坏，对公民的人身和财产权益造成侵害。对于这种不法侵害，主要通过国家的公权力进行惩罚，但这种惩罚具有一定的事后性。如果在场公民可以采用正当防卫的方式保护人身和财产权益，那么就应当鼓励公民对正在进行的不法侵害实行正当防卫。如果公民的防卫权不能受到法律的有效保障，则意味着公民面对正在进行的不法侵害只能放弃抵抗，或者挨打或者逃跑。这就是法向不法让步，就会放纵不法侵害。因此，通过本案彰显的正当防卫的法治价值，这是十分重要的。

此外，类似案件还有赵某正当防卫案、唐某正当防卫案等。这些案件，在侦查或者审查起诉阶段就被媒体曝光，因而最高人民检察院主动介入。例如对于赵某正当防卫案，在最高人民检察院的指导下，福建省人民检察院指令福州市人民检察院进行了审查。经审查认为，赵某的行为属于正当防卫，不应当追究刑事责任，原不起诉决定书认定防卫过当属适用法律错误，依法决定予以撤销，依据《刑事诉讼法》第 177 条第 1 款规定，并参照最高人民检察院 2018 年 12 月发布的第十二批指导性案例，对赵某作出无罪的不起诉决定。最高人民检察院表示，严格依法对赵某一案进行纠正，有利于鼓励见义勇为行为，弘扬社会正气，欢迎

社会各界监督支持检察工作。[①] 2018 年 12 月 19 日最高人民检察院印发第十二批指导性案例，涉及的四个案例均为正当防卫或者防卫过当的案件，受社会普遍关注的于某明正当防卫案入选其中。

对于正当防卫司法适用具有历史性意义的是 2020 年 8 月 28 日最高人民法院、最高人民检察院、公安部颁布了《关于依法适用正当防卫制度的指导意见》（以下简称《指导意见》），对正当防卫的适用原则和具体适用作了规定，尤其是强调坚决捍卫“法不能向不法让步”的法治精神。在此，“法不能向不法让步”就成为理解正当防卫精神实质的一把钥匙。《指导意见》的颁布意味着公、检、法三机关在正当防卫司法适用上达成了共识，因而其成为正当防卫司法被激活的标志性文件。在《指导意见》颁布的同时，最高人民法院、最高人民检察院、公安部还颁布了七个正当防卫典型案例。[②] 此前，2018 年 6 月 20 日最高人民法院将于某故意伤害案以指导案例的形式颁布[③]；同时，最高人民检察院还于 2018 年 12 月 18 日专门颁布了第十二批指导性案例，涉及的四个案例均为正当防卫或者防卫过当的案件。[④] 但此次七个正当防卫案例是由公、检、法三机关首次联合发布的典型案例，虽然它不属于指导案例，但如此集中专门针对正当防卫发布的典型案例，对于各级司法机关认定正当防卫所具有的指导意义是不言而喻的。2020 年 11 月 27 日，最高人民检察院又发布六个正当防卫不捕不诉典型案例，进一步明确正当防卫制度的法律适用，统一司法标准。[⑤]

---

① https：//baike. baidu. com/item/%E8%B5%B5%E5%AE%87%E6%A1%88/23317275？fr=aladdin，2021-01-08。

② 这七个案例是：(1) 汪某佑正当防卫案；(2) 盛某平正当防卫案；(3) 陈某杰正当防卫案；(4) 杨某伟故意伤害、杨某平正当防卫案；(5) 刘某胜故意伤害案；(6) 赵某正当防卫案；(7) 陈某浮正当防卫案。

③ 于某故意伤害案系最高人民法院指导性案例第 18 批指导案例第 93 号。

④ 这四个案例是：(1) 陈某正当防卫案（检例第 45 号）；(2) 朱某山故意伤害（防卫过当）案（检例第 46 号）；(3) 于某明正当防卫案（检例第 47 号）；(4) 侯某秋正当防卫案（检例第 48 号）。

⑤ 这六个案例是：(1) 甘肃省泾川县王某民正当防卫不批捕案；(2) 河北省辛集市耿某华正当防卫不批捕案；(3) 江西省宜春市高某波正当防卫不起诉案；(4) 湖北省京山市余某正当防卫不起诉案；(5) 安徽省枞阳县周某某正当防卫不起诉案；(6) 湖南省宁乡市文某丰正当防卫不起诉案。

正当防卫的理论发展，可以说是与正当防卫制度的演变同步的。当正当防卫仅仅是一种法律设置的时候，正当防卫的理论也只是停留在对刑法规定的解释上而难以深入。正当防卫制度在司法活动中的激活，同时也促进了正当防卫理论的发展。当然，正当防卫理论作为刑法教义学的一个组成部分，它也是受整个刑法教义学制约的。在我国刑法知识转型的过程中，正当防卫同样面临着一种蜕变。正当防卫的司法激活不仅仅对正当防卫案件的处理产生影响，而且也在一定程度上促进了正当防卫教义学。

第三章

正当防卫的理论展开

第一节　正当防卫的性质

正当防卫的性质是指正当防卫的性质归属问题，对此在刑法教义学中存在一定的争议。在此，我通过对正当防卫的上位概念的梳理进行考察。

一、排除社会危害性的行为

在刑法教义学中，正当防卫可以归属于正当行为。从我国刑法教科书的表述来看，正当行为的称谓经历了一个变化过程：在 20 世纪 80 年代的刑法教科书中，一般都称之为排除社会危害性行为。最初，在排除社会危害性行为中，学者只讨论我国刑法所规定的正当防卫和紧急避险这两种情形。[①] 后来，虽然仍称之

① 参见高铭暄：《刑法学》，2 版，162 页，北京，法律出版社，1984。

为排除社会危害性行为，但其种类从法定情形扩大到非法定情形，包括：正当防卫、紧急避险、执行命令的行为、履行职务的行为和经权利人同意的行为。[①] 对于这些非法定的情形，特拉伊宁明确认为它们在形式上也不具有社会危害性，因而根本不应作为排除刑事责任的情况加以讨论。那么，我国刑法教科书为什么要加以研究呢？我国学者在论及执行命令的行为时指出：下级执行上级的命令，一般与刑法并无关系。但是有的从其行为的外观看，似乎符合刑法分则所规定的犯罪构成；例如公安人员执行命令将人犯逮捕予以拘押，外表上似乎侵犯了他人人身自由，这在刑法理论上怎样解释？有时上级的命令是触犯刑律的，下级执行了，是否与上级一样要负刑事责任？在什么情况下才能排除其行为的社会危害性？这就需要刑法给予明确的解答。因此很多国家在其刑法典中对此专门作了规定，我国刑法对执行命令的行为尚无明文规定，但在刑法理论上却需要加以研究。[②] 在以上论述中，引起我关注的是“似乎符合刑法分则所规定的犯罪构成”这一判断语句。那么，什么是刑法分则所规定的犯罪构成？它与刑法总则所规定的犯罪构成存在区别吗？以上表述虽然只是昙花一现，但也说明“犯罪构成”与“构成要件”这两个概念之间相区别的观念若隐若现，纠缠其间。只有从构成要件的角度作出解答才能为所有正当行为在刑法中的规定提供根据，而这一切是社会危害性概念难以涵括的。

二、排除犯罪性的行为

此后，我国刑法教科书将正当行为称为排除犯罪性行为，因为正当行为既排除社会危害性，又排除刑事违法性，也就是排除犯罪性，并对排除犯罪性行为在

---

① 参见高铭暄：《中国刑法学》，146 页，北京，中国人民大学出版社，1989。

② 参见高铭暄：《中国刑法学》，160 页，北京，中国人民大学出版社，1989。

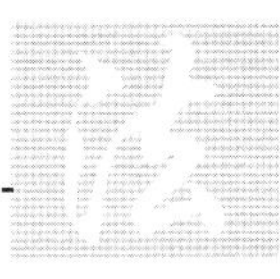

犯罪论中的体系性地位做了调整，置于犯罪形态（修正的犯罪构成）之后。[①] 这种称谓改变，只具有形式意义而并不涉及实质内容。例如，我国有学者在论及从排除社会危害性行为改为排除犯罪性行为的理由时指出：称为“排除社会危害性行为”是多数学者的认同观点，也揭示了这类行为的本质特征，但是它没有明确这类行为也不具备违法性。我主张用“排除犯罪性行为”这一概念来表述。这样，就说明这类行为既没有社会危害性，也没有刑事违法性，所以根本就不具备犯罪性，简单明了而又科学。[②] 但是，主张采用“排除社会危害性行为”这一称谓的学者在界定其概念时，都指出了上述行为同时排除社会危害性与刑事违法性。更为重要的是，在社会危害性中心论的语境中，社会危害性是本质，刑事违法性是形式。根据本质决定形式的原理，没有社会危害性当然同时不具备刑事违法性。在这个意义上说，并不能认为在“排除社会危害性行为”与“排除犯罪性行为”这两个称谓之间存在根本区别。

三、正当行为

值得注意的是，我国刑法学界经历了一个从“排除犯罪性行为”到改称“正当行为”的转变。正当行为的称谓，最早出自高铭暄主编的《刑法学》（北京大学出版社 1998 年版）一书，但从该书对正当行为的界定来看，正当行为只不过是排除社会危害性行为的另一种称谓而已。该书指出：正当行为，有的亦称排除社会危害性的行为、阻却违法性的行为，是指某一行为从形式上看符合某种犯罪的构成要件，但基于某种特殊的情况而实质上没有社会危害性，因而不构成犯罪的行为。[③] 尽管正当行为这个概念如果在刑法学中的体系性地位不发生变化，就

① 参见马克昌：《犯罪通论》，53 页，武汉，武汉大学出版社，1991。

② 参见赵秉志：《新刑法教程》，248 页，北京，中国人民大学出版社，1997。

③ 参见高铭暄：《刑法学》，136 页，北京，北京大学出版社，1998。

不具有新的实质性意义。但从排除社会危害性行为到正当行为，毕竟从术语上去除了苏俄刑法学的色彩。当然，正当行为与德日刑法教义学中的“违法阻却事由”也不相同。《日本刑法》第35条规定：“基于法令或者正当业务的行为，不处罚。”日本学者把这一条规定中的合法行为，称为正当行为。[1] 这个意义上的正当行为是正当防卫与紧急避险以外的其他违法阻却行为的合称。而我国刑法学所称的正当行为包含了正当防卫与紧急避险，相当于德日刑法教义学中的违法阻却事由。此后，正当行为这一概念逐渐被接受，大有取代排除社会危害性行为与排除犯罪性行为这两个称谓之势。例如，高铭暄、马克昌主编的《刑法学》（北京大学出版社2000年版）、赵秉志主编的《刑法总论》（中国人民大学出版社2007年版）、赵秉志主编的《当代刑法学》（中国政法大学出版社2009年版）等刑法教科书均采用了正当行为的称谓。而两本对正当行为做专题研究的重要著作，也使正当行为一词在更大范围内产生了影响，这就是王政勋的《正当行为论》（法律出版社2000年版）和田宏杰的《刑法中的正当化行为》（中国检察出版社2004年版）。与此相近的称谓还有正当化事由，例如我在《本体刑法学》（商务印书馆2001年版）中称为正当化事由，曲新久在《刑法学》（中国政法大学出版社2009年版）中也称为正当化事由。

第二节　正当防卫的特征

我国《刑法》第20条第1款规定：“为了使国家、公共利益、本人或者他人的人身、财产和其他权利免受正在进行的不法侵害，而采取的制止不法侵害的行为，对不法侵害人造成损害的，属于正当防卫，不负刑事责任。”根据这一规定，我国刑法中的正当防卫是对正在进行不法侵害的行为人采取造成其一定的人身和

---

① 参见［日］大塚仁：《刑法概说》（总论），3版，347页，冯军译，北京，中国人民大学出版社，2003。

财产的损害的方法，以防止国家、公共利益，本人或者他人的人身、财产和其他权利遭受侵害的行为。根据这一概念，我国刑法中的正当防卫具有以下三个特征。

一、目的的正当性和行为的防卫性的统一

目的的正当性是指正当防卫行为的目的在于使国家、公共利益，本人或者他人的人身、财产和其他权利免受正在进行的不法侵害。正当防卫的目的明确地揭示了正当防卫的社会政治内容：我国刑法中的正当防卫不仅是免除正当防卫行为的刑事责任的法律依据，而且是公民和正在进行的不法侵害作斗争的法律武器。正当防卫的目的在正当防卫的概念中占有主导地位，它对于理解我国刑法中的正当防卫的本质以及确定正当防卫的构成条件都具有重要的意义。我国刑法明确规定了正当防卫的目的，这也是我国刑法中的正当防卫和大陆法系国家刑法中的正当防卫的根本区别之一，因此是我国关于正当防卫的刑事立法的特点。大陆法系国家刑法关于正当防卫的规定，都没有“正当防卫的目的”这一内容。例如，1810年《法国刑法典》关于正当防卫的条款指出：“由于正当防卫自己或他人之迫切需要所为的杀人、伤害和殴击，不以重罪或轻罪论。”这里仅规定了正当防卫的对象、时间和法律效果，而没有规定正当防卫的目的。又如，《德国刑法典》第53条规定：“（一）由于正当防卫而不得不为行为不罚。（二）自己或他人遭受现在和不法的侵害时，为了抗拒侵害所必要的防卫称为正当防卫。”《德国刑法典》明确规定了正当防卫的概念，但其内容和《法国刑法典》一样，仅包括正当防卫的对象、时间和法律效果，没有包括正当防卫的目的。我国刑法没有采取大陆法系国家刑法把正当防卫条款视为消极地免除正当防卫人的刑事责任的条款的立法形式，而是在正当防卫条款中明确规定正当防卫的目的在于使国家、公共利益，本人或者他人的人身、财产和其他权利免受正在进行的不法侵害，对正当防卫的社会政治予以充分肯定的法律评价。

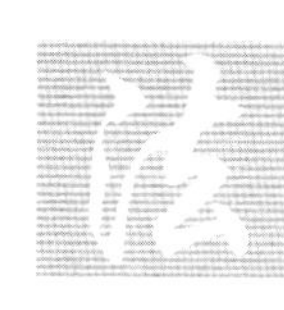

我国刑法中的正当防卫在具有目的的正当性的同时，还具有行为的防卫性。所谓行为的防卫性是指正当防卫具有防卫的性质，它对正在进行不法侵害的人的人身或者财产的暴力手段是基于保护公共利益和其他合法权益的需要而采取的，是对正在进行的不法侵害的反击。正当防卫必须在法律所允许的必要限度内进行。当然，我们应当科学地理解行为的防卫性，不能把防卫理解为纯粹消极和被动的招架，而是应该把防卫行为辩证地理解为被动和主动的统一、防御和反击的统一，因为只有通过主动反击才能达到防御的目的。

目的的正当性和行为的防卫性之间具有密切的联系。首先，目的的正当性制约着行为的防卫性。正当防卫的目的是使国家、公共利益，本人或者他人的人身、财产和其他权利免受正在进行的不法侵害，而不是报复侵害，更不是对不法侵害人的惩罚，所以，对不法侵害人所采取的造成其一定的人身和财产损害的暴力行为是有一定限度要求的，防卫行为应以足以有效地制止不法侵害为其必要限度。其次，行为的防卫性体现着目的的正当性：正当防卫的目的具有主观的属性，它必然通过一定的客观形式表现出来，否则，就不能实现其正当防卫的目的。而行为的防卫性是目的正当性的客观体现，它充分说明了正当防卫行为仅仅是一种在紧急情况下，为保护国家、公共利益和其他合法权益而采取的救济措施，因而应具有一定的限度。这一限度就是正当防卫的目的得以实现的必要限度。离开了行为的防卫性，行为就成了对当性的惩罚，因而也就没有目的的正当性可言。

正当防卫的目的的正当性和行为的防卫性的统一，在某种意义上，我们可以说是正当防卫的目的和手段的统一。正当防卫行为，在客观上具有不法或者犯罪的外观。它必然对不法侵害人造成一定的人身和财产的损害，这是正当防卫的重要内容，或者说是正当防卫的题中应有之义。正当防卫如果没有这一不法或者犯罪的外观，也就没有在刑法上加以规定的必要。正当防卫虽然具有不法或者犯罪的外观，却不负刑事责任或者不以犯罪论，就是因为它具有正当的目的。所以，正当防卫在客观上所表现出来的暴力损害，只是为达到“使国家、公共利益，本

人或者他人的人身、财产和其他权利免受正在进行的不法侵害”这一正当防卫目的所必需的手段。手段的性质往往取决于目的的性质，防卫目的的正当性决定了其所采取的对不法侵害人造成一定的人身和财产损害的暴力手段的正当性。只有这样，我们才能把正当防卫和报复侵害区别开来。报复侵害虽然也是对不法侵害的一种反应，但它的目的是满足当事人的报复心理，以使其得到物质上和精神上的补偿，所以，从时间上来说，报复侵害一般都发生在不法侵害实施完毕以后。而正当防卫作为对正在进行的不法侵害的即时性反应，其目的是免受不法侵害。两者的目的不同，其对于法律的态度也就不同：报复侵害是无视法律秩序的非法行为。当公民的人身和财产权利受到不法侵害以后，其应当通过司法机关追究不法侵害人的刑事责任或者民事责任以得到物质上和精神上的补偿和抚慰，任何个人都没有惩罚犯罪的权力，否则，就是破坏法律秩序的不法行为，为国家法律所不允许。而正当防卫是公民在人身和财产权利遭受正在进行的不法侵害的情况下，为制止不法侵害，使其人身和财产免受不法侵害而采取的防卫行为，它以尊重法律为基础。至于为保护国家、公共利益而实行的正当防卫行为，更是维护法律的正当行为。所以，正当防卫是法律所认可的合法行为，正当防卫权是公民依法享有的权利之一。

二、客观上的防卫行为和主观上的防卫意图的统一

关于正当防卫不负刑事责任的根据，在德日刑法教义学中历来存在客观主义和主观主义两派学说。客观主义的学说以实证主义为其哲学基础，从正当防卫的客观方面寻找其不负刑事责任的根据。其学说又可以被分为放任行为说和不法行为说。放任行为说认为，正当防卫行为，乃因一法益与他法益不能两全，且其情况紧迫，来不及等待公力救助，故法律听凭当事人自力救助，乃放任行为。不法行为说认为，正当防卫行为，其本质为不法，只不过不予刑罚制裁而已。主观主义的学说以自由意志论为其哲学基础，认为在正当防卫的情况下，行为人因受不

可抗力的强制，完全丧失意志自由。因此，其正当防卫行为，不外乎机械活动。这派学说中以意思丧失说著称，该说认为：正当防卫之所以不负刑事责任，是因为防卫人在主观上丧失了意思自治。我认为，德日刑法教义学关于正当防卫行为不负刑事责任的客观主义和主观主义两派学说，割裂了正当防卫的主观和客观之间的辩证联系，因而不能完整地阐明正当防卫不负刑事责任的理论根据。我国刑法中的正当防卫是客观上的防卫行为和主观上的防卫意图的统一，在此基础上才能全面地阐明正当防卫不负刑事责任的根据。

正当防卫的防卫行为在客观上对不法侵害人造成了一定的人身或者财产的损害，因此具有犯罪的外观。然而，防卫行为和犯罪行为在性质上有着内在本质的区别。所以，我不能同意那种把正当防卫视为不法行为从而否定其具有防卫性质的观点。不法行为说的所谓根据是某些国家刑法的规定，例如《日本刑法典》规定不处罚正当防卫行为，因此认为正当防卫本质上仍为不法，仅不处罚而已。我认为这种观点是不可取的，它对于法律的理解可谓肤浅而牵强。关于正当防卫的法律效果，各国刑法规定的用语并不一致：有规定不以犯罪论者（《法国刑法典》）、有规定不罚者（《德国刑法典》）、有规定不得适用刑罚者（《苏俄刑法典》），我国刑法则规定正当防卫行为不负刑事责任。尽管表述上具有这些差别，但其精神实则是一个：正当防卫乃法律所允许的合法行为，不被认为是犯罪，因而不受刑罚处罚，或者不负刑事责任。如果说正当防卫乃不法行为，那就没有不处罚的根据。因此，不法行为说以正当防卫行为具有不法或犯罪的外观，推定其具有不法的本质，在理论上难以自圆其说。我认为，某一行为的性质决定于它所指向的客体。根据我国《刑法》第 13 条的规定，某一行为之所以被认为是犯罪，原因就在于它侵害了我国刑法所保护的某种社会关系，具有社会危害性，依照法律应当受刑罚处罚。而防卫行为是针对不法侵害实施的，只要没有超过必要限度，即使在客观上对不法侵害人造成了一定的人身或者财产的损害，也不具有社会危害性，因而不负刑事责任。因此，防卫行为和犯罪行为在性质上是根本对立的，两者不能相提并论。

正当防卫要求主观上防卫人在具有防卫意图。所谓防卫意图，就是指防卫人意识到正在进行的不法侵害，而为使国家、公共利益、本人或者他人的人身、财产和其他权利免受正在进行的不法侵害，对不法侵害人实行正当防卫的心理状态。因此，我不能同意某些学者把正当防卫视为条件反射，从而否定防卫人主观上具有防卫意图的观点。因为具有防卫意图，所以防卫人的主观心理状态是故意，但它与故意犯罪的心理状态有着根本的区别。犯罪故意是行为人主观恶性的直接体现，犯罪故意见之于客观就是犯罪行为。从犯罪故意的内容上看，防卫意图和它没有任何共同之处。犯罪故意具有认识因素和意志因素。所谓认识因素是指行为人明知自己的行为会发生危害社会的结果，其内容包括对于危害社会行为和危害社会结果，以及两者之间的因果关系的认识。而在正当防卫的情况下，防卫人虽然明知其防卫行为会造成不法侵害人的人身或者财产的损害，但他并不认为这是危害社会的行为，恰恰相反，是制止不法侵害的行为。因此，防卫人主观上对正在进行的不法侵害以及本人的防卫行为的认识，不是犯罪故意中的认识因素。所谓意志因素是指行为人在认识其行为和结果的法益侵害性的基础上，希望或者放任其危害结果发生的心理态度。而防卫人对其防卫行为造成不法侵害人的人身或者财产的损害虽然也是积极追求并且希望其发生的，但这是为使国家、公共利益、本人或者他人的人身、财产和其他权利免受正在进行的不法侵害。因此，防卫人主观上希望造成不法侵害人的人身或者财产的损害结果发生的心理态度，不是犯罪故意中的意志因素。总之，不能将防卫意图等同于犯罪故意。苏俄学者乌切夫斯基认为："在处于正当防卫或紧急避险状态下，实施在形式上是犯罪的行为，人的意识中发生着一定的心理过程。这种行为人预见到自己行为的后果，并希望这种后果的到来，那就是说，他的行为是具有故意的。在他的行为中具有一定的犯罪构成的主观要件，即具有作为犯罪构成因素的罪过。"[①] 我认为，这一观点是根本错误的。之所以错误，就在于它仅仅根据防卫人和犯罪人对各自

---

① ［苏］乌切夫斯基：《苏维埃刑法中的罪过》（俄文版），63 页。

行为的结果都抱着希望其发生的心理态度，而形式主义地把两者等量齐观，没有考察防卫人和犯罪人所希望发生的结果在其内容和性质上的根本区别：前者是有利于社会的结果，法律对它作了肯定的评价；后者是危害社会的结果，法律对它作了否定的评价。

正当防卫的客观和主观的统一，在某种意义上，我们可以说是正当防卫的本质和现象的统一。本质和现象是一对重要的哲学范畴，它揭示了客观事物发展的两个不同的方面。事物的本质是事物的性质及此事物和其他事物的内部联系，而现象则是指直接为我们的感官所感知的事物的外部形态。正当防卫作为一种社会事物，亦有其本质和现象两个方面：正当防卫的本质在于它在客观上具有使国家、公共利益、本人或者他人的人身、财产和其他权利免受不法侵害的防卫行为，在主观上具有制止正在进行的不法侵害的防卫意图。防卫行为和防卫意图的统一，构成正当防卫的本质。而正当防卫在客观上对不法侵害人造成了一定的人身或者财产的损害，防卫人在主观上希望这一损害结果的发生，这只是正当防卫的现象形态。我们只有通过“正当防卫对不法侵害人造成了一定的人身和财产的损害，因而具有不法或者犯罪的外观”这一现象，看到正当防卫制止不法侵害、保护国家、公共利益和其他合法权益的本质，才能真正把握住正当防卫不负刑事责任的根据。正当防卫的客观上的防卫行为和主观上的防卫意图的统一，清楚地表明它不具备犯罪构成要件。这正是正当防卫不负刑事责任的理论根据。

三、社会政治评价和法律评价的统一

正当防卫的目的是使国家、公共利益、本人或者他人的人身、财产和其他权利免受正在进行的不法侵害，因此正当防卫在客观上没有法益侵害性，在主观上没有恶性。这是我国刑法对正当防卫的肯定的社会政治评价。正当防卫不具备犯罪构成要件，没有刑事违法性，因此正当防卫行为不负刑事责任。这是我国刑法对正当防卫的肯定的法律评价。而德日刑法教义学关于正当防卫尽管存在客观主

义和主观主义两派学说的对立，但它们却从犯罪的形式定义出发，一致认为违法阻却是免除正当防卫的刑事责任的法律依据。大陆法系国家刑法认为犯罪是法律禁止的行为，把犯罪的本质归之于违法性，又把刑事责任视为违法的必然后果。例如，1937 年的《瑞士刑法典》第 1 条规定：凡是用刑罚威胁所确然禁止的行为就是犯罪。因此，从犯罪的形式定义所得出的违法阻却是正当防卫不负刑事责任的法律依据的观点，是对正当防卫的一种较为消极的理解，未能充分揭示正当防卫积极的社会意义。

正当防卫的社会政治评价和法律评价的统一，在某种意义上，我们可以说是正当防卫的内容和形式的统一。在哲学上，内容是指那些内在的要素的总和，而形式是指内容的客观表现。内容决定形式。这是唯物辩证法的一条重要原理。正当防卫为内容和形式的统一，其内容是指肯定的社会政治的意义。正当防卫是制止不法侵害、保护国家、公共利益和其他合法权益的社会行为，绝不是毫无社会政治意义的自然行为。正当防卫不仅是一种社会行为，而且是一种法律行为。法律赋予了公民在面临正在进行的不法侵害的情况下，可以通过对不法侵害人造成一定的人身或者财产的损害来保护国家、公共利益和其他合法权益的权利，因此，正当防卫是权利行为。正当防卫既然是法律所允许的合法行为，当然也就不负刑事责任。这就是正当防卫的法律形式，它是由正当防卫的社会政治内容所决定的。而某些刑法学家以违法阻却解释正当防卫不负刑事责任的法律依据，没有从正当防卫的社会政治内容着手，认识到正当防卫之所以阻却违法，原因就在于它具有肯定的社会政治内容。总之，我国刑法中的正当防卫是社会政治评价和法律评价的统一，因此也是排除法益侵害性和阻却刑事违法性的统一。

第三节　正当防卫的地位

正当防卫的地位是指正当防卫在犯罪论体系中的地位。犯罪论体系存在四要

件与三阶层的类型差别，因而正当防卫在不同类型的犯罪论体系中的地位存在明显的区别。

一、正当防卫在四要件犯罪论体系中的地位

在四要件的犯罪论体系中，对正当防卫不是在犯罪论体系中而是在犯罪论体系外进行研究的，它被称为是一种排除社会危害性行为或者排除犯罪性行为。对于这种四要件的犯罪论体系与排除社会危害性行为之间的逻辑关系，我国学者认为：它将使四要件的犯罪论体系只有形式的特征，犯罪构成只是犯罪存在的形式，只是犯罪在法律上的表现，它们只能“反映”行为的社会危害性，而不能最终“决定”行为的社会危害性。这种犯罪构成只是犯罪成立的必要条件，而不是充分条件，更不是充要条件。不具备犯罪构成要件的行为必然不成立犯罪，具备了犯罪构成要件的行为并不必然地成立犯罪。成立犯罪，除了应具备积极条件——犯罪构成，还应具备消极条件——符合犯罪构成的行为不是正当行为。[①] 根据这一观点，四要件的犯罪构成不能等同于犯罪成立条件，它只是犯罪成立的积极条件，而未能包括犯罪成立的消极条件。显然，这种观点是以犯罪构成应该是犯罪成立的积极条件与消极条件的统一作为逻辑出发点的，其关于四要件的犯罪论体系在处理犯罪构成与排除社会危害性行为的关系上存在瑕疵的批评具有一定的合理性。

二、正当防卫在三阶层犯罪论体系中的地位

在三阶层犯罪论体系中，构成要件、违法性和有责性这三个要件之间形成一种递进式关系：在构成要件中，先判断是否存在刑法分则所规定的犯罪成立条

① 参见王政勋：《正当行为论》，40页，北京，法律出版社，2000。

件，主要是客观条件；在此基础上再进行违法性的判断；在具备违法性的基础上再进行有责性的判断。日本学者山口厚指出：在肯定了构成要件该当性的场合，由于已经引起形成相应犯罪的违法性之实质的结果（法益侵害或者其危险），所以只要不存在特别的理由导致将这样的结果予以所谓中性化，则当然就会认定为违法。就构成要件该当行为而言，这些导致刑法上的禁止被解除、违法性丧失（这称为违法性阻却）的特别的理由、根据，称为违法阻却事由。① 正当防卫就是这样一种具备构成要件而缺乏违法性的情形，其在性质上属于违法阻却事由。由此可见，正当防卫也是在违法性这一要件中予以出罪的情形。在三阶层犯罪论体系中，正当防卫等违法阻却事由是在犯罪论体系内加以认定的。只有在不具备违法阻却事由的情况下，才能进一步进行对有责性的判断。当构成要件、违法性和有责性这三个要件同时具备的时候，犯罪就成立。由此可见，三阶层犯罪论体系在处理正当防卫等违法阻却事由问题上，具有合理性，可供我们借鉴。

三、正当防卫地位的考察

苏俄学者把正当行为定性为排除社会危害性行为，并放在犯罪构成体系之外的处理方案，我认为存在以下三个方面的缺陷。

（一）社会危害性与违法性之间关系的混乱

苏俄刑法学把社会危害性当作犯罪的本质特征，由此形成犯罪的实质概念，并将社会危害性当作刑法学的基石。在苏俄刑法学中，社会危害性与违法性的关系，始终是一个存在争议的问题。苏俄刑法学的主流观点主张社会危害性与违法性相统一。例如，有苏俄学者指出：苏维埃刑法认为，犯罪作为一种现象不仅仅是对苏维埃国家的利益具有社会危害性的行为，而且也是一种违法行为。把这两个特征——实质的与形式的——结合起来，可以作为苏维埃刑法中犯罪概念的特

① 参见［日］山口厚：《刑法总论》，2 版，103 页，付立庆译，北京，中国人民大学出版社，2011。

征，而且是解决犯罪论中一切问题，包括犯罪构成问题在内的出发点。[①] 在这种实质与形式相统一原则的指导下，社会危害性与违法性被认为是统一的，因而三阶层犯罪论体系中的违法性就被转换为体现社会危害性内容的刑事违法性。苏俄学者对三阶层犯罪论体系中的违法性理论进行了以下批判：资产阶级刑法并不运用社会危害性这一概念，而只运用犯罪构成及违法性的概念，同时也未揭露出它们的阶级本质。资产阶级的刑法学者，一方面摈弃这些概念的社会政治内容，借抽象的结构，将犯罪构成的概念与违法性的概念截然对立起来。譬如，资产阶级刑法学者柏林和他的拥护者断言，犯罪构成是没有任何评价因素的单纯的事实总和。按照柏林的意见，只是确定行为符合犯罪构成，根本就没有解决关于该行为的违法性问题。犯罪构成是一种纯粹描述性质的抽象的法律上的结构。另一方面，柏林和他的拥护者断言，关于违法性的论断也不是以犯罪构成为转移的。行为虽然不符合犯罪构成，但也可能是违法的。同时，我们应当注意，上述这些刑法学者是把违法性理解为行为与刑事法律以外的规范，即与所谓的"文明规范"等相抵触的。资产阶级对违法性的理解，是以反动的观点为基础的，按照这种观点，犯罪人所违反的不是刑事法律，而是刑事法律以外的规范。资产阶级关于犯罪构成的概念与违法性概念的相互关系的理论，带有反动的阶级性质，并反映出帝国主义时期整个法权所特有的资产阶级法制的破坏过程。[②] 在以上论述中，剔除政治意识形态的批判，我们可以发现苏俄学者对贝林的三阶层的犯罪论体系是多么地无知，因而充满了误解与偏见。苏俄学者承认贝林体系中的违法性概念相当于苏俄刑法学中的社会危害性概念，但并没有认识到违法性可以分为形式违法性与实质违法性：形式违法性是通过构成要件该当性推定的，因而其考察标准是刑法规范；而实质违法性是在具备形式违法性基础之上的一种实质的价值判断，

① 参见［苏］哈萨洛夫：《关于犯罪构成概念的问题》，载中国人民大学刑法教研室：《苏维埃刑法论文选译》，第1辑，54页，北京，中国人民大学出版社，1955。

② 参见［苏］采列捷里、马卡什维里：《犯罪构成是刑事责任的基础》，载中国人民大学刑法教研室：《苏维埃刑法论文选译》，第1辑，63～64页，北京，中国人民大学出版社，1955。

其标准当然不再是刑法规范本身，而是刑法以外的东西，例如法益侵害性等。在这一点上，社会危害性的功能与实质违法性的功能实际上是完全相同的。而正当行为恰恰是具备构成要件该当性而缺乏实质违法性的情形，是违法阻却事由。在这种情况下，正当行为在犯罪论体系中被讨论，是一个犯罪成立的问题。而苏俄刑法学则采用社会危害性概念取代违法性，因而正当行为不再属于违法阻却事由，而被改为排除社会危害性行为。因为社会危害性是无法像违法性那样被区分为形式的社会危害性与实质的社会危害性的，因而作为社会危害性构成的犯罪构成，当然也就没有正当行为的容身之地。就这样，正当行为被逐出了犯罪构成。由此可见，把正当行为放在犯罪构成之外讨论，是社会危害性理论的必然后果。从违法阻却事由到排除社会危害性行为，虽然只是名称的变换，但其反映了社会危害性理论取代违法性而成为刑法学中心这一重要的学术背景。其实，正当行为是称为违法阻却事由还是排除社会危害性行为本身并不重要，关键问题在于由此带来的正当行为的体系性地位的变化。

（二）犯罪概念与犯罪构成之间关系的脱节

犯罪概念与犯罪构成虽然是两个不同的概念，但两者之间的关系之密切，又完全可以在理论上看作是一个问题。贝林曾经提出一个问题：犯罪可以被定义为"符合构成要件的违法、有责的行为"吗？其实，犯罪是符合构成要件的、违法的和有责的行为，这是李斯特为犯罪所下的定义。[①] 贝林对这一犯罪概念作了进一步的补充，认为犯罪概念更确切的表达是：犯罪是类型化的违法有责行为。[②] 贝林在犯罪概念中引入了类型化的特征，认为"类型性"是犯罪的一个概念性要素。而法定构成要件，正是犯罪类型先行存在的指导形象（Vorgelagertes Leitbild）。因此，尽管贝林和李斯特对犯罪概念的表述不尽相同，但他们都把犯罪成立条件纳入犯罪概念，作为犯罪特征加以确立。在这种情况下，犯罪概念与犯罪

① 参见［德］李斯特：《德国刑法教科书》，修订译本，徐久生译，169页，北京，法律出版社，2006。

② 参见［德］贝林：《构成要件理论》，王安异译，27页，北京，中国人民公安大学出版社，2006。

构成理论之间就具有某种重合性。这种将犯罪成立条件作为犯罪概念内容的观点，在德日刑法教义学中都是通说。例如，德国学者指出：将犯罪行为的特征归类到一个体系之后，出现了古典的，在德国基本上无异议的，以构成要件该当性、违法性、有责行为为内容的犯罪概念的定义，该定义同样为判例所承认。这一定义意味着不是将通常作为一个整体来理解的犯罪分解成具体的部分，而是从不同的视角来研究之。随着犯罪被定义为符合犯罪构成要件的、违法的和有责的行为，人们获得了一些越来越具体化的法学命题的基本概念。① 在这种情况下，犯罪概念与犯罪构成之间是互相贯彻、衔接的，犯罪概念也为犯罪论体系奠定了基础。但在苏俄刑法学中，犯罪概念与犯罪构成之间发生了某种脱节。《苏俄刑法典》中规定了犯罪的法定概念，并从犯罪的法定概念中归纳出社会危害性、刑事违法性与应受处罚性等犯罪特征，而犯罪构成则是犯罪成立条件的总和，包括犯罪客体、犯罪客观方面、犯罪主体、犯罪主观方面四个要件。

那么，犯罪概念与犯罪构成之间又是一种什么样的逻辑关系呢？苏俄学者认为犯罪概念与犯罪构成之间是一般与个别的关系，他们指出：犯罪的概念包括一切罪行中最普遍的社会——法律特征，这种特征指出了犯罪的社会危害性和违法性。在具体的犯罪构成中，犯罪概念的一般特征被具体化了，并充实了一定的内容，因为在犯罪构成中，叙述了某一种类的危害社会行为和违法行为：杀人、流氓行为、偷窃以及其他。同时，犯罪构成总是含有说明其社会危害性的要件总和。不能把社会危害性同其他要件一样作为犯罪构成的一个独立要件，它是立法者在叙述犯罪时所反映出来的一种共同特性。② 在以上论述中，苏俄学者虽然强调犯罪概念与犯罪构成的内在同一性，但同时又否认社会危害性，也即否认违法性是犯罪构成的一个要件，还是把犯罪概念与犯罪构成看作是两个实体性存在。

---

① 参见［德］汉斯·海因里希·耶赛克、托马斯·魏根特：《德国刑法教科书》，徐久生译，246页，北京，中国法制出版社，2001。

② 参见［苏］H. A. 别利亚耶夫、M. И. 科瓦廖夫：《苏维埃刑法总论》，马改秀、张广贤译，82页，北京，群众出版社，1987。

这一关于犯罪概念与犯罪构成的关系界定，直接影响了正当行为的体系性地位，也为使正当行为被排斥在犯罪构成之外提供了逻辑上的可能性。因为社会危害性是犯罪的本质特征，而正当行为没有社会危害性，因而是排除社会危害性行为。在这个意义上，正当行为的社会危害性是在犯罪中被排除的。犯罪构成虽然以各个要件体现行为的社会危害性，因而被看作是社会危害性的构成。因为正当行为没有社会危害性，因而不可能纳入犯罪构成。因此，正当行为更直接地与犯罪概念相关，是在犯罪概念论中予以讨论的问题。对此，苏俄学者指出：社会危害性是构成一切犯罪最重要的要件。社会危害性表现为给国家利益、公共利益或公民的个人利益造成极为严重的损害。苏维埃刑法认为，在某些情况下，即使是对法律所保护的利益造成了严重的损害也不能构成犯罪。现行刑法把正当防卫、紧急避险和拘留罪犯称为排除行为社会危害性和违法性的情况。① 在某种意义上，正当行为作为排除社会危害性行为，被纳入社会危害性理论，因而它与作为社会危害性构成的犯罪构成形成一种对应关系：犯罪构成表明具有社会危害性的行为具备犯罪构成因而予以入罪，排除社会危害性行为表明某一行为不具有社会危害性因而予以出罪。因而犯罪构成是社会危害性理论的正面肯定，排除社会危害性行为是社会危害性理论的反面肯定。但是，在入罪与出罪之间如何衔接呢？入罪难道不是出罪的反面，出罪难道不是入罪的反面吗？对于这个问题，苏俄刑法学并没有作出科学说明。

（三）构成要件与犯罪构成之间关系的混淆

在德日三阶层犯罪论体系中，构成要件该当性只是犯罪成立的一个要件。尤其是在贝林那里，构成要件是一个纯客观——形式的类型化的概念，在价值上是中性无色的。其功能在于为违法性的实质判断与有责性的归责判断提供前提，因而构成要件该当性是犯罪论体系的第一个要件，也是犯罪成立的前置性要件。但

① 参见［苏］H. A. 别利亚耶夫、M. И. 科瓦廖夫：《苏维埃刑法总论》，马改秀、张广贤译，171页，北京，群众出版社，1987。

苏俄学者把贝林的构成要件误认为犯罪构成而进行批判，指责这是把犯罪构成看作没有任何评价因素的单纯的事实总和。因此，苏俄学者把所有事实要素与评价要素都植入构成要件中，由此形成“全构成要件的理论”[①]。在这种情况下，构成要件与犯罪构成是完全不同的概念，站在犯罪构成的立场上对构成要件予以指责只会变得十分可笑。正是对构成要件与犯罪构成这两个概念的混淆，导致英俄学者对正当行为的体系性地位的确定错误。

关于正当行为与犯罪构成的关系，苏俄学者特拉伊宁曾经说过一句现在看来是十分轻率而缺乏任何论证的话：在犯罪构成学说的范围内，没有必要而且也不可能对正当防卫和紧急避险这两个问题作详细的研究。[②] 正是因为这句话，正当防卫、紧急避险等正当行为被排除在犯罪构成之外。为什么在犯罪构成学说的范围内没有必要而且也不可能对正当防卫和紧急避险问题进行研究？对此，特拉伊宁并没有提供答案。我在所有苏俄刑法学论著中都没有找到相关论述。我认为，对于特拉伊宁的以上观点，只能到特拉伊宁关于犯罪构成的有关观念中去寻找深层次的根据。我国学者阮齐林曾经深刻地揭示了特拉伊宁的二元犯罪构成论的问题：在作为刑事责任根据的广义的、实质的犯罪构成概念和分则特殊的、法律的、狭义的构成要件概念的分立，是特拉伊宁在西方三要件论与苏俄刑法传统和制度上左右摇摆的表现之一。[③] 阮齐林认为，在特拉伊宁那里，存在广义与狭义两个犯罪构成概念。广义上的犯罪构成是指犯罪成立条件总和的犯罪构成，当特拉伊宁说“犯罪构成乃是苏维埃法律认为决定具体的、危害社会主义国家的作为（或不作为）为犯罪的一切客观要件和主观要件（因素）的总合”[④] 时，这里的

---

① ［日］松宫孝明：《犯罪体系论再考》，张小宁译，载《中外法学》，2008（4）。

② 参见［苏］特拉伊宁，《犯罪构成的一般学说》，薛秉忠、王作富等译，272页，北京，中国人民大学出版社，1958。

③ 参见阮齐林：《评特拉伊宁的犯罪构成论——兼论建构犯罪构成论体系的思路》，载陈兴良：《刑事法评论》，第13卷，11页，北京，中国政法大学出版社，2003。

④ ［苏］特拉伊宁：《犯罪构成的一般学说》，薛秉忠、王作富等译，272页，北京，中国人民大学出版社，1958。

犯罪构成是广义上的犯罪构成。但当特拉伊宁说“罪状可以说是每个构成的‘住所’：这里（在罪状中），安排了形成具体犯罪行为构成的一切因素”[①] 时，这里的犯罪构成是狭义上的犯罪构成，即三阶层犯罪论体系中的构成要件。如果不作以上区分，特拉伊宁的有些话是难以理解的，例如，特拉伊宁在论及责任能力时指出：当然，犯罪主体只能是有责任能力的自然人这一点是不用怀疑的。没有责任能力，刑事责任问题本身就不会发生，因而犯罪构成的问题本身也就不会发生。正因为如此，责任能力并不是犯罪构成的因素，也不是刑事责任的根据；责任能力是刑事责任的必要的主观条件，是刑事责任的主观前提：刑事法律惩罚犯罪人并不是因为他心理健康，但是以他心理健康为条件进行的。这个条件，作为刑事审判的一个基本的和不可动摇的原则被规定在刑法总则中，而在描述犯罪的具体构成的分则里，是不会有它存在的余地的。正因为如此，在任何一个描述构成因素的苏联刑事法律的罪状中，都没有提到责任能力，这是有充分根据的。正因为如此，关于无责任能力的问题，可以在解决是否有杀人、盗窃、侮辱等任何一个犯罪构成的问题之前解决。责任能力通常在犯罪构成的前面讲，它总是被置于犯罪构成的范围之外。[②]

如果按照广义的犯罪构成概念，特拉伊宁的“责任能力总是被置于犯罪构成的范围之外”这句话无论如何也是不能成立的。但按照狭义的犯罪构成概念，责任能力是一个归责的问题，应当在有责性中讨论，当然是在构成要件的范围之外的——在之后而非之前。同样，特拉伊宁关于“在犯罪构成学说的范围内，没有必要而且也不可能对正当防卫和紧急避难这两个问题作详细的研究”的这一论断，也只有把犯罪构成理解为狭义上的而非广义上的犯罪构成才能够成立。正当行为当然不是在构成要件该当性中讨论的，而是在违法性中讨论的。可惜的是，

① ［苏］特拉伊宁：《犯罪构成的一般学说》，薛秉忠、王作富等译，218页，北京，中国人民大学出版社，1958。

② 参见［苏］特拉伊宁：《犯罪构成的一般学说》，薛秉忠、王作富等译，272页，北京，中国人民大学出版社，1958。

在苏俄刑法学四要件的犯罪构成体系中，责任能力被纳入其中，作为犯罪主体的一个要素加以讨论，而没有像特拉伊宁所说的那样，放到犯罪构成之外。但正当行为没有被纳入其内，而是按照特拉伊宁所说的那样，被放到犯罪构成之外。时至今日，在俄罗斯刑法学的犯罪构成体系中，仍然没有正当行为的一席之地，而把它当作排除行为有罪性质的情节，在犯罪构成之外加以讨论。[①] 对此，我国学者曾经作过以下深刻的评论：从俄罗斯刑法关于排除行为犯罪性的概念上看，行为表面上类似于犯罪，符合犯罪的特征，但实质上不违法而是对社会有益的。这恰好符合大陆法系刑法犯罪成立理论的三部曲审查方式，行为形式上或表面上符合犯罪的特征，说明具备了构成要件符合性这一特征，行为在实质上却不违法而是对社会有益的，说明不符合西欧大陆犯罪构成的违法性要件，结论便是不构成犯罪，而是对社会有益的应当鼓励的行为，在大陆法系刑法理论中作为排除符合构成要件行为的违法性的事由便是正当防卫与紧急避险。可见，俄罗斯刑法犯罪论在许多问题上摆脱不了大陆法系刑法的深刻影响，按照俄罗斯刑法理论，在司法实践中往往存在一些从外表上或形式上看类似于犯罪的情形，犯罪的四个特征似乎一个也不少，却不能认定为犯罪。这说明，符合了犯罪构成的四要件也不足以定罪，却恰恰否定了犯罪构成四要件作为犯罪成立的充分条件的理论，在犯罪构成之外必定存在着决定犯罪成立与否的其他条件，这已是不言自明的了。[②] 正是因为构成要件与犯罪构成之间在概念上的混淆，将正当行为放到犯罪构成之外，因而苏俄的四要件的犯罪构成体系发生了一个不可克服的矛盾：形式要件与实质内容的分离。由此出发，我国学者得出苏俄及我国的犯罪成立与犯罪构成理论的改革势在必行的结论[③]，我深以为然。

在三阶层的犯罪论体系中，违法阻却事由是以构成要件该当性为其逻辑前提

---

① 参见［苏］Н·φ. 库兹涅佐娃、И·М. 佳日科娃：《俄罗斯刑法教程》（总论），上卷·犯罪论，黄道秀译，438 页，北京，中国法制出版社，2002。

② 参见赵微：《俄罗斯联邦刑法》，129 页，北京，法律出版社，2003。

③ 参见赵微：《俄罗斯联邦刑法》，130 页，北京，法律出版社，2003。

的。这一点，无论构成要件该当性行为的范围与违法阻却事由的范围如何彼消此长，都不会改变。通过构成要件该当性而将正当行为的认定纳入定罪的司法过程，在违法性中予以排除。但在四要件的犯罪构成体系中，四个要件是平面的关系，并且将社会危害性看作是犯罪的本质特征，也是犯罪构成的内在属性。而正当行为是不具有社会危害性的，因而也被置于犯罪构成之外。例如，苏俄学者特拉伊宁在论及执行法律和执行职务、执行命令等德日刑法教义学所称的超法规的违法阻却事由时指出：根据苏维埃刑法，只有危害社会的行为才能负刑事责任。由此可以明显地看出，社会主义刑法不可能保留资产阶级刑法著作中根深蒂固的那些排除刑事责任的情况。可惜，在苏维埃刑法理论中，往往也把执行法律、执行职业上的义务视为排除刑事责任的根据。这种做法的基础，是由于没有充分地考虑到犯罪的实质定义以及犯罪构成同社会危害性的相互关系而产生的一种误解。[①] 应该说，特拉伊宁的上述观点是能够成立的。执行法律等正当行为在德日刑法教义学中，之所以纳入违法阻却事由，是因为它们具有构成要件该当性；但在苏俄刑法学中，构成要件已经被实质化地理解为社会危害性构成，并且成为犯罪成立条件的总和，因而正当行为因其不具有社会危害性，就在逻辑上不能进入犯罪构成的范围。但这里的问题是：正当防卫、紧急避险同样是没有社会危害性的行为，为什么它们就能够成为苏俄刑法学中排除刑事责任的根据，即排除社会危害性的行为呢？这两者之间，难道不存在一种逻辑上的矛盾吗？对此，特拉伊宁并没有作出令人信服的论证。这也表明四要件的犯罪构成体系在内容上的残缺和在逻辑上的混乱，其缺乏精致性是不言而喻的。

以社会危害性之有或无作为正当行为入罪或出罪的标准本身就是模糊的，也是容易引起争议的。例如，对于正当防卫，特拉伊宁认为属于排除社会危害性的情形；但紧急避险则不排除社会危害性，只能排除违法性。[②] 但此后的苏俄刑法

---

① 参见赵微：《俄罗斯联邦刑法》，278 页，北京，法律出版社，2003。

② 参见赵微：《俄罗斯联邦刑法》，275 页，北京，法律出版社，2003。

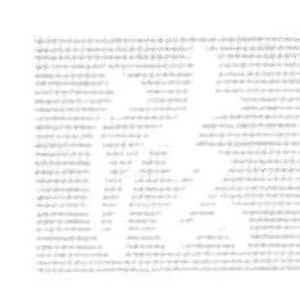

社会危害性和违法性的情况中[①]，并没有再对正当防卫和紧急避险的性质加以区分。也就是说，紧急避险并不像特拉伊宁所说的那样，只排除违法性而不排除社会危害性。在我国刑法学中，无论是正当防卫还是紧急避险，都称为排除社会危害性行为。但对于排除社会危害性行为，其既然没有社会危害性，为什么要在刑法中设专条加以规定，在刑法学中设专章加以讨论？对这些问题都没有从法理上予以解决。

四、正当防卫的地位对个案认定的影响

在我国司法实践对正当防卫及防卫过当案件的认定中，四要件的犯罪论体系与排除社会危害性的行为这两者之间是互相分离的，因此在否认存在正当防卫或者防卫过当的时候，往往不是认为某行为不符合正当防卫的构成要件，而是否认其符合犯罪构成要件。例如李某俊故意伤害案[②]中，一审法院否认李某的行为属于防卫过当，二审法院则认定李某俊的行为属于防卫过当。本来判断是否属于防卫过当主要应当围绕不法侵害是否正在进行展开，但我们看到，一审判决对李某俊的行为是这样论证的："正当防卫成立的要件之一即防卫行为的直接目的是制止不法侵害，不法侵害被制止后不能继续实施防卫行为，而被告人李某俊持刀连续刺扎被害人张某要害部位胸部数刀，在被害人倒地后还对其进行殴打，故李某俊具有明显伤害他人的故意，其行为符合故意伤害罪的犯罪构成，辩护人的此项辩护意见不能成立，不予采纳。"在以上论述中，在前半段叙述李某俊的行为是一种不法侵害被制止以后的所谓防卫行为，因而其不属于正当防卫或者防卫过当。这是合乎逻辑的论证。但在后半段叙述李某俊具有明显伤害他人的故意，其

---

① 参见［苏］H.A.别利亚耶夫、M.И.科瓦廖夫：《苏维埃刑法总论》，马改秀、张广贤译，171页，北京，群众出版社，1987。

② 参见最高人民法院刑一庭、刑二庭：《刑事审判参考》，第55辑，北京，法律出版社，2007。

行为符合故意伤害罪的犯罪构成，则存在问题。按照三阶层的犯罪论体系，李某俊具有伤害行为属于构成要件的内容，并不能由此得出否认防卫行为的性质的结论，因为这两者并不是对立的。正是在李某俊具备了伤害行为的基础上，才需要考察其行为是否构成正当防卫而阻却违法性。至于伤害故意，因其为责任要素，故应当在排除违法性以后，在有责性要件中予以考察。即使把故意作为构成要件要素，也应该在构成要件该当性中予以判断，而与正当防卫或者防卫过当的判断无关。由于正当防卫在犯罪论体系中的地位不同，所以采用不同的犯罪论体系，对正确认定正当防卫及防卫过当都会产生影响。

第四节　正当防卫的本质

正当防卫教义学中的基础理论问题是正当防卫的本质。在某种意义上说，正当防卫的本质在正当防卫教义学中是一个具有法哲学性质的问题，相关研究属于对正当防卫的形而上研究。正当防卫的本质不仅是正当防卫司法的法理根据，而且是正当防卫立法的哲理根据。

一、关于正当防卫本质的理论聚讼

正当防卫的本质问题与犯罪论体系之间存在密切关系。关于犯罪论体系，我国刑法学界存在四要件与三阶层之分。正当防卫在四要件和三阶层的犯罪论体系中具有不同的定位，因而影响对正当防卫的本质的理解。

在四要件的犯罪论体系中并没有正当防卫的一席之地，而是在四要件之外，将正当防卫作为所谓排除社会危害性的行为处理的。例如，苏俄刑法学者特拉伊宁在论及犯罪构成与正当防卫之间关系的时候曾经指出："在犯罪构成学说的范围内，没有必要而且也不可能对正当防卫和紧急避险这两个问题做详细的研究。"

针对正当防卫究竟是排除社会危害性的行为还是缺乏违法性的行为，特拉伊宁指出："危害社会的袭击行为，是防卫活动的根据。防卫活动是由于袭击行为的发生，为了击退它而采取的一种还击行动。因此，这种活动就其动机来说，不能看作是犯罪活动，因而不受社会主义法权和道德的谴责。因此应当承认，正当防卫状态乃是排除行为的法益侵害性、因而也是排除行为的违法性的情况。"[①] 由此可见，在四要件中，正当防卫并不是在犯罪论体系中被讨论，因为犯罪构成乃是社会危害性的构成，它的功能是为正面认定行为的法益侵害性提供条件。而正当防卫本身并不具有法益侵害性，它从反面说明行为如果没有法益侵害性就不能构成犯罪。因此，无论是犯罪构成还是正当防卫，都只不过是从不同角度论证了法益侵害性是犯罪的本质特征这一刑法的根本命题。

在三阶层的犯罪论体系中，正当防卫是违法阻却事由，是在犯罪论体系的第二个阶层，亦即违法性阶层所要讨论的问题，因此，正当防卫属于三阶层的犯罪论体系所要讨论的问题。正当防卫是符合构成要件的行为，例如，正当防卫杀人已经具备了故意杀人罪的构成要件。在通常情况下，符合构成要件的行为推定为具有违法性，但如果存在违法阻却事由，则因不具有违法性而予以出罪。尤其是对正当防卫行为，刑法已经明确规定不负刑事责任。这在司法适用上是没有疑问的。然而，从刑法哲学上来说却需要追问：正当防卫行为已经符合构成要件，那么，其不构成犯罪的根据又是什么呢？这就是正当防卫的本质所要解决的问题。显然，正当防卫的本质问题并不能从没有社会危害性中简单地引申出来，而是要进一步追溯到其哲学基础。

关于正当防卫的本质的讨论，最初是围绕着权利行为说与社会权利说而展开的。权利行为说是古典学派的理论，它是以个人主义思想为基础的，强调正当防卫对于个人权利的保护作用。权利行为说将防卫权视为个人神圣不可侵犯的权

---

① [苏] A·H. 特拉伊宁：《犯罪构成的一般学说》，王作富等译，272、273页，北京，中国人民大学出版社，1958。

利，认为防卫权是从天赋人权中引申出来的，具有天然合理性。而社会权利说则认为，不法侵害不仅是对个人利益的侵害，而且更重要的是对社会利益的侵害。因此，正当防卫存在的正当性根据主要在于维护社会利益。正当防卫的本质的社会权利说基本上是法社会学派的观点，这种观点认为法是以社会为本位的，正当防卫也是建立在维护社会利益的基础之上的，只有从社会本位出发，才能真正揭示正当防卫的本质。对此，德国学者指出："允许对不法进行防卫权作为公民个人的权利，有两个根据。其一是，被作为个人权利来理解的正当防卫，是每一个与生俱来的通过防止他人对自己的不法侵害的自我主张权，在这一意义上，所谓的古典时期的正当防卫被视为人的不需要其他根据的原始的权利。将正当防卫限制于保护作为最高的个人法益的身体和生命的做法，早在后罗马时代就有体现：对暴力允许进行正当防卫。其二是，正当防卫还可作为社会权利来理解。根据这种理解，正当防卫是法秩序，它不需要躲避不法。如果不存在官方的帮助，被侵害人的自卫行为同时还是在维护公共和平秩序。"① 在我国 20 世纪 80 年代，对正当防卫的本质的讨论主要就是围绕着个人行为说和社会权利说而展开的。应该说，此时关于正当防卫的本质的讨论，仍然是在个人本位的法律观与社会本位的法律观的理论框架下展开的，因而还较为抽象与空洞。

进入 21 世纪以后，随着德日刑法教义学传入我国，关于正当防卫本质的讨论也在德日话语下展开，其中具有较大影响力的是个人法益保护原则与法秩序维护原则。对此，存在一元论与二元论之争。其中：一元论是指在个人法益保护原则与法秩序维护原则中选择其一，以此揭示正当防卫的本质，二元论则认为，个人法益保护原则与法秩序维护原则两者都是正当防卫的本质，只不过，应当以个人法益保护原则为主，以法秩序统一原则为辅。

对于正当防卫的本质特征，二元论的观点是德日正当防卫教义学的通说。②

---

① ［德］汉斯·海因里希·耶赛克、托马斯·魏根特：《德国刑法教科书》（上），徐久生译，449 页，北京，中国法制出版社 2017。

② 参见石家慧：《德国刑法中的正当防卫制度》，载《中国应用法学》，2018（6）。

例如德国学者罗克辛明确阐述了其关于正当防卫的本质的观点，指出："我的立场不变：正当防卫的根据之一是免受不法侵害的个人法益保护原则，在此语境中也有助于'法确证'。以此方式，'法确证'授予的防卫权适合于防卫不法侵害并由此有助于维护法和平（Rechtsfrieden）"[①]。质言之，罗克辛赞同二元论的立场。在此，罗克辛提及"法确证"的概念。[②] 事实上，法确证的概念与法秩序的概念具有同工异曲之妙，都是指正当防卫对于维护社会利益所具有的功能。这种功能也称为一般预防功能。在通常情况下，一般预防是与刑罚相联系的，属于刑法目的的内容。那么，一般预防怎么能与正当防卫的本质相关联呢？尤其是，将一般预防确定为正当防卫的本质，是否会将正当防卫混同于刑罚，认为正当防卫具有刑罚的惩罚属性？对于这个问题，罗克辛教授指出：法确证原则有助于一般预防，通过对侵害进行防卫去告诉其他的潜在违法者，不法侵害他人是有风险的。我（指罗克辛教授——引者注）在教科书中不仅强调了正当防卫之消极的一般预防目的，还强调了其积极的预防作用：正当防卫中每个被防卫的侵害都坚固了法秩序。[③] 因此，罗克辛教授所强调的法确证是指正当防卫通过对不法侵害的反击，在保护个人法益的同时，也确证了法秩序。如果说，正当防卫对不法侵害人是个人预防性保护，那么，对其他意欲实施不法侵害的人同时也就施加了一般预防的效果。可以说，罗克辛教授是在与刑罚类比的意义上论述正当防卫所具有的个别预防与一般预防效果的，并以此作为正当防卫的正当性根据。在日本正当防卫教义学中，二元论的观点同样占据主导地位。例如高桥则夫指出："将正当防卫的违法阻却根据理解为基于从自我保存本能派生出来的'自我保护原则'与从法秩序保护派生出来的'正的确证'这两个原则是妥当的。前者的自我保护原则具有通过被侵害者的防卫行为而使侵害者停止实施违法行为，从而保护被侵害者

① ［德］克劳斯·罗克辛：《正当防卫与法确证》，黄德政译，载《西北师大学报》，1918（2）。

② 法确证，亦翻译为法信念，参见［德］克劳斯·罗克辛：《德国刑法学总论》（第1卷），王世洲译，424页，北京，法律出版社，2005。

③ 参见［德］克劳斯·罗克辛：《正当防卫与法确证》，黄德政译，载《西北师大学报》，1918（2）。

的功能；而后者的正的确证（法秩序维护原则）则具有通过防卫行为而使侵害者停止实施违法行为，从而保护法秩序的功能。”[①] 在此，正的确证就是法的确证，而法秩序与法确证[②]是可以互相替换的两个概念。

我国刑法学界围绕着关于正当防卫本质的一元论与二元论同样展开了争论，争论的核心点在于如何看待法秩序原则是否应当成为正当防卫的正当性根据。我国学者陈璇副教授对于关于正当防卫本质的二元论提出了尖锐的批评，其核心观点是：法秩序的维护并无绝对超越公民个人法益的独立价值。[③] 这里主要涉及个人法益与法秩序的关系，法秩序实际上就是社会法益，刑法教义学通常情况下是把个人法益与社会法益相并列的，这是两种不同的法益。然而，关于正当防卫本质的二元论并不是将个人法益与法秩序相并列，而是将法秩序隐身于个人法益之后，说明正当防卫在保护个人法益的同时还具有维护法秩序的功能，因此，维护法秩序是正当防卫在保护个人法益的时候所获得的一种附随效果。在这个意义上，似乎难以得出二元论就是在追求超越个人法益的法秩序这一结论。陈璇副教授在批判法秩序原则的同时，主张从不法侵害人的视角出发探寻正当防卫的本质，提出了“不法侵害人保护性的下降”这一命题，以此弥补从防卫人单一视角理解正当防卫本质的偏颇性。[④] 在正当防卫中，防卫人与侵害人是一对矛盾，呈现出正与不正之关系。对于正当防卫的正当性根据而言，主要应当说明造成侵害人人身、财产重大损失的防卫行为何以具有实质上的合理性，因而，这是一种对“正”的论证。在这个意义上说，正当防卫本质的理解重点应当是防卫行为的性质，不法侵害只能衬托防卫行为的正当性。防卫行为与侵害行为之间存在表里关系，因而借鉴被害人教义学原理，引入侵害人的视角，从侵害人值得保护

① 参见［日］高桥则夫：《刑法总论》，李世阳译，241页，北京，中国政法大学出版社，2020。

② 在日本刑法教义学中，法确证原理也称为法确证的利益说。参见［日］佐伯仁志：《刑法总论的思之道·乐之道》，于佳佳译，99页，北京，中国政法大学出版社，2017。

③ 参见陈璇：《正当防卫理念、学说与制度适用》，11页，北京，中国检察出版社，2020。

④ 参见陈璇：《正当防卫理念、学说与制度适用》，21页，北京，中国检察出版社，2020。

性的下降来论证正当防卫的本质，在我看来，这并没有独立于防卫人视角提供的正当防卫根据的价值。

值得注意的是，我国学者张明楷对个人法益保护说与法秩序维护说都展开了批判，力图以利益衡量说取代上述学说。张明楷认为：优越的利益保护是正当防卫的原理。正当防卫的特点决定了必须将不法侵害人造成的损害、危险以及在受到防卫过程中为对抗防卫所实施的新的不法侵害造成的损害、危险与正当防卫造成的损害进行比较，全面比较时必须充分考虑防卫人所处的本质的优越地位。[①] 利益衡量说是违法阻却事由根据理论中一种具有代表性的学说，其适用于紧急避险是没有问题的。然而，该种学说能否适用于正当防卫是始终存在疑问的。因为紧急避险是牺牲较小的利益保护较大的利益，由此而获得正当性，因而权衡较小利益，赋予具有优越利益的行为以正当性，这是没有问题的。然而，正当防卫是正与不正之关系，在正当防卫限度的认定中当然需要考察防卫行为与侵害行为之间的轻重缓急，但它并不能决定正当防卫的正当性。正当防卫的正当性首先来自在受到不法侵害的情况下对自我权利保护的必要性。这是个人法益保护说所主张的。至于法秩序维护说，只不过是在个人法益保护说的基础上，进一步说明正当防卫不仅能够满足个人防卫的需求，而且在一定程度上能够维护法秩序，由此获得更为全面的正当性。对于个人法益保护的理解，并不能限于自我防卫的场合，因此，那种认为为第三人的利益实施的正当防卫，但个人权利保护原理并不能说明这一点的说法[②]，因而不能成立。因为紧急救助权是从自卫权中引申出来的，在某种意义上可以说是替代他人实行自卫权，故而也属于个人法益保护的范畴。

① 参见张明楷：《正当防卫的原理及其运用——对二元论的批判性考察》，载《环球法律评论》，2018 (2)。

② 参见张明楷：《正当防卫的原理及其运用——对二元论的批判性考察》，载《环球法律评论》，2018 (2)。

二、正当防卫本质的内容界定

在讨论正当防卫本质的时候，我认为更为重要的是应当厘清正当防卫本质的讨论主题。基于此，首先就需要正确区分防卫行为的正当性根据与防卫限度的合理性根据。防卫行为的正当性根据是指防卫行为本身是否具有正当性的问题，即防卫权发动的根据。而防卫限度的合理性根据则是指防卫权应当被限制在何种合理范围内。我认为，正当防卫的本质应当是指防卫权发动的正当性根据，而并不包括防卫限度的合理性根据，因此，正当防卫本质的讨论主要应当围绕防卫权发动的各种条件设置的正当性根据，而不能将防卫权行使的合理限度问题牵扯进来，否则就会产生某种混乱。我国学者在论述防卫限度判断中的利益衡量时指出：无论是法确证原理，还是个人权利保护原理，都试图通过正当防卫的法理根据来排斥防卫限度判断中的利益衡量。由此带来一个疑问：仅凭正当防卫的法理根据，就能排除防卫限度判断中利益衡量的应用吗？如何界定正当防卫的法理基础与怎样判断防卫限度，并不是同一层面的问题。前者解决防卫正当与否的定性问题，后者则关注防卫强度的定量问题。① 我认为：这一论述将防卫行为的正当性问题与防卫限度的合理性问题加以区分，这是完全正确的。关于正当防卫本质原理，无论是个人法益保护说还是法秩序维护说，都属于正当防卫本质所讨论的范畴。而利益衡量原则则是防卫限度的合理性中所要讨论的问题，两者不可混淆。

对于阐述防卫行为的正当性根据来说，以防卫权为中心的个人法益保护原则已经提供了具有较强说服力的根据。那么，为什么还需要以法确证为核心的法秩序维护原则为补充呢？这里涉及法秩序维护原则的功能问题。对此，我国学者指出："个人权利保护原则决定了正当防卫的必要性，其功能在于扩张正当防卫。

① 参见徐成：《防卫限度判断中的利益衡量》，载《法学研究》，2019（3）。

法确证原则决定了正当防卫的相当性（需要性），其功能在于限制正当防卫。成立正当防卫的起因条件、对象条件、时间条件、限度条件不是由法确证原则决定的，而是由个人保护原则决定的。法确证原则的功能仅仅在于对正当防卫进行限制，由此可以合理解释，为什么面对无责任能力人的不法侵害、轻微的不法侵害、特殊关系人的不法侵害时，正当防卫应该有所限制。”① 根据这种观点，法秩序维护原则主要起到了限制正当防卫限度的作用，由此而与扩张正当防卫范围的个人法益保护原则起到一种互补作用。根据这种观点，法秩序维护原则对个人法益保护原则具有矫正作用。也就是说，在某些特殊情况下，虽然根据个人法益保护原则可以实行正当防卫，但基于法秩序维护原则应当对这种情况下的正当防卫限度加以约束。然而，正如我在前文指出，正当防卫的本质只是指防卫权发动的正当性根据，即它所要解决的是正当防卫何以正当的问题。这是一个性质问题。而正当防卫限度是一个数量问题，也就是防卫限度的合理性根据问题。这是两个不同的问题，似不应混为一谈。在面对无责任能力人的不法侵害等特殊情形下，根据个人法益保护原则防卫人是具有防卫权的，至于对正当防卫限度如何把握，它与法确证原理并没有密切的关联性，而与刑法的具体规定的联系更为紧密。例如，《日本刑法典》第 36 条规定，正当防卫须出于不得已，因而不得已性是日本刑法中正当防卫的成立条件之一。而我国《刑法》第 20 条则并未规定正当防卫须出于不得已，因而不得已性不是我国刑法中正当防卫的成立条件。从上述我国和日本关于正当防卫规定的对比可以看出，日本刑法中的正当防卫成立条件较为紧缩，而我国刑法中的正当防卫成立条件较为宽松。是否对防卫限度进行限制，并不是根据法秩序维护原则确定的，而是根据刑法规定认定的。尽管有些学者认为法秩序维护原则过于笼统，但也不能将其功能理解得过于具体。因为正当防卫本质本来就是一个抽象的刑法哲学问题。不仅如此，我国学者还认为法秩序维护原则本身还不够抽象，因而主张进一步从理性人普遍同意的角度理解正当

① 钱叶六：《论法确证原则的合理性及其功能》，载《环球法律评论》，2019（4）。

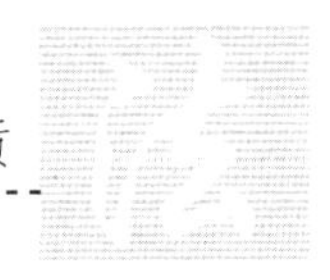

防卫的正当性根据，并据此为法秩序维护说在正当防卫论中谋求合理的定位。[①]由此可见，即使在我国赞同二元论的学者中，对于如何理解法秩序维护原则的内容与功能，也还存在较大的争议。

三、正当防卫根据的本土探讨

当然，对于正当防卫本质的讨论虽然具有一定的哲理性，然而还是不能脱离一个国家刑法对正当防卫的具体规定。在我国刑法所有规定中，正当防卫是极为特殊的。如果说，其他刑法规定，无论是总则还是分则，主要是围绕着入罪而展开的，那么，正当防卫以及紧急避险，就是围绕着出罪而展开的。在刑法教义学中，正当防卫被称为违法阻却事由。就此而言，正当防卫的刑法规定应该具有某种消极的属性，它是那些符合构成要件的行为在具备正当防卫情况下的一种出罪事由。然而，我国刑法对于正当防卫的立法规定呈现出一种十分积极的属性，这就是将正当防卫视为公民与犯罪作斗争的法律武器，能够威慑违法犯罪分子。[②]之所以说我国刑法所规定的正当防卫具有一定意义上的与犯罪作斗争的功能，是因为《刑法》第 20 条第 1 款关于正当防卫的定义式规定中，明确地将国家利益和公共利益确立为正当防卫所保护的法益。正是在这个意义上，我国刑法中的防卫权不仅包含自我防卫权、紧急救助权，而且具有与侵害国家利益和公共利益的犯罪行为作斗争的性质。就此而言，我国刑法与其他国家刑法中的正当防卫的保护法益之间是存在重大差异的。例如，《日本刑法典》第 36 条规定的正当防卫只限于防卫自己或他人之权利的情形。此外，《德国刑法典》第 32 条第 2 款规定，为使自己和他人免受正在发生的不法侵害而实施的必要的防卫行为属于正当防卫。因此，正当防卫只限于防卫自己或者他人。德国学者在论及国家利益能否成

---

① 参见王刚：《法秩序维护说之思辨——兼论正当防卫的正当性依据》，载《比较法研究》，2018（6）。

② 参见高铭暄主编：《刑法专论》，415 页，北京，高等教育出版社，2006。

为防卫客体时指出：对于个人而言，只有特定范围内的国家利益才可以（为保护它而）进行紧急防卫。例如，为保护应归国家所有的个人法益（如所有权、财产、占有），可以进行紧急防卫。相反，不可以为保护公众法益和公共秩序，而进行紧急防卫，因为在这时，个体的权利并未受到直接的威胁。仅当现实的国家利益受到了直接的威胁，而且主管机构在该特定场合又无法保护这一国家利益时，为了保护作为主权象征的国家法益，才可以进行紧急防卫。按照少数人的观点，只能够按照正当化的紧急避险来容许这种干预。[①] 由此可见，将保护国家利益、公共利益放在保护本人或者他人的权利之前的我国刑法中的正当防卫与德、日刑法中的正当防卫之间的差异何其之大。在这个意义上说，我国刑法关于正当防卫的立法规定赋予正当防卫以一种十分积极的功能。正如我国学者陈璇所评价的那样，我国刑法中的正当防卫在保护法益上明显具有更为强势的风格。[②] 即使是防卫自我或者防卫他人，如果将防卫对象界定为达到犯罪程度的不法侵害，则对这种不法侵害的防卫主观上是为保护本人或者他人的人身或者财产权利，而在客观上同样具有与犯罪作斗争的本质特征。因此，正当防卫的本质是与犯罪行为作斗争的命题，确实在一定程度上能够为正当防卫提供某种正义的属性。从这个意义上说，我国刑法关于正当防卫的立法，是从维护社会秩序的角度出发确定正当防卫的性质的，更加注重正当防卫的社会属性。然而，在司法实践中保护国家利益、公共利益的正当防卫案件十分罕见，正当防卫所谓与犯罪行为作斗争的功能也未能真正发挥。即使是保护自己或者他人的正当防卫的司法认定也遇到了极大的阻力，由此形成正当防卫的立法与司法之间的巨大落差。

如果将我国正当防卫的立法规定置于个人法益保护说与法秩序维护说的讨论语境，那么，我国刑法中的正当防卫在本质上确实具有维护法秩序的性质，它强

---

① 参见［德］乌尔斯·金德霍伊泽尔：《刑法总论教科书》，6版，蔡桂生译，162页，北京，北京大学出版社，2015。

② 参见陈璇：《正当防卫理念、学说与制度适用》，11页，北京，中国检察出版社，2020。

调正当防卫对于国家利益、公共利益的保护功能。如果说，在德日刑法教义学的语境中，因其刑法中的正当防卫只限于自我防卫与防卫他人，因而个人法益保护与法秩序维护不是并列关系，法秩序维护的效果是依附于个人法益保护的，那么，在我国刑法中，因为将保护国家利益、公共利益的正当防卫与自卫防卫、防卫他人相并列，因而法秩序维护就不再隐身于个人法益保护之后，而是直接成为决定正当防卫本质的要素。这也反映出我国刑法中正当防卫立法规定的特殊性，只有从这种特殊性出发，才能正确地揭示正当防卫的本质。值得注意的是，在德日刑法教义学中，往往以“正不能向不正让步”，或者“法不能向不法让步”这句格言概括法秩序维护说的基本含义。而我国刑法学界也接受了这一格言，例如最高人民法院、最高人民检察院、公安部《指导意见》在关于正当防卫的总体要求的第 1 条就明确提及两个思想：第一，正当防卫是法律赋予公民的权利；第二，正当防卫是“法不能向不法让步”的法治精神的体现。基于此，对于我国刑法中的正当防卫的正当性根据应当从个人法益保护和法秩序维护两个方面理解。

正当防卫是法律赋予公民的权利。这是从公民角度观察所得出的结论。正当防卫通常是指一种行为，然而，它同时又是指一种权利，即防卫权。在法治社会，公民的人身权利和财产权利受到法律保护，这就是所谓的公力救济。对犯罪行为应当根据刑事诉讼程序予以刑罚惩治，以此保护被害人的合法权益。只有在当公民受到突发的不法侵害，来不及获得公力救济的情况下，法律才赋予公民以防卫权，借此保护公民个人的法益免受不法侵害。这种防卫行为具有一定的自力救济的属性，同时它还是一种排除不法侵害的权利行为。权利行为赋予了正当防卫法律上的正当性，它受到法律的保障。

正当防卫是“法不能向不法让步”的法治精神的体现，这是从社会角度观察所得出的结论。司法机关保护正当防卫，就是在践行“法不能向不法让步”的法治精神。对于“法不能向不法让步”，在刑法教义学中存在各种理解，并且存在一定的争议。其实，这句法律格言反映的是一种朴素的法感情或者法信念，就是坚守法秩序。不法侵害破坏了法秩序，正当防卫不仅仅是保护公民个人法益的必

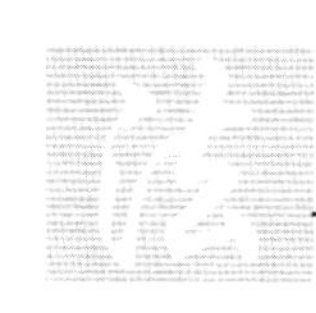

要举措，而且在保护国家、公共利益不受不法侵害的防卫中，还具有维护法秩序的直接含义。无论是保护公民个人法益的正当防卫，还是保护国家、公共利益的正当防卫，都是正义的体现。因此，司法机关对防卫权的保障，就体现了面对不法侵害实行正当防卫所具有的对法秩序的保护。

如果说，对个人法益保护只是反映了正当防卫所具有的个别公正，那么，法秩序维护就反映了正当防卫所具有的一般公正。只有从个人与社会两个维度，才能正确揭示正当防卫的正当性根据，才能对正当防卫本质进行全面诠释。

第五节　正当防卫的界定

正当防卫作为公民依法享有的权利，渊源于我国宪法。我国《宪法》第 12 条规定："社会主义的公共财产神圣不可侵犯。"《宪法》第 37 条规定："中华人民共和国公民的人身自由不受侵犯。"我国刑法通过追究刑事责任来保障公共利益和公民的人身以及其他权利不受侵犯。不仅如此，我国刑法还设立正当防卫条款，赋予公民正当防卫的权利，作为公民在人身和其他权利受到正在进行的不法侵害的紧急情况下的救济措施。所以，我国宪法和刑法是正当防卫权利的来源。

在法学理论上，依据权利发生的因果联系，权利可以被划分为原权和派生权，派生权或称救济权。原权指基于法律规范之确认，不待他人侵害而已存在的权利，又称第一权利，如所有权等。派生权指由于他人侵害原权而发生的法律权利，也称第二权利，如因侵害物权而发生的损害赔偿请求权。[①] 正当防卫权，就属于派生权，它的发生是以存在一定的不法侵害为前提的。本人或者他人的人身和其他权利是原权，当这些权利受到正在进行的不法侵害的时候，就派生了正当防卫权。从这个意义上说，正当防卫权也是一种救济权。

① 参见张友渔主编：《中国大百科全书·法学》，485 页，北京，中国大百科全书出版社，1984。

一、正当防卫的保护法益

正当防卫是一种有目的的防卫行为，其目的就在于保护一定的利益，而这种被保护利益的性质及其内容，对揭示正当防卫的性质具有十分重要的意义。我国刑法把国家、公共利益列为正当防卫首要的保护法益，这就充分地体现了我国刑法中的正当防卫所要保护的重点。在我国，国家、公共利益的内容是十分广泛的，它既包括国家的政治利益，又包括国家的经济利益，还包括其他利益。我国刑法之所以把国家、公共利益列于正当防卫保护对象之首位，就是因为国家、公共利益是个人利益的基础，个人利益是从国家、公共利益派生出来的。没有国家、公共利益，个人利益就不可能得到切实的保障。所以，我国刑法鼓励公民为保护国家、公共利益而奋不顾身地和正在进行的不法侵害作斗争。这不仅是公民的权利，也是公民应尽的道德义务；对于某些特定的人来说，则是法律义务。1983 年 9 月 14 日最高人民法院、最高人民检察院、公安部、国家安全部、司法部《关于人民警察执行职务中实行正当防卫的具体规定》（以下简称《具体规定》）就把正当防卫作为人民警察和国家审判机关、检察机关、公安机关、国家安全机关、司法行政机关依法执行职务的人员的法律义务加以规定。《具体规定》第 4 条指出："人民警察在必须实行正当防卫行为的时候，放弃职守，致使公共财产、国家和人民利益遭受严重损失的，依法追究刑事责任；后果轻微的，由主管部门酌情给予行政处分。"总之，保护国家、公共利益是一切公民的神圣职责，所以，我国刑法把国家、公共利益列为正当防卫首要的保护对象。而大陆法系国家刑法关于正当防卫的规定，一般把正当防卫的保护法益限于本人的人身和财产权利，没有像我国刑法那样明确地把国家、公共利益列为正当防卫首要的保护法益。当然，在法解释论上，一切法益均有正当防卫之意，故为防卫公益之行为，亦得解为正当防卫。[①]

我国公民的人身和其他权利受到法律的切实保护，任何个人和机关都不得侵犯。公民在受到正在进行的不法侵害的情况下，为使本人的人身和其他权利免受不法侵害，可以对不法侵害人实行正当防卫。公民为保护本人的人身和其他权利而实行的正当防卫，其意义不仅在于使本人的人身和其他权利免受不法侵害，而且在于制止犯罪，维护法律的权威和尊严。

我国刑法不仅规定为保护本人的人身和其他权利可以对不法侵害人实行正当防卫，而且规定为保护他人的人身和其他权利也可以实行正当防卫。我国刑法关于正当防卫保护法益的这一规定，充分体现了人与人之间的平等互助关系。而在大陆法系国家刑法中，正当防卫的保护法益一般仅限于本人，至多包括亲属；而对于他人所面临的正在进行的不法侵害，则一般没有正当防卫的权利。这就充分地体现了大陆法系国家刑法中的正当防卫的个人主义性质。

我国刑法中的正当防卫所保护的公民权利，主要是指人身权利，即对于危及生命和健康的杀人、伤害和其他侵犯人身权利的不法侵害，都可以实行正当防卫。我国刑法中的正当防卫在保护人身权利的同时，还保护财产权利。在某些情况下，犯罪同时侵犯人身权利和财产权利，例如抢劫罪，防卫人对此均可实行正当防卫。除人身权利和财产权利以外，我国刑法中的正当防卫还保护公民的其他权利。所谓其他权利，主要是指性权利等。

正当防卫的保护法益是国家利益、公共利益，本人或者他人的人身、财产和其他权利。那么，在正当防卫的保护对象中，是否包括非法权益呢？我国刑法学界对此存在两种互相对立的观点：一为否定说，认为正当防卫是保护合法权益的，非法权益不能成为正当防卫的保护对象。[②] 二为肯定说，认为国家不允许以非法的行为解决非法的问题，因此，非法权益受到不法侵害时可以实行正当防卫。[③]

① 参见刘清波：《刑法概论》，2版，102页，台北，开明书店，1970。

② 参见张景明：《正当防卫必须以保护合法权益为首要条件》，载《法学研究》，1984（2）。

③ 参见姚辉、王志军：《试论正当防卫中的不法侵害》，载《法学》，1986（1）。

我主张否定说，认为为保护非法权益不能实行正当防卫，因此，非法权益不是正当防卫所保护的对象。正当防卫的立法精神是保护国家、公共利益和其他合法权益，即只有合法的权益才能受法律保护，而法律是不可能保护非法权益的，无论在何种情况下，非法权益都不能成为法律的保护对象，否则，就会有悖于社会主义法律的神圣使命。以肯定说所举的例子而言，走私、盗窃、赌博等不法分子，即可为了保护自己的非法所得，对以暴力或以暴力相威胁进行抢劫的人实行所谓正当防卫。针对这种情况，从主观上说，不法分子不是出于保护合法权益的动机，因此没有防卫意图可言；从客观上说，不法分子为保护非法权益而大打出手，因此没有防卫行为可言。既然如此，其行为的正当性从何说起？我认为，在这种情况中，刑法理论不宜提倡不法分子具有所谓正当防卫权，其唯一的出路就是向政府投案自首，交代本人的罪行，同时揭发检举或者帮助司法机关缉拿抢劫其非法所得的犯罪分子归案，由此而使这些财物收归国有或者返还原始失主，使财产权利真正得到保护。如果说非法权益也是正当防卫的保护对象这个论点可以成立，那就会推导出一系列荒谬的结论：例如，在互殴中，双方都是不法侵害，难道双方都可以为保护本人的非法权益而对对方实行正当防卫吗？如果是这样的话，互殴之不正对不正的不法关系就堂而皇之地被合法化了，互殴双方都成立正当防卫。若果然如此，那么，刑法就没有必要把聚众斗殴行为规定为犯罪行为了。肯定说之不足取，在我看来是显而易见的。

二、正当防卫的界限区分

为了正确地认识正当防卫的性质，我们还必须把正当防卫和其他类似的法律现象严格加以区别。唯物辩证法告诉我们：在观察事物的时候，不能停留在事物的表面，而是要透过现象认识事物的本质。如果我们不是深入事物的背后，而是为事物的某些现象形态所迷惑，就很容易把该事物与其他事物相混淆，最终不能把握这一事物的本质。对于正当防卫也是如此。从表面上看，正当防卫与刑罚以

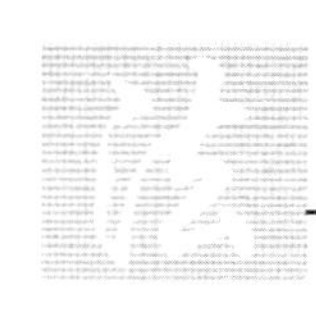

及刑事诉讼法中公民扭送人犯权都有某些类似之处。因此，往往有人在不知不觉中混淆了它们的界限，从而影响了对正当防卫性质的正确认识。下面，我从正当防卫的本质出发，对正当防卫与刑罚以及公民扭送人犯权的区别加以论述。

（一）正当防卫与刑罚的区别

我国刑法中的正当防卫是在国家、公共利益，本人或者他人的人身、财产和其他权利受到正在进行的不法侵害的紧急情况下所采取的救济措施，因此，正当防卫权根本不同于国家刑罚权。从形式上看，正当防卫权好像和国家刑罚权具有某些相似之处：刑罚是通过对犯罪分子造成一定的痛苦来实现的，而正当防卫也给不法侵害人的人身或者财产造成了一定的损害。有些学者据此认为正当防卫的目的之一是使犯罪分子及时受到惩罚。① 这种观点或多或少地把正当防卫和刑罚混淆起来了。我国刑法中的刑罚是人民法院代表国家对犯罪分子所适用的制裁方法，是对犯罪分子某种利益的剥夺，并且表现出国家对犯罪分子及其行为的否定评价。它通过对犯罪分子的惩罚和教育，以达到特殊预防和一般预防的目的。而正当防卫则只是公民在国家、公共利益，本人或者他人的人身、财产和其他权利受到正在进行的不法侵害的紧急情况下的一种救济措施，其目的仅仅在于使公共利益和其他合法权益免受不法侵害。惩罚犯罪是国家刑罚权的基本内容，而正当防卫作为公民的权利并不包含任何惩罚的因素，它所具有的只能是制止不法侵害、保护合法权益的性质。所以，两者不能混淆。而且，正当防卫所针对的不法侵害不能等同于犯罪行为。犯罪是不法与责任的统一，而正当防卫中的不法侵害通常认为是客观的不法。正如德国学者指出："维护法秩序的公共利益，虽与正当防卫共同发挥作用，但是正当防卫对于侵害人而言不具有刑罚特征，因而，正当防卫并不限于针对有责的侵害行为。"②

---

① 参见尹向兵：《"防卫不适时"的提法是错误的》，载《西南政法学院学报》，1980（4）。

② ［德］汉斯·海因里希·耶赛克、托马斯·魏根特：《德国刑法教科书》（上），徐久生译，451页，北京，中国法制出版社，2017。

（二）正当防卫与公民扭送人犯权的区别

正当防卫是公民依照我国刑法所享有的权利，所以，正当防卫不同于公民依照刑事诉讼法所享有的扭送人犯的权利。为了动员广大人民群众协助国家司法机关捉拿人犯归案，我国2018年《刑事诉讼法》第84条规定："对于有下列情形的人，任何公民都可以立即扭送公安机关、人民检察院或者人民法院处理：（一）正在实行犯罪或者在犯罪后即时被发觉的；（二）通缉在案的；（三）越狱逃跑的；（四）正在被追捕的。"扭送人犯是公民和犯罪作斗争的正义行为，也是法律赋予公民的权利。在这种场合，人犯不能以侵犯人身权利为由对扭送人犯的公民实行正当防卫。如果人犯使用暴力拒绝被扭送，公民可以对其实行正当防卫，以制服人犯。所以，在扭送人犯中往往会发生正当防卫的问题，但我们不能因此而把两者的法律性质混淆。第一，两者的渊源不同：扭送人犯是公民依照刑事诉讼法所享有的权利，而正当防卫则是公民依照刑法所享有的权利。第二，两者的目的不同：扭送人犯的目的在于协助司法机关捉拿人犯归案，使其及时受到刑事追究。正当防卫的目的在于制止正在进行的不法侵害，保护国家、公共利益，本人或者他人的人身、财产和其他权利。第三，两者的形式不同：扭送人犯，如果人犯没有暴力反抗，一般采取非暴力的强制手段即可。如果人犯反抗而对其实行暴力强制，造成其一定的人身伤亡，那就转化为正当防卫了。正当防卫一般都采取暴力手段。这是正当防卫的客观表现形式。我国刑法学界有些学者把正当防卫和扭送人犯混为一谈，认为："在特殊情况下，给已经实施过侵害的犯罪分子以杀伤仍应视为正义行为。例如犯罪分子刚实施过性质特别严重的侵害（如杀人、强奸、放火、爆炸等），受害者或在场的群众与犯罪分子素不相识，又没有掌握犯罪分子的特征，不一举杀伤就不能阻止其逃跑。为预防这种重大的犯罪分子逃脱法网，可机智地给以必要的打击。"[①] 如前所述，我认为正当防卫和扭送人犯的目的根本不同，而且形式也不相同。如果认为正当防卫可以作为扭送人犯的手

① 于建伟：《大力提倡和支持正当防卫》，载《法制建设》，1984（3）。

段，就把两者的性质混淆了。正当防卫的成立必须符合其构成条件，如果不具备正当防卫的前提条件，即使是为了防止重大的犯罪分子逃脱法网的正当目的，也不得对其造成人身伤亡，否则，被害人的事后防卫行为在防止不法侵害人逃脱法网的外衣下都变成合法的了。这样，势必破坏法制的权威和尊严。例如黄某文扭送人犯致人死亡案①：

广东省信宜市人民法院经审理查明：2017 年 6 月 28 日 18 时许，黄某文发现被害人胡某周潜入其林地偷摘水果，遂与其子黄某华拦截住胡某周，夺回被盗水果。在黄某文打电话通知村委会书记报警之际，胡某周准备驾驶摩托车逃脱，黄某华遂持农用工具钩刀，与黄某文一起拦住胡某周。胡某周夺走钩刀，在黄某华、黄某文面前挥舞。黄某文打落胡某周手中钩刀，与黄某华一起扭抱住胡某周。胡某周挣脱后逃向一旁小山坡，黄某文追上前从身后抱住胡某周，二人一起翻滚落下山坡，其间黄某文双手掐住胡某周颈部压制对方反抗。黄某文、胡某周滚落坡底后，黄某文继续掐住胡某周颈部，不久发现对方没有呼吸，立即打电话通知村委会书记报警，并在原地等候公安人员到场处理。胡某周被送医抢救后于当日宣告死亡。经鉴定，胡某周事前吸食了吗啡毒品，达致死血浓度 0.05mg%（0.5μg/mL）的含量，符合因吗啡中毒及被扼颈共同作用致急性呼吸循环功能障碍死亡，但是难以明确其死亡的主、次要原因。

广东省信宜市法院经审理认为：被告人黄某文的行为已构成故意伤害罪。被告人黄某文是在制止不法侵害时实施的防卫过当行为，并有自首情节，判决被告人黄某文犯故意伤害罪，判处有期徒刑 3 年 6 个月。

一审宣判后，广东省信宜市检察院提出抗诉，认为黄某文的事后追捕行为不是正当防卫，是间接故意伤害行为。广东省茂名市人民检察院支持广东省信宜市检察院的抗诉意见。

---

① 参见广东省信宜市人民法院（2018）粤 0983 刑初 106 号判决书（一审）；广东省茂名市中级人民法院（2018）粤 09 刑终 474 号刑事判决书（二审）。

黄某文上诉，并与其辩护人提出无罪辩解，认为本案是意外事件，黄某文的行为属于正当防卫，且没有明显超过必要限度。

广东省茂名市中级人民法院经审理认为：黄某文为了保护个人合法财产不受侵犯，对盗窃水果的被害人胡某周暴力抓捕扭送行为超出必要限度，应对被害人胡某周的死亡结果承担责任，其行为构成过失致人死亡罪。鉴于黄某文有自首情节，且人身危险小，被害人胡某周有重大过错且案发当时已吸食致死量的毒品，难以明确其死亡的主、次要原因，对黄某文减轻处罚并适用缓刑。黄某文对胡某周后阶段的抓捕行为不具有防卫性质，原判决认定黄某文的行为属于制止不法侵害时实施的防卫过当行为，适用法律错误，应予纠正。广东省茂名市中级人民法院于2019年9月24日判决撤销原判，以过失致人死亡罪改判黄某文有期徒刑2年4个月，缓刑3年。

本案审理过程中的争议焦点是：对黄某文抓捕扭送小偷致对方死亡的行为如何评价？对此存在三种意见[①]：第一种意见认为，黄某文抓捕扭送行为是对被害人不法侵害的正当防卫，但黄某文扭送过程中采取扼颈行为超过必要限度，是防卫过当。黄某文明知扼颈会造成他人死亡的后果而予以放任，属于间接故意，应以故意伤害罪对其追责。第二种意见认为，黄某文实施的抓捕行为是合法正当的。其年长被害人数十岁，在制服被害人过程中难以控制力度，也难以预料被害人已事前吸毒。虽然其扼颈抓捕行为与被害人毒品中毒共同导致被害人死亡的后果，但是两种死因难分主次。此种情况下，一般人难以预料其正当抓捕行为会导致被害人死亡的后果，也难以预计对方会处于吸毒过量这一特殊状态，故本案属于意外事件，应宣告黄某文无罪。第三种意见认为，黄某文抓捕扭送被害人的行为虽然具有正当性，但明显过度使用暴力，造成被害人死亡的危害后果，其侵害的法益远大于扭送行为保护的微小财产利益。这是扭送过当行为，且不具备正当防卫、意外事件等违法阻却事由。被告人虽然明知其实行行为与他人死伤结果的

① 参见傅惟惟：《扭送行为过当的刑责认定》，载《人民司法》（案例），2021（2）。

因果关系，但其行为始终是在扭送目的下进行的，对致他人伤亡结果的发生是抗拒的，可以排除伤害他人的主观故意，是出于过于自信的过失，其行为应被定性为过失致人死亡罪。量刑上应综合考虑被告人自首、被害人过错、被害人特殊情形及扭送过当行为的特殊性等从宽情节。

本案二审采用了第三种意见，认为应当对扭送过当致人死亡的行为追究刑事责任，并从个案分析，认为黄某文的行为构成过失致人死亡，而非故意伤害致人死亡。

本案讨论的焦点问题是：扭送人犯与正当防卫究竟是一种什么关系？换言之，对扭送人犯能否适用正当防卫的规定，以此推论，扭送人犯超过必要限度的行为能否适用防卫过当的规定？对此，我国学者认为："扭送过当致人伤亡不一定成立正当防卫（过当）。扭送行为成立正当防卫，依然要满足正当防卫的几大要件：一是现实的不法侵害行为正在进行，二是防卫对象必须针对不法侵害人本人，三是行为人主观上持有防卫意识。另外一个关于必要限度的要件，则是正当防卫与防卫过当的区别。本案中，黄某文扭送的对象虽然是实施盗窃行为的不法侵害人本人，但在其追捕扭送过程中，被扭送对象的盗窃侵害已经实施终了，被害人后续的反复挣脱、甚至夺刀挥舞威胁、夺路逃窜，均是出于逃跑目的的非暴力反抗行为，无法对黄某文形成新的现实不法侵害，显然不符合正当防卫的要件要求。通常，判断扭送行为能否成立正当防卫，一般有两处关键：一是被发现的犯罪嫌疑人实施的不法侵害是否实施终了，或者其实施的暴力反抗行为是否已形成新的不法侵害；二是扭送人的扭送行为是否适度，即强制扭送行为损害的利益与其保护的法益要符合比例原则，不能悬殊。"①

（三）正当防卫与紧急避险的区分

根据《刑法》第 21 条第 1 款的规定，紧急避险是指在法律所保护的权益遇到危险而不可能采用其他措施加以避免时，不得已而采用的损害另一个较小的权

① 傅惟惟：《扭送行为过当的刑责认定》，载《人民司法》（案例），2021（2）。

益以保护较大的权益免遭损害的行为。我国刑法规定，紧急避险行为不负刑事责任。紧急避险行为之所以不负刑事责任，是因为：从主观上看，实行紧急避险，是为了使国家、公共利益，本人或者他人的人身、财产和其他权利免受正在发生的危险。从客观上看，它是在处于紧急危险的状态下，不得已采取的以损害较小的合法权益来保全较大的合法权益的行为。因此，紧急避险行为不具备犯罪构成，不负刑事责任。在我们社会主义国家，国家利益、公共利益和个人利益在根本上是一致的，因此，公民在法律所保护的权益遇到危险时，有权损害较小的权益以保护较大的权益，从而使合法权益可能遭受的损失减少至最低限度。所以，紧急避险对于保护国家利益、公共利益和其他合法权利具有重大的意义。

紧急避险是采用损害一种合法权益的方法来保全另一种合法权益，因此，必须符合法定条件，才能排除其社会危害性，真正成为对社会有利的行为。根据我国刑法的规定，紧急避险的成立必须具备以下六个条件。

1. 避险意图

避险意图是紧急避险构成的主观条件，是指行为人实行紧急避险的目的在于使国家、公共利益，本人或者他人的人身、财产和其他权利免受正在发生的危险，因此，行为人实行紧急避险，必须是为了保护合法利益。为了保护非法利益，不允许实行紧急避险。例如，脱逃犯为了逃避公安人员的追捕而侵入他人的住宅的，不能被认为是紧急避险，仍应负非法侵入他人住宅的刑事责任。

2. 避险起因

避险起因是指只有存在对国家、公共利益、本人或者他人的人身、财产和其他权利的危险，才能实行紧急避险。不存在一定的危险，也就无所谓避险。一般来说，造成危险的原因有以下这些：一是人的行为，而且必须是危害社会的违法行为。前面已经说过，对于合法行为，不能实行紧急避险。二是自然界的力量，例如火灾、洪水、狂风、大浪、山崩、地震等等。三是动物的侵袭，例如牛马践踏、猛兽追扑等。在以上原因对国家、公共利益和其他合法权利造成危险的情况下，可以实行紧急避险。如果实际并不存在危险，由于对事实的认识错误，行为

人善意地误认为存在这种危险，因而实行了所谓紧急避险的，在刑法理论上称为假想避险。假想避险的责任，适用对事实认识错误的解决原则。

3. 避险客体

紧急避险是采取损害一种合法权益的方法来保全另一种合法权益，因此，紧急避险所损害的客体是第三者的合法权益。明确这一点，对于区分紧急避险和正当防卫具有重大的意义。在行为人的不法侵害造成对国家、公共利益和其他合法权利的危险的情况下：如果通过损害不法侵害人的利益的方法来保护合法权益，那就是正当防卫；如果通过损害第三者的合法权益的方法来保护合法权益，那就是紧急避险。损害的对象不同，是紧急避险与正当防卫的重要区别之一。当然，在某些特殊情况下，危险来自他人，但非出自他人的行为或者其行为缺乏违法性，则存在所谓防御性紧急避险，其避险客体可以是产生危险的人。

4. 避险时间

紧急避险的时间条件，是指正在发生的危险必须是迫在眉睫的，对国家、公共利益和其他合法权利已直接构成了威胁。对于尚未到来或已经过去的危险，都不能实行紧急避险，否则就是避险不适时。例如，海上大风已过，已经不存在对航行的威胁，船长这时还命令把货物扔下海去，就是避险不适时。船长对于由此而造成的重大损害，应负刑事责任。

5. 避险可行性

紧急避险的可行性条件，是指只有在不得已即没有其他方法可以避免危险时，才允许实行紧急避险。这也是紧急避险和正当防卫的重要区别之一。因为紧急避险是通过损害一个合法权益来保全另一合法权益，所以对于紧急避险的可行性不能不加以严格限制。只有当紧急避险成为唯一可以免遭危险的方法时，才允许实行。

《刑法》第21条第3款规定：关于避免本人危险的规定，不适用于职务上、业务上负有特定责任的人。这是因为在发生紧急危险的情况下，这些负有特定责任的人应积极参加抢险救灾，履行其特定义务，而不允许他们以紧急避险为由临

阵脱逃、玩忽职守。

6. 避险限度

紧急避险的限度条件，是指紧急避险行为不能超过必要限度，造成不应有的损害。那么，以什么标准来衡量紧急避险是否超过必要限度，造成不应有的损害呢？对此，法律没有明文规定。我认为，其标准是：紧急避险行为所引起的损害应小于所避免的损害。紧急避险行为所引起的损害之所以应小于所避免的损害，原因就在于紧急避险所保护的权益同避险所损害的第三者的权益两者都是受法律保护的，只有在两利保其大、两弊取其小的场合，紧急避险才是对社会有利的合法行为。那么，在司法实践中如何衡量权益的大小呢？我认为，在衡量权益的大小时，应该明确以下几点：首先，在一般情况下，人身权利大于财产权利，所以，通常不允许牺牲他人的生命来保全本人的财产，即使这种财产的价值很大。其次，在人身权利中，生命权是最高的权利，通常不容许为了保护一个人的健康而牺牲另一个人的生命，更不容许牺牲别人的生命来保全自己的生命。最后，在财产权益中，应该以财产的价格进行比较，通常不容许为了保护一个较小的财产权益而牺牲另一个较大的财产权益，尤其不允许牺牲较大的国家、公共利益以保全本人较小的财产权益。

在现实生活中，往往存在紧急避险行为所引起的损害与所避免的损害相等的情形，例如，以牺牲他人生命的方式保全本人的生命。对于这种情形如何处理？在德国刑法中，将紧急避险分为两种：一是阻却违法的紧急避险，二是阻却责任的紧急避险。其中，紧急避险行为所引起的损害小于所避免的损害的，属于阻却违法的紧急避险；紧急避险所引起的损害与所避免的损害相等的，属于阻却责任的紧急避险。我国刑法对此未作规定。我认为，可以将紧急避险行为所引起的损害与所避免的损害相等的情形视为避险过当，如果属于犯罪情节显著轻微、危害不大的，可不以犯罪论处。

紧急避险和正当防卫都是一种正当化的事由，但是紧急避险和正当防卫还是有区别的。这种区别主要体现在：正当防卫是针对正在进行的不法侵害而实施的

防卫行为。因此，正当防卫是一种正与不正之关系。防卫一方是正当的，而被防卫的一方是不法的，两者之间是一种正当和不法的关系，紧急避险则与之不同。紧急避险是在十分紧迫的情况下所采取的一种避险措施，紧急避险的特征就在于：某种合法权益可能受到损害，在这种情况下，为了保护一个较重要的合法权益，而牺牲一个较小的合法权益。因此，紧急避险是正与正的关系，而不像正当防卫那样是正与不正的关系。也就是说，在紧急避险的情况下，通过紧急避险所要保护的法益是正当的，在紧急避险当中被牺牲掉的法益也是正当的。这种法益之所以在紧急避险当中被牺牲，主要是为了保护更大的法益。例如，在航海当中遇到了大风暴，船上载有很重的货物，如果不把一部分货物扔到海里面，船就会被风暴颠覆。在这种情况下，为了保护船的安全，把一部分货物扔到海里。这样的行为就是一种典型的紧急避险。这种紧急避险行为从客观外表来看，是损害了一部分合法权益：船上装载的货物都是受法律保护的，是他人的合法财产，把它们扔到海里他人便受到了损害。但之所以要损害这部分财产，是为了保护一个更大的利益。所以，紧急避险是在两害相权取其轻的情况下的一种考虑，因为如果不牺牲较小的合法权益就会使较大的合法权益受到损害。

关于正当防卫与紧急避险的区分，虽然从刑事来看，这是一个较为简单的问题，只要根据两者的构成要件就可以正确地将正当防卫与紧急避险界分。然而，在刑法教义学中这个问题具有一定的复杂性，这主要体现在避险客体这一要件上。按照通说，正当防卫的客体是不法侵害人，而紧急避险的客体则只能是第三人的权益，因此，对无责任能力的侵害行为只能进行正当防卫而不能实施紧急避险。然而，我国学者引入德国法教义学中关于防御性紧急避险和攻击性紧急避险的分类，论证对无责任能力的行为人也可以实行紧急避险。[①] 防御性紧急避险和攻击性紧急避险的分类来自《德国民法典》，它是根据避险行为所针对的客体来区分的。防御性紧急避险，是指为避免正在发生的危险，避险人对危险源实施了

① 参见谢雄伟：《紧急避险基本问题研究》，154页，北京，中国人民公安大学出版社，2008。

避险行为。而攻击性紧急避险，是指为避免正在发生的危险，避险人对与危险源无关的第三人实施了避险行为。前者是针对危险源的，因此其具有防御性。而后者是针对与危险源无关的第三人的，因此其具有攻击性。《德国民法典》第 228 条规定了防御性紧急避险，第 904 条规定了攻击性紧急避险。作如是区分的法律意义在于：防御性紧急避险是针对危险源的，因此在其避险限度上采必要性原则，可以比照正当防卫，并不严格强调避险行为保护的权益大于其所牺牲的权益。但攻击性紧急避险是针对与危险源无关的第三人的，因此严格限制其限度，避险行为保护的权益必须大于其所牺牲的权益。应当指出，《德国刑法典》并无关于防御性紧急避险和攻击性紧急避险的规定，而只有关于违法阻却的紧急避险和责任阻却的紧急避险的规定。但德国刑法教义学往往比照《德国民法典》而将刑法上的紧急避险区分为防御性紧急避险和攻击性紧急避险。例如，德国学者指出："防御性紧急状态（Defensivntstand）中的防卫行为，只是对造成危险者（von dem die Gefahr ausgeht）的法益范围形成侵害的，侵犯性（必要时甚至可以对危险者造成身体上的伤害）在质量和数量上许可比在攻击性紧急状态中的要大；后者是要牵连无参与行为的第三者（unbeteiligter Dritte）法益的紧急状态。这样处理，所依据的是《民法典》第 228 条的基本思想。该条所一般性规范的是法制基本原则，对它要超越其所制定的对物防卫上的实体规定，依意义地适用到《刑法典》第 34 条的利益权衡中。"① 根据《德国民法典》第 228 条的规定，防御性紧急避险本来是针对物而言的，所以又称为对物防卫。但德国学者将这一规定引入刑法的紧急避险中，产生了所谓由人的行为所引起的防御性紧急避险，即：其危险虽然来自人的侵害行为，对于该危险不能够行使正当防卫的，同样可以实施紧急避险。那么，到底对哪些人的行为可以实行防御性紧急避险呢？对此，德国学者罗克辛教授指出了以下四种情形：（1）通过不行为（Nicht-Handlung）进行的威胁。（2）通过一种谨慎的因而不是违法的行为所产生的危险。（3）母亲生

① ［德］约翰内斯·韦塞尔斯：《德国刑法总论》，李昌珂译，173 页，北京，法律出版社，2008。

产时，医生为避免母亲生命危险或重大健康伤害之必要，牺牲其子女。（4）预防性之正当防卫，即行为人因事后之防卫极困难或不可能，事先以预防性措施，防备他人以准备之攻击。[①] 以上四种情况之所以不能被认定为正当防卫，是因为或者缺乏行为性（第一种情形），或者缺乏违法性（第二种情形），或者缺乏侵害性（第三种情形），或者缺乏不法侵害的正在进行的时间要件（第四种情形）。论及无责任能力的行为人的，只是在以上第四种情形。例如，德国学者指出：尽管危险不是正在发生的，但是属于通常意义上的持续存在的危险，同样应当遵循《德国刑法典》第 34 条的规定进行评价（将处于兴奋状态的患精神病的母亲临时禁闭）。[②] 在这种情况下，精神病人并没有正在实施侵害行为，这是为了预防其精神病发作而实施侵害行为所进行的预防性拘禁。因为精神病人没有实施侵害，因而对于该行为当然不能认定为正当防卫。但能否由此引申出对于精神病人正在实施的侵害行为也不能进行正当防卫，进而将这种正当防卫归之于防御性紧急避险，我认为是值得商榷的。我国学者指出：当由人引发的危险不能被评价为一个基于行为人的罪过心理产生的不法行为，也不存在对义务的违反时，这种危险实际上和自然产生的危险没有太大差异。因此，对于这种由人引发的危险不能实施正当防卫。但这并不意味着被加害者只能忍受侵害，相反，其可以通过实施针对危险源本身的反击这种防御性紧急避险来制止侵袭，从而保护自己的合法权益。[③] 这一规定要求正当防卫的客体必须是基于行为人的罪过心理产生的不法行为。显然，这对正当防卫的客体作了过于严格的限制，我认为有所不妥。对于无责任能力的行为人所实施的侵害行为，只有采客观不法说，才能完全符合刑法所规定的不法侵害这一正当防卫的客体要件，而没有必要将其归入防御性紧急避险

---

① 参见［德］克劳斯·罗克辛：《德国刑法学总论》，王世洲译，489 页，北京，法律出版社，2004；谢雄伟：《紧急避险基本问题研究》，154 页，北京，中国人民公安大学出版社，2008。

② 参见［德］汉斯·海因里斯·耶塞克、托马斯·魏根特：《德国刑法教科书》，徐久生译，411 页，北京，中国法制出版社，2001。

③ 参见谢雄伟：《紧急避险基本问题研究》，157 页，北京，中国人民公安大学出版社，2008。

的范畴。当然，如果侵害的危险源虽然来自人，但并非人的行为造成，或者人的行为没有不法的性质，则可以对产生危险源的人实施防御性紧急避险。在这个意义上，防御性紧急避险这个概念仍然具有一定意义。因此，关于紧急避险与正当防卫的区别，不能简单地认为紧急避险只能对侵害人以外的第三人实施，只有正当防卫才能对侵害人实施。在防御性紧急避险的情况下，也可以对产生危险源的人实施避险行为。

（四）刑法中的正当防卫与民法中的正当防卫的区分

正当防卫制度不仅是刑法制度，同时也是一种民法制度，因此，存在如何区分刑法中的正当防卫与民法中的正当防卫的问题。我国《民法典》第181条规定："因正当防卫造成损害的，不承担民事责任。正当防卫超过必要的限度，造成不应有的损害的，正当防卫人应当承担适当的民事责任。"我国《民法典》对正当防卫的成立条件并没有作出明确规定。在这种情况下，民法学者认为成立正当防卫必须具备以下六个条件：（1）必须是为了使国家、公共利益、本人或者他人的人身权利和财产权利免受不法侵害而实施的；（2）必须有不法侵害发生；（3）必须是正在进行的不法侵害；（4）必须是国家、公共利益、本人或者他人的人身权利和财产权利遭受不法侵害，来不及请求有关国家机关救助的；（5）必须是针对不法侵害者本人实行的；（6）不能明显超过必要限度造成损害。[①] 在以上民法的正当防卫条件中，较之刑法的正当防卫增加了不得已性的条件，由此体现出民法中的正当防卫与刑法中的正当防卫的差异。

民法中的正当防卫是免除民事责任的事由，而刑法中的正当防卫则是不负刑事责任的根据，因此，虽然民法中的正当防卫与刑法中的正当防卫在构成条件上似乎相同，但两者之间还是存在性质上的区别。我认为，这一区别主要表现为：由于民法中的正当防卫只是免除民事责任，因此，在防卫行为符合犯罪构成要件的情况下，就应当适用刑法关于正当防卫的规定，以此作为出罪事由。在司法实

① 参见王利明主编：《中国民法典释评（总则编）》，463页，北京，中国人民大学出版社，2020。

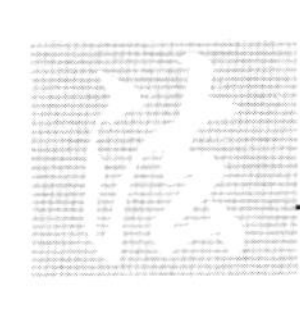

践中，民法中的正当防卫案例并不常见，但潘某正当防卫案是一个典型案例[①]：

2020年5月27日晚上10时许，潘某与王某某（外号“小帅”）酒后沿355国道一起走往罗秀镇回家。途中，王某某在醉酒情况下多次强行对潘某实施搂抱、亲吻，其间潘某均予以反抗并用手推开王某某。当二人行至罗秀镇附近公路时，王某某再次对潘某强行搂抱，被潘某用手推开。王某某被推开后直接仰倒跌在地上，昏迷不醒。后潘某打电话喊人来到现场，并开车送王某某到罗秀镇卫生院治疗，因伤情严重又转院至象州县人民医院治疗。2020年6月4日，王某到象州县公安局罗秀派出所报案，称其父王某某于2020年5月27日晚上酒后在象州县附近公路上跌倒昏迷不醒。2020年6月4日，潘某到象州县公安局罗秀派出所自首。2020年6月9日，象州县人民医院出具“疾病证明书”，载明：王某某因“昏迷2小时”于2020年5月28日0时10分入院。诊断意见为：（1）颅脑损伤：1）脑疝；2）脑挫伤并出血；3）蛛网膜下腔出血；4）硬膜下血肿；5）颅骨骨折。（2）头皮挫伤。（3）电解质紊乱。（4）社区获得性肺炎。建议继续治疗。王某某住院治疗医疗费为54 805.60元，其中潘某代支付10 000元。2020年6月9日，象州县人民医院出具居民死亡医学证明（推断）书，证明王某某于2020年6月9日死亡。2020年6月11日，逝者王某某在柳州市殡仪馆火化。2020年7月8日，南宁市中一司法鉴定所出具鉴定意见：被鉴定人王某某符合跌倒头枕部着地导致严重颅脑损伤死亡。2020年8月10日，象州县公安局以潘某涉嫌过失致人死亡罪向象州县人民检察院移送审查起诉。2020年9月16日，象州县人民检察院作出象检公刑不诉（2020）40号不起诉决定书，载明：潘某在遭到王某某多次猥亵侵犯的情况下，出于本能反抗将王某某推开导致其跌倒死亡的后果，但该后果是当时潘某不能预见的原因所引起的，根据《刑法》第16条的规定，潘某的行为不是犯罪，根据《刑事诉讼法》第16条第6款之规定，决

① 参见《女子推倒性骚扰的醉酒男致其死亡，检方：不起诉！法院：正当防卫（附判决书）》，https://mp.weixin.qq.com/s/OchXJtDCiOUA_7yQWkq0NA，2022-01-29。

定对潘某不起诉。王某某家属不服，向来宾市人民检察院申诉。2021 年 6 月 17 日，来宾市人民检察院以象州县人民检察院已撤销象检公刑不诉（2020）40 号不起诉决定为由，决定终止办理。2021 年 7 月 30 日，象州县人民检察院作出象检公刑不诉（2021）Z9 号不起诉决定书，决定对潘某作不起诉处理。

以上是本案的刑事案件处理过程。因为本案造成王某某死亡后果，因而涉及刑事问题。公安机关以潘某涉嫌过失致人死亡罪向检察机关移送起诉。但检察机关经过审查，认为潘某造成王某某死亡的行为属于《刑法》第 16 条规定的意外事件，作出了不起诉决定。应当指出，对于本案，检察机关并没有认定潘某的行为构成刑法中的正当防卫而作出不起诉的决定，而是认为潘某的行为属于意外事件。根据我国《刑法》第 16 条的规定，意外事件是指行为在客观上虽然造成了损害结果，但不是出于故意或者过失，而是由于不能预见的原因所引起，因而不构成犯罪的情形。那么，如果本案王某某的死亡不是意外事件而是确如公安机关所认定的那样，属于过失致人死亡。在这种情况下，潘某的行为是否属于刑法中的正当防卫呢？根据本案的案情，王某某醉酒后对潘某实施搂抱、亲吻等性骚扰行为，该行为属于侵犯人身权利的违法行为。但是，本案中的性骚扰行为并没有使用暴力，不法侵害的程度较轻，对正在进行的性骚扰行为进行制止是完全正当的，但还不能进行正当防卫。因此，如果潘某在制止性骚扰过程中过失致王某某死亡，应当构成犯罪。但考虑到王某某存在明显过错，对潘某可以从轻处罚。也就是说，如何本案中王某某的死亡不是意外事件造成的，而属于过失致人死亡，则潘某应当承担相应的刑事责任。

在本案的刑事部分处理完毕以后，王某某的亲属以生命权纠纷的案由向法院提起民事诉讼。经过审理，法院判决：王某某对被告潘某实施了搂抱、亲吻的行为。《妇女权益保障法》第 40 条规定：禁止对妇女实施性骚扰。《民法典》第 1010 条规定：违背他人意愿，以言语、文字、图像、肢体行为等方式对他人实施性骚扰的，构成性骚扰行为，本案中，王某某违背潘某的意愿，对潘某实施搂抱、亲吻的行为，构成对潘某的性骚扰。潘某推开王某某的行为构成正当防卫。

所谓正当防卫，是指行为人为了保护社会公共利益、自身或者他人的合法权益免受正在进行的紧迫侵害，针对这一非法侵害在必要限度内采取的防卫措施。构成正当防卫必须满足以下条件：(1) 必须有侵害的事实；(2) 不法侵害正在进行且具有现实紧迫性；(3) 须以合法防卫为目的；(4) 防卫须对加害人本人实行；(5) 防卫不能超过必要限度。本案中，王某某违背潘某的意愿，对潘某实施搂抱、亲吻等不法侵害，不法加害正在进行且具有现实紧迫性，潘某出于本能推开王某某以保护自己的身体权不受侵害，符合正当防卫的条件，其行为构成民法中的正当防卫。潘某出于保护自己身体的本能推开王某某，并没有伤害王某某的故意，该行为未超过必要的限度，且王某某跌倒后及时求助他人进行救助，与其管理和控制能力相适应，故潘某的行为没有构成防卫过当。最终法院判决驳回原告的诉讼请求。①

在王某某的亲属看来，潘某虽然不承担刑事责任，但意外事件造成王某某死亡，潘某对此应当承担民事责任。在此需要讨论一个问题：如果一个人的行为被认定为刑法中的正当防卫，在这种情况下，该人对正当防卫所造成的人身或者财产损害结果不负刑事责任，那么是否要负民事责任呢？我认为，一个人的行为既然被认定为刑法中的正当防卫并且不负刑事责任，当然也就不负民事责任。这是毫无疑问的。因此，如果本案中的潘某之行为如果被认定为刑法中的正当防卫，那么，其在不负刑事责任的同时也不负民事责任。但在本案中，潘某的行为没有被认定为刑法中的正当防卫，而是因意外事件不负刑事责任。在这种情况下，需要考察的是对于意外事件所造成的损害结果，潘某是否应当承担民事责任？我国《刑法》第 180 条规定："因不可抗力不能履行民事义务的，不承担民事责任。法律另有规定的，依照规定。不可抗力是不能预见、不能避免且不能克服的客观情况。"由此可见，我国民法中的不可抗力，实际上包含了以不能预见为内容的意外事件。但不可抗力免除民事责任只适用于因不可抗力不能履行民事义务的违约

① 参见广西壮族自治区象州县人民法院民事判决书（2021）桂 1322 民初 1397 号。

责任，而并不适用于侵权责任。而本案属于侵权责任案件，因此不能按照不可抗力予以免除。也就是说，对于刑事责任来说，意外事件与不可抗力都可能成为免责事由。但对于民事责任来说，不可抗力只能免除违约责任，但不能免除侵权责任。此外，我国民法中的责任可以被分为过错责任与无过错责任两种类型，归责原则通常以采用过错责任为原则，以无过错责任为例外。我国《民法典》第1165条规定："行为人因过错侵害他人民事权益造成损害的，应当承担民事责任。"这里的过错，是指行为人在实施侵害他人民事权益行为时的主观不良心态，包括故意和过失。所谓故意，是指追求损害结果发生或者明知结果发生概率很大而放任自己的行为，从而引发损害结果的一种不良心态。所谓过失，是指疏忽大意或者过分轻信的不良心态，或者应该预见自己的行为可能导致损害结果发生而没有预见，或者虽然预见到了损害结果可能发生，但是过分轻信某些主客观条件，误认为损害结果不会发生或者可以避免。[①] 在本案中，潘某对于王某某的死亡在主观上既无故意又无过失，属于无过错状态，因而可以排除其民事责任。当然，法院没有以无过错作为免除潘某民事责任的根据，而是采用民法中的正当防卫作为免除潘某民事责任的根据。法院经过审理认为潘某的行为构成民法中的正当防卫，因而免除其民事责任。能否将潘某的行为认定为民法中的正当防卫，关键在于其行为是否符合正当防卫的条件。在本案中，王某某对潘某实施性骚扰的违法行为，为排除这一违法行为，潘某推开王某某以保护自己的身体权不受侵害，因而法院认为这符合民法中的正当防卫的条件。这里可能存在争议的问题是：在某种防卫行为造成的结果达到犯罪程度的情况下，就涉及刑事责任，因而只有刑法中的正当防卫才能成为不负刑事责任的根据。本案中潘某造成的损害结果是王某某的死亡，因而这已经涉及刑事责任问题。在本案刑事程序中，检察机关并不是以正当防卫对潘某出罪，而是以意外事件作为潘某不负刑事责任的根据。在这种情况下，潘某的行为是否符合民法中的正当防卫限度条件？这是一个

① 参见张新宝：《中国民法典释评（侵权责任编）》，7页，北京，中国人民大学出版社，2020。

值得研究的问题。由此可见，刑法中的正当防卫与民法中的正当防卫各自的性质与功能有所不同。民法中的正当防卫作为一种免除民事责任的法律根据，在现实生活中具有其重要作用。因此，刑法中的正当防卫与民法中的正当防卫如何衔接是需要认真研究的问题。

值得注意的是，我国民法典除了规定正当防卫，还规定了自助行为。《民法典》第1177条："合法权益受到侵害，情况紧迫且不能及时获得国家机关保护，不立即采取措施将使其合法权益受到难以弥补的损害的，受害人可以在保护自己合法权益的必要范围内采取扣留侵权人的财物等合理措施；但是，应当立即请求有关国家机关处理。受害人采取的措施不当造成他人损害的，应当立即承担侵权责任。"民法中的自助行为是免除侵权责任的事由之一。正如我国民法学者指出的："自助行为作为民法确认的侵权责任抗辩事由，其抗辩效果在于：受害人在紧急情况下在必要范围内采取合理的措施自力救济保护其合法权益，不对因此等自助行为给侵权人（债务人）造成的损害承担侵权责任。自助属于私立救济，即民事主体是以自己的能力而不是以国家的公权力保护其合法权益。自助属于临时性的强制措施，在实施自助行为之后应当立即请求国家机关处理相关纠纷，通过公权力保护其合法权益。"① 民法中的自助行为不同于正当防卫，自助行为是侵权责任免除事由，而正当防卫是一般民事责任免除事由。就此还不足以区分民法中的正当防卫与自助行为，两者的根本区别在于：正当防卫是紧急行为，对正在进行的不法侵害可以实行正当防卫。自助行为则发生在侵权行为完成以后，是为挽回已经造成的财产损失而采取的自助措施。因此，自助行为不是紧急行为而是正当行为。

在刑法教义学中与民法中的自助行为相类似的自救行为被认为是超法规的违法阻却事由。例如日本学者指出："现行刑法未对自救行为作特别规定，但是，在解释论上，通说认为它是一种违法性阻却事由。在近代的法治国家中，针对法

① 张新宝：《中国民法典释评（侵权责任编）》，48页，北京，中国人民大学出版社，2020。

益的侵害，原则上都要通过国家的救助机关之手进行救助。但是，既然现实上国家的救助机关不是万能的，在难以依靠国家机关的紧急事态中，就不能否定存在应该把被害人自己实施的权利回复行为视为合法的余地。”[①] 我国刑法没有规定自救行为，但在现实生活中存在自救案件，对此我国学者认为应当将其作为排除社会危害性的行为处理。例如：自行车主人在马路上从盗窃犯手中夺回自己数天前丢失的自行车的行为，债权人在机场将一直赖账、准备外逃的债务人扣押起来的行为。在这些场合，行为人的行为均不构成抢夺罪、非法拘禁罪。[②] 刑法中的自救行为与正当防卫的区别也在于不法侵害是否正在进行，只有对正在进行的不法侵害才能实行正当防卫，而侵害结果发生以后挽回财产损失的行为则可以构成自救行为。至于民法中的自助行为与刑法中的自救行为的区别，则在于是否符合犯罪的构成要件。如果符合犯罪的构成要件，则需要通过刑法中的自救行为排除违法性。反之，只是符合侵权行为的条件，则应当通过民法上的自助行为免除侵权责任。

三、正当防卫的现实意义

我国刑法中的正当防卫，不仅是防卫人不负刑事责任的法律依据，而且有其积极的社会政治内容。我国刑法中的正当防卫可以分为三种类型：第一是自我防卫，第二是防卫他人，第三是公共防卫。其中，自我防卫是行使自卫权，这是最为常见的正当防卫类型。防卫他人是行使救助权，此种正当防卫具有见义勇为的性质。公共防卫是指为保护国家利益和公共利益而行使防卫权，此种防卫具有与犯罪作斗争的性质。以下分别对这三种类型正当防卫的意义进行论述。

（一）通过行使自卫权保护公民自身的合法权益

在法治社会，公民的人身和财产权利主要依赖国家保护，也就是说，公民在

---

① ［日］大塚仁：《刑法概说（总论）》，3版，冯军译，423页，北京，中国人民大学出版社，2003。

② 参见黎宏：《刑法学总论》，2版，162～163页，北京，法律出版社，2016。

合法权益受到不法侵害时，应当寻求公力救济。国家设立的警察机构承担着这部分救济的职责。然而，国家警力有限，更为重要的是不法侵害随时随地可能发生，国家公力救济有所不及。在这种情况下，国家赋予公民自卫权，允许公民自力救济，正当防卫就是自力救济的主要手段。因此，正当防卫的首要意义在于保护公民个人的合法权益。

应当指出，在现实生活中，公民的个人权益的内容是十分广泛的，包括人身权利、财产权利，而人身权利又可以进一步细分出生命权、健康权、住宅权、行动自由权、人格权等。在为保护自身的合法权益进行正当防卫的时候，保护的法益既可以是单一的，也可以是复合的。无论何种法益，只要受到正在进行的不法侵害，都可以对之实行正当防卫。例如，河北省辛集市耿某华正当防卫不批捕案，就是为保护住宅安宁、人身和财产安全而进行正当防卫的一个典型案例。[①]

2017年8月，石家庄某房地产公司与康某某达成口头协议，由其负责该公司开发的辛集市某城中村改造项目中尚未签订协议的耿某华等八户人家的拆迁工作，约定拆迁劳务费为50万元。2017年10月1日凌晨2时许，康某某纠集卓某某等八人赶到项目所在地强拆民宅。其中，卓某某组织张某某、谷某明、王某某、俱某某、赵某某、谷某章、谷某石（以上人员均因犯故意毁坏财物罪被另案处理）等人，在康某某带领下，携带橡胶棒、镐把、头盔、防刺服、盾牌等工具，翻墙进入耿某华家中。耿某华妻子刘某某听到响动后出屋来到院中，即被人摁住并架出院子。耿某华随后持一把农用分苗刀出来查看，强拆人员对其进行殴打，欲强制带其离开房屋，实施拆迁。耿某华遂用分苗刀乱挥、乱捅，将强拆人员王某某、谷某明、俱某某三人捅伤。随后，卓某某、谷某章、赵某某等人将耿某华按倒在地，并将耿某华架出院子。刘某某被人用胶带绑住手脚、封住嘴后用车拉至村外扔在路边。与此同时，康某某组织其他人员使用挖掘机等进行强拆。当晚，强拆人员将受伤的王某某、谷某明、俱某某以及耿某华等人送往医院救

① 2020年11月27日最高人民检察院颁布的六起正当防卫不捕不诉典型案例之二。

治。经鉴定，王某某、俱某某二人损伤程度均构成重伤二级，谷某明、耿某华因伤情较轻未作鉴定。经勘验检查，耿某华部分房屋被毁坏。

案发后，公安机关对强拆人员以故意毁坏财物罪立案侦查。其中，康某某、卓某某、王某某、张某某、俱某某被分别判处有期徒刑2年6个月、3年2个月等相应的刑罚。石家庄某房地产公司因在未达成拆迁协议的情况下，聘用拆迁公司拆除房屋，支付了相关人员的医疗费等费用，对耿某华房屋部分毁坏予以相应赔偿。

2018年11月16日，河北省辛集市公安局以耿某华涉嫌故意伤害罪立案侦查，于2019年5月22日提请辛集市人民检察院批准逮捕。提请逮捕时认为，耿某华的行为虽有防卫性质，但明显超过必要限度，属于防卫过当。辛集市人民检察院在审查过程中，对于是适用《刑法》第20条第1款的一般防卫，还是第20条第3款的特殊防卫，存在认识分歧。同年5月29日，辛集市人民检察院检察委员会经研究认为，卓某某等人的行为属于正在进行的不法侵害，耿某华的行为具有防卫意图，其防卫行为没有明显超过必要限度，本案不符合特殊防卫的规定，依据《刑法》第20条第1款的规定，耿某华的行为属于正当防卫。遂依法作出不批准逮捕决定。同日，公安机关对耿某华作出撤销案件决定。

最高人民检察院在本案的“典型意义”中指出：“耿某华面对正在进行的非法暴力拆迁，其实施防卫行为具有正当性，对于致二人重伤的结果，应当综合不法侵害行为和防卫行为的性质、手段、强度、力量对比、所处环境等因素来进行综合分析判断，作出正确的法律评价。不法侵害人深夜翻墙非法侵入耿某华住宅，强制带离耿某华夫妇，强拆房屋。耿某华依法行使防卫权利，其防卫行为客观上造成了二人重伤的重大损害，但是，耿某华是在被多人使用工具围殴，双方力量相差悬殊的情况下实施的防卫，综合评价耿某华的防卫行为没有明显超过必要限度。另外，此案不法侵害的主要目的是强拆，是对财产权利实施的暴力，对耿某华夫妇人身伤害的主要方式和目的是强制带离现场。虽然强制带离和围殴也是对耿某华夫妇人身的伤害，但是，综合案件具体情况，不法侵害行为不属于刑法第二十条第三款规定的‘行凶、杀人、抢劫、强奸、绑架以及其他严重危及人

身安全的暴力犯罪'，应当适用一般防卫的法律规定。在我国经济社会快速发展的背景下，因暴力拆迁引发的矛盾和冲突时有发生，在这类案件办理中，司法机关要查明案件事实，弄清强拆是否依法合规正当，依法惩治犯罪、保障无辜的人不受刑事处罚。同时，妥善处理拆迁中的矛盾纠纷，促进社会稳定有序。要引导房地产企业依法文明规范拆迁行为，教育被拆迁业主要参与协商，依法维权，避免财产损失和人身伤害的发生。"

暴力拆迁不仅对公民合法财产造成重大损害，而且在公民制止暴力拆迁的时候，还会对公民的人身造成重大损害。在这种情况下，被拆迁人就会奋起反抗，造成暴力拆迁人的人身伤亡。对于此类案件的处理，对于司法机关来说是极为棘手的。因为暴力拆迁背后的势力较大，而且存在巨大利益，而被拆迁人则人单势薄，属于弱势群体。在本案中，检察机关大胆适用正当防卫的法律规定，支持被拆迁人采用正当防卫保护自身的合法权益。这是值得充分肯定的。

（二）通过行使救助权保护其他公民的合法权益

根据我国刑法规定，公民不仅为保护自身的人身权利、财产权利可以对不法侵害人实行正当防卫，而且还可以为保护他人的人身、财产权利而实行正当防卫。这里的他人，既可以是与自己具有密切关系的人，例如亲朋好友等，也可以是与自己素不相识的人。在现实生活中，为保护自身的合法权益进行正当防卫，基于同理心而容易获得公众的认同。但对于为保护他人的合法权益，尤其是为保护素昧平生的他人的合法权益进行正当防卫，往往容易引起误解，被认为是多管闲事。其实不然。为保护他人的合法权益进行的正当防卫具有见义勇为的性质，更值得在道义上予以正面肯定。至于为保护亲友进行的正当防卫，由于亲友与防卫人之间存在亲密关系，出手防卫更是理所当然。例如陈某杰正当防卫案[①]，就是为保护新婚妻子不受侵害人的调戏侮辱而实行正当防卫的案例。

2014 年 3 月 12 日晚，陈某杰和其妻子孙某某等水泥工在三亚市某工地加班

① 2020 年 9 月 3 日最高人民法院颁布的七起正当防卫典型案例之三。

搅拌、运送混凝土。22时许，周某某、容甲、容乙（殁年19岁）和纪某某饮酒后，看到孙某某一人卸混凝土，便用言语调戏孙某某。陈某杰推着手推车过去装混凝土时，孙某某将被调戏的情况告诉他。陈某杰便生气地叫容乙等人离开，但容乙等人不予理会。此后，周某某摸了一下孙某某的大腿，陈某杰遂与周某某等人发生争吵。周某某冲上去要打陈某杰，陈某杰也准备反击，孙某某和从不远处跑过来的刘甲站在中间，将双方架开。孙某某在劝架时被周某某推倒在地，哭了起来，陈某杰准备上前扶孙某某时，周某某、容乙和纪某某先后冲过来对陈某杰拳打脚踢，陈某杰边退边用拳脚还击。接着，容乙、纪某某从地上捡起钢管（长约1米，空心，直径约4厘米）冲上去打陈某杰。在场的孙某某、刘甲、容甲都曾阻拦，容甲阻拦周某某时被挣脱，纪某某被刘甲抱着，但一直挣扎着往前冲。当纪某某和刘甲挪动到陈某杰身旁时，纪某某将刘甲甩倒在地并持钢管朝陈某杰的头部打去。因陈某杰头戴黄色安全帽，钢管顺势滑下打到陈某杰的左上臂。在此过程中，陈某杰半蹲着用左手护住孙某某，右手拿出随身携带的一把折叠式单刃小刀（打开长约15厘米，刀刃长约6厘米）乱挥、乱捅，致容乙、周某某、纪某某、刘甲受伤。水泥工刘某乙闻讯拿着一把铲子和其他同事赶到现场。周某某、容乙和纪某某见状便逃离现场，逃跑时还拿石头、酒瓶等物品对着陈某杰砸过去。容乙被陈某杰持小刀捅伤跑到工地的地下室，倒地后因失血过多死亡。经鉴定，周某某的伤情属于轻伤二级，纪某某、刘甲、陈某杰的伤情均属于轻微伤。

2016年1月6日，三亚市城郊人民法院一审认为，陈某杰的行为属正当防卫，依法宣判陈某杰无罪，且无须承担民事责任。三亚市城郊人民检察院不服判决，向三亚市中级人民法院抗诉。

三亚市中级人民法院二审裁定认为：被害人容乙等人酒后滋事，调戏被告人陈某杰的妻子，辱骂陈某杰，不听劝阻，使用足以严重危及他人人身安全的凶器殴打陈某杰。陈某杰在被殴打时，持小刀还击，致容乙死亡、周某某轻伤、纪某某轻微伤，属于正当防卫，依法不负刑事责任。2016年7月11日，三亚市中级人民法院终审驳回抗诉，维持原判。

最高人民法院在总结本案的“典型意义”时指出：“本案中，陈某杰在妻子孙某某被调戏、其被辱骂的情况下，面对冲上来欲对其殴打的周某某，陈某杰也欲还击，被孙某某和刘甲拦开。陈某杰在扶劝架时被推倒在地的孙某某时，周某某、容乙和纪某某先后冲过来对陈某杰拳打脚踢，继而持械殴打陈某杰。陈某杰持刀捅伤被害人时，正是被容乙等人持械殴打的紧迫期间。因此，陈某杰是在其妻子被羞辱、自己被打后为维护自己与妻子的尊严、保护自己与妻子的人身安全，防止不法侵害而被动进行的还击，其行为属于防卫。”陈某杰正当防卫案是为保护他人合法权益而进行正当防卫的一个典型案例，对于此后处理同类案件具有重要的指导意义。在司法实践中，应当强化正当防卫的观念，对于那些具有见义勇为性质的正当防卫尤其需要正确处理。

尤其应当指出的是，对于保护亲属，特别是尊亲属的人身权利，对不法侵害人实行正当防卫，不仅具有法律上的正当性，而且具有伦理上的正当性，刑法应当予以肯定。在保护亲属的人身权利过程中，防卫者本人也会受到来自他人的不法侵害，也就是针对亲属的不法侵害将转移到防卫者身上。在这种情况下的正当防卫就具有保护本人与保护他人的合法权利的双重属性。

（三）通过行使防卫权保护国家利益和公共利益

在德日刑法典中，通常只有对自我防卫和防卫他人的规定，而没有对保护国家利益、公共利益的正当防卫的规定。例如，《德国刑法典》第 32 条第 2 款明确将正当防卫界定为：为使自己或者他人免受正在发生的违法攻击而实施的必要的防卫行为。此外，《日本刑法典》也明确规定正当防卫是为了防卫自己或者他人的权利。就法条规定而言，德日刑法典中的正当防卫并不包括为保护国家利益、公共利益的正当防卫。然而，德日学者在具体解释中，都将正当防卫保护的法益扩张到国家利益和公共利益。例如，德国学者指出：“国家的法益或者其他公法上的法人法益，如涉及个人利益的，可进行正当防卫。因此，为防止国家财产被盗窃或损害，允许任何人进行正当防卫（例如，允许对试图盗窃联邦国防军的新式武器或使该新式武器不能够使用的谍报人员进行防卫）。虽然是公共利益，但

当个人直接受到侵害的场合，也允许对其进行防卫，例如，允许任何目击者对露阴行为实施正当防卫，因为第183条就是为保护个人羞耻心而规定的。与之相对，对公共秩序或者整个法律秩序的侵害防卫并非由各个公民承担，而只能由国家以及国家机关行使防卫权。”① 由此可见，德国学者在肯定可以为保护国家利益、公共利益进行正当防卫的同时，也对这种正当防卫的范围做了某种限制，只有在可以还原为个人利益的情况下，才允许对侵害国家利益、公共利益的行为进行正当防卫。

同样，日本学者也认为正当防卫所保护的权利中广泛地包含了应该被正当保护的法益，包括国家利益。这种防卫被称为为了法秩序的正当防卫。对此，日本学者山口厚教授指出：“像对于针对国有财产的侵害能够正当防卫那样，‘他人’，虽也能够理解为包含作为法益主体的国家。问题是，是否能够为了公共法益而正当防卫。判例认为，就公共利益而言，虽说也应该有允许正当防卫的场合，但那仅限于不能期待国家公共机关有效的极为紧迫的场合，只有在这样的场合才能例外地允许正当防卫。尽管属于对公共利益的侵害，但在能够肯定对于具体个人（也包括国家、法人等）法益的‘急迫不法的侵害’的场合，当然应该允许以此为由实施正当防卫。”② 由此可见，虽然《日本刑法典》并没有规定为保护国家利益、公共利益的正当防卫，但日本学者还是通过对正当防卫所保护的“权利”的扩张解释，将国家利益、公共利益纳入正当防卫保护的范围。

我国《刑法》第20条则明文规定，为了保护国家、公共利益，对正在进行的不法侵害可以进行正当防卫。因此，在我国刑法中，为了法秩序的正当防卫是一种法定的正当防卫类型。此种正当防卫在性质上不同于自我防卫和防卫他人，在一定程度上具有与犯罪作斗争的性质。例如，某日傅某等人赶着马车去林场盗

① ［德］汉斯·海因里希·耶赛克、托马斯·魏根特：《德国刑法教科书》（上），徐久生译，454～455页，北京，中国法制出版社，2017。

② ［日］山口厚：《刑法总论》，3版，付立庆译，127页，北京，中国人民大学出版社，2018。

伐林木，商某等四人前去接应时，被护林员邱某遇见。这时，盗伐木材的马车已经驶近，邱某催商某等四人离开。商某等人不走，站成一排将邱某拦住，企图让马车强行通过。当第一辆马车驶至道口时，邱某端枪喝令马车站住。赶马车的人不予理睬，疾驶而过。邱某即朝车胎和空中鸣枪，以示制止警告。商某等四人向邱某围拢。邱某为了避免冲突，向北跑去。此时，第二辆马车驶近，傅某等二人从车上跳下，伙同商某等共六人，一起追邱某。邱某跑出百米多后停下，当傅某等六人追近邱某时，邱某警告他们站住，不然就要开枪。傅某等人不听警告，继续朝邱某逼近。邱某遂持枪向跑在最前边的傅某开枪，击中傅某左膝盖下胫骨的上端，造成粉碎性骨折致残。法院以正当防卫宣告邱某无罪。邱某在履行护林员职责时，坚守岗位，忠于职守，在和盗伐林木的犯罪行为做斗争中，实施了正当防卫，使国家财产和本人的人身安全得以保全，因此，我认为法院宣告邱某正当防卫不负刑事责任是完全正确的。邱某的正当防卫行为，充分说明了正当防卫具有保护国家、公共利益和其他合法权益的重大意义。

当然，对于制止不法侵害，尤其是与不法侵害作斗争来说，正当防卫只是在紧迫情况下不得已而采取的一种救济措施，不能因此夸大正当防卫与不法侵害作斗争的意义，尤其是应当谨慎地肯定正当防卫在打击犯罪中所能发挥的作用。实际上，作为正当防卫起因的不法侵害，只有其中一部分才是真正意义上的犯罪行为，而另外一部分则只是客观上的不法，未必就构成犯罪。如果只将正当防卫的作用表述为与犯罪行为作斗争，难免失之于以偏概全。

第六节　正当防卫的构成

一、防卫一元条件论

正当防卫是公民依法享有的权利。行使正当防卫权利的诸条件的统一，就是正当防卫的构成。我国刑法中的正当防卫的构成存在一个从“侵害与防卫二元条

件论”向“防卫一元条件论”转变的过程。所谓“侵害与防卫二元条件论”是指将正当防卫的成立条件区分为侵害方面的条件和防卫方面的条件，对此分别加以论述。而“防卫一元条件论”则是将侵害方面的条件纳入防卫方面的条件之中，两者合二为一，形成统一的正当防卫的构成条件论。

德日刑法的正当防卫教义学通常都把正当防卫的成立条件区分为侵害方面的条件和防卫方面的条件，因此，德日刑法教义学采用的是侵害与防卫二元条件论。例如，德国学者指出，正当防卫是基于有必要进行防卫的、对法益正在发生的、违法的侵害，因此，侵害方面的条件是正当防卫的首要条件。在侵害方面的条件中，主要讨论的是侵害的特征，包括：侵害是人为地对法秩序所保护的行为人或者他人的利益所构成的侵害或者危险，对被侵害人所处法律保护之下的利益均可以进行正当防卫，侵害必须是违法的但未必是可罚的，侵害必须是正在发生的、迫在眉睫的、正在进行的或者在继续进行的。在防卫方面的条件中，主要讨论防卫的必要性，包括防卫行为必须体现防卫的意思，只有在防卫行为是为了防止侵害所必需的情况下，防卫行为才能够被合法化，防卫行为不得超过对侵害行为实施有效防卫的必要程度。①

除了德国学者，意大利学者同样是从侵害和防卫这两个方面界定正当防卫的条件。例如意大利学者指出，正当防卫的构成包括两个方面：侵害状态和防卫反应。前者是指不法侵害对防卫人或者第三人的权利所造成的现实危险。防卫反应则包含三个因素：被迫、必要、相适应。被迫是一种因危险的存在而被侵害人有防卫必要的状态。防卫的必要除意味着防卫行为在客观上必须与排除危险相称外，就受侵害人可采取的防卫手段而言，还意味着防卫行为必须具有相对的不可避免性。② 从意大利学者的论述来看，侵害状态主要是针对防卫的起因而言的，

---

① 参见［德］汉斯·海因里希·耶赛克、托马斯·魏根特：《德国刑罚教科书》（上），徐久生译，451页以下，北京，中国法制出版社，2017。

② 参见［意］杜里奥·帕多瓦尼：《意大利刑法学原理》，注评版，陈忠林译评，173页以下，北京，中国人民大学出版社，2004。

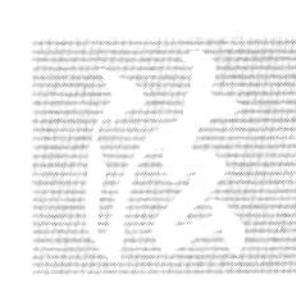

属于防卫的前提条件，而防卫反应则是对防卫行为的限制性条件。

日本刑法教义学中的正当防卫条件分为急迫不法的侵害、为防卫自己或他人的权利、不得已而实施的行为这三个方面。[①] 第一个条件显然是侵害条件，主要讨论侵害的概念、不法性质以及紧迫性。而第二个条件则是防卫条件，包括防卫权利、防卫行为等内容。至于不得已性的条件，是日本刑法所特有的。《日本刑法典》第35条明确规定只有在不得已的情况下才能实行正当防卫，因此，就其实质而言，日本学者对正当防卫构成也是采取侵害与防卫二元条件论的观点。

苏俄刑法学对于正当防卫构成的论述同样采取“侵害与防卫二元条件论”，在这一点上，与德日刑法教义学并无区别。例如苏俄学者指出：“正当防卫如果具备了侵害与自卫等条件，则可以免除其行为之社会危险性。在这些条件之下，其防卫之行为是合法的。其行为自身将无犯罪构成，亦不得适用刑罚。”[②] 因此，正当防卫条件就可以区分为：(1) 正当防卫关于侵害的合法条件，包括侵害行为是在客观上具有社会危险的行为、侵害行为是现在的、侵害行为是实际的等内容。(2) 正当防卫的合法条件，包括：防卫行为是以造成侵害者利益之某种损害的方法来实现；自己与他人、个人与集体之权益受侵害时，均得实行防卫性之反击；防卫行为不应超过必要的范围；等等。由此可见，苏俄刑法学对于正当防卫条件的论述无异于德日刑法教义学。

我国最早的刑法教科书、高铭暄教授主编的《刑法学》对正当防卫条件的论述也采用了“侵害与防卫二元条件论”的进路，认为正当防卫必须具备以下条件：(1) 必须有不法的侵害行为。(2) 必须是正在进行的侵害行为。(3) 防卫必须对不法侵害者本人实行。(4) 防卫行为不能超过必要限度造成不应有的损害。[③] 在以上四个条件中，前两个属于侵害方面的条件，后两个属于防卫方面的条件。

---

① 参见［日］山口厚：《刑法总论》，2版，付立庆译，115页以下，北京，中国人民大学出版社，2011。

② ［苏］苏联司法部全苏法学研究所主编：《苏联刑法总论》，下册，彭仲文译，401页，上海，上海大东书局，1950。

③ 参见高铭暄主编：《刑法学》，修订本，164～166页，北京，法律出版社，1984。

在本书第一版，我提出了“防卫一元条件论”的观点。此外，在王作富教授主编的《中国刑法适用》一书中，我负责正当防卫部分的撰稿工作。我将正当防卫的构成分解为以下五个条件：(1) 正当防卫的起因条件——不法侵害。(2) 正当防卫的对象条件——不法侵害人。(3) 正当防卫的时间条件——不法侵害正在进行。(4) 正当防卫的主观条件——防卫意图。(5) 正当防卫的限度条件——必要限度。[①] 此后，高铭暄教授主编的《中国刑法学》一书，将正当防卫条件区分为正当防卫成立的前提条件和实施正当防卫的合法性条件，其中，正当防卫成立的前提条件包括：(1) 必须有不法侵害。(2) 必须是正在进行的不法侵害。实施正当防卫的合法性条件包括：(1) 防卫必须是为了使合法权利免受不法侵害而实施。(2) 防卫行为必须是对不法侵害人本人实行。(3) 防卫行为不能超过必要限度造成不应有的损害。[②] 这一论述，已然将侵害行为条件转换为正当防卫的前提条件，显示出从“侵害与防卫二元条件论”向“防卫一元条件论”转变的迹象。

从刑法对正当防卫的规定来看，其构成确实可以被区分为侵害和防卫这两个方面的内容，这些内容对于正当防卫的成立具有决定性的意义。然而，正当防卫的构成应当是正当防卫成立条件的总和，应当将侵害条件纳入防卫条件，才是符合逻辑的。而且，从侵害条件的功能来说，其也是要为正当防卫的成立提供条件。在这种情况下，侵害条件完全可以转换成为防卫条件。例如，不法侵害本身是防卫起因，而不法侵害正在进行则是正当防卫的时间要求，据此就可以把侵害“条件归入防卫”条件，从而实现侵害与防卫条件的一体化。

二、主客观统一防卫条件论

我国刑法学界的通说一般认为，正当防卫应该具备以下四个条件：一是正当

---

① 参见王作富主编：《中国刑法适用》，131 页以下，北京，中国人民公安大学出版社，1987。

② 参见高铭暄主编：《中国刑法学》，147 页以下，北京，中国人民大学出版社，1989。

防卫的起因——只有对不法侵害才能实行正当防卫。二是正当防卫的客体——只有对不法侵害人才能实行正当防卫。三是正当防卫的时间——只有对正在进行的不法侵害才能实行正当防卫。四是正当防卫的限度——正当防卫必须在必要限度内进行，不得造成不应有的危害。

上述四个条件对正当防卫的构成来说，确实是不可缺少的。但它们是正当防卫构成的充足条件吗？对此，有些学者提出了异议，并引述下列案例进行辩驳：被告人崔某和被害人石某，多次因琐事发生争执，矛盾日深。案发之日，两人争吵中，石某提出与崔某决斗，崔某表示应战，并立即领先向山上走去，石某暗藏三角刮刀尾随于后。上山途中，石某乘崔某不备，突然从背后连续五刀将崔某刺成重伤。崔某身强力壮，受伤后奋力从石某手中夺过凶器，反将石某刺伤。两人都倒地昏迷。崔某苏醒后站起找领导报案。石某被刺穿心脏主动脉致死，崔某经抢救脱险。论者认为该案例符合刑法学界关于正当防卫的构成要件的通说，但其所保护的不是合法权益，因此，不能以正当防卫论。所以，应把保护合法权益作为正当防卫的首要条件。①

我认为，该案例中决斗双方均属不法，不得以正当防卫论，这无疑是正确的。但由此得出正当防卫应以保护合法权益为首要条件的结论，则不敢苟同。诚然，保护合法权益是正当防卫的本质属性之所在。正如论者所指出，我国刑法学界的通说在解释正当防卫的概念时也谈到了这一点。所以，保护合法权益，是正当防卫概念所要揭示的正当防卫的社会政治内容。但是如果以保护合法权益作为正当防卫的首要条件，则把正当防卫的概念和构成混为一谈了。正当防卫的概念和构成虽然有着密切的联系，但还是存在一定的区别：正当防卫的概念是依照我国刑法的规定，回答正当防卫是什么的问题的概念；而正当防卫的构成是根据正当防卫的概念，进一步说明正当防卫如何成立的问题。前者重在揭示正当防卫作为权利行为的社会政治内容，后者重在揭示正当防卫作为法律制度的结构形态内

① 参见张景明：《正当防卫必须以保护合法权益为首要条件》，载《法学研究》，1984（2）。

容，所以，两者不可混淆。正如社会危害性是犯罪的本质特征，但我们不能把它归结为犯罪构成的要件一样，保护合法权益是正当防卫的本质属性，正当防卫的构成正是以各种条件来体现和说明正当防卫这一性质的，但我们不能把保护合法权益作为正当防卫的条件。

而且，即使以保护合法权益作为正当防卫的首要条件，也还是不能最终解决正当防卫构成的问题。例如，甲素与乙有仇，某日预谋杀害乙，遂持枪入室，此时，乙正举刀欲杀害丙。而甲对此没有觉察，仍按其犯罪预谋，入门就对准乙当头一枪，将其击毙。在本案中，甲的行为不仅符合刑法学界关于正当防卫构成的通说所主张的四个条件，而且也具有保护合法权益这一性质。试想，如果不是甲将乙击毙，丙不就会被杀害吗？正是甲的行为，在客观上使丙得以获救。那么，是否也可以把甲这种具有明显的犯罪意图的行为视为正当防卫呢？显然不能。

所以，问题并不在于缺乏保护合法权益这一首要条件，而在于刑法学界关于正当防卫构成的通说所主张的四个条件只不过反映了正当防卫的客观方面。但是，正当防卫的构成是主观和客观的统一。正当防卫不仅有其客观方面的要求，而且有其主观方面的要求。这些主观因素对于正当防卫的成立来说，同样是不可缺少的，因而是正当防卫构成的必要条件。正如苏俄学者基里科夫指出："如果实施防卫行为的人不认识到自己是处于正当防卫状态，而实施一定的侵害行为，那就依然要对其所造成的损害负刑事责任。"① 相关论者在分析上文所引的案例时也正确地指出："决斗中，双方都要保护自己不被杀伤，这形似保护自己的生命和健康权利不受侵犯，但实则不然，决斗中保护自己不被杀伤只是手段，其目的是取得紧接着下一步致对方于死命的可能。"② 所以，该文所举案例中，被告崔某杀死石某的行为，之所以不得视为正当防卫，就在于其主观上没有防卫意图，而具有犯罪目的。正是这一点，说明了其行为不是为了保护合法权益。因

① ［苏］基里科夫：《苏维埃刑法中错误的意义》，94页，北京，法律出版社，1956。

② 张景明：《正当防卫必须以保护合法权益为首要条件》，载《法学研究》，1984（2）。

此，我认为，在正当防卫的构成条件中，需要增加的不是“保护合法权益”这一所谓首要条件，而是在刑法学界通说所主张的正当防卫的四个客观条件的基础上，增加一个主观条件，这就是防卫意图。只有客观条件和主观条件统一，才能说明某一行为是保护合法权益的，因而应以正当防卫论。所以，正当防卫的构成是客观条件和主观条件的统一。

三、正当防卫构成条件述要

正当防卫的概念是客观和主观的统一，正当防卫的构成当然也应该是客观条件和主观条件的统一。客观和主观相统一，是我国刑法中定罪的原则之一。我们不仅在刑事责任上要坚持客观和主观相统一，而且在正当防卫上也要坚持客观和主观相统一。因为刑法学所研究的人的行为，是指表现人的意识和意志的外部动作，所以，刑法学意义上的人的行为，必然包含着一定的主观的认识和意志的因素，例如人的身体在外力的强制下所实施的行为等，就不是刑法学意义上的行为。正当防卫，作为公民和正在进行的不法侵害作斗争以维护国家、公共利益和自然人合法权益的正义行为，具有十分重要的社会政治和道德法律的内容，当然是防卫人的意志的客观体现。如果否定了正当防卫行为的主观因素，必然把正当防卫视为条件反射和本能活动，从而抹杀正当防卫的社会政治意义和道德法律意义。我认为，如果不把防卫意图作为正当防卫构成的主观条件正确地加以阐述，则我国《刑法》第 20 条所规定的正当防卫的主观内容在正当防卫的构成中就得不到体现，并且在司法实践中不利于正确地认定正当防卫。因此，我认为防卫意图是我国刑法中的正当防卫构成的主观条件。值得肯定的是，我国学者在正当防卫主观因素的意义上论及防卫意图，对于确立防卫意图在正当防卫构成条件中的地位具有重要意义。[①]

① 参见姜伟：《刍议正当防卫的主观因素》，载《法学研究》，1984（6）。

正当防卫的客观条件，是指在防卫意图的支配下，防卫人所实行的正当防卫行为的客观因素的总和。其又可以分为前提条件和限度条件。正当防卫的前提条件是决定正当防卫的质的规定性的条件，它所要解决的是能否实行正当防卫的问题，因此，有人称之为正当防卫的可行性条件。正当防卫的限度条件是决定正当防卫的量的规定性的条件，它所要解决的是如何实行正当防卫的问题，因此，有人称之为正当防卫的适当性条件。正当防卫和不法侵害是正与不正的关系：正当防卫之正以不法侵害之不正为前提，不法侵害之不正决定正当防卫之正。因此，不法侵害是决定正当防卫的质的规定性的条件。不法侵害的三个因素分别决定正当防卫的三个前提条件：(1) 正当防卫的起因条件——不法侵害。(2) 正当防卫的客体条件——不法侵害人。(3) 正当防卫的时间条件——不法侵害之正在进行。在具备上述正当防卫的前提条件的情况下，就发生了正当防卫的限度条件的问题。正当防卫的客观条件就是正当防卫的前提条件和限度条件的统一，也就是质的规定性和量的规定性条件的统一。

在正当防卫构成的客观条件中，划分前提条件和限度条件有着重要的意义。正当防卫的前提条件是决定正当防卫的质的规定性的条件，所以，那些缺乏正当防卫的前提条件的行为，例如缺乏正当防卫起因条件的假想防卫、缺乏正当防卫客体条件的防卫第三者和缺乏正当防卫时间条件的防卫不适时，都不是正当防卫，而是防卫不当。正当防卫的限度条件是决定正当防卫的量的规定性的条件，它要求正当防卫在必要限度内进行，这一必要限度是法律对正当防卫的量的控制界限。如上所述，假想防卫、防卫第三者和防卫不适时等防卫不当行为不具备正当防卫的前提条件，因此，对于这些行为来说，防卫就不存在过当与否的问题，而只存在当与不当的问题，不能把它们和防卫过当混为一谈。

防卫过当是指那些虽然具备正当防卫的前提条件，但却违背正当防卫的限度条件的行为。防卫过当是正当防卫的量变引起质变的结果。正当防卫超过必要限度造成不应有的危害，正当防卫就转化为防卫过当。所以，我认为正当防卫和防卫过当具有本质的区别。值得注意的是，我国有些学者否定把“正当防卫不得超

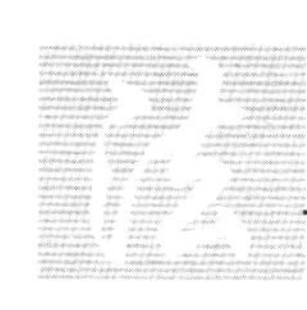

过必要限度”作为正当防卫构成的必要条件之一，认为：“防卫过当是正当防卫中的一种特殊（而非例外）情况。就其性质来说，防卫过当仍属于正当防卫。”[①] 还有些学者认为，正当防卫有广义和狭义之分：广义的正当防卫指正当防卫合于必要限度与超过必要限度两种情况，狭义的正当防卫仅指正当防卫合于必要限度的情况。而我国刑法关于正当防卫的规定采用的是广义的正当防卫概念。[②] 我认为，这种把防卫过当归于正当防卫的观点，否定了正当防卫和防卫过当的本质区别，把两者混为一谈了。正当防卫是我国刑法赋予公民的权利，是公民和正在进行的不法侵害作斗争的法律武器，我国刑法对正当防卫作了充分肯定的社会政治评价和法律评价。而防卫过当尽管具有正当防卫的前提，主观上也不乏使国家、公共利益，防卫人本人或者他人的人身权利和其他权利免受不法侵害的防卫意图，但由于防卫人在实行正当防卫的过程中，没有依法把防卫控制在必要限度之内，而是放任或者过失地使其防卫行为超过正当防卫的必要限度，因此，防卫过当中，防卫人主观上具有罪过，客观上造成了不应有的危害，法律规定应当负刑事责任。可见我国刑法对防卫过当作了否定的社会政治和法律的评价。那种否定正当防卫和防卫过当的本质区别的观点，没有看到事物之间的量变所引起的质变，抹杀了事物之间的本质区别，是形而上学的观点。

正当防卫的主观条件是指防卫意图，亦称为防卫意思。只有在防卫人具备一定的防卫意图的条件下，其行为才得视为正当防卫。根据正当防卫是否以防卫意思为必要，德日刑法教义学中存在防卫意思必要说与防卫意思不要说的争论。

例如，德国刑法学界通常都主张防卫意思必要说，认为防卫行为必须体现防卫的意思。为使构成要件该当的行为合法化，仅仅存在相关合法化事由的客观条件是不够的。行为人必须认识到合法化状况的存在，以便行使因该状况的存在而

① 章戈：《论正当防卫》，载《江海学刊》，1983（5）。

② 参见刁喜忱：《防卫过当只能构成过失犯罪》，载《法学季刊》，1984（3）。

赋予他的权利，或者履行因此要求他应当履行的义务。判例中也已经广泛地承认了主观的合法化要素理论。[①] 在日本刑法学界虽然存在防卫意思必要说与不要说之争，但防卫意思必要说是通说。例如，日本学者大塚仁教授指出：关于是否需要防卫行为是基于防卫的意思进行的，存在防卫意思必要说与防卫意思不要说的对立。防卫意思不要说认为，防卫行为不少是突然反射地实施的，以防卫的意思为要件就会显著地缩小其成立范围，或者认为应该客观地确定违法性的存否，不需要范围的意思。但是，连仅仅偶然地产生了范围的结果和明显以犯罪的意图实施了防卫的情形，都视为正当防卫，是不妥当的。而且，毋庸置疑的是，刑法中的行为应该由主观的要素和客观的要素来构成，对防卫行为也必须如此。防卫的意思，应该是作为违法阻却事由的正当防卫行为中的主观的正当化要素。[②] 当然，日本刑法学界以防卫意思必要说为通说，与《日本刑法典》第 36 条关于正当防卫是为了防卫本人或者他人之权利的规定有关，而且日本判例也采用防卫意思必要说。此外，日本刑法学界存在较为明显的防卫意思必要说与不要说之争，还与行为无价值论与结果无价值论的不同站队有关。

当然，在界定防卫意思的内容的时候，应当注意不能把防卫意思与防卫时的激愤心理截然区分或者对立。根据日本学者山口厚的说法，就是应当缓和地理解防卫意思。这是因为，如果仅有激愤或恼怒就否定存在防卫意思，若有攻击意思就否定防卫意思，那么，可能实务中大部分防卫意思都会被否定，而这可能会导致正当防卫这一制度事实上被阉割。[③] 因此，在正当防卫案件中，防卫意思与激愤等情绪是可以共存的。正当防卫行为即使是在一瞬间的情况下所作出的反射行为，也不能否定防卫人具有防卫的意思。

---

① 参见［德］汉斯·海因里希·耶赛克、托马斯·魏根特：《德国刑法教科书》（上），徐久生译，441 页，北京，中国法制出版社，2017。

② 参见［日］大塚仁：《刑法概说（总论）》，3 版，冯军译，382 页，北京，中国人民大学出版社，2003。

③ 参见［日］山口厚：《刑法总论》，3 版，付立庆译，130 页，北京，中国人民大学出版社，2018。

- 防卫构成
  - 客观条件
    - 前提条件
      - 防卫起因
      - 防卫客体
      - 防卫时间
        - 缺乏防卫前提的行为（防卫不当）
          - 假想防卫
          - 防卫第三者
          - 防卫不适时
  - 主观条件——防卫意思
    - 防卫认识
    - 防卫意志
      - 缺乏防卫意思的行为
        - 防卫挑拨
        - 互相斗殴
  - 限度条件—防卫限度—超过防卫限度的行为—防卫过当

图 3-1　正当防卫构成示意图

第四章 防卫起因

不法侵害是正当防卫的起因，没有不法侵害就谈不上正当防卫。但是，不法侵害是一个外延十分广泛的概念，并不是一切不法侵害都可以引起正当防卫。作为正当防卫起因的不法侵害，必须具备两个基本特征：一是侵害的不法性，二是侵害的紧迫性。所谓侵害的不法性，是指某一行为直接侵害国家利益、公共利益、本人或者他人的人身、财产和其他权利，具有不法的性质。所谓侵害的紧迫性，一般来说是指那些带有暴力性和破坏性的不法行为，对我国刑法所保护的法益造成的侵害具有一定的紧迫性。只有同时具备以上两个特征的不法侵害，才能成为正当防卫的起因。侵害的不法性，是正当防卫起因的质的特征。没有对刑法所保护法益的侵害就不存在正当防卫的现实基础，因此不发生侵害的紧迫性的问题。侵害的紧迫性是正当防卫起因的量的特征，它排除了那些没有紧迫性的不法侵害成为防卫起因的可能性，从而使正当防卫的起因限于为实现正当防卫的目的所允许的范围。总之，作为正当防卫起因的不法侵害，是那些具有法益侵害性的不法行为，确切地说，是危害国家、公共利益和其他合法权益，并且达到一定的紧迫程度的不法侵害。

第一节　侵害的不法性

防卫起因必须具有对刑法保护法益侵害的不法性，这是一个基本前提，否则就不能实行正当防卫。在理解防卫起因的侵害的不法性的时候，涉及以下三个问题。

一、不法侵害的性质

各国刑法对正当防卫起因的性质，一般都表述为不法或者不正。从内涵来说，作为犯罪的本质特征的社会危害性，是行为人的客观危害与主观恶性的统一。而作为防卫起因的特征的法益危害性，在绝大多数情况下是客观危害与主观恶性的统一，但在个别情况下并不排除对主观上没有罪过的侵害行为可以实行正当防卫。因此，作为防卫起因的特征的法益危害性只要具有客观上的危害足矣，不以具有主观上的罪过为必要。之所以如此，是由法律对犯罪与防卫起因的不同要求所决定的：认定犯罪是为了追究犯罪分子的刑事责任，因此，必须坚持主观和客观相统一的原则，否则，就会导致客观归罪。而确定防卫起因是考察是否具备正当防卫的前提条件，即正当防卫是为保护国家、公共利益和其他合法权益。因此，只要国家、公共利益和其他合法权益在客观上受到不法侵害，就应该肯定可以对其实行正当防卫。

关于这个问题，在刑法教义学中历来存在客观不法说与主观不法说的聚讼。客观不法说认为，不法侵害，应以客观情况而确定。例如日本刑法学家牧野英一指出："正当防卫，须对于不正侵害为之。兹所谓不正者，系指客观的不正而言。"① 主观不法说认为，不法侵害作为正当防卫的起因，仅客观的不法为未足，

① ［日］牧野英一：《日本刑法》（日文版），283页。

必须对于主观亦不法的行为，始得实行正当防卫。例如日本刑法学家大场茂马指出："夫不正文字，本属就人之行为而言，然不能谓人人皆有为不正行为之能力，有为不正行为之能力，而不有为此不正行为之意思，且不缺乏相当之注意时，纵令有客观的不正之行为存在，仍不能谓之为不正。"① 上述两种观点的对立，导致在对无罪过之意外事件可否实行正当防卫问题的认识上发生分歧。

对于正当防卫客体的不法侵害中的不法，到底采用何种违法性论，在我国刑法学界同样存在争议。我国传统观点是所谓主观与客观统一说。例如我国学者指出："由于犯罪构成本身是一个主客观相统一的范畴，因此违法性的认定必然也是一个主客观的双方判断。即由于受主客观相统一原则的拘囿，违法性判断只能是法律对达到一定程度的危害社会的行为所作的主观与客观评价。"② 实际上，主客观统一说相当于德日刑法教义学中的主观说，因为主观说也是强调在违法性判断中，不仅只是考量客观要素，而且应当考量主观要素。例如德国学者韦尔泽尔提出了人的不法概念，指出：在内容上与行为人相分离的结果引起（法益侵害），并不能完整地说明不法；只有作为某个特定行为人之作品的行为，才具有违法性，行为人目的性地为客观行为设置了何种目标，他是出于何种态度实施了该行为，他在此过程中负有何种义务，所有这些都在法益侵害之外对行为的不法产生了决定性的影响。违法性始终都是对某个与特定行为人相关联之行为的禁止。不法是与行为人相关联的"人的"行为不法。③ 在违法性的决定要素应当同时包含客观要素与主观要素这一点上，我国传统的主客观统一说与韦尔泽尔的人的不法论具有相似之处。当前，在我国刑法教义学中违法性的客观说开始受到重视并为众多学者所主张。例如我国学者张明楷立足于结果无价值，明确坚持客观违法论，张明楷指出："违法性的实质是对法益的侵害与威胁，而行为是否侵害

① ［日］大场茂马：《刑法总论》，下卷，日文版，558页。

② 高铭暄主编：《刑法学原理》，第2卷，27页，北京，中国人民大学出版社，1993。

③ 参见［德］汉斯·韦尔泽尔：《目的行为论导论：刑法理论的新图景》，陈璇译，39页，北京，中国人民大学出版社，2015。

或者威胁了法益，与行为人的主观能力以及有无故意、过失没有关系。精神病人杀害他人的行为与正常人杀害他人的行为，在侵害了他人生命这一点上没有任何差异。判断行为违法与否的规范只是评价规范，而没有必要包括意思决定规范。”① 此外，我国还有学者主张修正的客观说。这种观点将客观说称为纯客观说，认为在违法性问题上，主观违法性论、纯粹客观违法性论及主客观相统一的违法性论均存在这样或那样的不足，不能实现理论自洽，因此只有立足于修正的客观违法性论立场，才能对不法侵害的性质作出准确界定。在修正的客观违法性论的理论逻辑中，所谓违法性显然已经不是在评价对象的客观性，而是在评价标准的客观性。正因为如此，在不法侵害性质的认定上，修正的客观违法性论才最具科学性。②

我认为：对违法性的性质问题如果孤立地加以讨论，不可能得出正确的结论。只有将其置于犯罪论体系中考察，才能对违法性的性质作出科学判断。我国刑法学界对于一般违法性通常采用主观与客观统一说，认为只有主观上具有违法意思、客观上具有违法行为，才能成立违法性。这样一种主客观统一说，实际上是将违法性对应于或者等同于四要件意义上的犯罪构成。因为我国刑法中的犯罪概念本身具有刑事违法性的特征，在此基础上形成的违法性论，当然就是主观与客观相统一的违法性论。而在三阶层犯罪论体系的维度上考察违法性并不是犯罪成立条件的总和，而是构成要件之后的第二个阶层，即违法性阶层。这个意义上的违法性当然是指客观的违法性，因为主观责任是在违法性阶层之后的第三个阶层。更何况，作为正当防卫客体的不法侵害意义上的违法性，并不能等同于犯罪成立意义上的违法性：它所要解决的是何种行为可以成为正当防卫客体的问题，而不是何种行为能否构成犯罪的问题。从这个意义上说，我赞同从客观违法说出发理解正当防卫中不法侵害的不法性质。在四要件语境中的主客观相统一可以理

① 张明楷：《刑法学》（上），6版，141页，北京，法律出版社，2021。

② 参见张宝：《正当防卫中的不法侵害》，23、24页，北京，法律出版社，2019。

解为在三阶层语境中的不法与责任的统一。这是犯罪成立的标准。但不法侵害中的不法并不能直接等同于犯罪的不法，而且即使是在犯罪的不法问题上，同样还存在客观违法性说的观点。基于客观违法性说，我们可以对防卫起因作以下论述。

（一）防卫起因与意外事件

对意外事件可否实行正当防卫，客观不法说与主观不法说的回答是有所不同的。主张客观不法说的日本刑法学家牧野英一认为："对于无故意过失之意外事件，可以主张正当防卫权。"① 而主张主观不法说的日本刑法学家大场茂马则认为对于意外事件不能实行正当防卫，却又指出："为避免侵害起见，对于不出于故意或过失之侵害行为而为防卫者，曰准正当防卫行为。"② 我认为，主观不法说在否定意外事件具有不法侵害性质因而主张其不能作为防卫起因的同时，还主张对意外事件可以实行准正当防卫以避免侵害。这种观点是自相矛盾的，在理论上难以自圆其说。

在我国刑法学界，关于对意外事件可否实行正当防卫这个问题，只有个别学者有所论及，其指出："在个别情况下，不法侵害人主观上毫无罪过，而实施了表面上是积极的不法侵害行为，则被害人对此采取的措施应属于正当防卫。"③ 无疑，这种观点是正确的。可惜这些同志对这一观点没有结合我国刑法关于意外事件的规定并联系实际案例在理论上展开论述，因而未能将其观点奠基于坚实的理论与事实。为此，我想对这个问题略加阐发。

我国《刑法》第16条规定："行为在客观上虽然造成了损害结果，但是不是出于故意或者过失，而是由于不能抗拒或者不能预见的原因所引起的，不是犯罪。"这就是刑法理论上所谓的意外事件和不可抗力。我认为，意外事件和不可

---

① ［日］牧野英一：《日本刑法》，日文版，283页。

② ［日］大场茂马：《刑法总论》下卷，日文版，558页。

③ 姚辉、王志军：《试论正当防卫中的不法侵害》，载《法学》，1986（1）。

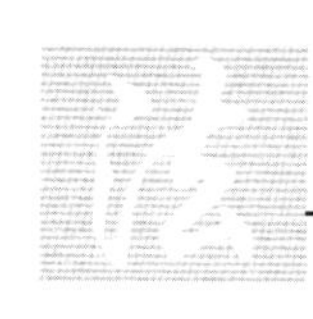

抗力之行为人主观上对于客观损害结果没有故意或者过失，只是其行为不构成犯罪因而不负刑事责任的根据，而不能成为对其不可实行正当防卫的理由。因为查明行为人主观上对于损害结果是否有罪过，乃是在确定其应否负刑事责任的时候进行的，这时事情已经过去，司法机关可以从容地根据大量的案情进行深入细致的调查研究以得出正确的结论。而在事发的一刹那，防卫人为保护国家、公共利益和其他合法权益而产生正当防卫的动机，乃是瞬间的冲动，根本无暇考虑损害结果的不法侵害人主观上是否具有罪过。在这种情况下，要求行为人在查明不法侵害人主观是否具有罪过以后才确定是否可以对其实行正当防卫，岂非强人之所难？而事实上这也是根本不可能的。再者，在许多情况下，意外事件之行为人虽然对于损害结果没有罪过，但其行为本身具有不法性质并且是故意实施的一般违法行为。在这种情况下，更没有理由否定对其可以主张正当防卫权。

（二）防卫起因与不可抗力

根据我国刑法的规定，不可抗力是指行为人遇到一种不可抗拒的力量，即使当时行为人想要避免危害结果的发生，但限于本人的能力、环境和条件，也不能排斥和阻止其发生。例如，甲开着手扶拖拉机在公路上行驶，在一个下坡处，突然刹车失灵，手扶拖拉机像一匹脱缰的野马，飞速向前方一群小学生冲去，甲急得直流汗，可他怎么操作，拖拉机也停不下来。而前面的小学生被惊吓得不知所措，眼看大祸降临。此时对面驶过一辆大卡车，见此情景，大卡车司机别无他法，当手扶拖拉机接近时，大卡车司机把方向盘向旁一打，将手扶拖拉机撞翻，造成手扶拖拉机的司机甲重伤，使十几名小学生虎口脱险。事后司法机关查明，手扶拖拉机刹车失灵是意外原因造成的，甲对此没有过失，因此，这场车祸如果变成现实，甲也不能负刑事责任，而属于不可抗力。那么，如何评价大卡车司机的行为呢？如果本案属于故意犯罪或者过失犯罪，则大卡车司机的行为属于正当防卫是没有疑问的。那么，难道因手扶拖拉机司机主观上没有罪过，大卡车司机行为的性质就被改变了吗？不能。如果说大卡车司机的行为不属于正当防卫，那么属于什么性质呢？属于故意犯罪吗？不是。因为大卡车司机的行为是为保护小

学生的生命安全，不仅不是犯罪，而且是一种见义勇为的可嘉行为，岂能以犯罪论处？属于紧急避险吗？不是。紧急避险是对第三者实行的，而上述案例中的行为是对本人实行的，两者区别明显。属于不可抗力吗？也不是。不可抗力是意志以外的原因造成客观上危害社会的结果，仅因行为人主观上没有罪过而不认为是犯罪而已。而大卡车司机的行为虽然对手扶拖拉机司机造成了一定的人身伤害，但却保全了许多小学生的生命，是有益于社会的行为。所以，唯有将大卡车司机的行为视为正当防卫，才能对其行为的性质作出积极的和肯定的、并且也是恰如其分的社会政治和法律的评价。

根据我国刑法的规定，意外事件是指行为人没有预见，而且根据当时的情况以及行为人的能力也不可能预见。例如，李某因事故与王某发生口角，向王某前胸打了一拳，正欲踢时，被陈某猛击一掌，李某跌地，造成轻伤，而王某被打一拳后晕倒在地，送医院经抢救无效而死亡。解剖鉴定表明，王某生前患有心脏病并正在发病，因外力压迫心脏致左心室破裂出血死亡。对于王某患有心脏病且正在发作期间，李某并不知情，何况那一拳力度不大，打在一般人身上根本不会致伤，更不会致死。因此，虽然李某的一拳与王某的死亡存在因果关系，但是王某的死亡是由李某所不能预见的原因引起的，属于意外事件，李某不负刑事责任。那么，陈某将李某打成轻伤是否属于正当防卫呢？如果否认对意外事件可以实行正当防卫，就不能认为陈某的行为是正当防卫。这显然有悖于情理与法理。

通过以上分析，可以得出结论：对意外事件可以实行正当防卫。而意外事件中，行为人只有客观上的危害，并无主观上的罪过。因此，作为防卫起因的特征的法益危害性，只要具有客观上对国家、公共利益和其他合法权益的危害就足以成立，不以行为人主观上具有罪过为必要。

二、侵害不法性的认定

防卫起因并不能等同于犯罪，其外延要大于犯罪行为。对于犯罪行为当然可

以进行正当防卫，因而犯罪行为是正当防卫的起因。而作为防卫起因特征的法益危害性是否必须达到应受刑罚惩罚的程度呢？我认为不必要。因此，防卫起因的法益危害性的外延不仅包括应受刑罚惩罚的犯罪行为，而且包括某些轻微犯罪行为以及违法行为。

（一）防卫起因与轻微不法侵害

对轻微不法侵害能否进行正当防卫？这个问题关系到对我国刑法中的不法侵害的理解。目前，在我国刑法学界观点并不一致，基本上存在狭义说和广义说两种不同的观点。狭义说认为我国刑法中的不法侵害一般是指犯罪行为，因此，只有当某一行为的社会危害性达到犯罪程度时，才能成为正当防卫的起因。其理由是：正当防卫是阻却违法的行为，它虽然产生了他人伤亡的结果，但这是为制止犯罪行为所必需的。这种以杀伤不法侵害人来制止危害结果发生的正当防卫，是在国家、公共利益，防卫人本人或者他人的人身、财产和其他权利受到正在进行的不法侵害的紧急情况下的临时救济措施，不得被滥施。正当防卫的这一性质，决定了它只能对那些法益危害性已经达到犯罪程度的不法侵害行为实施，否则，就会扩大打击面，造成不应有的危害。例如，我国学者认为："这里所说的不法侵害行为，一般是指犯罪行为，如抢劫行为、强奸行为、杀人行为，等等。"①广义说则认为我国刑法中的不法侵害不仅是犯罪行为，而且包括违法行为。例如，我国学者指出："不法侵害行为，从内容上说既包括犯罪的侵害，也包括其他违法侵害。例如，用卑鄙下流的举动侮辱调戏妇女的流氓行为属于《治安管理处罚条例》规定的违法侵害行为。被侮辱的妇女对这种行为可以实行正当防卫。"②

我认为，这不仅是一个法律解释的问题，而且是一个对我国刑法中的正当防卫的性质和作用的理解问题。我国刑法中的正当防卫是公民和正在进行的不法侵

① 中央政法干校编：《中华人民共和国刑法讲义（总则部分）》，140页，北京，群众出版社，1982。

② 杨敦先主编：《刑法学概论》，148页，北京，光明日报出版社，1985。

害作斗争的法律武器。尤其是在严惩严重危害社会治安的犯罪分子的形势下，这一规定大力提倡公民见义勇为、奋不顾身地保护国家、公共利益和其他合法权益，显然具有重要意义。因此，我认为正当防卫的起因不能限于犯罪行为，对于某些已经形成侵害紧迫性的违法行为同样可以实行正当防卫。例如，《治安管理处罚法》规定的扰乱公共秩序、妨害公共安全、侵犯公民人身权利、侵犯公私财产、妨害社会管理秩序的违反治安管理行为，只要形成了侵害的紧迫性，都可以成为正当防卫的起因。

从立法过程来看，1950 年的《中华人民共和国刑法大纲草案》第 9 条把正当防卫的起因称为不法侵害，1954 年的《中华人民共和国刑法指导原则草案》第 5 条改之为犯罪侵害，1957 年的《中华人民共和国刑法草案》第 22 次稿又恢复了不法侵害的提法，我国现行《刑法》肯定了这一提法。这些情况表明，对如何表述正当防卫的起因，立法机关是有过不同考虑的，它为我们正确理解我国刑法中的不法侵害的内涵和外延提供了线索。根据以上立法机关对于正当防卫起因表述的变动情况，我认为只有对不法侵害作广义解释，才符合立法精神。

在司法实践中，在对轻微不法侵害进行反击能否成立正当防卫的问题上，往往存在较大的争议。这种争议主要围绕着对轻微程度的判断展开的：如果是显著轻微的不法侵害，对之不能进行正当防卫；对轻微的不法侵害，还是可以进行正当防卫的。对此，应当根据案情进行具体分析。例如刘某胜故意伤害案[①]就是一个典型案例。

被告人刘某胜与黄甲非婚生育四名子女。2016 年 10 月 1 日晚 9 时许，被告人刘某胜因家庭、情感问题发生争吵，刘某胜打了黄甲两耳光。黄甲来到其兄长黄乙的水果店，告知黄乙其被刘某胜打了两耳光，让黄乙出面调处其与刘某胜分手、孩子抚养等问题。黄乙于是叫上在水果店聊天的被害人李某某、毛某某、陈

① 2020 年 9 月 3 日最高人民法院、最高人民检察院、公安部颁布《关于依法适用正当防卫制度的指导意见》同时颁布的七个典型案例之五。

某某，于当晚10时许来到刘某胜的租住处。黄乙质问刘某胜，双方发生争吵。黄乙、李某某各打了坐在床上的刘某胜一耳光，刘某胜随即从被子下拿出一把菜刀砍伤黄乙头部，黄乙逃离现场。李某某见状欲跑，刘某胜拽住李某某，持菜刀向李某某头部连砍三刀。毛某某、陈某某、黄甲随即上前劝阻刘某胜，毛某某、陈某某抱住刘某胜并夺下菜刀后紧随李某某跑下楼报警。经鉴定，黄乙的伤情属于轻伤一级，李某某的伤情属于轻伤二级。

广东省佛山市禅城区人民法院认为：正当防卫以存在现实的不法侵害为前提，对轻微不法侵害直接施以暴力予以反击，能否认定为正当防卫，应当结合具体案情评判。黄乙、李某某各打被告人刘某胜一耳光，显属发生在一般争吵中的轻微暴力。此种情况下，刘某胜径直手持菜刀连砍他人头部，不应认定为防卫行为。综合案件具体情况，以故意伤害罪判处被告人刘某胜有期徒刑1年。该判决已发生法律效力。

本案的“典型意义”指出：根据《刑法》第20条第1款的规定，正当防卫是针对正在进行的不法侵害，而采取的对不法侵害人造成损害的制止行为。司法适用中，既要依法维护公民的正当防卫权利，也要注意把握界限，防止滥用防卫权，特别是对于针对轻微不法侵害实施致人死伤的还击行为，要根据案件具体情况，准确认定是正当防卫、防卫过当还是一般违法犯罪行为。第一，注意把握界限，防止权利滥用。本案中，黄乙、李某某打刘某胜耳光的行为，显属发生在一般争吵中的轻微暴力，有别于以给他人身体造成伤害为目的的攻击性不法侵害行为，因此，刘某胜因家庭婚姻情感问题矛盾激化被打了两耳光便径直手持菜刀连砍他人头部，致人轻伤的行为，没有防卫意图，属于泄愤行为，不应当认定为防卫行为。第二，注重查明前因后果，分清是非曲直。办理涉正当防卫案件，要根据整体案情，结合社会公众的一般认知，做到依法准确认定。要坚持法理情统一，确保案件的定性处理于法有据、于理应当、于情相容，符合人民群众的公平正义观念。对于因恋爱、婚姻、家庭、邻里纠纷等民间矛盾激化或者因劳动纠纷、管理失当等引发的不法侵害，特别是发生在亲友之间的不法侵害，要求优先

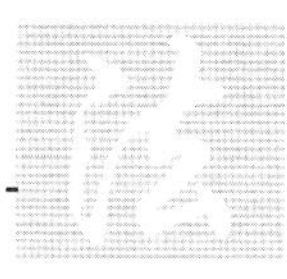

选择其他制止手段，而非径直选择致人死伤的还击行为，符合人民群众的公平正义观念，契合我国文化传统。对于相关案件，在认定是否属于正当防卫以及防卫过当时，要综合案件具体情况、特别是被害方有无过错以及过错大小进行判断。本案中，刘某胜与黄甲因家庭、情感问题发生争吵，刘某胜打了黄甲两耳光，这是引发后续黄乙、李某某等实施上门质问争吵行为的直接原因。换言之，本案由家庭琐事引发，且刘某胜具有重大过错。据此，法院对刘某胜致人轻伤的行为，以故意伤害罪判处其有期徒刑 1 年，契合人民群众公平正义观念，实现了法律效果与社会效果的有机统一。

在本案中，事件发生的经过可以分为两个阶段：第一阶段，刘某胜与黄甲之间发生争吵，刘某胜打了黄甲两耳光。第二阶段，黄甲去请哥哥黄乙前来调处其与刘某胜之间的纠纷。此时，黄乙叫上李某某、毛某某、陈某某，于当晚 10 时许来到刘某胜的租住处，双方发生争吵。黄乙、李某某各打了坐在床上的刘某胜一耳光。在这种情况下，刘某胜拿出菜刀砍伤黄乙和李某某，造成二人轻伤。从第二阶段的案情来看，黄乙带来三人，加上其本人共计四人。本案发生的场所是被告人刘某胜的家里，时间是晚上 10 时许，而且在发生争执以后，黄乙和李某某各打了刘某胜一耳光。在这种情况下，刘某胜将黄乙和李某某砍伤。在本案中，黄乙等四人来到刘某胜的家里，就不是单纯来进行调解的，具有一定的兴师问罪的性质。而且，在发生争吵以后，黄乙和李某某先动手打了刘某胜，这是一种不法侵害。这是没有问题的。对于这种不法侵害刘某胜虽然使用了凶器进行反击，但并没有造成严重后果，而只是造成黄乙和李某某轻伤。根据以上情况，对刘某胜的行为是否认定为正当防卫还是存在商榷的余地。

《指导意见》指出："防止将滥用防卫权的行为认定为防卫行为。对于显著轻微的不法侵害，行为人在可以辨识的情况下，直接使用足以致人重伤或者死亡的方式进行制止的，不应认定为防卫行为。"根据上述论述，对本案能否适用对轻微不法侵害滥用防卫权的行为不能认定为防卫行为，是值得研究的。例如，对方只是将他人推倒在地或者只是辱骂，对此当然可以理解为轻微不法侵害。在某些

情况下，虽然存在不法侵害，但这种不法侵害不具有对他人人身或者财产权利侵害的紧迫性，对此也不能实施正当防卫。结合本案的情况，如果仅仅因为发生家庭纠纷，被打了两个耳光，就持刀进行伤害，似乎具有滥用防卫权的性质。然而，在本案中，黄乙在晚上10点钟带了三个人到自己的家里，并且打了刘某胜两个耳光。在这种情况下，刘某胜在自己家中，面对四个人，而且是在深夜，其所感受到的不法侵害显然不能认为是轻微的。我认为，在这种情况下，刘某胜对黄乙和李某某的反击行为应当认定为正当防卫，在没有造成重大损害结果的情况下，不构成防卫过当。从被打耳光而使用菜刀进行反击的表面现象看，其防卫行为是过当的，但只是造成轻伤害的结果，因而防卫结果并不过当。对此，《指导意见》明确指出："造成重大损害"是指造成不法侵害人重伤、死亡。造成轻伤及以下损害的，不属于重大损害。防卫行为虽然明显超过必要限度但没有造成重大损害的，不应认定为防卫过当。而且，根据《指导意见》的规定，对于轻微不法侵害进行反击，只有在造成不法侵害人重伤、死亡等重大损害的情况下，才不能认定为防卫行为。而本案刘某胜只是造成轻伤结果，因此仍然可以成立正当防卫。

（二）防卫起因与违法行为

除轻微犯罪行为以外，在某些情况下，严重的违法行为同样也可以成为防卫起因。一般来说，法益侵害性总是和侵害紧迫性成正相关的，只有那些法益侵害性达到犯罪程度的行为才能形成侵害的紧迫性。然而，我认为不能排除少数介于违法和犯罪之间的行为，在一定条件下也可能形成侵害的紧迫性。而且，违法行为和犯罪行为，在一般情况下不难区分，在紧急的情况下则不好区分。我们不能要求防卫人在确定对方的不法侵害已经构成犯罪以后才能对其实行正当防卫。如果这样，不仅不利于公民保护国家、公共利益和其他合法权益，而且在现实生活中是根本行不通的，是不切合实际。因为某一不法侵害，在危害结果发生以前，其性质难以确定。例如，甲挥拳向乙的头部打去，可能只造成轻微伤害，属于《治安管理处罚法》规定的殴打他人的违法行为，也可能造成轻伤、重伤，甚至

可能致人死亡，属于我国刑法规定的故意伤害罪或者故意杀人罪。在这一拳将打而未打之际，防卫人难以确定它到底是违法行为还是犯罪行为。又如，甲在铁路上放置障碍物，这时火车向出事地点行驶。在这种情况下，乙是否需要先调查一下障碍物是否足以使火车行驶发生危险呢？如果该障碍物足以使火车发生倾覆、毁坏危险，则甲的行为是我国《刑法》第117条规定的破坏交通设备的犯罪行为，可以对其实行正当防卫；如果调查结果证明该障碍物尚不足以使火车行驶发生危险，则甲的行为是妨害公共安全的违法行为，不能对其实行正当防卫。显然，这是荒唐的。

在刑法教义学中，违法行为和犯罪行为之间并没有一条不可逾越的鸿沟。在现实生活中，它们是可以转化的，违法行为在量上超过一定的限度就转化为犯罪行为。在不法侵害发生的紧急情况下，不法侵害还处于发展阶段。某些违法行为，发展下去往往会转化为犯罪行为。例如，甲用猥亵的举动调戏妇女，如果不允许该妇女对此采取适度的防卫行为，那么，事态很可能发展为流氓犯罪行为，甚至强奸犯罪行为。所以，我认为，防卫起因的社会危害性的外延，不仅包括已经达到犯罪程度的社会危害性，而且包括尚未达到犯罪程度的法益危害性。简言之，不论是违法行为还是犯罪行为，只要形成侵害的紧迫性，就可以成为正当防卫的起因。

三、缺乏法益危害性因而不能成为防卫起因的情况

根据上述关于防卫起因的法益危害性的内涵与外延的认识，可以得出结论：缺乏法益危害性的行为不能成为正当防卫的起因。下面，我对这些情况进行研究。

（一）合法行为不能成为正当防卫的起因

所谓合法行为，主要是指依照法令和执行职务的行为。某些合法行为在形式上似乎具有不法侵害的外观，但是为法律所允许，其行为没有社会危害性，不能

成为正当防卫的起因。有些大陆法系国家的刑法明文规定，依照法令和执行职务的行为不处罚。例如，《日本刑法典》第35条规定："基于法令或正当业务所为的行为，不予处罚。"所谓法令行为和正当业务行为，就是直接根据成文的法律或法令，以及权利或义务而实施的行为。这些行为是被法令所认可的，也是构成一定社会的法制的一个组成部分，所以当然是合法行为，因此，对这些行为法律明文规定不处罚。

我国刑法没有关于"依照法令和执行职务的行为不处罚"的明文规定，但从社会主义法治的观念来进行分析，这些依照法令和执行职务的行为具有合法的性质，没有社会危害性，当然也就不能成为正当防卫的起因。关于这些依照法令和执行职务的行为，我国刑法虽然没有不予处罚的明文规定，但在刑法理论上，我国有些刑法学家对其性质和形式进行了探讨。例如，有些学者指出："有一些行为，从形式上看，具备了犯罪构成的全部主客观要件，但从实质上看，它们不但不是危害社会的行为，而且是对社会有益的行为。对这类行为，各国刑法一般都没有作为犯罪行为来加以规定，有的国家的刑法则明文规定这类行为不处罚。我国刑法对这类行为没有明确规定，因为按这些行为本身的性质来说，根本就不是犯罪行为，当然也就没有加以规定的必要。"① 这些行为基本上可以分为四种：一是依法令的行为，二是合法的业务行为，三是执行命令的行为，四是受害人同意的行为。对于上述没有社会危害性的合法行为，都不能实行正当防卫。例如，公安机关根据人民检察院的逮捕证逮捕人犯、公民根据我国《刑事诉讼法》第63条的规定扭送人犯，人犯不得以侵犯其人身权利为由对警察和公民实行正当防卫，否则就是拒捕，而拒捕行为本身如果形成侵害的紧迫性，则可以成为正当防卫的起因。最高人民法院、最高人民检察院、公安部、国家安全部和司法部《关于人民警察执行职务中实行正当防卫的具体规定》第1条第5项就明文规定：人民警察在执行收容、拘留、逮捕、审讯、押解人犯和追捕逃犯，遇有以暴力抗

① 张尚鷟：《中华人民共和国刑法概论（总则部分）》，152页，北京，法律出版社，1983。

拒、抢夺武器、行凶等非常情况时，必须采取正当防卫行为，使正在进行不法侵害行为的人丧失侵害能力或者中止侵害行为。

（二）对正当防卫不得实行反防卫

我国《刑法》第20条所规定的正当防卫，是为使国家、公共利益、本人或者他人的人身、财产和其他权利免受正在进行的不法侵害而实行的合法行为。我国刑法明文规定正当防卫不负刑事责任，对正当防卫作了充分肯定的社会政治和法律的评价，所以，正当防卫是有利于社会的行为，它没有社会危害性，任何不法侵害人或者第三者都不能对正当防卫实行所谓正当防卫。如果不法侵害人或者第三者对正当防卫人实行反击，只能视为不法侵害的继续或者新的不法侵害，可以对其实行正当防卫。如果第三者不知对方的行为是正当防卫，而对正当防卫人实行了所谓正当防卫，是假想防卫，对其应该按照对事实认识错误的原则处理。例如，甲对乙实行正当防卫，丙以为甲正在对乙进行不法侵害，遂上前对甲实行了所谓的正当防卫。丙的行为是假想防卫，如果对事实的认识错误存在过失的，则应负过失犯罪的刑事责任；如果属于意外事件，则不负刑事责任。

（三）紧急避险不能成为防卫起因

我国《刑法》第21条规定："为了使国家、公共利益、本人或者他人的人身、财产和其他权利免受正在发生的危险，不得已采取的紧急避险行为，造成损害的，不负刑事责任。"紧急避险和正当防卫一样，都是有利于社会的行为，它没有社会危害性，所以，不能对紧急避险实行所谓正当防卫。

在大陆法系国家的刑法理论上，认为：紧急避险是指在权利相互间发生冲突的时候，不能两全，为保全一种较大的利益，而牺牲他人较小的利益。因此，紧急避险行为虽然不被法律所保护，但也不为法律所禁止；既非合法行为，也非不法行为，而是法律所放任的行为。所以，从紧急避险的性质不能推论对其不得实行正当防卫。某些刑法学家认为，紧急避险行为，足以为行使防卫权之原因。①

①　参见王觐：《中华刑法论》，6版，518页，北平，朝阳学院，1933。

我认为，紧急避险并非像某些刑法学家所说的那样是所谓放任行为，而是合法行为。在一定的条件下，其是执行职务的行为。因此，紧急避险不能成为正当防卫的起因。正如苏联刑法学家多马欣指出：“对于紧急避险状态下的人实施正当防卫是不许可的。正当防卫唯有它是针对犯罪侵袭的时候，才能认为是合法的。行为人在紧急避险下所实施的行为，不是犯罪行为，而是有利于社会的行为。因而，对处于紧急避险状态下的行为人进行反抗，对他造成某种损害，就应当负刑事责任。”① 如果行为人明知对方是紧急避险而对其实行所谓正当防卫，不得视为合法行为，而应对其所造成的损害承担刑事责任。例如，消防队员为防止火灾蔓延造成更大的损害，拆毁甲的房屋以切断火路，该行为是在迫不得已的情况下采取的紧急避险行为，并且是该消防队员执行职务的行为。如果甲明知如此，仍对消防队员实行人身伤害以阻止其拆房，其故意伤害行为不得视为正当防卫，并且甲应当对此承担刑事责任。而在行为人不知对方的行为是紧急避险的情况下，对其实行的所谓正当防卫，是假想防卫。例如，某夜，甲为躲避抢劫犯的侵袭，撞坏大门闯进乙家避险。乙不知其是紧急避险，以为是不法侵入的抢劫犯，遂对其实行了所谓正当防卫。我认为，乙的行为属于假想防卫，而不是正当防卫。其应否承担刑事责任，应视其对所造成的危害有无过失而定：具有过失的，应负刑事责任；没有过失的，应视为意外事件，不负刑事责任。在这个意义上，我不能同意苏联刑法学家多马欣的观点。多马欣认为：“如果防卫者不知道这种侵袭是在紧急避险下所实施的，那末，防卫行为就不应该被认为是违法的了。对防卫者来说，在这种场合，紧急避险状态下所实施的行为，是作为犯罪的、危害社会的行为出现的。因而，对这种行为进行防卫，是不应该负刑事责任的。”② 我认为，

---

① ［苏］多马欣：《苏维埃刑法中的紧急避难》，张保成译，80～81页，北京，法律出版社，1957。又注：旧中国刑法称紧急避险为紧急避难，翻译该书时沿用“紧急避难”一词。本书根据我国刑法的规定，称紧急避险。为统一称谓，将《苏维埃刑法中的紧急避难》一书中的“紧急避难”一律改称“紧急避险”。

② ［苏］多马欣：《苏维埃刑法中的紧急避难》，张保成译，81页，北京，法律出版社，1957。

多马欣把对紧急避险的假想防卫混同于正当防卫，这是错误的。

四、虽然具有法益危害性但不能成为防卫起因的例外情况

对正当防卫和紧急避险不能实行正当防卫已如上所述，那么，对于防卫过当和避险过当能否实行正当防卫呢？大陆法系国家的刑法学家认为，对于正当防卫和紧急避险的过当行为可以实行正当防卫，因为它们不是合法行为，而是法律所不容许的行为。[①] 我认为：诚然，防卫过当和避险过当是不法行为，具有社会危害性，因此法律规定应负刑事责任，但确定正当防卫和紧急避险是否超过其必要限度，仍是一个十分复杂的问题。在紧急的情况下，行为人不可能对此作出准确的判断。而且，正当防卫是为免受不法侵害而采取的，一般发生在不法侵害的结果发生以前。如果这时对正当防卫和紧急避险以其过当为由实行正当防卫，则事后根本无法查明正当防卫和紧急避险是否超过了必要限度。因此，如果允许不法侵害人对防卫过当和避险过当实行所谓正当防卫，无异于为不法侵害人抵抗正当防卫和紧急避险提供了借口。所以，我认为，防卫过当和避险过当不能成为正当防卫的起因，更不允许不法侵害人以防卫过当或者避险过当为由，对正当防卫和紧急避险实行所谓正当防卫。

第二节 防卫起因的侵害紧迫性

一、侵害紧迫性概述

侵害紧迫性是正当防卫起因的量的特征。正当防卫是为制止不法侵害、保护

---

① 参见王觐：《中华刑法论》，6版，513页，北平，朝阳学院，1933。

国家、公共利益和其他合法权益而采取的防卫行为。在不法侵害即将对我国刑法所保护的法益造成危害的紧要关头，通过国家司法机关保护一定的法益已经来不及，因此，正当防卫成为必要或者不得已。而且，不法侵害的性质、手段和后果都具有相当的严重性，例如：特务分子正要点燃炸药，企图炸毁我国重要国防设施，强奸犯将妇女掀倒在地，正要实施强奸犯罪行为，等等。在这些情况下，形成侵害的紧迫性，可以实行正当防卫。所以，根据正当防卫起因的这一特征，并不是对一切具有法益危害性的不法侵害都可以实行正当防卫，只有那些具有侵害紧迫性的不法侵害，才能成为正当防卫的起因。因此，侵害紧迫性所要解决的是对哪些不法侵害可以实行正当防卫的问题。

在刑法教义学中，违法阻却事由可以分为紧急行为与非紧急行为这两种具有重大区别的类型。紧急行为是指在十分紧迫的情况下所实施的行为，而非紧急行为则是指在通常情况下所实施的行为，两者的区别就在于是否具有紧迫性。违法阻却事由本身是符合构成要件的，而某种符合构成要件的行为之所以出罪，就是因为该行为具有一定的正当性。这种正当性在一定情况下可以体现在紧迫情况下的自力救济中，正如法谚所言，“紧急时无法律”。因此，对于紧急行为来说，紧迫性本身就成为阻却其违法的一个重要理由。至于违法阻却事由中的非紧急行为，则不能从紧迫性中寻找正当性根据，而只能从其他方面寻找正当性根据。我国刑法规定了正当防卫和紧急避险这两种违法阻却事由，都是紧急行为。其中，紧急避险正如其名称所示，必须以紧迫性作为成立条件。因为紧急避险涉及对合法利益的损害，其正当性根据除了利益衡量说所要求的，是为保护更大的合法利益以外，还要求只有在不得已的情况下才能采取这种避险措施。这里的“不得已性”包含了紧迫性的内容。例如日本学者指出：“作为成立紧急避险的前提，必须存在‘现在的危险’（紧急避险状况）。‘现在’基本上可以理解为与正当防卫中的‘急迫性’具有同样的含义。”① 至于违法阻却事由中的非紧急行为，则虽

① ［日］高桥则夫：《刑法总论》，李世阳译，276页，北京，中国政法大学出版社，2020。

然能够阻却行为的违法性，但其成立受到更为严格的限制。例如执行命令行为，就执行死刑的命令而言，这并非一种紧急行为，而是依照一定程序实施的职务行为，因而其具有阻却违法性是没有问题的，但执行死刑时应当严格依照程序实施。由此可见，紧急行为与非紧急行为是性质不同的两种违法阻却事由。

那么，正当防卫究竟是违法阻却事由中的紧急行为还是非紧急行为呢？显然，正当防卫与紧急避险一样，都属于紧急行为。正如日本学者指出："正当防卫是指在没有充足的时间请求国家机关救助的场合下，国家承认私人通过行使武力以保护权利的一种紧急行为。在权利的私力救济原则上被禁止的法治国家中，可以说正当防卫是例外的存在。"① 在法治国家，私力救济一般是被禁止的，只有在十分紧迫的情况下，私力救济才例外地被允许。正当防卫是针对不法侵害所进行的一种反击，会造成侵害人的人身伤亡，因而只有在十分紧迫的情况下才能允许进行正当防卫。在这个意义上说，正当防卫应当受到紧迫性要求的限制。那么，紧迫性到底是正当防卫的正当性根据，属于正当防卫的本质理论呢，还是正当防卫的具体成立要件呢？日本学者佐伯仁志教授认为，作为紧急权的正当防卫，紧急性是正当防卫的正当性根据之一。②

值得注意的是，在各国刑法关于正当防卫的规定中，紧迫性是否出现在刑法条文中是有所不同的。例如，《日本刑法典》第 36 条明文规定，正当防卫只能对急迫不正之侵害，因而紧迫性对于日本刑法中的正当防卫成立来说，是必不可少的条件。对此，日本学者高桥则夫认为，正当防卫的要件可以分为"急迫不正的侵害"这一正当防卫"状况"的要件与对此实施的正当防卫"行为"的要件（防卫意识、反击行为、防卫行为的相当性）。所谓的"急迫不正的侵害"是成立正当防卫的入口，如果不存在这一点，防卫行为就不能作为正当防卫而被正当

---

① ［日］桥爪隆：《日本正当防卫制度若干问题分析》，江溯、李世阳译，载《武陵学刊》，2011（4）。

② 参见［日］佐伯仁志：《刑法总论的思之道・乐之道》，于佳佳译，103 页，北京，中国政法大学出版社，2017。

化。[1] 由此可见，高桥则夫是把紧迫性作为正当防卫状态的要件，以此区别于正当防卫行为的要件。与之相反，《德国刑法典》第 32 条对正当防卫并没有规定紧迫性的成立条件，但规定了只能对正在进行的不法侵害实施防卫。在这种情况下，德国刑法中的正当防卫是否要求具有紧迫性原则，对此，德国学者通常是在对“正在进行”的解释中包含紧迫性的内容。例如，德国联邦刑事判例在解释“侵害正在发生”这一正当防卫成立条件时指出：“迫在眉睫的、正在进行的或者仍然继续进行的侵害便可谓正在发生。”[2]

我国《刑法》第 20 条关于正当防卫的规定，同样没有涉及紧迫性的内容，如同《德国刑法典》，我国刑法对不法侵害规定了“正在进行”的特征。那么，不法侵害之正在进行能否等同于不法侵害的紧迫性呢？我认为，在刑法没有规定紧迫性的情况下，确实可以在一定程度上从不法侵害的正在进行中推导出紧迫性。例如我国学者指出：“从规范论的视角出发，正当防卫是一种强许可规范，防卫前提条件承担着为该许可规范提供排他性许可理由的功能，因此不能将‘正在进行的不法侵害’形式解释为时间条件，而应将其实质解释为‘法益侵害的急迫性’。”[3] 然而，不法侵害的紧迫性与不法侵害的适时性，是不法侵害的两种不同属性。因此，我主张在正当防卫起因中讨论紧迫性问题，不法侵害是正当防卫的起因，没有不法侵害就谈不上正当防卫。但是，不法侵害是一个外延十分广泛的概念，并不是一切不法侵害都可以引起正当防卫。作为正当防卫的起因，必须具备两个特征：一是社会危害性，二是侵害紧迫性。[4] 这里的社会危害性主要根据法律规范加以认定，即正当防卫的起因应该是刑法所规定的犯罪行为。至于侵害紧迫性，则主要根据案件的具体情境进行判断。那么，为什么说侵害紧迫性不

---

① 参见［日］高桥则夫：《刑法总论》，李世阳译，241 页，北京，中国政法大学出版社，2020。

② ［德］汉斯·海因里希·耶赛克、托马斯·魏根特：《德国刑法教科书》（上），徐久生译，458 页，北京，中国法制出版社，2017。

③ 李世阳：《正当防卫中法益侵害急迫性的存立根据与司法认定》，载《中外法学》，2021（1）。

④ 参见陈兴良：《正当防卫论》3 版，58 页，北京，中国人民大学出版社，2017。

能简单地从不法侵害的正在进行中推导出来呢？这是因为侵害紧迫性是不法侵害本身所具有的事实状况，而不法侵害的正在进行是侵害行为的开始时间与结束时间，属于防卫的适时性。侵害的紧迫性与防卫的适时性之间尽管具有密切联系，但又存在明显的区别：侵害的紧迫性是独立于并且逻辑上先于防卫的适时性的正当防卫成立条件。从司法实务来说，需要判断是否存在具有紧迫性的不法侵害，然后再考察这种具有紧迫性的不法侵害是否正在进行，因而是否满足防卫的适时性条件。例如，行为人面对使用凶器的杀人行为，该不法侵害当然具有紧迫性。但行为人并没有在该杀人行为正在进行之际实行防卫，而是在事后进行所谓防卫。在这种情况下，存在侵害的紧迫性的防卫起因条件，但却并不存在防卫的适时性的防卫时间条件。由此可见，应当把防卫起因中的侵害紧迫性条件与防卫时间中的防卫适时性条件加以区分。

应当指出，我国司法实践中对正当防卫认定出现的某种偏差，在很大程度上与侵害的紧迫性相关。例如，于某故意伤害案的一审判决认为：关于被告人于某的辩护人提出于某有正当防卫情节，系防卫过当，要求减轻处罚的意见，法院经审理认为，被告人于某持尖刀捅刺多名被害人腹背部，虽然当时其人身自由权利受到限制，也遭到对方辱骂和侮辱，但对方均未使用工具，在派出所已经出警的情况下，被告人于某和其母亲的生命健康权利被侵犯的现实危险性较小，不存在防卫的紧迫性，所以于某持尖刀捅刺被害人不存在正当防卫的不法侵害前提，辩护人认为于某系防卫过当并以此要求减轻处罚的意见本院不予采纳。在此，一审判决就是以不存在侵害的紧迫性为由[①]，否定于某的行为具有防卫性。在这种情况下，我国学者提出了紧迫性要件否定说，以此对抗紧迫性要件必要说，指出："根据紧迫性要件必要说，即使不法侵害处于正在进行的状态之中，一旦它不满

① 一审判决表述为防卫的紧迫性。在某种意义上，这里的防卫紧迫性与侵害紧迫性所反映的是同一事实，只不过对此是从不法侵害的视角进行观察，还是从正当防卫的视角进行观察的问题。本书对两者不做严格区分。

足紧迫性要件，行为人仍不得享有正当防卫权。该说在法律条文以外为正当防卫增设了一个不成文的限制要素。因为，我国《刑法》第20条本身并无‘紧迫性’的要求，按照条文语义，只要是针对‘正在进行的不法侵害’，公民皆有权实施正当防卫。”① 在陈璇看来，侵害的紧迫性在刑法中并无规定，因而其属于对正当防卫的目的性限缩解释。尽管这种对正当化事由的限缩解释本身并不违反罪刑法定原则，然而，紧迫性要件对于正当防卫的成立来说，既不合理亦非必要。这里存在四个问题值得研究。

（一）紧迫性要件对正当防卫的目的性限缩解释

目的性限缩解释是目的解释的一种方法，它是基于某种目的，将刑法条文字面本身所没有的含义添加为刑法条文的含义，由此限缩了刑法规定的内容。在采用目的性限缩解释方法对刑法条文进行解释的时候，通过解释所获得的刑法条文含义要小于刑法条文本身的含义。例如，《刑法》第205条关于虚开增值税专用发票罪的规定，根据刑法条文字面描述，只要实施虚开增值税专用发票行为，即可构成本罪。然而，如果采用目的性限缩解释方法，将骗取国家税款目的解释为该罪的构成要件要素，则虚开增值税专用发票罪的构成范围有所限缩。由此可见，目的性限缩解释是以刑法条文没有字面规定为前提的。但并不能说，只要将刑法条文字面没有规定的含义解释为刑法规定的内容，就一定是目的性限缩解释。如果虽然刑法条文字面没有规定，但某种含义在逻辑上被刑法条文所包含，这可能是隐性规定。隐性规定是相对于显性规定而言的，都是属于法律有规定而非法律没有规定。例如，根据我国《刑法》第236条第1款的规定，强奸罪是指以暴力、胁迫或者其他手段强奸妇女的行为。在此，法律条文并没有规定强奸罪以违背妇女意志为要件，然而我国刑法学界的通说认为违背妇女意志是强奸罪的本质特征。那么，能否说将违背妇女意志解释为强奸罪的成立条件是一种目的性限缩解释呢？显然不能。因为我国刑法条文字面虽然没有规定违背妇女意志的内

① 陈璇：《正当防卫：理念、学说与制度适用》，78页，北京，中国检察出版社，2020。

容，然而，该内容隐含在强奸罪的暴力、胁迫手段之中，即使是其他手段也应当具有违背妇女意志的性质。在这个意义上说，在某些情况下将刑法条文字面没有规定的内容进行揭示，并不是一个目的性限缩解释的问题，而是对隐性规定所作的语义解释。正当防卫的紧迫性要件也是如此。虽然我国《刑法》第 20 条并没有像《日本刑法典》第 36 条那样，把紧迫性规定为正当防卫的成立条件，但从正当防卫属于紧急权的属性来看，紧迫性应当是正当防卫的应有之义。我国《刑法》第 21 条规定的紧急避险，虽然在名称上存在“紧急”两字，但在紧急避险成立条件条文中并没有规定紧迫性要件。如果严格按照字面进行解释，能不能说将紧迫性作为紧急避险的成立条件也是目的性限缩解释呢？显然不能。因此，正当防卫和紧急避险的成立条件虽然是对刑法条文规定的一种理论阐述，但并不是所有成立条件都要有字面规定。对于紧迫性是否属于正当防卫的成立条件这个问题，也应当持这样一种见解：正当防卫是针对具有紧迫性的不法侵害所进行的反击行为，因而紧迫性是其成立的必要条件。

（二）紧迫性要件对于正当防卫成立的合理性与必要性

紧迫性对正当防卫的成立是否合理与必要，这是在考察防卫起因的时候讨论的重点问题。紧迫性虽然在一定意义上是对正当防卫范围的限制，然而这种限制出于对正当防卫的本质要求，因而是必不可少的。如果允许对缺乏侵害紧迫性的情形实行正当防卫，则所谓防卫行为就会丧失其合理性。不具有紧迫性的不法侵害即使正在进行，也不能对之实施正当防卫。例如，面对一个在法庭上做伪证意欲陷害他人的证人，存在正在进行的不法侵害，那么，被陷害的人能否以不法侵害正在进行为由，对做伪证的人实行正当防卫呢？答案是否定的，理由就在于：在这种情况下，不存在侵害紧迫性，完全可以通过司法途径寻求公力救济，因而没有必要通过正当防卫的极端方式保护其个人法益。紧迫性作为正当防卫的成立条件，反映了正当防卫作为对正在进行的不法侵害进行反击的合理性与必要性，它同时在一定程度上限定了正当防卫成立的范围，因而是正当防卫不可或缺的成立条件。

（三）侵害紧迫性要件在司法实践中的理解与认定

在我国司法实践中确实存在着对侵害紧迫性的错误适用，因而不合理地限制了防卫范围。但这本身并不是否定侵害紧迫性作为正当防卫成立条件的理由，而是应当对侵害紧迫性加以合理解读。

侵害紧迫性是指侵害行为对他人的人身和财产权利造成的危害迫在眉睫，如果不采取反击措施，就会受到不法侵害的直接危害。侵害紧迫性主要取决于侵害行为的类型，一般来说，暴力侵害行为明显具有紧迫性，这是不言而喻的。除此以外，某些犯罪行为方式既有暴力性又有非暴力性，例如：侮辱罪，根据我国刑法规定，包括文字侮辱、言辞侮辱和暴力侮辱。在以上三种侮辱中，只有暴力侮辱具有紧迫性，可以实行正当防卫，对于其他两种侮辱则不能实行正当防卫。[①] 可以说，在大多数情况下，何种侵害行为具有紧迫性，可以对其实行正当防卫都是较为容易确定的。只是在极少数情况下，对侵害行为是否具有紧迫性容易产生误解。其中，较为突出的是非法拘禁罪：非法拘禁罪具有继续犯的特征，其行为由手段行为与目的行为构成。例如，在非法拘禁罪中，拘禁手段表现为以暴力、胁迫等手段劫持他人致使其丧失人身自由，这种表现是一种暴力侵害，因而可以对该行为实行正当防卫。然而，非法拘禁罪除手段行为以外，还包括目的行为，即在一定时间内剥夺他人的人身自由，这是非法拘禁行为的持续。在此期间，从形式上看，似乎并不存在暴力。那么，被拘禁人为解除拘禁状态，是否可以实行正当防卫呢？这个问题的实质是：在这种拘禁状态下，侵害行为是否具有紧迫性？在于某故意伤害案中，杜某浩等人为讨要债务对于某母子实施了长时间的拘禁，其间存在辱母和侮辱情节。在于某想要离开拘禁场所而被杜某浩强力阻止的情况下，他随手拿起办公桌上的水果刀，对阻止其脱离拘禁状态的杜某浩等人进行捅刺，造成死亡与重伤结果。对此，一审判决以不存在防卫的紧迫性为由，否定于某的行为具有防卫性。而二审判决则认为："原判认定于某捅刺被害人不存

① 参见陈兴良：《正当防卫论》，3版，210～211页，北京，中国人民大学出版社，2017。

在正当防卫意义上的不法侵害确有不当，应予纠正。”在此，二审判决虽然没有直接肯定在当时情况下存在防卫的紧迫性，但其中包含了这个意思。最高人民法院在于某故意伤害案的裁判要点中指出：对正在进行的非法限制他人人身自由的行为，应当认定为《刑法》第20条第1款规定的“不法侵害”，可以进行正当防卫。在此，裁判要点实际上是肯定在非法拘禁过程中，阻止解除拘禁的行为具有侵害的紧迫性，可以对其实行正当防卫。

此外，在最高人民法院、最高人民检察院、公安部颁布的正当防卫典型案例中的盛某平故意伤害案，就涉及对解除拘禁的行为进行防卫的问题。在该案中，传销人员将盛某平骗到传销场所，采取各种措施威逼其加入传销组织，盛某平发觉情况异常予以拒绝。后在多次请求离开被拒并遭唐某某等人逼近时，盛某平拿出随身携带的水果刀予以警告，同时提出愿交付随身携带的钱财以求离开，但仍遭拒绝。之后，事先躲藏的传销人员邓某某、郭某某、刘某某等人也先后来到客厅。成某某等人陆续向盛某平逼近，盛某平被逼后退，当成某某上前意图夺刀时，盛某平持刀挥刺，划伤成某某右手腕及左颈，刺中成某某的左侧胸部，致心脏破裂。随后，盛某平放弃随身行李趁乱逃离现场。公安机关以盛某平涉嫌故意伤害罪（防卫过当）向检察机关移送审查起诉。浙江省杭州市人民检察院认定盛某平的行为构成正当防卫，作出不起诉决定。本案的“典型意义”指出：“对盛某平而言，不断升级的危险不仅客观而且紧迫。盛某平拿出随身携带的刀具警告阻吓不法侵害人无效后，精神紧张状态进一步增强。传销人员不断逼近，成某某上前夺刀。从当时情境看，盛某平面临客观存在且威胁、危害程度不断升级的不法侵害，其行为符合正当防卫的起因条件。”以上论述生动地刻画了在当时情景下，盛某平面对的虽然只是阻止其解除拘禁的行为，但这种行为在客观上对盛某平产生了具有紧迫性的危害，因而具备防卫起因条件。由此也可以看出，侵害的紧迫性与侵害的适时性是两个不同的问题，应当分为不同的阶层进行讨论。当然，在处于非法拘禁状态的情况下，为解除拘禁，行为人将处于睡眠状态或者其他没有直接阻止状态的拘禁人杀害或者伤害，以此避免出逃以后被发现。在这种情况下，虽然非法拘禁行为处于持续之中，但不法侵害没有紧迫性，因而这种杀害或者伤害不法侵害人的行为，不能认定为正当防卫。

除非法拘禁罪以外，非法侵入住宅罪是否可以成为防卫起因，也是存在争议的问题。争议的核心还是非法侵入住宅行为是否具有侵害紧迫性。非法侵入住宅罪是一种十分特殊的犯罪，因为住宅是属于绝对的私人领域，侵入住宅尽管目的不同，有的是出于盗窃、强奸等犯罪目的，有的是出于滋扰、讨债等非犯罪目的，然而，这种非法侵入住宅行为对住宅的居住者的人身、财产、隐私等个人法益具有严重的侵害性，因而自古以来法律就允许对侵入住宅者实行正当防卫。在司法实践中，对非法侵入住宅者能否实行正当防卫，一个绕不过去的问题就是如何界定非法侵入住宅行为的紧迫性。最高人民法院、最高人民检察院、公安部颁布的正当防卫典型案例中的汪某佑故意伤害案，就明确了对非法侵入住宅罪可以实行正当防卫。

被告人汪某佑与汪某某系邻居，双方曾因汪某某家建房产生矛盾，后经调解解决。2017 年 8 月 6 日晚 8 时许，汪某某的女婿燕某某驾车与赵某、杨某某来到汪某佑家北门口，准备质问汪某佑。下车后，燕某某与赵某敲汪某佑家北门，汪某佑因不认识燕某某和赵某，遂询问二人有什么事，但燕某某等始终未表明身份，汪某佑拒绝开门。燕某某、赵某踹开纱门，闯入汪某佑家的过道屋。汪某佑被突然开启的纱门打伤右脸，从过道屋西侧橱柜上拿起一铁质摩托车减震器，与燕某某、赵某厮打。汪某佑用摩托车减震器先后将燕某某和赵某头部打伤，致赵某轻伤一级、燕某某轻微伤。其间，汪某佑的妻子打电话报警。对于本案，河北省昌黎县人民法院判决认为：被害人燕某某、赵某等人于天黑时，未经允许，强行踹开纱门闯入被告人汪某佑家的过道屋。在本人和家人的人身、财产安全受到不法侵害的情况下，汪某佑为制止不法侵害，将燕某某、赵某打伤，致一人轻伤一级、一人轻微伤的行为属于正当防卫，不负刑事责任。

本案的“典型意义”指出：“不法侵害既包括侵犯生命、健康权利的行为，也包括侵犯人身自由、公私财产等权利的行为；既包括针对本人的不法侵害，也

包括危害国家、公共利益或者针对他人的不法侵害。要防止将不法侵害限缩为暴力侵害或者犯罪行为，进而排除对轻微暴力侵害或者非暴力侵害以及违法行为实行正当防卫。对于非法侵入他人住宅等不法侵害，可以实行防卫。”在此，“典型意义”虽然是在不法侵害范围的名义下论证非法侵入住宅罪可以成为防卫起因，但事实上讨论的主要问题还是非法侵入住宅罪的紧迫性问题。不能认为，只有暴力侵害才具有紧迫性，非暴力侵害就不具有紧迫性。诸如非法侵入住宅行为，从行为外观上考察，似乎不具有侵害紧迫性，但这种紧迫性一般发生在驱离行为受阻的情况下，因而对于非法侵入住宅罪能否实行正当防卫，还是要进行具体的分析。我国《唐律》规定：“夜无故入人家者，登时杀之无罪。”根据这一规定，对夜间无故侵入住宅的人，无论在何种情况下将其杀死，都属于正当防卫。那么，在我国现在的刑法语境中，对非法侵入住宅者，能否认定在侵入者不知情的情况下将其杀死也属于正当防卫呢？答案是否定的。只有在住宅居住者对侵入者进行驱离，遇到侵入者抗拒的情况下，才具备侵害紧迫性，住宅居住者可以对其实行防卫。

（四）紧迫性要件与预期侵害以及积极的加害意思

预期侵害也称为预期的危险，是指预想到侵害的存在，因而事先做了心理与物理的准备，当这种侵害如期来临的时候对之实施防卫的情形。预期侵害的核心问题在于：在已经预见到不法侵害的情况下，此种不法侵害是否具有紧迫性，能否对其进行正当防卫。与预期侵害相关的另一个问题是积极的加害意思，它是指在预期侵害的基础上，行为人基于加害意思而对如期来临的侵害实施防卫，此种防卫能否成立正当防卫？

我们首先讨论预期侵害。预期侵害中的预期在刑法教义学中又可以分为抽象的预期侵害和现实的预期侵害。抽象的预期侵害是指对于将来可能发生但并不十分确定的侵害，采取了预先的防御措施。例如，预想到小偷可能到自己家里来盗窃，因此采取了会致使小偷伤残的防御措施。这种防御措施如果是危害公共安全的，例如为防名贵花木失窃，在自家花房入口架设电网，无论是致使小偷伤亡还是致使他人伤亡，均构成危害公共安全罪。如果并不危害公共安全，例如在自家围墙上放置玻璃碎片，由此扎伤小偷，则应当认为具有正当防卫的性质。由于预先的防卫措施的效果都是以机械或者物理的手段达成的，因而与对不法侵害采取暴力手段的防卫行为具有一定的区别，这种情形往往称为防卫装置。当然，在防卫装置的情况下，仍然需要通过正当防卫排除其行为违法性，这是一种防卫效果的正当性，可以说是正当防卫的特殊情形。对此，在刑法教义学中并无争议。

现实的预期侵害是指对于他人前来侵害已经预见，但并没有回避，甚至准备工具，在他人前来侵害的时候，对他人进行防卫。这里应当指出，预期侵害并不是在预想侵害即将到来，他人尚未实施不法侵害的情况下就以防卫为由加害于他人的情形。在这种情况下，因为并不存在客观上的不法侵害，因而不能认定其为正当防卫。这是一个防卫时间不具备的问题。当然，在持续性或者连续性侵害的情况下，在此侵害持续或者连续期间实施的防卫行为，是另外一个需要讨论的问题。现实的预期侵害可以被分为必然型预期与可能型预期两种。必然型预期是指行为人不但对侵害的方式、时间、地点、侵害人等有具体认识，而且确信侵害必然会如预期的那样发生。可能型预期是指虽然对于侵害的具体内容有认识，但是对于侵害是否会如预期地发生并不确定。[①] 无论是必然型预期还是可能型预期，都以所预期的侵害现实发生作为前提，才能对是否构成正当防卫进行考察。因此，我认为对预期的侵害行为是必然发生还是可能发生进行判断时，对现实的预期侵害的性质分析的影响可以忽略不计。

关于预期的侵害，日本刑法学界主要讨论上述现实的预期侵害，并且是在双方具有防卫的紧迫性的这一背景下展开讨论的。日本学者在论及尽管行为人已经预期到某种侵害，却并不回避，对此应如何处理的问题时，指出："所谓预期的危险，是指有意不回避某种当然能预见到的利益冲突状况。为此，可能也会被认为是，与自己创出利益冲突状况没有什么不同，因而可否定存在紧迫性。然而，当预见到对方的侵害时，总要求履行回避义务，这显然会限制行动自由。因此，

① 参见周振杰：《侵害预期与正当防卫——基于典型案例的比较论述》，载《法律适用》，2017（14）。

在基于合理理由而不回避所预期的对方的侵害时，还是应肯定存在侵害的紧迫性。”[①] 由此可见，在具有预期侵害的情况下，行为人并不回避这种侵害，在受到不法侵害的情况下，采取防卫措施，应当认为具有防卫的紧迫性，并不否定行为人的防卫权。在本书第四章第二节讨论的胡某平故意伤害案中，胡某平在预期他人侵害的情况下，事先准备了防卫工具，在预期侵害随之而来的情况下，对侵害人进行了防卫。对此，控方认为，被告人在预期到侵害可能发生后，不但没有向公司领导汇报以平息冲突，反而积极准备工具，说明其事前就存在斗殴故意。而法院判决则认为，不能基于被告人在预期到侵害可能发生而准备工具的行为就认定胡某平具有斗殴故意，否定其防卫意图。由此可见，在本案中，检察机关和法院都是从被告人胡某平是具有斗殴故意还是防卫意思的角度展开论述的。然而，这是一种分析视角的错位。本案涉及的问题其实是在预期侵害的情况下，行为人是否具有回避侵害的义务，以及在预期侵害的情况下是否具有防卫的紧迫性这两个问题。对于回避义务问题，日本刑法学界存在两种互相对立的观点[②]：第一种观点认为，在预期侵害的场合，被攻击者具有回避义务，对于应当事先采取措施解决利益冲突的情况，应否定侵害的紧迫性。第二种观点认为，对预期侵害不否定紧迫性的成立，如果因为侵害的预期而否定紧迫性的话，那么，就会认为防卫行为人在预见侵害发生时具有采取避免措施的义务，但即使预见到侵害，被攻击者也没有这样的义务。我认为，在日本刑法典规定正当防卫具有迫不得已性的条件下，对避免义务存在一定的讨论空间。但我国刑法对正当防卫并没有规定只能出于迫不得已，因而回避义务完全无从谈起。至于在预期侵害的情况下，是否存在防卫的紧迫性，这里涉及防卫的紧迫性判断是采取客观立场还是主观立场的问题。对此，日本刑法学界的通说采用客观判断的立场，认为侵害的紧迫性判

---

① ［日］西田典之：《日本刑法总论》，2版，刘明祥、王昭武译，139页，北京，法律出版社，2013。

② 参见张宝：《正当防卫中的不法侵害》，163～164页，北京，法律出版社，2019。

断应当立足于实际遭受的客观的、物理的危险的视角。从这一立场出发，行为人的认识等主观情势对侵害的紧迫性判断并不产生实际影响。[①] 我国学者也赞同客观解释的立场，认为在紧迫性的具体认定上，应当排除预期侵害等行为人的主观因素影响。[②] 对此，我完全同意。当然，在预期到侵害来临的情况下，是否具有回避义务与是否具有防卫紧迫性，这两个问题之间具有关联性。如果肯定回避义务则就会否定防卫紧迫性；反之，如果否定回避义务就会肯定防卫紧迫性。除此以外，还需要对防卫紧迫性进行专门论述。在此，防卫紧迫性是基于侵害紧迫性的，因而防卫紧迫性与侵害紧迫性之间具有对应关系。在预期侵害的情况下，只能说防卫具有更多的准备时间，行为人可以事先准备防卫工具。当不法侵害来临的时候，行为人具有一定的思想准备，但不能由此否定不法侵害本身具有紧迫性。因此，对预期侵害的防卫仍然具有防卫紧迫性，这是毋庸置疑的。

在对预期侵害的讨论中，还涉及与防卫意思的关系，即预期侵害是否否定防卫意思。这里应当论及所谓积极的加害意思的问题。积极的加害意思是指行为人不仅对预见的不法侵害不回避，而且还试图利用此机会积极地加害侵害人。这里的加害意思不同于一般预期侵害中的防卫意思，而是一种额外的加害意思。例如甲乙两家有世仇，某日甲确信乙要伤害自己，为了保护自身安全，心想不如趁这个机会把乙杀了，既解了心头之恨，又避免了日后的危险。于是在乙手持尖刀突然出现在自己面前时，甲首先用刀将乙杀死。[③] 在这个案件中，在否定回避义务的情况下，防卫紧迫性是具备的，因而行为具有防卫性。存在争议的主要是在这种具有加害意思的情况下，防卫人是否具有防卫意思。对此，我国学者从防卫动机不能否定防卫意图的角度做了肯定的论证，指出：防卫意图包括认识要素与意志要素，防卫动机既不能影响认识要素也不能影响意志要素，所以在理论上，防

---

① 参见［日］桥爪隆：《正当防卫论的基础》，238～239页，东京，有斐阁，2007。转引自张宝：《正当防卫中的不法侵害》，166页，北京，法律出版社，2019。

② 参见张宝：《正当防卫中的不法侵害》，165页，北京，法律出版社，2019。

③ 参见张宝：《正当防卫中的不法侵害》，162页，北京，法律出版社，2019。

卫动机也不能否定防卫意图。同时，我国学者还从伤害意图能够与防卫意图并存的视角出发，对在具有加害意思的预期侵害中具有防卫意思的肯定说作了进一步的论述，指出："从肯定防卫意图存在的角度出发，这里所谓的'并存'包含两方面的意思，其一，防卫意图与伤害意图都是真实的客观存在；其二，防卫意图并未被伤害意图所掩盖，仍然对行为人的行为产生了重要影响。"① 我认为，伤害意图与防卫意图并存的观点是成立的，因为两者并不矛盾。在正当防卫伤害或者杀人的情况下，防卫人当然存在伤害或者杀人故意，而正当防卫只不过是违法阻却事由。我们绝不能认为，某一伤害或者杀人行为一定会被认定为正当防卫，不仅阻却违法，而且伤害或者杀人故意也被否定了。因此，在上述案例中，甲虽然具有趁机杀死仇人的意图，但是在完全符合正当防卫条件的情况下满足这一复仇意图，防卫意图与复仇意图完全重合，因而可以并存。

在积极的加害意思情况下，如果加害意思不是单纯的，而是存在挑起双方之间的斗殴之意，则不能认定为正当防卫，而是属于互殴的问题。例如在本书第四章第二节讨论的常熟何某、曾某等人聚众斗殴案中，仅仅根据何某等人获知曾某将前来实施不法侵害而事先准备工具这一点，还不能认定其具有斗殴的故意，并据此将该案认定为互殴，从而排除正当防卫。关键在于，还要进一步排除在互殴意思支配下的积极的加害意思。日本学者举例指出："在核心派的成员召开政治会议之时，遭到对立阵营革命派的袭击，而将革命派赶出了会场。预想到对方还会再来，而在会场用桌椅等构筑防御工事，并准备了铁管，等待对方的再次攻击。革命派果然再次过来，双方进入争斗状态。该案的争论焦点在于，核心派成员的准备是构成集团性暴力、伤害或准备凶器集合罪，还是构成正当防卫？对此，最高裁判所认为，'刑法第36条的正当防卫以存在侵害的紧迫性为要件，但其宗旨并不在于，对已经预期的侵害，科以应当回避的义务，因此，即便是当然或几乎已确实地预期到侵害，也不应认为这种预期可直接导致侵害的紧迫性的丧

① 周振杰：《侵害预期与正当防卫——基于典型案例的比较论述》，载《法律适用》，2017（14）。

失’，然而，‘从该条将侵害的紧迫性作为要件的宗旨来看，在不限于不回避所预期到的侵害，而是出于利用此机会积极地向对方实施加害行为的意思而面对侵害的场合，认为这种行为并未满足侵害的紧迫性要件，这是合适的’。这一般称为‘积极的加害意思’。已经确立的判例理论认为，具有‘积极的加害意思’时，否定存在紧迫性，既不成立正当防卫，也不成立防卫过当。”① 对这里的积极的加害意思，我们也可以理解为就是双方事先具有斗殴的意图。这种事先的斗殴意图既可以是互相明示，也可以是互相默示。在常熟聚众斗殴案中，何某等人的行为究竟属于在预期侵害即将发生情况下的防卫准备，因而并不否定其面对侵害的防卫性，还是在具有加害意思的斗殴意图支配下的聚众斗殴行为？这就是一个值得探讨的问题。我认为，在常熟聚众斗殴案中，因为是曾某等人到何某所在公司进行斗殴，何某等人预想到这一点，并且做了工具上的准备，因此，何某等人并不是消极地在等待曾某等人上门斗殴，而是积极地准备工具应对。从客观上来说，双方具有斗殴故意，并在此种故意的支配下，客观上实施了聚众斗殴的行为，不能认定为正当防卫。在此，需要将聚众斗殴从对预期侵害的正当防卫中予以排除。在聚众斗殴的情况下，双方先达成聚众斗殴的合意，由此双方都具有对侵害的预期，但这是聚众斗殴的主观心理内容，随后所实施的聚众斗殴是犯罪的组成部分，不具有正当防卫的性质。

二、防卫紧迫性分述

不法侵害，从主观上说，可以分为故意不法侵害和过失不法侵害；从客观上说，可以分为作为的不法侵害和不作为的不法侵害。现在，根据侵害紧迫性这一特征，对上述各种不法侵害能否成为正当防卫起因的问题分别加以论述。

---

① ［日］西田典之：《日本刑法总论》，2版，刘明祥、王昭武译，139页，北京，法律出版社，2013。

(一) 防卫起因与故意不法侵害

不法侵害，大多数属于故意不法侵害。我国《刑法》第 14 条规定：“明知自己的行为会发生危害社会的结果，并且希望或者放任这种结果发生，因而构成犯罪的，是故意犯罪。”因此，故意不法侵害可以被分为两种：一是直接故意的不法侵害，二是间接故意的不法侵害。

直接故意的不法侵害是指行为人明知自己的行为会发生危害社会的结果，并且希望这种结果发生。在这种情况下，行为人是追求危害结果的发生的，并且通过客观行为使其犯罪意图付诸实施。显然，对于直接故意的不法侵害，只要其行为在客观上形成侵害紧迫性，就可以对其实行正当防卫。

间接故意的不法侵害是指行为人明知自己的行为会发生危害社会的结果，并且放任这种结果发生。对间接故意的不法侵害能否实行正当防卫是一个复杂的问题，不能简单地得出结论，而应加以细致的分析。

在刑法理论上，间接故意具有两种形式：第一种是为追求一个犯罪意图而放任另一个犯罪结果发生。例如，甲为杀乙，不顾乙和丙并排而行，对乙开枪射击。甲对乙的死亡是直接故意，对丙的死亡则是间接故意。在这种情况下，行为只有一个，但对于不同的犯罪对象则具有不同的心理状态。如果正当甲对乙开枪时，丙的亲属丁见此情形，为了保护丙的人身权利一石将甲砸伤致死，丙这一行为能否被认为是正当防卫呢？我认为可以说是正当防卫，它既是对甲的间接故意的不法侵害的正当防卫，又是对甲的直接故意的不法侵害的正当防卫。第二种是为追求一个非犯罪意图而放任一个犯罪结果发生。在这种情况下，行为人实施的是非犯罪的，甚至合法的行为，但却对犯罪结果采取放任的心理态度。例如，甲在山上打猎，猎物近处乙正好在割草。甲在向猎物射击时，对可能射中乙持放任的心理态度。这时，乙偶尔回头，冷不丁见甲把枪口对准自己这个方向，以为是要枪杀本人，遂心急手快，将手中镰刀向甲猛投，致甲重伤。乙的这一行为是否属于对间接故意的不法侵害的正当防卫呢？回答是肯定的。因为：甲明知可能射中正在割草的乙，而为了获取猎物，不惜牺牲乙的生命。在这种情况下，甲的打

猎行为对于乙来说实际上是不法侵害行为，如果不加制止，则本人的人身权利得不到切实保障。当然，在这种情况下，必须有充足的证据说明甲确实是对乙的死亡持放任的心理态度。

总之，无论是直接故意的不法侵害，还是间接故意的不法侵害，只要形成侵害紧迫性，就可以对其实行正当防卫。当然，在现实生活中，大量发生的是对直接故意的不法侵害的正当防卫，对间接故意的不法侵害的正当防卫极少发生。

（二）防卫起因与过失不法侵害

对过失不法侵害能否实行正当防卫？关于这个问题，我国刑法学界存在以下三说：一是肯定说，例如有些学者指出："在个别情况下，不法侵害人主观上可能出于过失的罪过形式，而实施了表面上是积极的不法侵害行为，则被害人对此采取的措施应属于正当防卫。"① 二是否定说，例如有些学者认为："过失犯罪行为人没有不法侵害的意图，因此，一般情况下不能对其实行正当防卫。"② 三是折中说，有些学者认为对过失不法侵害能否实行正当防卫，既不能一概肯定，也不能一概否定，而应具体分析、区别对待。这些学者指出："正当防卫是为了免受正在进行的不法侵害而进行的防卫，而过失的侵害行为，一般的是当结果发生时而侵害行为已经结束或成为过去，这时已无法制止或防御其侵害，显然这种情况是没有什么正当防卫可言的。但是当某种过失行为正在实施，距离危害结果的发生已经相当逼近的情况下，自然是可以实施其正当的防卫行为。所以，对过失的侵害行为是否可以实施正当防卫行为，抱着绝对的态度，一概地否定或一概地肯定都是不妥的。"③ 遗憾的是，这些学者虽然肯定或者否定对过失不法侵害的正当防卫，但大都失之于泛泛而论，并没有通过分析实际案例来进行论证。

我认为，对过失不法侵害能否实行正当防卫，只能根据其是否可能形成侵害

① 姚辉等：《试论正当防卫中的不法侵害》，载《法学》，1986（1）。

② 庄忠范：《有关正当防卫几个理论问题的探讨》，载《法学评论》，1985（1）。

③ 金凯：《比较刑法》，123页，郑州，河南人民出版社，1985。

紧迫性来检验。如果过失不法侵害可能对国家、公共利益、本人和他人的人身、财产或者其他权利形成侵害的紧迫性，就可以对其实行正当防卫，否则，就不能实行正当防卫。显然，在某些情况下，过失不法侵害是可能形成侵害紧迫性的，因此我认为对过失不法侵害可以实行正当防卫。

我国《刑法》第15条规定："应当预见自己的行为可能发生危害社会的结果，因为疏忽大意而没有预见，或者已经预见而轻信能够避免，以致发生这种结果的，是过失犯罪。"因此，过失不法侵害可以被分为两种：一是疏忽大意的过失不法侵害，二是过于自信的过失不法侵害。

疏忽大意的过失不法侵害是指应当预见自己的行为可能发生危害社会的结果，因为疏忽大意而没有预见，以致发生危害结果。诚然，疏忽大意的过失不法侵害没有犯罪意图，但能否以此而将疏忽大意的过失不法侵害排除在防卫起因的范畴之外呢？不能！因为检验某一不法侵害能否成为正当防卫的起因，并不是看行为人在主观上是否具有犯罪意图，而应看其行为在客观上是否形成侵害的紧迫性。

那么，疏忽大意的过失不法侵害能否形成侵害紧迫性呢？能！例如，某司机驾驶着一辆满员的客车在公路上行驶，因山洪暴发把一座公路桥冲垮了，某修路工在离断桥约十米的拐弯处设一路标，表明前面的公路桥已被冲垮，让汽车绕道而行。但由于疏忽大意，该司机没有看见路标，加大油门往前行驶。修路工见此情景，心急如焚，因为过了拐弯就是断桥，汽车速度又如此之快，若不及时制止，将会发生车毁人亡的惨案。修路工当机立断，拾起一块大石头向汽车司机砸去，司机被砸伤，汽车在断桥前3米处停住，挽救了全车乘客的性命。我认为，在当时十分紧急的情况下，修路工不砸伤司机就无法保全汽车和乘客，因此，其砸伤司机的行为应视为对疏忽大意的过失不法侵害的正当防卫，不负刑事责任。当然，由于疏忽大意的过失不法侵害没有预见到危害结果发生，其并不希望或者放任危害结果发生，所以，在大多数情况下，只要一经指出其过失之处，过失行为人就会主动停止其过失行为而防止危害结果的发生。但我们能否由此一概否定对疏忽大意的过失不法侵害的正当防卫呢？不能。上面所举的案例就雄辩地说明

了这一点。

过于自信的过失不法侵害是指已经预见自己的行为可能发生危害社会的结果，轻信能够避免以致发生这种结果。过于自信的过失不法侵害没有犯罪意图，不同于对危害结果发生持放任态度的间接故意的不法侵害。但因为过于自信的过失不法侵害同样可能形成侵害紧迫性，所以防卫人可以对其实行正当防卫。例如，甲放火烧荒，已经挖好防火沟，自信不会引起森林火灾。乙从气象预报得知将有大风，不停止烧荒必将烧毁森林，遂将气象预报告诉甲。但甲仍坚持其自信，拒不听从乙的劝告。在甲正要点火之际，乙将甲捆绑起来，加以拘禁，直到数小时后大风来临，甲确信在这种情况下放火烧荒必将引起森林火灾，方将其拘禁解除。我认为，乙的行为是对甲的过于自信的过失不法侵害的正当防卫。

总之，根据侵害紧迫性这一特征，我认为无论是对疏忽大意的过失不法侵害，还是对过于自信的过失不法侵害，只要其形成侵害紧迫性，都可以实行正当防卫。

（三）防卫起因与作为的不法侵害

不法侵害是行为人的主观恶性的客观化，而作为是其形式之一。所谓作为的不法侵害是指行为人用积极的行动去实施违法的危害社会的行为。我国刑法中的犯罪大多数是由作为构成的。对于作为的不法侵害，只要其形成侵害的紧迫性，都可以实行正当防卫。

我国刑法中的作为犯罪，大部分可能形成侵害的紧迫性，可以对其实行正当防卫。但也有一些犯罪，主要是一些违反经济、行政或者其他法规而构成的犯罪，不可能形成侵害的紧迫性，不能成为正当防卫的起因。因为这些犯罪不具有暴力性质，也没有使侵害对象的物质外形遭到破坏或者毁灭，所以对这些不法侵害不能实行正当防卫。与这些不法侵害作斗争的唯一方法是将侵害行为人扭送到司法机关处理，或者及时向司法机关检举、揭发。如果允许对这些不法侵害实行正当防卫，那么就会给某些动辄行凶伤人、杀人的不法分子以可乘之机，在一定程度上变相地允许私刑的存在，从而破坏社会主义的法律秩序，不利于社会的安定团结，同时也会给司法机关的审判工作带来一定的困难，所以，对这些不能形

成侵害紧迫性的不法侵害不能实行正当防卫。当然，如果在扭送这些人犯的过程中，人犯以暴力相抵抗，威胁到公民的人身权利，则可以对其实行正当防卫。如果这些不法侵害人在事后对检举、揭发其不法行为的公民进行暴力性的打击报复，威胁到公民的人身权利，也可以对其实行正当防卫。因为在这两种情况下，发生了侵害的紧迫性。

（四）防卫起因与不作为的不法侵害

在我国刑法中，所谓不作为就是犯罪人消极地不去实施自己所应当实施的行为，从而使危害结果得以发生。在刑法教义学中，不作为可以分为纯正不作为和不纯正不作为。所谓纯正不作为，是指单纯违反法律规定的一定作为义务的不作为。这类犯罪只能以不作为的方式构成，不能以作为的方式构成。例如，我国《刑法》第 261 条规定："对于年老、年幼、患病或者其他没有独立生活能力的人，负有扶养义务而拒绝扶养，情节恶劣的，处五年以下有期徒刑、拘役或者管制。"我国刑法中的遗弃罪，就是纯正不作为的适例。所谓不纯正不作为，是指以不作为之手段而犯通常作为犯所犯之罪者。这类犯罪无论是作为还是不作为都可以构成。例如我国《刑法》第 232 条规定的故意杀人罪，既可以由作为构成，也可以由不作为构成。当由不作为构成故意杀人罪时，其就是不纯正不作为。

那么，对于不作为犯罪能否实行正当防卫呢？关于这个问题，在刑法教义学中存在三种观点。第一种观点认为，不仅对作为犯罪可以实行正当防卫，对不作为犯罪也可以实行正当防卫。只要是不法侵害就可以对其实行正当防卫，对作为还是不作为在所不问。例如，我国学者王觐指出："对消极的侵害得行使防卫权者，如乳母以饿死婴儿之意思，绝乳儿之食，为保护婴儿之生命计，于危害切迫之际，以腕力强之哺乳者是。又对于无故侵入人之住宅受退去要求而不退去之人，以实力使之退出住宅外去，亦同。"① 第二种观点认为，只能对作为犯罪实行正当防卫，对不作为犯罪不能实行正当防卫。例如，日本学者大场茂马指出：

① 王觐：《中华刑法论》，6 版，506 页，北平，朝阳学院，1933。

"自文义上观之，侵害二字，仅指积极的侵害行为而言，然则以实力使侵入住居之人，退出宅外，当然不能称之为正当防卫，应称之为自救行为。"[①] 第三种观点认为：对作为犯罪可以实行正当防卫，自不待说。对不作为犯罪能否实行正当防卫则不可一概而论，对不纯正不作为犯罪可以实行正当防卫，对纯正不作为犯罪不能实行正当防卫。例如，日本学者泉二新熊指出，"不以纯正的不作为为正当防卫之原因，是为通说，非谓对于一切不作为，皆不能行使正当防卫权也。"[②] 我认为，对不作为犯罪能否实行正当防卫，还是应当看不作为犯罪能否形成侵害紧迫性。也就是说，对不作为犯罪能否进行正当防卫并不是一个纯理论问题，而是一个不作为犯罪能否形成侵害紧迫性的实际问题。对此，德国学者罗克辛明确指出，一种攻击也能从不作为中产生。[③] 罗克辛明确了具有攻击性的不法侵害是可以从不作为中产生的。

这里应当指出，不作为的侵害紧迫性与作为的侵害紧迫性是完全不同的，因而通过正当防卫消弭这种侵害紧迫性的手段也有所不同。例如：对用刀杀人的作为的不法侵害进行防卫，应当采取的制止方式是以暴力方式迫使不法侵害人放弃杀人，因此，防卫手段既可以是打掉用来杀人的凶器——刀具，也可以是杀伤不法侵害人，使其丧失侵害能力。但对不作为的不法侵害进行防卫，通常需要采取强制手段迫使不作为的行为人履行作为义务。在此，我对不作为犯罪的正当防卫起因条件进行具体分析。

纯正不作为构成的犯罪，在我国刑法中为数不多，主要是《刑法》第 128 条规定的私藏枪支、弹药罪，第 261 条规定的遗弃罪，第 444 条规定的遗弃伤病军人罪等。纯正不作为犯罪能否形成侵害紧迫性呢？一般来说，私藏枪支、弹药罪与遗弃罪不可能形成侵害的紧迫性，但遗弃伤病军人则可能形成侵害紧迫性。例

---

① ［日］大场茂马：《刑法总论》，下卷（日文版），557 页。

② ［日］泉二新熊：《日本刑法论》（日文版），369 页。

③ 参见［德］克劳斯·罗克辛：《德国刑法学总论》，第 1 卷，王世洲译，428 页，北京，法律出版社，2005。

如，在战场上对有条件抢救的伤员故意不予抢救或者对已抢救下来的伤员无故遗弃，使伤员的生命处于极其危险的境地，因此，对遗弃伤病军人罪者可以实行正当防卫。

不纯正的不作为构成的犯罪，在我国刑法中为数不少，例如杀人、放火、爆炸、破坏交通工具、破坏交通设备、重大责任事故等犯罪。那么，这些不纯正的不作为犯罪能否形成侵害紧迫性呢？我认为在某些情况下还是可以的。例如：火车进站时，扳道工不去履行其扳道岔的作为义务，眼看就要发生车覆人亡的重大事故。这时正好有一名解放军战士在场，但不知如何扳道，因此，解放军战士用枪强制扳道工去扳道，扳道工仍不履行其扳道义务，解放军战士就将扳道工的大腿打伤，扳道工为保命只得履行其扳道义务，避免了一场重大事故。我认为，解放军战士在不得已的情况下开枪将扳道工打伤的行为，属于对不纯正不作为犯罪的正当防卫。

总之，不作为犯罪，无论是纯正不作为，还是不纯正不作为，只要其形成侵害紧迫性，都可以对其实行正当防卫。当然，我们也必须看到，不作为犯罪的因果关系不同于作为犯罪。作为犯罪，其不法侵害行为是造成危害结果的直接原因，只要对不法侵害人实行正当防卫，就可以防止危害结果的发生，使国家、公共利益，防卫人本人或者他人的人身、财产和其他权利免受正在进行的不法侵害。而不作为犯罪，其原因在于违反特定的作为义务而使事物向着危险的方向发展，以致造成危害结果。不作为犯罪的行为人是能够防止危害结果的发生而不加防止。在这种情况下，他人能够直接防止危害结果的发生，就没有必要实行正当防卫。只有在没有防止危害结果发生的专门技术和能力的情况下，才能实行正当防卫。例如，甲将仇人之子乙带去游泳，乙不会游泳，甲将乙带到深水区域后弃之不管，企图将其溺死。这是不作为杀人。这时，如果第三者丙会游泳，可以直接去抢救乙，不必实行正当防卫。如果丙不会游泳，而眼看乙马上就要被淹死，四周又无援救之人，则丙可以使用暴力迫使甲去营救乙，该暴力行为应视为对不作为犯罪的正当防卫。

第五章

防卫客体

正当防卫是通过对不法侵害人造成一定损害的方法，使国家、公共利益、本人或者他人的人身财产和其他权利免受正在进行的不法侵害的行为。正当防卫的性质决定了它只能通过对不法侵害人的人身或者财产造成一定损害的方法来实现防卫意图，因此，正当防卫的客体有人与物之分。作为防卫客体的人与物具有各自不同的特点，需要分别加以研究。这就是本章的主旨。

第一节　人作为防卫客体

根据我国宪法和刑法的规定，公民的人身权利受法律保护，任何人不得非法侵犯。但在正当防卫中，不法侵害人由于自己的不法行为而将本人置于非法的境地。在这种情况下，防卫人可以对不法侵害人造成一定的人身损害。这对于防卫人来说，不仅不是非法的侵权行为，反而是在行使依法享有的正当防卫权。

正当防卫的客体之所以主要是不法侵害人的人身，就是因为不法侵害是人的积极作为，它通过人的一定的外部身体动作来实现不法侵害人的侵害意图。为了

制止这种正在进行的不法侵害，防卫人必须采取某些强制性，甚至暴力性的手段，例如限制自由、伤害身体，以至于剥夺生命，使不法侵害人丧失继续侵害的行为能力。例如：李某在公共汽车上扒走王某的钱包，当即转移给同伙张某。王某发觉自己的钱包被扒，怀疑是站在身旁的李某所为，但未从李某身上搜出赃物，于是李某反咬一口，不肯罢休。下车后，李某伙同张某将王某扭住不放，被王某推开，李某就弯腰去捡路边的一块大石头，准备砸王某。王某见状，立刻上前向李某的耳部猛击一拳，将李某击倒在地，自己才得以脱身逃走。由于王某用力较大，李某的左耳失去了听觉。我认为，在李某用大石头砸向王某之际，王某通过对李某的人身造成一定伤害的方法使其丧失不法侵害能力的行为，属于正当防卫。

不法侵害人作为正当防卫的客体，可以具有各种不同的身份。这些身份一般是为法律所认可的，因此具有一定的意义。不法侵害人的身份的特点，决定了对这些具有一定身份的人的正当防卫的特殊性。下面，我结合刑法的有关规定，分别论述对具有特别身份的不法侵害人的正当防卫问题。

一、对无责任之行为人的正当防卫

不法侵害人作为正当防卫的客体，一般是指达到法定责任年龄且具有刑事责任能力的自然人。但没有达到法定责任年龄的未成年人和没有刑事责任能力的精神病人等无责任之行为人也可能对国家、公共利益或者其他合法权益造成不法侵害，这些人是否也可以成为正当防卫的客体呢？关于这个问题，在刑法教义学中存在两种观点：一为肯定说，认为正当防卫的客体仅有客观的不法足矣，不以主观有责为必要。例如，日本学者牧野英一指出："正当防卫，须对于不正侵害为之。兹所谓不正者，系指客观的不正而言，此所以对于无责任能力人之行为，皆有正当防卫权也。"① 二为否定说，认为正当防卫的客体不仅是客观上不法的，

① ［日］牧野英一：《日本刑法》（日文版），283 页。

而且是主观上有责的，因此，对于无责任之行为人只能紧急避险或者以准正当防卫论。例如，日本学者大场茂马指出："侵害行为，而不出于有责者之所为时，非刑法中之所谓不正侵害，故不得对之为通常正当防卫。"①

我国刑法学界对于无责任之行为人能否实行正当防卫这个问题，也存在不同观点。一般来说，如果不知其是没有达到法定责任年龄的未成年人或没有刑事责任能力的精神病人等无责任之行为人，则可以对其实行正当防卫。在这一点上，观点是统一的。至于在明知其为无责任之行为人的情况下，能否实行正当防卫，则主张不一。在这个问题上，存在两种观点：第一种观点认为，在明知对方是无责任之行为人的情况下，不能对其实行正当防卫，而只能实行紧急避险。例如有些学者指出：如果知道侵害者是无责任能力或不负刑事责任的人，则不能实行正当防卫，但可实行紧急避险。第二种观点认为，在明知对方是无责任之行为人的情况下，只有当迫不得已的时候，才可以实行正当防卫。例如有些学者指出：如果被害人知道侵害人是精神病患者，被害人虽然也可以实行正当防卫，但应有一个限制，也就是说在没有其他办法可以避免的不得已的情况下，才能实行正当防卫；如果可以用逃走或者其他方法避免这种侵害，就不必使用对精神病患者造成损害的方法来避免。

我认为，防卫客体不以主观上有责为必要，因此，在一般情况下，对于无责任之行为人可以实行正当防卫。理由在于：首先，无责任之行为人的侵害行为具有不法的性质，在某些情况下，甚至会对国家、公共利益和其他合法权益造成严重危害。如果否认对无责任之行为人具有防卫权，无异于放纵这些人危害社会，尤其是在其他方法不足以制止其侵害的情况下，就会出现牺牲国家、公共利益和其他合法权益而庇护这些无责任之行为人的现象。无论是从道德观念还是从价值观念来说，这种现象都是不被允许的。例如：一个精神病人手持一颗手榴弹正要投向人群，而又没有其他办法可以制止。在这种迫不得已的情况下，牺牲不特定

① ［日］大场茂马：《刑法总论》（下卷）（日文版），558页。

的多数人的生命而保全精神病人的生命，与牺牲精神病人的生命以换取不特定的多数人的生命相比，到底何者更符合道德观念和价值观念呢？答案是不言而喻的。显然，在这种情况下，应该果断地对精神病人实行正当防卫以挽救不特定的多数人的生命，而不能有片刻的犹豫。其次，无责任之行为人的侵害是具有客观上的法益侵害性的，法律之所以不认为这些人的行为是犯罪，主要是因为这些人不具有刑事责任能力或者没有达到法定的刑事责任年龄，其行为缺乏可罚性。但缺乏可罚性并不能作为否定其成为防卫客体的根据，因为正当防卫具有不同于刑罚的特点。刑罚具有惩罚性的属性，而惩罚是建立在一定条件之上的：一方面，作为惩罚的前提必须要有社会危害性；另一方面，作为惩罚的基础还必须要有遏制其再犯的效果。只有同时具备上述两个条件，行为才能成为惩罚的客体。显然，无责任之行为人的侵害行为虽然具有法益侵害性，但对其施罚不可能收到遏制其再犯的效果，因为这些人没有意志自由，其侵害行为是出于年幼无知或者精神病变。所以，无责任之行为人缺乏可罚性。而正当防卫则不同，它是在国家、公共利益和其他合法权益受到不法侵害的紧急情况下的救济措施，其作用不在于遏制再犯，而在于及时地保护国家、公共利益和其他合法权益，因此，作为防卫客体，它并不以侵害人主观上的有责为必要条件。只要客观上造成对国家、公共利益和其他合法权益的严重侵害，就可以对其实行正当防卫，而不问侵害人是否具有责任能力。最后，在不知对方是无责任之行为人的情况下可以实行正当防卫，还在于正当防卫是在迫在眉睫之际实行的。在这种紧要关头，防卫人没有可能，也没有义务查明不法侵害人是否具有责任能力，否则，势必限制和束缚公民实行正当防卫的手脚，使国家、公共利益和其他合法权益得不到切实有效的充分保护。

在一般情况下，无责任人之行为可以成为防卫客体已如上所述。那么，在明知对方是无责任之行为人的情况下，是否也可以对其实行正当防卫呢？我的回答也是肯定的，因为无责任之行为人缺乏刑事责任能力，和意外事件之行为人主观上缺乏罪过一样，只能作为其不负刑事责任的根据，而不能成为不可对其实行正

当防卫的理由。无责任之行为人所实施的侵害行为是不以防卫人主观认识为转移的客观存在，无论防卫人是否知道对方是无责任之行为人，在客观上并不能改变这一不法侵害的性质，因此，不管防卫人是否知道对方是无责任之行为人，对于其不法侵害都可以实行正当防卫。例如，甲见精神病人持刀在大街上向本人砍来，甲避开后，见精神病人又举刀向孕妇乙砍去。甲明知其为不负刑事责任的精神病人，但为了制止其正在进行的不法侵害，使孕妇乙及其他行人免遭精神病人的残害，甲毅然上去奋力将精神病人打倒在地，使其丧失侵害能力。甲的行为属于正当防卫，不负刑事责任。如果按照在明知对方是无责任之行为人的情况下，不能对其实行正当防卫的观点，甲伤害精神病人的行为就不得视为正当防卫。那么，对甲的行为到底如何定性呢？如果说是紧急避险，在理论上难以解释。因为紧急避险是以对公共利益和第三者的个人利益造成一定损害的方法以实现其保护国家、公共利益和其他合法权益的目的。紧急避险和正当防卫的重要区别之一就是对象不同：紧急避险是对第三者实行的，而正当防卫的对象只能是不法侵害的行为人。在本案中，精神病人不是第三者，而是不法侵害的直接实施者。因此，甲对精神病人的伤害不得视为紧急避险。既然甲伤害精神病人的行为不是紧急避险，那么能否说是故意犯罪呢？不能，否则，不合于情理和法理。因为甲是为使孕妇乙和其他行人免受不法侵害，而对精神病人进行人身伤害的，其行为具有制止不法侵害的正当目的，岂能以故意犯罪论？所以，我认为，在明知对方是无责任之行为人的情况下，仍可以对其实行正当防卫，不负刑事责任。

对无责任之行为人可以实行正当防卫，这不仅在刑法教义学中是可以成立的，而且在外国的立法例中也可以得到证明。例如，《印度刑法典》第98条规定："某种行为原属犯罪，但因行为人年幼，理解力未成熟，精神不健全或醉酒，或因行为人的任何误解，而不能认为行为人的行为是犯罪时，每个人对这种行为，仍具有同样的个人防卫权利，如同这个行为是犯罪时他应具有的防卫权利一样。"

那么，对无责任之行为人可以实行正当防卫的观点，是否符合人道主义原则呢？不可否认，在刑法理论中存在以人道主义为理由否定对无责任之行为人具有

正当防卫权利的观点。例如苏俄学者特卡钦科指出："如果对无责任能力者、未成年人的社会危害性行为，采取防卫措施，那么，其结果，以未成年人为例，本来可以用说服教育、威胁或其他办法制止的侵害行为，却由于在只有防卫才能免除侵害的思想支配下进行了防卫，从而对未成年人造成了侵害。显然，这种防卫是不正确的，是不合法的。"[①] 日本学者浜口和久认为："特卡钦科这种观点，是从人道主义、社会主义的道德规范中引申出来的。"[②] 我认为，主张对无责任之行为人可以实行正当防卫和人道主义原则并不矛盾。诚然，从人道主义原则出发，考虑到无责任之行为人主观上是没有罪过的，他们是弱者，应该尽量加以保护，即使这些人正在进行不法侵害，只要不可能造成严重危害结果或者虽然可能给社会造成严重危害结果，但只要采取比较缓和的办法就能制止危害结果的发生，就应当尽量避免伤害无责任之行为人。但在某些紧急情况下，如果不对无责任之行为人造成一定的人身损害，就可能造成他人更为严重的人身损害。这时，对无责任之行为人实行正当防卫，显然是合情合理的，更无不人道可言。例如，黄某的邻居张某是个精神病人，一天，黄某忽见张某手持一把短刀，正在追赶他7岁的儿子，黄某为了使儿子免遭不测，随手操起一根铁棍，将张某打倒。后经医院检查，张某左脚粉碎性骨折。如果说在本案中黄某对精神病人实行正当防卫是不人道的，那么，难道听任精神病人加害于一个7岁幼童就是人道的吗？再者，如果否认黄某对精神病人的不法侵害具有正当防卫的权利，那么，就必然得出结论：黄某对故意伤害精神病人应当承担刑事责任。显然，这是违背情理的。

当然，在对无责任之行为人实行正当防卫时，从人道主义原则出发，应该注意两点：一是对无责任之行为人实行正当防卫须出于不得已。对无责任之行为人的侵害行为，社会主义道德规范要求防卫人特别小心，因为他们是病人，是弱

---

① 转引自［日］浜口和久：《苏维埃刑法中正当防卫及其有关问题——介绍特卡钦科的观点》，载《国外法学》，1981（2）。

② ［日］浜口和久：《苏维埃刑法中正当防卫及其有关问题——介绍特卡钦科的观点》，载《国外法学》1981（2）。

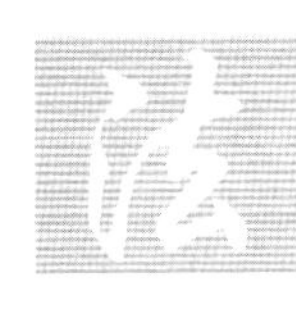

者，对他们不能像对待犯罪分子一样。因此，应该尽可能地躲避而不是损害他们。只有在迫不得已的时候，才可以实行正当防卫。二是在对无责任之行为人实行正当防卫的时候，在防卫强度上应该有所控制：轻伤能够制止其侵害的，不应致其重伤；重伤能够制止其侵害的，不应致其死亡。当然，非致死不足以制止其不法侵害的，致死亦不为过当。

在我国司法实践中通行的是对无责任能力者之不法侵害行为可以实行正当防卫的观点。范某秀故意伤害案就是一个典型案例。[①] 在此，我根据范某秀故意伤害案对无责任能力人的正当防卫问题进行具体论述。

范某秀与范某尚系同胞兄弟。范某尚患精神病近10年，因不能辨认和控制自己的行为，经常无故殴打他人。2003年9月5日上午8时许，范某秀先追打其侄女范某莹，又手持木棒、砖头在公路上追撵其兄范某秀。范某秀跑了几圈之后，因无力跑动，便停了下来，转身抓住范某尚的头发将其按倒在地，并夺下木棒，朝持砖欲起身的范某尚头部打了两棒，致范某尚当即倒在地上。后范某秀把木棒、砖头捡回家。约一小时后，范某秀见范某尚未回家，即到打架现场用板车将范某尚拉到范某尚的住处。范某尚于上午11时许死亡。下午3时许，范某秀向村治保主任唐某投案。

湖北省襄樊市中级人民法院依照《刑法》（2002年修正）第234条第2款、第20条第2款、第72条之规定，于2003年12月27日判决如下：被告人范某秀犯故意伤害罪，判处有期徒刑3年，缓刑3年。一审宣判后，被告人范某秀服判，检察机关不抗诉，一审判决发生法律效力。

湖北省襄樊市中级人民法院经审理认为：被告人范某秀为了使自己的人身权利免遭正在进行的不法侵害，而持械伤害他人身体，造成他人死亡的后果，属明显超过必要限度造成他人损害。其行为已构成故意伤害罪。公诉机关指控的罪名

① 参见艾军：《范尚秀故意伤害案——对精神病人侵害行为的反击能否成立正当防卫》，载最高人民法院刑一庭、刑二庭：《刑事审判参考》，第45辑，10～14页，北京，法律出版社，2006。

成立。后被告人投案自首，依法应从轻处罚。被告人范某秀辩解称其用木棒致死被害人不是故意的，是不得已而为之的自卫行为，与庭审查明的事实相符，依法应当减轻处罚。

本案首先涉及对于无责任能力者的不法侵害行为能否实行正当防卫的问题。关于对无责任能力的行为人能否实行正当防卫的问题，在刑法教义学中也是存在争议的，主要存在肯定说与否定说这两种观点。肯定说认为正当防卫仅有客观的不法足矣，不以主观有责为必要。否定说认为，正当防卫的客体不仅客观上是不法的，而且在主观上是有责的，因此，对于无责任能力者之不法侵害行为只能紧急避险，或者准正当防卫。即使是在肯定说中，也还存在根据是否明知对方无责任能力来区分是否可以进行正当防卫的不同观点。对于不知对方无责任能力的，一般认为可以对其实行正当防卫。但在明知对方无责任能力的情况下，能否实行正当防卫？对比存在两种观点：第一种观点认为，在明知对方无责任能力的情况下，不能对其实行正当防卫，而只能实行紧急避险。第二种观点认为，在明知对方无责任能力的情况下，只有在迫不得已的时候，可以实行正当防卫。[①] 由此可见，关于对无责任能力的行为人能否实行正当防卫，在刑法理论上是存在较大争议的。在司法实践中，关于对无责任能力的行为人能否实行正当防卫，也同样存在不同意见。例如，在本案的处理过程中，关于范某秀行为的性质，曾经先后出现过以下四种意见。第一种意见认为：不能辨认或者不能控制自己行为的精神病人属于无责任能力的人，根据《刑法》（2002 年修正）第 18 条第 1 款的规定，即使其造成危害结果的，也不负刑事责任，因此，精神病人实施的侵害行为不属于《刑法》（2002 年修正）第 20 条第 1 款规定的“不法侵害”，制止精神病人实施的侵害行为不构成正当防卫。范某秀从范某尚手中夺下木棒后，虽然范某尚当时手持砖头又欲起身，但由于范某尚是精神病人，不符合正当防卫的对象条件，且又未当场击打范某秀，而范某秀对被害人头部连续击打两棒致其死亡，故而，范某

① 陈兴良：《正当防卫论》，2 版，79～80 页，北京，中国人民大学出版社，2006。

秀的行为存在明显的伤害故意，构成故意伤害罪。第二种意见认为：精神病人实施的侵害行为不属于不法侵害，不能成为正当防卫的抗辩事由，但范某尚持木棒追打范某秀的行为，已对范某秀的人身权利造成了现实的紧迫危险，范某秀是为了防止发生危险状况而采取避险行为的，只是超过了必要限度，属紧急避险过当的行为，本案定故意伤害罪符合实际。第三种意见认为：精神病人的侵害行为也是不法侵害，可以对其进行防卫。范某秀为使自己免受正在进行的不法人身侵害而实施自卫行为，夺下范某尚手中的木棒并朝其头部击打两下，是防卫行为；但因造成范某尚死亡的后果，故属防卫过当，应定故意伤害罪。第四种意见认为：范某秀用木棒击打范某尚的行为属防卫行为，其主观上是为了防止范某尚继续实施不法侵害，并无伤害故意，对死亡后果的发生具有过失，所以应当定过失致人死亡罪。[①] 在以上四种意见中，第一种意见和第二种意见是否定说，都认为对无责任能力的行为人不能实行正当防卫，只不过第二种意见明确了虽然不能实行正当防卫但可以实行紧急避险；而第三种意见和第四种意见是肯定说，这两种意见都认为对无责任能力的行为人可以实行正当防卫，并且都认为本案属于防卫过当，只不过在如何定罪的问题上存在意见分歧。我认为，对无责任能力的行为人能否实行正当防卫，关键是如何理解正当防卫的客体即不法侵害中的不法？如果将这里的不法理解为客观上的不法，则无责任能力的行为人的侵害也是不法侵害，可以对其实行正当防卫。如果在主客观相统一的意义上理解这里的不法，则无责任能力的行为人的侵害不是不法侵害，不能对其实行正当防卫。我认为，应当对不法与责任加以区分。在一般情况下，不法是客观的，而责任是主观的。无责任能力的行为人缺乏刑事责任能力，因此对其行为不负刑事责任，但并不能由此而否认无责任能力的行为人在客观上也可能实施不法侵害。

应当指出，否定说认为对无责任能力的行为人不能实行正当防卫，但可以实

① 参见艾军：《范尚秀故意伤害案——对精神病人侵害行为的反击能否成立正当防卫》，载最高人民法院刑一庭、刑二庭：《刑事审判参考》，总第45辑，11～12页，北京，法律出版社，2006。

行紧急避险的观点，是难以成立的。因为紧急避险是采取损害第三者的合法权益的方法来保护较大的合法权益免受正在发生的危险，由此可见紧急避险的客体是第三者的合法权益，而正当防卫是对不法侵害者本人实行的防卫行为，因此在刑法理论上，往往将紧急避险称为正与正之关系，而将正当防卫称为正与不正之关系。在本案中，范某尚持木棒追打被告范某秀，即正在对范某秀的人身权利实施侵害，范某秀为了保护本人的人身权利免受范某尚的侵害，而将范某尚按倒在地、夺下其木棒并棒击其头部，致其死亡，因此，范某秀的行为不符合紧急避险的构成要件，不属于紧急避险。如上所述，无责任能力的行为人的侵害行为属于不法侵害，因此可以成为正当防卫的客体。由此必然得出对无责任能力的行为人可以实行正当防卫的结论。但这是一种非此则彼的论证方法，直接从非此中得出则彼的结论。为此，还需要进一步从紧急避险的要件进行论证。从紧急避险的角度来说，问题在于能否把无责任能力的行为人所造成的危险等同于动物或者其他可能引起紧急避险的危险。刑法教义学一般认为，对动物造成的危险，可以直接实行紧急避险。如果这种动物是有主的动物，则视为在紧急情况下对他人财物的毁坏，可以依法免除行为人故意毁坏财物罪的刑事责任；而如果这种动物是珍贵的野生动物，则视为在紧急情况下对野生动物的杀害，可以依法免除杀害野生动物罪的刑事责任；如果这种动物既非有主的动物亦非珍贵的野生动物，则在紧急情况下将其杀死的行为人不承担任何法律责任。但无责任能力的行为人与动物在法律地位上是不同的，其受法律保护的程度也有所不同。虽然无责任能力的行为人对其侵害行为不负责任，但其行为仍然会给他人造成人身和财产权益的损害。在这种情况下，为保护本人或者他人的人身和财产权利，对无责任能力的行为人的侵害行为进行反击的行为，就是一种直接的正当防卫，而不是紧急避险。

二、对醉酒人的正当防卫

我国《刑法》第 18 条第 4 款规定："醉酒的人犯罪，应当负刑事责任。"所

以，对于正在进行不法侵害的醉酒的人可以实行正当防卫。虽然对醉酒的人可以实行正当防卫，但是考虑到醉酒的人的意识能力和意志能力有所减弱，在对其实行正当防卫时，应在强度上有所节制和约束。这里应当指出，醉酒的人所实施的不法侵害具有其特殊性。当然，醉酒后的行为在不同个体中呈现出不同的样态。就某些人来说，其醉酒以后自己的认知能力和行为能力降低，因而表现为不法侵害能力随之降低。但对另外一些人来说，其酒醉以后反而更加兴奋，更加肆无忌惮，更加胆大妄为，因而不法侵害随之也更加凶猛，持续时间更加长久。例如唐某故意伤害案。

云南省永胜县人民检察院经依法审查查明：唐某与李某湘系同村人，2019年2月8日（农历大年初四）23时许，唐某（时年25岁，身高170cm）乘坐朋友驾驶的轿车返家途中，路遇李某湘（时26岁，身高190cm）酒后在村道内对过往车辆进行无故拦截。李某湘拍打唐某乘坐的车辆并对唐某言语挑衅，唐某未予理睬。唐某回到家门口，因未带钥匙，电话联系其父亲唐某勇回家开门，并告知其父被李某湘拦车一事。唐某勇遂带唐某找到李某湘评理，李某湘与唐某勇父女发生争执，在此过程中李某湘踢了唐某勇胸部一脚，继而与唐某勇、唐某进行厮打，随后被李某湘的朋友拉开，唐某勇和唐某回家。李某湘仍留在唐某勇家附近巷道口，声称要喊人把唐某勇一家人砍死。随后，李某湘打电话邀约多个朋友到达唐某勇家附近巷道口。唐某勇回家后给李某湘父亲李某云打电话，李某云遂赶到巷道口，劝李某湘回家未果后，让在场的众人强制将其带回家。回家后，李某湘提出要去唐某勇家道歉并要讨个说法。随后李某湘父母与其朋友一起到唐某勇家门口，李某湘对打架的事情进行道歉，并反复要求唐某勇就相互厮打给个说法。唐某勇一家人未给说法后，李某湘声称这事没完，众人见状合力将李某湘带回家。其父李某云担心李某湘再去闹事，要求朋友杨某、李某林等人留在其家陪同。2月9日凌晨1时许，李某湘手持菜刀溜出家门，跑到唐某勇家大门外侧，用菜刀对唐某勇家大门进行砍砸，并用脚踢踹大门。后赶来劝阻的朋友罗某坤将其菜刀夺走并丢弃，其朋友杨某、张某亮、朱某、李某林劝李某湘回家。其间，

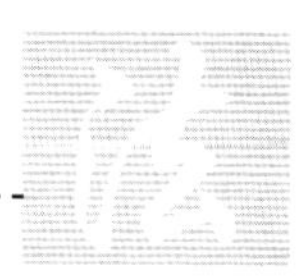

唐某听到砸门声后起床，因感到害怕到厨房拿了一把红色削果皮刀和一把黑色手柄水果刀放在裤兜里用于防身，并打开小门出门查看。李某湘看见唐某出门后用力挣脱朋友拉拽，冲上前即朝唐某腹部踢了一脚，唐某拿出红色削果皮刀反抗，李某湘继续挥拳击中唐某左脸部。在被几位朋友拉开后，李某湘再次挣脱冲向唐某，对其拳打脚踢。在唐某招架中削果皮刀掉落地上，情急之下唐某掏出黑色手柄水果刀用力反抗、挥刺，后双方被他人拉开，唐某回家，李某湘边往巷道外跑边大喊“拿刀来”，后在奔跑过程中倒地，其朋友上前发现李某湘受伤，遂将其送医院救治，经抢救无效死亡。经鉴定，李某湘系被他人用锐器致伤右胸部，伤及升主动脉致急性失血性休克死亡。

永胜县人民检察院经补充侦查和依法重新审查后认定，被不起诉人唐某在春节期间，家人及住宅多次被李某湘侵犯，特别是在2月9日凌晨1时许，家门被砍砸，出门后其在被李某湘脚踢拳殴下，先持红色削果皮刀反抗，后持黑色手柄水果刀反抗，系为保护本人和家人的人身安全而采取的制止正在进行的不法侵害的自行防卫行为。这符合《刑法》第20条第1款的规定，系正当防卫，依法不负刑事责任。2019年12月30日，永胜县人民检察院对该案撤回起诉，并根据《刑事诉讼法》第170条第1款之规定，于同日对唐某作出不起诉决定。

唐某故意伤害案中的死者，亦即本案的不法侵害人李某湘是醉酒后滋事，其属于醉酒的人。因而，本案具有对醉酒的人实行正当防卫的性质，并且具有一定的典型性。在本案的审理过程中，对于唐某的行为具有防卫性质并无争议。争议焦点在于：唐某的行为是否构成防卫过当。对此存在两种不同意见：第一种意见认为，唐某的防卫行为已经超过正当防卫的必要限度，构成防卫过当，应当追究其刑事责任。其理由：一是虽然李某湘持刀砍砸唐某家大门，但唐某开门时李某湘的刀已被他人夺下并扔到较远的地方；二是现场拉架劝阻人员较多，李某湘并不能随心所欲地对唐某实施严重伤害行为；三是李某湘始终未进入唐某家院内，未危及其住宅安全；四是唐某面对李某湘时亦非孤身一人。唐某事发时并非“迫不得已”“别无选择”，仍有选择其他处理方式的余地，如报警等。第二种意见认为，李某湘三番五次对唐某进行挑衅，甚至在凌晨1时许到唐某家门口用刀砍大门，后其刀被他人夺走。面对李某湘的挑衅，唐某持刀反抗，将李某湘刺死，其防卫行为并没有超过正当防卫的必要限度，构成正当防卫。

在唐某正当防卫案中，在客观上存在不法侵害，因而唐某的行为属于为保护本人的人身权利而实施的防卫行为。在司法实践中判断防卫行为是否过当，应当考虑以下因素：第一是防卫行为的必要性。防卫行为具有对不法侵害的反击性和防御性。在这个意义上，防卫行为在一定程度上具有被动性，以此区别于不法侵害的主动性。但防卫行为是否过当主要应当考察其是否为制止不法侵害所必要，只要是防卫所必要的行为就不能认为过当。第二是防卫行为的合理性。防卫行为之所以被刑法所肯定，是因为它的强度是在合理范围内的，并没有超过合理的限度。这里的合理性主要是指根据在防卫特定情景下的具体案情进行考察，虽然防卫行为的合理性与不法侵害的对等性之间具有一定的关联，但不能认为只有对等才是合理的，考虑防卫行为的合理性时还应当考虑防卫人在实施正当防卫时候的主客观等各种因素。第三是防卫行为的应激性。不法侵害作为一种主动的侵害行为，在通常情况下，侵害都是在侵害动机支配下实施的。而防卫人面对不法侵害时的作为，是一种应激状态下的反应。在当时的应激状态下，防卫人对于防卫行为的控制力有所减弱，因而难以准确地把握防卫强度。故此，在司法实践中认定防卫行为是否过当的时候，应当充分考虑防卫人的特殊环境。

在唐某正当防卫案中，不法侵害人李某湘属于酒后滋事，除拦截过路车辆，挑衅、辱骂他人以外，还三番两次到唐某家中闹事，甚至在2月9日凌晨1时，还不听他人劝阻，持刀继续到唐某家门口叫嚣。虽然李某湘是在酗酒的状态下实施上述行为的，但该行为在客观上已经对他人的人身安全造成重大危险，并不影响对该行为实施正当防卫。李某湘的侵害行为从2月8日23时左右开始，一直延续到2月9日凌晨1时左右，前后持续时间长达两个小时。在所发生的数次冲突中，都是李某湘首先挑衅，尤其是在2月9日0时以后，在唐某家人已经入睡的情况下，李某湘手持菜刀砍唐某家的大门，惊醒唐某家人。在这种情况下，唐

某为防身，拿了两把刀，其中一把是红色削果皮刀，另外一把是黑色手柄水果刀。唐某出门以后，李某湘冲上去先踹了唐某一脚。此时李某湘的菜刀虽已经被他人夺走，但对此唐某并不知情。在这种情况下，唐某手握黑色手柄水果刀朝李某湘挥舞，刺中李某湘右胸部，致其死亡。从整个事态发展来看，李某湘不仅是不法侵害的挑起者，而且也是事端升级和矛盾激化的责任人。唐某完全是在迫不得已的情况下，为保护本人的人身权利而实施防卫。虽然在唐某持刀对李某湘进行挥舞的时候，李某湘的菜刀已经被他人夺走，处于赤手空拳的状态，但对于防卫行为是否超过正当防卫的必要限度不能机械地根据防卫工具与侵害工具是否对等进行判断，而应当综合全案情况，对防卫行为是否必要以及防卫强度是否合理等进行考察。在本案中，唐某的防卫行为是在当时情况下制止李某湘的不法侵害所必要的。尤其是考虑到李某湘深夜持刀上门进行不法侵害的特殊背景，我认为，唐某的防卫行为没有超过必要限度。

防卫行为的结果过当是指防卫行为造成不法侵害人重伤、死亡的结果，如果只是造成轻伤结果，根本就不存在结果过当的问题。在考察结果是否过当的时候，不能认为只要在客观上造成不法侵害人重伤、死亡的结果，就可以认定为结果过当。我认为，对于结果过当应当考虑以下因素：第一，结果是否过当一般都存在与侵害结果对比的视角，但侵害结果没有现实化，而防卫结果却已经发生。在这种情况下，要将防卫结果与不法侵害可能造成的结果进行对比，以此确定结果是否过当。第二，结果是否过当不仅要与可能发生的侵害结果进行对比，而且应当考察这种结果是否为制止不法侵害所必要。在有些案件中，只要造成伤害结果就足以制止不法侵害，就没有必要造成死亡的结果。第三，防卫行为是在十分紧迫的情况下实施的，防卫人处于精神高度紧张的状态，不可能像在心情平静状态一样，能够对结果具有准确的掌控和把握。在这种情况下，还要考察结果发生的具体情景。

在本案中，李某湘处于酒后精神错乱的精神状态，虽然口头威胁要杀死唐某全家，但在主观上是否一定想把唐某家人杀死，并不能确定，因此，就结果对比

而言，唐某致使李某湘死亡似乎是过当的。在本案中，如果唐某故意将李某湘杀死，则显然属于结果过当。但唐某并不是故意致使李某湘死亡，而是在持刀向李某湘挥舞过程中刺中李某湘胸部，过失致使李某湘死亡。在这种情况下，本案是否属于结果过当还是值得探讨的。这里涉及的问题是：结果过当究竟是在客观上考察，还是应当结合防卫人的主观心理进行考察。对此，我赞同结合防卫人主观心理进行考察的观点。同样是造成他人死伤结果，但对故意追求该结果和过失造成该结果，在刑法评价上应当加以区分。只有这样，才能对防卫限度作出合理的判断。基于以上分析，我认为，唐某对李某湘的防卫行为，并不存在结果过当的情形。唐某正当防卫案中，虽然在客观上造成不法侵害人李某湘死亡的结果，但唐某是在遭受李某湘酒后滋扰，数次上门挑衅的情况下，为保护本人人身权利而实施的，属于我国《刑法》第 20 条所规定的防卫行为，并且防卫行为没有过当，过失造成的李某湘死亡结果也不存在过当的问题。尽管李某湘系酒后滋事，而且唐某与李某湘是近邻，但只要唐某是在本人受到正在进行的不法侵害的情况下，就应当认定其行为具有防卫性。如果防卫行为没有超过正当防卫的必要限度，就应当根据刑法规定，认定防卫人不负刑事责任。

长期以来，我国司法机关在正当防卫的司法认定上，存在着较多考虑死者的利益，对防卫人往往作出不利判断的情形，这与我国刑法鼓励公民运用法律武器和违法犯罪作斗争的立法精神是不相符合的。通过唐某正当防卫案，可以进一步明确正当防卫与防卫过当的界限，对于正当防卫的正确适用具有重要指导意义。

三、对外国人的正当防卫

外国人在我国必须遵守我国的法律，违反我国法律的行为是不被允许的。对外国人在我国领域内的正在进行的不法侵害，也应当及时有效地加以制止，以维护我国的国家主权和公民的人身或者其他权利，所以，对正在进行不法侵害的外国人，可以实行正当防卫。那么，对于享有外交特权和豁免权的外国人是否可以

实行正当防卫呢？我认为可以对其实行正当防卫。我国《刑法》第 11 条规定："享有外交特权和豁免权的外国人的刑事责任，通过外交途径解决。"我国《刑法》第 11 条规定的对外国人适用我国刑法的例外情况，只是就刑事责任的解决而言，因此，享有外交特权和豁免权的外国人，只要正在进行不法侵害，也可以对其实行正当防卫。

四、对国家工作人员的正当防卫

我国公民在法律上是一律平等的，人人都有遵守法律的义务，不允许任何人享有特权。无论什么人，只要正在进行不法侵害，都允许对其实行正当防卫。因此，对于国家工作人员正在进行的不法侵害，可以实行正当防卫。但有些国家的刑事立法否认对国家工作人员——公务员的不法侵害实行正当防卫的合法性。例如，《印度刑法典》第 99 条规定："一个公务员善意地因职务上的理由实施或企图实施按理不会引起死亡或严重伤害的危惧的行为，虽然严格说起来这种行为并不为法律所允许，但对这种行为没有个人防卫的权利。一个公务员善意地因职务上的指示实施或企图实施按理不会引起死亡或严重伤害的危惧的行为，虽然严格说起来这项指示并不为法律所允许，但对这种行为没有个人防卫的权利。"这正如苏俄学者基里钦科阐述的那样："在资本主义社会条件下，容许对公务员的违法行为进行正当防卫，这就意味着（首先和主要地）容许对维护统治阶级有利和合意的秩序的人的反抗，而反抗者的利益和统治阶级的利益有着不可调和的矛盾。"① 而在我国，国家工作人员应当和普通公民一样遵纪守法。例如，2005 年 4 月 27 日《公务员法》第 12 条规定："公务员应当履行下列义务：（1）模范遵守宪法和法律；（2）按照规定的权限和程序认真履行职责，努力提高工作效率；（3）全心全意为人民服务，接受人民监督；（4）维护国家的安全、荣誉和利益；

① ［苏］基里钦科：《苏维埃刑法中关于正当防卫理论的基本问题》（俄文版），90～91 页。

(5) 忠于职守，勤勉尽责，服从和执行上级依法作出的决定和命令；(6) 保守国家秘密和工作秘密；(7) 遵守纪律，恪守职业道德，模范遵守社会公德；(8) 清正廉洁，公道正派；(9) 法律规定的其他义务。”所以，绝不允许国家工作人员对国家、公共利益和其他合法权益进行不法侵害。如果国家工作人员对国家、公共利益和其他合法权益进行不法侵害，公民可以对其实行正当防卫。

在对国家工作人员实行正当防卫问题上，需要加以说明的是：当国家工作人员在合法的形式下进行不法侵害，对公民的人身和其他权利造成一定的损害时，为使问题得到妥善解决，一般不宜提倡正当防卫，否则，不仅不利于问题的解决，而且可能使防卫人遭受到更大的损害。例如，我国《刑法》第 247 条规定：司法工作人员对犯罪嫌疑人、被告人实行刑讯逼供的，处 3 年以下有期徒刑或者拘役。显然，刑讯逼供属于不法侵害，并且可能形成一定的侵害紧迫性，因此，对于司法工作人员刑讯逼供非法侵犯人身权利的，可以实行正当防卫。但由于刑讯逼供是司法工作人员在审讯的合法形式下进行的不法侵害，在这种情况下，被害人如果实行正当防卫，实际上根本不可能制止不法侵害以保护本人的人身权利。为保护被害人的合法权益起见，我认为不宜提倡正当防卫。我国《宪法》第 41 条规定：“对于任何国家机关和国家工作人员的违法失职行为，有向有关国家机关提出申请、控告或者检举的权利，但是不得捏造或者歪曲事实进行诬告陷害。对于公民的申诉、控告或者检举，有关国家机关必须查清事实，负责处理。任何人不得压制和打击报复。由于国家机关和国家工作人员侵犯公民权利而受到损失的人，有依照法律的规定取得赔偿的权利。”所以，被害人可以通过上述申请、控告或者检举渠道揭露司法工作人员刑讯逼供以保护本人的人身和其他权利。

五、对亲属的正当防卫

我国刑法对防卫客体的身份没有任何限制，只要存在不法侵害，无论不法侵

害人是谁，为保护国家、公共利益和其他合法权益，都可以实行正当防卫。现实中，不法侵害也可能来自尊亲属，所以，对尊亲属可以实行正当防卫。但在封建社会，以伦理为立法的根据，所以，关于亲属间相侵犯的规定完全服从亲疏尊卑之序：封建法律规定，卑亲属侵犯尊亲属的，要处以重刑；而尊亲属侵犯甚至杀死卑亲属，或者根本不予追究，或者处以轻刑。不仅如此，卑亲属对于尊亲属一般没有正当防卫的权利，正如我国学者瞿同祖指出："自卫行为是不适用于对尊长的，直系亲属不在话下，被期、功、缌麻尊长殴击也不能持械抵格，否则便情同互殴，按殴杀尊长本律问罪了。"[①] 当然，这并不排除在某些情况下，封建统治者为了维护封建礼教，而对个别卑亲属对尊亲属实行的正当防卫行为不予追究。例如本书第一章所引"荆吴氏拒奸咬伤荆杰"一案，便是如此。

在制定1911年《大清新刑律》的时候，对尊亲属能否实行正当防卫，是当时革新派与保守派争论的焦点之一。《大清新刑律》第15条明文规定："对现在不法之侵害，而出于防卫自己或他人权利之行为，不为罪；但防卫行为过当者，得减本刑一等至三等。"新刑律草成后，遭到保守派的激烈反对。张之洞认为新刑律草案的问题是"有妨礼教"。刘廷琛认为"其最不合吾国礼俗者，不胜枚举"。劳乃宣认为其"大失明刑弼教之意"[②]。故又订附录"暂行章程"5条。所以，这个法典的正文与附录存在着矛盾。以正当防卫而论，如上所述，《大清新刑律》正文第15条规定了正当防卫不为罪，而在附录"暂行章程"第5条对此又作了例外规定，指出："对尊亲属有犯，不得适用正当防卫之例。"1912年4月30日公布删修新刑律与国体抵触各章条，将暂行章程全部删去，才打破中国传统的禁忌。但1914年12月4日施行的暂行新刑律补充条例，又取消了卑亲属对尊亲属实行正当防卫的权利。该条例第1条规定："刑律第15条于尊亲属不适用之。"而该条例又对此作了例外规定，可谓例外之例外："但有下列情事之一

① 瞿同祖：《中国法律与中国社会》，45页，北京，中华书局，1981。

② 《清朝续文献通考》，卷248。

者，不在此限：一、嫡母、继母出于虐待之行为者；二、夫之尊亲属出于义绝或虐待之行为者。”可见封建伦理观念在中国是何等的根深蒂固。

我国刑法中的正当防卫彻底摈弃了封建伦理的禁忌，对防卫客体并无此等身份限制。这充分体现了我国现行刑法中正当防卫制度的社会主义性质。因此，其允许卑亲属对尊亲属实行正当防卫。例如，死者吕某义，有两个儿子，长子吕某春，次子吕某仲。吕某春已分居另住，结婚时欠了800元债务，当时其父答应为其偿还债务，事后反悔不干，并经常威胁要吕某春离婚。吕某仲提出替哥哥偿还一半债务，吕某义就对吕某仲怀恨在心，致使吕某仲常不敢回家。一天，吕某义拿着锋利的杀猪刀要杀这两个儿子，先闯入吕某春家里，恰巧吕某仲也在屋内，他就用刀向吕某仲喉咙刺去，吕某仲用手一挡，结果刺伤了下腭。吕某春过来抱住了父亲，吕某仲要父亲放下刀子，父亲仍死守不放，并大喊要杀死他俩。吕某仲没有办法，拿起一根木棍，朝父亲的腿打去，造成了骨折，父亲才放下了刀。两个儿子接着到大队去自首，大队还派赤脚医生来抢救，吕某义怎么也不让治疗，结果流血过多，当晚死亡。我认为，吕某仲在受到其父吕某义的不法侵害的情况下，将其父打伤致死，属于正当防卫，不负刑事责任。

对尊亲属的正当防卫已如上所述，对卑亲属的正当防卫则更不成问题。唯有一点需要加以说明：正当防卫不同于亲权中的惩戒权。父母对子女在法律所不禁止的范围的责打，可以认为是行使亲权。如果行使亲权超过必要限度而违法，例如伤害甚至杀死子女，是为亲权的滥用，父母的行为不得视为正当防卫。有些地方把所谓大义灭亲案件一律作为正当防卫处理的做法，我认为是错误的。对所谓大义灭亲案件要具体分析，区别对待。凡确有正在进行的不法侵害的，可以视为正当防卫。例如，某日中午姜某容劳动后回家，忽听其母呼喊救命，迅即奔出，见弟姜某富腰捆打带，手颈缠红色护腕，正一手将母夏某珍左手反扭背后，一手持不锈钢尖刀直对其母颈胸区。姜某容见状，顺手捡起一根圆木棍向姜某富头部连击两棒，取下尖刀交其母，随后到派出所报案。姜某富在送医院后第三天因颅骨损伤，中枢衰竭死亡。人民检察院以被告人姜某容的行为触犯了1979年《刑

法》第 134 条第 2 款，已构成故意伤害罪，提起公诉。律师在接受委托后，根据事实，认为被告在其母遭受不法侵害的紧急时刻，棒击其弟姜某富头部，属于正当防卫。经查，死者姜某富自 1980 年以来，贩卖假药，聚众斗殴，骗、盗、嫖、赌，横行乡里。事发当天，其先寻衅滋事，后提刀行凶，应属从重从快打击对象。姜某富死后，群众拍手称快，赞扬被告为民除害。1983 年 8 月 22 日人民法院判决认为：被告姜某容，是在其母夏某珍的生命安全遭到死者姜某富的不法侵害的紧急时刻，因其母呼救而实施的正当防卫行为。死者持刀对准其母颈胸区，可以直接夺去其母生命。被告为使其母免遭其害，手持木棒，在紧急时刻猛击死者头部，其行为没有超过正当防卫的必要限度。因此，依照我国 1979 年《刑法》第 17 条第 1 款之规定，不追究姜某容的刑事责任。我认为，法院的这一判决是正确的。在其母受到正在进行的不法侵害的情况下，被告将其弟打伤致死的行为，是正当防卫行为，确属大义灭亲。

这里应当指出，对亲属的不法侵害虽然法律允许正当防卫，但应当严格把握正当防卫的必要限度。如果超过防卫限度则构成防卫过当，应当追究刑事责任，但应当从轻或者减轻处罚。例如常某故意伤害案①：

被告人常某与其父常某春（被害人，殁年 56 岁）、母郑某共同居住，常某春饮酒后脾气暴躁，经常辱骂、殴打家人。2012 年 8 月 29 日 18 时许，常某春酒后又因琐事辱骂郑某，郑某躲至常某卧室。当日 20 时许，常某春到常某卧室继续辱骂郑某，后又殴打郑某和常某，扬言要杀死全家并到厨房取来菜刀。常某见状夺下菜刀，常某春按住郑某头部继续殴打。常某义愤之下，持菜刀砍伤常某春头、颈、肩部等处，后将常某春送往医院救治。次日，常某到公安机关投案。当晚，常某春因失血性休克死亡。对于本案，重庆市江津区人民法院经审理认为：常某持刀故意伤害致一人死亡的行为已构成故意伤害罪，但其行为属防卫过当，依法应当减轻或免除处罚。案发后，常某投案自首，其母表示谅解，同时考虑被

① 2015 年 3 月 4 日最高人民法院颁布的涉家庭暴力犯罪典型案例之三。

害人常某春平时在饮酒后常常对家庭成员实施家庭暴力，故对常某减轻处罚并适用缓刑。遂依照刑法有关规定，以故意伤害罪判处常某有期徒刑 3 年，缓刑 5 年。宣判后，在法定期限内没有上诉、抗诉，判决已发生法律效力。

本案的“典型意义”指出：“本案被告人常某已经将被害人常某春手中的菜刀夺下，但常某春对郑某的不法侵害仍在继续，虽然殴打的不是常某，但其扬言要杀死全家，结合常某春平时酒后常有严重的家庭暴力行为，不能排除其暴力行为造成更严重后果的可能。因此，常某针对常某春正在进行的家庭暴力，有权进行防卫。但从常某持菜刀砍击常某春造成多处损伤并致其因失血性休克死亡分析，确实与常某春徒手家暴行为的手段和严重程度不对等，因此可以认定常某的行为构成防卫过当，同时考虑到常某将常某春砍伤后立即送往医院救治，案发后投案自首，得到其母亲的谅解。常某春具有家庭暴力既往史，常某春的其他亲属和邻居也要求……”

我认为，在本案中，死者常某春长期对其妻子郑某实施家庭暴力，甚至还持刀进行威胁，虽然没有着手行凶，但威胁迫在眉睫。而且常某春的威胁内容是杀害全家，因此其对所有家庭成员的人身安全构成威胁。在这种情况下，常某夺刀进行防卫，其行为的防卫性完全成立。最终法院将常某的反杀行为认定为防卫过当，主要理由是在常某夺刀以后，持刀进行防卫与常某春徒手家暴行为的手段和严重程度不对等。对此，可能会存在争议。这里涉及的问题是：常某的正当防卫是否属于特殊防卫，也就是说，常某春持刀行为是否构成《刑法》第 20 条第 3 款规定的行凶？从案情来看，常某在夺刀以后，常某春继续殴打郑某，此时是徒手的不法侵害，因而常某是对这一殴打行为的防卫，属于普通防卫。在对家庭成员防卫的情况下，对于特殊防卫的掌握是更为宽松还是更为严格，这是一个值得探讨的问题。当然，即使对常某的行为认定为防卫过当，考虑到自首等从宽情节，最后适用缓刑，这是值得肯定的。

如果没有正在进行的不法侵害这一正当防卫的前提条件，尊亲属私自将卑亲属处死，其行为不得视为正当防卫，而应以故意杀人罪论处。例如，被告庄某与

死者庄某才是父子关系。死者庄某才原系云南省勐定农场职工，因偷窃、贩卖等被关押。庄某才一直闲居在家，因家庭琐事及违法活动，父子经常发生争吵，庄某才曾动手殴打过父亲，为此父子关系恶化，庄某遂起杀人歹念。庄某以对庄某才严加管教为名，通过其女儿要其未婚夫陈某荣帮忙喊人捆绑庄某才，陈某荣就叫了其外甥范某德、范某国一起帮忙。某日晚，庄某在陈家与女儿、陈某荣等人策划捆绑庄某才，声称是为了教训这个不肖之子。同月某日凌晨5时许，陈某荣等四人，携带绳子到庄某家中，乘庄某才熟睡之际将其捆绑在床上，庄某待他们离开后，独自一人在房内用电将庄某才电死。案发后，人民法院对庄某定故意杀人罪。我认为：法院的定性是准确的。庄某与其子庄某才虽有矛盾，庄某才亦有违法及不孝之处，但这绝不能成为庄某私自将其处死的理由。

六、对共同不法侵害人的正当防卫

对共同不法侵害人实行正当防卫，是一个复杂的问题。在共犯教义学中，共同犯罪参与者可以分为正犯、组织犯、教唆犯、帮助犯等。下面结合这些共犯在共同犯罪中的特点，讨论对共同不法侵害人的正当防卫问题。

正犯又称为实行犯，是指直接实行刑法分则所规定的犯罪构成客观方面的犯罪行为的人，因此，对正犯可以实行正当防卫。例如赵某飞故意伤害案：

长春第一汽车制造厂汽车研究所助理工程师赵某飞，于某日参加吉林省微型汽车鉴定会后，在吉林省永吉县官厅公社沙家河沿岸遇见青年全某日与一女青年鬼混，全某日见赵某飞戴太阳镜，就上前硬要借戴，赵某飞不借，全某日上前便抢，并动手打赵某飞。赵某飞为了避免与其打斗，跑到官厅街上一社员家里躲藏。全某日随后追赶，当追到官厅供销社附近时，遇见其哥们李某国（此人在当地以打架斗殴出名）全某日将此事告知李某国，李某国即去赵某飞的躲藏处，用汽水瓶、铁锹、木棒等对赵某飞进行殴打，将赵某飞的胸部和左手打伤。赵某飞高声呼救，并求在场群众快去公社报告。在此情况下，李某国、全某日仍不罢

休。赵某飞在其生命受到严重威胁的情况下，为了自卫，拿起一把镰刀，从后窗户跳出屋外。李某国、全某日仍死死追住不放，手持凶器跳出窗外继续追赶和殴打赵某飞。赵某飞万般无奈，挥刀对抗，向凶犯还击，结果将李某国的腹、肘、腕部砍伤，李某国在送往医院抢救途中死亡。对于赵某飞砍死李某国的行为，永吉县公安局认为：赵某飞的行为属于正当防卫，不负刑事责任，并给予表彰和奖励。

在本案中，犯罪分子李某国和全某日都是实行犯，这在刑法理论上称为共同正犯。对于共同正犯，不论其在共同犯罪中是主要实行犯还是次要实行犯，防卫人都可以对其实行正当防卫。

组织犯是指组织、领导犯罪集团进行犯罪活动的人。组织犯既可能在幕后策划，也可能直接参加犯罪的实施。对于幕后策划的组织犯，无所谓正当防卫可言。对于直接参加犯罪的实施的组织犯，视同实行犯，当然可以对其实行正当防卫。

教唆犯是指教唆他人犯罪的人。那么，对于教唆犯能否实行正当防卫呢？我认为，教唆犯一般来说不可能成为正当防卫的客体。因为教唆犯的行为是教唆他人犯罪，这一行为的实际危害是通过被教唆的人——实行犯的行为得以实现的，在被教唆的人没有实施这一行为以前，不法侵害尚未发生，而且教唆行为本身不能形成侵害的紧迫性。因此，对教唆犯不能实行正当防卫。当然，如果倡首先言，继而又与其他人共同实施犯罪，这在中国古代称为造意犯，对于这样的人当然可以实行正当防卫。

帮助犯是指用各种方法帮助实行犯罪的人，他们在共同犯罪中起辅助作用。帮助犯的活动可能表现为供给犯罪的人以必要工具，排除实行犯罪的障碍，对实行犯提供意见和供给消息，帮助罪犯隐匿或湮灭罪迹等。对帮助犯能否实行正当防卫，这一问题比较复杂。在共犯教义学中，帮助犯有事前帮助、事中帮助和事后帮助之分。事前帮助是指在他人实施犯罪行为以前予以帮助，例如明知他人要去杀人，而故意地将杀人凶器交给杀人犯。这种事前帮助犯不是和实行犯一起实

行犯罪的，不可能形成侵害紧迫性，所以，对事前帮助犯不能实行正当防卫。事后帮助是指在他人实施犯罪行为以后予以帮助，但必须以事前通谋为前提。例如，我国《刑法》第310条规定，窝藏、包庇犯罪分子而事前通谋的，以共同犯罪论处。对于这种事后帮助犯也不能实行正当防卫。因为，窝藏、包庇行为往往发生在前一个不法侵害之后，前一个不法侵害已经终了，不发生正当防卫问题，而窝藏、包庇行为本身虽然亦属犯罪行为，但它不能形成侵害紧迫性，因此，也不能对其实行正当防卫。那么，对于事中帮助犯能否实行正当防卫呢？事中帮助是指在他人正在实施犯罪行为时，帮助其实施的情形。事中帮助犯的特点是亲临犯罪现场予以帮助，例如在强奸现场，按住被害妇女手脚或以其他方法帮助强奸等。我认为，对于这样的事中帮助犯可以实行正当防卫。总之，对于帮助犯能否实行正当防卫不可一概而论，对于事前和事后的帮助犯不能实行正当防卫，而事中帮助犯则可能成为正当防卫的客体。

对共同不法侵害人的正当防卫由于涉及数个共同侵害人，因此在正当防卫的认定上，应当充分考虑共同犯罪的特点，正确认定对共同不法侵害人的正当防卫。例如湖南省宁乡市文某丰正当防卫不起诉案：

刘某某因对薪酬不满经常旷工，因此受到公司处罚。2019年3月19日18时许，刘某某为此事与公司负责人发生争吵，便联系其亲戚欧某某来帮忙。欧某某于当晚20时许赶到该公司后，因公司相关负责人已下班，刘某某便邀欧某某及另外两名同事一起吃夜宵、喝酒、唱歌至次日零时。酒后，刘某某认为同事文某丰“讨厌、不会做人，此事系文某丰举报所致”，遂临时起意要欧某某一起去恐吓文某丰。刘某某醉酒驾车，和欧某某一起来到该公司门口，用微信语音聊天约正在上晚班的文某丰到公司门口见面。刘某某拿出一把事先放在车上的匕首交给欧某某，并吩咐欧某某等文某丰出来了就用匕首恐吓他。

文某丰来到公司门口后，刘某某提出自己从公司离职，要求文某丰给钱赔偿。文某丰当场拒绝并转身欲返回公司。刘某某追上阻拦并抓住文某丰的左手，同时用拳头殴打文某丰的头部，欧某某亦上前持匕首朝文某丰的左胸部刺去。文

某丰见状用右手抓住匕首的刀刃抢夺欧某某手中的匕首。抢夺中，文某丰所穿针织衫左胸部位被匕首划烂，右手手指、手掌均被划伤。文某丰抢到匕首后，拿着匕首对仍在殴打自己的刘某某、欧某某挥刺。刘某某被刺后松开文某丰，欧某某亦摔倒在地。文某丰即转身跑往公司保安亭，拨打110报警。民警赶到现场后，文某丰将匕首交给民警，如实供述了事发经过。医护人员到现场后，发现刘某某已经死亡。经鉴定，刘某某系剑突下单刃刺器创伤致右心室全层破裂、右心房穿透创伤造成急性循环功能衰竭死亡。文某丰损伤程度为轻伤一级。

2019年3月20日，湖南省宁乡市公安局以文某丰涉嫌故意伤害罪立案侦查，同日采取刑事拘留措施，后变更为取保候审。同年9月27日，湖南省宁乡市公安局在侦查终结后以文某丰涉嫌故意伤害罪、欧某某涉嫌寻衅滋事罪移送宁乡市人民检察院审查起诉。宁乡市人民检察院经审查认为，文某丰面对刘某某以拳头殴打和欧某某持匕首刺向自己胸部，夺下匕首进行反击，其行为符合《刑法》第20条第3款的规定，依法不负刑事责任，遂于2020年4月3日对文某丰作出不起诉决定。欧某某因随意殴打他人，情节恶劣，构成寻衅滋事罪被依法提起公诉，于2019年12月19日被宁乡市人民法院判处有期徒刑6个月。

在本案中，死者刘某某因个人琐事纠集多人对公司负责人文某丰实施殴打等不法侵害行为，刘某某率先动手殴打文某丰，但对文某丰造成最大威胁的是欧某某，其手持匕首刺向文某丰的胸部。在这种面临正在进行的不法侵害的急迫情况下，文某丰夺过匕首反刺刘某某、欧某某，结果刺中刘某某，致其死亡。在本案中，文某丰面对数人的共同不法侵害，在进行防卫的时候，刺死刘某某，但使用凶器进行不法侵害的欧某某却未被刺中，具有一定的偶然性。但鉴于这是一起共同侵害的案件，对于这种共同实施的不法侵害，考虑到对方人数较多，而且侵害人的侵害目的具有不确定性，因而无论造成共同侵害人中的何人，都应当认定为正当防卫。本案的“典型意义”指出：对于不法侵害主观故意的具体内容虽不确定，但实施了足以严重危及他人人身安全的暴力犯罪行为的，应当认定为符合特殊防卫的起因条件，防卫人可以实行特殊防卫。此案中，刘某某指使欧某某恐吓

文某丰，到达现场后拿出匕首交给欧某某，尽管其吩咐恐吓的内容不确定，但当欧某某持匕首向文某丰的要害部位刺去时，二人共同实施的不法侵害已严重危及文某丰的人身安全。文某丰面对刘某某、欧某某共同实施的暴力侵害进行反击，无论造成二人中谁的死伤，都属于正当防卫，即使造成暴力程度较轻的刘某某重伤或者死亡，都不属于防卫过当，不负刑事责任。检察院认定文某丰的行为属于正当防卫，依法作出不起诉决定，具有积极意义，有利于鼓励公民行使正当防卫权利，在遭受不法侵害，特别是严重暴力侵害时，要敢于积极同违法犯罪行为作斗争。司法机关在办理涉正当防卫案件时，要注重查明前因后果，分清是非曲直，确保案件处理于法有据、于理应当、于情相容，符合人民群众的公平正义观念，实现法律效果与社会效果的有机统一。

第二节　物之作为防卫客体

正当防卫，在绝大多数情况下都是对实施不法侵害的人实行的。然而，在个别情况下，物也可能成为防卫客体，因而，对此有必要加以研究。在讨论对物的正当防卫的时候，首先必须明确一点：物成为防卫客体，不是自发的，而是由不法侵害人的行为所决定的，因此，作为防卫客体的物，对不法侵害人具有一定的从属性。只有认识了这一点，才能真正了然物成为防卫客体的真谛。作为防卫客体的物，有活物与死物之分：前者指动物，后者指财物。对此需要分别论述。此外，还有一个对法人能否实行正当防卫的问题，实际上也是一个对物的正当防卫问题。因为法人不同于自然人，没有人的生理属性，自然谈不上人身的问题。对法人的正当防卫，主要是指对法人财产的正当防卫，也属于对物的正当防卫的范畴，因此，在此一并加以讨论。这里应当指出，对物防卫这个概念有狭义与广义之分：狭义上的对物防卫是指对动物的防卫；而广义上的对物防卫则不仅是指对动物的防卫，而且也包括对财物的防卫。在此，我在广义上使用对物防卫的概

念，因而分别讨论对动物的防卫与对财物的防卫。

一、对动物的正当防卫

对于动物的侵害是否发生正当防卫的问题呢？关于这个问题，刑法教义学中存在三种观点：第一种观点认为，对于动物之侵害，不发生正当防卫问题，只能对其实行紧急避险。例如，日本刑法学家久礼田益喜指出："对于动物之自发的侵害行为，仅能为紧急避险。"[①] 第二种观点认为，对于动物的侵害加以反击，仍为准正当防卫。例如，我国刑法学家王觐指出："对动物之侵害所为之反击，是为准正当防卫，而非紧急避险，纵令从该项防卫行为所生之损害，超过侵害之程度时，犹不失为合法行为。"[②] 第三种观点认为，对于动物之侵害应该区别对待：纯属自然现象者，无所谓正当防卫；出于他人嗾使者，可以称为正当防卫。例如，我国台湾地区学者韩忠谟指出："动物之侵害，苟非出于人为之原因，而仅系单纯之自然现象，则其侵害根本不受刑法之适用，自无所谓不法，且被侵害者所为之防卫行为亦不具有违法之外观，更不生违法阻却之问题，称之为准正当防卫显非必要。至若动物之侵害，系由于人为者，则与此有异，其侵害至少在客观上系属不法，从而对之加以反击，仍不失为正当防卫行为，例如他人所畜之猛兽，突出噬人，为防护生命身体之安全，及时予以格杀，纵或动物之伤人非出于该他人之故意或过失，在客观上亦不能谓非不法侵害，对之所施反击，即系正当防卫行为，如他人嗾使所畜动物出而伤人者，又属故意不法之侵害，为排除该不法侵害而加以反击，其系正当防卫，更不待言。"[③] 在以上三说中，前两说未对动物之侵害的性质加以具体分析，而对动物之侵害概而论之，结论难免偏颇。第

① ［日］久礼田益喜：《日本刑法总论》，日文版，139页。

② 王觐：《中华刑法论》，6版，524页，北平，朝阳学院，1933。

③ 韩忠谟：《刑法原理》，14版，145页，台北，台湾大学，1981。

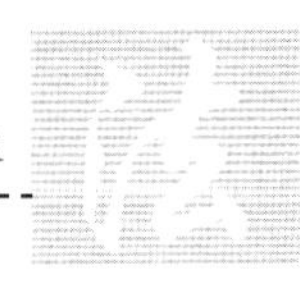

三说将动物之侵害区分为两种情况，分而论之，观点有其可取之处。只是在我看来，其区分得尚不够细致，结论失之粗糙。

对动物的正当防卫之定性，主要涉及对不法侵害的理解，因为正当防卫的起因是不法侵害，只有对不法侵害才能实施正当防卫。关于这里的不法侵害存在客观说与主观说之争。如果是采客观说，则只要在客观上具有不法效果，即可以认定为不法侵害。根据此说，所有加害于人类的动物的破坏行为都属于不法侵害，因此对所有动物的加害行为都可以实施正当防卫。但根据主观说，不法侵害不仅在客观上具有不法效果，而且在主观上具有不法意思。根据此说，所有动物的加害行为都不能被认定为不法侵害，因而必然得出结论，所有动物都不能成为防卫起因。由此可见，对动物能否防卫的问题，关键在于如何理解违法性。正如日本学者指出："有关对物防卫之肯否性，以往之见解，非常激烈地对立。其理由何在？此种问题，在有关违法性之本质上，因对其前提之法规性格，在理解方面具有重大影响，故至今仍不失其重要性。"① 我认为，对不法侵害在理解上既不能过于宽泛也不能过于狭窄。在坚持客观说的基础上，应当再对不法侵害进行适当的限制。② 对来自动物的侵害加以反击，其行为的性质不能一概而论，而是应当区别不同情况适当地加以解决。首先，如果是野生动物之自发侵害，而该野生动物又非国家法律所保护的珍禽、珍兽或者其他野生动物资源，则对该野生动物的反击，既无正当防卫又无紧急避险可言。其次，如果是动物之侵害，而该动物是国家法律所保护的珍禽、珍兽或者其他野生动物资源，或者该动物是国家和私人所有的财产，则对该动物之反击，属于紧急避险。所以，遇到牲畜自发的侵袭，可以实行紧急避险。例如唐律规定："诸官私畜产，毁食官私之物，登时杀伤者，各减故杀伤三等，偿所减价；畜主备所毁。其畜产欲觗齿人而杀伤者，不坐、不

① ［日］川端博：《刑法总论二十五讲》，余振华译，184页，北京，中国政法大学出版社，2003。

② 对物防卫的肯定说与否定说的具体论述，参见［日］川端博：《刑法总论二十五讲》，余振华译，186页以下，北京，中国政法大学出版社，2003。

偿。”[①] 这些内容，正如我国刑法学家蔡枢衡指出的，相当于后世所谓紧急避险。[②] 牲畜毁食官私之物而予以杀伤，是避险过当，应减故杀伤三等，并负损害赔偿的民事责任。而牲畜对人侵害，予以杀伤，则属于紧急避险。“不坐不偿”，就是既不负刑事责任，也不负民事责任。最后，如果是犯罪分子有意纵使牲畜进行侵害，对之当然可以实行正当防卫。因为在这种情况下，与其把侵害视为动物之所为，不如把它视为主人之所为，动物不过是其主人用来进行不法侵害的工具而已。因此，在特殊的条件下，动物可能成为正当防卫的客体。

二、对财物的正当防卫

正当防卫的客体除不法侵害人的人身或者在特殊条件下可能是动物以外，还可以是不法侵害人的其他财产。对不法侵害人的财产造成一定的损害，必须是为实现制止不法侵害，保护国家、公共利益和其他合法权益这一正当防卫的目的所必需。对不法侵害人的财产造成一定的损害，在正当防卫中只是极个别的情况，例如，在实行正当防卫时，把不法侵害人作为犯罪工具使用的财产加以损坏。

司法实践中除对侵害人的财物进行防卫以外，还存在在防卫过程中对第三人的财物造成损害的情形。对此如何处理，是一个值得研究的问题。例如日本学者山口厚对防卫行为对他人财物的损害问题进行了论述，对正当防卫中第三者的法益侵害的情形做了研究，认为存在两种类型：第一种类型是侵害人利用第三人所有的财物实施不法侵害，防卫人在正当防卫过程中损害了第三人的财物的情形；第二种类型是防卫人在正当防卫过程中利用第三人的财物进行防卫，因而损害了第三人的财物的情形。对于上述第一种类型，在刑法教义学中存在正当防卫说与

---

① 长孙无忌：《唐律疏议》，283～284页，北京，中华书局，1983。

② 参见蔡枢衡：《中国刑法史》，178页，南宁，广西人民出版社，1983。

紧急避险说之争，山口厚认为，只要是被侵害人所利用的，即使是第三人的财物，也可以成为防卫客体，因而认定为对物防卫。至于上述第二种类型，防卫人利用第三人的财物进行防卫并造成财物损失的，则应当认定为紧急避险，因为这是以牺牲他人利益保护本人利益，完全符合紧急避险的成立条件。[①]

三、对单位犯罪的正当防卫

对个人可以实行正当防卫，那么，对单位犯罪能否实行正当防卫呢？对于这个问题，在刑法教义学中鲜有人论及，但其的提出具有一定的现实意义。例如，某地曾经发生过这样的案件：一个具有法人地位的工厂在居民区生产机械零件，工厂噪音吵得四邻居民日不安生、夜不安寝，工厂热处理车间的废水还污染了食用水源，给居民的身体健康和日常生活带来严重危害。为此，附近居民以正当防卫为由对该工厂的机器设备进行破坏，造成工厂停产。此类案件在实际生活中可以说并非绝无仅有，而是时有发生。这样，就迫切地需要我们从理论上回答这个问题：这些居民对工厂的机器设备进行破坏到底是不是正当防卫？归根到底，就是对法人能否实行正当防卫的回答。为了正确地回答这个问题，必须先明确法人的概念。我国《民法典》第 57 条规定："法人是具有民事权利能力和民事行为能力，依法独立享有民事权利和承担民事义务的组织。"我认为，诚然，在某些情况下单位可以实施不法侵害，成为犯罪主体，但由单位的本质特征所决定，单位本身不能成为正当防卫的客体。至于对单位实施的不法侵害，被害人应该通过其他合法途径追究其责任；已经造成损害的，可以向人民法院起诉要求赔偿。总之，对单位不能实行正当防卫。

① 参见［日］山口厚：《从新判例看刑法》，3 版，付立庆、刘隽译，47 页，北京，中国人民大学出版社，2009。

第六章 防卫时间

正当防卫的时间是正当防卫的前提条件之一，它所要解决的是在什么时候可以实行正当防卫的问题。正当防卫是为制止不法侵害而采取的还击行为，必须在面临正在进行的不法侵害时才能实行。所谓不法侵害之正在进行，是指不法侵害处于实行阶段，这个实行阶段可以表述为已经发生并且尚未结束。不法侵害的时间决定正当防卫的时间，因此，研究不法侵害的着手和终止，对于确定正当防卫是否适时具有重要的意义。

第一节 防卫时间概述

防卫时间也可以称为防卫的适时性，是指不法侵害的正在进行，只有在这个时间内，才能实行正当防卫。从刑法条文规定来看，《德国刑法典》明确规定不法侵害的正在进行是正当防卫的成立条件。然而，《日本刑法典》则并没有规定不法侵害的正在进行。在这种情况下，日本学者主要通过对侵害紧迫性规定进行解释，推导出不法侵害正在进行的时间条件。例如，日本学者指出：紧迫性意味着被侵害者的法益被侵害的危险迫在眉睫，也包含侵害处于现在正在进行的状态。关于紧迫性，存在紧迫性的始期与终期的问题（正当防卫的时间界限）。[①]由此可见，日本学者是在紧迫性条件中论及正当防卫适时性要件的。在这种情况下，就存在将正当防卫的紧迫性要件与适时性要件相混淆的问题。我国刑法关于正当防卫的规定，类似于《德国刑法典》，存在对不法侵害正在进行的规定。这是防卫的适时性要件。

关于防卫时间是以不法侵害的正在进行为根据加以确定的，因此，不法侵害的起始时间与结束时间分别对应于防卫的开始时间与终止时间。在刑法教义学中将违反正当防卫适时性要件的行为称为防卫不适时。防卫不适时因为缺乏正当防卫的时间要件，因而不能成立正当防卫。防卫不适时又可以进一步被区分为事前防卫与事后防卫。其中，违反正当防卫开始时间条件的行为就是事前防卫，违反正当防卫结束时间的行为就是事后防卫。事前防卫和事后防卫中的“事”就是指正在进行的不法侵害。

应当指出，在通常情况下，不法侵害的时间并不能确定。因为绝大多数不法侵害都是即成犯，也就是说，不法侵害行为着手实施以后，其侵害结果随之而发生，因而不法侵害的持续时间较短。对于此种即成犯，可以较为容易地确定其开始时间与结束时间。但在不法侵害具有持续性、连续性等特征的情况下，不法侵害的开始时间与结束时间的认定会有一定的困难。我国学者周光权提出了持续侵害的概念，指出：“持续侵害，是一个广义的概念，主要是指非法拘禁、绑架等继续犯以及非法侵入住宅、组织传销活动等侵害状态得以持续的不法形态；此外，还包括攻击在相当长时间内得以持续的围殴等侵害形态。这里的持续侵害，就是持续危险，即‘构成危险的状态具有较长的持续时间’的情形。[②] 在上述持续侵害中，不法行为的成立和既遂往往都相对较早，但犯罪行为在较长时期内并

① 参见［日］高桥则夫：《刑法总论》，李世阳译，242页，北京，中国政法大学出版社，2020。

② 参见［德］约翰内斯·韦塞尔斯：《德国刑法总论》，李昌珂译，171页，北京，法律出版社，2008。

未结束，在犯罪人彻底放弃犯罪行为之前，违法状态也一直持续，犯罪并未终了，在此过程中，防卫人理应都可以防卫。”① 我认为，持续侵害的概念对于正确判断不法侵害的时间具有重要参考价值，它为不法侵害的时间，尤其是结束时间的认定提供了一种独特的视角。

关于防卫时间的司法认定，《指导意见》明确指出：“正当防卫必须是针对正在进行的不法侵害。对于不法侵害已经形成现实、紧迫危险的，应当认定为不法侵害已经开始；对于不法侵害虽然暂时中断或者被暂时制止，但不法侵害人仍有继续实施侵害的现实可能性的，应当认定为不法侵害仍在进行；在财产犯罪中，不法侵害人虽已取得财物，但通过追赶、阻击等措施能够追回财物的，可以视为不法侵害仍在进行；对于不法侵害人确已失去侵害能力或者确已放弃侵害的，应当认定为不法侵害已经结束。对于不法侵害是否已经开始或者结束，应当立足防卫人在防卫时所处情境，按照社会公众的一般认知，依法作出合乎情理的判断，不能苛求防卫人。对于防卫人因为恐慌、紧张等心理，对不法侵害是否已经开始或者结束产生错误认识的，应当根据主客观相统一原则，依法作出妥当处理。”在我国司法实践中，不法侵害的开始时间通常是容易把握的，但对不法侵害的结束如何认定则存在一定的困难。可以说，对防卫时间的错误判断基本上都是发生在对不法侵害的结束的认定上，因而不法侵害的结束问题尤其值得关注。对此，《指导意见》提出了据以判断不法侵害结束时间的以下要点。

一、正确区分不法侵害的结束与暂时中止

不法侵害的结束与暂时中止，从外观上看都是停止了不法侵害。但前者是终局性停止，包括侵害人主动放弃不法侵害或者侵害人被制服而不得已放弃不法侵害。在这种情况下，不法侵害的危险已经解除，不法侵害不复存在，因而丧失了

① 周光权：《论持续侵害与正当防卫的关系》，载《法学》，2017（4）。

正当防卫的适时性条件。后者是暂时性停止，不法侵害的危险并没有被排除，或者能够挽回的财产损失尚未挽回。在这种情况下，不能认为不法侵害已经结束，仍然具备正当防卫的适时性条件。例如在所谓反杀案中，对不法侵害结束时间的判断就具有十分重大的意义。例如于某明正当防卫案（检例第 47 号），亦即昆山反杀案，就涉及对不法侵害结束时间的认定。2018 年 8 月 27 日 21 时 30 分许，于某明骑自行车在江苏省昆山市震川路正常行驶，刘某醉酒驾驶小轿车（经检测，血液酒精含量 87mg/100ml），向右强行闯入非机动车道，与于某明险些碰擦。刘某的一名同乘人员下车与于某明争执，经同行人员劝解返回时，刘某突然下车，上前推搡、踢打于某明。虽经劝解，刘某仍持续追打，并从轿车内取出一把砍刀（系管制刀具），连续用刀面击打于某明颈部、腰部、腿部。刘某在击打过程中将砍刀甩脱，于某明抢到砍刀，刘某上前争夺，在争夺中于某明捅刺刘某的腹部、臀部，砍击其右胸、左肩、左肘。刘某受伤后跑向轿车，于某明继续追砍两刀均未砍中，其中 1 刀砍中轿车。刘某跑离轿车，于某明返回轿车，将车内刘某的手机取出放入自己口袋。民警到达现场后，于某明将手机和砍刀交给出警民警（于某明称，拿走刘某的手机是为了防止对方打电话召集人员报复）。刘某逃离后，倒在附近绿化带内，后经送医抢救无效，因腹部大静脉等破裂致失血性休克于当日死亡。于某明经人身检查，见左颈部条形挫伤 1 处、左胸季肋部条形挫伤 1 处。关于刘某的侵害行为是否属于“正在进行”的问题，在论证过程中有意见提出，于某明抢到砍刀后，刘某的侵害行为已经结束，不属于正在进行。论证后大家认为，判断侵害行为是否已经结束，应看侵害人是否已经实质性脱离现场以及是否还有继续攻击或再次发动攻击的可能。于某明抢到砍刀后，刘某立刻上前争夺，侵害行为没有停止，刘某受伤后又立刻跑向之前藏匿砍刀的汽车，于某明此时作不间断的追击也符合防卫的需要。于某明追砍 2 刀均未砍中，刘某从汽车旁边跑开后，于某明也未再追击。因此，在于某明抢得砍刀顺势反击时，刘某既未放弃攻击行为也未实质性脱离现场，不能认为侵害行为已经停止。在本案中，于某明已经从侵害人刘某手中夺过砍刀，因而此后利用该砍刀将刘某杀死的

行为具有反杀的性质。那么，当刘某在击打过程中将砍刀甩脱，于某明抢到砍刀时，不法侵害是否已经结束呢？从案情来看，虽然刘某失去砍刀，但他仍然上前抢夺砍刀，可见其并没有放弃对于某明的砍杀，因而于某明面对的不法侵害危险仍然存在。在争夺砍刀过程中，于某明捅刺刘某的腹部、臀部，砍击其右胸、左肩、左肘的行为具有防卫性是没有问题的。紧接着，刘某受伤后跑向轿车，于某明继续追砍 2 刀均未砍中，其中 1 刀砍中轿车。因为于某明的追砍并没有砍中刘某，因而在本案中不存在事后防卫的问题。那么，如果追砍过程中这两刀砍中了刘某，是否就一定能够认定于某明构成事后防卫呢？答案是未必。因为刘某是向其轿车后部跑去，在当时十分紧急的情况下，难以排除刘某是想从轿车的后备厢拿刀，因而此种情况下的防卫仍然具有适时性。因此，于某明正当防卫案对于正当防卫适时性的司法认定具有重要参考价值。

二、正确辨析不法侵害的结束与犯罪既遂

在刑法教义学中，不法侵害通常是一种犯罪行为，因而其犯罪既遂能否直接等同于不法侵害的结束，是一个需要具体分析的问题。当某种犯罪行为达到既遂形态时，表明犯罪已经结束，危害结果已然发生，因此也就不存在进行防卫的必要性。这一原理在侵害人身的暴力侵害中是可以适用的，但在侵犯财产的犯罪中是否适用还是存在疑问的。根据《指导意见》的规定，在财产犯罪中，不法侵害人虽已取得财物，但通过追赶、阻击等措施能够追回财物的，可以视为不法侵害仍在进行。在这种情况下，对于财产犯罪来说已经既遂，如果把不法侵害理解为是一种行为，则不法侵害已经结束。但此时犯罪人对财产的不法占有状态仍然持续，因而刑法教义学中称之为状态犯，它与不法行为持续的继续犯在性质上是有所不同的。在这种不法占有状态持续的情况下，当场追回财物的行为如果认定为正当防卫，则对不法侵害的正在进行如何理解，这是值得研究的。日本学者对继续犯与即成犯的不法侵害终止时间做了分析，认为在监禁罪那样的继续犯中，在

法益侵害继续、犯罪继续期间，可以承认侵害的紧迫性。与此相对，对杀人罪那样的即成犯，一旦既遂，便没有可能成立正当防卫。那么，对状态犯又如何理解呢？对此，日本学者佐伯仁志指出："像盗窃罪那样的、犯罪既遂后法益侵害仍然继续的状态犯。与紧迫性的开始时期未必是未遂犯的成立时一样，紧迫性的终止时期也未必是犯罪的既遂时期。盗窃罪的既遂时期是犯人取得财物占有的时点，但我认为，可以解释为，直到犯人确保对此财物的占有为止，急迫的侵害都在继续。具体而言，犯人取得财物后当场想取回的情况和从现场一直继续追赶犯人的情况下都可以肯定紧迫性。"[①] 由此可见，佐伯仁志还是对状态犯的不法侵害正在进行持肯定说。这对不法侵害的正在进行是一种扩大解释，当然，日本学者是在侵害紧迫性的名义下讨论不法侵害正在进行的起始时间的认定问题。

在司法实践中，对于防卫时间的具体把握容易出现差错，这主要还是因为未能准确地认识防卫时间的性质。我认为，刑法之所以对正当防卫提出适时性要求，就在于只有在不法侵害正在进行的情况下，公民才可能为保护本人或者他人的人身、财产或者其他权利而行使防卫权。因此，考察防卫是否适时，最为关键的要素在于判断公民是否面临正在进行的不法侵害。在某种意义上说，对防卫时间的判断也就是对不法侵害的危害性的判断。因此，对于防卫是否适时应当结合具体案情进行认定。例如韩某故意伤害案。[②]

山东省威海市中级人民法院经公开审理查明：2003年8月30日19时许，被害人王某见被告人韩某同丁某某在山东省乳山市"豪迈"网吧上网，王某认为丁某某是自己的女友，即对韩某产生不满，纠集宋某、贾某等四人到网吧找韩某。王某先让其中二人进网吧叫韩某出来，因韩某不愿出来，王某又自己到网吧中拖扯韩某，二人发生争执，后被网吧老板拉开。王某等人到网吧外等候韩某，当韩

① ［日］佐伯仁志：《刑法总论的思之道·乐之道》，于佳佳译，112页，北京，中国政法大学出版社，2017。

② 参见马殿振：《韩霖故意伤害案［第525号］—如何认定防卫过当》，载最高人民法院刑事审判第一庭：《刑事审判参考》，第69集，北京，法律出版社，2009。

某、丁某二人走出网吧时，王某即将韩某拖到一旁，并朝韩某踢了一脚。韩某挣脱后向南跑，王某在后追赶，宋某、贾某等人也随后追赶。韩某见王某追上，即持随身携带的匕首朝王某挥舞，其中一刀刺中王某左颈部，致王某左侧颈动脉、静脉断裂，急性大失血性休克死亡。案发后，韩某于9月2日到公安机关投案自首。在案件审理中，经双方协商，韩某的父母自愿代韩某向被害人王某的父母赔偿经济损失人民币3万元。

威海市中级人民法院经审理认为：被告人韩某持刀伤人并致人死亡，其行为已构成故意伤害罪。公诉机关指控的罪名成立。韩某在犯罪后投案自首，依法可从轻处罚。被害人王某因嫉妒韩某与自己喜欢的女孩交往，即纠集多人找到韩某所在的网吧滋事，并殴打、追赶韩某，在本案中存在明显过错。韩某面对赤手空拳追赶其的王某等人，在尚未遭到再次殴打的情况下，手持匕首刺中王某，其行为系防卫不适时，已超出正当防卫的范畴，关于韩某的行为属防卫过当的辩护意见不当，不予支持。据此，依照《中华人民共和国刑法》第二百三十四条第二款、第六十七条第1款之规定，判决如下：

被告人韩某犯故意伤害罪，判处有期徒刑11年。

一审宣判后，被告人韩某以其行为系正当防卫为由提出上诉。其辩护人提出，依照《中华人民共和国刑法》第二十条第三款的规定，对正在进行行凶、杀人、抢劫、强奸、绑架以及其他严重危及人身安全的暴力犯罪，采取防卫行为，造成不法侵害人伤亡的，不属于防卫过当，韩某的行为应认定为正当防卫。

山东省高级人民法院经二审审理认为：

原审认定的事实清楚，证据确实、充分。综观本案的全过程，应当认定被害人王某等人的不法侵害行为从围攻被告人韩某时已经开始，且已达到有必要进行防卫的程度；王某等人追赶韩某的行为，是不法侵害的持续而非中止，此时韩某所面临的不法侵害的威胁并未消除或减弱，即不法侵害行为正在进行。韩某在王某一方人多势众、执意追打，且自己又摆脱不能的情况下，为使本人的人身权利免受正在进行的不法侵害，对不法侵害人实施防卫行为是适时的、必要的。但韩

某采取持刀捅刺不法侵害人的防卫手段、强度及致不法侵害人死亡的严重后果，与不法侵害人赤手空拳殴打行为的手段、强度及通常可能造成的一般后果相比较，两者存在过于悬殊的差距，该防卫行为已明显超过了有效制止不法侵害行为的必要限度。应当认定韩某的行为系防卫过当，且构成故意伤害罪。韩某所提正当防卫的上诉理由不予支持。刑法第二十条第三款是对严重危及人身安全的暴力犯罪人实施防卫所作出的特殊规定，本案被害人所实施的撕扯、脚踢等行为，尚达不到严重危及人身安全的暴力犯罪程度，只能认定系一般的不法侵害行为，不适用该条款的规定，故所提系特殊正当防卫的辩护意见不予采纳。韩某防卫过当，且投案自首，应依法对其减轻处罚。原审判决定罪准确，审判程序合法，但未认定韩某系防卫过当及量刑不当，应予以纠正。依照《中华人民共和国刑事诉讼法》第一百八十九条第（二）项、第一百九十五条和第一百六十二条第（二）项及《最高人民法院关于执行〈中华人民共和国刑事诉讼法〉若干问题的解释》第一百七十六条第（三）项的规定，判决如下：

1. 维持威海市中级人民法院（2003）威刑一初字第40号刑事判决对被告人韩某的定罪部分，即被告人韩某犯故意伤害罪；

2. 撤销威海市中级人民法院（2003）威刑一初字第40号刑事判决对被告人韩某的量刑部分，即判处被告人韩某有期徒刑11年；

3. 上诉人（原审被告人）韩某犯故意伤害罪，判处有期徒刑七年。

对本案被告人韩某的定罪量刑，在一审法院和二审法院之间存在明显的不同：一审法院以韩某的行为不具有防卫时间为由，否定了其行为构成正当防卫。而二审法院则认定韩某的行为具备防卫时间条件，构成正当防卫，但其正当防卫超过了必要限度，构成防卫过当。由此可见，在本案中存在两个需要解决的焦点问题：第一是韩某的行为是否是对不法侵害的防卫行为；第二是韩某的行为是否明显超过防卫的必要限度。在此，我重点讨论的是防卫的结束时间问题。

一审判决认定韩某面对赤手空拳追赶其的王某等人，在尚未遭到再次殴打的情况下，手持匕首刺中王某，其行为系防卫不适时，已超出正当防卫的范畴。由

此可见，一审判决认为韩某的行为属于防卫不适时。在正当防卫教义学中，防卫不适时具有两种情形：第一是事前防卫，第二是事后防卫。那么，韩某的防卫不适时究竟是事前防卫呢还是事后防卫？从一审判决的表述来看，韩某刺中王某的时间在王某等人对韩某的两次殴打之间：第一次王某等人滋事殴打以后，韩某逃跑，王某等人追赶，但追上以后并没有进行第二次殴打。因此，第一次殴打是已经发生的，第二次殴打则是尚未发生的。根据一审判决的观点，第一次殴打已经结束，韩某没有实行正当防卫而是选择逃跑。因此，就第一次殴打已经结束而言，其不存在对第一次殴打的防卫时间。至于王某等人追赶上以后，第二次殴打尚未开始，因而对第二次殴打也不存在防卫时间。由此可见，一审判决对本案到底是事先防卫还是事后防卫，语焉不详。

本案中，韩某所实施的防卫行为，满足存在不法侵害且不法侵害正在进行的正当防卫时间条件。所谓不法侵害，应包括犯罪行为但并不止于犯罪的一切违法、危害社会行为，这些行为给社会秩序和公民权益带来现实危害，均属于不法侵害的范围。本案中，被害人王某仅因嫉妒，即纠集多人，先在网吧滋事，再行殴打韩某，韩某的人身安全权利因此遭受到现实的不法侵害。所谓“不法侵害正在进行”，其起止时间应以不法侵害人着手实行侵害行为时始，至不法侵害停止或已不可能继续侵害或威胁合法权益时止。把握不法侵害是否正在进行，其实质是考量合法权益是否处于紧迫、现实的侵害和威胁之下，以使防卫行为成为保护法益的必要手段。结合本案案情考察，被害人一方纠集多人，进网吧拖拽、在门口守候和殴打被害人，其先期行为已经严重威胁并已侵犯韩某的人身安全权益，应认定其不法行为已经实施；面对被害人一方明显的不法侵害意图和已经实施的殴打等不法侵害行为，韩某为免遭不法侵害的继续而逃脱，被害人等仍然群起追赶，可见被害人一方的不法侵害对韩某的人身安全所造成的威胁并没有消除或停止，并可能进一步加重，对韩某的不法侵害行为处于持续状态。因此，韩某实施反击时，正值不法侵害行为正在进行的紧迫期间，其实施防卫行为是适时的。认为只有韩某在遭受被害人殴打的瞬间予以反击，方能满足正当防卫成立的时间条

件，否则属于事后防卫的观点是不准确的。

值得注意的是，日本学者高桥则夫提出了不法侵害的形式性终止与实质性终止的概念，认为既遂只是犯罪的形式性终了，应当以犯罪的实质性终了为标准。[①] 当然，也有学者认为在继续犯的情况下，当场将财物夺回的行为，因为不法侵害行为已经结束，不能成立正当防卫，但可以成立自救行为。自救行为在我国刑法中并不是法定的违法阻却事由，而我国《民法典》第 1177 条明确规定了自助行为："合法权益受到侵害，情况紧迫且不能及时获得国家机关保护，不立即采取措施将使其合法权益受到难以弥补的损害的，受害人可以在保护自己合法权益的必要范围内采取扣留侵权人的财物等合理措施；但是，应当立即请求有关国家机关处理。"民法上的自助行为与刑法上的自救行为具有性质上的类似性，那么，两者如何区分，尤其是自救行为与正当防卫如何区分？这是一个值得研究的问题。我认为，民法上的自助行为在外观上并不符合犯罪的构成要件，因而不涉及刑事责任。而刑法上的自救行为则在外观上符合犯罪的构成要件，涉及刑事责任，因而存在违法阻却与否的判断。自救行为与正当防卫的区别主要还是在于是否具有紧迫性。对于正当防卫与自救行为的区别问题，日本学者佐伯仁志指出："自救行为中，国家提供保护在时间上的确来不及，这个意义上的紧急性是要件之一，正因为如此，自救行为也被定位为紧急权之一。如此而言，以自救行为只适用于紧迫性得不到承认的情况这种理解为前提，正当防卫的紧迫性与紧急性之间有不重合之处，因为有不重合之处，正当防卫与自救行为之间的差异得以产生。"[②] 在此，佐伯仁志区分了正当防卫的紧迫性与自救行为的紧急性，认为两者是不同的：正当防卫的紧迫性是指不法侵害迫在眉睫，行为人将会面临直接危害。而自救行为的紧急性则是指公权力不能提供及时救助，因而具有进行自力

① 参见［日］高桥则夫：《刑法总论》，李世阳译，42 页，北京，中国政法大学出版社，2020。

② ［日］佐伯仁志：《刑法总论的思之道·乐之道》，于佳佳译，103 页，北京，中国政法大学出版社，2017。

救济的必要性。对于盗窃罪来说，如果行为人是在被盗以后的不同时间和场所发现被盗财物，在来不及请求公权力保护的情况下，采取扣留措施，可以说是自救行为。然而，在被盗当场发现盗窃犯，通过夺回或者追回的方式还能够保全本人财物的情况下，因为盗窃犯还没有实现对被盗财物的稳定占有，不法侵害正在进行，将当场夺回或者追回的行为认定为正当防卫的，以法定的违法阻却事由予以出罪，具有一定的合理性。当然，正如佐伯仁志所指出的，盗窃犯确保对物的占有后，即便法益侵害在继续，也应该否定紧迫性。① 因此，在这种情况下不能认定为正当防卫。

三、正确处理不法侵害的结束与认识错误

不法侵害是否正在进行，是侵害行为的一种客观属性。这是没有疑问的。然而，对正在进行的不法侵害的司法认定，是否应当考虑防卫人的主观因素？这是需要讨论的一个问题。这里涉及对不法侵害正在进行，尤其是对不法侵害结束时间的认识错误。在不法侵害进行过程中，行为人开始实行正当防卫。正当防卫是一个持续的过程，当不法侵害结束以后，防卫行为也应当及时终止。如果当不法侵害结束以后，针对不法侵害的防卫仍未终止，则在不法侵害结束以后的所谓防卫行为就有可能成立事后防卫，否定其正当防卫的性质。然而，在防卫过程中，双方处于一种激烈的冲突与对抗当中，受到情绪震荡、认知水平、控制能力等主观因素的影响，行为人并不能准确地判断不法侵害的结束时间，因此会产生对不法侵害结束时间的误判。在这种情况下，如果仅仅根据客观状况判断，不法侵害确实已经结束，似应成立事后防卫，但这对防卫人又是非常不公平的。对此，我国学者陈璇提出了误判特权的概念，包括三种类型：第一种是关于侵害存在与否

① 参见［日］佐伯仁志：《刑法总论的思之道·乐之道》，于佳佳译，110～111页，北京，中国政法大学出版社，2017。

的误判，第二种是关于侵害严重程度的误判，第三种是关于侵害是否持续的误判。其中，关于侵害是否持续的误判是指由于侵害人已经丧失了继续侵害的能力，或者侵害人已经自动放弃了侵害行为，又或者侵害行为已经既遂，故不法侵害在事实上已经结束，但防卫人误以为它仍在继续，从而在防卫意图支配下对侵害人造成了损害。对此，陈璇认为，应当坚持防卫人个人化的事前判断标准，肯定防卫人在误判不可避免的范围内享有误判特权。① 这一观点与对侵害时间的错误认识的处理原则的结论是相同的：如果对侵害时间认识错误具有过失，应当以过失犯论处；如果对侵害时间认识错误属于意外事件，不负刑事责任。在对侵害行为是否已经结束的误判不可避免的情况下，防卫人对这种认识错误没有过失，属于意外事件，因而享有误判特权。

第二节　正当防卫的开始时间

根据我国《刑法》第 22 条的规定，犯罪预备是为犯罪准备工具、制造条件的行为。犯罪预备的实质在于为进一步实行犯罪创造各种便利条件。犯罪预备是还没有着手实行犯罪，因此，犯罪预备行为不是我国刑法分则所规定的犯罪实行行为，它尚未造成直接危害。所以，在犯罪预备的情况下，一般不能实行正当防卫。例如，甲得知乙正在磨刀准备杀害自己，甲就不能以正当防卫为由提前动手将乙杀死。当然，为了避免可能发生的不法侵害，对犯罪预备行为应当采取必要的措施，例如及时向有关部门检举、揭发，注意戒备以至于准备防卫工具加以防范，但不能先发制人。

犯罪的实行行为是从着手开始的，着手是从预备行为向实行行为发展的质的转折点。所谓正在进行的不法侵害，一般也是指着手以后的行为。因此，研究不

① 参见陈璇：《正当防卫：理念、学说与制度适用》，225 页，北京，中国检察出版社，2020。

法侵害之“着手”对确定正当防卫的开始时间具有重大意义。

在刑法教义学中，对着手的解释有主观说和客观说之分。主观说认为凡可以被认识出有犯罪意思的行为，就是实行犯罪的着手。客观说认为凡着手于完成犯罪之危险行为，或着手于完成犯罪所不可缺之行为，或着手于与构成犯罪事实有密切关系之行为，都是实行犯罪的着手。主观说以犯意为标准，客观说以犯罪行为为标准，两说各执一词，对于确定着手都有一定的片面性。唯坚持主观和客观相统一，才能正确地解决犯罪之着手问题。根据主观说，只要不法侵害人有犯意表示，就是已经着手进行不法侵害，可以对其实行正当防卫。这样势必将正当防卫的时间提前而成为事先防卫，因而违背正当防卫的时间条件。根据客观说，只要不法侵害人在客观上表现出一定的危险行为、完成犯罪所不可缺之行为或者与构成犯罪事实有密切关系之行为，就可以对其实行正当防卫。但预备行为也可能是一种危险行为，它对于实行犯罪来说，也是不可缺少的行为，并且与犯罪事实有着密切关系。那么，对预备行为就可以实行正当防卫了吗？显然不能。因此，客观说仍可能导致事先防卫。

从主观和客观相统一的观点出发，只有当不法侵害人以犯罪之故意，完成犯罪的预备行为以后，开始直接实行我国刑法分则所规定的犯罪行为，才是不法侵害的着手。在这种情况下，可以对其实行正当防卫。例如，甲和乙共同盗窃集体财产，乙在党的政策的感召下交代了其罪行。甲得知后怀恨在心，扬言要杀乙，并回家取刀。乙见此情况，就准备了一把刮刀作为防身之用。正在这时，甲持刀破门而入，举刀向乙砍来。乙见状，掏出刮刀实行正当防卫，结果甲被刺当场死亡。在本案中，甲扬言杀乙是犯意表示，回家取刀是犯罪预备。在这两个阶段，不法侵害还没有着手，不能对甲实行正当防卫。如果按照着手之主观说和客观说，则此时不法侵害都可以认为已经着手，对之可以实行正当防卫。这显然是把正当防卫的时间提前了。根据主观和客观相统一的观点，则只有当甲破门而入，举刀向乙砍来之时，才是不法侵害的着手。在这种情况下，可以对不法侵害人实行正当防卫。

犯罪预备和犯罪实行是两个密切相联系的犯罪阶段，而着手不过是连接这两个犯罪阶段的一个点，它本身并不是一个独立的阶段，所以，如何正确地认定不法侵害已经着手而进入实行阶段，是一个十分复杂的问题。现在结合具体案例，谈一谈不法侵害的着手问题，为我们确定正当防卫的开始时间提供客观依据。

一、不法侵害已然着手，可以实行正当防卫

我国《刑法》第236条规定："以暴力、胁迫或者其他手段强奸妇女的，处三年以上十年以下有期徒刑。"第263条规定："以暴力、胁迫或者其他方法抢劫公私财物的，处三年以上十年以下有期徒刑，并处罚金。"从刑法的规定来看，强奸和抢劫犯罪，都以暴力和胁迫为其手段，因此，强奸罪和抢劫罪的犯罪构成客观方面是手段行为和结果行为的统一。在这些犯罪中，手段行为之着手，就是其不法侵害之着手。因此，在强奸和抢劫犯罪中，不法侵害人只要使用暴力或者以暴力相威胁，就可以对其实行正当防卫，而不必等待不法侵害人开始实行其结果行为。只有这样，才能切实保障公民的人身权利和其他合法权益不受侵害。例如，女青年卢某一天由夜校下课回家，发现有一男青年蒋某尾随身后。卢某继续前行，蒋某赶上来手持剔骨刀，将卢某胁迫至某院内，逼卢某坐下，要与卢某接吻，卢某不从，蒋某便用刀抵住卢某的胸部强行接吻。随之又将剔骨刀别在自己腰后，正要动手扒卢某的裤子进行奸淫时，卢某从其后腰拔出剔骨刀，先在蒋某背后左肩胛处刺一刀，继而又向其左臂、左胸部连刺四刀。蒋某被刺后，猛击卢某的眼部三拳，卢某呼救，蒋某仓皇逃窜，因心肺被刺破，倒地身亡。人民检察院认为：卢某为了使自己的人身权利免受正在进行的不法侵害，采取自卫手段，杀死蒋某，属于正当防卫，不负刑事责任，故同意公安机关对此案直接按正当防卫处理。在本案中，蒋某先是尾随卢某，继而手持凶器以暴力相威胁，司法机关应该认为不法侵害已经着手。卢某出其不意夺刀刺蒋某致其死亡，属于适时的正当防卫。所以，对于某些不法侵害，司法机关要从其犯罪构成客观方面的特征考

虑，结合案情，以确定其是否着手。

二、不法侵害已经逼近，可以实行正当防卫

不法侵害的实施存在一个过程，它并没有一个截然可分的时点，因此，在判断不法侵害开始时间的时候，还应当进行实质判断。例如，不法侵害已经逼近，危险十分急迫，在这种情况下，应当认定不法侵害已经开始，可以对其实行正当防卫。例如魏某因其妻与被告金某搞不正当男女关系，遂产生报复金某之心。某晚，魏某手持一把菜刀去找金某，金家人开门见魏某持刀，即上前阻拦，魏某用菜刀砍了两刀，随即向屋里冲去。金某在睡梦中惊醒，听到喊叫声，便拿起一把垛叉在屋内待防，当魏某掀开门帘正欲进屋之时，金某一叉将魏某叉倒。我认为，在本案中，金某对魏某的这一叉属于正当防卫。从时间上来说，不法侵害人手持凶器闯入家门，虽然还没有向防卫人砍来，但其不法侵害已经着手，所以，防卫人具有正当防卫的权利。在这种情况下，我们不能说不法侵害人只有在已经将防卫人砍伤后，才能实行正当防卫。因为正当防卫的目的是制止正在进行的不法侵害，使国家、公共利益和其他合法权益得到切实的保障，所以，只要直接面临不法侵害的威胁，在不法侵害人着手实行犯罪之际，就应当予以及时有效地制止。

三、不法侵害十分急迫，可以实行正当防卫

不法侵害包括已经对被害人造成实际危害与虽然尚未造成实害结果，但不法侵害的危险已经迫在眉睫两种情况。在这两种情况下，不能要求被害人只有在造成实害结果以后才能实行正当防卫，而是只要存在急迫危险就可以实行正当防卫。例如某日晚，潘某志在看电影时，与贾某发生冲突。次日上午，潘某志怕遭到报复就从家中拿了他弟弟制造的双管火药枪，别在身上外出玩，十一时左右碰

到贾某、郭某、刘某。此时，刘某、贾某、郭某等三人将潘某志围住。贾某质问潘某志昨晚之事，刘某拔出刀子要潘某志跪下，潘某志不肯。刘某又进一步威胁说："跪不跪？不跪打死你。"潘某志不愿下跪，就跳上人行道，在距刘某一米左右之处，拔出事先藏在身上的火药枪，对准刘某的胸部开枪射击，将刘某打倒在地，后刘某经医院抢救无效死亡。对本案定性有以下不同意见：第一种意见认为，本案是伤害致人死亡。其理由是：被告潘某志与死者事前不认识，没有矛盾，潘某志无杀刘某的动机。潘某志开枪打死刘某，是在他被刘某持刀威逼下跪的情况下，不愿受辱，出于一时气愤，开枪打伤被害人致死，其目的是打伤刘某出气，并不是想打死他。第二种意见认为，本案是故意杀人。其理由是：从本案整个情况看，死者虽然是持刀威逼被告下跪，但并未伤害他，潘某志不愿下跪已跳到人行道上，距死者一米多远，完全可以采取其他逃避方法。潘某志不但不采取其他方法，反而对准刘某开枪，这种行为是故意杀人。潘某志与刘某原不相识，当然事前没有杀刘某的动机，但在被刘某威逼下跪而不愿受辱时，对准刘某开枪射击，瞬间已起杀人动机。在公安局预审时，潘某志对开枪动机解释说："他们要杀我，我才开的枪。我再不开枪，我就完了，我神经紧张就开枪了。"第三种意见认为，本案是防卫过当。其理由是：从本案的情况看，原是刘某等人找潘某志寻衅，并持刀威逼其下跪，潘某志开枪是正当防卫。但刘某仅是持刀威胁，而潘某志却开枪把刘某打死，已经超过了正当防卫的必要限度，故应负防卫过当的刑事责任。

我认为，本案定性的关键是要看不法侵害是否正在进行。如果不法侵害正在进行，那么，潘某志开枪属于正当防卫，至于是否过当则另当别论。如果不法侵害并非正在进行，那么，潘某志开枪属于故意犯罪，至于是故意杀人还是故意伤害致人死亡则另当别论。那么，在当时的情况下，根据主观和客观两方面的因素，是否可以认为存在正在进行的不法侵害呢？我认为是存在的。首先，不法侵害一方是三人，而且手持凶器进行威胁，已经造成了侵害的紧迫性。其次，防卫人潘某志当时在面对尖刀的情况下，心理上受到强制，精神处于高度紧张状态。

潘某志虽然已经跳上人行道，但并未脱离人身受到侵害的危险。最后，法律没有规定只有在不能采取其他方法躲避不法侵害的迫不得已的情况下，才能实行正当防卫。基于以上分析，我认为潘某志在其人身安全受到严重威胁的情况下，开枪将刘某打死，具有正当防卫的性质，但其防卫行为超过了必要限度，应以防卫过当论。

四、不法侵害仍在继续，可以实行正当防卫

不法侵害是一个持续的过程，在开始实施以后，还会持续一段时间，因此，面对这种具有持续性或者连续性的不法侵害，不能错误判断不法侵害的结束时间，而是应当根据不法侵害的实际状态认定不法侵害是否已经结束。例如一天田某正与女友在路上行走，倪某喊田某站住，然后走到田某的跟前，双手搭在田某的肩上，并用手把田某的帽子摘下来，双方发生争执。倪某在争吵中首先举手向田某打去，未打中，田某随手从荷包内拿出一把小刀，倪某见田某拿刀，转身跑到一个摊子上抓了一根扁担，乘田某不备时，朝田某头部打了一扁担，将田某左耳后侧打伤，田某乘倪某第二扁担尚未打下时，朝倪某的左腋下和左下颌连戳两刀，致倪某死亡。在本案中，死者倪某先寻衅滋事，后又行凶伤人，造成田某一定伤害，而且还在继续实施不法侵害。在这种情况下，田某对倪某实行防卫，制止其不法侵害，保护本人的人身安全，应被视为合法。

五、不法侵害暂时停止，可以实行正当防卫

不法侵害一旦开始实施，在一般情况下，就会在不法侵害人的主观目的的支配下，一直进行下去，直到目的实现。但在某些情况下，不法侵害开始以后，会因某种原因而暂时中止，例如遇到某种不利于不法侵害的障碍，等到障碍排除以后，不法侵害还会继续进行。在这种情况下，就不能简单地将这种暂时中止认定

为不法侵害已经结束。例如温某和米某发生婚外性关系，米某怀孕，多次打胎未逞。温某为了保住面子，企图杀人灭口。有一天，温某对米某诡称要给其打胎，把米某骗到野外，趁米某不防，温某猛地将米某摔倒，然后用手掐住米某的脖子。米某这时心中方才醒悟，为了活命，米某便断断续续地哀求温某松手，让她把话说完再死。温某认为在荒山野地里，一个男人对付一个女人没问题，况且他还骑在米某的身上，主动权在他的手中，就松了手。米某要求再发生一次关系，温某答应了。在温某解衣之际，米某迅速拾起一块带棱角的石头砸向温某，结果，温某不治身死。我认为，本案米某将温某砸死的行为属于正当防卫。在本案中，温某用手掐米某的脖子，必欲置米某于死地，杀人的行为已经着手。在米某的机智周旋下，温某暂时中断了杀人行为，但并没有放弃其杀人的意图。因此，该杀人行为的中断，只能视为杀人行为的暂时停止。在这种情况下，米某将温某砸死，其行为应视为正当防卫。

总之，我们在确定不法侵害的着手，从而判断正当防卫的开始时间的时候，不能苛求防卫人，而是应该根据当时的主观和客观的因素全面分析。在个别情况下，不法侵害虽然还没有进入实行阶段，但其实施已逼近，侵害在即，形势十分紧迫，不实行正当防卫不足以保护国家、公共利益和其他合法权益。在这种情况下，可以实行正当防卫。

第三节　正当防卫的终止时间

在不法侵害终止以后，正当防卫的前提条件已经不复存在，因此，一般不再发生正当防卫的问题。随着不法侵害的终止，我国刑法所保护的一定的社会主义社会关系已经受到不同程度的侵害。现在的问题是如何由司法机关依法处理，而惩罚犯罪是司法机关的职权，其他任何机关、团体和个人都无权行使这种权力。所以，必须正确地确定不法侵害的终止时间，以便确定正当防卫权利的消失

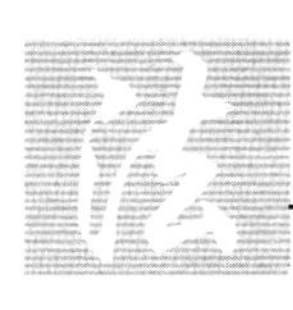

时间。

一、关于不法侵害终止时间的观点争讼

那么，如何确定不法侵害的终止时间呢？在刑法教义学中，关于不法侵害的终止判断标准存在以下三种学说：一是行为完毕说，认为只要不法侵害行为已经终止，就标志着不法侵害的终止。二是离去现场说，认为只要不法侵害人脱离了犯罪现场，不论不法侵害的状态如何，都标志着不法侵害的终止。三是事实继续说，认为只有不法侵害造成的损害结果的持续状态结束，才是不法侵害的终止。[①] 我认为，确定不法侵害的终止的上述三说，都不同程度地存在缺陷，现在评述如下：

某些犯罪行为终止以后，结果尚不是马上发生，即在其犯罪行为与犯罪结果之间存在一段距离。在行为终了而结果尚未发生之际，如果实行正当防卫可以防止这种危害国家、公共利益、本人或者他人的人身和其他权利结果的发生，当然应当允许实行正当防卫。例如，在盗窃、抢夺、抢劫等侵犯财产权利的不法侵害中，行为虽已终了，但只要还来得及立即挽回损失，即使不法侵害行为完毕以后处于侵害人逃跑阶段，防卫人也可以上去用强力夺回赃物。其奋力夺回赃物的行为，应视为正当防卫。这种夺回赃物的行为，有人认为是自救行为。例如，日本学者牧野英一指出："从现行盗窃犯人取还赃物之行为，是否可称为正当防卫？颇滋疑义。有主窃盗既遂，侵害财物之行为，尚在继续中，仍是正当防卫者。余以为财物既为犯人所占有，侵害行为，即因是而完毕，然则财物之取还行为，唯有作自救行为解释为妥当。"[②] 鉴于我国法律没有关于自救行为的规定，我认为，还是把这种夺回赃物的行为视为正当防卫比较合适。行为完毕说不能有效地和正

① 参见陈朴生编著：《刑法总论》，6版，91页，台北，正中书局，1969。

② ［日］牧野英一：《日本刑法》（日文版），280页。

在进行的不法侵害作斗争，所以，我国刑法中的正当防卫不能以行为完毕作为不法侵害终止的客观标志。

离去现场说，以不法侵害人是否脱离犯罪现场作为不法侵害终止与否的标志，也有其不妥之处。因为不法侵害人没有脱离现场，不等于不法侵害正在进行。在某些情况下，不法侵害人虽未脱离现场，但也不能再对其实行防卫。例如，李某平时道德败坏，乱搞两性关系，经常携带凶器寻衅滋事，横行霸道，曾多次被公安机关处理。某日，李某到杨家串门，适逢杨某外出开会，就用污言秽语调戏杨妻，并用右手摸杨妻的手。杨妻由炕上下地，弯腰穿鞋，借由躲开。李某又用右手伸进杨妻裤裆里乱摸，并往下扒其衬裤。杨妻骂李某，李某仍不松手。杨妻随手从炕上的火盆里抓起一把灰撒在李某的脸上，李某双眼被迷，只好抽回手揉眼。杨妻趁机跑到屋门口大喊。这时，正在距家十余米处与人谈话的杨某闻声赶回，得知李某要强奸其妻，进门见李某正坐在自家炕上揉眼睛，盛怒之下，从外屋菜板上操起菜刀朝李某头部、颈部连砍数刀，李某当场死亡。事后杨某投案自首。经公安机关现场勘查，发现李某裤带上别有一把电工刀。对本案存在两种处理意见：第一种意见认为，李某品质恶劣，这次又带刀妄图强奸妇女，已构成犯罪。杨某为使其妻免受不法侵害而实行正当防卫是合法的，但将李某砍死稍有过当。第二种意见认为，杨某已构成故意杀人罪，既不是正当防卫，也不是防卫过当。

我认为，认定本案杨某杀死李某是否具有正当防卫的性质，关键在于确定李某的不法侵害是否终止。主张杨某的行为是防卫过当的观点指出：罪犯没有离开现场，不能认为不法侵害行为已经停止。李某只是暂时眼睛被迷住了，短时间即可恢复正常。因此，不法侵害行为依然存在，杨某砍死李某是防卫过当。主张杨某是故意杀人的观点指出：不法侵害人虽然还在现场，但危险状态已不存在，杨妻已经逃离了屋子。在当时李某眼睛被迷住，已经丧失了继续进行不法侵害的能力。因此，杨某砍死李某是故意杀人。我同意第二种观点，因为本案李某被杨妻机智地撒灰迷住了眼睛，被迫停止了不法侵害，这时李某对杨妻人身权利的威胁已经消失，尽管李某仍在现场，也不能再对其实行正当防卫，因此，杨某应承担故意杀人罪的刑事责任，但根据案件的具体情况，特别是李某道德败坏，一贯作恶多端，民愤很大，杨某出于义愤杀人，又投案自首，可依法酌情从轻处罚。所以不能以不法侵害人脱离犯罪现场，作为不法侵害终止的客观标志。

某些犯罪中犯罪现场不止一个。在这种发生犯罪现场转移的情况下，以哪一个犯罪现场为标准？所以，以不法侵害人脱离现场作为不法侵害终止的标志，在司法实践中难以被适用。例如马某志故意伤害案：被告马某志，某日下午三时许，与郭某发生争吵和撕扯。事后，郭某告诉其弟郭 2，谎称马某志打了他。郭家兄弟分别纠集五人，于当晚八时许到马家进行报复。马某志见来者不善，便躲藏起来。郭某等人到马家不见马某志，便将屋内红灯牌收音机刻度盘砸破。马某志听到东西被砸和其母的喊叫，手持大号水果折刀冲出来，郭某等见马某志持刀，便夺门而逃。在门台阶外，郭某向马某志左肩打了一棒，在离家 17 米处，在扭打中马某志向郭某左大腿猛刺一刀，将其动、静脉切断。郭某因失血过多，在送医院抢救途中死亡。一审法院以故意伤害（致人死亡）罪判处被告马某志有期徒刑 10 年。被告人上诉，二审法院认为被告人属于防卫过当，改判有期徒刑 7 年。关于这个案件的定性，存在两种意见：第一种意见认为，马某志是在郭某逃离现场以后将其刺伤的，此时，不法侵害人已经脱离现场，侵害马家的财产利益和人身权利的不法行为已经终止，不再具备排除不法侵害的条件，因此，对马某志应以故意伤害（致人死亡）罪论处。第二种意见认为，郭某虽然逃离现场，但应当把这一事件的全部过程看作一个整体，不能说郭某在马某志左肩打一捧后，脱离了犯罪现场就算不法侵害结束了。此后，在离家 17 米处，二人又搏斗起来，这是不法侵害现场的转移。在第二犯罪现场，马某志为免受不法侵害而将郭某刺伤致死，属于防卫过当。

我认为，一般来说，不法侵害人在实施不法侵害以后逃离犯罪现场，对国家、公共利益和其他合法权益的直接威胁已经消失，因此，不复存在正当防卫的问题。尤其是对侵犯人身权利的不法侵害，被害人不能在不法侵害实施终了以

后，用加害于不法侵害人的方法来补偿损失。但在某些特殊情况下，发生了犯罪现场的转移。在第二现场，只要存在正在进行的不法侵害，就应当允许实行正当防卫，所以，二审法院对马某志以防卫过当论是正确的。总之，离去现场说不切合司法实践，不能把离去现场作为不法侵害终止的客观标志。

至于事实继续说，则有其含糊之处。事实继续，既可以理解为不法状态的继续，也可以理解为不法行为的继续。前者，例如盗窃犯将财物窃取后，其不法占有状态一直继续着，这在刑法理论上被称为状态犯。那么，难道无论何时何地都可以对盗窃犯实行正当防卫吗？显然不能。后者，例如非法拘禁罪，只要其不法行为继续着，就应视为不法侵害正在进行，这在刑法教义学中被称为持续犯。因此，对持续犯可以实行正当防卫。例如，曹某以杀人罪被判处有期徒刑 20 年，1979 年又按杀人罪被改判有期徒刑 7 年。曹某不服，向高级人民法院提出申诉。高级人民法院经审查认为：曹某为免遭毒打，砍伤看守人员及阻拦其逃跑的民兵，目的是免除不法侵害，应按正当防卫处理。我同意高级人民法院的这一审查结论。对于非法拘禁这类持续性的犯罪，只要不法行为继续存在，被害人就可以实行正当防卫。而事实继续说没有正确地区分不法状态的继续和不法行为的继续。因此，事实是否继续不能作为不法侵害是否终止的客观标志。

我国有学者主张结果形成说，指出："不法侵害行为结束的时间，应该是不法侵害行为的危害结果已经实际形成的时间，在这个时间，正当防卫行为必须停止。"① 我认为，对某些法律明文规定以一定的物质性结果为构成要件的犯罪来说，以危害结果形成作为确定正当防卫终止的标准是可行的，但对于法律没有规定以一定的物质性结果为构成要件的犯罪来说，则不能以危害结果形成作为确定正当防卫终止的标准。例如强奸罪，如何确定其危害结果的实际形成时间？因此，结果形成说仍然有失片面，并且难以自圆其说。

我国刑法中正当防卫的目的是使国家、公共利益、本人或者他人的人身、财

① 高格：《正当防卫与紧急避险》，29 页，福州，福建人民出版社，1985。

产和其他权利免受正在进行的不法侵害。因此，不法侵害的终止应以不法侵害的危险是否排除为其客观标志。所以，我认为，我国刑法对正当防卫中不法侵害的终止的判断标准应该采取排除危险说。

排除危险说之所谓“危险”，是指不法侵害对国家、公共利益、本人或者他人的人身、财产和其他权利所造成的现实危险性，并且通过对不法侵害人造成一定的人身或者财产的损害可予以排除，而不是已经发生的危害结果，或者不能通过正当防卫予以排除的危险。例如，放火犯纵火后逃跑，这时，火势正在蔓延，存在着对国家、公共利益和其他合法权益的严重危险。在这种情况下，能不能追上去对放火犯实行正当防卫呢？不能。因为在这种情况下，即使把放火犯打死也不能减少火灾造成的损失，因此应视为不法侵害已经终止。当然，这时去追捕放火犯，属于刑事诉讼法上扭送人犯的权利。所以，我们应该正确地理解排除危险说的内涵。

我认为，将排除危险作为不法侵害终止的标志，符合我国关于正当防卫的立法精神。排除危险说从正当防卫的本质出发，从不法侵害的总体上把握其终止的标志，因而能够科学地反映不法侵害的发展和终止的全过程。而行为完毕说、离去现场说和事实继续说，都是从不法侵害的某一侧面去把握其终止标志。所以，排除危险说能够克服和弥补上述诸说之不足。根据排除危险说，对不法侵害行为尚未实施完毕而不法侵害人确已自动中止不法侵害，或者不法侵害人尚未脱离现场但已被制服或丧失了实际侵害能力，都意味着危险已经不复存在，不得主张正当防卫权。反之，不法侵害行为虽已实施完毕，或者不法侵害人已经脱离犯罪现场，但仍然存在着对国家、公共利益和其他合法权益的危险，并且通过对不法侵害人造成一定的人身或者财产损害，可以予以排除，那就应当允许实行正当防卫，不得视为不法侵害已经终止。

为了说明排除危险说，我们来看一个在现实生活中发生的何某故意伤害案：何某，女，32岁。某日向某回娘家，在小荒山上与身高力大的搬运工人王某相遇。王某因其弟结婚买了一些礼物，并借得一把屠刀，回家帮弟弟杀猪。王某见

何某后即起淫心，先用言语挑逗，要求发生两性关系，被何某责骂拒绝。于是，王某拿出屠刀威胁，强令何某脱下衣服，何某不敢硬抗，便一边应付，一边向前走。走到山脚，何某见前面有一堵矮墙，下面是一个很大的粪池，便说到墙那边去吧。到了粪池边，王某要何某先脱下衣服，然后自己脱了裤子。当王某一只脚站地，一只脚脱裤时，何某乘机将王某推入粪池，粪水淹没王某的头顶。王某不会游泳，大喊饶命，几次用手抓住粪池边沿，想挣扎着上来，均被何某掰开手推下。何某一方面不让王某爬上来，另一方面大喊"抓坏人"。由于正值中午，路上没有行人，直到王某无力爬上时，何某才穿上衣服，拼命地跑到前村告诉社员，并带领社员返回粪池捉人。当赶到现场时，王某已淹死在池内。在本案中，王某落入粪池后，其强奸犯罪因被害人的反抗而未得逞，按照行为完毕说，则不能再对其实行正当防卫。但在王某掉进粪池以后，他从粪池里爬上来继续加害于何某的危险并未排除。因此，可以认为何某一再阻止王某爬上粪池，并非在危险已经排除、合法权益已经得到可靠保护以后，置人于死地，而是为保护本人的人身权利而实行的正当防卫行为。所以，我认为，以排除危险作为不法侵害终止的客观标志，并以此确定正当防卫的终止时间，对于鼓舞公民和不法侵害作斗争，保护国家、公共权利和其他合法权益，具有重要的意义。

二、不法侵害终止时间的认定标准

如上所述，危险是否排除可以作为我国刑法正当防卫中确定不法侵害终止的客观标准。那么，在司法实践中如何具体把握该标准呢？《具体规定》第 3 条指出："遇有下列情形之一时，应当停止防卫行为：（一）不法行为已经结束；（二）不法侵害行为确已自动中止；（三）不法侵害人已经被制服，或者已经丧失侵害能力。"在以上三种情况下，正当防卫人之所以必须停止防卫行为，就是因为在这些情况下，在客观上已经不复存在危险，或者不能通过正当防卫排除其危险。因此，可以把《具体规定》中的上述三种情况作为排除危险说的具体内容，以便

于司法机关掌握。

（一）不法行为已经结束

所谓不法行为已经结束，是指犯罪已经达到既遂状态，危害结果已经造成，而犯罪分子又没有对其实行进一步侵害的明显意图。因此，危险已经不复存在，没有对其实行正当防卫的必要。例如，甲杀乙，把乙杀死后正要逃跑，这时丙见了，就不能再对甲实行正当防卫，只存在扭送人犯的问题。当然，在个别情况下，不法行为已经完毕，但危险依然存在，并且通过正当防卫可以排除其危险，那就应当允许实行正当防卫。

（二）不法侵害行为确已自动中止

所谓不法侵害行为确已自动中止，是指犯罪已经形成中止状态，不法侵害人自动地放弃了犯罪。在这种情况下，危险也已经不复存在，没有对其实行正当防卫的必要。例如，甲提刀正欲杀乙，走到乙家门口，又改变了主意，打消了杀人的念头，停止了杀人行为，提刀往回走。这时，如果乙明知甲已放弃了杀人，就不能再对甲实行正当防卫。当然，如果在当时的情况下，难以判断不法侵害人是否中止了犯罪，因此对其实行了正当防卫，不宜追究防卫人的刑事责任，可以按照意外事件处理。不法侵害行为还必须是确已自动中止的。所谓确已自动中止，是指不法侵害人彻底放弃了不法侵害意图，而不是遇到障碍后暂时地停止不法侵害，以图在便利的时机再进行不法侵害。那么，在不法侵害人暂时而不是确已中止不法侵害的情况下，是否可以对其实行正当防卫呢？我认为，这要视情况而定。如果不法侵害人暂时放弃侵害，紧接着重新进行不法侵害，例如，用木棒打人觉得不够分量，为另寻凶器而暂时中止不法侵害，则这时可以对其实行正当防卫。如果不法侵害人暂时放弃侵害，短时间内不会重新侵害，那就不允许对不法侵害人实行正当防卫。

（三）不法侵害人已经被制服或者已经丧失侵害能力

所谓不法侵害人已经被制服，是指犯罪已经形成未遂状态，不法侵害人已经被置于防卫人的控制之下，不可能再进行不法侵害。所谓不法侵害人已经丧失侵

害能力，也是指犯罪已经形成未遂状态，防卫人通过正当防卫，已经使不法侵害人丧失了侵害能力，不可能再进行不法侵害。在上述两种情况下，都应该认为危险已经排除，防卫行为应该及时终止。

三、预先安装防卫装置问题

我国刑法规定，对于正在进行的不法侵害可以实行正当防卫。那么，所谓正在进行是指防卫行为实行时，还是指防卫效果发生时？例如，为防盗窃，在菜园里架设电网或在住宅内安装自动杀伤机关，其行为时并无正在进行的不法侵害，而效果发生时则存在正在进行的不法侵害，它是否属于正当防卫呢？对此，刑法学界的通说认为这是正当防卫。[①] 我国刑法学界对此则存在两种观点：一是肯定说，认为对于未来的不法侵害采取必要的预防措施，只要预防效果发生于不法侵害出现之时，就是正当防卫。二是否定说，认为对未来的不法侵害采取的预防措施是防御行为，在不违反限制条件而发生效果时，可以比照正当防卫的处罚原则处理，但防御行为与正当防卫行为还是有着严格的区别，不能混淆。[②] 在司法实践中，某些法院将采取预防行为而造成严重后果的，作为防卫过当处理，实际上是把预防行为视同正当防卫。例如彭某春过失致人死亡案：

被告彭某春，男，24 岁。被告及其父，从 1978 年开始，在自家门前自留地内培植四季米兰 200 多棵。从某年 5 月中旬起连续被盗 3 次，共 60 棵，损失约达 2 000 余元。在第一次被盗后，被告即向治保主任报告，要求破案，治保主任要他买竹子围好。正在动工时，又发生第二次被盗。后来虽然围好了，并加强了看守，但仍无济于事。第三次失窃后，被告决定安装电线，待盗窃分子再来盗窃时将其电昏捉拿。被告遂在四季米兰垅上用十八号光身圆铁线在米兰树上架成离

① 参见韩忠谟：《刑法原理》，14 版，143 页，台北，台湾大学，1981。

② 参见高格：《正当防卫与紧急避险》，37 页，福州，福建人民出版社，1985。

地面3厘米至10厘米高的“井”字网，每晚约11点半通电，清早断电，电线埋于地下与其厨房电线接通，还安上开关，听见动静就关闭电源。一天凌晨2时左右，被告听到“呀”的叫声即关闭电源。被告赶到花田查看，见一人卧在地上，人已触电死亡。随后查明：死者是县水泥厂职工，当晚携带手电筒一支、胶绳一条及匕首一把，拆开篱笆两处，当其钻入花田内盗窃四季米兰时触电死亡。对于此案，省高级人民法院认为：被告架设电网的目的，是防止其财产——四季米兰再次被盗，而且采取了晚通电早关电、听见动静即关闭电源等安全措施。可以肯定，只要盗窃犯不钻入篱笆或钻进篱笆后不动手盗窃米兰，就不致触电，更不会死亡。再从死者的行为看，其不仅进行盗窃，而且身藏匕首，准备在盗窃被发现时使用暴力。但出乎意料的是，他所遇到的防卫，不是被告本身，而是被告所架设的电网。因此，死者触电身亡，其本身应负主要责任。被告的行为属于防卫过当。鉴于当地并无民愤，被告认罪态度较好，故可依据1979年《刑法》第17条的规定免除处罚。

我认为，正当防卫是对正在进行的不法侵害的反击行为。“正在进行”只能被视为不法侵害行为进行时，正当防卫也是指在这种情况下的反击行为，所以，我认为预防行为不存在正当防卫的时间条件，不能被视为正当防卫。至于其性质如何，则应具体分析。如果其预防设施不具有危害公共安全的性质，并且没有超过必要限度，可以认为是合法行为，例如，为防盗窃在围墙上放置玻璃碎片。如果其预防行为危害公共安全则不得认为其合法，发生危害结果的，应以危害公共安全罪论处。例如上述彭某春一案，被告私架电网，虽起因于预防盗窃，死者也确因盗窃被电身亡，但这并不能否认被告行为具有危害公共安全的性质，考察被告人的主观罪过，他以为只要采取晚间通电、及时关闭电源等措施就不会发生严重危害结果，因此，被告主观上没有犯罪的故意，而具有犯罪过失，应当依照我国1979年《刑法》第106条第2款规定的过失以危险方法危害公共安全罪处7年以下有期徒刑或者拘役。当然，考虑到具体犯罪情节，可以从轻处罚。

预防行为虽不危害公共安全，但若显然超过必要限度，也为法律所不允许。

例如，在室内安装杀伤机关，一旦有盗贼侵入，就能致人死亡。又如，甲的更衣箱被盗，后经查找，在一偏僻处的沙堆里发现。甲见赃物还在，估计盗窃犯还会来取赃物，就在更衣箱里装置雷管，然后把更衣箱埋回沙堆。当晚，盗窃犯果然来取赃物，打开更衣箱时将手炸断造成重伤。本案甲在发现赃物后，理应报告司法机关或者等待盗窃犯前来取赃时，将其扭送到司法机关处理。但甲并未这样做，而是装置雷管将其炸成重伤，显然超过了必要限度，不能认为是为使本人的财产免受侵害的正当防卫，而应以故意犯罪论处。

第七章 防卫意思

第一节 防卫意思的内容

正当防卫是公民和正在进行的不法侵害作斗争的行为，因此，防卫人在主观上必然具有某种防卫意思。这就是正当防卫构成的主观条件。所谓防卫意思，是指防卫人意识到不法侵害正在进行，为了保护国家、公共利益、本人或者他人的人身、财产和其他权利，而决意制止正在进行的不法侵害的心理状态。

防卫意思可以包括两个方面的内容：一是对于正在进行的不法侵害的意识，即正当防卫的认识因素。二是对于制止正在进行的不法侵害的决意，即正当防卫的意志因素。防卫意思就是正当防卫的认识因素和意志因素的统一。

一、正当防卫的认识因素

对于正在进行的不法侵害的正确认识，是正当防卫主观条件的重要内容之

一。在心理学上，认识是意志的基础，离开了认识过程，就不会有意志活动。正当防卫作为公民为保护公共利益和其他合法权益而实施的意志行为，当然离不开对于正在进行的不法侵害的认识。我认为：防卫意思中的认识因素，可以包括以下三项内容。

（一）对防卫起因的认识

防卫起因是不法侵害，因此，防卫人必须具有对不法侵害的正确认识。所谓对不法侵害的正确认识，是指防卫人意识到国家、公共利益、本人或者他人的人身、财产和其他权利遭受到不法侵害。只有在这种正确认识的基础上，防卫人才能产生为保护国家、公共利益、本人或者他人的人身、财产和其他合法权益而制止不法侵害的意志。对于不法侵害的认识，必须是正确地反映了不法侵害的客观实际。那么，如何才算反映了不法侵害的客观实际呢？我认为，所谓反映了不法侵害的客观实际，是指防卫人能够确认国家、公共利益和其他合法权益正面临着不法侵害这一基本的事实。那么，对于防卫起因的认识，是否包括对不法侵害人的主观罪过的认识呢？我认为，作为防卫起因的不法侵害，只要具有客观上的危害就可以对其实行正当防卫，而不以主观上具有罪过为必要。因此，对防卫起因的认识，也不以认识不法侵害的主观罪过为必要。

（二）对防卫客体的认识

防卫客体是不法侵害人，因此，防卫人还必须具有对不法侵害人的正确认识。这是一个目标选择的问题。正当防卫只能对不法侵害人实行，所以，对不法侵害人的正确认识，是确定正当防卫对象的基础。对于不法侵害人的认识，是否包括对于不法侵害人的年龄和刑事责任能力的认识？我认为，没有达到法定责任年龄的未成年人和没有刑事责任能力的精神病人，对国家、公共利益和其他合法权益造成的危害，属于不法侵害，所以，对于无责任之行为人可以实行正当防卫。因此，对不法侵害人的认识，不以认识不法侵害人的年龄和刑事责任能力为必要。

（三）对防卫时间的认识

防卫时间是不法侵害之正在进行，因此，防卫人必须具有对不法侵害之正在进行的认识。防卫人意识到正在进行的不法侵害具有一定的侵害紧迫性，如果不果断地采取正当防卫行为，必然造成国家、公共利益、本人或者他人的人身、财产和其他权利的重大损害。所以，防卫人只有对不法侵害之正在进行具有正确的认识，才能适时地实行正当防卫；否则，就可能导致防卫不适时。

如上所述，正当防卫的认识因素是防卫人产生正当防卫意志的主观基础，是对客观存在的不法侵害的正确反映。防卫人没有对正当防卫的认识，就不可能产生正当防卫的意志，也就没有防卫意图可言。同样，如果没有对不法侵害的客观实际的正确反映，其建立在认识错误基础之上的正当防卫的意志也就是不科学的，因此，在这种情况下，也无防卫意志可言。所以，防卫人的认识因素，对于认定正当防卫具有十分重要的意义。

二、正当防卫的意志因素

防卫人对于制止正在进行的不法侵害的意志，也是正当防卫主观条件的重要内容之一。什么是意志？在心理学上，所谓意志，就是人自觉地确定目的并支配其行动以实现预定目的的心理过程。心理学原理告诉我们，人在反映现实的时候，不仅产生对客观对象和现象的认识，也不仅对它们形成这样或那样的情绪体验，而且还有意识地实现着对客观世界的心理体验。这构成心理活动的另一重要方面，即意志过程。如果说，正当防卫的认识是客观存在的正在进行的不法侵害的外部刺激向内部意识事实的转化。那么，正当防卫的意志就是内部意识事实向制止正在进行的不法侵害以保护公共利益和其他合法权益的外部行为的转化。所以，正当防卫的意志因素包括两个重要内容：一是根据对于不法侵害的正确认识，确定正当防卫的目的。二是根据正当防卫的目的，自觉地支配或者调节其正当防卫行为。

能够自觉地确定目的，是人的行为的特征，也是人与动物的根本区别之所在。因此，正当防卫的目的是正当防卫行为的重要特征之一。我国《刑法》第20条规定，正当防卫的目的是使国家、公共利益、本人或者他人的人身、财产和其他权利免受正在进行的不法侵害。正当防卫的目的不仅决定了防卫人主观上的崇高的正义感和道德感，因而是对正当防卫的肯定的社会政治和法律评价的主观基础；而且，对于防卫行为具有一定的支配性，决定了防卫行为是有节制的，并且其强度应为足以有效地制止正在进行的不法侵害所必需。

如果说，正当防卫的目的反映了防卫人制止正在进行的不法侵害的意愿，那么，正当防卫的动机就是推动和促使防卫人实行正当防卫的内心起因。因此，正当防卫的动机和正当防卫的目的紧密相关。在某种意义上，我们可以说，正当防卫的动机和正当防卫的目的在本质上具有同一性。当然，正当防卫的动机和正当防卫的目的在具体内容上仍然有所差异。正当防卫的目的体现了一切正当防卫行为的共性，而正当防卫的动机则体现了正当防卫行为的个性。在正当防卫目的相同的情况下，正当防卫的动机可能有所不同。因此，正当防卫的动机虽然不影响正当防卫的成立，但它在一定程度上反映了防卫人的道德情操，对于认定正当防卫仍有重要的意义。从正当防卫动机的具体内容来说，可以分为以下三类。

（一）自我防卫的动机

这种动机一般是出于对本人的人身和其他权利的自我防卫。例如，某妇女在夜晚遭到强奸犯的袭击，该妇女为了使本人的人身权利免遭正在进行的不法侵害，和强奸犯展开了勇敢搏斗，将其打成重伤。该妇女的正当防卫的动机是防卫本人的人身权利。在某些情况下，防卫行为可能是由不法侵害的刺激而引起的，防卫人带有一定的激愤、恐惧等情绪。这样的防卫行为仍然具有正当防卫的目的和动机，不能将其视为出于人的本能的条件反射。保护本人的人身和其他权利而对正在进行的不法侵害实行正当防卫的动机，虽然不一定像保护国家、公共利益那样出于高度的社会主义觉悟，但防卫人在本人的人身和其他权利受到正在进行的不法侵害的情况下，能够临危不惧，奋力自卫，其动机是可嘉的。在某种意义上，我们仍可以说这是社会主义觉悟的表现。

（二）防卫他人的动机

这种动机可能是路见不平、挺身而出、见义勇为的正义感，或者是对亲属朋友的道义责任感。应该指出，为保护他人的人身和其他权利而对正在进行的不法侵害实行正当防卫，其动机是高尚的，值得赞许。但在司法实践中，往往容易把这种见义勇为的动机和流氓动机混为一谈，从而把这种正当防卫作为犯罪论处。这是一个值得注意的问题。例如，某日，乘客田某乘坐电车时不买车票而与售票员发生争吵，女乘客余某规劝田某，田某不仅置之不理，而且调戏余某。乘客刘某见田某出口伤人，就批评田某，田某当即打刘某一拳。此时，被告陈某上前正欲指责田某，田某又朝陈某的胸部猛击一拳。陈某当即从身上掏出弹簧刀朝田某的左肩刺了一刀。公安机关以伤害罪对陈某提请批捕，检察院认为，陈某随身携带弹簧刀，又在车上用刀伤人，已构成伤害罪，批准逮捕并提起公诉；人民法院以伤害罪判处其有期徒刑 2 年。后经上级检察机关复查，认为：从全案事实情节看，被告人陈某的行为属于正当防卫，对其以故意伤害罪批捕、起诉和判刑是不适当的。本案的起因是田某乘电车不买票，蛮横地与售票员争吵。陈某等人见田某不遵守公共秩序，无理取闹，对田某进行规劝制止，反遭田某的语言调戏和暴力打击。陈某在他人和本人接连遭受田某的不法侵害的情况下，用弹簧刀朝田某的左肩刺了一刀，致田某轻伤，制止了其不法侵害，陈某的行为应视为正当防卫。所以，陈某在田某当众寻衅滋事时敢于挺身而出、维护社会治安秩序的精神，应当提倡。如果把陈某制止田某不法侵害的行为以犯罪论处，会妨碍人民群众为维护社会治安同违法犯罪分子作斗争的积极性。法院同意检察机关的上述意见，本着有错必纠的原则，法院裁定撤销原判，将陈某无罪释放。这个案例生动地告诉我们，如果不把正当防卫的动机和犯罪动机区别开来，就会混淆正当防卫和刑事犯罪的界限。因此，正确地查明正当防卫的动机，对于认定正当防卫具有重要的意义。

（三）公共防卫的动机

这种动机一般是出于高度的政治觉悟。例如，某公民发现敌特分子正要爆炸破坏我国重要国防设施，毅然上前和特务展开激烈的搏斗，将其杀死，使我国重要国防设施免遭破坏。可以设想，在我国国防设施正要遭受敌特分子破坏的关键时刻，该公民若不是出于高度的政治觉悟，怎能置个人安危于不顾，奋力搏斗，保护公共利益？当然，对于那些对国家、公共利益负有保护义务的人员来说，其为保护国家、公共利益而对正在进行的不法侵害实行正当防卫的动机，可能是其神圣的义务感。但是，在其义务感中仍然是政治觉悟在起决定性的作用。如果没有高度的政治觉悟，即使是那些对国家、公共利益负有保护义务的人员，也可能会贪生怕死而玩忽其职守。

正当防卫目的的最终实现，有赖于防卫行为。正当防卫的意志就是通过对防卫行为的自觉的支配或者调节作用体现出来的。因此，离开了防卫行为，也就没有正当防卫的意志可言。正当防卫的意志对于防卫行为的调节，主要是推动防卫人实施防卫行为，并且积极地追求保护国家、公共利益和其他合法权益的正当防卫目的，所以，正当防卫的意志对于防卫行为的调节表现在发动和制止两个方面。发动是指推动防卫人实行达到正当防卫目的所必需的防卫行为。由于正当防卫是对正在进行的不法侵害的即时反应，当时防卫人处于紧迫的精神状态之中，所以，防卫人不可能从容地思考是否实行正当防卫。因此，正当防卫的意志推动其实行正当防卫，是一个极为短暂的过程。制止是指制止不符合正当防卫目的的行为。例如，正当防卫目的是保护国家、公共利益和其他合法权益，而不是报复侵害，所以，在不法侵害确已中止、不法侵害人已经被制服或者不法侵害已经终止的情况下，正当防卫目的已经部分或全部实现。这时，防卫人必须及时地停止其防卫行为；否则，就可能导致事后防卫。正当防卫的意志对防卫行为的调节，还包括调节其外部动作以及内部的心理状态，以适当地控制其正当防卫的强度，避免正当防卫行为超过必要限度而造成不应有的危害。总之，在正当防卫过程中，正当防卫的意志起着重要的作用，是防卫意图的根本内容之一。

正当防卫是在十分紧迫的情况下，对于正在进行的不法侵害的即时反应，又是极其富于正义感的行为。因此，在正当防卫的认识和意志行动的过程中，必然伴随着某种情绪和情感的心理活动。什么是情绪和情感呢？情绪和情感是人对客观事物的态度的一种反映，确切地说，情绪通常是在有机体的天然生物需要不能获得满足的情况下产生的，例如，由于危险情景而引起的恐惧，和搏斗相联系的愤怒等。人类在社会历史发展进程中所形成的稳定的社会关系决定着人们对于客观世界的态度，对于这些受社会关系所制约的态度的反映，就是人类的情感。在正当防卫中，由于遭受到正在进行的不法侵害，引起防卫人心理上的极度紧张、激动或者恐惧。这些情绪在一定条件下可能引起对行动的抑制，但也可能驱使防卫人动员其全部精力与不法侵害进行斗争。在这种情况下，防卫人的情绪就成为推动其实行正当防卫行为的驱动力之一。但是，防卫人的激动情绪又可能违反其意向，超出其意志的控制。这是情绪对正当防卫意志的消极影响。这一点在确定正当防卫是否超过必要限度，以及防卫过当主观上是否存在过失的情况下，具有重要的意义。而所谓情感，在正当防卫中主要表现为道德感。道德感是关于人的举止、行为、思想、意图是否符合社会道德行为标准和客观的社会价值而产生的情绪体验，是由对那些能够满足人的社会道德行为准则的需要而产生的情绪体验。在正当防卫中，防卫人的道德感具体表现为保护国家、公共利益和其他合法权益的正当防卫目的。通过这一正当防卫的目的，防卫人的道德感对其防卫行为起到一定的支配或者调节的积极作用。

总之，正当防卫的意志因素是防卫人的主观能动性的体现，是支配或者调节其防卫行为的心理机制。

最后，应当指出，防卫意思虽然是防卫人的主观心理状态，但它并不是不可被认识的。以在司法实践中对于防卫意图难以查明为由，否定防卫意思作为正当防卫构成的主观条件的观点，是根本站不住脚的。防卫意思是防卫人对客观存在的不法侵害的反映，并且通过一定的防卫行为体现出来。我们只要坚持主观和客观相统一的原则，就一定能够通过正当防卫的外部表现形式，正确地查明防卫人

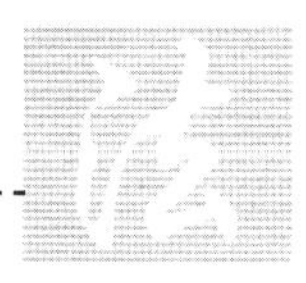

的防卫意思。

第二节　防卫意思的适用

防卫意思作为正当防卫构成的主观条件，对于正当防卫的成立具有十分重大的意义。某些行为，虽从形式上看似乎符合正当防卫的客观条件，但其主观上不具备防卫意思。因此，其行为不得视为正当防卫。

一、自招侵害

在刑法教义学中，自招侵害是指防卫行为人以自己的合法或者不法行为招致他人的不法侵害而制造出正当防卫状况。例如，借正当防卫之名而实施侵害于对方的情形，或者因故意或过失而挑拨对方的情形（防卫挑拨）即为适例。①

自招侵害涉及的是不法侵害是否存在的问题，这对于正当防卫是否成立具有重要意义。然而，自招侵害首先还是与主观上是否具有防卫意图相关，因而值得讨论。

关于自招侵害能否实施正当防卫，在刑法教义学中存在较大的争议，主要具有以下五种观点②：

第一种是权利滥用说。该说认为，意图以正当防卫为由侵害对方而故意挑拨的，是权利滥用，难以成立正当防卫，并且用违法的挑拨行为招致对方的侵害行为时，由于该侵害行为本身就是正当防卫，因此，对其不得再实施正当防卫。但也不能因为防卫者自己招致了不法侵害就完全剥夺其在任何情形下实施正当防卫的权利。在基于过失的挑拨行为，特别是轻微过失，以及预料到对方会实施轻微

---

① 参见［日］高桥泽夫：《刑法总论》，李世阳译，259页，北京，中国政法大学出版社，2020。

② 参见张宝：《正当防卫中的不法侵害》，187页以下，北京，法律出版社，2019。

的反击行为而进行挑衅，但对方却实施了侵害异常重大法益的反击行为时，应当承认招致行为人具有实施正当防卫的权利。这种观点虽然称为权利滥用说，但它将招致行为区分为防卫挑拨与过失的挑衅行为。所谓过失的挑衅行为亦称为过失的挑拨。只有（故意的）防卫挑拨才是滥用权利的行为，不得主张正当防卫的权利，而（过失的）挑衅行为则并不否认行为人具有防卫权。

第二种观点是防卫意思否定说。该说认为，自招侵害，尤其是在挑拨防卫的情形下，行为人不具有防卫意图，因此不能成立正当防卫。这种观点将防卫挑拨等同于自招侵害，并且以行为人主观上不具有防卫故意作为否定防卫权的理由。就此而言，其要比以滥用权利否定行为人的防卫权更为合理。当然，由于防卫意思否定说并没有论及过失的防卫挑拨，因此其对自招侵害的论述并不完整。

第三种观点是侵害紧迫性否定说。该说认为，正当防卫中也存在利益冲突状况，即违法攻击者与防卫者之间的利益冲突。正当防卫的制度性目的就是通过让违法攻击者承担责任，以消解利益冲突。为此，创造出利益冲突状况者，即侵害的创造者，不得行使正当防卫权。因为在这种情况下，尽管存在现实的不法侵害，但是却不具有正当防卫必须要求的紧迫性条件。这种观点以不具有紧迫性条件否定自招侵害的防卫权，主要是指防卫挑拨的情形。因为在这种情况下，自招侵害者已经事先进行了准备。这是正确的。这种观点与防卫意思否定说具有相似性，都是从正当防卫条件缺失的角度论证防卫挑拨不能认定为正当防卫。

第四种观点是社会相当性说。该说认为，防卫行为即便符合正当防卫要件，但如果欠缺社会相当性，在实质上就具有违反性，不应认定成立正当防卫。但在故意招致不法侵害然后实施所谓正当防卫而侵害对方权益的场合，一般来说不具有社会相当性，不成立正当防卫。但过失的挑衅行为由于并未严重脱离社会相当性范围，或者对对方进行轻微的挑衅行为，对方却使用非常严重的侵害利益的手段进行反击，故能够实施正当防卫。这种观点认为在防卫挑拨的情况下，行为人已经具备正当防卫条件，只是缺乏社会相当性为根据否定其为正当防卫。然而，社会相当性是一个较为抽象且笼统的概念，以此作为否定防卫挑拨者的防卫权的

理由较为勉强。这种观点同样也肯定了对过失的挑衅行为而招致的侵害，行为人具有防卫权。

第五种观点是原因中的违法行为说。该说认为，应当区分防卫行为与挑拨行为，某行为是否被阻却违法性，应当从行为本身来判断，而不应当从事前或事后的行为进行考虑。由自己的行为招致急迫的不法侵害时，该状态下进行的防卫行为本身作为正当防卫被阻却违法，但对招致该侵害的行为和所发生的法益侵害结果，却可以追究刑事责任。这种观点以自招行为是否具有违法性作为区分标准：如果是违法行为招致侵害的，不得进行正当防卫；如果是非违法行为招致侵害的，可以进行正当防卫。可以说，这种观点的标准还是十分明确的，具有一定的参考价值。

（一）故意的自招侵害：防卫挑拨

在自招侵害中，防卫挑拨是一种故意招致他人对自己进行不法侵害，然而以正当防卫为由加害于对方的情形。因而，防卫挑拨是自招侵害中最具代表性的现象，我们需要将防卫挑拨与正当防卫的区分进行细致研究。

在防卫挑拨的情况下，由于行为人主观上没有防卫意图，其行为不得视为正当防卫。在刑法理论上，把故意地挑逗对方进行不法侵害而借机加害于不法侵害人的行为，称为防卫挑拨。在防卫挑拨中，虽然存在着一定的不法侵害，挑拨人也实行了所谓正当防卫，但仅是形式上符合正当防卫的客观条件。但由于该不法侵害是挑拨人通过挑逗故意诱发的，其主观上具有犯罪意图而没有防卫意图，客观上实施了犯罪行为。挑拨人所挑逗起来的侵害虽然是不法的，但具有易让人上当受骗的性质。而且，由于挑拨人事先已经做好了充分的思想准备和物质准备，其可能以正当防卫为由对对方造成重大的人身伤亡，所以，防卫挑拨具有严重的法益侵害性，是预谋性的犯罪，应当按照其行为的性质依法论处。例如：刘某与邵某系邻居关系，两家为琐事发生纠纷，并时有厮打。刘某与家人商量要教训邵某。家人出主意说："先打人的无理，咱不能先动手，将来不好办，想办法让姓邵的打第一枪。"随后刘家处处刁难邵家。一日，刘某在公用厨房故意把邵家刚

煮好的稀饭锅打翻，烫伤邵妻的脚。邵某激愤之下，用锅盖把刘某的头部打破。刘某遂将邵某打倒在地，并用面杖狠击邵某的头部，致邵某休克，1 小时后死亡。在本案中，刘某的行为是防卫挑拨，其所谓防卫行为是包括在其犯罪预谋之内的，所以不得视为正当防卫，而应以犯罪论处。但在刑法理论上有一种见解认为，防卫挑拨行为，仍是正当防卫。正当防卫，当然不负刑事责任。防卫挑拨之所以为罪，就在于其利用正当防卫之行为以实现犯罪之意图，正如利用无责任之行为者实行犯罪。[①] 我认为，这种见解的结论是正确的，但将防卫挑拨的犯罪性解释为利用正当防卫而实现其犯罪意图则值得商榷。在我看来，防卫挑拨是以正当防卫之名而行不法侵害之实。这是一种名与实的关系，或者说是假象与本质的关系：正当防卫是其假象，而其本质则是犯罪。所以，那种认为防卫挑拨是利用正当防卫实现犯罪意图的观点，将防卫挑拨中正当防卫与犯罪之假象与本质的关系解释为手段与目的的关系，是我所不能苟同的。究其而言，这种观点还是将防卫意思排斥于正当防卫的构成之外。我认为，防卫挑拨之所以是犯罪，就在于行为人主观上没有防卫意思而具有犯罪故意。所以，我将防卫挑拨解释为因行为人主观上缺乏防卫意思而不得视为正当防卫，是有理论根据的。它奠基于对防卫挑拨的本质的科学揭示之上。

防卫挑拨具有正当防卫的假象，因此在客观表现上十分容易和正当防卫发生混淆。为此，我们必须从具体案情入手，查明行为人主观上是否具有防卫意思，以便正确地区分防卫挑拨和正当防卫。例如，甲女和乙男长期以来保持了通奸关系，后因琐事发生纠纷，甲女遂将其与乙男的奸情告诉丈夫丙，夫妻合谋要教训乙男，于是商量由甲女约乙男在某日下午来家通奸，乙男按约前来。正当甲女和乙男上床之际，丙出现在家里，用事先准备好的菜刀将乙男砍伤，乙男因医治无

① 参见王觐：《中华刑法论》，6 版，513～514 页，北平，朝阳学院，1933。又注：王觐认为正当防卫一词不足以表示防卫起因于紧急，故《中华刑法论》一书不采通用惯语，而用紧急防卫之名称。参见该书第 504 页。本书按照我国刑法的规定，称为正当防卫。为统一称谓起见，将《中华刑法论》一书中的紧急防卫一律改称正当防卫。

效死亡。案发后，甲女和丙向公安机关投案，并谎称是正当防卫。后经司法机关深入调查，发现了甲女与乙男的奸情，由此入手，终于查明案情真相。最后，人民法院对甲女和丙以故意伤害（致人死亡）罪论处。在这个案件中，乙男死在甲女和丙家中，甲女和乙男又确实正在行奸，如果不深入调查，很可能使犯罪分子逃脱法网。由此可见，区分防卫挑拨与正当防卫，查明案件发生的真实起因是十分重要的一环。

如果把防卫挑拨混同于正当防卫，会使犯罪分子逃脱法网。而把正当防卫混同于防卫挑拨，则会使无辜的人受到法律追究。如果说，前一种情况在司法实践中较多发生，那么，后一种情况在现实生活中也并非绝无仅有。例如，陈某，女，是某厂党支部副书记，家中住房困难，厂领导多次陪她去公司找负责分房的副经理于某要求分房。某日下午，于某来陈家看房子，乘机抱住陈某，到处乱摸，强行接吻。当天傍晚，陈某的丈夫娄某回家后发现妻子神色不对，再三逼问，陈某讲了事情的经过。夫妻商量后决定房子不要了，但要去告于某。第二天上午，陈某把小孩送到母亲处，回家后丈夫还未起床。陈某准备洗衣服，刚下楼见于某来了。陈某转身上楼说经理来了，叫丈夫赶快起床。于某进屋后，娄某给他倒了一杯茶，敬了一根烟，然后对陈某说："我到外面吃完早饭，顺便到一个同事家去。"娄某出去后就关上了门。于某走过来拉陈某，陈某让开，他又冲过来死死抱住陈某，吻陈某的脸，把舌头伸进陈某的嘴里。陈某就咬了他一口，并打了他两记耳光。这时，陈某听到敲门声，走去把门打开，丈夫进来了。得知情况后，娄某叫于某跪下来写材料，陈某站在边上。后来娄某踩到一样软的东西，捡起来一看，是舌头。经公安机关初步讯问，于某供认了利用分房之机，对陈某搞侮辱调戏活动的事实。对于本案，存在两种观点：第一种观点认为陈某咬掉于某的舌头，是在不得已的情况下采取的，属于正当防卫。第二种观点则认为这次夫妻有预谋，属于防卫挑拨，造成于某的终身残疾，应负故意伤害罪的刑事责任。我认为，在本案中陈某和娄某并没有预谋伤害于某。事发当天，于某是主动来陈家并对陈某进行流氓侮辱活动的，陈某并没有以色相对于某进行引诱挑逗。

当然，于某来到陈家时，陈某和娄某预见到于某可能会实施流氓行为。但这不能否认在于某调戏陈某之时，陈某具有正当防卫的权利。因此，我认为陈某咬掉于某舌头的行为属于正当防卫，而不是防卫挑拨。

在某些案件中，行为人虽然先对他人实施较为轻微的不法侵害，但随即遭受他人严重的不法侵害。在这种情况下，我们不能因为行为人先前的轻微不法侵害招致了此后的不法侵害，因此认定为防卫挑拨，由此否定行为人的防卫权。例如陈某甲故意伤害案①：2009 年 12 月 22 日 22 时 20 分许，犯罪嫌疑人陈某甲酒后至上海市某游戏机房玩游戏。其间，陈某甲因琐事与该游戏机房老板吴某等人发生争执，并拿出随身携带的水果刀威胁对方，在吓退对方后将水果刀放入衣服口袋。之后，游戏机房老板吴某叫来五六名游戏机房工作人员持棍棒、凳子等器械对陈某甲进行围攻。陈某甲遂再次拔出水果刀予以抵挡。在抵挡过程中，陈甲捅伤游戏机房工作人员徐某腹部，后逃离现场。经法医鉴定，被害人徐某因外伤致腹部锐器创伤，肝脏破裂，腹腔内积血等，构成重伤。另根据看守所“新收人员健康检查登记表”记载，犯罪嫌疑人陈某甲收押前因右侧头顶部头皮破裂伤缝合四针。

本案争议焦点之一是陈某甲在与游戏机房老板吴某等人发生争执后，首先实施了用随身携带的水果刀威胁对方的行为，这是否意味着其不再享有正当防卫权？对此存在两种不同的意见：第一种意见认为，犯罪嫌疑人陈某甲在与游戏机房老板吴某等人发生争执后，持刀示威在先，故其不享有正当防卫权。其持刀将被害人徐某捅成重伤的行为应当构成故意伤害罪。第二种意见认为，犯罪嫌疑人陈某甲虽在与游戏机房老板吴某等人发生争执后，先拿出随身携带的水果刀示威，但其并未对对方身体实施攻击；游戏机房老板吴某在陈某甲已停止持刀示威的情况下，仍纠集多名游戏机房工作人员持械围攻陈某甲。陈某甲面对多人持械

① 参见《陈某甲故意伤害案——上海某检察机关认为“陈某乙行为属正当防卫”，不予批捕》，http：//www.jinshanlawyer.com/flbk/8390/，2022-01-25。

围攻而持刀抵抗，其行为应当属于正当防卫。

司法机关认为，陈某甲持刀示威在先的行为并非防卫挑拨，故其在遭对方多人持械围攻后，持刀抵挡的行为属于正当防卫。主要理由在于：由于本案中陈某甲在与游戏机房工作人员发生争执后，先拿出随身携带的水果刀向对方示威，故持陈某甲不享有正当防卫权观点者认为：其持刀示威在先的行为系防卫挑拨，故游戏机房一方的攻击行为属于正当防卫，对正当防卫不能再实施正当防卫。所谓防卫挑拨，是指行为人事先故意以言语、行动刺激他人、挑逗他人、引诱他人向自己发起进攻，然后借口正当防卫向对方反击。不可否认，本案中陈某甲持刀示威在先的行为与游戏机房工作人员持械对其实施殴打的行为确实存在一定的因果关系，亦有学者将这种行为称为“自招的不法侵害”。然而，“自招的不法侵害”并不仅限于防卫挑拨，“行为人实施招致行为存在不受侵害意图支配的情况，如果行为人的招致行为充其量仅算是对微小法益的侵害，而对方的攻击行为却明显针对重大法益的情形，仍有正当防卫的余地”。所以我们不能简单地得出陈某甲拔刀示威的行为系防卫挑拨，故其对于游戏机房多名工作人员的持械围攻不享有正当防卫权的结论。本案犯罪嫌疑人陈某甲在拔刀示威后，不仅未对对方身体实施攻击，而且主动收起刀具，从其客观行为可以判断其主观上并不具有侵害他人的故意，故陈某甲的行为不属于防卫挑拨。在此情况下，陈某甲面对游戏机房多名工作人员的持械围攻殴打，理应享有正当防卫权。

必须指出，在防卫挑拨的情况下不存在正当防卫问题，这是就一般情况而言的。但在某些特殊的、个别的情况下，也不能一概否认防卫挑拨人具有正当防卫的权利。这种情况是指防卫挑拨人先挑起事端，欲加害于对方，但并非要置对方于死地。而对方在被挑拨后，其侵害强度大大超过防卫挑拨人的预想，防卫挑拨人的生命受到严重威胁；或者防卫挑拨人想要中止争端，而对方不甘罢休，一再侵害，对防卫挑拨人造成人身的重大危害。在以上两种情况下，我认为防卫挑拨人可以行使有限制的正当防卫权。所谓限制：一是指这种正当防卫必须出于迫不得已。如果能够躲避就应当躲避，能够紧急避险就应该紧急避险，能够用其他方

法保全本人的人身就应该采用其他方法。只有在别无选择的情况下，防卫人才能对被挑拨人实行正当防卫。二是指这种正当防卫必须被严格控制在一定的限度之内，不允许对被挑拨人造成严重损害。我认为，对防卫挑拨人在特殊情况下的正当防卫采取以上两个限制是合情合理的，因为被挑拨人的侵害是防卫挑拨人故意挑逗起来的，被挑拨人是原始的受害人和现行的侵害人，具有双重身份。对防卫挑拨人的正当防卫采取限制，有利于保护被挑拨人的利益。再者，防卫挑拨人也具有原始的侵害人和现行的受害人的双重身份，因其当前毕竟处于受害人的境地，赋予其一定的防卫权是必要的，有利于保护防卫挑拨人的利益。但被挑拨人被侵害是由其挑拨行为引起的，因此又有必要对其防卫权加以一定的限制。考虑到以上两个方面的因素，准许防卫挑拨人在特定情况下有条件地行使正当防卫权，并不会助长防卫挑拨人采用挑拨手段实行侵害行为的嚣张气焰。因此，我不能同意那种一概否认防卫挑拨人在其人身受到严重侵害时具有正当防卫权的观点。[①] 当然，在司法实践中，查明防卫挑拨人受到的侵害是否足以危及其生命或其他重大权益，以便判断在当时的情况下防卫挑拨人是否有权实行正当防卫，乃是一项十分困难的任务。但是，困难不等于不可能，程序法上审查判断的难度不能否认实体法上当事人的正当权益。因此，我还是主张在特定条件下，防卫挑拨人可以行使有限制的正当防卫权。

（二）过失的自招侵害：挑衅行为

过失的自招侵害是指行为人对他人实施了故意的挑衅行为，招致他人对自己的侵害。在这种情况下，行为人并非故意挑逗他人对自己进行侵害，因而不同于防卫挑拨，两者不可混淆。

挑衅行为在独立评价的时候，当然是一种故意的侵害行为。然而，当把挑衅行为与防卫行为并置考察的时候，涉及如果挑衅行为引发他人侵害，挑衅者对该侵害人进行反击，是否成立正当防卫的问题。在这个意义上，挑衅行为是否具有

① 参见周国均等：《试论防卫挑拨》，载《西北政法学院学报》，1986（3）。

防卫挑拨的性质？对于这种情形，在刑法理论上也称为过失挑拨，以此区别于蓄意挑拨。例如我国学者曾经讨论过失挑拨是否阻却正当防卫的问题。[①] 我认为，防卫挑拨都是故意的，不存在所谓过失挑拨。如上所述，防卫挑拨是以正当防卫之名而行不法侵害之实，是一种有预谋的故意犯罪，因此，在一般情况下，防卫挑拨人无正当防卫可言。而挑衅行为人则在主观上并没有这种预谋，只是事端的挑起者，由此而受到对方的不法侵害，一般来说，挑衅者仍然有权防卫。正如日本刑法学者大场茂马指出："侵害行为，而出自违法且有责者之所为时，即可以对之行使正当防卫权，至此侵害是否由防卫者之自取，不问也。"[②] 挑衅者有权防卫，在英美刑法中也有例可循。根据英美刑法，如果自卫者虽然是先动手或先挑起事端，但动手或挑起事端以后，自卫者有意中止行为或防止其挑起事端的行为的影响继续扩大，而对方仍不罢休，变为主动攻击者时，就不能认为自卫者先动手或先挑起事端。因对方的行为自己身体会遭到杀伤的危险而不得已采取的自卫，防卫人可以不负刑事责任。当然，挑衅者的正当防卫与无辜者的正当防卫还是有一定差别的。一般来说，对挑衅者的正当防卫的可行性条件与合法性条件都应该从严掌握，但它与防卫挑拨毕竟还有区别，两者不可混为一谈。

在过失的自招侵害的情况下，不能否定行为人具有防卫权。这是没有问题的。然而，在挑衅行为与防卫挑拨的具体认定上，尤其是如何将挑衅行为与聚众斗殴加以区分，这是一个值得探讨的问题。例如，常熟何某、曾某等人聚众斗殴案就涉及挑衅行为与相约斗殴之间的区分问题。

在司法实践中，如果双方事先相约斗殴，则不仅谁先动手谁后动手不重要，而且打斗的场所也变得不重要。存在重大争议的常熟何某、曾某等聚众斗殴案，就是一个极为典型的案例。法院判决认定的该案事实如下：

---

① 参见蔡桑：《防卫挑拨的违法性根据与判断标准——以功利主义与罗尔斯的对立为视角》，载《甘肃政法大学学报》，2021（2）。

② ［日］大场茂马：《刑法总论》（下卷）（日文版），561 页。

2010年11月至12月期间，常熟市忠发投资咨询有限公司（以下简称忠发公司）法定代表人徐某忠经他人介绍多次至澳门赌博，欠下曾某（另案处理）等人为其提供的巨额赌资。后曾某亲自或指使杨某、龚某、朱某（均另案处理）等人多次向徐某忠讨要该笔赌债。2011年4月2日上午，被告人何某受徐某忠指派与张某、陈某等人至常熟市枫林路来雅咖啡店与杨某等人就如何归还该笔赌债谈判未果。期间李某夫（另案处理）携带菜刀与他人在咖啡店外等候，在杨某等人离开咖啡店时进行跟踪。其后，何某等人返回公司，向徐某忠报告相关情况后，其他人返回暂住地。当日中午，被告人何某与杨某手机通话过程中，双方发生言语冲突，后被告人何某主动打电话给之前从未联系过的曾某，双方恶语相向，互有挑衅。被告人何某随即三次打电话给被告人张某，要求被告人张某带人至忠发公司。被告人张某随即纠集了陈某、张某礼、龙某中及李某夫至忠发公司，并在该公司内准备菜刀等工具，待人员就位、工具准备完毕后，被告人何某再次主动拨打曾某电话，通话中言语刺激、互相挑衅，致使矛盾升级激化。曾某便纠集杨某、龚某、胡某等人，持刀赶至常熟市甬江路8号忠发公司，当何某等人通过监控看到有多人下车持刀上楼时，何某等人在徐某忠办公室持刀以待。当曾某等人进入徐某忠办公室后，被告人何某、张某、陈某、张某礼及李某夫与曾某等人相互持械斗殴，龙某中持电脑等物品参与斗殴，造成被告人何某及龚某、胡某受轻微伤，忠发公司内部分物品毁损。

该案案情的特点是：曾某为讨要赌债而与何某等人发生纠纷，双方在电话交谈中互相挑衅。何某在预想到曾某会前来本公司斗殴的情况下，事先做好了各种准备。当曾某带多人到达现场时，双方发生持械斗殴。在此需要讨论的问题是：在何某等人已经预想到曾某等人会前来公司斗殴并且做了预先准备的情况下，是对双方按聚众斗殴罪论处，还是认定何某等人属于正当防卫。辩护人为何某等人的行为作了正当防卫的辩护。辩护意见如下：

在整个事件中，当事的六人是坐在自己单位的办公室里，不是在惹是生非，危害社会，他们所有的动作行为都不具有社会危害性。而对方是强拿恶要的非法

讨债行为，动辄几十人拿着砍刀上门行凶，是赤裸裸的犯罪行为。虽然是欠了债务，但我方在积极地沟通如何还款，并非欠债不还或赖账。他们是在刀架到脖子上并被实施暴力的情况下，在人身安全受到威胁并且来不及得到公共安全保障部门救济的情况下，不得以才反抗的，其行为特征是典型的正当防卫，而不应被定性为聚众斗殴。

对于这一辩护意见，法院并没有采纳，而是作出了有罪判决。判决认为：本案系赌债纠纷引发，为非法利益之争，不受法律保护。双方经谈判未果后发生言语冲突、互有挑衅，曾某一方即纠集人员，携带刀具，上门斗殴，其行为构成聚众斗殴罪；何某纠集张某等人，主观上具有斗殴故意，客观上纠集人员，准备工具，实施了相互斗殴的行为，其行为亦构成聚众斗殴罪。

对于该案，法院是以互相斗殴定性的，由此否定了何某等人的行为构成正当防卫。在此，引起争议的是：曾某等人持械到何某所在公司进行斗殴，何某等人只是消极地应战，在这种情况下，为什么何某等人的行为也构成斗殴而不是正当防卫？

从事实层面来看，法院判决为我们还原了整个事件的经过，将我们的视线从发生打斗的那个场面往前拉到此前导致这场打斗发生的原因。法院判决为我们勾勒了事件发生的三个环节。一是起因：本案是由归还赌债引起的纠纷。在该案中，何某的老板徐某忠欠曾某等人巨额赌债，徐某忠指派何某等人就归还赌债事宜与曾某交涉，由此引发争端，为此后的斗殴埋下了伏笔。二是冲突：在为归还赌债谈判未果的情况下，何某与曾某之间互相产生冲突，主要表现在何某与曾某在电话中恶语相向，互有挑衅，致使矛盾激化。三是斗殴：在上述冲突的基础上，曾某纠集二十多人持刀赶往忠发公司。而何某预料到曾某会打上门来，亦不示弱，电话召集多人在办公室等候，并准备了菜刀等工具。以上三个环节可以说是环环相扣，是一个事件从前因到后果的完整演变过程。对本案性质的法律评价如果仅仅着眼于第三个环节，置前两个环节于不顾，就会只看到曾某率人打上门来，从而片面地得出何某等人是正当防卫的结论。如果我们把上述三个环节联系起来看，就会赞同法院的判决：这是一起由归还赌债纠纷引发的聚众斗殴案件。

我曾经将该案的性质归纳为“一方主动挑起斗殴，另一方被动参加聚众斗殴”，并认为考察被动方的行为是聚众斗殴还是正当防卫，应当从起因是否合法、目的是否正当以及手段是否相当这三个方面进行分析。

第一，就起因是否合法而言，正当防卫是正与不正之关系，而聚众斗殴是不正与不正之关系。在本案中，双方纠纷的起因是赌债，系非法利益之争，双方均为不法，是不正与不正之关系。就此而言，何某等人的行为并不符合正当防卫的起因合法性的要件。

第二，就目的是否正当而言，正当防卫是为了保护国家、公共利益，本人或者他人的人身、财产和其他权利，具有目的的正当性。而聚众斗殴是为了争霸、泄愤或者满足其他非法欲求。从本案的情况来看，整个斗殴是围绕赌债展开的：曾某一方的目的是实现非法债权，何某一方的目的是减免非法债务。当然，在斗殴过程中，双方持械会给对方造成人身侵害，但因为整个事件是聚众斗殴，所以不能把在斗殴过程中为防护自身而抵御对方打斗的行为视为正当防卫，否则，任何打架加以分解都变成了互相的正当防卫，这显然是不能成立的。

第三，就手段的相当性而言，在聚众斗殴中一方突然加大侵害或者采取致命凶器进行侵害，仍然不能否认受到生命威胁的一方为保护自己的生命而采取正当防卫行为的权利。在本案中，双方从一开始均系持械斗殴，曾某一方是持械打上门来，何某一方是早有预料事先准备刀具。在这种情况下，双方进行了斗殴，造成人员伤害，因此双方都构成聚众斗殴罪。①

对于该案，如果仅从曾某等人持械进入何某等人所在公司进行斗殴这一过程来看，很容易得出何某等人的行为属于正当防卫的结论。而如果把前面因索要赌债而互相在电话中进行言语挑衅，并引发双方斗殴的整个经过综合起来看，则应

① 参见陈兴良：《聚众斗殴抑或正当防卫：本案定性与界限区分》，载《人民法院报》，2012-04-13。

当认为在打斗之前，双方都已经具有斗殴的意图。对这种事先具有斗殴意图的反击行为，应当认定为是互殴而不是正当防卫。因此，将“基于事先产生的斗殴意图所实施的反击行为，不能认定为正当防卫”的裁判规则适用于该案，也会否定何某等人的行为构成正当防卫。在事先具有斗殴意图的情况下，谁先动手谁后动手并不重要，而且在此地动手还是在彼地动手也不重要。只要在斗殴意图的支配下，双方实施了互相斗殴的行为，无论是谁先动手，也无论在何地动手，双方都构成互殴，也就否定了正当防卫成立的可能性。

我国学者陈璇在自招侵害的意义上讨论本案，将自招侵害区分为合法行为招致的不法侵害和违法行为招致的侵害，并且将本案归入合法行为招致的不法侵害，属于一般的争吵行为引发对方的不法侵害，因而认为不能否认何某等人具有防卫权。[①] 这一观点是值得重视的。法院在将本案认定为聚众斗殴的同时，认定何某等人的行为属于防卫挑拨，认为被告人何某等人来公司向己方进攻，而后借正当防卫行加害对方之实，属于典型的防卫挑拨，故不具有防卫意思。[②] 我认为，这一认定存在一定的偏差。应该说，从现有的证据来看，认定为防卫挑拨确实是勉强的。问题在于，何某与曾某之间事先的电话通话中的争吵，是否具有相约进行聚众斗殴的性质？如果仅仅是一般的争吵，则完全可以肯定何某等人面对曾某等人的上门斗殴具有防卫权。反之，如果认定何某等人事先在电话中具有相约进行聚众斗殴的性质，则何某等人的行为不能被认定为正当防卫，而属于约架型的聚众斗殴。对此，常熟何某、曾某等人聚众斗殴案的判决书所认定的事实如下：

被告人何某与杨某手机通话过程中，双方发生言语冲突，后被告人何某主动打电话给之前从未联系过的曾某，双方恶语相向，互有挑衅。被告人何某随即三次打电话给被告人张某，要求被告人张某带人至忠发公司。被告人张某随即纠集

① 参见陈璇：《正当防卫：理念、学说与制度适用》，36页，北京，中国检察出版社，2020。

② 参见姚鸣、黄晓梦：《何某等聚众斗殴案》，载《人民司法·案例》，2013（18）。

了陈某、张某礼、龙某中及李某夫至忠发公司，并在该公司内准备菜刀等工具，待人员就位、工具准备完毕后，被告人何某再次主动拨打曾某电话，通话中言语刺激、互相挑衅，致使矛盾升级激化。

从这一对案件事实的叙述中，我们可以得出结论，何某等人并不是在得知曾某等人要来寻衅后，消极准备工具，事先防御，而是事先在电话中互相挑衅，而且在准备工具后再次打电话刺激对方。因此，该案何某等人的行为不能被认定为正当防卫，而是聚众斗殴行为。

二、互相斗殴

互相斗殴，亦称为互殴。斗殴是我国古代刑法中的一个罪名。根据《唐律疏议》的规定，相争为斗，相击为殴。因此，斗殴是一种侵犯他人人身权利的犯罪行为，为法律所禁止。《唐律》对互相斗殴也作了专门的规定，其《斗讼篇》指出："诸斗两相殴伤者，各随轻重，两论如律。"由此可见，互相斗殴的双方都构成犯罪，各自承担刑事责任。我国刑法对斗殴行为规定了聚众斗殴罪。当然，聚众斗殴可以分为单方斗殴与双方斗殴。其中，双方斗殴属于互殴。如果说单个人的斗殴，只有在造成他人伤害的情况下，才能以故意伤害罪论处。单个人之间的互殴，则视后果，分别定罪。应该说，在对互殴的法律规制上，我国刑法与古代法律之间并无根本的区分。

互相斗殴，按其性质的严重程度，可以分为两种：一是结伙斗殴，属于扰乱公共秩序的违反治安管理行为，为违法行为；二是聚众斗殴，属于我国刑法所规定的犯罪行为。无论是结伙斗殴，还是聚众斗殴，双方都具有不法的性质，可以说是不正与不正之关系。互相斗殴中，把每个人的行为割裂开来看，似乎具备正当防卫的客观条件，但是，互相斗殴的双方主观上都没有防卫意图，因此不能成立正当防卫。

关于互殴，所争议者，主要在于是否排除正当防卫。目前在我国司法实践

中，正当防卫在定性上引发的争议，大多与互殴相关，因此，正确地认定互殴，就成为正当防卫认定中的一个重要问题。在刑法理论上，互殴是指参与者在其主观上的不法侵害故意的支配下，客观上所实施的连续的互相侵害的行为。因此，对互殴主要是从不具有防卫意图的角度排除其防卫性。因为，从客观来看，互殴的双方都是对他方的殴打行为的反击，容易与正当防卫混为一谈，只有从主观上的不法侵害故意，才能将互殴行为从正当防卫中排除。这一思路当然是具有合理性的，然而，这里的不法侵害故意如何认定是一个难题。如果不能解决这个问题，势必会扩大或者限缩互殴的范围，从而影响对正当防卫的正确认定。

互殴的核心是互相斗殴。尽管斗殴是互相的，但还是存在着谁先动手与谁后动手之间的区别。先动手的一方具有对他方的人身侵害性，属于侵害行为。这是没有问题的。后动手的一方具有对他方侵害行为的防御性，属于反击行为。在一般情况下，反击行为构成正当防卫。那么，为什么在互殴的情况下，不能把后动手的一方的反击行为认定为防卫呢？实际上，在所有的正当防卫案件中，都存在先动手与后动手的情况，一般都是把先动手的一方认定为不法侵害，而把后动手的一方认定为正当防卫。那么，这一认定思路为什么在互殴中失效了呢？从主观上看，把先动手的一方的故意认定为不法侵害的意图，是没有疑问的。而后动手的一方的主观上为什么不是防卫的意图而也是斗殴的意图呢？对此，必须进行深入分析才能得出正确的结论，否则，就会在很大程度上混淆互殴与防卫的关系。

在互相斗殴的情况下，由于行为人主观上没有防卫意思，其行为也不得视为正当防卫。可以说，互殴与防卫是对立的，两者之间存在着互相排斥的关系，即：一个案件只要存在互殴，则在一般情况下排斥正当防卫的成立。反之，一个案件如欲成立正当防卫，则必先排除互殴。在这个意义上说，某些情况下是否存在对互殴的认定，直接关系到正当防卫的成立。因此，互殴就成为正当防卫成立的消极条件。在此，我以具有参考性的四个案例为线索，对面对他人侵害的反击行为，在何种情况下应当认定为防卫，在何种情况下应当认定为斗殴这一司法实践中迫切需要解决的问题，从刑法理论上加以探讨，以期进一步厘清互殴与防卫

的关系。

（一）姜某平故意伤害案

姜某平故意伤害案是一个涉及区分互殴与防卫的参考性案例。[①] 该案的案情如下：

2001年7月15日晚，被告人姜某平得知与其有过纠纷的郑某良当日曾持铁棍在航埠镇莫家村姜某木家向其父姜某新挑衅后，便前往郑某良家滋事。因郑某良不在家，姜某平便返回，并从路过的叶某飞家的厨房内取了一把菜刀藏于身后。当姜某平行至该村柳根根门前路上时，郑某良赶至并持铁棍打姜某平，姜某平即持菜刀与郑某良对打，并用菜刀砍郑某良左手腕关节，姜某平也被随即赶至的郑某良之女郑某仙砍伤。经法医鉴定，郑某良所受损伤属轻伤。

对于该案，辩护人认为姜某平是在郑某良先用铁棍打其时，为避免自己遭受进一步伤害才用菜刀砍伤郑某良的，其行为应属于正当防卫。但法院认为，根据本案的事实，姜某平在得知原与其父有过纠纷的郑某良对其父亲实施挑衅后，即四处寻找郑某良并准备菜刀蓄意报复，其事先就有斗殴故意，之后亦积极实施伤害行为，故不认定为正当防卫。

从该案中可以提炼出以下裁判规则："基于斗殴故意实施的反击行为，不能认定为正当防卫。"[②] 对此，裁判理由作了论证："理论上，根据行为人是否具有正当防卫的目的，一般都将防卫挑拨、互相斗殴等情形排除在正当防卫行为之外。所谓互相斗殴，是指双方都有非法侵害对方的意图而发生的互相侵害行为。由于互相斗殴的双方主观上都有加害对方的故意，都是不法侵害，所以不存在侵害者与防卫者之分。同时，由于双方都不具有正当防卫的目的，因而无论谁先谁

① 该案刊登在《刑事审判参考》第30辑。该案除故意伤害罪以外，还涉及非法持有、私藏枪支罪。本书此处只论及故意伤害罪部分。特此说明。

② 陈兴良编：《人民法院刑事指导案例裁判要旨集成》，10页，北京，北京大学出版社，2013。

后动手，都不能认定为防卫行为。”①

从以上裁判理由中，我们可以发现这样一种思路，即对互殴的认定并不是根据即时产生的主观意图，而是根据事先已经具有的报复心理，因此，法院认定姜某平事先就具有斗殴故意。正是这种事先的斗殴故意，使在该案中谁先动手谁后动手都不重要。所以，以上裁判要旨确切的表达应该是：“基于事先产生的斗殴意图所实施的反击行为，不能认定为正当防卫。”也就是说，只有事先产生的斗殴意图，才能排除防卫意思。如果是在遭受他人不法侵害而即时产生的反击意思，就不能认定为互殴的意思，因此也就不能排除正当防卫的成立。这一裁判要旨，对于区分互殴与防卫，我认为具有重要的参考意义。

（二）周某瑜故意伤害案

在我国司法实践中，互殴的认定在很大程度上被扩大化，因此限缩了正当防卫或者防卫过当的成立范围。这是有所不妥的。例如，在周某瑜故意伤害案中，对互殴的认定就直接关系到对案件的定性。关于周某瑜故意伤害案，一审判决认定的事实是：

2012年12月24日21时许，周某瑜和丈夫张某途经昌平区北七家镇平西府村村口红绿灯处，因被害人朱某（男，殁年27岁）的朋友段某驾车拉载朱某、刘某等人险些撞到张某和周某瑜而发生口角并互殴。在此过程中，周某瑜使用捡拾的水泥板砸击朱某的头部，朱某因颅脑损伤于同年12月30日抢救无效死亡。

在以上案情叙述中，判决书对于起因的描述过于简单，显得轻描淡写，只是说“发生口角并互殴”。据此，就认定被告人周某瑜是在互殴中将朱某故意伤害致死，因此构成故意伤害罪，在有自首情节的情况下，判处周某瑜有期徒刑13年。即便是上诉以后，二审仍然维持一审判决的定性，只是减轻刑罚，改判为有期徒刑8年。那么，该案的具体情节又是如何的呢？通过该案的被告人供述和证

① 陈兴良、张军、胡云腾主编：《人民法院刑事指导案例裁判要旨通纂》，33页，北京，北京大学出版社，2013。

人证言，我们可以还原当时发生殴打的细节：

周某瑜的供述：2012年12月24日晚上9点多钟，她和丈夫张某吃完饭，从平西府村北口出来由南向北过马路，走到马路中间的时候，从西边过来一辆土黄色的轿车闯红灯，差点撞到他们，车急刹车停在了路边。其老公瞪了对方一眼，说了一句“你们怎么开车的”，这时从车上下来四个人，被她打的那个人上来就拽张某的衣服，骂张某，还要打，她上去拉，另外几个人踹她的肚子，揪她的头发，掐着她的脖子往边上拽。这时对方把她老公往地上按，后对方看见挡道路了，就把她老公往路边上拉，这时她老公就打电话报警，对方拉，张某没办法打(电话)，就把电话给她，她就报警。这时车上又下来两个人，看她打电话报警就跑了，她把对方的车号记下来了，那四个人还继续打张某，把张某拉到路基绿化带边上按着打。她打完电话回来，对方沿着小路跑，张某就去追，在快3路公交车站抓住后来被她打伤的人，另外三个人也来围着张某，被她打的那个人把张某按在地上，趴在张某的身上打。她上去拉那个人，那个人回身起来就给了她一拳，打在她的嘴巴上，张某看那人打她，坐起来就拽着那个人不放，那人就跟张某撕扯，揪着张某的耳朵，不叫张某拽。这时她从地上捡起了一块铺马路的地砖，给了那个人后脑勺一下，打完之后砖头掉地上碎了，这时另外两个人就过来拉她，对方说：“砸就砸了，让他们走吧。”张某拽着不让走，这时警察就来了。

张某的证言：2012年12月24日晚上10点多钟，他和妻子周某瑜在平西府村吃完饭，从平西府村北口出来由南向北过红绿灯回宏福苑，这时有一辆银灰色的轿车从西向东闯红灯过来，差点撞到他们，距离他们不到一米的时候停下了。他当时愣了几秒钟，就瞪了司机一眼，后从车上下来四个人，从副驾驶室下来的人站在他的左侧，右手抓住他的脖领子，用左手打他左侧的脸。另外三个人，正面两人，后面一个人上来也用拳头打他的头，周某瑜上来拉他，叫他走。这四个人满身酒气，对方看周某瑜拉他，就打周某瑜，第一下打周某瑜的嘴了，还有一个人踹周某瑜的肚子，他拿出手机报警，副驾驶下来的人还在打他，他就把手机交给周某瑜让报警。当时电话已经拨通了，周某瑜到边上报警，对方边拖边打，

还说他不想活了，弄死他，把他拖到马路边，那辆车就开跑了。对方四个人在便道上继续打他，就是第一个抓他的那个人把他的衣服拉开，把他里边的衣服扯破了。后对方四个人把他摁倒在地上，用脚踹他的头，副驾驶的那个人用拳头打他的头，趴在他身上掐他的脖子打，他抓着对方的衣服。同时还有人打他，他喊救命，抱着头，突然就都站起来了，那几个人说他妻子砸到对方了。这时警察就到了。

杨某的证言：2012年12月24日21时30分许，他、刘某、朱某、郭某及段某吃完饭回家的过程中，在平西府中街村口的十字路口转向灯突然变红，司机段某突然踩了一脚刹车，吓到车前的两个人，对方一男一女是夫妻，便开口骂人，朱某下车和对方两个人理论之后就撕扯起来，互相撕扯在一起，他和刘某、郭某下车便拉架，对方女的看到他们人多也上来撕扯他们，他也还手了，用拳头打对方，刘某、郭某也动手打对方，对方女子报警了，他们便说，“算了吧，你们受伤了，我们也受伤了，大家扯平了”。司机段某一开始把车停在路边一直没下车，他们四个人便要离开，走到快速公交车站后边，对方男子追上来，便和朱某扭打在一起，两个人都倒在地上，他、刘某、郭某又动手打了对方男子，用脚踢。这时对方女的拿起一块水泥板砸向朱某后脑勺，朱某就坐在地上起不来了，后警察就到现场了。

从以上三份材料，我们可以大体上了解当时发生的情况。以上三份材料分别代表了三方视角：周某瑜的供述是被告人的视角，张某的证言是被告方证人的视角，而杨某的证言则是被害方证人的视角。尽管基于各方的立场，三人在对案发经过的叙述上存在些微差异，但基本上可以据此还原案发时的场景。根据以上材料，可以确定以下事实：

1. 案发的起因是段某驾驶车辆突然急刹车，对正在行走的周某瑜夫妇造成了惊吓（被告方说对方闯红灯和酒后驾车无法印证）。

2. 周某瑜的丈夫对此表示了不满（被告方说是瞪了一眼，被害方说是骂了他们）。

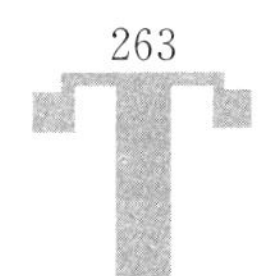

3. 死者朱某从副驾驶室率先下车对周某瑜夫妇进行推搡（被告方说是殴打，被害方说是撕扯）。

4. 车上其他三个人下车加入殴打（被告方说是加入殴打，被害方说是拉架）。

5. 在撕扯中，被害方四人都对周某瑜夫妇进行了殴打，周某瑜夫妇打电话报警，张某抓住朱某的衣服。

6. 打后被害方四人欲跑，张某追上去抓住朱某的衣服不让跑，朱某摁住张某进行殴打。

7. 周某瑜见状捡起马路上的地砖砸向朱某的后脑勺，致使朱某受伤。

8. 朱某 7 天后抢救无效死亡。

这个案件的是非曲直，从以上呈现的事实中，是容易判断的。显然，被害方有错在先，被告方表示不满以后，如果被害方道歉或者克制自己不下车推搡对方，都不会发生此后的悲剧。正是死者朱某率先下车，对张某进行推搡。此后其他三人下车，自称是拉架，但其实参与了对张某的殴打，导致一场交通纠纷转化为一起治安事件。被告方只有两人，对方是四人，双方力量相差悬殊，在纠纷过程中，周某瑜夫妇处于劣势。张某拿出电话报警，后又把电话交给周某瑜报警，都表明被告方是在寻求警方的保护。殴打以后，朱某等人欲跑，但张某紧追，拉住朱某的衣服不放，并非不愿停止纠纷，而是在被殴打以后，不让对方逃跑，拉住对方等待警察到场解决问题。在此过程中，朱某又将张某压倒在地进行殴打。见此情形，周某瑜捡起马路上的一块地砖砸向朱某的后脑勺，导致朱某重伤，7 天后不治身亡。根据以上情况，我认为不能把本案定性为互殴，而是朱某一方对被告方的寻衅滋事。在这种情况下，周某瑜为解救其丈夫免遭朱某殴打行为，就具有防卫的性质，至于防卫是否过当，可以另行讨论。

在该案中，周某瑜辩解自己的行为属正当防卫，其说："我没想伤害他，当时他们一直在打我老公，我怕老公出事，才想用砖头制止他们的。"对此辩解法院并不采信，二审判决指出："在案证据证明，双方因交通问题发生纠纷，进而发生互殴，各自的行为缺乏防卫性质。周某瑜使用砖头砸朱某头部，导致对方死

亡，其行为不构成正当防卫”。可以说，类似于周某瑜故意伤害案中对互殴的轻率定性，在我国司法实践中是极为普遍的。如果按照该案的逻辑，那么，只要是对他人的侵害行为的反击都会被认定为互殴，除非在本人或者他人遭受侵害的情况下，束手待毙。如此一来，哪还有正当防卫存在的余地？

周某瑜故意伤害案促使我思考，互殴到底应当如何界定，即互殴的构成条件是什么，是否只要是在案件中存在互相的打斗行为，就一概认定为互殴？我认为，在现实生活中确实存在着互殴，但这里的互殴必须以打斗双方事先存在斗殴意图为前提。正如姜某平故意伤害案的裁判要旨所言，只有双方事先具有斗殴意图，才使谁先动手谁后动手这个问题变得不重要。如果双方事先不存在这种斗殴意图，则谁先动手谁后动手这个问题就是十分重要的。其重要性表现在：先动手的一方是不法侵害，后动手的一方具有防卫性。因此，在周某瑜故意伤害案中，双方并没有事先的斗殴意图，是在死者方首先挑起事端对张某进行殴打以后，周某瑜为解救张某而对朱某采取了较为严重的还击。对于该案，至少应当认定为防卫过当。由此可以得出结论：该案之所以不能被认定为互殴，就在于双方事先没有斗殴意图。

（三）胡某平故意伤害案

在预期的侵害的情况下，还存在一个事先准备工具的问题。在现实生活中，事先得知他人将对自己实行侵害，为了防御而准备工具，能否由此推定为具有斗殴的意图而否定此后反击行为的防卫性？这是一个关涉防卫与互殴区别的重要问题。不可否认，对此在我国司法实践中是存在着分歧意见的，由此而直接影响了对正当防卫的认定。例如胡某平故意伤害案①：2002 年 3 月 19 日下午 3 时许，被告人胡某平在厦门市某公司上班期间，与同事张某兵因搬材料问题发生口角，张某兵扬言下班后要找人殴打胡某平，并提前离厂。胡某平从同事处得知张某兵

① 参见陈兴良、张军、胡云腾主编：《人民法院刑事指导案例裁判要旨通纂》，458 页，北京，北京大学出版社，2013。

的扬言后即准备了两根钢筋条磨成锐器藏在身上。当天下午5时许，张某兵纠集邱某华、邱某道在公司门口附近等候。在张某兵指认后，邱某道上前拦住刚刚下班的胡某平，要把胡某平拉到路边。胡某平不从，邱某道遂殴打胡某平两个耳光。胡某平即掏出一根钢筋条朝邱某道的左胸部刺去，并转身逃跑。张某兵、邱某华见状，立即追赶并持钢管殴打胡某平。随后，张某兵、邱某华逃离现场，邱某道被送医院救治。经法医鉴定，邱某道左胸部被刺后导致休克，心包填塞、心脏破裂，损伤程度为重伤。

对于本案，厦门市杏林区人民法院经审理认为：

被告人胡某平在下班路上遭受被害人邱某道不法侵害时，即掏出钢筋条刺中邱某道，其行为属于防卫性质。被害人邱某道在殴打被告人胡某平时未使用凶器，其侵害行为尚未达到对被告人胡某平性命构成威胁的程度，被告人胡某平却使用凶器进行还击，致使被害人重伤。其防卫行为明显超过必要限度造成重大损害，属于防卫过当，构成故意伤害罪，但依法应当减轻处罚。据此，判决胡某平犯故意伤害罪，判处有期徒刑1年。

上述判决认定被告人胡某平刺伤被害人邱某道的行为具有防卫性，这是完全正确的。但其以邱某道未使用凶器为由，认定胡某平的防卫行为超过了必要限度，则有所不妥。如果现场的不法侵害人只是邱某道一个人，那么这一认定当然是合理的，但现场除邱某道以外，还有手持钢管的张某兵和邱某华两个人。这一案件实际上是三个不法侵害人对一个人进行共同不法侵害。邱某道徒手打胡某平两个耳光，只是这一不法侵害的序幕而已。如果不是胡某平采取刺伤邱某道的防卫行为，张某兵和邱某华就会对胡某平实行更为严重的不法侵害。即使是在胡某平刺伤邱某道以后，张某兵、邱某华也立即追赶并持钢管殴打胡某平。由此可见，只是根据邱某道一人的侵害行为认定胡某平的防卫行为过当，并不符合案件的实际情况。即便如此，杏林区人民检察院还是提出了抗诉，称胡某平的行为不属于防卫过当，理由如下：

1. 胡某平主观上具有斗殴的故意。当他得知张某兵扬言要叫人殴打他后，

应当向公司领导报告以平息事态，后退让回避，而胡某平不但不报告，反而积极准备工具。这说明他不惧怕威胁，有一种“逞能”心态——你敢叫人来打我，我就打你们，应推定其主观上具有斗殴的故意。

2. 胡某平没有遭受正在进行的不法侵害。胡某平被打的两耳光属于轻微伤害，对其人身安全造成的危害并不是重大、紧迫的，不属于“正在进行的不法侵害”，不具有防卫的前提条件。

3. 胡某平客观上实施了故意伤害的行为。根据刑法理论，行为人只有在不法侵害确实已经发生，且迫不得已无法逃跑时，才能就地取材或夺取对方工具进行防卫。但胡某平脸部被打后，本可以向周围群众呼救或逃跑，但他却立即掏出事先准备的钢筋条捅刺对方，并致人重伤，属事前防卫，其行为已构成故意伤害罪。

以上抗诉意见几乎囊括了我国某些司法机关对正当防卫的所有误解与曲解，而这种误解与曲解居然发生在 1997 年《刑法》修订欲从立法上扩大公民的防卫权的背景之下，令人难以理解。到底是一种什么样的思维定式导致对正当防卫的立法精神视而不见？在以上抗诉意见中，我们可以列举出以下对正当防卫的错误观念：

1. 事先准备工具就推定为具有斗殴故意

抗诉意见不是根据客观事实，而是根据被告人事先准备工具而武断地推定被告人具有斗殴的故意，以此否定本案所具有的防卫性。在一个案件中，不法侵害属于斗殴性质，而面对不法侵害采取的防卫行为，则不可能是斗殴。只有在互殴的情况下，才能排除正当防卫。而是否属于互殴，要根据事先是否具有互殴的约定进行判断，不能简单地把面对不法侵害的防卫意图错误地推定为斗殴的故意。对此，该案的裁判理由论证了在人身受到威胁以后准备防卫工具的正当性，指出：“行为人在人身受到威胁后但尚未受到危害前便准备工具的行为本身并不能说明是为了防卫还是斗殴，其目的只能根据相关事实和证据来确定，而不能恣意推测。”

2. 正当防卫须出于迫不得已

我国刑法根本就没有规定正当防卫必须迫不得已，只是对紧急避险规定了迫不得已。在刑法理论上都以此作为正当防卫与紧急避险的区别之一，但抗诉意见明确地把迫不得已当作正当防卫的条件，要求被告人只有在无法逃跑的情况下，才能实行正当防卫。这明显违反刑法关于正当防卫的规定。正如该案的裁判理由指出："抗诉机关认为，当一个人的人身安全面临威胁时，只能报告单位领导或公安机关，而不能作防卫准备，出门时只能徒手空拳，受到不法侵害时，只能呼救或逃跑，只有呼救或逃跑无效时才能就地取材或夺取对方工具进行防卫。这一观点显然不合情理，不利于公民合法权利的保护，也与正当防卫的立法精神相悖。"

3. 防卫工具只能就地取材或者夺取对方工具

这也是对正当防卫的严重误解，没有任何一个法律或者司法解释规定，防卫工具只能就地取材或者夺取对方工具。只要具备防卫条件，无论是用事先准备的工具还是用就地取材的工具，抑或是夺取对方的工具，都可以构成正当防卫。对此，该案裁判理由指出："被告人胡某平在其人身安全受到威胁后遭到危害前准备防卫工具，并无不当，也不为法律所当然禁止。"

在胡某平故意伤害案中，二审判决驳回了抗诉，维持了一审判决。这虽然并不尽如人意，但毕竟肯定了防卫性质。该案涉及事先准备工具是否就应当认定为具有斗殴故意的问题。可以说，法院判决否定了将事先准备工具等同于斗殴故意的观点，而确认了"在人身安全受到威胁后准备适当的防卫工具，在遭受不法侵害时利用该工具进行反击的，不影响正当防卫的成立"①。根据以上胡某平故意伤害案的裁判要旨，基于预期的侵害，从事先准备工具并不能得出具有斗殴故意而否定此后的防卫性的结论。

① 方汉阳：《苏某才故意伤害案［第133号］互殴中的故意伤害行为是否具有防卫性质》，载最高人民法院刑事审判第一庭：《刑事审判参考》。

（四）苏某才故意伤害案

在互殴的情况下，事端的挑起者对此后发生的严重冲突负有一定责任，这是没有问题的。但是，如果此后发生的严重冲突涉嫌故意伤害甚至故意杀人等犯罪，另外一方能否以对方系事端挑起者而自辩为正当防卫？这是一个值得研究的问题。下面，结合苏某才故意伤害案[①]进行分析。

被告人苏某才，男，1975 年 12 月 21 日出生，原系福建省泉州市黎明大学 97 级学生。因涉嫌故意伤害犯罪，于 1998 年 8 月 7 日被逮捕。泉州市中级人民法院经公开审理查明：1997 年 12 月间，泉州市卫生学校 97 级学生平某风在泉州市刺桐饭店歌舞厅跳舞时，先后认识了苏某才和张某挺，并同时交往。交往中，张某挺感觉平某风对其若即若离，即怀疑是苏某才与其争女友所致，遂心怀不满。1998 年 7 月 11 日晚，张某挺以“去找一个女的”为由，叫了其弟张某挺和同乡尤某伟、谢某炳、邱某守一起来到鲤城区米仓巷 5 号黎明大学租用的宿舍，将苏某才叫出，责问其与平某风的关系，双方发生争执。争执中，双方互用手指指着对方。尤某伟见状，冲上前去踢了苏某才一脚，欲出手时，被张某挺拦住，言明事情没搞清楚不要打。随后，苏某才返回宿舍。张某挺等人站在门外。苏某才回到宿舍向同学苏某海要了一把多功能折叠式水果刀，并张开刀刃插在后裤袋里，叫平某风与其一起出去。在门口不远处，苏某才与张某挺再次争执，互不相让，并用中指比画责骂对方。张某挺威胁说：“真的要打架吗?”苏某才即言：“打就打!”张某挺即出拳击打苏某才，苏某才亦还手，二人互殴。被害人张某挺见其兄与苏某才对打，亦上前帮助其兄。苏某才边打边退，尤某伟、谢某炳等人见状围追苏某才。苏某才即拔出张开刀刃的水果刀朝冲在最前面的被害人张某挺猛刺一刀，致其倒地，后被送往医院，经抢救无效死亡。

福建省泉州市中级人民法院认为：被告人苏某才因故与他人产生纠纷并动手打架，竟持刀刺中他人，致人死亡，其行为构成故意伤害罪。公诉机关指控罪名

① 参见陈兴良编：《人民法院刑事指导案例裁判要旨集成》，12 页，北京，北京大学出版社，2013。

成立。被告人的辩护人提出被告人的行为属防卫过当之理由与事实不符，不予采纳。被告人苏某才的犯罪行为给附带民事诉讼原告人造成经济损失应当赔偿。附带民事诉讼原告人及其委托代理人的意见合理部分予以采纳。但被害人之兄张某挺的过错在先，对本案的发生应负一定责任，根据《中华人民共和国刑法》第二百三十四条第二款、第五十六条第一款、第三十六条第一款及《中华人民共和国民法通则》第一百一十九条的规定，于1999年10月26日判决如下：

1. 被告人苏某才犯故意伤害罪，判处有期徒刑14年，剥夺政治权利3年；

2. 被告人苏某才赔偿附带民事诉讼原告人张某太经济损失人民币3 5000元。

宣判后，苏某才不服，以其是在受到正在进行的不法行为侵害而防卫刺中被害人的，主观上并无互殴的故意，应认定防卫过当，且系初犯、偶犯为由，向福建省高级人民法院书面提出上诉。

福建省高级人民法院经审理认为：上诉人苏某才因琐事与被害人胞兄张某挺争吵、斗殴，并持刀将被害人刺伤致死，其行为已构成故意伤害罪，且后果严重。上诉人苏某才第一次被张某挺叫出门时，虽然被张某挺的同伙尤某伟踢了一脚，但被张某挺制止，并言明“事情没搞清楚不要打”，可见当时尤某伟的行为还是克制的。事后苏某才不能冷静处置，回至宿舍向同学要了一把折叠式水果刀，并张开刀刃藏于裤袋内出门，说明此时苏某才主观上已产生斗殴的犯意。在张某挺的言语挑衅下，苏某才扬言“打就打”，并在斗殴中持刀刺死帮助其兄斗殴的被害人。上述事实表明，苏某才无论在主观方面还是在客观方面都具有对对方进行不法侵害的故意和行为。因此，苏某才的行为不符合防卫过当的本质特征。但被害人负有过错责任。苏某才上诉理由不予采纳。遂依照《中华人民共和国刑事诉讼法》第189条第（一）项和《中华人民共和国刑法》第234条第2款、第56条第1款、第36条的规定，于2000年5月10日裁定驳回上诉、维持原判。

本案涉及互殴中的故意伤害行为是否具有防卫性质的问题，对于区分互殴与

防卫具有一定的参考价值。本案裁判理由指出："在因互殴致人死亡的案件中，行为人往往以防卫过当为由进行辩解，要求减轻或者免除处罚。但根据刑法第二十条第二款的规定，防卫过当是指为了使国家、公共利益、本人或者他人的人身、财产和其他权利免受正在进行的不法侵害，而对不法侵害者所实施的明显超过必要限度造成重大损害的行为。也就是说，防卫过当以正当防卫为前提条件，即要求行为人的行为具有防卫性和目的的正当性。在客观上，要求有不法侵害的发生；在主观上，行为人的动机是使国家、公共利益，本人或者他人的人身、财产和其他权利免受正在进行的不法侵害，即主观上不具有危害社会的意图，是无犯罪目的的。只是由于行为人在实施防卫过程中针对不法侵害所采取的防卫行为明显超过必要限度，才造成重大的损害。防卫过当的行为，虽然具有一定的社会危害性，但行为人的动机是出于对正当防卫，其主观上恶性较小，社会危害性也小于其他故意犯罪行为，因此，刑法明确规定：'正当防卫明显超过必要限度造成重大损害的，应当负刑事责任，但是应当减轻或者免除处罚。'而在打架斗殴中，一般情况下，双方都是出于主动的，双方都有侵害对方的故意，双方的行为都是不法侵害行为，因此，双方的行为都不属于正当防卫的范畴。"

本案中，被告人苏某才第一次被张某挺叫出门时，与张某挺产生争执，被张某挺的同伙尤某伟踢了一脚。事后苏某才不能冷静处置，而心怀不满，回至宿舍向同学要了一把折叠式水果刀，并张开刀刃藏于裤袋内出门，说明此时苏某才主观上已产生斗殴的故意。在张某挺的言语挑衅下，苏某才声言"打就打"，并在斗殴中持刀刺死帮助其兄斗殴的被害人。苏某才无论在主观方面还是在客观方面，都具有对对方进行不法侵害的故意和行为。也就是说，苏某才并非不愿斗殴，退避不予还手，在无路可退的情况下，被迫进行自卫反击，且对方手中并未持有任何凶器。显然，苏某才的行为是为了逞能，目的在于显示自己不惧怕对方，甚至故意侵犯他人的人身权利，是一种有目的的直接故意犯罪行为，主观上具有危害社会的犯罪目的，不具有防卫过当所应具有的防卫性和目的的正当性，不符合防卫过当的本质特征。因此，一、二审法院依法对苏某才的行为不认定为

防卫过当，并以故意伤害罪定罪判刑，是正确的。

以上裁判理由主要是从被告人苏某才与对方发生争执，引发双方之间的打斗角度论述的。正是在这种情况下，苏某才在斗殴中持刀刺死他人。该行为主观上是在斗殴故意的支配下所实施的，不具有防卫意图，因而不能认为具有防卫前提，不构成防卫过当。

（五）张某国故意伤害案

如果互相斗殴的一方停止斗殴或退出斗殴现场，而另一方仍然继续加害对方，则继续加害的一方的行为构成正在进行的不法侵害，如果形成防卫紧迫性，那么，停止斗殴的一方就可以对其实行正当防卫。另外，如果双方先是进行轻微的斗殴，后来，一方突然加重侵害强度，严重威胁另一方的人身安全，在这种情况下，另一方也可以对不法侵害人实行正当防卫。例如张某国故意伤害案①：

被告人张某国，男，36 岁，北京市朝阳区雅宝路服装市场个体工商户。因涉嫌犯故意伤害罪，于 1998 年 8 月 19 日被逮捕。北京市朝阳区人民检察院以被告人张某国犯故意伤害罪，向北京市朝阳区人民法院提起公诉。朝阳区人民法院经公开审理查明：1998 年 7 月 13 日 19 时许，被告人张某国到朝阳区安慧北里“天福园”酒楼与马某江、付某亮一起饮酒。当日 21 时许，张某国与马某江在该酒楼卫生间内与同在酒楼饮酒的徐某和（曾是张某国的邻居）相遇。张某国遂同徐某和戏言：“待会儿你把我们那桌的账也结了。”欲出卫生间的徐某和闻听此言又转身返回，对张某国进行辱骂并质问说：“你刚才说什么呢？我凭什么给你结账？”徐某和边说边扑向张某国并掐住张某国的脖子，张某国即推挡徐某和。在场的马某江将张某国、徐某和两人劝开。徐某和离开卫生间返回到饮酒处，抄起两个空啤酒瓶，将酒瓶磕碎后即寻找张某国。当张某国从酒楼走出时，徐某和嘴里说“扎死你”，即手持碎酒瓶向张某国面部扎去。张某国躲闪不及，被扎伤左

① 参见蔡金芳、马瑛：《张某国故意伤害案［第 138 号］互殴停止后又为制止他方突然袭击而防卫的行为是否属于正当防卫》，载最高人民法院刑事审判第一庭：《刑事审判参考》，第 22 期。

颈、面部（现留有明显疤痕长约12厘米）。后张某国双手抱住徐某和的腰部将徐某和摔倒在地，致使徐某和被自持的碎酒瓶刺伤左下肢动、静脉，造成失血性休克，经医院抢救无效死亡。被告人张某国于当日夜到医院疗伤时，被公安民警传唤归案。

朝阳区人民法院认为：徐某和、张某国两人因一句戏言发生争执，在被他人劝开后，徐某和持碎酒瓶伤害被告人张某国的行为属不法侵害。被告人张某国在被徐某和扎伤左颈、面部的情况下，为阻止徐某和继续实施伤害行为，躲至徐某和身后，抱住徐某和的腰并将徐某和摔倒在地，致使徐某和被自持的碎酒瓶扎伤致死。被告人张某国为使本人的人身免受正在进行的不法侵害而采取的制止不法侵害的行为，属正当防卫，对不法侵害人造成的损害，不负刑事责任，亦不承担民事赔偿责任。依照《中华人民共和国刑法》第20条第1款的规定，于1999年8月13日判决如下：被告人张某国无罪，且不承担民事赔偿责任。

一审宣判后，附带民事诉讼原告人黎某模以张某国应承担民事赔偿责任为由，向北京市第二中级人民法院提出上诉。北京市朝阳区人民检察院以被告人张某国的行为属于“互殴中故意伤害他人，已构成故意伤害罪，不属正当防卫”为由提出抗诉。北京市人民检察院第二分院经审查，于1999年11月11日决定撤回对该案的抗诉。北京市第二中级人民法院经审理于1999年12月16日作出裁定，准许北京市人民检察院第二分院撤回抗诉，并驳回附带民事诉讼原告人的上诉。

在本案中，被告人张某国的行为属于互殴还是正当防卫是本案争论的焦点。本案的裁判理由认为，被告人张某国出于防卫目的制止他人不法侵害的行为属正当防卫。其主要理由如下：正当防卫是指为了使国家、公共利益、本人或者他人的人身、财产和其他权利免受正在进行的不法侵害，而对实施不法侵害的人所采取的必要的防卫行为。对阻止正在进行的行凶、杀人、抢劫、强奸、绑架以及其他严重危及人身安全的暴力犯罪而采取的防卫行为，造成不法侵害人伤亡的，亦属正当防卫。从刑法理论上讲，正当防卫属于排除犯罪性的行为。这种行为在形

式上符合某种犯罪构成，但实质上不具有社会危害性和刑事违法性，因而不构成犯罪。正当防卫具有两个特点：其一，无论是本人还是第三者，只要是防卫人实施的防卫行为，都属于同违法犯罪行为作斗争的正义、合法行为，不但无害于社会，而且有益于社会；其二，防卫人对不法侵害者的加害是被迫的，目的在于维护国家、公共利益、本人或者他人的合法权益免受正在进行的不法侵害，其主观上不具有危害社会的意图。因此，正当防卫不仅不构成犯罪，而且是法律赋予公民同违法犯罪行为作斗争的一种重要的法律武器，是受国家法律保护的正当行为。

根据《刑法》第20条的规定，正当防卫必须具备以下条件：第一，必须有不法侵害行为发生。这是正当防卫成立的前提条件。不法侵害行为，主要是指损害国家、公共利益和公民个人合法权益的行为。第二，正当防卫针对的应当是正在进行的不法侵害。不法侵害尚未开始或已经结束，都不能进行正当防卫，也就是说，事先防卫与事后防卫都不属于正当防卫。之所以如此规定，是因为只有侵害行为正在进行，对侵害行为的制止才具有防卫的目的，才是正当的，否则，就是加害行为而非防卫行为。当然，对于某些危险的犯罪而言，如果其已经对合法权益造成了威胁，则视为不法侵害行为已经开始。第三，防卫行为必须针对不法侵害者本人实施。对不法侵害人以外的人，不能进行正当防卫。第四，行为人必须具有防卫意图。防卫意图是行为人为保护国家、公共利益，本人或者他人的人身和其他权利免受侵犯而决意制止不法侵害的心理状态，即行为人意识到不法侵害正在进行，从而决定为制止不法侵害而实施防卫行为。

在司法实践中，互殴与正当防卫的界限有时难以区分。所谓互殴，是指双方均具有侵害故意时实施的相互侵害行为。在主观上，互殴双方均具有侵害他人的故意，在客观上，互殴双方均实施了加害行为；所以，互殴双方的行为均属于不法侵害，而非正当防卫。但是，互殴停止后又加害对方的，性质就可能发生变化。这可以分为两种情况：一是双方停止斗殴后，一方受他人鼓动或出于报复侵害的目的又突然袭击对方的；二是一方自动放弃斗殴或主动退出斗殴现场，另一

方继续殴打对方的。上述两种情况，均是因情况发生变化，互殴转变为一方殴打另一方，被殴打方已从互殴时的侵害者转变为被侵害者。根据我国《刑法》第20条的规定，被侵害人为维护合法权益不受侵害而实施的制止不法侵害的行为属于正当防卫。据此，互殴停止后，一方突然袭击或继续实施侵害行为，另一方依法享有正当防卫的权利。被侵害人出于防卫目的而依法实施的制止不法侵害的行为，依法具有正当防卫的性质。需要指出的是，由双方互殴转变为一方自动放弃斗殴或主动退出斗殴现场，应该具有彻底性，并表现出明显的阶段性，而不包括互殴双方打斗中的此消彼长、强弱转换等情形变化。

本案的发展过程可以分为两个阶段。第一阶段即争执阶段。徐某和酒后因对被告人张某国的一句戏言不满，与张某国发生争执打斗。此时，双方相互争执，行为性质属于互殴。第二阶段即争执结束后的阶段。经人劝解，徐某和与张某国分开，互殴结束。但徐某和并不善罢甘休，而是抄起两个空酒瓶，将酒瓶磕碎后持碎酒瓶寻衅滋事。徐某和看见张某国从酒楼出来，口中说“扎死你”，手则持碎酒瓶向张某国面部扎去。张某国躲闪不及被扎伤左颈、面部。这属于互殴停止后，一方又进行突然袭击的情形。此时，因互殴已经停止，张某国被迫进行防卫，而徐某和属于不法侵害人。面对不法侵害，张某国当然有正当防卫的权利。从实际情况来看，张某国在意识到不法侵害正在发生后，为制止不法侵害，采取了抱住徐某和后腰将其摔倒的防卫方法。张某国出于防卫目的而实施的制止徐某和不法侵害的行为，具备法律规定的正当防卫的条件，而且防卫手段、强度亦未超过必要的限度。徐某和被自己手持的碎酒瓶扎伤致死是张某国本人意料不到的。

综上，张某国在互殴停止后制止徐某和突然袭击的行为系正当防卫。对防卫行为造成的后果，张某国不负刑事责任，亦不承担民事责任。一审法院的判决及二审法院的裁定均是正确的。

在通常情况下，互殴并不是在瞬间结束的，而是存在一个发展过程。这就是事端肇始，逐步升级，双方相持，达到高潮，慢慢平息。因此，对互殴与防卫

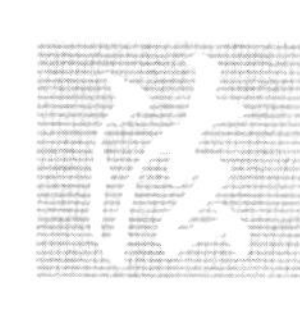

的区分，不能仅仅根据某个时点或者片段存在互殴而根本不考虑此后事态的进一步发展情况，而应当将整个过程都纳入视野进行全面考察。如果在开始的时候虽然存在互殴，但在互殴结束以后，其中一方继续进行侵害的，应当将该侵害行为与先前的互殴予以切割，并根据侵害与反击之间的关系认定是否存在正当防卫。

（六）何某冰故意伤害案

在现实生活中发生的正当防卫通常都是为保护本人利益而实施的，因而具有自卫的性质。在自卫的情况下，正当防卫与互殴的区别较为容易被接受。但在某些情况下，行为人不是自卫，而是为保护他人利益而对侵害人实施防卫。在这种情况下，防卫行为往往容易与互殴混为一谈。例如何某冰故意伤害案①：

福州市中级人民法院经审理查明：2017年9月25日21时左右，被害人郎某建因与向某有矛盾，遂纠集彭某、刘某、陈某等人前往福州市晋安区鼓山镇鼓二村“缘梦网吧”欲教训向某。郎某建等人将向某及与向某一同上网的被告人何某冰和翁某亮带至网吧门口。被害人陈某忠原本在网吧上网，因与郎某建等人认识，遂一起走到网吧门口。之后，陈某忠与翁某亮发生口角，陈某忠先动手殴打翁某亮。郎某建、陈某、彭某、刘某也随即上前殴打翁某亮。何某冰见翁某亮被众人殴打，遂持随身携带的匕首朝陈某忠、郎某建各捅刺数刀，致陈某忠死亡、郎某建轻伤。经鉴定：陈某忠系被单刃锐器刺中右胸部致右肺和肝脏破裂大出血死亡；郎某建的损伤程度属轻伤二级。福州市中级人民法院经审理认为：被告人何某冰因琐事纠纷，持刀故意伤害他人身体，致一人死亡、一人轻伤，其行为已构成故意伤害罪。何某冰犯罪时已满十六周岁未满十八周岁，系初犯、偶犯，认罪态度好，依法予以从轻处罚，依法判决被告人何某冰犯故意伤害罪，判处有期徒刑十四年；作案工具予以没收，由公安机关依法处理。并对刑事附带民事部分作出判决。

① 参见郑阿平、李风林：《为他人解围而防卫过当的判断》，载《人民司法》，2021（20）。

一审宣判后，被告人何某冰提出上诉称：被害方存在重大过错，案发起因系其朋友翁某亮无故被人围殴受伤，其在紧急情况下才持刀伤人帮忙解围，属于正当防卫；其系初犯、偶犯，认罪悔罪，请求减轻处罚。

福建省高级人民法院经审理认为：上诉人何某冰为制止正在进行的不法侵害而持刀捅刺不法侵害者，致一死、一轻伤，其行为构成故意伤害罪。其防卫行为明显超过必要限度且造成严重后果，系防卫过当，何某冰犯罪时未满十八周岁，依法对何某冰减轻处罚。原判适用法律错误，依法予以纠正。依法判决：上诉人何某冰犯故意伤害罪，判处有期徒刑九年。

本案审理中，对被告人何某冰的行为定性有两种观点。第一种观点认为，何某冰的行为属于互殴，应按照一般故意伤害犯罪依法惩处。第二种观点认为，何某冰行为有防卫性质，但防卫明显超过必要限度造成重大损害，属于防卫过当。本案经二审研究，认定何某冰行为构成防卫过当，并对何某冰减轻处罚。本案虽然涉及对防卫过当的判断问题，但我认为更为重要的是为他人防卫与互殴的区分问题。因为在为自己防卫的情况下，防卫目的十分明确，而且也易于被公众所接受。但在为他人防卫的情况下，防卫人往往被误解为多管闲事，更有甚者，像本案一审这样被误解为参与斗殴，因而否定其防卫性质。本案评析意见指出："朗某建、彭某、陈某忠一方欲将翁某亮带走。翁某亮担心危险，向同在网吧的朋友何某冰索要匕首，被何某冰拒绝。陈某忠遂用手抓住翁某亮脖子，并用拳头殴打翁某亮头部，朗某建等人也围殴翁某亮。何某冰上前予以劝阻。通过以上事实可见，被害人郎某建、陈某忠一方在没有任何正当理由前提下，纠集数人欲带走何某冰朋友翁某亮。翁某亮担心危险向何某冰索要刀具时，何某冰予以拒绝。翁某亮被殴打时，何某冰出面劝阻。这是本案发生的背景。"根据这一背景，郎某建、陈某忠等人要把翁某亮带走并殴打翁某亮，虽然何某冰是翁某亮的朋友，但也可以置身事外。翁某亮人身权利遭受到了正在进行的不法侵害，情况紧急。案发后翁某亮的伤势经鉴定为轻微伤。如果何某冰不及时采取防卫手段，伤害后果极有可能更加严重。在不法侵害正在进行时，何某冰经劝阻无效且在围殴不断升级的

情况下，持刀捅刺陈某忠、郎某建，符合正当防卫的前提条件。由此可见，本案的起因是郎某建、陈某忠一方的急迫的不法侵害，尽管该不法侵害不是直接针对何某冰的，但何某冰基于这种正在进行的不法侵害实施正当防卫，应当肯定其行为的防卫性质，不可与互殴相等同。当然，何某冰的防卫行为超过了必要限度，对此应当承担防卫过当的刑事责任。

三、偶然防卫

偶然防卫是指存在防卫起因条件，但行为人主观上没有防卫意思，由此而对客观上的不法侵害所实施的具有防卫效果的行为。偶然防卫在客观上表现为防卫行为，因此，如果仅仅从客观上考察，其行为属于正当防卫。在主张防卫意思不要说的情况下，偶然防卫可以被认定为正当防卫。但如果主张防卫意思必要说，则必然会否定偶然防卫属于正当防卫。例如，甲对乙有仇，某日持枪来到乙家里，欲杀乙。此刻乙正在家里持刀砍杀丙，但对此甲并不知情。甲一脚踢开乙房门，对准乙开枪，将其击毙。该行为在客观上挽救了丙的生命，因而具有防卫他人的效果。偶然防卫所要解决的是：甲击毙乙的行为是否构成正当防卫？对此，在德日刑法理论上存在各种不同观点，尤其是日本刑法学界，在行为无价值论与结果无价值论之争的背景下，偶然防卫成为一个试金石。

行为无价值论与结果无价值论，是关于实质违反性的理论。行为无价值论，是指行为无价值与结果无价值的二元论，主张在进行违反性实质评价的时候，应当考虑行为人的主观要素，包括故意、过失等。而结果无价值论则认为在进行违反性评价的时候，应当进行对法益侵害客观危险的判断。因而，在违法性问题上，行为无价值论主张规范违反说，结果无价值论主张法益侵害说。日本刑法学根据行为无价值论和结果无价值论，形成不同的刑法学的学派之争。这种争论体现在刑法学各个领域，其中，就包括防卫意思是否必要。对此，日本学者山口厚指出：结果无价值论和行为无价值论存在对立的一个局面，是违法阻却的场合。

一个重要的争点是，就《日本刑法典》第36条所规定的正当防卫，应不应该要求“防卫的意志”这一要件。换言之，正当防卫的成立，是不是仅仅存在客观上属于防卫的行为即可，还是必须存在防卫的意图或动机。日本的法院早在1936年就作出判决（当时的最高审是大审院），指出要肯定正当防卫必须存在“防卫的意志”。这一立场一直被延续至今。行为无价值论一般支持这一结论（其实未必是行为无价值论内在的逻辑所演绎出来的结论）。但在结果无价值论看来，防卫意志不应该是正当防卫的要件。防卫的意图与动机的存在与否，只不过反映了行为人的主观恶性的程度，因此充其量只能构成责任要素，对此不应在评价违法性时加以考虑。另外，即使不把“防卫的意志”理解为防卫的意图与动机，而是将其理解为对构成正当防卫的事实的认识，那么，这种认识应属于“正当防卫的故意”；而如上所述，既然故意不能一般性地成为违法要素，这种正当防卫的故意也不应构成违法要素。[①] 可以说，极端的行为无价值论会主张偶然防卫有罪，极端的结果无价值论则会主张无罪。而柔和的行为无价值论和结果无价值论具有某种程度的折中性质，因而主张犯罪未遂。

日本学者大谷实从行为无价值论的立场出发，主张防卫意思必要说，由此必然得出否定偶然防卫属于正当防卫的结论。其主要理由可以归纳为以下三点：第一，刑法中的行为由主观要素与客观要素组成，即使在防卫行为中，这一点也应是当然的前提，与主观的违法要素被作为犯罪成立条件相对应，应当承认主观的正当化要素。第二，如果将明显出于犯罪意图而实施的、引起了行为人所预想的结果的攻击行为认定为正当防卫，就会保护不法者，违反通过法的确证以维护社会秩序的正当防卫的宗旨。因此，在偶然产生防卫结果的场合（偶然防卫）……因为缺乏防卫意识而不应当认定为正当防卫。第三，应当认为，《刑法》第36条所使用的“为了”防卫权利的文言，表明了必须有防卫意识的旨趣……防卫意思

① 参见［日］山口厚：《日本刑法学中的行为无价值论与结果无价值论》，金光旭译，载《中外法学》，2008（4）。

必要说的一种观点认为，既然客观上满足正当防卫的要件，就不存在结果无价值，只是由于缺乏防卫意识，具有行为无价值，故成立未遂犯。但是，由于阻却违法性的对象是符合构成要件的事实整体，将行为与结果分开评价是不合适的。因此，既然站在防卫意思必要说的立场，一般就应主张成立既遂犯。[①] 这种观点从三个层面对偶然防卫的正当防卫属性作了否定性的论证：第一是主观的正当化要素，以主客观相统一为原则，认为正当防卫是客观的正当化要素与主观的正当化要素的统一，因而偶然防卫在只有客观上的正当化效果但没有主观的正当化要素的情况下，不得被认定为正当防卫。第二是正当防卫的立法宗旨。正当防卫的立法宗旨在于维护法秩序，而偶然防卫的行为具有不法性质，若将具有不法性质的偶然防卫认定为正当防卫，明显违反正当防卫的立法宗旨。第三是立法根据。《日本刑法典》采用“为了”的表述，这是对正当防卫主观要素的规定，由此可见立法者对正当防卫规定了主观因素，而偶然防卫不具有刑法对正当防卫规定的此种主观因素，因而不能认定为正当防卫。行为无价值论的观点在判断违反性的时候考虑行为人的主观要素。这一不法论贯彻在正当防卫条件论中，必然主张防卫意思必要说，因而顺理成章地得出了否定偶然防卫具有正当防卫性质的结论，尤其是具有立法者对正当防卫主观要素的加持。这种观点似乎持之有理。

日本学者西田典之从结果无价值论的立场出发，主张防卫意思不要说。西田典之指出：在结果无价值论看来，即便并无防卫的意思，即对正当防卫状况并无认识的，行为人仍可成立正当防卫。这是因为，只要客观上处于正当防卫状况，防卫行为便具有防卫效果，在防卫所必要的限度之内，客观上也减少、消灭了攻击者的要保护性，仅此便可直接体现违法阻却的效果。[②] 可以说，结果无价值论完全是从其客观违法的理论立场出发而得出的结论，并没有顾及刑法对正当防卫

① 参见［日］大谷实：《刑法讲义总论》（新版第2版），黎宏译，261页，北京，中国人民大学出版社，2008。

② 参见［日］西田典之：《日本刑法总论》（第2版），王昭武、刘明祥译，144页，北京，法律出版社，2013。

主观要素的规定和判例的立场，因而属于少数说。当然，在结果无价值论中，学者对偶然防卫到底是完全无罪还是成立未遂，存在一定的意见分歧。例如西田典之虽然主张防卫意思不要说，但仍认为偶然防卫只是具有未遂的可罚性。那么，西田典之如何论证这种未遂呢？西田典之采用不能犯理论进行论证。例如，侵害人并不知道尸体而以为还活着，向其开枪，事后经过鉴定，发现在开枪之时被害人已经死亡。那么，该行为应当构成杀人未遂。按照这一法理，在偶然防卫的情况下，甲对乙开枪的时候，并不知道乙正在杀丙。因此，不能否定甲的行为具有杀人的性质，但从事后鉴定来看，如果甲不将乙杀死，则丙必然死亡。因此，甲杀死乙具有防卫的客观效果，由此可见甲在向乙开枪时，乙处于防卫对象的客观状况，因而甲不应对乙的死亡结果承担责任。

值得注意的是，日本学者日高义博在与假想防卫的对比中，论证了偶然防卫具有合法性，从而彻底贯彻了结果无价值论的客观违法性说的立场。日高义博指出，偶然防卫被认为是假想防卫相反的错误，或者相对于假想防卫这一正当化事由的积极性错误，是正当化事由的消极性错误。偶然防卫的情形，在客观上存在正当防卫状态而行为人主观上并没有认识到不法侵害状态，而误想防卫的情形则是在客观上没有正当防卫状态而行为人却误认为存在这一状态。客观状态与行为人的认识之间相互逆转。因此，如果偶然防卫因为缺乏防卫意思而构成违法，那么假想防卫则因为存在防卫意思而成为合法；相反，如果把偶然防卫作为合法，则假想防卫就成了违法。像这样，如果违法与合法没有分别相反地出现，违法判断就失去了统一性。因此，日高义博认为，偶然防卫因缺乏结果无价值因而并不违法。[①] 如果从违法性角度考察，基于客观违法性说的立场，偶然防卫确实发生了防卫的客观效果，在这个意义上说，完全可以得出并不违法的结论。然而在偶然防卫的情况下，实际上存在故意杀人罪与客观上的防卫行为之间的想象竞合。因此，虽然客观上并不违法可以免除行为人对死亡结果的刑事责任，但不能排除

① 参见［日］日高义博：《违法性的基础理论》，张光云译，76～77页，北京，法律出版社，2015。

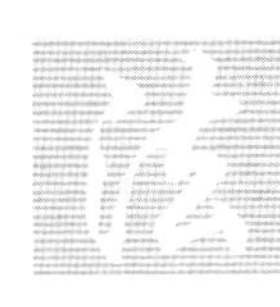

对故意杀人行为的违法评价，因而偶然防卫应当被认定为故意杀人罪的未遂犯。

我国刑法学界对偶然防卫的问题同样存在较大的争议。需要指出的是，在我国司法实务中并无偶然防卫的真实案例，因而不像日本那样存在实务性见解。在我国刑法学界，偶然防卫可以说完全是一种理论问题。而且，我国刑法学界关于偶然防卫的讨论受到日本行为无价值论和结果无价值论之争的较大影响。例如，我国学者张明楷主张极端或者彻底的结果无价值论，因而认为偶然防卫无罪。张明楷指出："违法的本质是法益侵害，而不是规范违反，更不是伦理违反与社会相当性的缺乏。与之相应，一个行为之所以阻却违法性，要么是因为它保护了更为优越或者至少同等的法益（如正当防卫、紧急避险等），要么是因为被害人放弃了法益的保护（如被害人承诺）。偶然防卫与通常的正当防卫一样，只要没有超过必要限度，就意味着保护了更为优越或者至少同等的法益，因而阻却违法性。行为是否侵害法益，是一种客观事实。因此，故意、过失是责任要素，而不是违法要素，与之相应，所谓的防卫意识，也不是影响违法性的要素，所以，成立正当防卫不以防卫人主观上具有防卫意识为前提（防卫意思不要说）；不能因为偶然防卫人缺乏防卫意识，而认定其行为具有违法性。由于防卫意识并不影响违法性，又由于正当防卫是违法阻却事由，因此，当偶然防卫符合了正当防卫的各种客观要件时，就意味着阻却了违法。在此前提下，又说偶然防卫成立未遂犯，有自相矛盾之嫌。偶然防卫人当初的杀人故意或者伤害故意，只是单纯的犯意而已。但是，单纯的犯意是不可能成立犯罪的。"① 由此可见，张明楷是从绝对的客观违法性的立场出发，认为在偶然防卫的情况下，甲将正在刺杀丙的乙杀死的行为具有客观上的防卫效果，不可能是法益侵害的行为，因而完全否定甲行为的违法性，剩下的只有甲主观上的犯意，并不能成立犯罪。因而，偶然防卫不构成犯罪，基于防卫意思不要说，可以认定偶然防卫成立正当防卫。反之，我国学者周光权则从行为无价值论的立场出发，主张防卫意思必要说，因而否定偶然

① 张明楷：《论偶然防卫》，载《清华法学》，2012（1）。

防卫具有正当防卫的性质。周光权指出："刑法规范是容许规范，行为人对正当防卫性有所认识，有防卫意思，其对行为的规范容许性才能有所认识。从规范违反说的角度看，要求防卫人有防卫意思，对于突显规范的存在有其价值。按照这种观点，偶然防卫人就应当构成故意犯罪。"[①] 至于偶然防卫成立的故意犯罪究竟是既遂还是未遂，周光权教授的结论是未遂，其论证思路同样是不能犯。周光权教授指出："偶然防卫行为所杀害的人，从事后看，是法理不保护的人，该死亡结果法律不反对，行为没有造成法益实害。但是，如果坚持危险判断的具体危险说，站在行为时考虑一般人的感受，就可以认为杀害行为具有导致他人死亡的危险，应当成立犯罪未遂。"[②] 可以说，犯罪未遂是行为无价值论和结果无价值论对偶然防卫性质认定的最大公约数。

从我国《刑法》第20条关于正当防卫的概念出发，想要绕过防卫意思几乎是不可能完成的任务，除非曲解法律规定。因此，在我国刑法语境下，防卫意思必要说是必然的选择。在这种情况下，想要通过否定防卫意思而将偶然防卫论证为正当防卫也只能是此路不通。因此，在偶然防卫的案例中，甲在主观犯意支配下，客观上实施了枪杀乙的行为，并且该行为具有刑事可罚性。这是毋庸置疑的。在此，就出现了一个较为特殊的现象，即某种非防卫行为却在客观上产生了防卫效果。在这种情况下，如果按照甲故意杀害了一个不受法律保护的人因而阻断故意杀人行为与死亡结果之间的因果联系的逻辑推演，则可以否定偶然防卫成立犯罪既遂。那么，是否存在具有成立犯罪未遂的可能性呢？这要取决于甲的行为是否具有未遂犯所要求的危险。从事实和法律上说。甲向着乙开枪的行为，具有致人死亡的客观危险性，因而成立未遂犯。值得注意的是，我国学者认为在偶然防卫中存在三种结果，这就是：（1）被侵害人法益受损的结果（损害结果）；（2）无辜的第三人或自身得到保护的结果（保护结果）；（3）给潜在的受刑法保

① 周光权：《刑法总论》，3版，280页，北京，中国人民大学出版社，2016。

② 周光权：《刑法总论》，3版，281页，北京，中国人民大学出版社，2016。

护的法益造成侵害的危险结果（危险结果）。而对偶然防卫的处理结果与对上述三种结果的选择相关：如果同时认可上述三种结果，则倾向于得出犯罪未遂的结论。如果认可损害结果与保护结果，则会得出无罪的结论。如果只认可损害结果或者认可损害结果加危险结果，则只能得出犯罪既遂的结论。[①] 以上三种结果，即损害结果、保护结果和危险结果，可以同时存在。损害结果是客观事实，对此不能否定。剩下的就是保护结果和危险结果：保护结果决定偶然防卫人对损害结果是否承担责任。如果认为在偶然防卫的情况下，乙不受法律保护，则不能对乙的死亡结果进行刑事归责，因而否定犯罪既遂。反之，如果认为此种情况下乙仍然受法律保护，则可以认为偶然防卫成立犯罪既遂。危险结果是否存在，则是区分是否具有刑事不可罚性的标准。在日本刑法不能犯与未遂犯相区分的语境下，其则是不可罚的不能犯与可罚的未遂犯相区分的根据。在我国刑法中，不能犯属于犯罪未遂的一种形态，因而偶然防卫就是一种不能犯的未遂犯。就此而言，这种观点为偶然防卫的犯罪未遂说提供了一种独特的论证路径，因而值得肯定。

四、正当防卫的认识错误

正当防卫的认识错误，是指对正当防卫的构成条件以及正当防卫性质的错误认识。刑法上的认识错误，可以分为两种情形：一是对事实的认识错误，二是对法律的认识错误。行为人对事实的认识错误可以否定其主观上的防卫意思，而对法律的认识错误则并不能否定其主观上的防卫意思。

（一）正当防卫中的事实认识错误

正当防卫中的事实认识错误，又称正当化事由前提事实的认识错误，是指行为人对正当防卫前提条件的认识错误。其形式可以分为三种：一是对正当防卫起

① 参见邹兵建：《偶然防卫论》，载陈兴良主编：《刑事法评论》，第32卷，156～157页，北京，北京大学出版社，2013。

因——不法侵害的认识错误，就是实际上不存在不法侵害，而行为人误以为存在，而对臆想中的不法侵害实行了所谓的正当防卫。这在刑法教义学中称为假想防卫。二是对正当防卫客体——不法侵害人的认识错误，就是在正当防卫的过程中，把第三者误认为不法侵害人，对第三者造成了损害。这在刑法理论上属于防卫第三者。三是对正当防卫时间——不法侵害之正在进行的认识错误，就是在正当防卫的过程中，把已经终止的不法侵害误认为正在进行的不法侵害，而对行为人造成了损害。这在刑法理论上属于防卫不适时。在正当化前提事实认识错误的情况下，其之所以阻却行为人主观上的防卫意图，就在于对防卫意图中的正当防卫的认识，必须是对客观存在的不法侵害的实际情况的真实和正确的反映。如果行为人对事实发生了认识错误，正当防卫就失去了其现实基础，因此不得认为行为人主观上具有防卫意思。

在正当化事由前提事实的认识错误中，假想防卫是最为典型的形态。然而，正当化事由前提事实认识错误的外延大于假想防卫；或者说，假想防卫只是正当化事由前提事实认识错误的形式之一。但在苏俄刑法理论中，存在着把正当化事由前提事实认识错误等同于假想防卫的观点，因而产生了种种混乱，例如把假想防卫和防卫第三者、防卫不适时，甚至防卫过当相混淆。苏俄刑法学家伏·特卡钦科认为，假想防卫可以分为四种：一是防卫人把不违法却不正常的行为错误地认为是有社会危害性的不法侵害，因而对其实行的假想防卫。二是对事实上已经停止不法侵害的人实行的假想防卫。三是针对被防卫人误认为侵害者的人实行的假想防卫，虽然这个人事实上并没有参与防卫人臆想中的侵害。四是防卫人对受害人造成明显超过与实际的不法侵害相适应的损害所允许的限度的假想防卫。[①] 我国刑法学界虽然没有明确地论述假想防卫的各种形式，但在论述防卫第三者和防卫不适时中，也常常发生把防卫第三者、防卫不适时和假想防卫相混淆的问题。我认为，假想防卫只是正当化事由前提事实认识错误，把这两个概念混为一

① 参见［苏］伏·特卡钦科：《想象的防卫》，载《电大法学》（试刊），1983（3）。

谈，这是不科学的，应当予以澄清。因为按照我国刑法学界的通说，假想防卫是指一个人由于认识上的错误，把实际上并不存在的侵害行为误认为存在，因而错误地实行正当防卫，造成他人无辜损害的情形。① 因此，假想防卫是在根本没有不法侵害的情况下存在的，而在防卫第三者、防卫不适时中所发生的防卫错误则往往发生在正当防卫过程中。如果把假想防卫等同于正当化事由前提事实认识错误，就会不适当地扩大假想防卫的范围，造成概念上的混乱。

正当化事由前提事实认识错误究竟是属于事实错误还是属于法律错误，这是一个存在争议的问题。事实错误与法律错误是传统刑法教义学中的错误分类，其中事实错误是指对构成要件事实的认识错误，法律错误是指对违法性的认识错误或者禁止错误。刑法教义学对这个问题存在不同观点：第一种观点是事实错误说，认为正当化事由事实前提认识错误属于构成要件事实的认识错误。我国传统刑法理论一般都把假想防卫归属于事实认识错误，并在事实错误的逻辑框架内进行讨论。然而，事实错误的观点存在一个难以回避的问题，那就是事实错误的认识对象是构成要件事实，例如构成要件行为、结果以及因果关系等要素。然而，假想防卫是正当化事由前提事实的认识错误，但此事实非彼事实，这是两种性质不同的事实。由此可见，简单地套用事实错误的观点存在缺陷。为此，在刑法教义学中又提出了消极的构成要件理论。消极的构成要件理论是 19 世纪末期产生的一种关于构成要件的理论。该理论认为，正当化事由的事实前提与传统三阶层体系中的构成要件阶层具有相同的性质，两者共同为违法性奠定基础，只不过构成要件阶层是从积极的角度建构行为的违法性，而正当化事由的事实前提则是从消极的角度去否定行为的违法性。因此，正当化事由的前提事实属于消极的构成要件要素。② 根据消极的构成要件理论，故意杀人罪的积极构成要件是指非法剥

① 参见高铭暄主编：《刑法学》，165 页，北京，法律出版社，1982。

② 参见丁胜明：《正当化事由的事实前提错误：一个学术史的考察》，载江溯主编：《刑事法评论：刑法方法论的展开》，第 42 卷，407 页，北京，北京大学出版社。

夺他人生命，对此的认识错误是事实错误，例如将人误认为野兽加以杀害，可以阻却故意。不存在正当化事由前提事实是消极构成要件，对此的认识错误是正当化事由事实前提的认识错误，假想防卫就属于此种错误。在引入消极构成要件概念之后，对正当化事由事实前提的认识错误就可以归属于事实错误。这种观点在逻辑上是可以自圆其说的，当然，消极构成要件理论本身就是一种争议极大的理论，因而难以作为正当化事由事实前提认识错误提供解决思路。

第二种观点是严格罪责说，其认为正当化事由前提事实认识错误属于违法性的认识错误。根据此种观点，违法性认识及其可能性是与故意相区分的独立的罪责要素，正当化事由前提事实错误是违法性错误，不阻却故意，只是在欠缺认识可能性时阻却罪责而已。根据此说，正当化事由事实前提错误只有成立故意罪责和阻却罪责两种可能性，排除了成立过失犯的余地。① 这种观点是建立在故意系构成要件要素的基础之上的，因而如果在违法性阶层以事实错误为由，认为正当化事由的事实前提错误阻却故意，就会出现所谓“飞镖回旋”的现象。这里的“飞镖回旋”现象是指假想防卫事例在该当性判断中肯定构成要件故意，但在后续阶层的判断中回过头去否定该结论的矛盾现象。②

第三种观点是故意罪责阻却说，也称为法律效果转用之责任说，其认为在假想防卫这类案件中，应先肯定构成要件符合性和违法行为，而仅在有责性阶层，才援用（或转用）欠缺构成要件故意的法律效果，以排除故意责任。如果这种认识错误本可以避免，则应当肯定当事人的过失责任。故意责任具体指的是针对法律的敌对意思和针对法律的冷漠意思，而过失责任则是针对法律的疏忽意思和针对法律的草率意思。这种学说解决了限制责任说所面临的检验层次紊乱的问题，而且既不会限制无辜相对人针对假想正当化进行自我防卫的权利，也不会造成针

① 参见丁胜明：《正当化事由的事实前提错误——基于故意论系统思考的研究》，12页，北京，法律出版社，2016。

② 参见章智栋：《论假想防卫“回旋飞碟现象”的妥善应对》，载《黑龙江省政法管理干部学院学报》，2018（3）。

对认识错误者加功的不知情第三人无法论以共犯的处罚漏洞。[①] 故意罪责阻却说也是建立在故意系构成要件要素的基础之上的，但其将正当化事由前提事实认识错误放置在责任阶层处理，认为正当化事由事实前提认识错误不是事实错误，并不阻却构成要件故意，也不是违法性认识错误，而只是阻却故意犯的刑罚效果而已。因此，正当化事由事实前提认识错误由于对认识错误存在过失，因而在处罚过失犯的限度内进行处罚。故意罪责阻却说认为正当化事由事实前提错误既非事实认识错误，亦非违法性认识错误，而是一种独立的错误。这是具有一定道理的。但故意罪责阻却说将正当化事由前提事实认识错误归于违法性认识错误，这在性质归属上具有可质疑之处。我认为，正当化事由前提事实认识错误属于事实认识错误的范畴，但它并不是对构成要件事实的认识错误，而是对正当化事由前提事实的认识错误。这是一种阻却违法性的事实认识错误，因而排除其行为的正当性。因此，在肯定正当化事由前提事实认识错误是区别于构成要件事实认识错误的基础上，我认为对它应当在违法性阶层进行研究，适用事实错误的原理予以解决。

（二）正当防卫中的法律认识错误

正当防卫中的对法律的认识错误，是指行为人对正当防卫和防卫过当是否承担刑事责任的认识错误。因此，其形式也可以分为两种。

（1）假想的犯罪，即防卫人不知法律关于正当防卫不负刑事责任的规定，而将本人的正当防卫行为误认为是犯罪。例如，甲路遇抢劫，为保护本人的人身和财产权利免受正在进行的不法侵害，一举将抢劫犯打死，然后向司法机关投案自首。后经司法机关查实，甲的行为属于正当防卫，没有超过必要限度。本案甲的行为本属正当防卫，根据我国《刑法》第 20 条的规定，不负刑事责任。甲因不知道正当防卫不负刑事责任的法律规定，向司法机关投案自首。甲的错误是对法

① 参见蔡桂生：《刑法中假想正当化的责任效果：法律效果转用之责任说的辨析、质疑及回应》，载《中国社会科学院研究生院学报》，2021（1）。

律规定在认识上的错误。行为实际上不具有社会危害性，即使行为人误认为是犯罪，也不会使这种行为的性质发生变化，因而行为人对自己所实施的这种行为不负刑事责任。所以，本案甲虽误认为自己的防卫行为是犯罪，其行为也并不因为防卫人对法律认识的错误，而改变其正当防卫的性质。因此，对甲仍应以正当防卫论。

（2）防卫人不知法律关于防卫过当应负刑事责任的规定，误认为其防卫过当不构成犯罪的情形。例如，甲晚上见一个盗窃犯潜入庭院，遂手持木棒躲在门后，待盗窃犯推门入室之际，当头一棒将盗窃犯打死。甲以为对深夜入室盗窃者可以格杀勿论，而不知法律关于防卫过当应负刑事责任的规定。后经司法机关查实，甲的行为虽然具有正当防卫的前提，但超过正当防卫的必要限度造成了不应有的危害，构成防卫过当。甲的错误是对法律规定在认识上的错误。在这种情况下，不能因为防卫人对自己的行为在法律上的性质的误解而不追究其刑事责任，所以，尽管甲误认为其防卫过当行为不负刑事责任，但其行为并不因为防卫人对法律的认识错误，而改变其防卫过当的性质。因此，对甲仍应以防卫过当论。在上述两种对法律的认识错误的情况下，防卫人对于正在进行的不法侵害都具有正确的认识。因此，防卫人对法律的认识错误并不影响其主观上具有防卫意思。

第八章

防卫限度

在解决正当防卫前提条件的问题的基础上，产生了正当防卫限度条件的问题。正当防卫必须在必要限度内进行，否则就是防卫过当。可见，如何掌握正当防卫的必要限度，已成为正确认定正当防卫的关键，所以，正当防卫必要限度的问题，是正当防卫理论的核心。

第一节　防卫限度的立法考察

必要限度是正当防卫保持其自身的合法性质的数量界限。本书第一章曾经指出，正当防卫在其演变中，经历了一个从无限防卫权到有限防卫权的历史过程。这表现在刑事立法上，就是在西方中世纪以及我国封建社会，甚至在资本主义社会初期，正当防卫都是无限制的，只要符合其可行性的前提条件，防卫人在防卫强度上不受限制。因此，法律上没有防卫过当应当负刑事责任的规定。自从19世纪下半叶起，在社会本位的法律精神的影响下，立法者认识到若对正当防卫的限度不加控制，在制止不法侵害的同时，不法侵害人的合法权益可能会得不到法

律的保障。而且，正当防卫超过必要限度会造成不应有的危害结果。因此，有必要从立法上对正当防卫的强度加以控制，追究防卫过当的刑事责任。

关于正当防卫的限度，各国刑法典都有规定，但不同刑法典在表述上各有不同。《南斯拉夫刑法典》表述为“为预防侵害所绝对必需的防卫”，《匈牙利刑法典》表述为“为预防侵害所必需的行为”，《德国刑法典》表述为“防卫相当于侵害的危害性的程度”。《捷克斯洛伐克刑法典》《保加利亚刑法典》《苏俄刑法典》都不承认同侵害的性质和危害程度明显不相当的行为是正当防卫。我国刑法则以“必要限度”四字概括之，可谓言简意赅。

那么，正当防卫的必要限度，在刑事立法上控制在什么范围内合适呢？对此，在大陆法系国家刑法理论上存在目的说和法益说的对立。目的说认为，正当防卫是为维护和实现社会共同生活、秩序目的的一种手段，是根据社会的需要而采取的措施。因此，目的说在正当防卫的必要限度上放得较宽。法益说，又称优越的利益原则或者称法益衡量主义，认为正当防卫是在两种利益的冲突中，通过牺牲较低利益来挽救较高利益的行为。因此，法益说在正当防卫的必要限度上控制较严。[①] 我国刑法中的正当防卫的目的是使国家、公共利益，本人或者他人的人身、财产和其他权利免受正在进行的不法侵害。因此，我国刑法把正当防卫的强度控制在为实现正当防卫的目的所必需的限度以内，它和大陆法系国家刑法理论上的目的说及法益说都有着原则的区别。正当防卫是发生在紧急情况下的，每个案件都有各自的特点，立法上对正当防卫的限度只能确定一个原则性的界限或尺度。这就是正当防卫的必要限度。至于每个具体案件如何确定必要限度，则是司法实践所要解决的问题。

对正当防卫必要限度的立法控制和对正当防卫的不得已性的立法要求是有所不同的，两者不可混淆。在我国刑法学界，对于在什么条件下可以实行正当防卫，历来存在不得已说和必要说之争。不得已说，认为正当防卫系为保全自己或

① 参见何鹏：《外国刑法简论》，61页，长春，吉林大学出版社，1985。

他人之权利出于不得已之情形而设。称不得已，即舍此别无他法之义。如果按其情节，当请求国家公力保护或因他法可以避免其损害时，即不得滥施防卫。必要说认为正当防卫只需其防卫出自必要足矣，无须有舍此别无他法之情形。某些国家，例如日本的刑法明文规定正当防卫须出于不得已。在立法上其要求正当防卫须出于不得已的情况，那么是否出于不得已，就成为确定正当防卫必要限度的一个重要因素。这就是说，在面临正在进行的不法侵害的情况下，防卫人如果除正当防卫以外，还有其他排除不法侵害的方法（例如有可逃避之机会，故意不逃；有借国家公力援助之机会，不往求救；有紧急避险之可能，不愿避险）而对不法侵害人实行正当防卫，即使正当防卫在其强度上没有超过必要限度，亦应以防卫过当论。在美国，也有少数州和《模范刑法典》主张采用撤退原则。所谓撤退原则，是指要自卫者在使用致命的武力以前尽可能撤退，其理由是：当一个人可以用逃跑的方式来避免自己被伤害时，就没有必要使用致命的武力。① 撤退原则的本质也是强调防卫须出于不得已，否则就是防卫过当。在上述两种情况下，正当防卫是否出于不得已虽然和确定正当防卫是否超过必要限度有着密切联系，但两者仍然是两个问题。更何况我国刑法没有规定正当防卫须出于不得已。因为我国《刑法》第 20 条对正当防卫没有“不得已”的立法要求，而第 21 条对紧急避险则有“不得已”的立法要求。据此，我认为我国刑法中的正当防卫出于必要足矣。所以，根据我国刑法的规定，确定正当防卫是否超过必要限度，仅仅根据正当防卫的强度来进行考察，而不问正当防卫是否出于不得已。因此，我国刑法中的正当防卫没有不得已的条件，不能把对正当防卫的必要限度的立法控制理解为对正当防卫不得已性的立法要求。

对正当防卫必要限度的立法控制和对正当防卫的时间的立法要求也是有所不同的，两者不可混淆。正当防卫的时间是不法侵害之正在进行，如果不法侵害已经过去，那么正当防卫的前提条件也就不复存在，因此谈不上正当防卫。所谓防

① 参见欧阳涛等：《英美刑法刑事诉讼法概论》，62 页，北京，中国社会科学出版社，1984。

卫不适时，是指没有正当防卫的前提条件，也就不存在其是否超过正当防卫的必要限度的问题。在司法实践中，某些国家把防卫不适时作为防卫过当的形式之一。例如，苏联最高法院刑事复审庭，在 1928 年 10 月 20 日的判决中，认为下述事件乃是超越正当防卫范围的行为：易氏以石向裴氏头部猛击，使裴氏倒卧于雪中。其后，易氏举起在其近旁之斧头，向裴氏重击两次。裴氏因伤毙命。刑事复审庭在其判决中指出："被害人因遭石击而卧倒于地，已无直接危险之威胁，其以斧钺击裴氏已属超越正当防卫范围之结果，其行为应依法典第 139 条论罪。"[①] 因此，在刑法理论上，苏联刑法学家认为："正当防卫的超越界限（防卫的过当）可以有两种：一是所实行之防卫与所发生侵犯之性质两者间程度之不合。二是防卫的不适时，即防卫行为之实行已在侵犯终了或停止侵犯之时，其防卫行为并非由于阻止犯罪之必要所引起。"[②] 我认为，苏联刑法把正当防卫是否适时作为考察正当防卫是否超过必要限度的理论与实践[③]，不可照搬到我国刑法上来。对我国刑法中的正当防卫的必要限度的理解，必须以我国刑法为依据。

我国学者认为在不法侵害停止以后，防卫行为是否随即彻底终止，也是衡量防卫强度具有约束性与否的一个表现。根据这种观点，如果正当防卫不是随时随地彻底终止，即防卫人在制止了不法侵害以后，仍然继续加害于不法侵害人的事后防卫，是超过正当防卫必要限度的防卫过当。[④] 这就把对正当防卫必要限度的立法控制和对正当防卫的时间的立法要求混同起来，即把正当防卫是否适时作为

---

① ［苏］苏联司法部全苏法学研究所主编：《苏联刑法总论》（下册），彭仲文译，407 页，上海，大东书局，1950。

② ［苏］苏联司法部全苏法学研究所主编：《苏联刑法总论》（下册），彭仲文译，407 页，上海，大东书局，1950。

③ 应当指出，即使在苏联刑法学界，对于防卫不适时是否属于防卫过当的问题，也存在不同观点。例如苏联刑法学家特卡钦科就批判了那种认为防卫不适时是防卫过当的观点，指出："不适时的防卫，就是侵害开始前或侵害终止后的防卫。既然已经不存在侵害的条件，当然，也就不存在正当防卫的法律根据了。所以，根本就不存在什么超过限度的问题。"因此，不能认为防卫不适时是防卫过当。参见［日］浜口和久：《苏维埃刑法中正当防卫及其有关问题——介绍特卡钦科的观点》，载《国外法学》，1981（2）。

④ 参见金凯：《试论正当防卫与防卫过当的界限》，载《法学研究》，1981（1）。

确定正当防卫是否超过必要限度的因素之一，从而把防卫不适时等同于防卫过当。我认为这种观点是错误的，如果以此来指导司法实践，必然把一般犯罪和防卫过当混淆起来，这就不适当地扩大了防卫过当的范畴。例如，柳某、张某、谢某等人经常到某厂保卫科科长林某家门口寻衅滋事，对此林某十分气愤。一次，林某持枪出门查问。柳某等人见林某出来，就用小石子掷林某，掷了就跑。林某大声呵斥，并以就要开枪相警告。柳某等人不仅不站住，而且边跑边继续向林某掷石子。当柳某等人跑出四五十米开外时，林某开枪射击，结果打中张某的心脏，张某当即死亡。关于本案，有些学者认为："根据当时的特定情况，柳某等人掷石子，不可能将林某打死，不法侵害行为的强度小，仅属于一种轻微的不法侵害行为，因此，法律不允许林某采取最严厉的防卫手段——开枪还击。保卫科科长林某这样做属防卫过当。"[①] 我认为，本案首先没有正当防卫前提条件之一的正当防卫时间：当柳某等人逃到四五十米远的转弯处时，不法侵害显然已经消失，根本不存在侵害的紧迫性。在这种情况下，林某开枪打死张某的行为属于防卫不适时，林某应该承担故意杀人罪的刑事责任。所以，我认为，在我国刑法中，对正当防卫的必要限度的立法控制并不包括正当防卫是否适时的内容。正当防卫的时间是它所成立的前提条件之一，只有在存在正当防卫前提条件的情况下，才有正当防卫是否超过必要限度的问题可言。

正当防卫之所以要有一定限度的立法控制，就在于正当防卫权利的行使总是和履行一定的义务相联系的。这一定的义务就是正当防卫应当在必要的限度内进行。正当防卫作为刑法规范，是授权性规范和禁止性规范的统一。所谓授权性是指刑法赋予公民正当防卫的权利，以使国家、公共利益，本人或者他人的人身、财产和其他权利免受正在进行的不法侵害。所谓禁止性就是指刑法不允许正当防卫超过必要限度造成不应有的危害。马克思指出："没有无义务的权利，也没有无权利的义务。"[②] 在某种意

① 叶高峰等：《关于"正当防卫与防卫过当"界限的探讨》，载《郑州大学学报》，1981（4）。

② 《马克思恩格斯选集》，2版，第2卷，610页，北京，人民出版社，1995。

义上，我们可以说一定的权利必然创制一定的义务。我国《宪法》第 33 条第 4 款规定："任何公民享有宪法和法律规定的权利，同时必须履行宪法和法律规定的义务。"因此，公民在依法行使正当防卫权利的同时，必须履行法律规定的在必要限度内进行的义务。马克思关于权利和义务不可分离的思想，是我们理解正当防卫必要限度的理论基础。而宪法关于公民在依法享有权利的同时必须依法履行相应的义务的规定，是我们理解正当防卫必要限度的法律依据。

第二节　防卫限度的理论考察

正当防卫的必要限度，是一个具有理论意义的重要问题。从理论上对必要限度进行深入的研究，提出一些确定正当防卫必要限度的根据和原理，这对于司法实践无疑具有指导意义。

一、必要限度的科学界说

自从《刑法》公布实施以来，我国刑法学界对正当防卫的必要限度问题展开了热烈的讨论，各派观点聚讼，仁智各有所见，至今似无定论。归纳起来，关于正当防卫的必要限度，基本上存在两大派观点。

第一，基本适应说。这种观点认为，正当防卫的必要限度是正当防卫和不法侵害基本相适应，即正当防卫是否超过必要限度，要看正当防卫的强度与不法侵害的强度是否基本相适应。例如有些学者指出："在刑法理论和审判实践看，所谓必要限度，一般是指防卫人的防卫行为与不法侵害人的侵害行为基本相适应。"①

① 谢甲林：《关于正当防卫的几个问题》，载《法学》，1984（8）。

第二，客观需要说。这种观点认为，正当防卫的必要限度是正当防卫的客观需要。为了制止正在进行的不法侵害，正当防卫必须具备足以有效地制止侵害行为的应有强度。只有当防卫的强度超过了应有的或必需的强度，其才是防卫过当。这种观点的内部存在一些争论，细分起来，又有以下几个观点：其一是需要说，其认为制止正在进行的不法侵害的需要是正当防卫的必要限度。例如我国学者指出："只要防卫在客观上有需要，防卫强度既可以大于，也可以小于，还可以相当于侵害强度。"[①] 其二是必需说，其认为制止正在进行的不法侵害所必需的限度是正当防卫的必要限度。例如我国学者指出："所谓必要限度，指的是为了制止不法侵害，正当防卫必须具有足以有效制止侵害行为的应有强度，只要是为了制止侵害所必需的，就不能认为是超过了正当防卫的必要限度。"[②] 其三是必需相当说，其认为防卫行为与足以有效地制止不法侵害所必需的行为基本相当的限度是必要限度。这就是说，防卫强度不必与必需的强度相等，两者相当就可以了。例如我国学者指出："如果防卫的手段、强度、后果超过了制止侵害行为实际需要的手段、强度、后果，但并不显著，而是略有超过，那么这种防卫行为就仍然是必要限度内的防卫行为。只有当前者明显超过后者，并且给对方造成显然过重的伤害时，才可以认定为防卫过当。"[③] 以上客观需要说中的三个观点看似存在原则上的区别，其实大同小异，只是表述上略有不同而已。所以，我仍将其归为一说。

我认为，以上两说都有其可取之处和不足之处，现在分别评述如下。

基本适应说为确定必要限度提供了一个标准，这就是考察正当防卫是否超过必要限度，要看正当防卫的强度与不法侵害的强度是否基本相适应。从司法实践来看，这个标准是确定的，具有参照价值。因此，基本适应说对于确定正当防卫

① 陈建国：《从调戏妇女的流氓被防卫人刺伤谈起》，载《光明日报》，1983－05－21。

② 刘云峰：《正当防卫的理解和运用》，载《中国法制报》，1983－11－04。

③ 于建伟：《大力提倡和支持正当防卫》，载《法制建设》，1984（3）。

的必要限度具有一定的实践意义。但基本适应说也还存在一些缺陷：首先，基本适应说具有一定的片面性。考察正当防卫的必要限度，不法侵害的强度仅仅是其中的一个指标。除不法侵害的强度以外，还要考察不法侵害的缓急和正当防卫所保护的权益等因素，离开了这些因素，单纯地强调正当防卫的强度与不法侵害的强度基本相适应，难免会以偏概全。其次，基本适应说难以解释司法实践中出现的某些情况。例如，对强奸犯实行正当防卫，正当防卫的强度（杀伤）与不法侵害的强度（强奸）基本相适应就无法理解。因此，基本适应说有其不切实际之处。最后，基本适应说是以不法侵害的强度限制正当防卫的强度为出发点来考察必要限度的，它在一定程度上约束了公民对正在进行的不法侵害实行正当防卫的能动性。因此，基本适应说在客观上不利于公民和正在进行的不法侵害作斗争。

客观需要说，以是否足以有效地制止正在进行的不法侵害的实际需要为出发点，来考察正当防卫的必要限度。因此，客观需要说完全不同于基本适应说，它在一定程度上克服了基本适应说的缺陷，符合法律支持公民和正在进行的不法侵害作斗争的精神，对于正确地理解正当防卫的必要限度具有积极意义。但客观需要说也有其不足之处：首先，客观需要作为正当防卫必要限度的标准是不确定的，过于空泛。它虽然解决了正当防卫的必要限度是足以有效地制止正在进行的不法侵害的客观需要的问题，但对什么是客观需要，仍不得不求助于不法侵害的强度、缓急和正当防卫所保护的权益等因素。其次，确定客观需要必须要有一定的客观标准，否则，如果片面地强调制止不法侵害所必需的强度就是正当的，有可能给某些人一种借口，就是为了防卫一个很小的合法权益，却给对方造成了很重的损害。这就容易导致无限防卫权的倾向。而客观需要说没有提供衡量正当防卫必要限度的客观标准。最后，正由于以客观需要解释正当防卫的必要限度是不确定的，缺乏客观的标准，所以，对客观需要的理解容易发生意见分歧。例如，在批驳基本适应说中提出了客观需要说，我国有学者对客观需要说提出了批判，指出："如果仅仅考虑需要，认为适当与过当两者的共同点都是制止不法侵害的需要，那法律就没有规定防卫过当的必要了。因此不能把需要作为区别过当与不

过当的标准。”[①] 因此，我国学者提出了必需说。而又有学者批评了必需说，认为在突然发生不法侵害的一瞬间，防卫人不可能从容考虑和掌握这个必需的强度。[②] 因此，还有学者提出必需相当说：只要相当于必需就可以认为没有超过正当防卫的必要限度。这实际上又回到了客观需要说。

我认为，基本适应说和客观需要说好像是势不两立，实际上仍是统一的。正如我国学者高铭暄所指出：“这两种观点在我们看来只是分析问题的角度不同，并不是互相对立、彼此排斥的。观察正当防卫行为是否超过必要限度，关键是要看是否为有效制止不法侵害行为所必需。必要限度也就是必需限度，但是，如何认定必需不必需，脱离不了对侵害行为的强度、所保卫权益的性质以及防卫行为的强度作综合的分析研究。”[③] 为了正确地阐述这个问题，我认为首先要对正当防卫的必要限度作一个科学界说，进一步明确研究的对象。只有这样，才能把正当防卫必要限度的研究引向深入。

关于正当防卫的必要限度，实际上可以分为两个互相联系而又互相区别的问题：一是何为正当防卫的必要限度，二是如何确定正当防卫的必要限度。前者的任务是要揭示正当防卫必要限度的社会政治和法律的内容，从而为确定正当防卫的必要限度提供基本原则。后者的任务是揭示正当防卫必要限度的可以确定的指数，从而为确定正当防卫的必要限度提供具体标准。我们只有在正确地理解正当防卫必要限度的社会政治和法律的内容的基础上，在确定正当防卫必要限度的基本原则的指导下，才能正确地解决正当防卫必要限度的具体标准问题。可以说，正当防卫必要限度的基本原则是根本的，它对于确定正当防卫必要限度的具体标准具有重要的指导意义。而正当防卫必要限度的具体标准则是正当防卫必要限度的基本原则的生动体现。一切违背正当防卫必要限度的基本原则的标准都是不当

① 卢云华：《试论正当防卫过当》，载《中国社会科学》，1984（2）。
② 参见于建伟：《大力提倡和支持正当防卫》，载《法制建设》，1984（3）。
③ 高铭暄：《关于〈刑法学〉的编写和使用》，载《电大法学》，1984（8）。

的，一切没有正当防卫必要限度的具体标准说明的原则都是空洞的。我认为，何为正当防卫的必要限度和如何确定正当防卫的必要限度的统一，就是我国刑法中正当防卫的必要限度问题的全部内容。

根据上述关于正当防卫必要限度的科学界说，我们再来看基本适应说和客观需要说，就可以发现两者都没有完全解决正当防卫必要限度的问题。基本适应说虽然为确定正当防卫的必要限度提供了一个大致可循的具体标准，但由于脱离了正当防卫必要限度的基本原则的指导，因此失之于片面。而客观需要说虽然揭示了正当防卫必要限度的社会政治和法律的内容，指出正当防卫的必要限度就是足以有效地制止正在进行的不法侵害所必需或应有的限度，提出了确定正当防卫必要限度的基本原则，但未能提出确定正当防卫必要限度的具体标准，因此失之于空泛。

我认为，正当防卫的必要限度是正当防卫必要限度的基本原则和正当防卫必要限度的具体标准的统一。在这个意义上，我国刑法中的正当防卫的必要限度可采客观需要和基本适应统一说。确切地说，正当防卫的必要限度是足以有效地制止正在进行的不法侵害所必需的限度。至于在司法实践中如何确定正当防卫的必要限度，则应该在正当防卫必要限度的基本原则的指导下，根据不法侵害的强度、缓急和正当防卫所保护的权益等因素，结合全部案情，正确地解决正当防卫必要限度的具体标准问题。

二、必要限度的适当性理念

正当防卫的适当性是指防卫不能超过必要限度，如果超过必要限度则构成防卫过当，防卫人应当负刑事责任。在正当防卫教义学中，防卫必要性是经常使用的一个概念，我国刑法将正当防卫没有超过必要限度作为成立条件，因而防卫必要性似乎也可以被称为防卫限度条件。然而，防卫必要性这个概念是存在歧义的，例如在讨论对轻微不法侵害能否进行正当防卫的时候，也会提及防卫必要

性。这个意义上的防卫必要性是指能否进行防卫的问题，而不是防卫限度的问题。只有在防卫限度意义上的防卫必要性，才是在成立防卫行为的基础上对防卫强度的要求。这个意义上的防卫必要性，其实就是防卫适当性。不具有这种适当性的防卫就是防卫过当。例如德国学者指出："任何防卫都必须是必要的。所谓必要性，是指为了制止攻击，基于客观的事前判断，防卫必须是适当的。具体而言，也就是要采取对等适当的手段，且只能给攻击者造成尽量少的损失。"① 在此，德国学者把防卫必要性直接界定为适当性，这是完全正确的。因此，相对于正当防卫的起因条件、时间条件和客体条件这些正当防卫成立的正当性条件，正当防卫的限度条件属于正当防卫成立的适当性条件。正当防卫的适当性要求是对防卫权的某种约束，避免防卫权被滥用。防卫权不同于其他权利，它具有暴力的属性。在国家垄断暴力的现代法治社会，个人在未保护个人法益或者维护社会秩序的特殊情况下，被允许实行以暴力为手段的防卫权，应当受到严格限制，否则就会沦为私刑，反噬社会秩序，并对他人个人权利造成侵害。因此，防卫权必须有其边界。逾越该边界就转化为违法甚至犯罪行为。

在司法实践中，如何认定正当防卫的必要限度是一个十分重要的问题。它关系到正当防卫与防卫过当的区分问题。我国 1997 年《刑法》关于正当防卫必要限度的规定，完整表述是：正当防卫明显超过必要限度，造成重大损害的，应当负刑事责任。对于超过正当防卫必要限度的防卫过当，我国刑法学界存在一体说与二分说之争。一体说认为，只有防卫行为的强度超过了"必需"的限度，才会造成重大的危害结果，而防卫行为造成的重大损害，则是由于防卫行为超过必需的强度所致，二者是相辅相成、缺一不可的。不可能存在所谓的"行为过当而结果不过当"或"结果过当而行为不过当"的情形。二分说或者分立说则认为，将正当防卫的限度条件细化为行为限度条件与结果限度条件。在行为限度条件中，

① ［德］乌尔斯·金德霍伊泽尔：《刑法总论教科书》，6 版，蔡桂生译，166～167 页，北京，北京大学出版社，2015。

主要以必要限度为衡量标准，若明显超过必要限度则成立行为过当；而在结果限度条件中，以是否造成可量化操作的重大损害后果为判断基准，若造成了不法侵害人重伤或死亡的重大损害后果，才成立结果过当。这样防卫过当就包括了行为过当与结果过当两个条件，仅有行为过当还不必然导致防卫过当。[①] 在以上两种观点中，我赞同二分说。从逻辑上来说，过当行为未必就一定造成过当结果，而过当结果也未必就一定是过当行为造成的。因此，只要承认行为过当和结果过当是可以分立的，则二分说就是合理的。根据二分说，在承认行为过当概念的同时，也承认结果过当的概念，只有在两者同时具备的情况下才能成立防卫过当。德国学者指出："说防卫是不必要的，说的是防卫行为，而不是防卫的结果。也就是说，考察的是防卫行为的性质和方式。"[②] 这一论述似乎在肯定防卫行为必要性的同时，却否定了防卫结果的必要性。其实不然。这一论述只是说防卫结果必然是防卫行为造成的，因此防卫必要性的评价重点在于防卫行为。但这并不是说，防卫结果只能是防卫行为的附属，它不具有独立评价的意义。例如，德国学者举例指出："即便是用开着保险的手枪实施的必要一击，也可以是正当的，假若这一给攻击者造成致命伤害的枪击是不小心而实施的话。"[③] 在这个例子中，防卫行为是必要的，但枪击的结果却是过失造成的，尽管结果是不必要的，该行为仍然成立正当防卫。由此可见，防卫过当可以分为行为过当与结果过当，由此推导出的结论就是：对正当防卫的适当性应当从以下两个方面加以考察。

（一）防卫行为的适当性

防卫行为的适当性是指防卫行为在程度上具有必要性与合理性。在符合正当防卫的正当性条件的情况下，需要进一步考察防卫行为的适当性条件。例如，赵

---

① 参见张明楷：《防卫过当：判断标准与过当类型》，载《法学》2019（1）。

② ［德］乌尔斯·金德霍伊泽尔：《刑法总论教科书》，6版，蔡桂生译，167页，北京，北京大学出版社，2015。

③ ［德］乌尔斯·金德霍伊泽尔：《刑法总论教科书》，6版，蔡桂生译，167页，北京，北京大学出版社，2015。

某正当防卫案就涉及防卫行为的限度认定问题。2018 年 12 月 26 日晚 11 时许，李某与在此前相识的女青年邹某一起饮酒后，一同到达福州市晋安区某公寓邹某的暂住处，二人在室内发生争吵，随后李某被邹某关在门外。李某强行踹门而入，谩骂殴打邹某，引来邻居围观。暂住在楼上的赵某闻声下楼查看，见李某把邹某摁在墙上并殴打其头部，即上前制止并从背后拉拽李某，致李某倒地。李某起身后欲殴打赵某，威胁要叫人“弄死你们”，赵某随即将李某推倒在地，朝李某腹部踩一脚，又拿起凳子欲砸李某，被邹某劝阻住，后赵某离开现场。经鉴定，李某腹部横结肠破裂，伤情属于重伤二级；邹某面部挫伤，伤情属于轻微伤。对于赵某的行为是否超过正当防卫必要限度，在本案处理过程中存在争议。公安机关以赵某涉嫌故意伤害罪立案侦查，侦查终结后，以赵某涉嫌过失致人重伤罪向检察机关移送审查起诉。福建省福州市晋安区人民检察院认定赵某防卫过当，对赵某作出相对不起诉决定。福州市检察院经审查认定赵某属于正当防卫，依法指令晋安区人民检察院对赵某作出绝对不起诉决定。由此可见，赵某行为是否属于防卫行为，以及防卫行为是否超过正当防卫必要限度，在公安机关和检察机关之间存在不同意见。当然，本案最终认定为正当防卫，认为赵某的防卫行为具有适当性，没有超过正当防卫必要限度。本案的“典型意义”指出：“防卫是否‘明显超过必要限度’，应当综合不法侵害的性质、手段、强度、危害程度和防卫的时机、手段、强度、损害后果等情节，考虑双方力量对比，立足防卫人防卫时所处情境，结合社会公众的一般认知作出判断。在判断不法侵害的危害程度时，不仅要考虑已经造成的损害，还要考虑造成进一步损害的紧迫危险性和现实可能性。不应当苛求防卫人必须采取与不法侵害基本相当的反击方式和强度，更不能机械地理解为反击行为与不法侵害行为的方式要对等，强度要精准。防卫行为虽然超过必要限度但并不明显的，不能认定为防卫过当。”

根据上述规定，对防卫行为适当性的判断首先应当考虑防卫行为是否具有必要性。这里涉及对正当防卫必要限度中的必要性的理解。可以说，必要性是指防卫限度是为制止不法侵害所必需的，如果超过这种必要性就属于防卫过当。而

且，根据我国刑法规定，防卫行为只有明显超过必要限度才构成防卫过当。因此，即使超过必要限度，如果不是明显超过还是不能认定为防卫过当。

应当指出，防卫行为必要性的判断不能脱离侵害行为。因为防卫行为是对不法侵害的反击行为，因而两者之间具有对应性。防卫行为是否必要，在很大程度上应当参考侵害行为。在此，应当引入对比的方法，即在防卫行为与侵害行为之间进行对比，两者之间应当具有一定的均衡性。正如赵某正当防卫案的“典型意义”所指出，应当综合不法侵害的性质、手段、强度、危害程度和防卫的时机、手段、强度、损害后果考虑双方的力量对比。也就是说，将防卫行为与侵害行为进行对比，是一种基本的判断方法。然而，两者的对比又不是机械的相等或者相同。例如，不能要求双方人数、工具、侵害程度完全相等，否则就是不均衡。我认为，根据正当防卫的立法精神，防卫行为的强度只有在一定程度上超过不法侵害，才能达到制止不法侵害的目的。因此，所谓防卫行为与侵害行为之间的均衡性，是在综合考虑双方各种情节的基础上，对防卫行为的适当性作出符合案件实际状况的判断。

在对防卫行为适当性进行判断的时候，应当坚持两个原则：第一是设身处地的事前判断方法，即应当回到防卫的特定情境，根据当时的情况作出判断，而不是进行事后的判断。第二是社会一般人的判断标准，即在对防卫行为适当性判断的时候，不能仅仅根据防卫人的认知进行判断，而是要结合社会公众的一般认知作出判断。

（二）防卫结果的适当性

防卫行为的适当性只是判断正当防卫必要限度的一个维度，除此以外，还应当考虑防卫结果的适当性。这里涉及防卫结果在正当防卫必要限度判断中的地位和作用。在正当防卫案件中，通常都会在对不法侵害的反击过程中，对侵害人造成重伤或者死亡后果。在我国司法实践中，关于正当防卫必要限度的判断存在较为严重的唯结果论的错误倾向。我国学者指出：“唯结果论的要害在于，赋予损害结果以过高的定罪权重，以损害结果的出现与否作为判定行为性质的决定性乃至唯一标准。它所体现出的是一种典型的结果责任的思维。”[①] 在正当防卫案件中，如果没有造成严重结果，当然也就不存在超过必要限度的问题。然而，不能反过来说，只要发生严重结果就一定超过必要限度，应该说，防卫结果只是判断是否超过必要限度的一个参考因素，但并不是决定性的因素。在发生严重结果的情况下，还需要考察结果是如何造成的，例如防卫行为与损害结果的因果关系、防卫人对损害结果的主观心理，以及损害结果对制止不法侵害是否必要等各种因素。

值得注意的是，在正当防卫的情况下，侵害结果和防卫结果的现实形态是不同的。在大多数正当防卫案件中，侵害结果并不是以一种现实形态显示出来，而仅仅是一种造成结果的可能性，即侵害危险而不是实害。而防卫结果则都是以一种现实形态呈现出来，例如致人重伤或者死亡。在这种情况下，如果简单地将两种结果，即危害的危险结果与防卫的实害结果进行比对，则会作出对防卫人不利的判断。这也是在正当防卫案件中唯结果论之所以产生影响的原因之一。因此，在对防卫结果的适当性进行判断的时候，应当考虑侵害结果与防卫结果之间在形态上的差异。正如赵某正当防卫案的“典型意义”所言：“在判断不法侵害的危害程度时，不仅要考虑已经造成的损害，还要考虑造成进一步损害的紧迫危险性和现实可能性。”

（三）防卫行为适当性与防卫结果适当性的统一

在判断正当防卫是否超过必要限度的时候，既不能片面考虑防卫行为是否过当，也不能片面考虑防卫结果是否过当，而是应当同时考虑上述两者。正当防卫超过必要限度是防卫行为超过必要限度与防卫结果超过必要限度的统一。防卫行为是否超过必要限度与防卫结果是否超过必要限度，这是两个不同的问题。在某些案件中，防卫行为超过必要限度，但防卫结果并没有超过必要限度；或者相反，防卫行为没有超过必要限度，但防卫结果超过了必要限度。例如，陈某丙正

① 陈璇：《正当防卫：理念、学说与制度适用》，138 页，北京，中国检察出版社，2020。

当防卫案（检例第45号）：2016年1月初，因陈丙在甲的女朋友的网络空间留言示好，甲纠集乙等人，对陈丙实施了殴打。1月10日中午，甲、乙、丙等6人（均为未成年人），在陈丙就读的中学门口，见陈丙从大门走出，有人提议陈丙向老师告发他们打架，要去问个说法。甲等人尾随一段路后拦住陈丙质问，陈丙解释没有告状，甲等人不肯罢休，抓住并围殴陈丙。乙的3位朋友（均为未成年人）正在附近，见状加入围殴陈丙。其中，有人用膝盖顶击陈丙的胸口，有人持石块击打陈丙的手臂，有人持钢管击打陈丙的背部，其他人对陈丙或勒脖子或拳打脚踢。陈丙掏出随身携带的折叠式水果刀（刀身长8.5厘米，不属于管制刀具），乱挥乱刺后逃脱。部分围殴人员继续追打并从后投掷石块，击中陈丙的背部和腿部。陈丙逃进学校，追打人员被学校保安拦住。陈丙在反击过程中刺中了甲、乙和丙，经鉴定，该3人的损伤程度均构成重伤二级。陈丙经人身检查，见身体多处软组织损伤。对于本案，公安机关认为，陈丙的行为虽有防卫性质，但已明显超过必要限度，属于防卫过当，涉嫌故意伤害罪。检察机关则认为，陈丙的防卫行为没有明显超过必要限度，不属于防卫过当，不构成犯罪。本案认定陈丙防卫行为没有超过正当防卫必要限度的理由在于："陈丙的防卫行为致实施不法侵害的3人重伤，客观上造成了重大损害，但防卫措施并没有明显超过必要限度。陈丙被9人围住殴打，其中有人使用了钢管、石块等工具，双方实力悬殊，陈丙借助水果刀增强防卫能力，在手段强度上合情合理。并且，对方在陈丙逃脱时仍持续追打，共同侵害行为没有停止，所以就制止整体不法侵害的实际需要来看，陈丙持刀挥刺也没有不相适应之处。综合来看，陈丙的防卫行为虽有致多人重伤的客观后果，但防卫措施没有明显超过必要限度，依法不属于防卫过当。"根据上述理由，在本案中，防卫结果虽然严重，但其防卫行为没有明显超过必要限度，因而仍然构成正当防卫而非防卫过当。由此可见，对于正当防卫必要限度的判断，应当从防卫行为是否超过必要限度与防卫结果是否超过必要限度这两方面加以考察，只有防卫行为与防卫结果同时超过必要限度，才能构成防卫过当。

三、必要限度的基本原则

正当防卫的必要限度是足以有效地制止正在进行的不法侵害所必需的限度。这就回答了何为正当防卫必要限度的问题，它揭示了正当防卫必要限度的社会政治内容，为我们确定正当防卫的必要限度提供了基本原则。现在，我根据足以有效地制止正在进行的不法侵害所必需的限度这一正当防卫必要限度的内容，将正当防卫必要限度的基本原则阐述如下。

（一）法益保护的考察原则

所谓出发点，就是考察问题的基本立场。在考察正当防卫必要限度的时候，也有这样一个基本立场的问题：这就是应该以制止不法侵害、保护合法权益为出发点。这是确定正当防卫必要限度的一条基本原则。之所以这么说，是基于对正当防卫本质的认识。

在主观上，正当防卫的目的是使国家、公共利益，本人或者他人的人身、财产和其他权利免受正在进行的不法侵害。这一正当防卫的目的决定了正当防卫是为了制止或者抵御正在进行的不法侵害，是为了和正在进行的不法侵害行为作斗争，是为了保护国家、公共利益和其他合法权益。我们在考察正当防卫必要限度的时候，要从这一正当防卫的目的来考虑。所以，我认为正当防卫的目的，不仅在正当防卫的概念中占有十分重要的地位，而且在确定正当防卫的必要限度中也具有极其重大的意义。可以说，凡是为实现正当防卫的目的所必需的限度，就是正当防卫的必要限度。离开了正当防卫的目的，在确定正当防卫必要限度问题上可能会出现两种倾向：一是对正当防卫的必要限度作限制性的解释，不从如何足以有效地制止正在进行的不法侵害这个意义上去理解正当防卫的必要限度，而这恰恰是为正当防卫的目的所要求的；而是从如何限制和约束正当防卫行为的意义上去理解正当防卫的必要限度，这就违背了正当防卫的目的，不符合我国刑法关于正当防卫的立法精神。二是对正当防卫的必要限度作扩张性的解释，也就是没

有把正当防卫的必要限度约束在正当防卫的目的所允许的范围以内，而是把正当防卫看作是对不法侵害人的报复，允许防卫人对不法侵害人进行惩罚。这也违背了正当防卫的目的。以上两种倾向都是不科学的，为我所不取。总之，我们应该从正当防卫的目的出发来考察正当防卫的必要限度。

在客观上，正当防卫的意义在于制止正在进行的不法侵害，它是通过对不法侵害人的人身或者财产的损害来实现正当防卫目的的。而且，由于正当防卫是对正在进行的不法侵害的反击，没有足够的强度就不足以有效地制止不法侵害。在这个意义上说，正当防卫的强度总是应该或多或少地大于不法侵害的强度。所以，我们应该把正当防卫理解为防御和反击的统一、被动和主动的统一。我们不能以正当防卫行为具有防卫性，而扼杀和否定防卫人制止正在进行的不法侵害的主观能动性。同时，正当防卫一般都发生在十分紧迫的情况下，防卫人在受到不法侵害突然袭击的情况下，有时措手不及，精神上可能会受到一定的强制，不可能冷静地判断周围的环境和本人的处境，也来不及仔细地考虑正当防卫的应有强度，往往是仓促应战，在手头或身旁操起工具实行防卫，而来不及多想。所以，我们不能以事后对客观环境和双方力量对比的冷静判断来苛求防卫人，否则就是强人之所难，不利于公民和正在进行的不法侵害作斗争。例如，在司法实践中有这样一个案例：一天晚上，甲被乙和丙逼到一个墙角，乙和丙分别手持凶器冲上来对甲进行不法侵害，甲进行还击。在正当防卫中，甲刺死乙，刺伤丙。那么，甲的正当防卫行为是否超过必要限度呢？对此有人认为甲的正当防卫行为超过了必要限度。其理由是：甲虽然被逼到墙角，但该墙仅一人多高，而且甲背后就有一棵树。甲只要攀着树枝纵身一跃，就能翻墙躲避不法侵害。而甲并没有这样做，而是将乙刺死，将丙刺伤，造成了他人伤亡的严重后果，所以，甲应负防卫过当的刑事责任。我认为，这种分析问题的出发点是错误的，当然也就不可能得出正确的结论。因为关于防卫现场的那些客观环境情况，是事后经过现场勘查得到的，而在当时天黑的情况下，又受到不法侵害人的严重威胁，防卫人是否能考虑得那么周到？显然不能。而且我国刑法没有规定正当防卫须出于不得已，因

此，不应该说能躲避不法侵害而不躲避就是正当防卫超过必要限度。所以，这种意见不能成立。我认为，这种意见之所以错误，就是因为它没有以制止不法侵害、保护合法权益为出发点来考察正当防卫的必要限度，而是从限制和约束正当防卫行为的立场来考察正当防卫的必要限度。由此可见，制止不法侵害、保护合法权益这一基本原则，在考察正当防卫的必要限度中具有十分重要的意义。

司法实践生动地说明：在认定正当防卫必要限度问题上，只有坚持制止不法侵害、保护合法权益这一基本原则，才能真正使我国刑法中正当防卫的立法规定成为公民和犯罪分子作斗争的法律保障。例如，河南省信阳市人民检察院在审查公安机关提请逮捕的被告王某防卫过当（伤害致死）一案时，根据阅卷中发现的疑点，协同公安部门重新进行调查，终于弄清了案件的事实真相，使一起错案得到纠正，从而支持了见义勇为同犯罪作斗争的行为，使犯罪分子落入法网，受到广大干部群众的热烈称赞。河南省信阳市人民检察院收到公安机关提请逮捕防卫过当的被告王某一案后，经审查，发现该案有些事实不清，认为有必要进一步审查。于是，检察机关便和公安机关一起重新进行了调查，查明：被告王某系信阳市铁路工务段工人。1980 年 9 月 13 日，当强奸犯王某斗、李某柱在调戏少女张某、李某时，王某冲上去制止。王某斗火冒三丈，伙同李某柱一起殴打王某。王某恐怕只身难敌对手，被迫跑走。王某跑开后，王某斗、李某柱更有恃无恐，继续调戏二女，并把张某按倒在地，企图强奸。张某哭喊不止，竭力反抗。正在危急时刻，王某持匕首返回，大声向两个流氓呵斥，随后向李某柱捅了一刀，李某柱带伤逃走。王某斗凶相毕露，向王某拼死打去，王某一边退让，一边发出警告。王某斗仍继续扑向王某厮打，被王某刺中胸部后仓皇逃窜，因流血过多经医院抢救无效死亡。信阳市人民检察院从制止不法侵害、保护合法权益这一基本原则出发，经审查认为：根据我国 1979 年《刑法》第 17 条第 1 款的规定，王某在少女遭受不法侵害时，挺身而出，勇斗歹徒，属于正当防卫行为，并且没有超过正当防卫的必要限度，不负刑事责任。而王某斗、李某柱二人已构成强奸（未遂）罪。于是，决定对王某不批准逮捕，并建议有关单位对其见义勇为的精神进

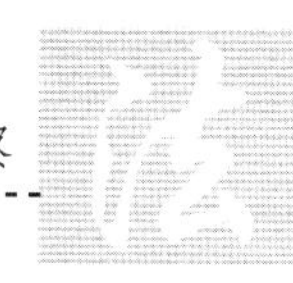

行宣传。同时，依法决定将强奸犯李某柱逮捕。在此案处理后，广大干部群众高度赞扬检察机关依法办案、公正严明。群众说，他们可以放心大胆地同犯罪分子作斗争了。由此可见，是否从制止不法侵害、保护合法权益这一基本原则出发考察确定正当防卫的必要限度，不仅是一个思想方法问题，而且是一个立场问题；不仅关系到一案之对错、一人之功过，而且关系到法律保护什么、打击什么这样一个根本问题，关系到人民群众同犯罪作斗争的积极性。

（二）综合全面的考察原则

综合全面的考察原则是指在对正当防卫必要限度进行认定的时候，应当完整地把握影响防卫限度的各种要素，尤其是注重对客观与主观要素的综合考察。唯有如此，才能准确地对防卫限度作出判断。在司法实践中，是依据防卫人的主观方面还是依据防卫的客观方面决定正当防卫的必要限度，往往成为一个问题。这个问题的实质在于：制止不法侵害所必需的强度，到底是防卫人主观上所认为必需的强度还是正当防卫客观上所需要的强度？如果依据防卫人的主观方面决定正当防卫的必要限度，则在一般情况下，防卫人自信其防卫行为为制止不法侵害所必需的，就是没有超过正当防卫的必要限度。如果依据防卫的客观方面决定，则应以防卫行为在客观上是否为制止不法侵害所必需来进行考察，而不以防卫人的自信为转移。我认为，在一般情况下，应该采取客观标准，但这并不是说要忽视主观要素，尤其是在考察客观需要的时候，不能脱离防卫人的主观因素。唯此，才能对正当防卫是否超过必要限度得出正确的结论。

正当防卫是防卫人的意识和意志行为，这就是说，防卫人的意识和意志支配着其防卫行为，所以，防卫人对其防卫强度是有所控制的。防卫人总是在对不法侵害认识的基础上，对不法侵害的强度作出大致的判断，然后决定正当防卫的强度。当然，由于不法侵害可能是突如其来的，防卫人不可能从容地判断不法侵害的强度以便决定正当防卫的强度。但我们不能据此否认防卫人的意识和意志对其防卫强度的控制和支配作用。正因为如此，在大多数情况下，防卫人总是认为其防卫强度是为制止不法侵害所必需的。所以，如果考察正当防卫的必要限度完全

以防卫人的主观认识为标准，那就没有超过正当防卫必要限度的问题了。在这个意义上，我认为不能采取主观标准，考察正当防卫是否为制止不法侵害所必需，应该以客观需要为标准。

当然，我主张在考察正当防卫的必要限度问题上采取客观标准，并不是说把防卫人的主观要素一概排除在我们的视野以外。恰恰相反，防卫人的主观要素在确定正当防卫的客观需要时具有十分重要的意义。所以，我们应该合理地判断防卫人在正当防卫情况下的主观意图，分析其主观意图产生的客观基础。事实上，由于每个人的主观条件和所处客观环境的不同，面临同一不法侵害，有的人可能会采取较为镇静的态度，选择强度适当的防卫行为来抵御不法侵害；有的人可能由于受到突然袭击而被激怒，变得冲动起来，以至于在一门心思抵御不法侵害的时候，未能约束其防卫强度，对不法侵害人采取显然过重的防卫强度，造成不应有的危害。对于这些个人的主观素质的差异所带来的对不法侵害的反应的差别，我们在考察正当防卫必要限度的时候，不能不加以考虑。在这个意义上，我认为，在考察正当防卫的必要限度问题上，应当综合客观和主观要素进行完整考察。

在考虑防卫人的主观素质的差异的情况下，我们必须承认，正当防卫的必要限度是有其客观标准的，我们的任务就是要为确定正当防卫的必要限度提出这样的客观标准。关于正当防卫必要限度的客观标准，我将在下文进行具体的论述。在此，我只是要强调一点，就是要把正当防卫必要限度置于每一个正当防卫案件的具体环境中去考察，不能脱离在正当防卫彼时彼地的防卫人的主观要素和客观环境。

(三) 设身处地的考察原则

考察正当防卫的必要限度，是在事后进行的。在这种情况下，如果我们不坚持实事求是的原则，做认真细致的调查研究工作，设身处地去考察正当防卫的必要限度，就会脱离客观实际而对正当防卫的必要限度得出错误的结论。

法国著名律师勒内·弗洛里奥在谈到对正当防卫案件的处理时指出：“为了

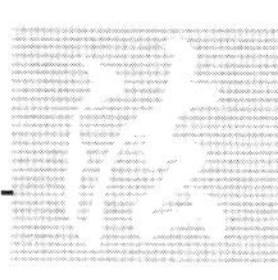

使审判公正合理，应当尽量地设身处地，虽然这样做可能困难些。”① 所谓设身处地，就是从实际出发，将本人置于防卫人所处的客观环境中，以便确定在当时的环境下，防卫人所采取的防卫强度是否合理。从实际出发，在某种意义上说，设身处地不但是一个认定正当防卫必要限度的工作方法问题，而且是一个立场问题。如果我们对正当防卫的性质和意义有正确的认识，从有利于防卫人而不是苛求防卫人的立场上考察问题，我们就能把本人置于防卫人的环境中，认真地为防卫人着想，而不是一味地同情有过错的被害人。

根据实事求是的原则，我们在考察正当防卫的必要限度的时候，应该把防卫人和不法侵害人双方放在特定的环境中考察，认真地分析研究不法侵害的时间、地点等环境，双方的体力和智力情况以及不法侵害的方式、强度、后果等因素，以确定在当时的具体条件下，采取什么强度的防卫行为才足以有效地制止不法侵害；而不至于满足于一般的公式：只要不法侵害人不是想把防卫人杀死，防卫行为造成了致不法侵害人死亡的结果，就必然是正当防卫超过了必要限度。我们应该更多地考察：防卫人为什么会致不法侵害人死亡？在当时的主观和客观的条件下，致不法侵害人死亡是否必要？只有这样分析问题，才能得出符合客观实际的正确结论。例如，一天，强奸犯在某女家欲强奸她，某女奋力反抗，双方在纠缠之际，某女突然发现灶头放着一把菜刀，遂挣扎着抽出右手，操起菜刀一刀将强奸犯砍死。在本案中，发生了致不法侵害人死亡的严重结果，那么能不能说某女超过了正当防卫的必要限度呢？不能。因为在当时的情况下，某女体弱，强奸犯则身强体壮，双方力量悬殊。而且，更为重要的是，某女在和强奸犯的搏斗中，没有选择其他防卫工具的可能性。在当时的现场，正好存在一把菜刀，理所当然地就成了防卫工具。所以，根据防卫的客观实际情况，我认为本案没有超过正当防卫的必要限度。

以上我提出了考察正当防卫必要限度的三个原则。法益保护原则是根本的，

① ［法］勒内·弗洛里奥：《错案》，赵淑美、张洪竹译，47页，北京，法律出版社，1984。

它表明我们应该从支持正当防卫、有利于防卫人和不法侵害作斗争的立场，来考察正当防卫的必要限度。综合全面原则和设身处地原则对于考察正当防卫的必要限度来说，也是十分重要的。它们是基本的思想方法和工作方法，离开了这些基本原则，就不能正确地认定正当防卫的必要限度。

四、必要限度的具体标准

确定正当防卫必要限度的具体标准，是正当防卫必要限度的重要内容，尤其是对司法实践具有直接的指导意义。

必要限度的具体标准，就是要为衡量正当防卫的必要限度提供一定的尺度。任何事物都不能从它本身得到度量。要度量运动，必须通过静止；要度量速度，需要通过时间和距离；要度量一个物体的重量，要通过天平上的砝码。而要衡量正当防卫的必要限度，则需要以正当防卫所制止的不法侵害为尺度。所以，正当防卫必要限度的具体标准，应该求诸不法侵害。我认为，在必要限度的基本原则的指导下，确定正当防卫是否超过必要限度，主要应该将下列要素作为衡量标准。

（一）不法侵害的强度

正当防卫是为制止不法侵害所采取的行为，而必要限度是足以有效地制止不法侵害所必需的限度。因此，确定正当防卫是否超过必要限度，当然需要考察不法侵害的强度。在一般情况下，可以说不法侵害的强度决定正当防卫的强度从而决定必要限度，但不能要求两种强度绝对相等。所谓不法侵害的强度，是一个综合性的指标，它是指行为的性质，这一行为对客体所造成的损害结果的轻重，以及造成这种损害结果的手段、工具的性质和打击部位等因素的统一。所以，我们在司法实践中分析具体案件时，要把上述强度构成因素综合起来考虑。

在防卫强度小于或相当于侵害强度的情况下，一般来说，不存在超过正当防卫必要限度的问题。例如，某日下午，被告朱某 1 因家事与其长兄朱某 2 发生争

执。朱某2从被褥底下拿出一把杀牛刀，砍碎中门玻璃一块，又砍大柜一刀，然后向朱某1连砍两刀，朱某1均躲过。朱某2不顾其母及其他人的劝阻，仍举刀追砍朱某1。朱某1被逼退到屋角时，顺手拾起一根66.7厘米长、直径2厘米粗的铁管，当朱某2举刀逼近时，朱某1用铁管朝朱某2的头部连击两下，将朱某2打倒在地，造成其颅内出血，经抢救无效，当晚死亡。人民法院经过审理认为，朱某2持刀行凶，朱某1在不法侵害正在进行的危急情况下，进行防卫反击，致朱某2死亡，属于正当防卫。因此，判决宣告朱某1无罪。我认为，在本案中，防卫强度和侵害强度基本上相当，因此，不存在正当防卫超过必要限度的问题。

在防卫强度大于侵害强度的情况下，是否超过正当防卫的必要限度，要根据必要限度的基本原则，综合全部案情进行认定。如果大于侵害强度的防卫强度是制止正在进行的不法侵害所必需的，就应该认为没有超过正当防卫的必要限度。例如，被告徐某连遭同学王某民等人殴打，三天不敢到校上课，在家中自制尖刀一把。一天上午，徐某带着尖刀到校上课，行至教室门前时，被同学张某拉到校外。王某民、张某又对徐某进行殴打，把徐某带的尖刀打落在地，徐某拾起尖刀逃跑。王某民、张某一伙拾起砖头追打，将徐某的腰部、腿部打伤。张某揪住徐某后，用砖头猛击徐某的头部等处，将徐某的头骨打破裂、手部打伤。这时，徐某左手捂住自己的头部，右手持刀乱捅，致张某胸部、腹部六处受伤，造成其出血休克死亡。人民法院经过审理认为，被告徐某在遭到王某民、张某的殴打，生命受到严重威胁时，奋力进行抵抗反击，是正当防卫的行为。但他在抵抗时使用尖刀捅死张某，超过了正当防卫的必要限度，是防卫过当，构成伤害（致人死亡）罪，判处徐某有期徒刑3年，缓刑3年。后该院依照审判监督程序，对本案进行了重新审理，认为被告徐某屡遭他人结伙殴打，当遭受严重不法侵害、生命受到严重威胁时，徐某持刀进行防卫抵抗，致使张某受伤死亡，是正当防卫行为，不应负刑事责任，依法改判，宣告徐某无罪。我认为，法院的再审结论是正确的。就本案而言，防卫强度确实大于不法侵害的强度，但徐某非此不能制止不

法侵害，保护本人的人身安全。所以，其所超过侵害强度的防卫强度为足以有效地制止不法侵害所必需，因此没有超过正当防卫的必要限度。

在防卫强度大于侵害强度的情况下，如果超过侵害强度的防卫强度不是制止不法侵害所必需的，那就是超过了正当防卫的必要限度。例如，因被告张某揭发本厂临时工王某偷油漆，王某对张某怀恨在心。某日，王某伙同三个人，在路上拉住张某打得他头破血流。王某还不甘休，另一天又伙同刘某再次报复，被唆使的刘某拉住张某进行殴打。此时，张某拿出三棱刮刀，捅入刘某的腹部，致刘某重伤而死。人民法院经过审理认为，张某因揭发王某的不法行为受到不法侵害，采取适当防卫是必要的。但用三棱刮刀将刘某捅死，是防卫过当。由此可以得出结论：对正在进行的不法侵害实行正当防卫，如果用轻于或相当于不法侵害的强度不足以有效地制止不法侵害，可以采取大于不法侵害的防卫强度。因此，绝不能把超过不法侵害的强度和超过正当防卫的必要限度这两个问题混为一谈。当然，如果大于不法侵害的防卫强度不是为制止不法侵害所必需，那就是超过了正当防卫的必要限度。

（二）不法侵害的缓急

不法侵害的强度虽然是考察正当防卫是否超过必要限度的重要因素，但我们不能把侵害强度在考察正当防卫必要限度中的作用绝对化，甚至把它看作是唯一的因素。在某些情况下，不法侵害已经着手，形成了侵害的紧迫性，但侵害强度尚未发挥出来。在这种情况下，我认为不存在侵害强度。例如，某男拦路欲强奸某女，某女不从，某男对某女进行威胁。此时，某女一砖头把某男砸伤致死。在本案中，不法侵害确定存在，而且其手段行为已经着手，当然允许某女实行正当防卫。但在这种情况下，不法侵害仅表现为以暴力相威胁，不存在侵害强度。那么，在这种不存在侵害强度的情况下，以什么标准来衡量防卫行为是否超过正当防卫的必要限度呢？我认为，在这种情况下，应以不法侵害的缓急作为确定正当防卫是否超过必要限度的具体标准。

所谓不法侵害的缓急，是指侵害的紧迫性，它所形成的对国家、公共利益，

本人或者他人的人身、财产和其他权利的危险程度。我国刑法中的正当防卫，不必出于不得已，只要出于必要即可。但在这两种情况下，不法侵害的缓急程度有所不同：在正当防卫出于不得已的情况下，不法侵害急迫；而在正当防卫出于必要的情况下，不法侵害较为缓和。这种不法侵害的缓急程度，不能不影响到正当防卫的必要限度。例如，上述某女在面临强奸犯的威胁时将其砸死一案，虽然不存在侵害强度，但不法侵害十分急迫，某女非此不能制止不法侵害，所以虽然将强奸犯砸死，但也没有超过正当防卫的必要限度。

在不法侵害的强度尚是潜在的情况下，无法以侵害强度作为确定正当防卫必要限度的标准，否则，就会以不法侵害人的主观意图作为不法侵害的强度来确定正当防卫的必要限度。因此，在这种情况下只能以不法侵害的缓急作为确定正当防卫必要限度的标准。例如，某男和某女离婚后，某男又想复婚。某天某男把某女骗到偏僻之处，在其复婚要求受到某女的拒绝后，就掏出小刀威胁要毁某女的容貌。某女顺手拾起一块砖头砸向某男，正好击中要害，某男因医治无效死亡。在本案中，某男虽然只是以毁人容貌相威胁，但当时地处偏僻，并且一弱小女子面对一个手持凶器的歹徒，不法侵害可以说十分急迫。某女在这千钧一发之际，如果不将某男砸伤致死，也就没有别的办法逃脱其所面临的不法侵害。因此，从不法侵害的缓急来看，其防卫强度为制止不法侵害所必需，所以没有超过正当防卫的必要限度。

以上所说的是在侵害强度没有发挥出来的情况下，应以不法侵害的缓急作为确定正当防卫必要限度的标准。即使在侵害强度已经发挥出来的情况下，不法侵害的缓急仍在确定正当防卫必要限度中起着重要的作用；尤其是在防卫强度大于侵害强度的情况下，考察该大于不法侵害强度的防卫强度是否为制止正在进行的不法侵害所必需，就应以不法侵害的缓急等因素为标准。例如，孙某清故意伤害案。被告孙某清，系某农业学校工人。某日晚上，农业学校操场放映电影，该校教师张某与前来看电影的社员张某明、杨某益因选择看电影的位置发生争吵。张某明、杨某益二人推打了张某，经人拉开后，张某明、杨某益二人仍不肯罢休，

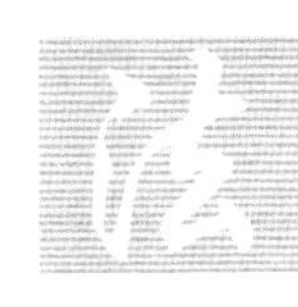

又与刘某策划，由刘某去纠集打手。正当张某明纠缠时，刘某纠集的周某云、吴某、孙某等十余人一拥而上，对张某拳打脚踢，并用砖头砸张某的头部、腹部、腰部等处。孙某清见张某被打得头破血流，人身安全受到威胁。为了解救张某，孙某清跑回宿舍取来了尖刀。这时，张某已被打倒在地，周某云正手持砖头要砸张某，孙某清即向周某云刺了一刀。孙某清欲离开现场时，孙某等人前来阻截，孙某清又刺了孙某一刀。周某云被刺中腹主静脉，因失血性休克，抢救无效死亡。孙某被刺穿右前臂，经治疗痊愈。一审法院以伤害致死罪判处孙某清有期徒刑 15 年。二审法院以防卫过当，改判其有期徒刑 2 年，缓刑 3 年。后按审判监督程序，撤销原判，改判孙某清无罪释放。我认为，在本案中，防卫强度确实大于侵害强度，但这是否为制止不法侵害所必需呢？在当时情况下，不法侵害一方人多势众，对被害人张某进行围攻，不法侵害可谓十分紧迫。在这种紧迫的情况下，孙某清不以尖刀刺伤周某云并致其死亡，不足以制止其不法侵害，不能保护张某的人身权利，所以，从不法侵害的缓急看，孙某清的正当防卫行为没有超过必要限度。

不法侵害的缓急在确定正当防卫必要限度中的作用，受到某些大陆法系国家刑法学家的重视，甚至被认为是唯一的标准。例如，我国民国时期学者王觐指出："据侵害缓急之程度，以作决定反击行为是否逾越防卫行为必要限度之准据。"[①] 这种观点值得我们重视。总之，我们应该在确定正当防卫必要限度的具体标准中，引入"不法侵害的缓急"这一概念，以便为确定防卫强度是否为制止不法侵害所必需提供客观依据。

（三）不法侵害的权益

正当防卫的意义在于保护国家、公共利益、本人或者他人的人身和其他权利。不法侵害损害的权益，正是正当防卫所保护的权益。这一点充分体现了正当防卫和不法侵害根本对立的性质。一定的权益是正当防卫和不法侵害斗争的焦

① 王觐：《中华刑法论》，6 版，536 页，北平，朝阳学院，1933。

点。不法侵害的权益决定了不法侵害的性质，也在一定程度上决定不法侵害的强度和缓急。例如，不法侵害所危害的是人的生命权，决定了不法侵害的性质是杀人。就不法侵害的缓急而言，杀人显然要比盗窃等不法侵害更加急迫。所以，在确定正当防卫是否超过必要限度时，不能不考察这一权益的性质。大陆法系国家刑法学家认为，决定正当防卫是否超过必要限度，不以正当防卫所保护的权益之大小为标准。例如，李斯特指出："就正当防卫的合法性而言，并不要求正当防卫是为保护之大利益。根据案件情况，当对攻击行为不能以其他方式进行防卫时，即使是最轻微不足道的法益也可以通过杀死攻击者的方法来加以保护。"[①] 这种观点过于极端，并不可取。所以，一定的权益在确定正当防卫必要限度中具有重要的意义，它是确定必要限度的客观因素之一。

根据不法侵害的权益在确定正当防卫必要限度中的作用，为防卫重大的权益而将不法侵害人杀死，可以认为是为制止正在进行的不法侵害所必需，因此，没有超过正当防卫的必要限度；而为了保护轻微的权益，即使是非此不能保护，造成了不法侵害人的重大伤亡，由于其所保护的权益的性质决定了这不是为制止正在进行的不法侵害所必需，因此，不能不认为是超过了正当防卫的必要限度。例如，一个 16 岁的少年，拿了 5 块钱上街买东西，路上遇到一个 28 岁的小伙子，硬要少年交出这 5 块钱，少年不肯。如果说搏斗，少年当然不是小伙子的对手，于是他就掏出随身携带的匕首，对着小伙子的肚子猛刺一刀，结果小伙子因伤重而死亡。在本案中，少年的体力不如小伙子，只有动刀子扎他，甚至把他扎死，才能保住这 5 块钱。因此，可以说少年不将小伙子扎死就不能保住这 5 块钱。但我认为，从其所保护的权益上看，这超过了正当防卫的必要限度。而且，一定权益的性质对不法侵害的缓急也具有重大影响，如炸毁我国重要国防设施的急迫程度显然大于盗窃的急迫程度。这在考察防卫强度是否为制止正在进行的不法侵害所必需时，不能不考虑。在某些情况下，无法以侵害强度作为确定正当防卫必要

① ［德］李斯特：《李斯特德国刑法教科书》，徐久生译，181 页，北京，北京大学出版社，2021。

限度的标准，就只能以正当防卫所保护的权益和不法侵害的缓急为标准。例如，在强奸犯罪的情况下，如果没有采用暴力手段，只是胁迫，对不法侵害无法用强度来衡量。此时，以正当防卫所保护的权益作为确定正当防卫必要限度的标准，就更令人信服。

以上我提出了确定正当防卫必要限度的三个具体标准。在现实生活中，不法侵害的强度、缓急和权益诸因素是互相联系、互相渗透、融为一体的，不可分割。只有把它们结合起来全面分析，才能正确地确定正当防卫的必要限度。当然，在一个具体案件中，可能是某一因素起主要作用。对此不可不察。

我认为，正当防卫必要限度的具体标准，就可以归纳为以下三个结论：(1) 为了避免强度较轻的不法侵害，就不允许防卫行为采取过重的强度。如果非较重的强度不足以制止不法侵害，就可以采取较重的防卫强度。(2) 采用较缓和的防卫手段足以制止不法侵害，就不允许采取激烈的防卫手段。如果非激烈手段不足以制止不法侵害，就可以采取激烈手段。(3) 为了保护较微小的权益，不允许防卫行为造成重大的损害。对没有直接危及人身的轻微的不法侵害，一般来说就不宜采用重伤甚至杀害的手段去防卫。

第三节　防卫限度的实际考察

以上我从立法和理论两个方面对正当防卫的必要限度进行了考察，并且提出了正当防卫必要限度的基本原则和具体标准。下面，我将运用这些基本原则和具体标准来分析一些在司法实践中确定必要限度时容易发生问题的情况，对正当防卫的必要限度进行实际考察。

一、正当防卫必要限度与防卫工具

正当防卫通常要使用一定的防卫工具，防卫工具使用是否得当，在确定正当

防卫是否超过了必要限度中，往往具有重要的意义。在某些案件中，之所以对是正当防卫还是防卫过当发生意见分歧，一个重要的原因就是对防卫工具的认识不一致。从司法实践来看，使用防卫工具的情况是十分复杂的，下面我根据防卫工具的来源和性质，对防卫工具在确定正当防卫的必要限度中的意义分析如下。

（一）事先准备的防卫工具

在这种案件中，防卫人往往已经风闻不法侵害人将加害于自己，于是随身携带防卫工具，以便有备无患，结果在正当防卫中正好使用了防卫工具。在这种情况下，由于防卫人的防卫工具是事先准备的，而不法侵害人对此并不知情，因此在案件中往往造成较重的人身伤亡。所以，对防卫工具在确定正当防卫的必要限度中的意义容易发生错误认识。例如，李某故意伤害案：被告人李某与王某通奸后，王某时常弃家外出不归，夫妻感情恶化。王某的丈夫刘某认为是被告人暗中挑拨，对其心怀不满，并发生过斗殴。李某为了避免纠纷，消除矛盾，于某年农历 2 月迁往他村居住，而王某仍追随李某到他村与之非法同居，因而更加剧了刘某对李某的仇视。刘某声称要伺机伤（杀）害李某。某日上午，李某准备去看戏，其母将刘某要伤害他的情况告诉了李某，李某便对刘某怀有戒心，随身揣了一把宰羊刀以防备刘某的伤害。下午 2 时许，刘某在剧场发现了李某，便伙同其儿子用石块和木棒对李某进行殴打，致使李某头破血流。李某当即反抗，抽出随身携带的宰羊刀对刘某的肋部捅了一刀，刘某的两根肋软骨被刺断，并使结肠脱出 30 厘米，后经医院抢救脱险。

关于本案，我国有些学者认为李某的行为不具有防卫的性质，因为李某的行为，表面上好像是为防卫而带宰羊刀，但其内心的本意并不是为了防卫，而是为了一旦受到刘某的侵害，便给刘某以更严厉的报复和伤害。当刘家父子出于义愤，对他进行轻微伤害时，李某就拿出宰羊刀向刘某的要害部位猛刺一刀，刺断了刘某的两根肋软骨，致刘某重伤。可见，李某的行为不是防卫，而是故意伤害。多数学者认为李某的行为具有防卫的性质，但其正当防卫行为是否超过了必要限度？在这个问题上，存在两种观点：第一种观点认为，李某的防卫行为超过

了必要限度，属于防卫过当。理由在于：防卫行为，必须是以有效地制止不法侵害行为的继续为限度。如果超过这种限度，就是防卫过当。李某使用较之刘家父子的侵害工具威胁性更大的宰羊刀，刘家父子使用的是石块和木棒，从工具性能上来讲，刀比石块、木棒的威力大，并且李某将刀捅在刘某的要害部位上，造成重伤。这样，其防卫行为与侵害行为在强度上相比较，显然有过当之处。第二种观点认为，李某的防卫行为没有超过必要限度，属于正当防卫。理由在于：从侵害和防卫双方的工具来看，刘家父子使用的是石块、木棒，李某使用的是刀子，从表面上看，刀子的威力比较大，但是我们不能停留在现象上，而是要分析李某用刀的具体原因。从案情可知，刘家父子以石块、木棒袭击李某的头部，当时李某的处境危险，在这危急的一瞬间，他很难准确地判断刘家父子侵害行为的性质和危险程度，就更难于审慎地选择防卫的手段，于是便用刀子捅去。这样，双方都有可能使人丧命，侵害和防卫手段，是基本上相适应的，因此没有超过必要限度。

我认为判断本案李某的行为是否超过了正当防卫的必要限度，关键的一点是如何正确认识李某使用事先预备的防卫工具——宰羊刀。解决了这个问题，必要限度的问题也就迎刃而解了。首先，李某携带宰羊刀是否合情？我认为，李某携带的宰羊刀不是非法携带的犯罪工具，而是在得知刘家父子将加害于本人以后，为防身而携带的。因此，这是无可非议的。其次，李某动用宰羊刀是否合理？从案情来看，李某到了剧场，尽管身揣刀子，但在他与刘某相遇后，并没有主动找刘某挑衅闹事。只是在刘家父子用石块和木棒殴打他，使他头破受伤的情况下，他才抽出宰羊刀进行反击。因此，李某动用宰羊刀也是合理的。最后，李某使用宰羊刀的防卫强度是否合法？也就是说，其强度是否为制止不法侵害所必需？李某在面对刘家父子二人的暴力攻击下，用刀向刘某肋部捅了一刀，保护了本人的人身不受侵害。我认为，李某使用宰羊刀的防卫强度也是合法的，没有超过必要限度。综上所述，李某虽然使用了事先准备的防卫工具，但这是合情合理合法的，其行为应被视为正当防卫。

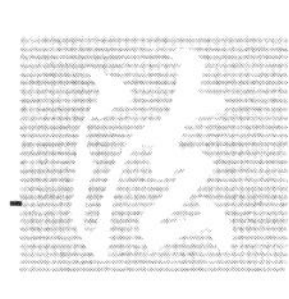

值得注意的是，在《指导意见》及七个典型案例中，第四个案例是杨某伟故意伤害、杨某平正当防卫案。该案就涉及准备工具防卫与准备工具斗殴的界分问题。对此，该案的“典型意义”对妥当界分准备工具防卫与准备工具斗殴作了以下论述：实践中，防卫行为在客观上也可能表现为双方相互打斗，具有互殴的形式与外观。二者界分的关键就在于行为人是具有防卫意图还是斗殴意图。该案中，彭某某与杨某伟兄弟二人并不相识，突发口角，彭某某扬言要找人报复时，杨某伟回应“那你来打啊”，该回应不能认定杨某伟系与彭某某相约打斗。行为人为防卫可能发生的不法侵害，准备防卫工具的，不必然影响正当防卫的认定。杨某伟在彭某某出言挑衅，并扬言报复后，准备刀具系出于防卫目的。彭某某带人持械返回现场，冲至杨某伟家门口拳击其面部，杨某伟才持刀刺向彭某某胸腹部，该行为是为了制止正在进行的不法侵害，应当认定为防卫行为。我认为，这一论述对正确掌握事先准备防卫工具对正当防卫以及防卫过当的认定与判断具有重要的参考价值。

（二）就地取材的防卫工具

防卫人在受到不法侵害人突然袭击的情况下，在防卫现场随手操起可以抗御不法侵害的工具，由于受时间和地点的限制，在这种情况下，防卫人一般没有选择适当的防卫工具的余地，往往是操起木棒就是木棒、举起菜刀就是菜刀。对于这种案件，我们不能强求防卫人选择与不法侵害人相当的防卫工具，也不能认为防卫人使用了致命的防卫工具就是防卫过当，例如，李某，男，20岁。一天李某正在一个煤堆旁边玩，遇见王某抢其军帽，李某护住自己的军帽，王某操起随身携带的一根木棒向李某头上猛打，李某后退几步，倒在煤堆上，正好碰到一把煤锹，遂举起煤锹将王某的木棒打落，致王某右手骨折，造成伤残。在本案中，李某的正当防卫是否超过了必要限度？有人认为，王某以木棒加害于李某，李某以铁锹还击，致王某伤残，从防卫工具上看，显然不相当，因此李某的行为是防卫过当。我认为这种分析是错误的，李某受到不法侵害，在人身权利受到严重侵害的紧迫关头，就地拿起铁锹反击不法侵害，无论是从防卫强度、缓急还是从保

护的权益来看，都是合适的，不能仅因为防卫工具就认定其防卫行为超过了必要限度。当然，防卫人即使是就地取材的防卫工具，对不法侵害人造成了不应有的危害，也应该认为其防卫行为超过了必要限度。

（三）取之于侵害人的防卫工具

在某些正当防卫案件中，不法侵害人事先准备了犯罪工具，并在不法侵害过程中实际使用。防卫人在防卫过程中，夺取了侵害人的犯罪工具，用之于正当防卫。这种使用取之于不法侵害人的防卫工具进行防卫，正所谓以其人之道，还施于其人之身，因而值得肯定。例如，陈某平素蛮横，称霸一方，持械伤人，打骂父母，欺兄伤嫂，群众对其十分痛恨。某日，陈某向哥哥要钱，哥哥未给。当日傍晚5时许，陈某持匕首到其哥家，将匕首扎在炕沿上，令其哥跪下，其嫂上前劝阻，陈某便用匕首朝其嫂刺去，连刺三刀，其中一刀刺在其嫂的腰部。此时，其哥忍无可忍，在陈某持刀正要向自己刺来之际，夺过匕首猛刺陈某腰部，致陈某重伤。在本案中，防卫人使用的是从不法侵害人手中夺过的凶器，我认为，陈某哥哥的防卫行为没有超过必要限度。当然，在这个问题上我们还必须注意一点，就是如果侵害人使用某种工具，只是比画、吓唬，并未真正加害于防卫人，而防卫人夺过工具将侵害人置于死地，不能不认为是防卫过当。

（四）具有非法性的防卫工具

在某些正当防卫案件中，防卫人所使用的防卫工具是非法携带的刀具，甚至是非法制造的枪支。对此，在确定正当防卫的必要限度时必须加以注意。应该指出，私自携带刀具、制造枪支和携带私自制造的枪支，都是违法犯罪行为。国家有关部门三令五申，禁止非法携带刀具和枪支。近年来，有关部门又颁布了一些规定。例如，国务院于1983年3月批准的《对部分刀具实行管制的暂行规定》第9条规定："严禁任何单位和个人非法制造、销售和贩卖匕首、三棱刀、弹簧刀等属于管制范围内的各种刀具。严禁非法携带上述刀具进入车站、码头、机场、公园、商场、影剧院、展览馆或其他公共场所和乘坐火车、汽车、轮船、飞机。"第13条规定："违反本规定，非法制造、销售、携带和私自保存管制范围

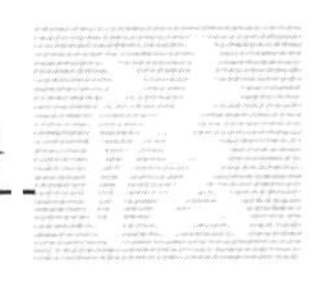

刀具的，公安机关应予取缔，没收其刀具，并按照《中华人民共和国治安管理处罚条例》有关条款予以治安处罚；有妨害公共安全行为，情节严重，触犯刑律的，依法追究刑事责任。”此后，2007 年 1 月 14 日公安部颁布了《管制刀具认定标准》，为正确认定管制刀具提供了规范标准。至于非法制造和私藏枪支、弹药的行为，根据我国刑法的有关规定，都是犯罪行为。我国《刑法》第 125 条规定：非法制造枪支、弹药的，处 3 年以上 10 年以下有期徒刑；情节严重的，处 10 年以上有期徒刑、无期徒刑或者死刑。我国《刑法》第 128 条规定：违反枪支管理规定，私藏枪支、弹药的，处 3 年以下有期徒刑、拘役或者管制；情节严重的，处 3 年以上 7 年以下有期徒刑。从上述法律可以看出，非法携带刀具和枪支，是违法犯罪行为。

那么，如果防卫人在防卫中使用了非法携带的刀具和枪支，又应如何看待呢？我认为，防卫人私自携带刀具和枪支，固属违法犯罪行为，其法律责任另当别论。如果非法携带刀具、枪支的人遇到正在进行的不法侵害，还是允许其使用刀具、枪支进行正当防卫，其正当防卫权并不因为其非法携带刀具、枪支而被剥夺，也不能由此把其防卫行为一概视为过当，例如，方某过失致人死亡案：某夜 1 时许，被告方某同其女友坐在马路边谈恋爱。某钢铁厂青年工人韦某等三人事先约定去找谈恋爱的人寻衅滋事，遇见方某和其女友，便上前故意盘问，还用手电筒照他们的脸，方某和其女友随即离开。但过了会儿，韦某等三人又尾随上来。方某见状，便从腰里掏出他弟弟私自装配的一把手枪，向路边麦地无人处扣发，想把那三人吓跑，可是枪却未响，又插回腰里，韦某等人也未看见。韦某等三人追到跟前，一面用手电筒照方某和他女友的脸，一面步步紧逼，韦某举起木棍（长 34 厘米，直径 2.5 厘米）向方某的面部左侧打去，方某左太阳穴处被打伤，后退两步倒下。韦某用手电筒照着方某的脸，举棍再打，方某一手撑起身子，一手从腰间抽出手枪向韦某砸去，正中韦某的前额上方，同时枪受震击发，韦某中弹倒地。方某乘机带着女友逃走。林某、郭某两人将韦某背到医院抢救，经检查，韦某前额上方颅骨有 4 厘米长、1 厘米宽缺损，上下有延长的骨裂线，

脑组织外溢，抢救无效，3日后死亡。方某归案后，有关部门对这支手枪作了技术鉴定。原来该枪在子弹上膛时，由于枪栓不能很快定位，扣发时枪就不响，但如受震，子弹就会出膛。在审理这起案件中，有关部门认为方某私藏枪支、弹药已构成犯罪，但对他造成韦某死亡的行为，则存在两种意见：第一种意见认为是正当防卫。因为方某面临着韦某等三人的不法侵害，自己已被打伤，仓促之中用手枪向侵害者砸去，这应当属于正当防卫。第二种意见认为，方某的手枪是非法携带的，在敲砸时击发走火，他应当预见而没有预见，造成对方死亡，应负防卫过当的刑事责任。我认为，方某私藏并携带枪支虽属非法，但在遭到韦某等三人的不法侵害时，处于人身安全十分危急的紧迫关头，使用枪支（更何况是用枪砸）实行正当防卫，是合法的，其防卫行为没有超过必要限度。至于手枪走火把韦某打死，纯属意外事件，方某对此不负刑事责任。

二、正当防卫必要限度与防卫后果

正当防卫必然造成不法侵害人的人身伤亡。这就是防卫后果。刑法中的正当防卫和民法中的正当防卫的重要区别之一就是防卫后果不同：刑法中的正当防卫的防卫后果必须达到了犯罪程度，因此，刑法中的正当防卫是防卫人不负刑事责任的法律根据。而民法中的正当防卫的防卫后果则没有达到犯罪程度，一般是对人身或者财产的轻微伤害或者损坏，因此，民法中的正当防卫是防卫人不负民事责任的法律根据。[①] 无疑，防卫后果在确定必要限度中具有十分重要的意义。但在司法实践中，存在唯后果论的倾向：凡是发生了死亡后果的，一律认定为防卫过当，而不问这一防卫后果是否为制止正在进行的不法侵害所必需。我认为，这

---

① 关于民法中的正当防卫，参见王遂起、聂天贶：《试论民法上的正当防卫》，载《北京政法学院学报》，1981（2）。1986年4月12日第六届全国人民代表大会第四次会议通过的《中华人民共和国民法通则》第128条规定："因正当防卫造成损害的，不承担民事责任。正当防卫超过必要的限度，造成不应有的损害的，应当承担适当的民事责任。"

种倾向是应该被纠正的。

在确定正当防卫的必要限度时，对于防卫后果，我们要有正确的认识。正当防卫的后果和防卫过当的后果，从性质上来说，是有着质的区别的。但从形式上看，两者是共存的。区分的关键是要看这一防卫后果是应有的还是不应有的；是为制止不法侵害所必需的，还是非必需的。因此，对于防卫后果，我们要看其本质，而不能满足于表面现象，简单地以是否发生了死亡结果作为区分正当防卫与防卫过当的标准。例如李某平故意伤害案：被告李某平，曾经因多次打架斗殴被行政拘留、罚款各一次。某日，李某平身带三棱刮刀，到电影院看电影。散场回家途中正遇李某良、王某德、邱某华、邱某富拦截女学生汤某进行调戏，李某平见状上前制止。李某良不仅不听劝告，而且向李某平的胸部连扎两刀，但都被闪过，未中。李某平立即掏出三棱刮刀回击一刀，刺中李某良腹部。这时，同伙三人围了上来。李某平拔腿就跑，王某德、邱某华等三人持刀追杀，在追杀途中，李某平又刺中邱某富腿部一刀、邱某华背部一刀。最后李某平被王某德抓住压在地上，连打带扎，腿、腰部受伤四处。当晚，李某良因腹部主静脉被扎破，死于医院。李某平、邱某华、邱某富的伤先后被治愈。

关于本案的性质，存在两种观点：第一种观点认为，被告的行为属于防卫过当。理由在于：被告与李某良等素不相识，并无宿怨。只是在李某良举刀连扎被告时，被告才持刀还击。在那样非常紧急的一刹那间，被告所想的仅是对李某良的不法侵害行为予以反击以保护本人的人身权利，来不及去想伤害对方或致死对方。但是，被告由于过去有斗殴恶习，随时身带凶器，社会危害性较大，防卫强度超过了必要限度，造成李某良重伤死亡的后果，所以，被告应对防卫过当承担刑事责任。第二种观点认为，被告的行为属于正当防卫，没有超过必要限度。其理由在于：（1）本案死者首先持三棱刮刀捅人，被告也用三棱刮刀还击，凶器相适应。死者连续猛击被告的胸口，被告还击刺中死者腹部，都是要害部位，刺中都会发生重伤或死亡的严重后果。千钧一发，时间紧迫，两刀相对，你死我活。因此，不能认为被告将李某良刺死是防卫过当。（2）被告过去表现不好，这次又

非法携带三棱刮刀，但不能由此认定其为防卫过当。在本案中，被告见义勇为，劝阻死者等人不要纠缠调戏妇女的举动无疑是正当的。而且，死者是事端的挑起者，死者首先用刀扎人，然后才有被告的被迫自卫，是非不能颠倒，见义勇为的正义行为应当受到保护。(3) 就全部案情考察，死者一伙四人，都是年轻力壮的小伙子，人多势众，手持杀人凶器，围攻追杀一个孤立无援的人，双方力量悬殊。死者拒绝被告的正当劝阻，并以使人猝不及防的速度，先发制人，举刀捅人胸口。在这种情况下，被告抽刀防卫，完全是无可非议的，其行为属于正当防卫。

我同意第二种意见，被告的防卫行为没有超过必要限度。防卫后果确实是严重的：致死一人，致伤二人。但这一防卫后果是否为制止不法侵害所必需呢？回答是肯定的。被告在四人的围攻下，连扎三人，最后本人还是受到了不法侵害。而且，在当时的情况下，没有更缓和的办法制止不法侵害。所以，不能因为死了人，又伤了人，而不问死伤的必要与否，就简单地将被告的行为定性为防卫过当。

在必要限度与防卫后果的关系问题上，还需要研究：防卫行为造成侵害人轻伤，是否可以认定为超出正当防卫的必要限度，构成防卫过当？在某些造成他人轻伤的案件中，虽然针对不法侵害的反击行为被认定为具有防卫性质，但只是造成侵害人轻伤，在这种情况下，能否认定防卫过当呢？例如，陈某丁故意伤害案①：2011 年 10 月 28 日晚 10 时许，被告人陈某丁前往江西省弋阳县弋江镇某 KTV 内，欲将其正在 3166 号包厢内唱歌的女友龚某带走，在与龚某拉扯过程中，陈某丁和与龚某一同唱歌的被害人徐某发生争执。之后，徐某便纠集吴某、王某、张某三人对陈某丁实施殴打。在厮打过程中，被告人陈某丁遂掏出一把随身携带的水果刀将被害人徐某腋下刺伤，徐某受伤后，其他人均停止了对陈某丁的殴打。经法医鉴定，被害人徐某的伤情为轻伤甲级。本案在审理过程中，对被告人陈某丁的行为属于防卫行为没有异议，但对被告人陈某丁用刀将人刺伤并造成轻

① 参见《防卫致人轻伤能算是构成防卫过当吗?》，载 https://www.66law.cn/laws/282007.aspx，2022-01-29。

伤的后果是否属于《刑法》第 20 条第 2 款规定的“重大损害”构成防卫过当存在分歧。

第一种意见认为，被告人陈某丁用刀将他人刺成轻伤的行为，明显超过了必要限度，造成了重大损害，属于防卫过当，应当以故意伤害罪追究其刑事责任。理由是被害人因故与被告人发生争执，继而纠集他人对被告人拳打脚踢，属于正在进行的不法侵害，被告人陈某丁对此有权实行防卫。但是徐某等人的侵害方式只是拳脚相加，并未使用凶器，而陈某丁却掏出水果刀挥舞乱刺，按照防卫的手段、强度必须与侵害的手段、强度相适应的标准来衡量，陈某丁用刀将徐某刺伤的防卫行为显然超过了必要限度，造成了重大损害。

第二种意见认为，被告人陈某丁用刀将他人刺成轻伤的行为，没有明显超过必要限度，并且轻伤也不属于重大损害，因此，不构成防卫过当，不应承担刑事责任。理由是本案的被害人徐某寻衅滋事，纠集多人围攻陈某，陈某丁为保护自己的人身权利，情急之下掏出水果刀进行挥舞自卫并将徐某刺成轻伤。陈某丁的防卫行为所造成的损害与徐某等人的不法侵害可能造成的损害并没有过于悬殊，甚至与不法侵害可能造成的损害相比更小，因此，陈某丁的防卫行为没有超过必要限度造成重大损害，属于正当防卫，依法不负刑事责任。

上述案件中的陈某丁造成侵害人轻伤，能否构成防卫过当的关键在于：如何理解刑法所规定的重大损害，换言之，这里的重大损害是否包括轻伤？对于这个问题，本案的评析意见认为，在我国《刑法》中，除第 20 条第 2 款有关于“重大损害”的规定外，其他条文中均未出现对“重大损害”的规定，但在有的刑法条文里，将“重伤”解释为重大伤害或与其他“重大损失”并列规定，如：第 95 条规定，“本法所称重伤，是指有下列情形之一的伤害……（三）其他对于人身健康有重大伤害的”；《刑法》第 115 条规定，放火、决水、爆炸、投毒或者以其他危险方法致人重伤、死亡或者使公私财产遭受重大损失的……；《刑法》第 133 条规定，违反交通运输管理法规，因而发生重大事故，致人重伤、死亡或者使公私财产遭受重大损失的……；等等。诸如此类规定表明，“重伤”即是法律

所规定的“重大”损害（损失或伤害）的最低限度，因此，正当防卫中造成重大损害只能是造成不法侵害人重伤、死亡，而造成轻伤或轻微伤，则不属于重大损害。评析意见还引用了最高人民法院刑事审判庭编写的《刑事审判参考》第38辑第297号被告人赵某华被控故意伤害一案中的观点：“正当防卫不能明显超过必要限度造成重大损害。”这实质上包含了两个并列的判断标准：一是防卫措施不能明显超过必要限度。一般而言，防卫人所采取的防卫措施应当与不法侵害行为基本相当。当然值得注意的是，刑法规定的标准是不能“明显超过”。这表明立法强调对防卫人所采取的防卫措施不必过于苛求。二是防卫结果不能造成重大损害。重大损害不等于一般损害，所谓重大损害，在有关司法解释没有明确之前，应当把握在没有造成不法侵害人人身重大损害，包括重伤以上这一限度内。[①] 当然，对于这个问题在刑法学界也存在不同观点，例如我国学者车浩指出：“对于《刑法》第20条第2款认定防卫过当的‘重大损害’，我认为不宜作出‘限于重伤或死亡’的限缩解释，更不宜在司法文件中作出一般性限缩，因为这种限缩欠缺法理基础，缺乏法律根据，只会起到负面的政策效果，既是理论偏误也是政策雷区。”[②]

不可否认，刑法确实没有明确规定只有重伤以上才能构成防卫过当，而是使用了“重大损害”这一用语。我认为，之所以刑法表述为重大损害而不是直接规定为重伤，主要是因为重大损害，既包括财产的重大损失，也包括人身的严重伤害。根据我国刑法规定，明显超过必要限度与造成严重损害是并列的，对于防卫过当的成立来说缺一不可。如果具体分析，其可以分为以下三种情形：第一，对重伤以上的人身伤害进行防卫而造成侵害人轻伤的，肯定不构成防卫过当。第二，对轻伤的人身伤害进行防卫而造成侵害人轻伤的，也不可能构成防卫过当。

---

① 参见《赵某华被控故意伤害案——正当防卫仅致不法侵害人轻伤的不负刑事责任》，载最高人民法院刑事审判庭：《刑事审判参考》，总第38辑，北京，法律出版社。

② 车浩：《重伤以下没有防卫过当，是理论偏差也是政策误区》，载《中国法律评论》公众号。

第三，对殴打行为进行正当防卫而造成侵害人轻伤的，是否属于重大损害构成防卫过当呢？我认为，在结果不确定的情况下，对殴打行为进行正当防卫造成轻伤结果的，很难说是超过必要限度，否则就会陷入对殴打防卫只能造成轻微伤的结论。既然认为对殴打行为人造成轻伤不属于明显超过必要限度，那么，也就不能将轻伤理解为刑法所规定的重大损害。因此，我认为，如果正当防卫只是造成轻伤结果，不能构成防卫过当。

值得注意的是，《指导意见》第 13 条（准确认定“造成重大损害”）明确规定：“造成重大损害”是指造成不法侵害人重伤、死亡。造成轻伤及以下损害的，不属于重大损害。防卫行为虽然明显超过必要限度但没有造成重大损害的，不应认定为防卫过当。我认为，这一规定对于理解防卫过当的重大损害具有重要指导意义。

三、正当防卫必要限度与防卫环境

防卫环境是指实行正当防卫的时间、地点等客观境况。因为正当防卫总是在一定的时空中发生的，所以我们在确定正当防卫的必要限度时，就不能脱离一定的时空环境。

防卫时间是防卫环境之一，它对于确定正当防卫的必要限度具有重要意义。因为不法侵害的发生是不以防卫人的意志为转移的，而不法侵害是发生在光天化日之下，还是发生在夜深人静之际，对防卫人精神上的威胁显然是有所不同的，对此不可不察。发生在夜间的侵害，更容易激起防卫人的心理恐惧和惊慌，而这些不安的情绪无疑会影响到防卫人的意志，以至于防卫人在采取防卫行为时，不易控制其防卫强度，因而往往会对不法侵害人造成较为严重的损害。同时，由于防卫行为发生在黑暗之中，在黑灯瞎火的情况下，打击部位以及打击后果也很难掌握，而为了防卫本人的人身权利，防卫人往往竭尽全力进行反击。因此，在确定正当防卫的必要限度时，应当考虑防卫时间的影响。例如，曾某故意伤害案：

被告人曾某和被害人邵某因琐事发生争吵，邵某扬言报复。曾某得知后，怕出意外，便准备了一支没有扳机的猎枪、一杆扎枪、两枚土造手榴弹和一把三八枪刺。当晚七时许，邵某找到孙某、庞某、朱某等人共同预谋后，邵某拿一根镐耙，庞某拿一把镰刀，孙某拿一根方木，和朱某共四人一起于八时许去曾某家。曾某听见邵某等人闯入院内，便拿起猎枪躲在外屋门后。邵某等用手电往屋里照，并在门口叫骂，曾某便警告邵某等人。邵某等人不听劝阻，举起镐耙将房门玻璃砸坏。这时曾某端起猎枪向门外打去，击中邵某的胸部。后经医院抢救无效，邵某于次日死亡。关于本案，也存在两种意见：第一种意见认为曾某的行为是正当防卫，第二种意见认为曾某的行为是防卫过当。第一种意见的一条重要理由就是，不法侵害发生在深更半夜，被告人曾某孤立无援，来犯者众。在这种情况下曾某才进行自卫还击，不能说是过当。我认为，这一理由是值得重视的，本案还是以正当防卫论为妥。如果防卫是在白天进行的，防卫人对来犯者的情况容易了解，精神上的压力也小，将防卫强度控制在必要限度之内的可能性大一些。因此，在那些正当防卫的必要限度难以确定的疑案中，把“防卫时间”这个概念引进来，也许有助于问题的解决。

防卫地点也是防卫环境之一，它在确定正当防卫的必要限度中的意义也是显而易见的。防卫地点在一般情况下取决于不法侵害的发生地点，而犯罪分子往往精心选择那些地势偏僻、人烟稀少的地点，以便使其犯罪目的更加容易得逞。对这种情况下的不法侵害实行正当防卫，其防卫环境显然要恶劣一些。如果不法侵害是发生在通衢闹市，由于过往行人较多，防卫人得到救援的机会大一些，其防卫环境就较占优势。因此，对于防卫地点这个因素，我们在确定正当防卫的必要限度时，不能不加以考虑。尤其是在防卫强度超过不法侵害的强度的情况下，考察该超过不法侵害强度的防卫强度是否为制止不法侵害所必需时，更应该把防卫地点这个因素考虑进去。在防卫地点不利于防卫人的场合，防卫人在防卫中对不法侵害人造成较重的损害，即使其防卫强度超过了不法侵害的强度，也可以说是必要的，没有超过正当防卫的必要限度。显然，我这样考虑问题，是从确定正当

防卫必要限度的基本原则出发的，完全符合我国刑法关于正当防卫的立法精神。

四、正当防卫必要限度与防卫心理

防卫主观心理状态，是指防卫人对防卫行为可能产生的防卫后果的心理态度：是希望并积极追求防卫后果的发生，还是根本没有预见会发生如此严重的防卫后果，或者是不仅没有预见，而且根据实际情况也不可能预见？区分上述各种主观心理状态，对于确定正当防卫的必要限度具有重要意义。

如果防卫人对防卫后果是追求其发生的，而根据当时的实际情况，这种防卫后果不是为制止不法侵害所必需的，那就应以防卫过当论处。例如，张某故意伤害案：李某与王某通奸，被王某的丈夫张某发觉后予以制止，并将此事告诉李某的单位领导，目的是通过组织对李某进行教育。领导对李某进行教育，李某不仅不听，而且起意报复张某。当天晚上，李某身带一支火药枪，到张某家，将门喊开后，闯进室内与张某发生争吵。当李某从身上取出火药枪准备行凶时，张某抄起斧头将李某砍倒在地，接着又向李某的头部、背部、腰部等处砍杀十余下。当张某提着斧头出门准备向政府投案自首时，公安人员即赶到现场，见李某倒在地下，身旁火药枪装满火药，扳机已拉开。李某经送医院抢救无效死亡。一审法院以防卫过当已构成犯罪，判处张某有期徒刑7年。张某以李某是持火药枪上门行凶，本人是被迫进行自卫将李某杀死为理由提出上诉。二审法院经审理认为：张某为维护本人的合法权利，制止李某的错误行为，要求组织对李某进行教育，完全是正当的。至于杀死李某一事，虽系正当防卫行为，但已超过必要限度。其理由为：(1) 当李某持枪准备行凶时，为了防卫打掉凶器或伤害其局部肢体，使其失去侵害能力是必要的，而不应将其砍死。(2) 张某将李某砍伤倒地，使其失去行凶能力后，又从气愤出发，不顾后果，继续乱砍的行为，是极端错误的。(3) 根据对尸体的检验情况，在十余处伤口中有三四处是致命伤，张某提出室内无灯看不清楚，所以乱砍，死活不知的理由，是不可信的。张某防卫过当，已构成犯

罪，应负刑事责任。但根据其犯罪的情节和认罪态度，可以减轻处罚，原判有期徒刑 7 年过重，改判有期徒刑 3 年。在本案中，张某对于致死李某是积极追求的，在这样的主观心理状态的支配下，采取了显然过当的行为。因此，法院对张某以防卫过当论是适当的。

如果在正当防卫中，防卫人对防卫后果并没有预见，某种防卫后果的发生是出乎防卫人预料的，对于这一主观心理状态，在确定必要限度时也应该加以考虑。例如颜某军故意伤害案：被告颜某军，某日晚同女友阮某在外玩耍被邱某发现，邱某左手抓住颜某军的前领，右手朝颜某军下颌猛击一拳，颜某军只好退让两步，却又被吴某和邱某夹击，迫使颜某军用小刀左右回挡。正当邱某举拳打颜某军时，被颜某军的小刀戳中肚脐左上 4 厘米处，刺穿胰腺、上腔静脉等内脏组织，流血过多，经抢救无效休克死亡。司法机关认为：颜某军因人身遭受不法侵害，采取了防卫行为，致死邱某，属于正当防卫，不负刑事责任。我认为司法机关这一结论是正确的。从防卫人的主观心理状态来说，对刀子会扎伤人当然是明知且追求的，但死亡结果的发生是出乎意料的，而这种情况是不法侵害所致。因此，虽然发生了致人死亡的后果，也不能认为正当防卫超过了必要限度。

如果防卫人对防卫后果不仅没有预见，而且根据当时的主、客观条件，根本不可能预见，那就是正当防卫中的意外事件，防卫人对此不负刑事责任，当然也就没有过当与否的问题。例如，在司法实践中有这样一个案件：被告张某因吃饭和死者发生争吵，死者首先上前抓住其胸襟，将被告推到墙角。被告也就抓住死者的胸襟，死者使用拳头向被告胸前猛击数拳。这时，被告也用拳头向死者胸前还击两拳，死者当场毙命。经法医鉴定，死者系因击伤胸部刺激迷走神经引起反射性心跳停止致死。人民法院认为，死者首先对被告进行辱骂，威胁并抓其胸襟，猛击被告胸部数拳。在这种情况下，被告向死者胸部还击两拳的行为，属于正当防卫。不法侵害人的死亡系被告没有预见也不可能预见的意外事件，被告对此不负刑事责任。我同意法院的这一意见。有必要加以指出的是：我们要把正当防卫中的意外事件和防卫过当中的意外事件区别开来，尽管两者都属于意外事

件，并且行为人都不负刑事责任，但正当防卫中的意外事件是指防卫人对防卫后果没有预见，也不可能预见。而防卫过当中的意外事件则是指防卫人对防卫行为超过必要限度没有预见，也不可能预见。两者的内容是有所不同的，不可将它们混为一谈。

五、正当防卫必要限度与明显超过

我国1997年《刑法》修订中，将防卫过当界定为明显超过正当防卫必要限度，增加了“明显”这一量的条件，因此，在考察防卫行为是否超过正当防卫必要限度的时候，应当从质的规定性和量的规定性这两个方面进行考察：所谓质的规定性是指防卫行为已然超过正当防卫的必要限度；而所谓量的规定性是指防卫行为不仅超过正当防卫的必要限度，而且明显超过。因此，并不是说防卫行为只要超过必要限度就一概成立防卫过当，而是应当进一步考察是否明显超过必要限度。如果没有明显超过必要限度，则仍然应当认定为正当防卫。1997年《刑法》关于明显超过正当防卫必要限度的规定，实际上扩大了正当防卫的范围，而在一定程度上限缩了防卫过当的范围。这对于准确判断防卫限度具有重要意义。

在司法实践中，如何判断这里的“明显”超过正当防卫必要限度，是在对防卫限度进行认定的时候所涉及的一个较为疑难也是存在争议的问题。我认为，是否明显超过应当根据案件具体情况，在超过程度上加以考评，以便准确认定超过必要限度的明显性。例如，王某军故意伤害案就是一个典型案例。

被告人王某军，又名海龙，男，1979年9月15日出生于广西隆林各族自治县，汉族，中专文化。因涉嫌犯故意伤害罪，于2003年4月23日被隆林各族自治县公安局刑事拘留，同年5月15日因隆林各族自治县公安局撤销案件而被释放。2007年11月29日被隆林各族自治县人民检察院批准逮捕，同年12月13日被隆林各族自治县公安局执行逮捕。

隆林各族自治县人民法院经审理查明：被告人王某军于2003年4月22日23

时许在龙山街和朋友玩时，接到受害人陆某打来的辱骂电话，双方在电话中发生争吵，后在本县龙山街陆某与被告人王某军相遇而又发生争吵，经在场人劝阻双方停止争吵。随后陆某骑一辆摩托车去找黄某梦，并对黄某梦说要打王某军。随后，两人在兴隆街建行转盘东面（兴隆街43号门前）找到被告人王某军，黄某梦一下车就连打被告人王某军几巴掌，接着陆某上前朝被告人王某军头部打一拳，随即两人一起殴打被告人王某军。经人劝阻后，双方停止打斗而互相争吵并往新车站方向走，黄某梦在被告人王某军和陆某往新车站方向走的同时，在街边的高压线铁塔处捡到一块烂水泥砖，从后面追上来举起砖头对着被告人王某军，此时陆某又再次挥拳殴打被告人王某军。被告人王某军见状拿出钥匙扣，打开挂在锁匙扣上的平南小刀乱捅，分别刺中了黄某梦和陆某，被告人王某军也被黄某梦砸过来的砖头击中头部。在旁边观看的陈某勇发现陆某和黄某梦两人受了伤，就上前拦住被告人王某军，夺下被告人王某军手上的小刀。被告人王某军随后到公安机关自首。当晚，陆某被送往县医院，抢救无效死亡。经法医检验：陆某系脾门动脉被切断后，失血过多，导致循环衰竭休克死亡；被告人王某军所受损伤为轻微伤。案发后。被告人王某军亲属补偿被害人亲属人民币14 500元。

法院认为：故意伤害罪是行为人非法损害他人身体健康的行为，但是为了本人的人身免受正在进行的不法侵害，而对实施不法侵害的人所采取的必要的防卫行为属于正当防卫，不负刑事责任。本案死者陆某在案发前因与被告人王某军发生争吵，后召集黄某梦前往街上寻找被告人王某军，扬言要打被告人王某军，找到被告人王某军后就对被告人王某军进行殴打，陆某、黄某梦主观上、行为上明显地实施了不法侵害，而被告人王某军明显处于防卫的地位。在不法侵害持续过程中，黄某梦举起水泥砖对着被告人王某军，而陆某挥拳殴打被告人王某军，黄某梦、陆某的行为明显危及被告人王某军的人身安全。而被告人王某军由于激愤、惧怕的心理作用，对于被害人陆某、黄某梦的不法侵害的意图和危害程度一时难于分辨，在没有办法选择一种恰当的防卫行为的情形下，只有执刀乱舞，虽然造成陆某死亡的损害事实，但相对陆某和黄某梦不法侵害行为而言，未明显超

过必要的限度。综上所述，被告人为了本人的人身不受正在进行的不法侵害，而针对实施不法侵害行为的人进行防卫，且未明显超过必要限度，被告人的行为具备正当防卫的客观要件，属正当防卫，不负刑事责任，对被告人王某军应当宣告无罪。公诉机关指控被告人王某军犯故意伤害罪的罪名不成立，本院不予支持。在诉讼过程中，附带民事诉讼原告人提出由被告人承担民事赔偿责任的请求，本案中被害人陆某对被告人王某军实施了不法侵害，而被告人王某军实施正当防卫过程中致被害人陆某死亡，被告人王某军依法不应当承担民事赔偿责任，但被告人亲属主动补偿给被害人陆某家属的经济损失，是当事人的自愿行为，不违反法律规定，本院不持异议。被告人王某军及其辩护人提出的辩护意见有事实及法律依据，本院予以采纳。为保护公民的人身权利不受侵犯，鼓励和支持公民不怕违法犯罪分子的淫威，敢于挺身自卫，见义勇为，积极同违法犯罪行为作斗争，制止不法侵害，依照《中华人民共和国刑法》第20条第1款之规定，判决如下：被告人王某军无罪。

王某军故意伤害案发生在2003年4月22日，次日即被公安机关刑事拘留，5月15日因公安机关撤销案件而被释放，直到2007年11月29日被检察院批准逮捕，同年12月13日被公安局执行逮捕。这样一张案件进程的时间表，为我对本案处理的艰难曲折过程提供了足够的想象空间。公安机关在第一时间实施拘留以后，未满30日而撤案释放，肯定不是公安机关自身的决定，而是因为检察机关不批准逮捕。当然，人民法院在判决书中未指明撤销案件而释放的具体原因，但我贸然猜测是检察机关不批捕的缘故，因此，对于本案在一开始检察机关认定构成正当防卫。因为检察机关的不批准逮捕，案件的诉讼进程中断。此后过了4年多时间，王某军在2007年11月29日被检察机关批准逮捕，应该不是因公安机关的坚持。因为根据我国2012年《刑事诉讼法》第90条规定："公安机关对人民检察院不批准逮捕的决定，认为有错误的时候，可以要求复议，但是必须将被拘留的人立即释放。如果意见不被接受，可以向上一级人民检察院提请复核。上级人民检察院应当立即复核，作出是否变更的决定，通知下级人民检察院和公

安机关执行。”根据 1999 年《检察院刑事诉讼规则》第 105 条的规定，对公安机关要求复议的不批准逮捕的案件，人民检察院应当另行指派审查逮捕部门办案人员复议，并在收到提请复议书和案卷材料后的 7 日以内作出是否变更的决定，通知公安机关。该规则第 106 条还规定，对公安机关提请上一级人民检察院复核的不批准逮捕的案件，上一级人民检察院应当在收到提请复核意见书和案卷材料后的 15 日以内由检察长或者检察委员会作出是否变更的决定，通知下级人民检察院和公安机关执行。如果需要改变原决定，应当通知作出不批准逮捕决定的人民检察院撤销原决定，另行制作批准逮捕决定书。必要时，上级人民检察院也可以直接作出批准逮捕决定，通知下级人民检察院送达公安机关执行。因此，对检察机关不批准逮捕决定，如果公安机关提出复议、复核，都有严格的时间限制，不可能拖延 4 年多的时间。可以设想的原因可能是：死者家属坚持不懈地申诉和上访，最终，检察机关不得已而屈服，对本案被告人王某军以故意伤害罪提起公诉，案件在延宕了 4 年之后重新进入司法程序。

对于本案的事实，公诉机关的指控与判决的认定几乎一致，并没有太大的出入。我们可以从以下三个方面对案件事实进行考察。

1. 起因

本案被告人王某军首先接到陆某打来的辱骂电话，并在电话中发生争吵。这是事件的肇始。电话争吵具有隔空效果，还不至于产生直接的肢体接触。根据判决书的认定，陆某在发生电话辱骂事件以后，骑摩托车去找黄某梦，并对黄某梦说要打王某军，然后两人沿街在兴隆街建行转盘东面（兴隆街 43 号门前）找到被告人王某军，并共同对王某军进行殴打。因此，陆某邀约他人，主动对被告人进行寻衅殴打，挑起事端。从整个事件的起因来看，过错明显在陆某一方。

2. 殴打

陆某在找到王某军以后，伙同黄某梦对王某军进行了殴打。根据判决书的描述，黄某梦一下车就连打被告人王某军几巴掌，接着陆某上前朝被告人王某军头部打一拳。判决书除认定侵害人对王某军打巴掌和拳击头部的暴力袭击以外，还

认定陆某和黄某梦两人共同殴打王某军。此时，并未见王某军还击。被打以后，被告人急欲离开躲避。此时，陆某仍然追着对王某军进行责骂。事态的最终升级是黄某梦捡起一块水泥砖，从后面快步追上来对着王某军砸过去，此时陆某又再次挥拳殴打被告人王某军。正是在这种情况下，其才招致王某军的防卫行为。

3. 反击

王某军面对陆某和黄某梦的不法侵害，开始采取的是隐忍态度，以躲避相应对。随着不法侵害不断升级，在本人的人身安全受到严重威胁的情况下，王某军实施了反击行为。根据判决书的描述，被告人王某军拿出锁匙扣，打开挂在锁匙扣上的平南小刀一阵乱捅，分别刺中了黄某梦和陆某，王某军也被黄某梦砸过来的水泥砖击中头部。由此可见，王某军的防卫工具是随身携带的刀具，而采取的反击方式是“乱捅”。判决书采用了“乱捅”一词，该词用来描述王某军的反击行为，具有以下三层含义：第一，反击行为的无目的性。这里的“乱”就有这一意思，其表明王某军并不是特意寻找要害部位进行捅刺。第二，反击行为的慌乱性。面对陆某等人的殴打，王某军在慌乱之中进行反击，没有从容选择反击工具和打击部位的时间，只能是就地取材进行反击，一顿乱捅。第三，反击行为的被迫性。乱捅一般都是在面对急迫的不法侵害的时候，不得已而进行反击的，意在制止不法侵害。因此，以乱捅呈现出来的反击行为具有被迫性。

在本案中，起诉书和判决书认定的案件事实是完全一致的，为什么起诉书会将被告人王某军的行为认定为故意伤害罪，甚至连防卫过当也不予认定；而法院判决则将被告人王某军的行为直接认定为正当防卫，连防卫过当也不予认定？由此可见，公诉机关与法院对本案性质在认定上的重大差异。在本案判决书中，没有正面论及辩护人的意见，这是十分遗憾的。判决书只是在判词中提及：被告人王某军及其辩护人提出的辩护意见有事实及法律依据，本院予以采纳。由此可以推测，辩护人是做了正当防卫的辩护的。如果判决书在罗列的公诉机关的指控意见之后，陈述被告人的辩解和辩护人的辩护意见，在对控辩双方观点进行评论的基础上，提出法官的裁判结论，会更好；因为控辩双方是基于其诉讼立场提出控

辩意见的，这是一种定向性思维得出的结论，而法官基于裁判者的中立性立场，在充分考虑控辩双方意见的基础上再进行裁决，这种裁决结论则具有客观性与公正性。由于判决书并没有呈现控辩双方在被告人的行为是否构成正当防卫上的争议与交锋，因而，判决书的裁判就显得是一种自说自话。

判决书将被告人王某军致使陆某死亡和黄某梦伤害的反击行为认定为正当防卫，主要是从以下三个方面进行论证的。

1. 侵害的不法性

判决书是根据陆某一方首先挑起事端的事实，认定本案正当防卫具有起因的不法性。判决将防卫起因认定为：本案死者陆某在案发前因与被告人王某军发生争吵，后召集黄某梦前往街上寻找被告人王某军，扬言要打被告人王某军，找到被告人王某军后就对被告人王某军进行殴打，陆某、黄某梦主观上、行为上明显地实施了不法侵害，而被告人王某军明显处于防卫的地位。应该说，判决对被告人王某军与死者陆某双方之间的关系，即侵害与防卫之间的关系，作了正确的判断。在司法实践中，对于正当防卫或者防卫过当的认定，较为突出的问题是将这种具有防卫性质的行为与互殴相混淆。对此，将在下文探讨。在本案中，公诉机关虽然也对死者首先对被告人进行辱骂和殴打，甚至同伙捡起一块水泥砖从后面袭击被告人的事实都作了认定，但为什么在这种情况下，检察机关仍然将被告人王某军的反击行为直接认定为故意伤害罪，而完全无视死者方的侵害？虽然检察机关在起诉书中没有认定互殴，但不认定防卫，其逻辑前提只能是将双方行为认定为互殴。应该说，法院判决对死者方的不法侵害进行了正确的判断，由此将被告人的行为认定为正当防卫。这是完全正确的。

2. 防卫的适时性

本案在不法侵害正在进行这一问题上争议不大。因为虽然先前陆某对王某军进行了辱骂和殴打，但在辱骂与殴打之时，王某军并没有进行反击。王某军是在黄某梦捡起一块水泥砖砸过来的紧急时刻实施防卫的，即便如此也未能避免被黄某梦的水泥砖击中。判决书提出了“不法侵害持续过程”这个概念，我认为是正

确的。在本案中，被害人从电话辱骂到见面后打骂，一直到捡起水泥砖袭击，这是一个不法侵害正在进行的持续过程。在对正当防卫的认定中，不能孤立地看待某个侵害行为，而是要将前后行为结合起来视为一个不法侵害的整体进行考察。在具体案件中，即使某个不法侵害行为已经实施完毕，只要侵害人没有及时脱离现场，防卫人不能准确判断自己的人身遭受侵害的危险是否已经消失，就不能否定防卫人对不法侵害人进行防卫的权利。如果把防卫时间限制在侵害发生的一刹那，即使是对杀人行为的防卫时间也是极为短暂的，这对保护被侵害人的防卫权是极为不利的，也有悖于我国刑法关于正当防卫的立法初衷。

3. 限度的适当性

在认定了反击具有防卫性质的基础上，认定这种反击是否超过了正当防卫的必要限度，这是正当防卫与防卫过当的根本区别之所在。应当指出，我国《刑法》第 20 条第 1 款规定了正当防卫，第 2 款规定了防卫过当，而第 3 款规定了无过当防卫。那么，本案被告人的正当防卫是属于第 1 款规定的正当防卫还是属于第 3 款规定的无过当防卫？对此，本案判决书是依照我国《刑法》第 20 条第 1 款的规定，判决被告人王某军无罪的。因此，判决书认定被告人王某军的行为是《刑法》第 20 条第 1 款规定的普通正当防卫，而不是第 3 款规定的特殊防卫。之所以判决书没有将王某军的防卫认定为特殊防卫，主要还是认为不法侵害只是明显危及王某军的人身安全，但尚未达到严重侵害人身安全的程度。我认为，这是正确的。值得注意的是，判决书认定王某军的行为“未明显超过必要的限度”。言下之意，王某军的防卫行为已经超过了必要限度但没有明显超过必要限度。所谓已经超过了必要限度，是就结果而论，被告人的防卫致使被害人发生一人死亡、一人伤害的后果，这是较为严重的人身伤亡后果。但根据刑法规定，只有明显超过正当防卫的必要限度才能认定为防卫过当。因此，在判断已经超过正当防卫必要限度的情况下，还要考察是否明显超过。本案判决认为，被告人王某军的防卫行为没有明显超过正当防卫的必要限度，主要理由在于：

从客观上说，被侵害人实施的执刀乱舞行为，具有防卫的消极性。这里的

“执刀乱舞”，也就是在案情描述中的“乱捅”，是一种抵抗性的暴力，即使造成了侵害人的伤亡，也不能认为明显超过了正当防卫的必要限度。

从主观上说，不法侵害给被侵害人带来激愤、惧怕的心理影响。在面对不法侵害的情况下，被侵害人处于一种十分紧迫的状态，精神受到外在的重大压力，这给防卫后果带来一定的影响，防卫人难以准确地选择防卫方式，控制防卫程度。而这种情形是侵害人造成的，其不利后果应当由侵害人承担。

尤其值得肯定的是，本案判决对王某军的防卫行为予以了正面的肯定，指出：“为保护公民的人身权利不受侵犯，鼓励和支持公民不怕违法犯罪分子的淫威，敢于挺身自卫，见义勇为，积极同违法犯罪行为作斗争，制止不法侵害。”这不仅使王某军得以脱罪，而且还获得了法律与道义两个层面的表彰。真可谓：罪与非罪两重天。

第九章

防卫不当

正当防卫的客观条件可以分为两类：一是前提条件，包括：（1）正当防卫的起因条件；（2）正当防卫的客体条件；（3）正当防卫的时间条件。二是限度条件，即正当防卫的必要限度。我把缺乏正当防卫的前提条件的假想防卫、防卫第三者和防卫不适时称为防卫不当；而把缺乏正当防卫的限度条件造成不应有的危害的行为称为防卫过当。显然，防卫不当和防卫过当有着根本的区别，两者不可混淆。在这一章里，我对防卫不当的三种形式进行了研究，重点是要解决对防卫不当的处理问题。

第一节　假想防卫

一、假想防卫的概念

不法侵害是正当防卫的起因，没有不法侵害，也就没有正当防卫可言。只有在不法侵害是真实地发生的情况下，才存在正当防卫的问题。在现实生活中，往

往发生着这样的情形，即一个人确实由于主观认识上的错误，实际上并不存在不法侵害，却误认为存在，因而对臆想中的不法侵害实行了所谓的正当防卫，造成他人的无辜损害。这就是刑法理论上的假想防卫。根据假想防卫的这一概念，我认为假想防卫具有如下两个特征。

（一）主观与客观相矛盾

假想防卫属于刑法中的认识错误，而认识错误是以主观与客观相矛盾为特征的，所以，假想防卫的特征之一就是主观与客观相矛盾。防卫人必须要有对不法侵害的正确认识，这是产生防卫意图的前提条件。所谓对不法侵害的正确认识，就是防卫人的主观意识必须真实地反映了不法侵害的客观情况，在这个基础上产生的防卫意图才是可信的。而假想防卫则不是这样的。在假想防卫的情况下，实际上并不存在不法侵害，而行为人误认为存在，因此，行为人对客观事实发生了认识上的错误，主观和客观处于矛盾状态。

从假想防卫的主观和客观的矛盾出发，我们可以把假想防卫和正当防卫明确地区分开来。在假想防卫的情况下，可以否定行为人的主观上具有防卫意图。从形式上看，假想防卫也是出于正当防卫的动机，似乎在其主观心理状态上和正当防卫没有任何区别，因此有些学者认为，假想防卫行为人的主观心理状态与正当防卫行为人的主观心理状态相同。[①] 我认为，这是一种只看现象不看本质的观点，因而其是不正确的。因为假想防卫和正当防卫的行为人在主观上似乎都有防卫意图，但却有真假之分。假想防卫的防卫意图是基于行为人对事实的认识错误而发生的，因此是假的，法律对其作出了否定的评价。正当防卫的防卫意图是基于行为人对不法侵害的正确认识而发生的，因此是真的，法律对其作出了肯定的评价。所以，我们不可把假想防卫和正当防卫的主观心理状态混为一谈。这是从假想防卫的主观和客观相矛盾这一特征得出的必然结论，而正当防卫和假想防卫的区别也正在于此。

---

① 参见姜代境：《论假想的防卫》，载《西北政法学院学报》，1984（4）。

（二）动机与效果相矛盾

如上所述，假想防卫的特征之一是主观与客观相矛盾，而这一特征必然导致假想防卫的动机与效果之间的矛盾。因此，动机与效果相矛盾是假想防卫的第二个特征。根据心理学原理，人的行为是受意志支配的，而意志又是以认识为基础的。因此，认识—意志—行为，就构成了人的活动的因果锁链。显然，如果在认识—主观与客观这一环节发生矛盾，就会导致意志—动机与效果这一环节发生矛盾。在假想防卫中，就是基于对客观事实的错误认识，产生了虚假的防卫意图。在这种虚假的防卫意图的支配下，行为人出于保护国家、公共利益，本人或者他人的人身和其他权利的正当动机，却产生了具有社会危害性的侵害他人的社会效果。所以，假想防卫不仅在主观心理状态上不同于正当防卫，而且在其客观行为的性质上也不同于正当防卫：正当防卫是有利于社会的行为，是反击不法侵害的行为；而假想防卫则是危害社会的行为，是对他人的侵害行为。

通过以上分析可以看出，假想防卫虽然类似于正当防卫，但在主观和客观两个方面，假想防卫与正当防卫都有着根本的区别。因此，区分假想防卫和正当防卫，对于正确地适用我国刑法关于正当防卫的规定具有重要的意义。

二、假想防卫的处理

在司法实践中，假想防卫的案件时有发生，例如某市一位便衣民警，带领联防人员夜间巡逻，见一辆三轮卡车停在路旁，因车上无人，遂上前查看。民警正在检查这辆三轮卡车时，被远处的该车司机发现。该司机误认为有人偷车，立即找了几人手持铁棍一起赶到现场。民警也误认为是坏人袭击，在双方误会而发生的互相冲突中，民警开枪将司机打死了。这就是假想防卫的杀人。那么，对假想防卫如何处理呢？在司法实践中，司法机关在假想防卫的处理上存在两种错误倾向：一是把假想防卫作为故意犯罪处以重刑，二是把假想防卫作为正当防卫不予追究。

在刑法教义学中关于假想防卫的处理存在一些错误观点：一是认为在某些情况下，假想防卫应负故意犯罪的刑事责任。例如有些学者笼统指出假想防卫可能构成故意犯罪。[①] 还有些学者明确指出："如果假想防卫人基于不确定判断的认识错误，即只是认为有正在进行不法侵害的可能，而贸然采取自以为正当防卫的行为，这就是说，他明知自己的行为有发生危害结果的可能性，而放任这种结果的发生，则应当对其所造成的危害结果负间接故意的责任。"[②] 二是认为假想防卫一概不负刑事责任。例如有些学者认为假想防卫由于是主观认识的错误所造成的，是在不具有罪过（不具有故意或过失）的情况下所实施的行为。因此，其不应被认为犯罪，不负刑事责任。[③] 我认为，假想防卫属于刑法中的认识错误，具体地说，是行为人在事实上认识的错误，是行为人对自己行为的实际性质发生错误认识而产生的行为性质的错误。因此，对假想防卫应当按照对事实认识错误的一般处理原则解决其刑事责任问题。下面进行具体论述。

（一）假想防卫不可能构成故意犯罪

假想防卫行为虽然是故意的行为，但这种故意是建立在对客观事实错误认识基础上的，自以为是在对不法侵害实行正当防卫。行为人不仅没有认识到其行为会发生危害社会的后果，而且认为自己的行为是合法正当的。而犯罪故意则是以行为人明知自己的行为会发生危害社会的后果为前提。因此，假想防卫的故意只具有心理学上的意义，不具有刑法上的意义，不能把它和犯罪故意混为一谈。至于假想防卫构成间接故意犯罪也是不可能的，因为无论是直接故意还是间接故意，两者都以明知自己的行为会发生危害社会的结果为前提，尽管明知的程度可以有所不同。两者的主要区别在于对危害结果是希望还是放任其发生：如果希望发生就是直接故意；如果放任发生则是间接故意。而在假想防卫中，行为人由于

① 参见张尚鷟：《中华人民共和国刑法概论·总则部分》，139页，北京，法律出版社，1983。

② 王者香：《析假想防卫》，载《法学》，1984（8）。

③ 参见朱音：《假想防卫刑事责任的探讨》，载《法学》，1982（1）。

认识错误，对自己行为的性质发生了误解，根本不存在明知其行为会造成危害社会结果的问题。因此，假想防卫在德日刑法教义学中是故意责任的阻却事由之一，无论是直接故意还是间接故意，均不可能构成故意犯罪。[①] 无疑，这种观点是有科学依据的，值得我们借鉴。

（二）在假想防卫的情况下，如果行为人主观上存在过失，应以过失犯罪论处

必须指出，我国《刑法》第 15 条第 2 款规定："过失犯罪，法律有规定的才负刑事责任。"因此，假想防卫是由过失而造成危害结果的，只有当这种结果按照刑法分则的规定，即使由过失造成的也要负刑事责任时，行为人才能依法承担过失犯罪的刑事责任；否则，即使由过失造成了一定的危害结果，行为人也不应承担刑事责任。在确定假想防卫的行为人对其所造成的危害结果是否具有过失时，应根据案情进行全面的分析判断。例如周某钧过失致人重伤案：某夜，被告周某钧从睡梦中惊醒，听得敲门声甚急，以为是坏人来了，迅速穿衣起床，不肯贸然开门，问知是来送其父工资的以后，方才将门半开，一见来人并不相识，又立刻关上，更加怀疑来者是抢劫犯。来者用力捶了几下门板，并再次声明是来送工资的。不料大门突然打开，周某钧手持木棍冲出，一棒打在来者的脚上，造成骨折。事后其才知道来者是刚入厂的学徒工钟某，受其师傅的委托来送工资。在本案中，周某钧的行为是假想防卫。那么，周某钧对重伤的后果主观上是否具有过失呢？据查，周某钧年过 19 岁，已听清楚钟某来送工资的两次声明，知道其父每月发工资的日期，并且还知道其父当夜上班，若仍有疑问尚可继续盘问，因而周某钧应当知道自己所面临的并非不法侵害，故应负过失重伤罪的刑事责任。

（三）在假想防卫的情况下，如果行为人主观上没有罪过，其危害结果是由不能预见的原因引起的，那就是意外事件，行为人不负刑事责任

假想防卫的发生在客观上具有一定的偶然性，假想防卫人是否对其所造成的侵害结果承担刑事责任，不能只看在客观上是否造成侵害结果，还要考察主观上

---

① 参见甘雨沛、何鹏：《外国刑法学》（上册），320 页，北京，北京大学出版社，1984。

是否具有罪过。如果主观上并无罪过，那么，就应当认定其属于意外事件，行为人不负刑事责任。例如，某仓库连连失窃，仓库看守员陈某加强警戒。一天晚上，在仓库窗下的草丛中发现有人隐藏，陈某持棍过去大声喊："谁？出来!"草丛中的人一见人喊，起身就想逃，陈某上前一棒将那人打伤，事后才知道被打伤的人是附近住家的一个小孩，因捉迷藏而躲到草丛中。本案属于假想防卫，但这是由不能预见的原因引起的，是意外事件。因为一系列的客观因素造成了陈某的假想：首先是连连失窃，使陈某处于精神上的戒备状态。其次，仓库有个大院，小孩进入大院躲在仓库窗下的草丛中，更易使人怀疑。最后，陈某大声喊叫，小孩没有答应而是要逃。这就使陈某确信这是个盗贼，以至于对该假想的盗贼实行了防卫。由此可见，陈某假想防卫造成小孩的伤害具有某种必然性，是由陈某不能预见的原因引起的，陈某对此不负刑事责任，但不能认为陈某的行为是正当防卫。

我国学者认为这种因意外事件发生而使行为人在事实认识上发生错误所采取的防卫行为，不属于假想防卫，应视为正当防卫。[①] 我认为这种观点是错误的，因为行为人对客观事物发生错误认识的不可避免性并不能否定其防卫的假想性。而且，从行为的性质和法律后果上来说，正当防卫是有利于社会的行为，因此不负刑事责任；而意外事件尽管也不负刑事责任，但在客观上仍然是有害于社会的行为，只是行为人由于主观上没有罪过而不承担罪责而已。如果把意外事件发生而使行为人在事实认识上发生错误而采取的防卫行为视为正当防卫，那就是说这种意外事件对没有实行不法侵害的人造成的损害，例如上述陈某打伤小孩是正当的，是有利于社会的行为。显然，这是不合情理的。所以，我认为，因意外事件而引起的不存在不法侵害的所谓防卫行为，不是正当防卫，而是假想防卫，根据我国《刑法》第16条的规定不负刑事责任。

在司法实践中，对于假想防卫如何处理，经常存在争议。例如王某友过失致

---

① 参见刘晓红：《意外事件和假想防卫》，载《法学》，1985（12）。

人死亡案[①]：

内蒙古自治区通辽市中级人民法院经公开审理查明：1999 年 4 月 16 日晚，王某友一家三口入睡后，忽然听见有人在其家屋外喊叫王某友与其妻佟某的名字。王某友便到外屋查看，见一人已将外屋窗户的塑料布扯掉一角，正从玻璃缺口处伸进手开门闩。王某友即用拳头打那人的手一下，该人急抽回手并跑走。王某友出屋追赶未及，亦未认出是何人，即回屋带上一把自制的木柄尖刀，与其妻一道，锁上门后（此时其 10 岁的儿子仍在屋里睡觉），同去村支书吴某家告知此事，随后又到村委会向大林镇派出所电话报警。王某友与其妻报警后急忙返回自家院内时，发现自家窗前处有俩人影。此二人系同村村民何某、齐某，来王家串门，见房门上锁正欲离去。王某友未能认出何某、齐某二人，而误以为是刚才欲非法侵入其住宅之人，又见二人向其走来，疑为要袭击他，随即用手中的尖刀刺向走在前面的齐某的胸部，致齐某因气血胸，失血性休克，当场死亡。何某见状上前抱住王某友，并说“我是何某”。王某友闻声停住，方知出错。内蒙古自治区通辽市中级人民法院依照《刑法》第 233 条、第 64 条的规定，于 1999 年 11 月 15 日判决如下：被告人王某友犯过失致人死亡罪，判处有期徒刑 7 年，没收其作案工具尖刀一把。一审宣判后，被告人王某友未上诉。内蒙古自治区通辽市人民检察院以“被告人的行为是故意伤害犯罪，原判定罪量刑不当”为由，向内蒙古自治区高级人民法院提出抗诉。内蒙古自治区高级人民法院依照《刑事诉讼法》（1996 年修订）第 189 条第 1 项，于 2000 年 1 月 23 日裁定驳回抗诉、维持原判。

本案的裁判理由认为：被告人王某友因夜晚发现有人欲非法侵入其住宅即向当地村干部和公安机关报警，当其返回自家院内时，看见齐某等人在窗外，即误认为系不法侵害者，又见二人向其走来，疑为要袭击他，疑惧中即实施了“防卫”行为，致他人死亡。这属于在对事实认识错误的情况下实施的假想防卫，其

① 参见于奎金、包树海：《王某友过失致人死亡案——假想防卫如何认定及处理?》，载最高人民法院刑事审判庭：《刑事审判参考》，第 20 辑，北京，法律出版社，2001。

行为具有一定社会危害性，因此，其应对假想防卫所造成的危害结果依法承担过失犯罪的刑事责任，其行为已构成过失致人死亡罪。

本案涉及假想防卫的认定及处理问题。在刑法教义学中，假想防卫是指基于主观上的认识错误，实际上并不存在不法侵害却误认为存在，因而对臆想中的不法侵害实行了所谓正当防卫，造成他人无辜损害的情形。因此，假想防卫存在以下四个特征：一是作为防卫客体的不法侵害实际上并不存在。二是主观上产生了认识错误，误认为存在不法侵害。三是客观上对臆想中的不法侵害实施了所谓防卫。四是对未实施不法侵害的无辜他人造成了损害。

在判断是否属于假想防卫的时候，需要注意与正当防卫和一般犯罪加以正确区分：首先，应当正确判断客观上是否存在不法侵害。这是假想防卫与正当防卫的根本区别之所在。如果确实存在不法侵害，则行为人的反击行为就是对不法侵害的一种正当防卫。只有在根本不存在不法侵害的情况下，基于主观上的认识错误而对臆想中的不法侵害实施所谓防卫，才能被认定为假想防卫。在本案中，村民齐某等二人是到王某友家来串门，该二人并非先前窥视王某友家的人，根本没有实施不法侵害，因此，不存在不法侵害，王某友的行为不能被认定为正当防卫。其次，应当正确判断行为人主观上是否存在认识错误，即误认为存在不法侵害。这是假想防卫与一般犯罪的根本区别之所在。如果并没有发生认识错误而是以侵害故意对他人实施伤害或者杀害行为，则属于一般犯罪，不得被认定为假想防卫。只有在行为人存在认识错误的情况下，行为人基于假想中的防卫意图，对他人实施了所谓的防卫，才能被认定为假想防卫。在本案中，王某友家的位置较为偏僻，由于夜间确有人欲非法侵入其住宅，王某友是在极其恐惧的心态下携刀在身，以防不测，因此，当王某友返家，看见齐某等人在自家院内窗前时，基于前因带来的惊恐、对室内孩子安危的担心，加之案发当晚夜色浓、风沙大，无法认清楚人，王某友即误认为齐某等人系不法侵害人，又见二人向其走来，疑为要袭击他，因而产生存在不法侵害的认识错误，基于这种认识错误对臆想中的不法侵害人实施了所谓的“防卫”。因此，本案存在认识错误。基于以上两个方面，

本案中王某友的行为被认定为假想防卫是完全正确的。

在认定王某友的行为属于假想防卫的基础上，还需要正确处理假想防卫。对此，检察机关和法院之间存在争议。检察机关以故意伤害罪对王某友起诉，而一审法院基于假想防卫将王某友的行为认定为过失致人死亡罪。一审宣判以后，检察机关以“被告人的行为是故意伤害犯罪，原判定罪量刑不当”为由，提出了抗诉，但二审法院驳回了检察机关的抗诉，维持了一审判决。对于检察机关认定王某友的行为是故意伤害罪的理由，本案的案情介绍中没有论及。我推测，存在两种可能：一是检察机关根本就没有认定王某友的行为属于假想防卫，而认为是一般的犯罪。在这种情况下，王某友的行为当然就会被认定为故意伤害罪。二是检察机关认为王某友的行为属于假想防卫，但主张在假想防卫的情况下，王某友的行为应当被认定为故意犯罪。我们姑且按照以上第二种情况加以分析，即对假想防卫究竟应当如何定罪。刑法教义学一般认为，对于假想防卫应当按照对事实认识错误的原理解决其刑事责任问题，具体可以归纳为以下三个原则：一是假想防卫不可能构成故意犯罪。二是在假想防卫的情况下，如果行为人主观上存在过失，应以过失犯罪论处。三是在假想防卫的情况下，如果行为人主观上没有罪过，其危害行为是由不能预见的原因引起的，那就是意外事件，行为人不负刑事责任。[①] 本案中，检察机关之所以将假想防卫误认为是故意犯罪，主要是因为把犯罪故意与心理学上的故意混为一谈了。假想防卫虽然是故意的行为，但这种故意是建立在对客观事实错误认识的基础上的，行为人自以为是在对不法侵害实行正当防卫，行为人不仅没有认识到其行为会发生危害社会的后果，而且认为自己的行为是合法、正当的。而犯罪故意则是以行为人明知自己的行为会发生危害社会的后果为前提的。因此，假想防卫的故意只有心理学上的意义，而不是刑法上的犯罪故意。这也就是说，假想防卫的行为人在主观上是为了保护自己的合法权益免遭侵害，没有犯罪故意，其行为在客观上造成的危害是认识错误所致，因

① 参见陈兴良：《正当防卫论》，2版，150～152页，北京，中国人民大学出版社，2006。

此，假想防卫中不可能存在故意犯罪。本案中王某友基于对客观事实的认识错误，实际上并不存在不法侵害，却误认为存在不法侵害，自以为是为了保护本人之人身或者财产的合法权益而实施的所谓防卫，其主观上根本不存在明知其行为会造成危害社会结果的问题，故王某友主观上既不存在直接故意，也不存在间接故意。王某友的假想防卫行为虽然造成了他人无辜死亡的后果，在客观上具有一定的社会危害性，但不能以故意杀人罪论处。当然，在本案中，王某友对造成齐某的死亡具有过失，因此对其以过失致人死亡罪论处，是完全正确的，我赞同一、二审判决结果。

三、假想防卫的过当

假想防卫是以并不存在真实的不法侵害为前提的，因而其所谓的防卫行为及其造成的结果不具有防卫性，而是一种违法行为。但行为人在实施假想防卫的时候，其所谓的防卫行为仍然存在一个是否过当的问题。日本学者山口厚认为这是一个防卫过当与假想防卫交错的问题。山口厚将假想防卫过当分为故意的假想防卫过当与过失的假想防卫过当两种情形，指出没有紧急的不法侵害，行为人却误认为有紧急的不法侵害并实施对抗行为，反击行为没有控制在误认为存在的紧急的不法侵害所允许的范围内时，对于过当的对抗事实有认识或者预见的行为人，对违法行为该当于防卫过当这一事实有认识或者预见，因此能够肯定该行为人有（通过实施客观的单纯的违法行为）引起法益侵害的故意，是故意的假想防卫过当。在即使行为人误认为存在紧急的不法侵害，但行为人所实施的对抗行为仍然是过当的法益侵害行为的场合，虽然行为人对过当法益侵害行为的过当性没有认识或者预见，但有认识或者预见的可能，能够追究行为人引起法益危害的过失责任的，是过失的假想防卫过当。[①] 假想防卫的过当虽然是相对于臆想中的不法侵

---

① 参见［日］山口厚：《从新判例看刑法》（第3版），付立庆、刘隽译，54页，北京，中国人民大学出版社，2009。

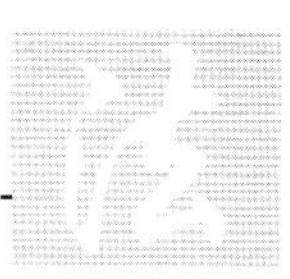

害而言的，但仍然可以通过假想防卫的客观效果得到体现与印证。因此，正确认定假想防卫过当，对假想防卫的处理具有重要意义。例如李某仔故意伤害案[①]：

2017 年 4 月 5 日 11 时许，李某仔的父亲李某国发现李某裕在本村土背山用柴刀砍伐苦栗树枝条，遂上前制止，双方发生争执。李某仔听到争吵声来到现场，见李某裕手握柴刀与李某国争执，便上前夺刀。在夺刀过程中，李某仔将李某裕推倒在地，并顺势压在其身上，双方进行打斗。其间，李某仔双膝跪在李某裕的腹部，朝其身上打了两拳，用膝盖朝其胸部顶了两下。李某裕手中的柴刀被他人拿走后，李某仔起身后又朝李某裕的胸、腹部踹了两脚。经鉴定，李某裕的胸部左右两侧共十一根肋骨骨折，胸腔积液，腹腔积血，回肠破裂，损伤程度为重伤二级。

法院经审理认为：李某仔故意伤害他人身体，致人重伤二级，构成故意伤害罪。由于李某仔主动投案并如实供述罪行，构成自首，可以从轻处罚；赔偿了被害人李某裕的经济损失并取得谅解，可以从轻处罚。针对李某仔提出其构成正当防卫但防卫过当的意见，法院认为，被害人李某裕案发前正在使用柴刀砍树枝，发生争执时虽然一直将柴刀拿在手上，但并无使用柴刀砍伤李某仔父亲的侵害故意及行为，并未将柴刀作为犯罪工具使用，当时并无正在进行的不法侵害。李某仔以被害人李某裕会持刀伤害其父亲为由，上前夺刀并发生打斗的行为，不构成正当防卫。且在被害人李某裕手中的柴刀被他人拿走后，李某仔仍朝躺在地上的被害人李某裕的胸、腹部踹了两脚，具有明显的伤害故意，故对其构成正当防卫但防卫过当的意见不予采纳。据此，法院依法对被告人李某仔判处有期徒刑 3 年，缓刑 4 年。

在本案中，涉及假想防卫是否存在过当以及假想防卫过当的责任形式如何确定等问题。本案的裁判理由认为：正当防卫以客观存在的、正在发生的不法侵害为前提。若本不存在不法侵害，行为人误以为存在并实施“防卫”，则属于假想

① 2019 年 1 月 3 日江西省高级人民法院公布的五起涉正当防卫典型案例之五。

防卫；但是，即使其所误认的不法侵害真的存在，其“防卫”行为明显超过必要限度，造成重大损害时，属于假想防卫过当（德日刑法中叫“误想防卫过剩”），而不是正当防卫，构成犯罪。在本案中，李某仔误以为李某裕持刀是要伤害其父，但李某裕并不具备持刀故意伤害他人的主观意图；当李某裕躺在地上已经失去反抗能力时，尤其是李某裕的刀被他人拿走后，李某仔仍多次击打其胸、腹等要害部位，致其重伤二级。这属于即使李某裕的不法侵害真实存在，上述行为也超过了必要限度，造成了严重损害的情形。李某仔具有伤害他人身体的故意，构成故意伤害罪。

假想防卫是在不存在正在进行的不法侵害的情况下，行为人误认为存在不法侵害，而对根本就不存在的不法侵害实施了所谓的防卫，因此，假想防卫的行为人主观上对不法侵害发生了错误认识。对此不能认定为正当防卫。对于假想防卫所造成的侵害后果，行为人应当承担刑事责任。这是没有疑问的。在通常情况下，只有正当防卫才存在是否超过必要限度的问题，即所谓防卫过当，而假想防卫不是正当防卫，当然也就不存在过当的问题。然而，在德日刑法教义学中，存在假想防卫过当的概念。例如，日本学者大塚仁认为，假想防卫过当是假想防卫和防卫过当的竞合。① 从逻辑上说，假想防卫可以分为过当和不过当这两种情形。所谓假想防卫的过当，是指即使在存在真实的不法侵害的情况下，实施的所谓防卫手段也是超过必要限度的，因此，属于假想防卫和防卫过当的竞合。与之相反，假想防卫的不过当，是指如果不法侵害是真实的，则行为人所采用的防卫没有超过必要限度。由此可见，对不过当的假想防卫主要按照假想防卫的一般原理处理，在行为人对不法侵害存在可以避免的认识错误的情况下，应当以过失犯论处。而过当的假想防卫较为复杂，首先需要正确判断假想防卫是否过当，这一点和防卫过当的判断标准是相同的，只是假想防卫是否过当的判断根据具有一定的假设性，因而判断起来更为困难。在本案中，李某仔在夺过柴刀以后，又朝李

① 参见大塚仁：《刑法概说（总论）》，第3版，冯军译，389页，北京，中国人民大学出版社，2003。

某裕的胸、腹部踹了两脚，致使李某裕重伤。考虑到本案中，在李某仔介入之前，并没有发生行凶伤害的事实，李某仔只是误以为李某裕手持柴刀会对其父亲实施伤害而实施了夺刀行为，夺刀以后又与李某裕打斗，并且在打斗过程中对李某裕踢踹致其重伤。该重伤结果确实是过当的。对此，认定为假想防卫过当是没有问题的。现在的问题是：对于假想防卫过当构成犯罪的，是认定为故意犯罪还是过失犯罪？如前所述，假想防卫，即使构成犯罪也是构成过失犯罪，但对假想防卫过当构成犯罪的认定比较复杂。大塚仁教授指出，假想防卫过当可以分为两种情形：第一种是明知是过当而实施了假想防卫，即对假想防卫的过当是故意的。对此，大塚仁教授认为应当以故意犯论处。第二种是在假想防卫中想要实施适当的防卫行为而过失地造成过当结果，即对假想防卫的过当是过失的。对此，应当准用《日本刑法典》第 36 条第 2 款关于防卫过当的规定。我对此理解为以过失犯论处。我国学者黎宏主张对假想防卫过当的责任形式采用二分说，即这种学说将假想防卫和过当防卫并重，认为在行为人既对不法侵害有误认，又对防卫的必要限度有误认的场合，排除故意，可以成立过失犯；但在行为人只是对不法侵害有误认，而对超过防卫限度这一点没有误认的场合，可以按故意犯处理。①我赞同黎宏教授的观点。在此，首先需要讨论的是防卫过当的责任形式是故意还是过失的判断标准问题。对此，存在两种观点：第一种观点是以对过当的结果的心理状态为标准，例如，在防卫过当致人死亡的情况下，根据对死亡的心理状态进行判断，当然，在伤害行为明显出于故意的情况下，一般认定为故意伤害致人死亡罪。第二种观点是以对超过必要限度的心理状态为标准而不以对过当结果的心理状态为标准。例如，在防卫过当致人死亡的情况下，防卫人对死亡结果是故意还是过失不影响防卫过当的责任形式，而是根据对过当的心理状态来确定是故意还是过失。我赞同上述第二种观点，从黎宏教授的论述来看，他也是主张这种观点的。在本案中，法院判决认为李某仔对假想防卫的过当具有主观故意，因而

① 参见黎宏：《论假想防卫过当》，载《中国法学》，2014（2）。

认定其行为构成故意犯罪。

第二节　防卫第三者

正当防卫之所以是合法的，就在于其目的是通过对不法侵害人造成一定的人身或财产损害的方法制止不法侵害，保护国家、公共利益和其他合法权益；因此，正当防卫的客体只能是不法侵害人，而缺乏防卫客体的防卫第三者的行为，不得视为正当防卫。

一、防卫第三者的概念

所谓防卫第三者，就是对第三者实行了所谓的正当防卫，即加害于没有进行不法侵害的其他人，使之遭受人身或者财产损害。防卫第三者的现象在现实生活中时有发生，对其法律性质的判断存在一定的难度，因而需要从刑法教义学上进行深入研究。

防卫第三者和正当防卫的根本区别在于：正当防卫是针对不法侵害人本人实行的，而防卫第三者则是加害于第三者。因此，防卫第三者不具有正当防卫的客体条件，其行为不能以正当防卫论。由于防卫第三者往往发生在正当防卫的过程中，形式上又类似于正当防卫，容易在认识上发生混淆，因此，正确区分防卫第三者和正当防卫具有重要意义。

日本学者山口厚曾经对针对紧迫不法侵害的防卫行为，侵害了侵害者以外的第三者的法益的案件进行研究，认为这种侵害第三者法益的案件存在三种类型：第一种类型是侵害者利用第三者所有的财物或者第三者本人进行侵害的情形。第二种类型是为了避免不法侵害，利用第三者所有的财物实施防卫行为，因此侵害了第三者所有的财物的情形。第三种类型是在上述两种类型以外的场合，为了避

免紧急的不法侵害，实施防卫行为却危害了侵害者之外的第三者的情形。上述三种类型中，既包括侵害第三者的人身，也包括侵害第三者的财物。[①] 山口厚在这里所讨论的正当防卫中侵害了侵害者以外的第三者的情形，就是我在本书中所讨论的侵害第三者的情形。山口厚对侵害第三者的情形进行了具体论述，对于正确处理此种情形具有重要参考价值。

二、防卫第三者的认定

为了区分防卫第三者和正当防卫，首要的问题就是要准确地认定第三者。如果把不法侵害人当成第三者，就会不适当地缩小正当防卫的范围，将无辜的正当防卫人入罪。如果把第三者当成不法侵害人，则会不适当地扩大正当防卫的范围，将有责的不法侵害人出罪。那么，如何认定第三者呢？我认为，第三者是没有故意地参加不法侵害的人。这个问题，从理论上说是明白无误的，但在司法实践中，却往往发生意见分歧。对此有必要加以深入研究。

（一）对不明真相第三人的防卫属于防卫第三者

为了说明问题，我们还是从具体案件入手。李某国案是一个闻名全国的案件，对该案《中国法制报》曾以《是正当防卫还是防卫过当?》为题，展开过讨论。这个案件涉及正当防卫的许多问题，其中就有防卫第三者的问题。其案情是这样的：1979 年 6 月 30 日晚上 10 时许，雒某手持三棱刮刀在公园门外拦劫调戏女青年。李某国上前干预，两人互相纠缠起来。雒某先用三棱刮刀刺李某国，李某国马上掏出三棱刮刀还击，刺中雒某腹部。接着，雒某的同伙顿某拳打李某国的头部，李某国刺伤顿某的右臂和胸外侧后夺路逃跑。雒某等四人在后呼喊紧追。途中，李某良恰逢骑车经过，听到呼喊声以为在抓流氓，遂骑车上前抓住李

① 参见［日］山口厚：《从新判例看刑法》，3 版，付立庆、刘隽译，41 页以下，北京，中国人民大学出版社，2009。

某国。李某国为了逃跑，将李某良扎伤。结果，雒某大出血死亡，其他人均治疗痊愈。本案发生后，公安机关以过失杀人罪逮捕李某国，人民检察院以持械致死人命罪起诉，人民法院以流氓械斗、伤害致死罪判处李某国有期徒刑 15 年。被告李某国不服判决，提出上诉。二审判决认为，李某国的行为属于防卫过当，以伤害致死罪判处李某国有期徒刑 7 年。之后，上级人民法院进行了复查，指令下级人民法院再审。再审判决认为，被告李某国出面干预雒某的流氓行为是正当的，扎伤雒某致死、扎伤顿某属于正当防卫，不负刑事责任，但扎伤第三者李某良已构成伤害罪，判处有期徒刑 2 年。《中国法制报》1980 年 9 月 20 日发表了再审审判长的《李某国案为什么再审改判》一文以后，我国刑法学界对于李某国扎伤李某良应否承担刑事责任问题仍然存在争论。问题的核心在于：李某良是否是第三者？对此存在两种意见：第一种意见认为李某良不是第三者，而是错误地对李某国实施了不法侵害的人。这种意见认为，李某良不明真相，从而犯了事实认识上的错误，把防卫人误认为犯罪人，而把不法侵害人误认为受害人。但是他同持刀追赶的雒某等人是认识的，帮助他们截住李某国，对于李某国会造成什么危害后果他是完全应当预见到，而且也是可以预见到的。刑法上的所谓预见，是指对危害后果的预见，而不是指对受害者和案情全部细节的预见。因此，李某良的行为在实际上起到了帮助雒某等不法侵害人的作用，以后的事实也证明，正是由于李某良的行为，李某国未能逃脱雒某等人的不法侵害，终于被雒某的同伙扎了四刀。李某良的阻截与雒某等人的追击混为一体，共同组成了对李某国的不法侵害，李某国有继续进行正当防卫的权利。为了本人的生命安全免受不法侵害，李某国扎伤李某良，企图冲出包围夺路而逃，仍然属于正当防卫，因此，不应负刑事责任。第二种意见认为李某良并没有对李某国实施不法侵害，因此是第三者。在当时十分危急的状况下，李某国为了保全自己的生命安全，夺路逃走，避免雒某等人加害于自己，不得已而扎伤李某良，对没有不法侵害的第三者造成了损害，属于紧急避险。

我认为，李某良在本案中属于第三者，李某国扎伤李某良属于防卫第三者，

至于其刑事责任，则涉及防卫第三者的处理问题，容在下文探讨。为什么说李某良是第三者呢？因为李某良是在不明真相的情况下对李某国进行阻截的，主观上没有对李某国实施不法侵害的意图，没有直接实施不法侵害，而是基于对事实的错误认识，在客观上帮助了不法侵害人，但不能由此认为李某良是不法侵害人。

（二）对帮助犯的防卫不属于防卫第三者

那么，能不能说凡是没有直接实施不法侵害，而只是帮助不法侵害的人都是第三者，不能对其实行正当防卫，否则就是防卫第三者呢？不能。具体情况还得具体分析。刑法教义学认为对事中的帮助犯可以实行正当防卫。当然，帮助犯不一定都与实行犯事前通谋，有的可能是在犯罪过程中参加进来予以帮助的，对此应当进行认真细致的分析。例如，1979 年 7 月的一天上午，某中学几名女学生在去公园的路上，其中一名女学生被一名男青年劫走。该歹徒买了两张电影票，把这个女学生带到电影院一边看电影一边进行调戏猥亵。其后又将女学生逼到他的家中，进屋时对其姐姐和姐夫打了招呼，说了几句话，就把女学生弄到里屋，意欲强奸。此事发生后，结伴同行的女同学给这个被劫持的女学生家送了信，家人甲等三人得知后气愤异常，手持斧头、铁管、铁棒来到这个歹徒的家。歹徒的姐姐从窗缝看见来了一帮人，手里拿着工具，喊着他弟弟的外号，便谎称其弟不在家。随之，歹徒的姐夫又出外拦阻。女学生的家人甲见不让进，便抡起铁棒将他打倒，冲进屋内。这时，歹徒正在强奸女学生，女学生家人揪住歹徒猛打。歹徒的姐姐见弟弟被打倒，就扑在弟弟的身上，因此也被打伤。关于本案中女学生的家人打伤强奸犯的行为属于正当防卫，并无异议，问题在于：女学生的家人打伤歹徒的姐姐和姐夫是否属于正当防卫？关于这个问题，存在两种观点。第一种观点认为：歹徒的姐姐、姐夫同犯罪分子同居一室，不仅纵容歹徒在家强奸女学生，而且在女学生家人进行营救时，还谎称歹徒不在家，甚至拦阻营救者进入室内，企图将营救者支走。这就帮助了歹徒继续进行强奸犯罪。强奸犯罪的帮助者，同样是不法侵害人，当然可以对他们采取正当防卫手段。女学生家人将他们打倒，排除干扰，冲进室内，是正当防卫的必要手段，也是在紧急状态下营救被害者的需要。歹徒的姐姐、姐夫虽然没有用暴力阻拦，但问题不在于他俩是否采取了暴力，而在于他俩是否帮助了强奸犯罪。对正在帮助实施强奸犯罪的人，当然可以实行正当防卫。第二种观点认为：犯罪分子和其姐姐、姐夫同居一室之中，女学生家人是否是在一时难以分辨的情况下所为的？不是。从女学生家人起初得知消息以及到达歹徒家的经过看，谁是不法侵害者，谁不是不法侵害者，他们是清楚的；假如确实分辨不清，就更应该慎重对待，更不应乱打乱砸。因此，女学生家人打伤歹徒的姐姐、姐夫的行为不属于正当防卫。我认为，要正确地认定女学生家人打伤歹徒姐姐、姐夫的行为是否属于正当防卫，关键在于确定歹徒的姐姐、姐夫是否属于第三者。从整个案情来看，歹徒将女学生带入家中，其姐姐、姐夫是知道的，当女学生家人来到歹徒家营救女学生的时候，歹徒的姐姐、姐夫应该知道发生了什么事情；即使不知，也应该询问清楚，帮助女学生家人将女学生救出。但歹徒的姐姐、姐夫不仅没有这样做，而且在明知其弟在家的情况下谎称不在家，并且阻拦女学生家人进屋营救女学生。在这种情况下，歹徒的姐姐、姐夫实际上是在故意地帮助犯罪。因此，如果不对歹徒的姐姐、姐夫采取必要的防卫措施，就不能及时解救女学生。所以，我认为，歹徒的姐姐、姐夫在本案中并不是第三者，其由于自身的故意帮助行为而处于正当防卫客体的境地。因此，女学生家人打伤歹徒的姐姐、姐夫的行为应该被认定为正当防卫。

（三）对虽在现场但未参与犯罪实施的共犯实行防卫不属于防卫第三者

在共同犯罪的情况下，对方人多势众，而且各个共犯在犯罪中的作用不尽相同，有的共犯具体实施犯罪，有的共犯站脚助威，只要对方数人同属于共同犯罪的参与者，即使是对未参与犯罪实施的共犯也可以实行正当防卫，而不能认为是防卫第三者。例如牟甲等故意伤害案①：

2009 年 1 月 19 日凌晨 2 时许，被告人牟甲与牟某、李乙、何某某、李甲从

① 参见苏微：《牟某 1 等故意伤害案——对非直接加害人实施伤害行为的性质》，载《人民司法·案例》，2011（12）。

广西玉林市一环东路V吧酒吧出来，到不远处的A3酒吧门口等候出租车。牟甲与牟某内急，想到A3酒吧内上卫生间，这时偶遇从A3酒吧K歌出来的被害人宁甲和宁乙、傅某某、黄某某、宁某、宁某某、宁丙等10多个人。黄某某发现了与其有积怨的牟某后，持刀在A3酒吧门口守候。当牟某出到酒吧门口时，黄某某即持刀砍伤牟某的头部、手部。牟某跑开躲避。宁甲与宁乙、傅某某、宁某、宁某某、宁丙等10多个人手拿砖头、啤酒瓶等追打牟某，但未追上，部分人返回A3酒吧。牟甲见到牟某被砍伤后，到A3酒吧内告知牟丙，并与牟某及何某某、李甲、李乙在V吧附近的芙蓉国酒楼停车场找到牟某。在牟甲等人扶牟某到公路边准备离开时，宁甲与宁乙、傅某某、宁某、宁某某、宁丙等人又拿砖头等赶来。牟丙见状，上前拦住宁甲等人并问要干什么，被其中一人用砖头打伤头部。牟甲、牟某、何某某、李甲、李乙见状，即与对方打起来。打斗中，牟甲持一把随身携带的小刀胡乱挥舞，刺中宁甲的腹部。宁甲经抢救无效于当日死亡。傅某某被他人用刀刺破腹壁、肠、下腔静脉，宁乙被他人用钝器打伤后枕部。经法医鉴定，宁甲系主动脉弓出血口处刺破致大出血休克而死亡；傅某某损伤程度为重伤；宁乙、牟某、牟某某的损伤程度为轻微伤。

广西壮族自治区玉林市中级人民法院经审理查明后认为：

被告人牟甲故意非法损害他人身体健康致人死亡的行为，已触犯刑律，构成故意伤害罪，检察机关指控的罪名成立。牟甲是为了使其本人及他人的人身权利免受不法侵害，持刀将被害人宁甲刺伤致死，其行为明显超过了正当防卫的必要限度，属防卫过当，依法应减轻处罚。牟甲认罪好，且主动赔偿了附带民事诉讼原告人的经济损失，可酌情从轻处罚。牟甲的犯罪行为造成附带民事诉讼原告人经济损失，附带民事诉讼原告人请求判令牟甲予以赔偿，合理合法，本应予以支持，但其部分请求数额过高，部分请求没有法律依据，法院只能对其请求中符合法律规定部分予以支持，对请求过高或没有法律依据的部分不予支持。附带民事诉讼原告人的经济损失为14 426.57元，但被告人的家属自愿赔偿15 000元给附带民事诉讼原告人，法院准许。根据牟甲犯罪的事实，犯罪的性质、情节及对社

会的危害后果，法院依照《中华人民共和国刑法》第二百三十四条第二款、第二十条第二款、第三十六第一款，以及《中华人民共和国民法通则》第一百一十九条和最高人民法院《关于审理人身损害赔偿案件适用法律若干问题的解释》第十七条第二款、第十九条、第二十条、第二十二条、第二十七条的规定，于2010年10月28日作出判决：被告人牟甲犯故意伤害罪，判处有期徒刑五年；被告人牟甲赔偿14 426.57元给附带民事诉讼原告人宁甲、邹某某。

本案涉及被害人宁甲是否属不法侵害者以及是否存在防卫对象错误的争议问题。对此，本案的评析意见指出：在本案中，宁甲及傅某某、宁乙虽然手持凶器，但尚未伤害到人，不是直接加害人。被告人牟甲他们的伤害行为不是针对打击牟某某（殴打牟某的黄某某没有参与第二阶段的打斗）的主体实施，而是对没有直接实施加害行为的主体宁甲、傅某某、宁乙进行伤害，是否存在防卫对象错误？这是本案的特别之处，也是法院与检察机关分歧之关键点之一。检察机关认为，牟甲及其同伙不分对象进行伤害，表明其主观上有伤害他人的故意，没有体现保护牟某某的身体健康的目的，应构成故意伤害罪。

正当防卫要求行为人主观上具有防卫意识，即出于保护本人或他人的人身、财产和其他权利免受对方正在进行的不法侵害。我国《刑法》第20条规定，正当防卫的对象必须针对不法侵害者本人实施。侵害大致可表现为：(1) 直接侵害与间接侵害。所谓直接侵害，是指行为人亲自动手所实施的侵害；所谓间接侵害，是指行为人不亲自动手，而是利用他人或工具实施侵害。(2) 单人侵害和共同侵害。(3) 特定侵害与一般侵害。所谓特定侵害，是指法律规定的某种侵害。对这种侵害的正当防卫，法律有特别的规定，例如《刑法》第20条第3款规定："对正在进行的行凶、杀人、抢劫、强奸、绑架以及其他严重危及人身安全的暴力犯罪，采取防卫过当……不负刑事责任。"一般侵害则是指特定侵害以外的所有侵害。本案被害人宁甲及傅某某、宁乙（二人均无法查实是谁致伤）是否实施了不法侵害行为？本案证据证明：在A3酒吧，宁甲、傅某某、宁乙看到受伤的牟某跑开后，拿砖头追赶；得知牟某他们在芙蓉国酒楼停车场，又拿砖头赶到现

场。虽然牟某、牟某某的伤可以排除宁甲、傅某某、宁乙所为，但从其三人及同伙先后两次持砖头等凶器追向牟某来看，均是为了伤害牟某。当牟某的朋友上前问究竟时，其同伙即动手伤人，足以判断其有伤害的共同故意，属于共同侵害。在共同侵害中，防卫对象不能局限于直接实行侵害者，其他共同行为人，尤其是共同实行人，也可以作为防卫的对象。本案被害人方的宁甲、傅某某、宁乙便是共同实行人，可以作为防卫的对象。防卫人对正在进行不法侵害的任何人都可以实行正当防卫，与群斗中继续加害一方的所有人都是共同的不法侵害者，都可以作为反击对象同理。

假想防卫又叫误认防卫，是指实际上并不存在不法侵害行为，但防卫人误认为已面临不法侵害，从而对想象或推测的侵害者实行防卫，将人打伤、打死的行为。误认而实施防卫行为，往往是由于防卫人精神紧张，对事实认识发生错误而引起的。假想防卫还可能表现为对象选择的错误。所谓对象选择的错误，是指在正当防卫中，防卫人对不法侵害人发生错误认识，将没有进行不法侵害的第三者误认为不法侵害人，而对之实行了防卫。在本案中，当被告人牟甲侵害宁甲时，宁甲是否有不法侵害行为？如果宁甲有不法侵害，就可以实施正当防卫。就本案而言，从被告人的角度来看，宁甲等10多个人是一个进行不法侵害的整体，宁甲、傅某某、宁乙是共同侵害者，尽管宁甲尚未直接加害被告人一方的人，但宁甲、傅某某、宁乙已手持凶器追向对方，且已有同伙伤到人，非法侵害已在进行中，被告人一方的合法权益面临着直接的、现实的威胁，不排除可能会遭受更为严重的侵害，他们再不及时防卫，将会失去防卫机会，不足以制止不法侵害，难以保护自身的合法权益，而且针对的侵害对象亦不是单一个体，而是多人的共同体。面对多人形成的整体的侵害，要求被告人一方的人只能针对伤害牟某某的个体实行防卫，是不符合实际的。

我认为，上述评析意见是正确的。对于防卫第三者的认定，在单独犯罪的情况下较为简单，但在共同犯罪的情况下，则较为复杂。例如，在本案中，共同犯罪的人数较多，并且手持凶器，对防卫人具有严重的人身危险性。在这种情况

下，对方共同犯罪的同伙即使尚未实际参与犯罪，但只要对防卫人的人身安全形成严重危险的，对其进行防卫就是正当防卫，而不能归之于防卫第三者。

三、侵害第三者的处理

第三者的范围已经如上所述，凡是防卫人在正当防卫中加害于第三者的，就是防卫第三者的行为。那么，防卫第三者应当如何处理呢？我认为，防卫第三者的情况是复杂的，应当分情况处理。

（一）防卫第三者而符合紧急避险的条件的，应以紧急避险论，不负刑事责任

在对不法侵害人实施正当防卫过程中，通常要求只能对侵害人使用暴力手段进行防卫，从而保护本人或者他人的人身或者财产权利。但在现实生活中，防卫人在抵御不法侵害的时候，可能利用第三者的财物，以避免不法侵害。山口厚所说的第二种类型即属于此种情形。山口厚举例指出："A 用小刀侵害 B，B 用身边 C 所有的花瓶扔向 A 借以防身，结果花瓶碎了。这类问题中的问题是，防卫者是否成立对 C 的花瓶的故意毁坏财物罪。"对此，山口厚的答案是：对使用第三者所有的财物进行防卫，并侵害该财物，一般认为要通过紧急避险说来解决。[①] 相对于在上述案件中，被侵害人积极利用第三者的财物进行避险，在现实生活中还存在被侵害人消极利用第三者的财物进行避险的情形。例如，防卫人对抢劫的犯罪行为实行防卫，由于抵抗不住抢劫犯的侵袭而逃跑，在逃跑时损坏了第三者的住宅，这就是紧急避险。如果没有超过必要限度造成不应有的损害，防卫人不负刑事责任。以上情形，都不能构成正当防卫，而是一种紧急避险行为。这里的避险并不是避免第三者造成的现实危险，而是避免不法侵害人造成的现实危险。

① 参见［日］山口厚：《从新判例看刑法》，3 版，付立庆、刘隽译，45 页，北京，中国人民大学出版社，2009。

（二）防卫第三者而出于侵害之故意的，应以故意犯罪论

在现实生活中还存在因遭受不法侵害而迁怒于与不法侵害人相关的第三者，并对其实施侵害的情形。例如，张某对郭某进行不法侵害，用铁锹把郭某的头砍破，郭某拿起一根木棒朝着张某打去，张某被打伤跑开后，郭某仍不罢休，见张某的孩子在一边站着看热闹，就上去一棒把张某的小孩打倒，致其重伤。在本案中，郭某用木棒打张某的行为可以说是正当防卫。但他用木棒打张某的孩子，并且将其打成重伤，是防卫第三者，且主观具有伤害的犯罪故意，应当负故意伤害罪的刑事责任。

（三）防卫第三者而出于对事实的认识错误，但主观上具有过失的，应以过失犯罪论

在正当防卫中对防卫客体发生认识上的错误是完全可能的，但不能说防卫人对由此而发生的对第三者的损害结果一概不负刑事责任，而是应当看防卫人主观上对造成第三者的损害结果有无过失。如果有过失，而其过失所造成的损害结果根据我国《刑法》的规定应负过失犯罪的刑事责任的，就应当依法论处。当然，我们在确定防卫人主观上是否存在过失的时候，要坚持主观和客观相统一的原则，既根据防卫人的主观条件，例如年龄、体力、智力等，又充分考虑防卫人所处的正当防卫的客观条件，以确定其对第三者造成的损害是否应当预见。

（四）防卫第三者出于对事实的认识错误，但主观上既无故意也无过失的，应以意外事件论

例如前文所述李某国在正当防卫中扎伤第三者李某良一案，我认为再审认定李某国扎伤李某良是防卫第三者的观点是正确的，但以故意伤害罪判刑 2 年则不对。因为李某国是在正当防卫的紧急情况下误认李某良是不法侵害人，属于防卫错误，可以排除其故意犯罪的可能性。而根据当时的实际情况，李某国没有预见到李某良是第三者，也不可能预见，因此对李某良的伤害是由不能预见的原因引起的，属于意外事件，李某国对此不负刑事责任。至于那种认为李某国扎伤李某良是紧急避险的观点是不能成立的，因为紧急避险在避险人的主观上必须要有避

险意图，即明知是为保全重大的利益而牺牲第三者的较小的利益。而本案李某国是基于对李某良的认识错误，以为李某良是不法侵害人，因此不存在紧急避险的主观意图，自然不能以紧急避险论。

第三节　防卫不适时

一、防卫不适时的概念

不法侵害之正在进行是正当防卫的时间。正确认定不法侵害的着手和终止，对于判断正当防卫是否适时具有重大的意义。所以，凡是违反正当防卫时间条件的所谓防卫行为，在刑法理论上都被称为防卫不适时。在不法侵害没有着手实行或者已经终止以后，对不法侵害人所造成的一定人身或者财产的损失，在形式上类似于正当防卫，实际上是一些被害人有过错的犯罪，是不适时的所谓防卫。所以，防卫不适时和正当防卫有着本质的区别。

首先，防卫不适时不存在正当防卫的时间条件。这就决定了防卫不适时对有过错的被害人所造成的人身和财产的损失，不是为制止不法侵害，保护国家、公共利益和其他合法权益所必需的，因而为我国法律所不允许。所以，不适时的防卫人应对其所造成的损害承担相应的刑事责任。当然，如果防卫不适时是由于不可预见或者不可抗拒的原因所造成的，那么行为人就根据我国《刑法》第 16 条关于意外事件的规定不负刑事责任，但这和正当防卫不负刑事责任还是有根本不同的。

其次，防卫不适时不仅在客观上对有过错的被害人所造成的人身或者财产的损害不具有防卫的性质，而且行为人的主观上也不存在防卫意图。其中，某些防卫不适时是在不法侵害终止以后，行为人为了补偿损失，而对不法侵害人进行报复侵害，因此，这些防卫不适时是出于报复侵害的动机，其主观上具有故意犯罪的目的，应承担故意犯罪的刑事责任。

从以上客观和主观两个方面，我们可以看到防卫不适时和正当防卫有着本质的区别，两者不可混为一谈。正当防卫严格地受着时间的限制，不法侵害的着手是正当防卫权利产生的时间，而不法侵害的终止是正当防卫权利消失的时间。离开了正在进行的不法侵害，就谈不上正当防卫。防卫不适时，就是指违反了正当防卫时间条件的所谓防卫，其行为不得视为正当防卫。

防卫不适时，可以分为两种形式：一是事前防卫，二是事后防卫。为了进一步认识防卫不适时和正当防卫的本质区别，我结合司法实践，对防卫不适时的这两种形式进行一些分析。

二、事前防卫

事前防卫是指在不法侵害尚未发生的时候所采取的所谓防卫行为。由于在这种情况下，不法侵害没有现实地发生，因此，其行为不得视为正当防卫。例如，某日下午，被告人黄某下班后约其同学许某同去饭馆喝酒。在喝酒过程中，黄某与姚某兄弟发生争执，姚某兄弟殴打黄某。双方被劝开后，黄某被打不服，互相仍在继续争吵，被告黄某扬言对姚某兄弟进行报复，并要与姚某单个对打。姚某兄弟听后，各自从屋内拿出一把单刃尖刀和一把菜刀，许某见后即上前劝阻。当许某将姚兄叫到一旁劝解时，被告黄某从姚某手中夺过尖刀，并向姚某刺去，刺穿姚某胸主动脉，切破、刺穿左肺下叶，切破右肺下叶，造成急性大失血和开放性血气胸而死亡。人民法院对本案是否属于正当防卫进行了认真的讨论和研究，一致认为，被告黄某的行为不属于正当防卫，构成了故意伤害（致死）罪。主要理由是：被害人兄弟二人提刀出来，其不法侵害处于预备阶段。对被告人的精神上虽有较大的威胁，但未着手实施对被告人进行不法侵害，且又有人上前劝阻，并将被害人之兄叫到一旁劝解。而被告人趁此机会，从被害人手中夺过尖刀，将被害人刺伤致死。被告人从被害人手中夺过尖刀后，直接威胁已经消除，危险状况已经过去，而被告却又持刀刺伤被害人胸部，是为故意伤害，应依法追究其刑

事责任。我同意法院对本案的分析意见。对处于预备阶段的不法侵害，不能以正当防卫为借口，事先加害于对方，否则，行为人就应承担故意犯罪的刑事责任。

事前防卫一般都发生在互相之间存在争执，甚至打斗的场合。随着纠纷的加剧，矛盾上升，诉诸暴力。在这种情况下，其中一方为防止另外一方的侵害，就会提前下手，由此造成事前防卫。例如周某友故意杀人案[①]：

2004 年 7 月 27 日晚，周某友之妹周某某为家庭琐事与其夫李某发生争吵，周某某之母赵某出面劝解时被李某用板凳殴打。周某友回家得知此事后，即邀约安某一起到李家找李某。因李某不在家，周某友即打电话质问李某，并叫李某回家把事情说清楚。为此，两人在电话里发生争执，均扬言要砍杀对方。之后，周某友打电话给派出所，派出所民警到周某友家劝解，周某友表示只要李某前来认错、道歉及医治，就不再与李某发生争执。随后派出所民警离开。次日凌晨 1 时 30 分许，李某邀约任某、杨某、吴某等人乘坐出租车来到周某友家。周某友听到汽车声后，从厨房拿一把尖刀从后门绕到房屋左侧，被李某等人发现。周某友与李某均扬言要砍死对方，然后周某友与李某持刀打斗，杨某、任某等人用石头掷打周某友。打斗中，周某友将李某的右侧胸肺、左侧腋、右侧颈部等处刺伤，致李某急性失血性休克，呼吸、循环衰竭死亡；李某持砍刀将周某友的头顶部、左胸侧等处砍伤，将周某友的左手腕砍断。经法医鉴定，周某友的损伤程度属于重伤。

重庆市第三中级人民法院依照《中华人民共和国刑法》（2002 年修正）第二百三十二条、第六十七条第一款和《民法通则》第一百一十九条、第一百三十一条的规定，于 2005 年 1 月 3 日判决如下：被告人周某友犯故意杀人罪，判处有期徒刑八年。一审宣判后，周某友不服，向重庆市高级人民法院提起上诉，称：自己没有非法剥夺李某生命的主观意图和故意行为，其行为属正当防卫，不应承

① 参见周峰：《周某友故意杀人案——如何理解正当防卫中“正在进行的不法侵害”》，载最高人民法院刑一庭、刑二庭：《刑事审判参考》，第 46 辑，30～40 页，北京，法律出版社，2006。

担刑事与民事责任。其辩护人认为：原判认定事实不清，证据不足；周某友是在自身安危已构成严重威胁之时采取的正当防卫行为，不应承担刑事与民事责任，请求宣告周某友无罪。重庆市高级人民法院于2005年5月16日作出判决：驳回上诉，维持原判。

重庆市第三中级人民法院认为：被告人（上诉人）周某友在其母亲被被害人殴打后欲报复被害人，持刀与被害人打斗，打斗中不计后果，持刀猛刺被害人胸部等要害部位，致被害人死亡。其行为已构成故意杀人罪。本案的双方均有侵害对方的非法意图，双方于案发前不仅互相挑衅，而且均准备了作案工具。周某友在对方意图尚未显现，且还未发生危及人身安全行为的情况下，即持刀冲上前砍杀对方，事实上属于一种事先防卫的行为。由此可见，周某友的行为不符合正当防卫的条件，不能被认定为正当防卫。综上所述，被告人周某友在主观上具有剥夺他人生命的故意，在客观上实施了与他人斗殴的行为，并且造成他人死亡的危害后果，依法应当承担故意杀人罪的刑事责任。

在本案审理过程中，关于对周某友的行为如何定性，存在三种意见：第一种意见认为周某友的行为构成故意杀人罪；第二种意见认为周某友的行为属于正当防卫；第三种意见认为周某友的行为属于防卫过当，构成故意伤害罪。在对本案定罪时，首先应该正确认定是否属于正当防卫，如果是正当防卫，再考虑是否属于防卫过当；如果根本就不是正当防卫，也就没有防卫过当可言。根据我国刑法的规定，正当防卫是在受到正在进行的不法侵害的情况下，为使合法权益免受不法侵害而实施的一种防卫行为。存在正在进行的不法侵害是构成正当防卫的前提条件。只有当这种不法侵害具有紧迫性时，才允许行为人对不法侵害实行防卫。在本案中，认定是否存在正在进行的不法侵害的关键是如何认识死者李某深夜带领众人前去周某友家的行为，即：这是否是一种正在进行的不法侵害？对此存在观点分歧。一种观点认为：周某友于案发前向派出所打电话是想求助，寻求保护，而且周某友是在被追杀的情况下予以反击的。由此可以看出周某友一直是处于躲避、退让、寻求合法保护的状态，周某友为保护自己的合法权益，在不得已

的情况下实施了正当防卫行为。至于对正在进行的不法侵害的理解，只要形势紧迫即可进行防卫，并不苛求已经着手。本案被害人凌晨1时许邀约多人前往周某友家即可认为不法侵害正在进行。另一种观点认为：双方都有伤害对方的故意，但不能说明李某邀约多人就是要来杀人，还有可能是来打人或毁坏财物等，所以在被害人动手之前不能认为“不法侵害正在进行”。周某友看见被害人后主动迎上去并扬言砍死被害人，说明周某友亦有加害被害人的故意。[①] 由此可见，周某友的行为能否被认定为正当防卫或者防卫过当，关键在于如何认定不法侵害正在进行，尤其是，不法侵害正在进行是否要求不法侵害已经着手实施。

作为正当防卫的时间条件，不法侵害正在进行涉及不法侵害的开始时间和结束时间。刑法教义学一般认为，所谓正在进行的不法侵害，是指着手以后的行为，即犯罪的实行行为，而着手以前的犯罪预备行为，不能被认为是正在进行的不法侵害。根据我国刑法的规定，犯罪预备是为犯罪准备工具、制造条件的行为。犯罪预备的实质在于为进一步实行犯罪创造各种条件。犯罪预备尚未造成直接危害，因此不能对其实行正当防卫。例如，甲得知乙正在磨刀要杀害自己，甲就不能以正当防卫为由提前动手将乙杀死。只有在不法侵害着手实行以后，对他人的人身权利或者其他合法权益造成了现实的威胁，行为人才能对其实行正当防卫。刑法教义学原理认为，在以下情况下应当视为不法侵害已经着手，可以对不法侵害人实行正当防卫：（1）在不法侵害是手段行为与结果行为的统一的情况下，手段行为之着手就是不法侵害之着手，可以对其实行正当防卫。（2）在不法侵害已经逼近，例如杀人犯携带凶器接近防卫人，或者举刀正要下手行凶之际，应该认为不法侵害已经着手，可以对其实行正当防卫。（3）在不法侵害十分紧迫，防卫人的人身权利受到严重威胁的情况下，可以实行正当防卫。（4）在不法侵害实行的过程中，只要不法侵害在继续，可以对其实行正当防卫。（5）在不法侵害实行

① 参见周峰：《周某友故意杀人案——如何理解正当防卫中“正在进行的不法侵害”》，载最高人民法院刑一庭、刑二庭：《刑事审判参考》，第46辑，35页，北京，法律出版社，2006。

的过程中，因故停止，但仍然存在着对本人人身的严重威胁的，可以实行正当防卫。[①] 不法侵害的正在进行是正当防卫的时间条件，凡是违反正当防卫的时间条件的所谓防卫行为，在刑法理论上都被称为防卫不适时。防卫不适时可以分为事前防卫与事后防卫两种情形。其中，事前防卫是指在不法侵害尚未发生的时候所采取的所谓防卫行为。由于在这种情况下不法侵害没有现实地发生，因此，该行为不得被视为正当防卫。

在本案中，周某友的行为能否被认定为正当防卫或者防卫过当，关键就在于是否存在正在进行的不法侵害。不可否认，在案发前周某友确实曾经给派出所打电话报警，派出所民警也来到周家劝解。但在死者李某凌晨带人来到周家时，周某友并没有冷静处理，而是携带尖刀从后门出去绕至房屋左侧，主动迎战。从李某的行为来看，李某是在周某友的电话催促下才在深夜带人来到周家的。因为周某友在电话里说要打李某，李某才多带了一些人来到周家。这说明当时李某等人并没有着手实施不法侵害。在这种情况下，周某友持刀冲上前砍杀对方，形成互相斗殴，并将李某砍伤致死的行为不能被认定为正当防卫，因而也就不存在防卫过当的问题。

三、事后防卫

事后防卫是指不法侵害终止以后，对不法侵害人的所谓防卫行为。事后防卫的认定主要涉及不法侵害结束时间的判断，而这个问题应当结合具体案情进行分析。例如李某故意伤害案[②]：

李某与其同事王某、张某（另案处理）、孙某等人在北京市海淀区双泉堡环

① 参见陈兴良：《正当防卫论》，2版，98～101页，北京，中国人民大学出版社，2006。

② 参见于同志：《李某故意伤害案——为预防不法侵害而携带防范性工具能否阻却正当防卫的成立》，载最高人民法院刑一庭、刑二庭：《刑事审判参考》，第55辑，13～20页，北京，法律出版社，2007。

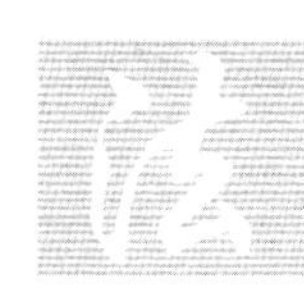

球迪厅娱乐时，遇到本单位女服务员王某晓等人及其朋友王某宗（另案处理）等人。王某宗对李某等人与王某晓等人跳舞感到不满，遂故意撞了李某一下。李某对王某宗说："刚才你撞到我了。"王某宗说："喝多了，对不起。"两人未发生进一步争执。李某感觉对方怀有敌意，为防身，遂返回其住处取尖刀一把再次来到环球迪厅。其间王某宗打电话叫来张某艳（男，时年20岁）、董某等三人（另案处理）帮其报复对方。三人赶到环球迪厅时李某已离去，张某艳等人即离开迪厅。李某取刀返回环球迪厅后，王某宗即打电话叫张某艳等人返回环球迪厅，向张某艳指认了李某，并指使张某艳等人在北沙滩桥附近的过街天桥下伺机报复李某。当日凌晨1时许，李某、王某、张某、孙某等人返回单位，当途经京昌高速公路辅路北沙滩桥附近的过街天桥时，张某艳、董某等人即持棍对李某等人进行殴打。孙某先被打倒，李某、王某、张某进行反击，李某持尖刀刺中张某艳的胸部、腿部数刀。张某艳因胸部被刺，伤及肺脏、心脏致失血性休克死亡。孙某所受损伤经鉴定为轻伤。

北京市第一中级人民法院依照《刑法》（2001年修正）第二百三十四条第二款、第五十六条、第六十一条之规定，于2003年5月13日判决如下：被告人李某犯故意伤害罪，判处有期徒刑十五年，剥夺政治权利三年。一审宣判后，李某不服，提起上诉。李某上诉称：其在遭到不法侵害时，实施防卫，造成被害人死亡的行为属于正当防卫，原判对其量刑过重，请求从轻处罚。其辩护人认为：李某的行为属于防卫过当，原审判决认定事实错误，对李某量刑过重，请求二审法院依法改判。北京市高级人民法院经审理认为：原审人民法院认定李某犯故意伤害罪正确且审判程序合法，但对本案部分情节的认定有误，适用法律不当，对李某量刑过重，依法予以改判。据此，依照《刑事诉讼法》（1996年）第一百八十九条第二项及《刑法》（2001年修正）第二百三十四条第二款、第二十条第二款、第六十一条之规定，于2003年8月5日判决如下：上诉人李某犯故意伤害罪，判处有期徒刑五年。

对于本案，一审法院认为：被告人李某故意伤害他人身体，致人死亡，其行

为已构成故意伤害罪，犯罪后果特别严重，依法应予惩处。鉴于被害人对本案的发生负有重大过错，故依法对李某予以从轻处罚。对于李某的辩护人提出的李某的行为本身是正当防卫，只是由于没有积极救治被害人导致李某承担间接故意伤害的法律后果的辩护意见，经查：正当防卫成立的要件之一即防卫行为的直接目的是制止不法侵害，不法侵害被制止后不能继续实施防卫行为。而李某持刀连续刺扎被害人张某艳要害部位胸部数刀，在被害人倒地后还对其进行殴打，故李某具有明显伤害他人的故意，其行为符合故意伤害罪的犯罪构成，辩护人的此项辩护意见不能成立，不予采纳。二审法院认为：上诉人李某为制止正在进行的不法侵害而故意伤害不法侵害者的身体，其行为属于正当防卫，但其防卫明显超过必要限度，造成被害人死亡的重大损害后果，其行为构成故意伤害罪，依法应予减轻处罚。李某及其辩护人所提李某的行为属于防卫过当，原判对其量刑过重的上诉理由和辩护意见成立，予以采纳。

对于本案，一审法院与二审法院作出了不同的判决：一审法院认定李某的行为不属于防卫过当，二审法院则认定李某的行为属于防卫过当。这两者的区别在很大程度上取决于对李某对被害人张某艳的不法侵害终止时间的认定，因而涉及李某的行为是否属于事后防卫的问题。

在不法侵害终止以后，正当防卫的时间条件已经不复存在，因此一般不再发生正当防卫的问题。刑法教义学把不法侵害终止以后对不法侵害者所实施的所谓防卫行为，称为事后防卫。事后防卫的行为人在主观上不存在防卫意图，而是具有报复的心理；在客观上对先前的不法侵害者实施了报复侵害行为，造成了他人的损害，因此，事后防卫不是正当防卫，而是一种具有报复性质的犯罪行为。事后防卫可以分为以下情形：（1）故意的事后防卫，其中又可以分为两种形式：第一种是没有正当防卫前提的事后防卫。这种事后防卫的特点是事前存在不法侵害，但在不法侵害正在进行时，行为人没有对不法侵害实行正当防卫，而是在不法侵害过去以后，才对不法侵害实行了所谓的防卫。这是一种出于行为人的报复之心的事后补偿行为。第二种是具有正当防卫前提的事后防卫。在实行正当防卫

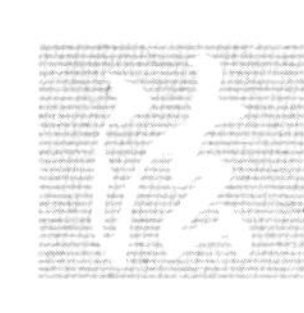

的过程中，不法侵害人已经丧失了侵害能力或者中止了不法侵害，或者已经被制服，但防卫人仍不罢手，继续加害于不法侵害人。在这种情况下，正当防卫和事后防卫并存于同一个案件，因此更为复杂。（2）对事实认识错误而导致的事后防卫。在这种情况下，不法侵害已经过去，但防卫人由于对事实发生了错误的认识，以为不法侵害依然存在，而实行了所谓防卫。①

在本案中，李某在与他人发生争执后，为防止对方报复，返回住所并携带刀具防身。这是一种预防行为，是为了防范自己的合法权益遭受不法侵害，在侵害发生之前做的准备。尽管携带管制刀具是违法的，但如果此后确有不法侵害发生，李某使用它反击不法侵害，其行为及结果均表明其携带的刀具是为了抵御不法侵害，则就不能因为其携带管制刀具是违法的，而否认其行为的防卫性质。所以，本案中李某为预防不法侵害的发生携带刀具，不能阻却其在遭遇不法侵害时运用该刀具实施的防卫行为成立正当防卫。就本案而言，李某在与王某发生冲突后，返回单位住处取刀并再次回到迪厅，但未主动伤害王某，可见其取刀的主观目的确实是防范此后可能发生的不法侵害。张某艳等人在王某的预谋和指使下，预先埋伏在李某返回住处的途中，对李某等人进行殴打，将孙某打倒在地，又殴打李某等人。张某艳等人的行为属于对公民身体健康所实施的不法侵害。对此不法侵害，李某当然有权实行正当防卫。对此，一审法院也没有否认。但一审法院又认为，防卫行为的直接目的是制止不法侵害，不法侵害被制止后不能继续实施防卫行为，而李某持刀连续刺扎张某艳的要害部位胸部数刀，在张某艳倒地后还对其进行殴打，因此不能成立防卫过当。从一审判决的这一裁判理由来看，其是把李某的行为认定为事后防卫，即在不法侵害终止以后的所谓防卫行为。这里涉及李某对被害人张某艳的不法侵害的终止时间的认定问题。1983 年最高人民法院、最高人民检察院、公安部、国家安全部、司法部《关于人民警察执行职务中实行正当防卫的具体规定》第 3 条规

① 参见陈兴良：《正当防卫论》，2 版，160～163 页，北京，中国人民大学出版社，2006。

定，遇有下列情形之一时，应当停止防卫行为：(1) 不法侵害行为已经结束；(2) 不法侵害行为确已自动中止；(3) 不法侵害人已经被制服，或者已经丧失侵害能力。这一规定对于判断不法侵害是否终止、区分正当防卫与事后防卫具有参考意义。在本案中，不存在不法侵害已经终止的情形，因为：不法侵害已经终止是指在防卫之前存在不法侵害，但当防卫行为开始实施时，已经不存在不法侵害了。本案中，在防卫行为开始时，不法侵害仍然存在。此外，本案中也不存在不法侵害行为确已自动中止的情形，因为不法侵害确已自动中止，是指不法侵害人自动停止了侵害行为，因而构成犯罪中止。这里的中止应当发生在防卫行为实施之前，因而不存在正当防卫的前提。对于本案来说，关键是认定是否存在不法侵害者已经被制服或者已经丧失侵害能力的情形。我们应该看到，本案中存在多个不法侵害人和数个正当防卫人的复杂案件，对于不法侵害人是否已经被制服或者已经丧失侵害能力应当全案分析，而不是一对一地简单判断。本案中李某在对被害人张某艳实行防卫时，张某艳正在对其实施不法侵害行为，且张某艳的另外两名同伙分别在殴打李某的同事张某和王某，不法侵害正在进行，张某艳所受致命伤为刀伤，形成于李某进行防卫的过程中。因此，其不存在不法侵害者被制服或者已经丧失侵害能力的情形。当然，张某艳在对李某实施不法侵害时，并没有持凶器，而是徒手进行，李某却持刀对张某艳连刺数刀，并在张某艳停止侵害且身受重伤的情况下，继续追赶并踢打张某艳。对于这一事实，一审判决视为认定本案属于事后防卫的事实根据，而二审判决则认为致命刀伤形成于前，事后的追赶并踢打张某艳只是认定防卫过当的事实根据。对此认定，我认为是实事求是的。李某受到张某艳的不法侵害，进行追赶也是其义愤所致。当然，如果致命伤发生在不法侵害人落败逃跑以后，则其行为不能被认定为正当防卫及防卫过当，而是一种事后防卫。事后防卫可以分为下列两种形式。

(一) 故意的事后防卫，又称报复侵害

故意的事后防卫是指行为人明知不法侵害已经过去，不再存在防卫时间条

件，不能进行防卫，但为了满足其报复心理，仍然对他人实施杀害或者伤害等人身侵害行为。故意的事后防卫又可以分为以下两种形式。

第一种是没有正当防卫前提的事后防卫。这种事后防卫的特点是事前存在不法侵害，但在不法侵害正在进行时，行为人没有对不法侵害实行正当防卫，而是在不法侵害过去以后，才对不法侵害实行所谓的正当防卫。显然，这是一种出于行为人的报复之心的事后补偿行为。例如，被告王某于某日上午骑自行车出去游玩，行至某大队商店附近，不慎撞着行人李某，李某上前对被告王某拳打脚踢。被告王某挨打后心怀不满，即起报复之念，并骑车追赶李某。王某追上李某后掏出随身携带的刀子，照李某臀部猛刺一刀，将其刺伤，造成开放性骨折。本案就是典型的报复侵害。人民法院经过审理后认为，被告王某虽然人身权利受到不法侵害，但在事发以后持刀行凶伤人，已构成故意伤害罪。

第二种是具有正当防卫前提的事后防卫。在实行正当防卫的过程中，不法侵害人已经丧失了侵害能力或者中止了不法侵害，或者已经被制服了，但防卫人仍不罢手，继续加害于不法侵害人。在这种情况下，正当防卫和事后防卫并存于同一个案件，因此更为复杂。

关于具有正当防卫前提的事后防卫的性质，我国刑法学界存在不同观点：第一种观点认为，这种情况属于报复侵害。例如我国学者指出："在犯罪人已被制服的情况下，已经不存在现实的侵害，防卫人继续加害于犯罪人，那就是赤裸裸的报复行为，造成危害结果，应构成故意犯罪。"① 第二种观点认为，这种情况属于防卫过当，且是直接故意的防卫过当。例如我国学者指出："防卫行为人在实施防卫行为时，通过对不法侵害行为人造成一定程度的损害后，使不法侵害行为人停止侵害；防卫行为人出于泄愤继续加害不法侵害行为人，以至于造成了不应有的危害的，就应当属于直接故意的防卫过当。"② 在以上两种观点中，我同

① 刁喜忱：《防卫过当只能构成过失犯罪》，载《法学季刊》，1984（3）。

② 邢凤华：《浅析防卫过当的罪过形式》，载《法学与实践》，1986（2）。

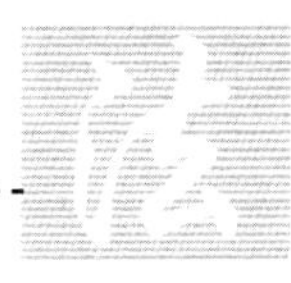

意第一种观点。第二种观点之所以错误，归根到底还是因为把正当防卫的时间条件和限度条件混为一谈了，并且把正当防卫是否超越防卫的时限作为考察防卫行为是否过当的因素之一。这是我所不能赞同的。因为时间条件属于正当防卫的前提条件，只有在不法侵害正在进行的情况下，才有正当防卫是否过当可言。不法侵害已经过去，就不存在正当防卫过当与否的问题。

为了进一步说明具有正当防卫前提的事后防卫和防卫过当的区别，我们还应该对这种事后防卫的动机进行研究。因为，这种事后防卫和防卫过当的区别不仅表现在是否超越正当防卫的时限上，而且表现在行为人的主观心理状态上，只有把主观和客观统一起来，才能真正划清事后防卫和防卫过当的界限。我认为，防卫过当的动机是制止正在进行的不法侵害，而其行为过当并不能否认其具有正当的动机，而事后防卫则不具有这种制止正在进行的不法侵害的动机，因为不法侵害已经过去，不存在产生这种动机的客观基础。事后防卫的动机是多种多样的，但基本上可以分为以下两种类型。

第一是泄愤型。例如，陈某对李某实行正当防卫，致其重伤，丧失了继续侵害的能力。陈某见李某躺倒在地，口吐粗气并未死亡，心想："反正是你先动手，我干脆一不做，二不休，来个得理不让人。"于是陈某举棒将李某打死。在本案中，陈某先前将李某打伤，属于正当防卫；在李某丧失侵害能力后，将其打死，是事后防卫，主观上出于泄愤动机。

第二是恐惧型。例如，甲男和乙女原为恋爱对象，经过一段时间交往，女方见该甲男性情粗暴，不堪忍受，遂中断交往。甲男仍去强求，并企图强奸乙女。乙女不从，甲男施以暴力手段。此时，适逢乙女之妹丙回家，丙见状就用木棒将甲男打昏，乙女得以脱险。但乙女不放心，唯恐甲男苏醒后进行报复，于是又击一棒，致甲男死亡。在本案中，丙将甲男击昏是正当防卫，但乙女在明知甲男昏迷，不法侵害已经过去的情况下，因害怕甲男以后报复，一棒将其打死，显然是事后加害，其行为不得以正当防卫论。

（二）因对事实认识错误而导致的事后防卫

在这种情况下，不法侵害已经过去，但由于防卫人对事实发生了错误的认识，以为不法侵害依然存在，而对其实行了所谓的正当防卫。关于认识错误的防卫不适时的性质，刑法学界存在两种观点：第一种观点认为，这是一种对正当防卫的时间认识错误的假想防卫。例如，苏联学者伏·特卡钦科指出："想象的防卫对于事实上已经停止不法侵害的人也是可能实行的。"[①] 我国学者认为："如果防卫人没有意识到加害人已被制服而继续反击，这属于假想防卫的一种情况，行为人主观上具有防卫目的，不构成故意犯罪。"[②] 第二种观点认为，这种认识错误的防卫不适时应属于防卫过当，而不是假想防卫。例如，我国学者指出："某甲在被抢劫时，拿木棒一下将侵害人某乙打倒，接着又打了两下，某乙晕倒不动，事后经查验，某甲后两木棒，将某乙肋骨打断，而第一木棒是打在某乙头部，当时已致某乙晕倒。假如我们承认某甲用棒子防卫是合法的，那么后两棒子显然是防卫不适时。这种防卫不适时的行为我认为应属防卫过当。"[③]

我认为，把因对事实认识错误而导致的防卫不适时当作假想防卫，是不适当地扩大了假想防卫的范围，会造成概念上的混乱，所以，把在正当防卫过程中发生的认识错误，一概归于假想防卫，显然不妥。而把因对事实认识错误而导致的防卫不适时当作防卫过当，则是把正当防卫的时间条件和限度条件混为一谈，也是不能接受的。不法侵害停止以后，正当防卫的前提条件已经消失，也就谈不上正当防卫。所以，我认为，对因认识错误而导致的事后防卫，应按照对事实认识错误的一般原则处理。根据当时的主观和客观的情况，防卫人对事实认识错误是有过失的，即应当预见到不法侵害已经过去而没有预见，以致实行了事后防卫的，应负过失犯罪的刑事责任。如果防卫人对事实认识错误没有过失，即没有预

① ［苏］伏·特卡钦科：《想象的防卫》，载《电大法学》（试刊），1983（3）。

② 刁喜忱：《防卫过当只能构成过失犯罪》，载《法学季刊》，1984（3）。

③ 卢云华：《试论正当防卫过当》，载《中国社会科学》，1984（2）。

见也不可能预见到不法侵害已经过去，则按照我国《刑法》第16条的规定是意外事件，不负刑事责任。应该指出，大多数因认识错误而导致的事后防卫，都发生在正当防卫的紧急情况下，属于没有预见也不可能预见的情形，不负刑事责任。例如，上述论者所引案例，某甲在第一棒已经将某乙打昏以后，又连打两棒，致其伤害，就属于意外事件，不能让某甲承担防卫过当的刑事责任。

第十章 防卫过当

第一节　防卫过当的构成特征

我国1979年《刑法》第17条第2款规定："正当防卫超过必要限度造成不应有的危害的，应当负刑事责任。"在1997年《刑法》修订中，对上述规定作了修改，修订后的《刑法》第20条第2款规定："正当防卫明显超过必要限度造成重大损害的，应当负刑事责任。"这一规定明显地放宽了正当防卫的范围，对于认定正当防卫的必要限度具有重要意义。所以，防卫人在实行正当防卫的过程中，违反了正当防卫的限度条件，明显超过正当防卫的必要限度造成重大损害的，就构成防卫过当。我国刑法规定防卫过当应当负刑事责任，这就意味着我国刑法对明显超过必要限度造成重大损害的防卫过当行为的否定的社会政治和法律的评价。

一、防卫过当的保护法益

我国《刑法》分则并没有把防卫过当单独作为一种犯罪加以规定。对于防卫

过当，应当依据其罪过形式和客观行为的性质，按照我国《刑法》分则的有关条文定罪量刑。从这个意义上说，防卫过当没有独立于其所构成的具体犯罪的保护法益。防卫过当构成杀人罪的，其保护法益是生命权；防卫过当构成故意伤害罪的，其保护法益是健康权。

那么，防卫过当的保护法益是否具有特殊性呢？我的回答是肯定的。防卫过当的保护法益的特殊性就表现在它不是一般人的人身权利，而是不法侵害人的人身权利。防卫过当中，不法侵害人的人身权利受法律保护的程度不同于普通犯罪。在普通犯罪中，行为人的人身权利是完全受法律保护的，因此，侵害人在任何情况下造成人身侵害都应当承担刑事责任。而在防卫过当中，不法侵害人既是正当防卫的防卫客体，又是防卫过当的犯罪对象。在正当防卫中，作为防卫客体的不法侵害人的人身权利不受法律保护，对其杀伤不负刑事责任。在防卫过当中，作为犯罪对象，不法侵害人是被害人。在明显超过正当防卫必要限度的情况下，不法侵害人的人身权利又受法律保护，所以，防卫过当对不法侵害人的人身造成重大损害的，应当负刑事责任。因此，防卫过当中的不法侵害人具有防卫客体和犯罪对象的双重身份。

二、防卫过当的客观特征

防卫过当是防卫人在制止正在进行的不法侵害的过程中，因采取了明显超过正当防卫必要限度的行为，而造成了重大损害的情形，因此，防卫过当在客观上表现为正当防卫明显超过必要限度造成重大损害。造成重大损害说明正当防卫明显超过了必要限度，正当防卫明显超过必要限度又必然造成重大损害，两者之间存在内在和必然的因果关系。

（一）防卫过当的行为

防卫过当行为是由防卫行为的量变而引起的质变：正当防卫明显超过其必要限度，它已经不是为制止正在进行的不法侵害所必需的，防卫行为就转化为犯罪行为。正如黑格尔指出："在道德方面，只要在'有'的范围内来加以考察，也同样有从量到质的过渡；不同的质的出现，是以量的不同为基础的。只要量多些或少些，轻率的行为会越过尺度，于是就会出现完全不同的东西，即犯罪，并且，正义会过渡为不义，德行会过渡为恶行。"① 这种从正义过渡为不义的例子，在现实生活中时有发生。例如王某才犯故意伤害案：

三秋时节，因田地里种植的花生屡遭盗窃，被告王某才等三人在田间护秋，防止再次被盗。某夜11时许，王某才等人听闻地里有扒花生的声音，就分两路围堵。盗窃犯于某海等三人闻声向王某才这边窜来，企图逃跑。王某才立即上前拽住于某海的胳膊。于某海坚决不去，动手打王某才，其他两个盗窃犯在旁为其助威。王某才见对方势众，即抽出防身刀子，向于某海的小肚子上戳了一刀。王某才和于某海两人就揪打起来，其他两个盗窃犯逃逸。在揪打中，于某海打王某才的脑袋，王某才用刀子扎了于某海的颈项和腹部，致于某海当场死亡。人民法院判决被告王某才的行为属于正当防卫，但在扭打中，被告持械伤人致死，超过了正当防卫的必要限度，已构成故意伤害罪。根据刑法规定，对王某才以防卫过当予以减轻处罚，判决王某才犯故意伤害（致人死亡）罪，处有期徒刑三年，缓刑三年。

在本案中，王某才为避免花生损失，对盗窃犯进行防卫。这是与犯罪分子勇敢作斗争的合法行为。死者于某海盗窃花生，侵害了他人的财产所有权，又行凶打人，侵害了他人的人身权利，具有双重的不法侵害。被告王某才有权为制止正在进行的不法侵害而对于某海实行正当防卫。但是，被告王某才在实行正当防卫的过程中，满腔激愤，不考虑不法侵害的具体情况，不约束自己的防卫强度，任意地扎了一刀又一刀，放任其防卫强度超过正当防卫的必要限度，因此，其构成防卫过当。这样，其为保护财产权利而与不法侵害作斗争的正义行为就转化为防卫过当的犯罪行为。由此可见，防卫行为和防卫过当行为之间存在着质的差别：

① ［德］黑格尔：《逻辑学》（上卷），杨一之译，405页，北京，商务印书馆，1966。

前者是正义，后者是不义；前者是合法，后者是不法。两者的性质截然不同。

我国学者否定防卫行为和防卫过当行为之间存在质的区别，指出："正当防卫和防卫过当只存在着防卫方式以及由此而产生的结果在程度上的差别。这是一种量的差别，它不能改变二者在防卫性质上的一致。"[①] 我认为，这种观点抹杀了防卫行为作为权利行为和防卫过当行为作为犯罪行为的原则界限，因而是错误的。根据我国刑法的规定，正当防卫的目的是使国家、公共利益，本人或者他人的人身和其他权利免受正在进行的不法侵害，防卫行为受这一目的的制约，是这一目的的客观化。并且，防卫行为具有一定的数量界限，在必要限度以内的正当防卫，不仅没有法益侵害性，而且是和具有法益侵害性的不法侵害作斗争的正义行为。而防卫过当行为虽然出于正当防卫的动机，也不乏正当防卫的目的，但防卫人明显超过了正当防卫的必要限度，造成了重大损害。所以，在制止正在进行的不法侵害的同时，其自身也转化为不法，并在客观上造成了一定的法益侵害性。即使是为了保护国家、公共利益而实行正当防卫，我国刑法规定也不能明显超过正当防卫的必要限度而造成重大损害。这体现了我国刑法对公民的法律意识的严格要求：既要敢于又要善于和正在进行的不法侵害作斗争，做到有理有节，维护法制的严肃性。否则，如果以为只要是为了保护国家、公共利益，就可以置正当防卫的必要限度于不顾，造成重大损害，同样是为我国刑法所不允许的。因此，防卫行为和防卫过当行为的社会政治内容是根本不同的。这表现在法律上是，防卫行为不负刑事责任，防卫过当行为应当负刑事责任。两者的法律评价何其不同，怎么能说防卫行为和防卫过当行为只有量的差别而没有质的差别呢？

当然，我们把防卫过当行为放到犯罪的范畴里来考察的时候，还是要注意其特殊性，把它和其他犯罪行为加以区别。犯罪的本质特征是行为的法益侵害性。从这个意义上说，防卫过当行为和其他犯罪没有质的区别。但在法益侵害性程度上，防卫过当行为和其他犯罪存在量的差别。因此，防卫过当行为是法定的减轻

---

① 尹向兵：《"防卫不适时"的提法是错误的》，载《西南政法学院学报》，1980（4）。

或者免除处罚的情节。而且，从犯罪的类型上看，防卫过当属于被害人有过错的犯罪。这在对防卫过当进行量刑时不能不加以考虑。认识这一点，对于我们在刑事审判工作中既打击犯罪，又保护和支持公民实行正当防卫的积极性，具有十分重要的意义。

（二）防卫过当的结果

防卫过当行为必然造成一定的危害结果，因此，在某种意义上，可以认为防卫过当是结果犯。在刑法理论上，所谓结果犯是指以法律规定的一定结果为其必要的构成要件的犯罪。防卫行为是否过当，应该以是否造成了重大损害结果来衡量；没有造成重大损害结果的，不可能构成防卫过当。正当防卫和防卫过当，在客观上都造成了一定的损害结果，但其性质根本不同。正当防卫的损害结果是为足以有效地制止正在进行的不法侵害所必需的，因而是应有的损害，不具有法益侵害性；而防卫过当的损害结果是由于防卫行为明显超过正当防卫的必要限度而造成的，是重大损害，具有社会危害性。如果说，造成了一定的重伤或者死亡的严重后果不一定都是防卫过当，那么，凡是防卫过当则一定在客观上造成了重伤或者死亡的严重后果。因此，对防卫过当不能不强调其重大损害结果。

根据刑法规定，防卫过当造成的损害是对不法侵害人的重大损害。这里的重大损害，可以从质和量两个方面来理解。从质上来说，防卫过当造成的是一种损害，这一损害不是为正当防卫所必需的，因而受到法律的否定评价。从量上来说，防卫过当造成的损害必须是重大损害，而不是一般损害，因为正当防卫本身就包含对不法侵害人造成一定的损害，为使防卫过当与正当防卫相区分，只有在对不法侵害人造成明显超过防卫限度的重大损害的情况下，才能认定为防卫过当。由此可见，正确地理解重大损害，对于认定防卫过当具有重要意义。

（三）防卫过当的因果关系

防卫过当的犯罪构成客观要件是防卫过当行为与其所造成的重大损害结果的统一，两者之间存在因果关系。

综上所述，我认为明显超过正当防卫必要限度的行为和其所造成的重大损害

的统一，是防卫过当的犯罪构成的客观特征。

三、防卫过当的主观特征

防卫过当的罪过形式是一个十分复杂的问题，也可以说是正当防卫理论中观点最混乱的一个问题。这个问题的解决，对于司法实践也具有重要的意义。它既关系到对防卫过当正确地定罪，又关系到对防卫过当正确地量刑。所以，我们应该结合防卫过当的特点，运用刑法理论关于罪过的学说，解决防卫过当的罪过形式问题。

（一）防卫过当罪过形式的观点争讼

从刑事立法上看，世界上大多数国家的刑法都没有规定防卫过当的罪过形式，只有少数国家在刑法上明确规定了防卫过当的罪过形式。而对防卫过当罪过形式的规定，这些国家基本上采取两种立法例。第一种是以总则规范的形式规定防卫过当的罪过形式。例如 1941 年《巴西刑法典》第 21 条附款规定："行为人过失地超越合法防卫的限度，如果实施的行为应受过失罪惩罚的，应当负刑事责任。"第二种是以分则规范的形式规定防卫过当的罪过形式。例如 1926 年《苏俄刑法典》第 139 条规定："过失杀人，以及超过必要自卫范围之结果而杀人者，处——剥夺自由三年以下或一年以下之改造劳动工作。"[①] 这些国家在刑法上都明文规定防卫过当是过失犯罪。

我国刑法学界关于防卫过当的罪过形式，存在三种观点：第一种观点认为防卫过当的罪过形式既可能是故意（直接故意和间接故意），也可能是过失（疏忽大意的过失和过于自信的过失）。例如，我国学者指出："如果防卫过当故意造成他人死亡，则构成故意杀人罪；如果防卫过当故意造成他人伤害，则构成故意伤

① 现行 1978 年《苏俄刑法典》对此作了修正，该法典第 105 条（超过正当防卫限度的杀人）指出："杀人超过正当防卫限度的，处二年以下的剥夺自由，或一年以下的劳动改造。"

害罪；如果在实行防卫中失手打死侵害人，可以考虑定过失杀人罪；如果失手伤害严重，可考虑定过失伤害罪。”[①] 第二种观点认为防卫过当的罪过形式只能是过失（疏忽大意的过失和过于自信的过失）。例如，我国学者指出：“必要限度的超过只能是行为人的过失，即行为人在正当防卫中由于疏忽大意或者轻信能够避免，以致出现超过必要限度。”[②] 第三种观点认为防卫过当唯一的罪过形式只能是疏忽大意的过失。例如，我国学者指出：“防卫过当的罪过形式只能是疏忽大意的过失。这具体表现在：防卫者在对不法侵害行为实行正当防卫时，应当预见到自己的行为可能会超过正当防卫的必要限度，造成不应有的危害，而防卫者由于疏忽大意却没有预见到，以致超出了必要限度，造成了不应有的危害。”[③] 在我国司法实践中，一般把防卫过当作为故意犯罪处理，认为防卫过当是行为人故意实施的，因此是故意犯罪。例如，被告人咸某于某日晚 9 时左右，在本村东头与村民王某相遇。王某进行挑衅，首先动手殴打咸某。咸某为了免受正在进行的不法侵害，从裤兜里掏出匕首，向王某的左肩部连刺两刀，致王某的左肺尖部被刺伤，并发血气胸，经过抢救脱险。被告人咸某作案后即叫其弟等到公安局派出所报告自己的罪行。人民法院经审理后认为：被告人咸某为了免受正在进行的不法侵害，采取防卫措施，但超过了必要的限度，致人重伤，已构成故意伤害罪；但考虑其具有防卫性质，且能投案自首，应当减轻处罚。根据我国刑法的有关规定，判处被告人咸某有期徒刑 6 个月。在本案中，人民法院对咸某防卫过当就以故意犯罪论处。如上所述，对于防卫过当的罪过形式，刑法理论和司法实践存在一定的距离。而刑法理论上又众说纷纭，莫衷一是。

（二）防卫过当罪过形式的具体论证

那么，我们到底应该如何确定防卫过当的罪过形式呢？防卫过当具有正当防

---

① 高格：《刑法知识问答》，2 版，29 页，哈尔滨，黑龙江人民出版社，1982。

② 郑德豹：《也论正当防卫与防卫过当的界限——与金凯同志商榷》，载《法学研究》，1981（6）。

③ 利子平：《防卫过当罪过形式的探讨》，载《法学评论》，1984（2）。

卫的前提，因此主观上具有防卫意图。防卫意图支配着防卫行为，并且决定了防卫行为的形式和方法。恩格斯指出："就单个人来说，他的行动的一切动力，都一定要通过他的头脑，一定要转变为他的意志的动机，才能使他行动起来。"① 因此，防卫行为是在防卫人的意识和意志的支配下实施的。这就是说，防卫人的心理状态是故意，故意的内容表现为明知自己的防卫行为会造成不法侵害人的伤亡而希望造成其伤亡。那么，据此是否就可以得出结论，说防卫过当的罪过形式是故意呢？不能。我国《刑法》第14条指出："明知自己的行为会发生危害社会的结果，并且希望或者放任这种结果发生，因而构成犯罪的，是故意犯罪。"所以，犯罪故意具有两个因素：一是认识因素，包括对自己行为的社会危害性和刑事违法性的认识。二是意志因素，在认识到自己行为的社会危害性和刑事违法性的情况下，仍希望或者放任这种危害社会结果的发生。所以，犯罪故意，具有否定的社会政治和法律的评价。

显然，防卫人明知自己的行为会造成不法侵害人的伤亡而希望造成其伤亡的心理状态不属于犯罪故意。因为在这种心理状态中，不具有主观恶性。如果把这种心理状态当作犯罪故意，那就必然得出这样的结论：在正当防卫中，防卫人主观上也具有犯罪故意。毫无疑问，这是错误的，所以，我们不能把明知自己的行为会造成不法侵害人的伤亡而希望造成其伤亡，作为防卫过当罪过形式的内容。防卫过当的社会危害性体现在明显超过正当防卫的必要限度而造成重大损害上，所以，只有明知自己的行为会明显超过正当防卫的必要限度造成重大损害，而希望或者放任其防卫行为明显超过必要限度造成重大损害的，才是防卫过当罪过形式的犯罪故意。

刑法教义学之所以把防卫过当的罪过形式直接或者简单地确定为故意，就是因为把正当防卫的心理状态和防卫过当的罪过形式相混淆，把正当防卫的心理状态混同于防卫过当的罪过形式，因而得出错误的结论。根据我所确定的防卫过当

① 《马克思恩格斯选集》，2版，第4卷，251页，北京，人民出版社，1995。

罪过形式的故意的内容，就不能简单地因为实行正当防卫是故意的，而对防卫过当一概以故意犯罪论处。正如在故意伤害致人死亡的双重罪过中，我们不能因为伤害是故意的，就完全否定其对死亡结果的过失心理状态。不同于双重罪过的是，在防卫过当所具有的双重心理状态中，既有正当防卫的正当的心理状态，又有防卫过当的犯罪的心理状态，两者并存，不可混为一谈；否则，就不可能正确地决定防卫过当的罪过形式。在这个意义上可以说，防卫过当的犯罪故意不能直接等同于一般的犯罪故意，二者区别之处就在于：在防卫过当的犯罪故意中，不仅包含对构成要件事实的认识以及对结果的放任或者希望的主观心理，而且还应当具有防卫意识，并且以对过当希望及其结果的放任与希望作为判断根据。

1. 防卫过当的直接故意

关于正当防卫的罪过形式是否可以由直接故意构成，这是争议较大的问题。如果把防卫行为对造成重大伤亡结果的主观心理等同于防卫过当的罪过形式，当然就会十分容易地得出防卫过当可以由直接故意构成的结论。事实上，我国司法机关就是如此理解防卫过当的直接故意的，因而防卫过当在主观上通常情况下都是直接故意。即使对防卫过当认定为故意伤害致人死亡，还是将伤害行为认定为故意行为，只是对伤害行为所造成的死亡结果认定为过失。由此可见，在以对防卫过当结果的主观心理为根据的情况下，就会得出防卫过当的最高形式的直接故意的必然结论。

值得注意的是，我国有学者提出了以防卫意识内容的重构为切入点对防卫过当的罪过形式进行重新思考的命题。这种观点认为防卫过当的罪过形式要求具有防卫意识，而这种防卫意识的成立只需要行为人认识到自己是与不法侵害相对抗的事实就足够了。除此之外并不要求他必须以制止不法侵害、保护合法权益为其唯一目的。那么无论是直接还是间接的犯罪故意都可以与防卫意识并存。[①] 这种观点认为防卫过当的罪过形式应当具有防卫意识。这是正确的。因为防卫过当是

① 参见陈璇：《正当防卫：理念、学说与制度适用》，239页，北京，中国检察出版社，2020。

正当防卫的一种特殊形式，即超过必要限度的正当防卫，防卫过当是以正当防卫为前提的，因此，如果正当防卫要求具有防卫意识，则防卫过当也必然具有防卫意识。然而，对防卫过当的罪过形式的确定，首要的问题并不是是否具有防卫意识。这是毫无疑问的。其问题在于：能否把对防卫行为造成不法侵害人的死伤结果的主观心理状态直接等同于防卫过当的罪过形式。对此，我的回答是否定的。在此基础上，我们才可能进一步讨论对防卫过当的罪过形式如何确定的问题。我认为，确定防卫过当的罪过形式不能以对过当结果的主观心理为根据，而应当把对防卫行为超过必要限度的主观心理作为判断根据。因此，只有在对防卫行为超过必要限度持积极追求的主观态度的情况下，才能构成防卫过当的直接故意。

既然在防卫过当中，只有防卫人明知自己的防卫行为会明显超过正当防卫的必要限度造成重大损害而希望发生这种过当结果，才是直接故意。那么，防卫过当的罪过形式是否可能是直接故意呢？对此，我持否定的答案。如果防卫过当可以由直接故意引起，那就意味着防卫人在实行正当防卫之初，就已经预见到自己的防卫行为会明显超过正当防卫的必要限度造成重大损害，并且希望发生这种结果。果然如此，那就否定了防卫过当具有正当防卫的前提。而且，正当防卫具有防卫意图，包括正当防卫的目的和动机。这是防卫人的高尚道德情操的体现。而如果认为防卫过当的罪过形式可以是直接故意，那就必须承认其主观上具有犯罪的目的和动机。这是行为人的主观恶性的体现。显然，防卫的目的和动机与犯罪的目的和动机不能共处于同一个人的头脑之中，因为它们互相排斥。所以，防卫过当的罪过形式不可能是直接故意。

我国学者之所以认为防卫过当的罪过形式可能是直接故意，就在于把事后防卫作为防卫过当加以认定，认为：“在违反了防卫行为随时随地终止性的情况下，其行为超过防卫的强度，就是行为人的直接故意支配之下的结果了。因为这种行为是在制止不法侵害之后，而又故意实施的侵害行为，其动机显然是泄愤或复仇等，其目的是故意侵犯他人的人身权利等，因而这种行为无疑是一种有目的的故

意犯罪行为。”[①] 我认为，在不法侵害终止以后，继续加害于不法侵害人，是防卫不适时表现形式之一的事后防卫，不能认为是防卫过当。事后防卫在某些情况下是一种有目的的故意犯罪行为。这是正确的。既然事后防卫不属于防卫过当的范畴，我们就不能把事后防卫的直接故意的心理状态说成是防卫过当的罪过形式。

2. 防卫过当的间接故意

既然防卫过当的罪过形式不可能是直接故意，那么，是否可能是间接故意呢？我认为完全可能。所谓防卫过当的间接故意，是指行为人在实行正当防卫的过程中，明知自己的行为会明显超过正当防卫的必要限度而放任其防卫行为明显超过正当防卫的必要限度而造成重大损害。在刑法教义学中，间接故意可以分为两种形式：第一种形式是行为人为了实现一个犯罪意图而有意地放任某种犯罪结果的发生。作为防卫过当的罪过形式的间接故意，是在实现防卫的意图时放任其防卫行为明显超过正当防卫的必要限度而造成重大损害。而正当防卫的意图不能说是犯罪意图，所以防卫过当的罪过形式不属于间接故意的第一种形式。间接故意的第二种形式是行为人为了实现一个非犯罪的意图，而有意放任某种犯罪结果的发生。可以认为，作为防卫过当的罪过形式的间接故意属于间接故意的第二种形式，是指防卫人为实现正当防卫的意图，而对已经认识到的防卫行为会明显超过正当防卫必要限度造成重大损害抱着放任的心理态度。

在司法实践中，以间接故意构成防卫过当的案件，不乏其例。例如，张某焕故意杀人罪。[②]

天津市第一中级人民法院经公开审理查明：被告人张某焕经他人介绍与李某春相识后恋爱，于1998年5月非法同居。同年7月中旬，李某春与好友要某共

① 金凯：《试论正当防卫与防卫过当的界限》，载《法学研究》，1981（2）。

② 参见：《张某焕故意杀人案》，载国家法官学院、中国人民大学法学院编：《中国审判案例要览》，2000年刑事审判案例卷，57～60页，北京，中国人民大学出版社，2002。

同吃晚饭，晚饭后要某提出去歌舞厅找“小姐”，被李某春拒绝。李某春将此事告诉了张某焕，张某焕因前夫有外遇而与之离婚，故也怀疑李某春有外遇，为此二人发生争吵，争吵中李某春提出针对此事可向要某了解情况。7月22日上午被告人给被害人要某家里打电话，要求当面核实此事，要某应邀前往，因李某春外出购物，被告人走出家门等候被害人，并与被害人商定待李某春在家时再谈此事。当日下午1时左右，李某春去河北省卢龙县接被告人的女儿。下午2时许，要某来到李某春家中，当得知李某春外出时，遂对被告人进行调戏，张某焕表示反对，被害人要某仍继续纠缠，被告人张某焕借故脱身，去另一房间取出一把小宝剑（金属制工艺品），藏在身后回到原房间。当被害人再次无礼时，被告人张某焕手持小宝剑朝被害人的胸部猛刺。被害人在反抗过程中，被告人又朝其腹部、背部等处连捅数下，被害人要某因心脏被刺破当场死亡。

天津市第一中级人民法院经审理认为：被告人张某焕与被害人要某并无矛盾或积怨，因被告人怀疑与其同居的男友有外遇，为澄清真相，而找被害人了解情况。但被害人借机对其进行调戏，被告人在遭到不法侵害后，持械致被害人死亡，其行为属于防卫过当，已构成故意杀人罪。判处被告人张某焕犯故意杀人罪判处有期徒刑四年。

一审宣判后，天津市人民检察院第一分院向天津市高级人民法院提出抗诉，刑事附带民事诉讼原告人要某明、房某英向天津市高级人民法院提出上诉。天津市高级人民法院经公开审理认定了一审法院查明的事实和证据，据此认为：被害人要某趁被告人张某焕独自在家，对被告人进行侮辱，被告人在遭到不法侵害时，持械反抗属于防卫性质，但被告人手持利器对徒手的被害人要害部位连续捅刺二十余次，致被害人当场死亡。其防卫行为明显超过了必要限度，属于防卫过当，构成故意杀人罪。检察机关认为被告人行为不属防卫过当的抗诉意见，不予支持。被告人在对不法侵害行为的防卫中，造成被害人当场死亡的严重后果，一审法院判决被告人有期徒刑四年的量刑偏轻，应予改判。被告人供认在本案的被害人对其进行语言调戏及强行亲吻、搂抱、拉拽等行为供述，已被相关证据印证。被告人的行为给被害人家属造成的经济损失，应予赔偿。依据本案具体事实情节及被告人的赔偿能力，一审法院对附带民事判决并无不当，附带民事诉讼上诉人提出赔偿人民币八万元请求，不予支持。依照《中华人民共和国刑事诉讼法》第一百八十九条第一、二项之规定，判决：(1) 撤销天津市第一中级人民法院（1998）一中刑初字第132号判决主文第一项中对被告人张某焕量刑部分。(2) 被告人张某焕犯故意杀人罪，判处有期徒刑八年。

在本案中，张某焕是在受到死者要某不法侵害的情况下，出于防卫而手持利器对要某实行防卫的。但在防卫过程中，张某焕捅刺要某20余刀之多，应该说其明知防卫行为会明显超过正当防卫的必要限度造成重大损害，而对此持放任的心理态度，因此，其防卫过当的罪过形式是间接故意。正如我国学者指出："在本案之中，被告人对于不法侵害人（本案被害人）的死亡结果显然是持一种放任的态度，这从其适用的防卫器械的性质、刺杀被害人的部位与次数等均可以表明，所以，认定被告人的行为属于防卫过当性质的故意杀人罪，在定性上是准确的。"[①] 在间接故意的情况下，防卫人的意志完全可以支配自己的防卫强度，以约束其防卫行为明显超过必要限度而造成重大损害。但防卫人竟然未能这样做，而是放任其防卫行为明显超过必要限度造成重大损害，因此应当负刑事责任。

我国学者在否定防卫过当的罪过形式是直接故意的同时，也否定了间接故意。例如，我国学者指出："在正当防卫的场合，防卫人恐惧激动的精神状态和不断变化着的客观情况，使其难以将自己的防卫行为控制在既足以制止不法侵害，又不超出必要限度的程度。防卫人一般更多地注意自己行为的正当性，急于制止或抵抗不法侵害，从而忽视对防卫方式和强度的正确掌握。防卫人并非明知自己的行为会超过必要限度而有意追求或放任不应有的危害结果的发生，而是基于对必要限度的错误判断而采取了过于激烈的反击手段和强度。当然，也有对显

① 陈兴良主编：《判例刑法总论》，北京，中国人民大学出版社，2020。

著轻微的不法侵害实行显然是过于严重之打击的，不过在这种情况下，防卫人的行为已不属于防卫过当而属于故意违法犯罪了。”① 我不同意这种观点，理由在于：间接故意的内容包括认识因素和意志因素。在间接故意中，认识因素是指明知自己的行为可能明显超过正当防卫的必要限度造成重大损害。那么，在防卫过当中，防卫人对此是否可能有所认识呢？我认为是可能的。

前述白公普一案，防卫人对不法侵害人连扎 12 刀，难道说对其防卫行为可能明显超过正当防卫的必要限度造成重大损害一点认识也没有吗？显然不可能。在间接故意中，意志因素是指对其防卫行为可能明显超过正当防卫的必要限度造成重大损害，持一种放任的心理态度。所谓放任，是指任凭其发生而不加控制。这种心理状态，在防卫过当中也是完全可能发生的。因为防卫人出于正当防卫而对不法侵害实行反击，因此，防卫人的主观上可能出现“反正是你先动手，过火点也没关系”的思想。防卫人对其防卫行为明显超过正当防卫的必要限度造成重大损害，虽然不是希望或追求其发生，但是，也没有明确地表现出确实不希望甚至阻止它发生的意愿，而是放任自流，发生了也并不违背防卫人的意愿。这完全符合间接故意的特征，对其以间接故意犯罪论处，是应该的。如果说，防卫过当的罪过形式不可能是间接故意，只要出于故意，那就是故意违法犯罪而不是防卫过当，这就势必把许多防卫过当做一般的故意犯罪处理，从而不利于鼓励公民和正在进行的不法侵害作斗争。

3. 防卫过当的过失

在我国刑法学界，还有学者主张防卫过当只能由过失构成，但又认为在防卫过程中，防卫人受到不法侵害的侵袭后，由于激愤心情而产生报复心理，明知行为会产生危害社会的结果，而故意对不法侵害人实施反侵害行为，是一种非防卫性质的侵害行为，称为故意过当行为，并且认为不属于防卫过当。② 我认为，这

① 章戈：《论正当防卫》，载《江海学刊》，1983（5）。

② 参见仲伟兵：《试论防卫中的故意过当行为》，载《法学与实践》，1986（5）。

种观点是不能成立的。首先，这种观点是建立在防卫过当只能由过失构成这一论点之上的。而我认为，防卫过当也可以由间接故意构成，在这种情况下，并不排除防卫过当的行为人在其主观上具有正当防卫的目的。因此，把故意过当行为一概排斥于防卫过当的范畴以外，是不符合实际情况的。其次，这种观点在肯定所谓故意过当行为是一种反侵害行为的同时，却又否定其主观上具有反侵害的意图。这显然是自相矛盾的，因为人的行为是受主观意识支配的，在主观上由于激愤心情而产生的报复心理的支配下，不可能产生反侵害行为，而只能产生报复行为。最后，该学者提出故意过当行为的概念毫无实际意义，只会徒增认定防卫过当的难度。因此，我认为故意过当行为实际上就是防卫过当的一种表现形式，应依防卫过当的处罚原则处理。

应该指出，防卫过当的罪过形式，在大多数情况下是疏忽大意的过失。所谓防卫过当的疏忽大意的过失，是指防卫人在实行正当防卫过程中，应当预见自己的行为可能明显超过正当防卫的必要限度造成重大损害，因为疏忽大意而没有预见，以致发生了这种重大损害。例如，被告王某于某日晚上 9 时许，在某厂门口，见陈某等三人骑一辆自行车由西向东而来，被告误认为是同厂青年，便伸手拦截。陈某等三人以为是要抢帽子，前行不远便停下找砖头、石块返回责问。被告见势不好就进入该厂内躲藏，后被告出厂时又与陈某相遇。被告再次回厂躲避，陈某等人赶上质问，被告讲明是认错了人，不是抢帽子。陈某等仍不谅解，手持砖块向被告面部猛打，致被告右上颌及牙齿损坏，被告遂拔出随身所带的匕首，朝陈某胸部猛戳一刀，陈某跑至 3 米处倒地。被告上前将陈某送往医院抢救，因陈某伤及心脏，大量出血，当晚死亡。一审法院以故意伤害（致人死亡）罪定性，根据被告未成年、自首等情节，从轻判处有期徒刑 10 年。被告不服上诉，二审法院撤销原判，认为王某是防卫过当，但仍定为故意伤害（致人死亡）罪，判处有期徒刑 7 年。我认为，二审法院对王某以防卫过当论是正确的。但从被告人的主观心理态度上说，王某并不是明知自己的行为会超过正当防卫的必要限度造成不应有的危害，而希望或放任这种不应有的危害发生，而是在正当防卫

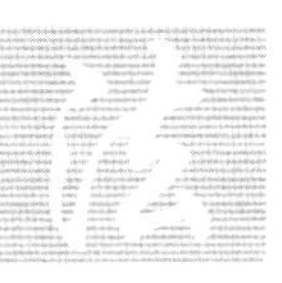

过程中，应当预见自己的行为可能超过正当防卫的必要限度造成不应有的危害，因为疏忽大意而没有预见，导致发生了不应有的危害。因此，上述王某防卫过当一案，我认为定为过失杀人较为合适。

在认定防卫人对防卫行为会明显超过正当防卫的必要限度造成重大损害，应当预见与否的时候，要根据防卫人的主观条件，例如年龄、知识水平和认识能力等，还要结合案件的客观情况，例如时间、地点等，综合地进行分析判断。由于正当防卫是对正在进行的不法侵害的一种反应，防卫人出于防卫的紧迫性，往往难以从容地选择适当手段和控制其防卫强度，预见可能造成的损害结果的程度，而这种情况又是由不法侵害所造成的，故防卫过当的被害人有一定的责任。因此，在确定防卫人是否应当预见时，应当和一般的过失犯罪有所区别。如果根据上述主观和客观的情况判断，防卫人能够预见自己的行为会明显超过正当防卫的必要限度造成重大损害，那么就是应当预见。如果防卫人没有预见，也不可能预见，那就是防卫过当中的意外事件，防卫人对此不负刑事责任。总之，在疏忽大意的过失的情况下，防卫人在客观上已经具备了认识自己的防卫行为可能明显超过正当防卫的必要限度造成重大损害的充分条件，但由于防卫人法制观念淡薄，竟然因疏忽大意而未能预见，因此其应当负刑事责任。

防卫过当的罪过形式在极个别情况下，可能是过于自信的过失。防卫过当的过于自信的过失，是指防卫人已经预见到自己的防卫行为可能会明显超过正当防卫的必要限度造成重大损害，因为轻信能够避免而导致其防卫行为明显超过正当防卫的必要限度造成重大损害。正当防卫是在十分紧迫的情况下发生的，一般防卫人没有考虑如何凭借一定的主观和客观的条件避免其防卫行为明显超过正当防卫的必要限度造成重大损害的余地。只是某些防卫人在和不法侵害人之间的力量对比悬殊，防卫人可以从容地实施其防卫行为的个别情况下，才有可能以过于自信的过失构成防卫过当。

（三）假想防卫过当的罪过形式

在此，我们还要研究因对事实认识错误而导致防卫过当的问题。在正当防卫

的急迫情况下，防卫人由于对防卫工具、打击部位等的认识错误，把明显超过正当防卫必要限度的强度，误认为是合于正当防卫必要限度的强度，因而造成了重大损害。关于这种情形，日本刑法学者伊达秋雄认为是假想防卫，指出："当对于急迫不正之侵害而为防卫时，由于错误而认识未超越防卫程度之事实，加以超越程度之反击的情形，亦与虽无任何急迫不正之侵害，然而误想为有而加以反击之情形同样，皆相当于误想防卫之一情形。"① 苏俄学者伏·特卡钦科指出："在审判实践中还常常碰到这样的防卫臆想侵害的事实，即防卫人对受害人造成损害明显超过与实际的不法侵害相适应的损害所允许的限度。这样的行为应当负刑事责任，行为的性质依犯罪人对犯罪结果的心理态度决定。如果实施想象防卫的人出于过失对受害人造成了与实际侵害不相适应的损害，那么他就要承担过失犯罪的责任。"② 我认为，把这种因对事实的认识错误而导致的防卫过当情形视为假想防卫的观点是错误的。假想防卫是误认没有不法侵害为存在不法侵害，而这种情形则是误认明显超过正当防卫必要限度的防卫强度为没有超过正当防卫的必要限度，两者根本不同。前者所要解决的是行为人对其假想防卫所造成的全部危害结果，是否承担过失犯罪的刑事责任的问题；后者所要解决的是防卫人对其防卫行为明显超过正当防卫的必要限度所造成的重大损害结果，是否承担防卫过当的刑事责任的问题。所以，对于因对事实的认识错误而导致防卫过当的，应视其对认识错误有无疏忽大意的过失而决定：没有过失的，属于意外事件，不负刑事责任；如果存在过失，则应以防卫过当追究其刑事责任，但应当酌情减轻或者免除处罚。

防卫过当在客观上明显超过正当防卫的必要限度造成了重大损害，侵害了我国刑法所保护的法益；在主观上对于防卫行为明显超过正当防卫的必要限度造成

① ［日］伊达秋雄：《防卫过当之一情形》，载《日本刑法判例评释选集》，74页，台北，汉林出版社，1977。

② ［苏］伏·特卡钦科：《想象的防卫》，载《电大法学》（试刊），1983（3）。

重大损害，具有间接故意或者过失。因此，防卫过当的犯罪构成，是客观上的侵害性和主观上的罪过性的统一。这就是防卫过当应负刑事责任的基础。

第二节 防卫过当的刑事责任

一、防卫过当的定罪问题

在追究防卫过当的刑事责任时，首先要解决的是防卫过当的定罪问题。在司法实践中，对防卫过当的定罪存在一些混乱，一般防卫过当致人死亡的，都定为故意伤害（致人死亡）罪；防卫过当致人伤害的，都定为故意伤害罪，很少有司法机关把防卫过当定为故意杀人罪或者过失犯罪。这个问题，与其说是一个罪名的问题，不如说是一个罪过形式的问题。在我国刑法中，防卫过当不是一个罪名，因此，我国学者认为，当需要对防卫过当的行为人追究刑事责任时，应当定为“防卫过当致人伤害罪”或“防卫过当致人死亡罪”，并且建议在修改《刑法》时，在《刑法》分则第四章“侵犯公民人身权利、民主权利罪”中增加这方面的条文。[①] 还有学者建议立法机关修改《刑法》时，在《刑法》分则中增加有关防卫过当致人死亡和重伤的规定，具体可表述为：“因超过正当防卫限度致人死亡的，处三年以下有期徒刑或者拘役。”“因超过正当防卫限度致人重伤的，处一年以下有期徒刑或者拘役。”[②] 我认为，以上这些建议基本上是可取的，法律对防卫过当的定罪量刑作明文规定，可以减少司法实践中的混乱，有利于维护法制的统一性。而且，外国也有这样的立法例，例如《苏俄刑法典》。但在目前《刑法》没有对正当防卫的规定进行修改补充以前，我们只能根据明显超过正当防卫必要限度造成重大损害的具体案情，在认定防卫过当的罪过形式的基础上，按照我国

① 参见张春发：《防卫过当的刑事责任问题》，载《法学》，1983（1）。

② 利子平：《防卫过当之量刑初探》，载《江西大学学报》，1984（3）。

《刑法》分则的有关条文，正确地对防卫过当定罪。

在司法实践中，大量发生的是防卫过当造成不法侵害人的重伤或者死亡的案件。如果防卫过当是在间接故意的心理状态的支配下，客观上造成了死亡结果，可以援引我国《刑法》第232条定为故意杀人罪。如果防卫过当是在过失的心理状态的支配下，客观上造成了死亡结果，可以援引我国《刑法》第233条定为过失杀人罪。如果防卫过当是在间接故意的心理状态的支配下，客观上造成了重伤结果，可以援引我国《刑法》第234条第2款定为故意重伤罪。如果防卫过当是在过失的心理状态支配下，客观上造成了重伤结果，可以援引我国《刑法》第235条定为过失重伤罪。应当指出，无论以上何种情况，在援引我国《刑法》分则有关条文定罪时，都必须援引我国《刑法》第20条第2款的规定，以表明其防卫过当的性质。同时，我认为防卫过当的性质在罪名上也应该有所体现，具体地说，可以表述为：故意杀人（防卫过当）罪、过失杀人（防卫过当）罪、故意重伤（防卫过当）罪、过失重伤（防卫过当）罪，等等。

二、防卫过当的出罪事由

出罪事由是在三阶层犯罪论体系的语境下存在的一个概念。出罪事由可以分为两种情形：第一种是违法阻却事由，第二种是责任排除事由。违法阻却事由是指符合构成要件但阻却违法性的情形，正当防卫本身就是一种违法阻却事由，因此，防卫过当作为从正当防卫中派生的一种法律制度，它不可能是违法阻却事由。责任排除事由是指行为符合构成要件、具有违法性，且具备责任前提要素，但因缺乏主观归责要素而排除责任的情形，例如，不可避免的违法性认识错误和期待不可能等。防卫过当既然不存在违法阻却事由，那么，它是否存在责任排除事由呢？责任排除事由可以分为法定的责任排除事由与非法定的责任排除事由。在某些国家刑法典对责任排除事由作了明文规定。例如《德国刑法典》第34条和第35条分别规定了阻却违法性的紧急避险与阻却责任的紧急避险。其中，《德

国刑法典》第35条规定："（1）为使自己、亲属或其他与自己关系密切者的生命、身体或自由免受正在发生的危险，不得已而采取的违法行为不负刑事责任。在因行为人自己引起危险或因其处在特定的法律关系中而须容忍该危险的限度内，不适用该规定；但是，如果不顾及某一特定的法律关系行为人也须容忍该危险，则可依第49条第1款减轻处罚。（2）行为人行为时，误认为有第1款规定不负责任的情况，仅在他能够避免该错误时，才予处罚。可依第49条减轻处罚。"该规定的前提是"不得已而采取的违法行为"，因此，它与阻却违法性的紧急避险是不同的，属于排除责任的紧急避险。除此以外，《德国刑法典》还专门对防卫过当设立了排除责任条款。《德国刑法典》第33条规定："防卫人因为慌乱，恐惧或者惊吓而超越紧急防卫的界限的，不受处罚。"这就是《德国刑法典》关于防卫过当排除责任事由的规定，而排除责任的条件是"慌乱、恐惧或者惊吓"而导致防卫过当。这里的慌乱是指因不法侵害突如其来，防卫人没有任何思想准备，因而产生的心里慌乱状态。恐惧是指因为不法侵害严重程度对防卫人具有极大的心理威慑，因而产生的心理恐惧状态。惊吓是指因的紧迫性对防卫人的精神造成的强大压迫感。德国学者认为，《德国刑法典》第33条的理据在于：暴怒、仇恨、愤怒、好战欲这些侵犯性的情绪冲动被排除出去了。首先，法律并不想给出错误的信号使人们相信"猛龙怪客"（Ein Mann sieht rot）意义上的自力救济。尤其是这样强大的情绪冲动，已经偏离了行为人的那种可以使他的违法作为成为善举的弱势。尽管法秩序要求，身处紧急防卫情形的防卫者即使面临危险和困境，也要始终选择相对而言最为缓和的防卫手段，但这对于审慎的防卫者而言，已经是个难题了。如果行为人还出现了情绪冲动，那么丧失自制就再容易不过了。行为人身陷窘迫且多半扑朔迷离情势的这种弱势，使得他没能遵守紧急防卫的界限成为可以理解、可以宽恕的事。但这种将因攻击而引起的慌乱、恐惧或惊吓这种例外的精神状况视为豁免刑罚的理由的做法，是不充分的。之所以这样说，是因为这使得：只要存在这种情绪冲动，可能就要排除当事人的责任，而完全没有考虑到，是否有紧急防卫的情形使得行为人处于那样的精神状态。而在法

律中，并没有从什么地方可以得出这种结论。因此，要问的是，慌乱、恐惧或惊吓状态下的逾越紧急防卫界限，究竟和基于同样动机情形的其他情势有何种区别。《德国刑法典》第 33 条的特殊之处在于，紧急防卫的界限被逾越了。这意味着：一方面，行为不法是减轻了，因为这里存在紧急防卫的情形和行为人的救助意思。另一方面，由于存在紧急防卫情形，结果不法也减弱了。总体来说，不法被部分地取消了；也就是说，这时是不法减轻和使采取合乎规范的举止更加困难的低度情绪冲动同时发生作用。由于同时出现了两个减轻罪责的事由，这也就能够说明为什么刑法愿意在这类案例中作出宽恕的反应。① 德国学者的以上论述为我们理解德国刑法中的防卫过当排除责任制度提供了重要参考。

我国刑法并没有规定对防卫过当的责任排除制度。在 1997 年《刑法》修订过程中，最高人民检察院和某些学者曾经提出立法建议，主张在《刑法》第 20 条增加一款："防卫人因激愤、恐惧或慌乱而防卫过当的，免除责任。'或者'防卫人由于恐慌、激愤而超过防卫限度，主观上没有罪过的，不以犯罪论处。"以上责任免除的立法建议和《德国刑法典》第 33 条虽然具有一定的相似性，但性质又不完全相同。其中，免除责任的立法建议，还不是责任排除只是责任免除。责任排除与责任免除是存在区别的：责任排除是犯罪成立条件不完全具备，因而不构成犯罪。但责任免除在我国刑法中也是一种承担刑事责任的方式，它是以构成犯罪为前提的。不以犯罪论处的立法建议则与《德国刑法典》第 33 条规定的不受处罚的法律后果较为一致，都是因排除责任而不构成犯罪。当然，上述立法建议并没有被我国立法机关采纳。因此，防卫过当的责任排除制度在我国刑法中只是一种非法定的责任排除制度。

我国学者陈璇将防卫过当的责任排除制度称为情绪性出罪事由，指出："慌乱、恐惧、激愤等异常情绪，是防卫过当领域所独有的一项责任阻却事由。"②

① 参见［德］亨宁·罗泽瑙：《论德国刑法中的紧急防卫过当》，蔡桂生译，载陈兴良主编：《刑事法评论》，242 页，北京，北京大学出版社，2014。

② 陈璇：《正当防卫：理念、学说与制度适用》，279 页，北京，中国检察出版社，2020。

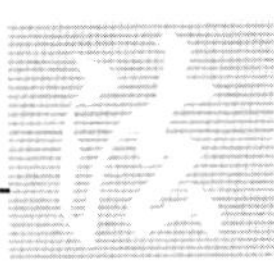

当然，这里的情绪性出罪事由只是对此种责任排除事由的一种现象描述，而不是出罪事由的根据本身。正如陈璇指出的，情绪性出罪事由之所以能够阻却责任，关键不在于情绪本身，而在于由情绪所形成的特定身心状态。在此，我们应将情绪和由情绪所引发的身心状态这两者区分开来。不同的情绪可能会导致相似的心理状态；反之，同一种情绪也可能引发截然相异的心理和举止。责任的判断根据是行为人正确认识事实、形成合法动机进而控制自己举止的能力，故真正能够对责任的有无及大小发挥决定性作用的是行为人的心理状态。[①] 我们可以根据防卫过当的行为及心理过程进行描述：不法侵害引发防卫人的防卫行为。这是一种客观上的引起与被引起关系，不法侵害人对自己引发的防卫行为负有直接责任。具有突发性的不法侵害对防卫人的心理形成巨大震撼，使其产生慌乱、恐惧和激愤等应激情绪。这种情绪对防卫人的认知能力与控制能力产生消极影响，防卫人在正当防卫的时候不可能正确地把握防卫限度。在这种情况下，要求防卫人严格掌握防卫限度缺乏期待可能性，因而应激情绪可以成为防卫过当的责任排除事由。由此可见，情绪性出罪事由的法理根据还是在于缺乏期待可能性，也就是期待不可能。

三、防卫过当的量刑问题

（一）防卫过当的减免根据

我国《刑法》第 20 条第 2 款明文规定：对于防卫过当的，应当减轻或者免除处罚。那么，防卫过当为什么应当减轻或者免除处罚呢?

关于防卫过当减免刑事责任的工具，在日本刑法教义学中存在三种不同观点[②]：第一种是责任减少说，认为防卫过当可以减免刑罚的根据在于，在存在急

---

① 参见陈璇：《正当防卫：理念、学说与制度适用》，284 页，北京，中国检察出版社，2020。

② 参见［日］山口厚：《刑法总论（第 3 版）》，付立庆译，139～141 页，北京，中国人民大学出版社，2018。

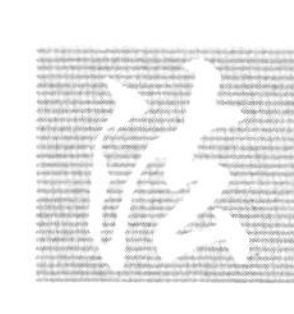

迫不法侵害这一紧急状态之下，被侵害者的心理受到了压迫而无法冷静地判断，因此责任减少，即，由于在紧急状态之下产生恐惧感等而不能冷静地判断，防卫行为未能停顿在所允许的范围内而过当的，不能完全期待被侵害者在允许的限度内进行防卫行为（期待可能性的减少），从而也就减少了非难可能性。第二种是违法减少说，认为即便是防卫过当，也需要是针对急迫的侵害而通过防卫行为维持了正当的利益，在肯定了这一点的场合，在此限度之内就能够肯定违法性的减少。第三种是违法责任减少说，该说弥补了以上两说的不足，认为防卫过当在其属于针对急迫不法的侵害的防卫行为这一点上，较之并非如此的单纯法益侵害行为来看，必须肯定其违法性的减少；但是，要想说明防卫过当就连刑之免除也是可能的，就必须要考虑心理的压迫状态所导致的责任减少。日本学者的上述观点，是从违法与责任两个方面寻求防卫过当减免处罚的根据，因而较为全面与妥当。

我国刑法学界没有采用违法减少与责任减少这一话语，而是使用客观与主观的分析方法。就其内容而言，我认为与日本学者的观点并无本质区别。

1. 客观特征的考察

从客观上说，防卫过当之所以应当减轻或者免除处罚，是因为按照1979年《刑法》规定，防卫过当造成的是不应有的损害。也就是说，防卫过当所造成的损害，实际上可以分解为两部分：第一部分是应有的损害，防卫人对此不负刑事责任；第二部分是不应有的损害，防卫人对此应负刑事责任。在一个具体案件中，损害结果在其形式上只是一个：或者死亡或者伤害。不容易区分哪部分损害是应有的，哪部分损害是不应有的。所以，在法律上明文规定对于防卫过当应当减轻或者免除处罚，就把防卫过当只对其不应有的危害承担刑事责任，而不是对全部损害结果承担刑事责任这一内容，在立法上已经予以考虑了。例如：

被告徐某光于某日晚上在养路工区学习室看电视，因争座位与何某、刘某芝母子发生争吵、抓扯。刘某芝的外孙段某上前帮刘某芝围打徐某光，段某用铁铲把打徐某光的头部，被群众拉开。徐某光脱身刚跑到楼梯口，又被闻讯赶来帮忙

的刘某芝的丈夫何某、姐姐刘某 1、姐夫田某等人拦住殴打。徐某光再次挣脱，往自己家中跑去。刘家七人紧追不放。徐某光的妹妹徐某花因其 7 岁的小弟在楼梯下哭叫，便从楼上下来哄他。这时，追来的段某、田某不问青红皂白，抓住徐某花就打。躲在楼房门洞中的被告看见妹妹无故被打，即顺手在门洞中的柴堆上拿起一块木柴，向段某打去，刚好打中段某的头部，段某昏倒在地。因伤势严重，段某经抢救无效死亡。中级人民法院经审理认为：被告徐某光有意与小孩争座位，挑起事端，后又持木棒将段某打伤致死，已构成致死人命罪，判处徐某光有期徒刑八年。高级人民法院认为，徐某光为看电视与小孩争座位是错误的。但刘某芝以此为由聚众两次对徐某光进行殴打，并一直追到徐某光的家门口，无故殴打徐某花。徐某光为了使其妹免除正在进行的不法侵害，用柴块向殴打其妹的段某还击，属于正当防卫行为；但打中了要害部位，造成致死人命的严重后果，正当防卫超过了必要限度，应负刑事责任，遂对徐某光改判有期徒刑 3 年。

我同意高级人民法院的意见，本案属于防卫过当。从刑期上看，中级人民法院将本案作为一般犯罪处理，判处被告有期徒刑 8 年；而高级人民法院将本案作为防卫过当处理，判处被告有期徒刑 3 年。两者之间相差 5 年。为什么会存在这样大的距离呢？因为认定被告的行为是防卫过当，就应该承认其具有正当防卫的前提。所以，在致人死亡的结果中，实际上包含着应有的损害和不应有的危害。因此，其社会危害性程度就要比一般的犯罪小，应当减轻处罚，高级人民法院对被告判处有期徒刑 3 年是合适的。而否定被告的行为具有正当防卫的前提，就意味着被告应对致人死亡的结果负全部刑事责任，社会危害性程度当然就大了。可见正确认定防卫过当，对于定罪量刑都具有重大的意义。

2. 主观特征的考察

从主观上说，防卫过当之所以应当减轻或者免除处罚，是因为防卫人具有正当防卫的目的和动机。这就是说，防卫人实行正当防卫是为了使国家、公共利益，本人或者他人的人身、财产和其他权利免受正在进行的不法侵害。即使其防

卫行为明显超过了正当防卫的必要限度造成不应有的危害，行为人应当负刑事责任，也还是事出有因、情有可原。防卫人对于明显超过正当防卫的必要限度造成重大损害，主观上虽然具有一定的罪过，但和那些出于卑鄙、恶毒的动机，故意地非法剥夺他人的生命或者残害他人的身体健康，以及那些在生活中漫不经心，违反规章制度而过失地剥夺他人的生命或者伤害他人的健康的犯罪相比较，防卫人的主观罪过要小得多。例如，被告人王某发为维护集体利益与刘某忠发生争吵并厮打起来，经人劝开。被告找人评理，恰与刘某忠父子相遇。刘某忠的父亲刘某祥用牛头绳打被告。被告未还手，跑向大队报告。刘家父子继续沿街追赶，向被告人抛石头，追上去继续抽打，群众闻讯赶来劝解开。被告回到家中感到十分委屈，即带一把尖刀护身，又去找大队干部，走到大队门口再次与刘某祥相遇。刘某祥不容分说，抓住被告的衣领用牛头绳连连抽打。开始被告未还手，后来抽出尖刀向刘某祥刺了两刀，一刀刺中胳臂，一刀刺破肺叶，刘某祥当即倒地。被告见刘某祥倒地，放下尖刀，到村里投案，建议赶紧用车送医院抢救，表示愿负担一切费用。刘某祥经医院抢救无效死亡。法院经过审理认为：被告动刀伤人造成致人死亡的严重后果，构成伤害罪。但考虑到被告人是在维护集体利益遭到不法侵害后，防卫过当，事后又投案自首，并能积极抢救被害人等情节，减轻判处被告王某发有期徒刑 5 年。在本案中，被告王某发虽然实行正当防卫明显超过必要限度造成了重大损害，应负刑事责任。但他是在为维护集体利益而遭受刘家父子一再的不法侵害的情况下，对刘某祥实行了正当防卫。从动机来看，是为保护本人的人身权利不受侵犯，而且是在再三忍让后，迫不得已而采取的防卫行为。因此，虽然发生了死亡的结果，但从主观上看，其恶性不大，所以，应当依照我国《刑法》第 20 条第 2 款的规定，对被告减轻处罚。

以上就是我国刑法中明文规定防卫过当应当减轻或者免除处罚的主观和客观的根据。可以说，我国《刑法》第 20 条第 2 款关于防卫过当应当减轻或者免除处罚的规定，是我国刑法中的罪刑相适应的基本原则的具体体现。

（二）防卫过当的刑罚裁量

我国《刑法》第 20 条规定，对于防卫过当的，应当减轻或者免除处罚。这里规定的是应当，而不是可以。1963 年《中华人民共和国刑法草案》第 33 次稿曾经规定“可以”，在现行刑法中改为“应当”。显然，这不只是一个词汇的变动，而是表明了立法者对防卫过当的评价的严厉程度。从法律逻辑学来说，由应当和可以构成的行为规范，被称为规范模态判断。应当型规范是义务性规范，而可以型规范是许可性或授权性规范，因此，可以和应当的逻辑含义是不一样的。一般说，法律规定可以做的，也可以不做；规定应当做的，就必须做。[①] 所以，我们在对防卫过当量刑时，一定要充分理解立法精神，严格依法办事。

减轻处罚是指判处低于法定最低刑的刑罚。我国《刑法》第 63 条第 1 款指出：“犯罪分子具有本法规定的减轻处罚情节的，应当在法定刑以下判处刑罚。”对防卫过当的减轻处罚存在两个问题，现在分述如下。

1. 对低于法定刑的理解

在一个条文规定了数个量刑幅度的情况下，如何确定其所低于的法定刑呢？例如，防卫过当构成故意杀人罪，我国《刑法》第 232 条规定：“故意杀人的，处死刑、无期徒刑或者十年以上有期徒刑；情节较轻的，处三年以上十年以下有期徒刑。”在这种情况下，如何对防卫过当构成的故意杀人罪减轻处罚？关于这个问题，我国刑法学界存在两种观点：一是条文说，其认为对某一个犯罪在同一条文里规定了数个量刑幅度的，应把数个量刑幅度视为一个整体，即看作是一个单独的法定刑。所谓在法定刑以下判处刑罚，就是在数个量刑幅度中最低的那个量刑幅度以下判处刑罚。根据这种观点，防卫过当构成故意杀人罪的，只能在 3 年有期徒刑以下判处刑罚。二是幅度说，其认为我国刑法根据犯罪情节的轻重，规定了数个量刑幅度，每个量刑幅度都应被认为具有独立的法定刑意义。因此，这类犯罪如果具有法定的减轻情节，应当参照其情节轻重，以决定在哪个法定刑

① 参见吴家麟主编：《法律逻辑学》，111 页，北京，群众出版社，1983。

以下判处刑罚。根据这种观点，防卫过当构成故意杀人罪的，不宜一概在 3 年有期徒刑以下判处刑罚。我认为，根据我国刑法的有关规定和司法实践，应当采用幅度说。防卫过当构成故意杀人罪的，其情节轻重相差很大，如果一概在 3 年有期徒刑以下判处刑罚，似嫌过轻。为了做到罪刑均衡，在我国刑法所允许的情况下，完全可以对极少数情节严重的防卫过当构成的故意杀人罪，处以 10 年以下 3 年以上有期徒刑。

关于这个问题，首先应当确定我国刑法关于减轻处罚规定中“法定刑”的含义。也就是说，法定刑是指对某个犯罪所设立的全部刑罚，还是指其中某个刑罚幅度？对此，1990 年 4 月 27 日最高人民法院研究室《关于如何理解和掌握“在法定刑以下减轻”处罚问题的电话答复》指出：“减轻处罚是指‘应当在法定刑以下判处刑罚’。这里所说的‘法定刑’，是指根据被告人所犯罪行的轻重，应当分别适用的刑法规定的不同条款或者相应的量刑幅度。”由此可见，我国司法实践中对于减轻处罚的法定刑应当采用幅度说。

值得注意的是，《刑法修正案（八）》对我国《刑法》第 63 条关于减轻处罚的规定进行了修订，增加了对具有数个量刑幅度的应当如何减轻处罚的内容，指出：“本法规定有数个量刑幅度的，应当在法定刑幅度的下一个量刑幅度内判处刑罚。”根据这一规定，我国刑法对减轻处罚采用的也是幅度说，即在具有数个量刑幅度的情况下，首先应当确定本案应当适用的量刑幅度，然后在该量刑幅度的下一个幅度内适用刑罚。对防卫过当的减轻处罚也应当按照该规定进行刑罚裁量。

2. 对变更为其他刑种的理解

在法定刑以下判处刑罚，是否可以减为其他刑种呢？在这个问题上，我国刑法学界存在两种观点：一是否定说，其认为具有减轻情节的，只能在本刑种以内减轻，不能减为其他刑种。这样，防卫过当构成故意杀人罪的，只能在 3 年以下至 6 个月有期徒刑之间判处刑罚，而不能判处拘役或者管制。二是肯定说，其认为只要具有法定减轻情节的，可以减为其他更轻的刑种。例如，防卫过当构成故意杀人罪的，不仅可以在 3 年以下至 6 个月有期徒刑之间判处刑罚，还可以判处

拘役或者管制。我同意肯定说，认为减轻处罚的可以减为其他更轻的刑种；否则，如果按照否定说，防卫过当构成过失致人死亡罪，其法定刑是3年以下有期徒刑，减轻处罚不能减为其他更轻的刑种，则减轻处罚就成了一句无法兑现的空话，而按照肯定说，则还可以判处拘役或者管制。过失致人重伤罪也是这样，其法定刑是3年以下有期徒刑或者拘役，按照否定说，无法减轻处罚。按照肯定说，则可以减轻为管制。

免除处罚是指免予刑事处分。我国刑法中的免除处罚，就是对犯罪分子作有罪宣告，而免除其刑罚处罚。免除处罚的前提是应当受到刑罚处罚。这表明我国刑法对防卫过当来否定性的社会政治和法律的评价。应当受到刑罚处罚而又免除其刑罚处罚，则是因为防卫过当事出有因、情有可原。这样，既维护了我国社会主义法制的严肃性，又合乎情理，可以说是体现了我国刑法的原则性和灵活性相结合的立法原则。免除处罚，当然也就不存在适用刑罚的问题。

（三）防卫过当的量刑情节

我国《刑法》第61条指出："对于犯罪分子决定刑罚的时候，应当根据犯罪的事实、犯罪的性质、情节和对于社会的危害程度，依照本法的有关规定判处。"这是我国刑法所规定的量刑的一般原则，对于防卫过当的量刑当然适用。根据我国刑法的规定和司法实践的经验，我认为在决定对防卫过当的量刑时，应该酌情考虑以下情节。

1. 过当程度

防卫过当虽然具有正当防卫的前提，但因为防卫行为超过了必要限度，因而具有法益侵害性。防卫过当的法益侵害性体现在过当程度上：其造成重大损害的，过当程度就大；反之亦然。例如，在正当防卫中，防卫人用轻伤足以有效地制止正在进行的不法侵害的，却致人重伤，构成了防卫过当。这是一种过当程度。防卫人用轻伤足以有效地制止正在进行的不法侵害，却致人死亡，构成了防卫过当。这又是一种过当程度。显然，这两种过当程度在量上是有明显差别的：前者损害小，而后者的损害大。这在对防卫过当量刑时，不能不加以考虑。

2. 罪过形式

不同的罪过形式体现了防卫人对明显超过正当防卫的必要限度造成重大损害的不同的心理状态。因此，在过当程度相同的情况下，防卫人主观上的罪过形式不同，对其处罚亦应有所不同。唯有如此，才能做到罚当其罪。过失心理状态支配下的防卫过当，一般可以考虑免除处罚。间接故意心理状态下的防卫过当，一般可以考虑减轻处罚。当然，如果防卫过当虽出于过失，但后果过于严重，亦可考虑减轻处罚。反之，如果防卫过当虽出于间接故意，但情节较轻，亦可考虑免除处罚。总之，应当酌情决定。

3. 权益性质

在对防卫过当量刑时，我们还应当考虑其所保护的合法权益的性质。我国刑法中正当防卫所保护的权益包括国家、公共利益，本人或者他人的人身、财产和其他权利。其内容十分广泛，其性质亦有所不同。无产阶级专政的政权和社会主义制度，是人民的根本利益之所在，也是一切公民的人身和其他权利的直接渊源。其重要性显而易见，而公民的人身权利又比财产权利重要一些。各种权益虽然都受我国刑法的保护，为保护这些权益免受正在进行的不法侵害都可以实行正当防卫，但因各种权益的性质不同，对防卫过当量刑时应该对此加以考虑。凡为保护国家、公共利益等重大权益而防卫过当的，可以考虑免除处罚。唯对为保护较轻微的权益，而对不法侵害人造成不应有的重大人身伤亡后果的，可以考虑减轻处罚。

4. 社会舆论

防卫过当是在实行正当防卫的过程中发生的，虽然防卫人行为明显超过必要限度造成了重大损害，但还是容易得到社会舆论的同情和谅解，尤其是在为保护国家、公共利益或者他人的人身和其他权利的情况下，更是如此。而且，由于防卫过当的对象具有被害人和侵害人的双重身份，如果该人是当地一霸，则防卫过当的行为人可能会被视为为民除害的英雄。在这种情况下，如果处理不当，就会使法律评价和道德评价之间发生矛盾。我们应该通过审判活动，教育当事人和人

民群众，即使为了保护合法权益，也不允许正当防卫明显超过必要限度造成重大损害；提高公民的社会主义法律意识，维护法律的严肃性，同时又不挫伤公民对正在进行的不法侵害实行正当防卫的积极性。应当指出，鉴于防卫过当的对象具有被害人和侵害人的双重身份，在对防卫过当量刑时，不能过多地、无原则地迁就被害人及其亲属的要求。那种迫于被害人及其亲属的压力，或者为了平息被害人及其亲属的愤怒，加重对防卫过当的处罚的做法，是为我国社会主义法制所不允许的。

（四）防卫过当的刑罚适用

1. 防卫过当的自首认定

我国刑法中的自首是指犯罪人在犯罪以后，自动投案，主动向一定的机关交代自己的罪行，接受国家审判的行为。如果防卫人在对正在进行的不法侵害实行正当防卫以后，向司法机关投案自首，经过调查核实，其正当防卫没有明显超过必要限度，不是防卫过当，没有构成犯罪，该投案就不属于我国刑法中的自首。因为自首的前提是犯罪，没有犯罪，也就没有自首可言。正当防卫以后投案的，可以认为是假想犯罪，并不因为其主观想象改变行为的正当防卫性质，不能追究其刑事责任。如果其正当防卫确已明显超过必要限度造成重大损害，构成了犯罪，则其投案应被视为自首。我国《刑法》第 67 条指出："对于自首的犯罪分子，可以从轻或者减轻处罚。其中，犯罪较轻的，可以免除处罚。"防卫过当而具有自首情节的，如果过当程度较小，未造成严重的危害结果，一般可以考虑免除处罚。

2. 防卫过当的缓刑适用

依据我国《刑法》第 72 条规定，对于被判处拘役、三年以下有期徒刑的犯罪分子，根据犯罪分子的犯罪情节和悔罪表现，适用缓刑确实不致再危害社会的，可以宣告缓刑。我国刑法中的缓刑是刑罚的具体运用的一项重要制度，它适用于那些犯罪情节较轻，并确有悔罪的表现，暂不执行刑罚不致再危害社会的犯罪分子。我认为：防卫过当而被判处拘役、3 年以下有期徒刑的，只要符合适用

缓刑的条件，都应当考虑适用缓刑，因为防卫过当是在同正在进行的不法侵害作斗争的正当防卫过程中发生的，犯罪情节较轻。而且，防卫过当人对其防卫过当行为所造成的重大损害结果并不是积极追求的，而在多数情况下是没有预见到的，属于过失犯罪，因此事后往往追悔莫及，具有悔罪的表现。对于这样的犯罪分子适用缓刑，将他们放到社会上去，一般来说他们是不会再危害社会的，因此，可以适用缓刑。例如，某日下午，洛阳市郊区农民张某亮和另外两个男青年因故外出，被孙禅乡的青年王某保等七人拦住，要与其打架，遭到张某亮的拒绝。王某保等人将他们胁迫到河堤处，分别进行殴打。张某亮躺在地上，没有还手，王某保对准他的头部和腰部猛踢数脚，又抓住他的头发一阵狠打，王某保的两个同伙也跑过来帮忙。张某亮被迫拔出随身携带的刀子，向王某保乱刺数刀后逃走，向公安机关投案自首。王某保身受 8 处刀伤，经医院抢救无效而死亡。洛阳市郊区人民法院认为，张某亮对王某保等人的不法侵害实施防卫是正当的，但其防卫行为超过了必要限度，造成了不应有的危害，构成伤害罪，判处张某亮有期徒刑 2 年，缓刑 2 年。

第十一章 特殊防卫

特殊防卫，也可以称为无过当防卫，它是相对于普通防卫而言的。普通防卫存在过当情形，根据我国《刑法》第 20 条第 2 款的规定，正当防卫超过必要限度的，构成防卫过当。而特殊防卫则不存在过当问题，只要符合防卫条件，即使造成不法侵害人重大人身伤亡结果，也不能以防卫过当追究防卫人刑事责任。因此，特殊防卫是正当防卫的一种例外情形。在其他国家刑法典中，都只有普通防卫而无特殊防卫的规定，因而特殊防卫是我国刑法中的一种独特制度。

第一节　特殊防卫的概念

我国 1979 年《刑法》第 17 条规定了正当防卫，然而从 1983 年开始我国实行"严打"刑事政策，因而正当防卫制度在司法实践中的适用遭遇强大的阻力。虽然在立法上对正当防卫的规定是十分明确的，但在司法实践中司法机关往往将正当防卫认定为防卫过当，而将防卫过当认定为普通犯罪，因而正当防卫制度未能发挥其法律效果。在 1997 年《刑法》修订过程中，对正当防卫作了较大的修

改，尤其是引人注目地增设了特殊防卫制度。《刑法》第 20 条第 3 款："对正在进行行凶、杀人、抢劫、强奸、绑架以及其他严重危及人身安全的暴力犯罪，采取防卫行为，造成不法侵害人伤亡的，不属于防卫过当，不负刑事责任。"

我国《刑法》关于正当防卫的规定共分三款，其中第 1 款是关于正当防卫的规定，第 2 款是关于防卫过当的规定，第 3 款是关于特殊防卫的规定。从逻辑关系上来说，第 3 款是第 2 款的例外规定。也就是说，我国刑法中的正当防卫，在一般情况下存在防卫过当，但在符合第 3 款规定的情况下，则不存在防卫过当问题。

特殊防卫是针对特定犯罪适用的，这些犯罪是指行凶、杀人、抢劫、强奸、绑架以及其他严重危及人身安全的暴力犯罪。立法机关之所以作出特殊防卫的规定，主要是基于以下两点考虑：一是考虑了当时社会治安的实际状况。当时，各种暴力犯罪猖獗，不仅严重破坏社会治安秩序，而且严重威胁公民的人身安全。对上述严重的暴力犯罪采取防卫行为作出特殊规定，对于鼓励群众勇于同犯罪作斗争，维护社会治安秩序，具有重要意义。二是考虑了上述暴力犯罪的特点。这些犯罪都是严重威胁人身安全的，被侵害人面临正在进行的暴力侵害时，很难辨认侵害人的目的和侵害的程度，也很难掌握实行防卫行为的强度。如果对此规定得太严，就会束缚被侵害人的手脚，挫伤其与犯罪作斗争的勇气，不利于公民运用法律武器保护自己的合法权益。因此，1997 年修订《刑法》时，对一些严重破坏社会秩序、危及公民人身安全的暴力犯罪，作了不存在防卫过当的特殊规定。[①] 立法机关的这一考虑当然有其合理性，尤其是在此前的司法实践中对正当防卫案件的认定出现严重偏差的背景下。

我国刑法规定的特殊防卫，涉及无限防卫权的问题。刑法教义学关于防卫权是有限的还是无限的，存在争议。无限防卫权的思想曾经为启蒙学家所主张，其从个人权利神圣不可侵犯的理念出发，认为个人权利的行使只能以保证社会的其

① 参见胡康生、李福成：《中华人民共和国刑法释义》，28～29 页，北京，法律出版社，1997。

他成员享有同样权利为限制，除此以外，个人权利是无限的，任何人不得干预。这种理论导致了无限防卫权思想，即对正当防卫的强度没有任何限制的产生。而社会法学派以社会本位的法代替个人本位的法，反映在正当防卫的理论上，就是由过去以个人权利为基础阐发正当防卫的本质，发展到以社会利益为出发点阐发正当防卫的本质，主张立法上对正当防卫权实行一定的控制。我认为，无限防卫权的思想片面强调个人权利，在逻辑上很难与私刑加以区分，并有将国家维护社会治安、保护公民自由的义务通过正当防卫转嫁给公民之嫌，在理论上殊不足取。正如我国学者指出的："正当防卫本质上面临的问题是个人自卫权与法秩序国家垄断之间的矛盾。保护公民生活在一个安全的社会环境中，是国家的义务，也是用公民的税金维持一支往往是庞大的治安警察队伍的合理根据，国家的这一责任与义务不应该通过对正当防卫的道义化评价转嫁到每个公民自己的身上。"[①]国家赋予公民以防卫权，是基于人的防卫本能，使刑法合乎情理。同时，防卫权之行使又能够制止犯罪，具有一定的社会功效。例如英国学者边沁甚至认为，公民在应该行使防卫权的时候，如果放弃行使，就会成为犯罪人的同谋。[②] 如果过分强调个人防卫的社会功效，甚至将正当防卫当作维护社会秩序的一种手段，赋予公民以无限防卫权，就会导致因国家责任的放弃而滋生私刑。因此，防卫权不能是无限的，以免防卫权的滥用。正如任何权利都有一定的限制，防卫权也应当受有一定的限制。防卫权受限制的思想仍是基于以下两个理念：一是社会法益平衡，即在保护防卫人的个人权利的同时，还需考虑保护不法侵害人的合法权益，使两种法益得到平衡。唯有如此，才能维持社会秩序的稳定性。二是手段与目的相当，即防卫行为所构成之损害，不可超越正当防卫的必要限度。这一限度是足以制止不法侵害所必需的限度。

---

① 李海东：《刑法原理入门（犯罪论基础）》，80页，北京，法律出版社，1998。

② 参见［英］边沁：《立法理论——刑法典原理》，孙力等译，24页，北京，中国人民公安大学出版社，1993。

那么，如何看待我国刑法关于特殊防卫的立法规定呢？在我国刑法规定了特殊防卫制度以后，有学者提出了批评，认为特别防卫权的立法化，不仅在立法上和司法中存在着弊端，而且因防卫权异化的不能完全避免，在一定程度上潜藏着破坏法治秩序的危险。[①] 这一批评不无道理。然而，特殊防卫的规定引起思考的还有另外的问题，这就是立法与司法的分野，以及立法的限度问题。对于诸如正当防卫必要限度这样一些问题，在立法上只能作出概然性规定，具体的裁量权由司法机关行使。在这个意义上说，1997 年《刑法》修订前，在司法实践中对正当防卫案件在认定上出现偏差并非立法的责任，而是司法的问题，尤其与“严打”的刑事政策具有一定的关联性。但在 1997 年《刑法》修订时，立法机关试图通过立法解决这个问题。对此我国学者中亦有持肯定的观点者，认为特殊防卫之规定把原由司法机关自由裁量的问题，由立法机关直接作出明确规定，显然对于公民大胆行使防卫权和司法机关处理案件都具有较强的操作性，有利于贯彻正当防卫的立法主旨。[②] 这里其实涉及立法的限度问题。我认为，立法总是针对一般情形的，因而具有抽象性；而司法是针对个别案件的，因而具有具体性。立法不应也不能替代司法的判断。特殊之防卫的规定，虽然在强化公民防卫权方面有所得，但在防止防卫权滥用方面也有所失。这里的得失平衡，不可能由立法来获得，而是应当通过司法活动来达致。

第二节 特殊防卫的防卫起因

特殊防卫的特殊性在于防卫起因，根据我国《刑法》第 20 条第 3 款的规定，“对正在进行行凶、杀人、抢劫、强奸、绑架以及其他严重危及人身安全的暴力

---

① 参见田宏杰：《刑法中的正当化行为》，264 页，北京，中国检察出版社，2004。

② 参见段立文：《对我国传统正当防卫观的反思——兼谈新刑法对正当防卫制度的修订完善》，载《法律科学》，1998（1）。

犯罪，采取防卫行为，造成不法侵害人伤亡的，不属于防卫过当，不负刑事责任”。因此，在认定特殊防卫的时候，关键在于如何理解这里的行凶、杀人、抢劫、强奸、绑架以及其他严重危及人身安全的暴力犯罪。

一、行凶的界定

“行凶”一词在我国刑法中此前并无规定，因此，如何正确认定行凶对于无过当防卫的判断具有重要意义。从字面含义来看，行凶是具有造成伤害或者死亡等人身侵害结果危险性的行为。根据《指导意见》的规定，下列行为应当被认定为行凶：(1) 使用致命性凶器，严重危及他人人身安全的；(2) 未使用凶器或者未使用致命性凶器，但是根据不法侵害的人数、打击部位和力度等情况，确已严重危及他人人身安全的。虽然尚未造成实际损害，但已对人身安全造成严重、紧迫危险的，可以认定为行凶。因此，对于行凶的认定应当区分使用凶器与未使用凶器两种情形，根据案件的具体情况进行判断。例如李某龙等故意伤害案[①]就涉及对行凶的理解。

2000 年 8 月 13 日晚 21 时许，河南省淮阳县春蕾杂技团在甘肃省武威市下双乡文化广场进行商业演出。该乡村民徐某、王某、王甲等人不仅自己不买票欲强行入场，还强拉他人入场看表演，被在门口检票的李某阻拦。徐某不满，挥拳击打李某头部，致李某倒地，王某亦持石块击打李某。李某龙闻讯赶来，扯开徐某、王甲，双方发生厮打。其后，徐某、王某分别从其他地方找来木棒、钢筋，与手拿鼓架子的靳某、李甲对打。当王某手持菜刀再次冲进现场时，赶来的李某龙见状，即持“T”型钢管座腿，朝王某头部猛击一下，致其倒地。王某因伤势过重被送往医院，经抢救无效死亡。经法医鉴定，王某系外伤性颅脑损伤，硬脑

① 参见洪冰：《李某龙等被控故意伤害案——特殊防卫的条件以及对“行凶”的正确理解》，载最高人民法院刑一庭、刑二庭：《刑事审判参考》，总第 34 辑，13～23 页，北京，法律出版社，2004。

膜外出血死亡。徐某在厮打中被致轻伤。

甘肃省武威市中级人民法院经审理后认为：被告人李某龙等人在遭被害人方滋扰引起厮打后，其行为不克制，持械故意伤害他人，致人死亡，后果严重。其行为均已构成故意伤害罪。公诉机关指控罪名成立。李某龙在共同犯罪中，行为积极主动，持械殴打致人死亡，系本案主犯，应从严惩处。考虑被害人方在本案中应负相当的过错责任，对各被告人可减轻处罚。遂根据《刑法》（1999 年修正）第二百三十四条第二款、第二十五条第一款、第二十六条第一款、第二十七条之规定，于 2001 年 6 月 22 日判决如下：(1) 被告人李某龙犯故意伤害罪，判处有期徒刑 14 年。(2) 其他被告人分别判处有期徒刑 9 年、7 年、4 年。

一审宣判后，李某龙等均以其行为属于正当防卫、不应负刑事责任及民事责任为由，提起上诉。甘肃省高级人民法院经审理后依照《刑事诉讼法》（1996 年）第一百八十九条第二项、第一百九十七条及《刑法》（1999 年修正）第二十条第一、三款之规定，于 2002 年 11 月 14 日判决如下：对上诉人李某龙等五上诉人宣告无罪。

甘肃省高级人民法院经审理认为：在本案中，上诉人一方是经政府部门批准的合法演出单位。被害人一方既不买票，又强拉他人入场看表演。上诉人李某龙见状要求被害人等人在原来票价一半的基础上购票观看演出，又遭拒绝，并首先遭到徐某的击打，引发事端。在双方互殴中，被害人持木棒、钢筋等物殴打上诉人。王某在持菜刀冲进现场行凶时，被李某龙用钢管座腿击打到头部倒地。此后，李某龙等人对王某再未施加伤害行为。王某的死亡，系李某龙的正当防卫行为所致。徐某的轻伤系双方互殴中所致。本案中，被害人一方首先挑起事端，在实施不法侵害行为时，使用了凶器木棒、钢筋、菜刀等物，其所实施的不法侵害行为无论是强度还是情节都甚为严重；并且在整个发案过程中，被害人一方始终未停止过不法侵害行为，五上诉人也始终处于被动、防御的地位。根据《刑法》第 20 条的规定，为了使国家、公共利益、本人或者他人的人身、财产和其他权利免受正在进行的不法侵害，而采取的制止不法侵害的行为，对不法侵害人造成

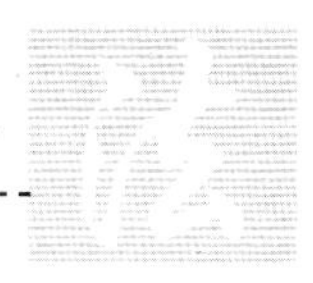

损害的，属于正当防卫，不负刑事责任。同时，该条第3款规定了无过当防卫，即：对正在进行行凶、杀人、抢劫、强奸、绑架以及其他严重危及人身安全的暴力犯罪，采取防卫行为，造成不法侵害人伤亡的，不属于防卫过当，不负刑事责任。其目的就是鼓励公民同违法犯罪行为作斗争，保护国家、公共利益，本人或者他人的人身、财产和其他合法权利不受侵害。五上诉人的行为符合上述规定，其主张正当防卫的上诉理由成立，予以采纳。

在本案中，一审法院与二审法院作出了有罪与无罪两种截然相反的判决。一审法院虽然认定对方滋扰引起厮打、过错在先，但又认为李某龙等人行为不克制，持械故意伤害他人，致人死亡，因而构成故意伤害罪。关键是：对方的滋扰是否属于《刑法》第20条第3款所规定的行凶？如果属于行凶，则李某龙等人的行为是对行凶的特殊防卫，不能被认定为犯罪。显然，一审法院并不认为对方的滋扰属于行凶，因而认定李某龙等人的行为构成故意伤害罪。二审法院则认定对方持木棒、钢筋等物殴打李某龙等人，其中王某持菜刀冲进现场行凶，因而认定李某龙等人的行为构成特殊防卫。

对行凶的理解应当遵循关于特殊防卫条件的基本认识，即：首先，行凶必须是一种已着手的暴力侵害行为；其次，行凶必须足以严重危及他人的重大人身安全。故行凶不应该是一般的拳脚相加之类的暴力侵害，而是那种足以严重危及他人的重大人身安全的行为。在本案中，被害人一方仗势欺人、滋事生非，自己既不买票，还强拉他人入场看表演。李某龙在为息事宁人作出让步，要求被害人等人在原来票价一半的基础上购票看演出时，又首先遭到被害人方的不法侵害。在李某龙等人进行防卫反击时，被害人一方又找来木棒、钢筋、菜刀等足以严重危及他人重大人身安全的凶器，意欲进一步加害李某龙等人，使李某龙等人的重大人身安全处于现实的、急迫的、严重的危险之下，应当被认定为行凶。此时，李某龙为保护自己及他人的重大人身安全，用钢管座腿击打王某的头部，符合特殊防卫的条件，虽致王某死亡，但依法不负刑事责任。本案其他被告人在防卫反击中，致徐某轻伤，防卫行为没有明显超过必要限度，且也未造成不法侵害人重大

损害，故同样不负刑事责任。

从刑法教义学来说，首先，行凶具有暴力侵害性。行凶属于暴力犯罪行为，具有暴力侵害性，这一点似乎没有疑问。行凶虽然未被归入某一个具体的侵犯人身权利罪的罪名中，但其具有对他人人身安全的不法侵害性，属于暴力犯罪的范畴。对此，在对特殊防卫的认定中应当严格加以把握。因此，如果仅仅是一般的口头威胁、谩骂等，都不能认定为行凶。其次，行凶还具有着手实行性。行凶是一种行为，而且是一种已经着手实施的侵犯人身权利的暴力侵害行为，即应当强调其具有着手实行的性质，而不是着手实行以前的行为。深夜潜入他人住宅，是一种非法侵入住宅的行为。如果事主发现，当然可以对之实行正当防卫，但这不属于无过当防卫。如果潜入他人住宅以后又对事主实行了暴力侵害，那就可以根据其暴力侵害的程度认定为行凶，事主对之可以实行无过当防卫。一般非法侵入他人住宅的行为之所以不能被认定为行凶，原因就在于行为人尚未着手实施暴力侵害行为。因此，行凶的不明确，主要是指造成死亡还是伤害结果不明确，而不是指行为本身是否具有暴力侵害性不明确。最后，行凶还必须具有程度严重性。行凶所具有的对人身安全的危险具有未然性，是一种现实危险。因此，行凶是否达到严重危及人身安全的程度，确实不太容易被掌握。在司法实践中应当把一般性的打架即拳打脚踢与行凶加以区分。根据以上三个方面的分析，在本案中，对方使用木棒、钢筋、菜刀等足以严重危及他人重大人身安全的凶器，意欲进一步加害李某龙等人，因此属于行凶，故对李某龙等人的反击行为应当认定为特殊防卫。

我国《刑法》第 20 条第 3 款规定的特殊防卫的防卫客体中，杀人、抢劫、强奸、绑架都是刑法中正式的罪名，因而在司法实践中容易把握。但与上述四种罪名相并列的行凶，并不是刑法中正式的罪名，因而如何正确理解行凶，就存在问题。对于如何理解这里的行凶，本案的裁判理由中就曾经论及，行凶行为仅指严重危及人身安全的非法伤害行为，如使用凶器暴力行凶，有可能致人重伤的伤害行为。这一裁判理由，将行凶明确地界定为伤害。但为什么在法条中不直接表

述为伤害，而是采用行凶这一措辞呢？对此，我国学者大多持一种批评态度。例如，我国学者指出，现行刑法在特别防卫权的规定中使用“行凶”一词不妥，因为：首先，严格说来，行凶并不是一个法律术语，更不是一个独立的罪名，将其与“杀人、抢劫、强奸、绑架”等其他罪名并列在一起，不符合逻辑要求。其次，根据前所述及的“行凶”一词的本意，行凶一般是指故意伤害或者故意杀人的行为。而现行《刑法》第20条第3款将行凶与杀人并列，表明这里的行凶是不包括杀人行为在内的。那么，伤害行为、聚众斗殴等暴力犯罪行为是否包括在行凶之内呢？对此，法律没有明确的说明。这难免导致人们在理解上发生歧义。最后，从立法上规定特殊防卫权的宗旨出发，行凶必须是程度严重的危及人身安全的暴力犯罪，否则，不能进行特殊防卫。既然如此，行凶完全可以为后面的“其他严重危及人身安全的暴力犯罪”所包容。由此可见，现行刑法关于行凶的规定，未免多余，有重复规定之嫌。[①]

以上对立法中行凶的批评，不能说没有一点道理。当然，在《刑法》得到修改以前，我们还只能通过解释刑法来明确其含义，从而为司法机关正确适用无过当防卫提供法理根据。正因为《刑法》采用了行凶这样一种较为含混的用语，我国刑法学界对“行凶”的理解产生了重大的分歧。例如，我国学者在界定行凶时，强调行凶者主观上犯意的不确定性，即行凶者具有实施刑法上的杀人罪或者伤害罪的不确定性——这种不确定性致防卫人难以识别行凶者的意图，就是行凶者自己在忙乱之中也未及确定自己的意图，即行凶者自己在实施行凶行为时，也存在着或致死或致伤他人的随机性。刑法学理上谓之放任故意。这种放任，正是行凶与单纯的杀人或单纯的伤害之区别所在。根据这种见解，刑法意义上的行凶是指对他人施以致命暴力，严重危及他人生命、健康权益的行为。[②] 这种观点将

① 参见田宏杰：《刑法中的正当化行为》，251页，北京，中国检察出版社，2004。

② 参见屈学武：《正在行凶与无过当防卫权——典型案例评析》，载陈兴良：《刑事法判解》，第2卷，413页，北京，法律出版社，2000。

行凶定义为伤害与杀人之间界限不明确的一种暴力性犯罪，既非典型的伤害，也非典型的杀人。我国学者张明楷亦持这一观点，认为行凶包含了杀人界限不明，但有很大可能是造成他人重伤或者死亡的行为。[①] 当然，也有学者不是这样认识的，而是在更为广泛的意义上理解行凶。例如，我国学者刘艳红认为，我国刑法中的行凶是指无法判断为某种具体的严重侵犯公民人身权利的暴力犯罪的严重暴力侵害行为。刘艳红揭示了行凶的以下四个特征：(1) 行为内容的暴力性。(2) 暴力的手段不限定性。(3) 暴力程度的严重性。(4) 暴力行为的无法具体罪名性。[②] 在以上四个特征中，刘艳红教授更为强调的是无法具体罪名性，即未显示出完全符合某一个暴力犯罪罪名的构成要件。之所以出现这种情况，是因为行凶具有犯意上的不明确性与犯行上的不明确性。应当指出，在不明确性这一点上，学者的认识是共同的，但关于这种不明确的范围究竟如何确定，学者的观点存在一些差别。张明楷将行凶的不明确性限于伤害与杀人之间，刘艳红则作了较为广义的理解，在举例时指出：对于夜间以实施某种犯罪为目的而侵入他人住宅的行为，在不法侵害人开始实施进一步的犯罪行为之前，很难判断其行为的具体罪名。但是，对于依然安睡的住宅主人而言，该行为往往会造成极大的惊慌和恐惧，使他们可能会实施正当防卫并造成不法侵害人伤亡。[③] 但在上述深夜侵入他人住宅而又尚未进一步实施侵害行为的情况下，能否认定其为刑法中的行凶，是值得质疑的。若对行凶作如此广义的理解，有悖于立法意图。正因为我国刑法学界对行凶存在理解上的分歧，所以下述案例对于我们正确理解行凶具有指导意义。

---

① 参见张明楷：《刑法学》，3版，187页，北京，法律出版社，2007。

② 参见刘艳红：《李植贵的行为是否正当防卫？——关于“行凶”的一次实证考察》，载陈兴良：《刑事法判解》，第3卷，590页，北京，法律出版社，2001。

③ 参见刘艳红：《李植贵的行为是否正当防卫？——关于“行凶”的一次实证考察》，载陈兴良：《刑事法判解》，第3卷，591页，北京，法律出版社，2001。

吴某艳故意伤害案[①]是一个涉及对行凶理解的典型案例，通过本案可以进一步明确行凶的含义。

2003年9月10日凌晨3时许，被害人李某（男，时年19岁）与孙某（男，时年22岁）、张某（男，时年21岁）到北京市海淀区阳台山庄饭店的女工宿舍外，叫服务员尹某（女，时年24岁）出来解决个人之间的纠纷。见尹某不予理睬，孙某等人即强行进入宿舍内。孙某与尹某发生争执，殴打尹某。同宿舍居住的吴某艳上前劝阻，孙某又与吴某艳相互撕扯。在撕扯过程中，孙某将吴某艳上衣的纽扣拽掉，吴某艳持水果刀将孙某的左上臂划伤。李某见此状况，用一铁挂锁击打吴某艳。吴某艳又持水果刀扎伤李某的左胸部，致其左胸部形成2.7厘米刺创口，因急性失血性休克而死亡。当日，吴某艳被公安机关抓获，作案工具亦被起获。

北京市海淀区人民法院经审理认为：被告人吴某艳于夜深人静之时和孤立无援之地遭受了殴打和欺辱，身心处于极大的屈辱和恐慌中。此时，李某又举起铁挂锁向其砸来。面对这种情况，吴某艳使用手中的刀子进行防卫，没有超过必要的限度。要求吴某艳慎重选择其他方式制止或避免当时的不法侵害的意见，没有充分考虑侵害发生的时间、地点和具体侵害的情节等客观因素，不予采纳。综上所述，被告人吴某艳及其辩护人关于“是正当防卫，不负刑事责任，亦不承担民事赔偿责任”的辩解理由和辩护意见，符合法律规定，应予采纳。起诉书指控吴某艳持刀致死李某的事实清楚，证据确实、充分，但指控的罪名不能成立。遂依照《刑事诉讼法》(1996年）第一百六十二条第二项和《民法通则》第一百二十八条的规定，于2004年7月29日判决：(1）被告人吴某艳无罪。(2）被告人吴某艳不承担民事赔偿责任。

孙某等人在凌晨3时左右闯入女工宿舍后，动手殴打女服务员、撕扯女服务员的衣衫。这种行为足以使宿舍内的三名女服务员因感到孤立无援而产生极大的

① 参见最高人民法院公报，2004（11）。

心理恐慌。在自己和他人的人身安全受到严重侵害的情况下，被告人吴某艳持顺手摸到的一把水果刀指向孙某，将孙某的左上臂划伤并逼退孙某。此时，防卫者是受到侵害的吴某艳，防卫对象是闯入宿舍并实施侵害的孙某，防卫时间是侵害行为正在实施时，该防卫行为显系正当防卫。

当孙某被被告人吴某艳持刀逼退后，李某又举起长 11 厘米、宽 6.5 厘米、重 550 克的铁挂锁欲砸吴某艳。对李某的行为，不应解释为是为了制止孙某与吴某艳之间的争斗。在进入女工宿舍后，李某虽然未对尹某、吴某艳实施揪扯、殴打，但李某是遵照事前的密谋，与孙某一起于夜深人静之时闯入女工宿舍的。李某既不是一名旁观者，更不是一名劝架人，而是参与不法侵害的共同侵害人。李某举起铁挂锁欲砸吴某艳的行为，是对吴某艳的继续加害。吴某艳在面临李某的继续加害威胁时，持刀刺向李某，其目的显然仍是避免遭受更为严重的暴力侵害。无论是从防卫人、防卫目的还是从防卫对象、防卫时间看，吴某艳的防卫行为都是正当的。由于吴某艳是对严重危及人身安全的暴力行为实施防卫，故虽然造成李某死亡，也在《刑法》第二十条第三款法律许可的幅度内，不属于防卫过当，依法不负刑事责任。

在本案中，控辩双方对案情的叙述并不完全相同。控方强调孙某殴打了尹某，在吴某艳劝阻时又与吴某艳发生撕扯。在这种情况下，吴某艳持刀将孙某划伤。李某见此状况用铁挂锁欲击打吴某艳时，吴某艳又持刀扎上李某，致李某不治身亡。而被告人吴某艳则陈述，孙某要强奸尹某，在劝阻中被孙某殴打，为防卫才拿刀扎孙某。当李某用铁挂锁砸来时其又扎李某一刀。在以上叙述中，孙某殴打尹某可以被确定。至于吴某艳前来劝阻时，两人是撕扯，还是孙某殴打吴某艳，则各执一词。李某用铁挂锁砸吴某艳，这也是事实，但控方认为李某等人的行为没有达到严重危及人身安全的程度，其根据是没有后果产生。这一观点颇有唯结果论的意味。其实，行凶并不以发生实害结果为认定的必要条件。

法院判决对本案的认定，在总体上确认孙某、李某等人在凌晨闯入女工宿舍殴打女服务员本身就是一种违法行为。在这种情况下，被告人吴某艳对孙某的防

卫系正当防卫。但判决未能明确这一防卫是《刑法》第20条第1款规定的普通防卫还是第3款规定的特殊防卫。因为在此时，孙某并未携带凶器进行侵害，吴某艳持刀将孙某扎伤，似应认定为普通防卫而非特殊防卫。因为只是将孙某划伤，因而其防卫行为没有超过正当防卫必要限度。此后，李某举起铁挂锁欲砸吴某艳，对这一行为如何认定，直接关系到对本案的定性。控方认为李某拿锁击打吴某艳是为制止孙某与吴某艳之间的争斗，但法院判决则认为这是对吴某艳的继续加害，因而属于行凶。考虑到在夜深人静之时和孤立无援之地这样一种特殊的时间与地点受到不法侵害，法院判决认为李某的行为已经达到严重危及人身安全的程度，因而认定吴某艳的行为构成特殊防卫，吴某艳不负刑事责任。我认为，法院判决对本案的特殊防卫的认定是正确的。当然，这里涉及对行凶与其他严重危及人身安全的暴力犯罪之间的区分。对此，判决并没有进一步论述，这是稍感遗憾的。正如我国学者周光权指出："对于本案，虽有侵害人死亡的重大损害，但法院并未过于考虑利益衡量，判决认定吴某艳的行为属于对'其他严重危及人身安全的暴力犯罪'进行防卫，符合正当防卫的条件，同时一并判决吴某艳不用承担民事赔偿责任。法院的判决结论完全正确。就本案的具体情况而言，认定不法侵害人的行为属于行凶，进而肯定特殊防卫权也是可行的思路。但法院可能考虑到'行凶'概念的规范内涵不明，可能引起更多不必要的争议，因而在判决书中并未使用对于行凶可以实施无过限防卫的规定，转而使用包容性更大的'其他严重危及人身安全的暴力犯罪'来论证判决的合理性。"①

特殊防卫在司法认定中首先涉及一个重大问题，这就是"严重危及人身安全的暴力犯罪"这一防卫客体的举证问题。在刑事诉讼中，控方负有对被指控犯罪事实的举证责任。这是从无罪推定原则引申出来的结论。而且，根据刑事诉讼法的规定，控方负有客观收集证据义务，不仅应当收集足以证明犯罪嫌疑人、被告人有罪或者罪重的证据，还应当收集能够证明犯罪嫌疑人、被告人无罪或者罪轻

① 周光权：《论持续侵害与正当防卫的关系》，载《法学》，2017（4）。

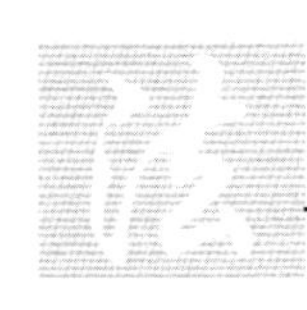

的证据。因此，在侦查和审查起诉过程中，控方应当就是否存在防卫情节进行查证。如果查证属实，符合正当防卫条件的，就应当作出相应的处理。当然，如果未能查证属实，则仍应依法提起公诉。在法院审理过程中，若被告人及其辩护人是按照无过当防卫进行辩护的，则对于是否存在无过当防卫的“严重危及人身安全的暴力犯罪”这一防卫客体，就应当按照“谁主张，谁举证”的原则，由被告人及其辩护人进行举证。对此，我国学者指出：“对于特别防卫案件，公安机关、司法机关为了查清案件的事实真相，当然要全面收集证据。但被告人对于自己所提出的特别防卫主张，同样也应当承担相应的证明责任。否则，被告人尽管提出自己的行为属于特别防卫，但被告人既没有证据予以证明，公安机关以及司法机关也没有发现有关特别防卫的事实材料的，就不能认定特别防卫的成立，防卫人就应当对自己所实施的造成他人伤亡的结果承担相应的法律责任。”[①] 我认为，以上观点是正确的。当然，在法院审理过程中，对被告人及其辩护人提出的无过当防卫的辩护理由如何进行甄别、采信，是一个十分重要的问题。

在赵某芝故意杀人案[②]中，其围绕着“严重危及人身安全的暴力犯罪”的证据采信展开的讨论，具有现实意义。

2018年1月，赵某芝之女王甲在北京某餐厅打工时与王乙相识，此后王乙多次要求与王甲进一步交往但遭到拒绝。同年5月至6月期间，王乙为逼迫王甲与其谈恋爱，多次到王甲的学校和位于涞源县某某村的家中对王甲及其家人进行骚扰、威胁。

2018年7月11日17时许，王乙到达涞源县城，购买了两把水果刀和霹雳手套，预约了一辆小轿车，并于当晚乘预约车到某某村王甲家。23时许，王乙携带两把水果刀、甩棍翻墙进入王甲家院中，引起护院的狗叫。王甲之父王某元在住房内见王乙持凶器进入院中，即让王甲报警，并拿铁锹冲出住房，与王乙打

---

① 田宏杰：《刑法中的正当化行为》，261页，北京，中国检察出版社，2004。

② 参见河北省保定市涞源县人民检察院涞检公诉刑不诉（2019）2号不起诉决定书。

斗。王乙用水果刀（刀身长 11cm、宽 2.4cm）划伤王某元的手臂。随后，赵某芝持菜刀跑出住房加入打斗，王乙用甩棍（金属材质，全长 51.4cm）击打赵某芝的头部、手部，赵某芝手中的菜刀被打掉。此时王甲也从住房内拿出菜刀跑到院中，王乙见到后冲向王甲，王甲转身往回跑，王乙在后追赶。王某元、赵某芝为保护王甲追打王乙，三人扭打在一起。王甲上前拉拽，被王乙划伤腹部。王乙用右臂勒住王甲脖子，王某元、赵某芝急忙冲上去，赵某芝上前拉拽王甲，王某元用铁锹从后面猛击王乙。王乙勒着王甲脖子躲闪并将王甲拉倒在地，王甲挣脱起身后回屋拿出菜刀，向王乙砍去。其间，王甲回屋用手机报警两次。王某元、赵某芝继续持木棍、菜刀与王乙对打，王乙倒地后两次欲起身。王某元、赵某芝担心其起身实施侵害，就连续先后用菜刀、木棍击打王乙，直至王乙不再动弹。事后，王某元、赵某芝、王甲三人在院中等待警察到来。

经鉴定，王乙的头面部、枕部、颈部、双肩及双臂多处受伤，符合颅脑损伤合并失血性休克死亡；王某元的胸部、双臂多处被刺伤、划伤，伤情属于轻伤二级；赵某芝的头部、手部受伤，王甲的腹部受伤，均属轻微伤。

河北省保定市涞源县人民检察院认为：赵某芝为使自己及家人的人身权利免受正在进行的暴力侵害，对深夜携凶器翻墙入宅行凶的王乙，采取制止暴力侵害的防卫行为，符合《中华人民共和国刑法》（2017 年修正）第二十条第三款之规定，属于正当防卫，不负刑事责任。遂依据《中华人民共和国刑事诉讼法》（2012 年）第一百七十七条第一款的规定，对赵某芝作出不起诉决定。

在本案中，涉及的争议问题是：对特殊防卫中的丧失侵害能力如何判断？

关于这个问题，检察机关认为，根据审查认定的事实并依据法律规定，本案中王某元、赵某芝、王甲的行为属于特殊正当防卫，对王乙的暴力侵害行为可以采取无限防卫，不负刑事责任。理由在于：

第一，王乙携带凶器夜晚闯入他人住宅实施伤害的行为，属于刑法规定的暴力侵害行为。在王甲明确拒绝与其交往后，王乙仍多次纠缠、骚扰、威胁王甲及其家人，于深夜携凶器翻墙非法侵入王某元的住宅，使用水果刀、甩棍等足以严

重危及人身安全的凶器，持续对王某元、赵某芝、王甲实施伤害行为，造成王某元轻伤二级、赵某芝和王甲轻微伤。以上情况足以证明王某元一家三人的人身和生命安全受到严重暴力威胁，处于现实的、紧迫的危险之下，王乙的行为属于严重危及人身安全的暴力犯罪。

第二，王某元、赵某芝、王甲三人的行为系防卫行为。王乙携带刀具、甩棍翻墙进入王某元住宅，用水果刀先后刺伤、划伤王某元、王甲，用甩棍打伤赵某芝，并用胳膊勒住王甲的脖子，应当认定王乙已着手实施暴力侵害行为。王某元一家三人为使自己的人身权利免受正在进行的严重暴力侵害，用铁锹、菜刀、木棍反击王乙的行为，具有防卫的正当性，不属于防卫过当。

第三，王乙倒地后，王某元、赵某芝继续刀砍棍击的行为仍属于防卫行为。王乙身材高大、年轻力壮，所持凶器足以严重危及人身安全。王乙虽然被打倒在地，但还两次试图起身，王某元、赵某芝当时不能确定王乙是否已被制伏，担心其再次实施不法侵害行为，又继续用菜刀、木棍击打王乙，与之前的防卫行为有紧密连续性，属于一体化的防卫行为。

第四，根据案发时现场环境，不能对王某元、赵某芝的防卫行为的强度过于苛求。王某元家在村边，周边住宅无人居住，案发时已是深夜，院内无灯光。王乙突然持凶器翻墙入宅实施暴力侵害，王某元、赵某芝受到惊吓，精神高度紧张，心理极度恐惧。在上述情境下，要求他们在无法判断王乙倒地后是否会继续实施侵害行为的情况下，即刻停止防卫行为不具有合理性和现实性。

本案是一起经媒体报道以后，受到公众广泛关注的案件。最终检察机关将赵某芝和王某元的行为认定为特殊防卫，作出了绝对不起诉的决定。这是值得肯定的。本案的特殊性在于，死者王乙对赵某芝的女儿进行纠缠，并且手持凶器在深夜闯进入赵某芝的住宅实施暴力侵害。虽然打斗发生在院子里，但院子也是住宅的重要组成部分。对于公民的住宅法律应当严加保护，对于进入住宅进行不法侵害的，行为人当然具有防卫权。在我国古代《唐律》中就有“诸无故入人家者主人登时杀之无罪”的规定，日本于1930年制定的《盗犯等防止法》规定了正当

防卫的特别规则：当想要防止盗犯或取回盗品时（第1条第1项第1号）；当想要防止携带凶器，或者偷越、损坏门户墙壁，或者打开门锁侵入他人的住居或者有人看守的宅邸、建筑物或船舶的侵入者之时（同项第2号）；为了抵制无故侵入他人住居或者有人看守的宅邸、建筑物或船舶的侵入者，或者经要求退出这些场所的人之时（同项第3号）。当出现以上情况时，为了排除正在进行的针对自己或他人的生命、身体或者贞操的危险，杀伤犯罪行为人就相当于《刑法》第36条第1项规定的防卫行为。因此，如果满足该项规定的要件，那么可以认为肯定了无限制正当防卫的成立。但是，通说和判例（最决平成6年［1994年］6月30日，刑集第48卷第4号，第21页）认为，即使是该项规定的正当防卫，仅满足形式规定上的要件是不够的，虽然可以比刑法规定的正当防卫更为缓和，但是防卫手段的相当性还是必要的。[①] 由此可见，日本刑法对公民的住宅保护严格，赋予公民对侵入住宅的不法侵害更大的防卫权。

本案之所以引起争议，原因还在于如何判断不法侵害已经结束的问题。在本案中，王乙被打倒在地以后，赵某芝和王某元因为看到王乙两次要起身，因而再次进行打击，致使王乙死亡。那么，王乙倒地以后，不法侵害是否已结束？这里的关键是王乙是否丧失了侵害能力。在一般情况下，如果侵害人已经丧失侵害能力，就不能再实施防卫。对于不法侵害是否结束的判断，不仅要考虑客观上的事实，还要考虑防卫人主观上的认知。在面对不法侵害的情况下，防卫人是在慌乱、恐惧和惊吓的心理状态下实施防卫的，对于侵害人是否丧失侵害能力很难作出准确的判断。在这种情况下，就不能以案发以后，对案情的理性判断的结论为根据，对不法侵害的结束时间要求防卫人进行正确的判断。这是对防卫人的苛求。在本案中，死者王乙是一个年轻小伙，身强力壮，而且是手持凶器，对赵某芝等人造成严重的威胁。在这种情况下，王乙虽已经倒地，但两次起身，因为害

① 参见［日］桥爪隆：《日本正当防卫制度若干问题分析》，江溯、李世阳译，载《武陵学刊》，2011（4）。

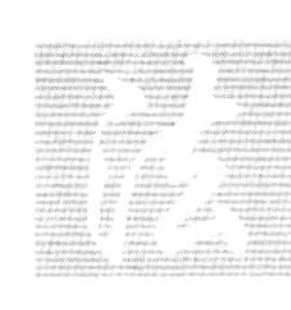

怕王乙没有丧失侵害能力而继续打击王乙，致其死亡的行为，不能被认为属于事后防卫。因此，将赵某芝、王某元的行为认定为无过当防卫、不负刑事责任，是完全正确的。

二、杀人、抢劫、强奸、绑架的界定

在我国刑法中，杀人、抢劫、强奸和绑架都是罪名。那么，作为特殊防卫的客体，能否将这里的杀人、抢劫、强奸和绑架仅仅理解为罪名呢？对此，我国刑法学界曾经存在较大的争议。[①] 通说认为杀人、抢劫、强奸、绑架不仅是指具体罪名，也可以指四种形式的犯罪手段。个别说则认为将杀人、抢劫、强奸、绑架视为四种具体罪名更为合适。在我国刑法中，以上述四种方法实施的犯罪并不限于四种罪名。例如，以抢劫为手段的犯罪既包括以一般财物为对象的普通抢劫罪，还包括以特殊物品为对象的抢劫枪支罪等。在这种情况下，将四种情形理解为以四种方法实施的犯罪而并不限于四种罪名更为合适。正如我国学者指出："杀人、抢劫、强奸、绑架不仅指具体罪名，也可以指四种形式的犯罪手段，原因在于：从目的论上看，立法之所以规定可以对杀人、抢劫、强奸、绑架四种行为实施特殊防卫，根本原因即在于客观上该四种行为能够造成重伤或死亡的严重后果，极大地危及公民的人身权利，不管发生在什么场合，也不管实际触犯了什么罪名，犯罪行为人只要客观上实施了该四种行为之一，就会形成严重的客观危害。因此，基于保护公民合法权利的目的性思考，没有理由将杀人、抢劫、强奸、绑架仅理解为四种具体罪名。"[②] 这一论述还是具有说服力的。而且，我国对限制责任能力年龄的人承担刑事责任的范围如何确定的规定，对于我们理解该问题具有一定的参考性。我国《刑法》第 17 条第 2 款规定："已满十四周岁不满

① 参见张宝：《正当防卫中的不法侵害》，177 页，北京，法律出版社，2019。

② 张宝：《正当防卫中的不法侵害》，179 页，北京，法律出版社，2019。

十六周岁的人，犯故意杀人、故意伤害致人重伤或者死亡、强奸、抢劫、贩卖毒品、放火、爆炸、投放危险物质罪的，应当负刑事责任。”对于在此所列举的八种形式的犯罪，到底是八个罪名还是八种犯罪行为，在我国刑法学界也曾经存在争议。及至2002年7月24日全国人民代表大会常务委员会法制工作委员会《关于已满十四周岁不满十六周岁的人承担刑事责任范围问题的答复意见》明确指出：“刑法第十七条第二款规定的八种犯罪，是指具体犯罪行为而不是指具体罪名。”我认为，这一答复意见的精神对于我们正确理解特殊防卫的起因具有借鉴意义。对此，《指导意见》指出，“刑法第20条第3款规定的‘杀人、抢劫、强奸、绑架’，是指具体犯罪行为而不是具体罪名。在实施不法侵害过程中存在杀人、抢劫、强奸、绑架等严重危及人身安全的暴力犯罪行为的，如以暴力手段抢劫枪支、弹药、爆炸物或者以绑架手段拐卖妇女、儿童的，可以实行特殊防卫。有关行为没有严重危及人身安全的，应当适用一般防卫的法律规定”。因此，这个问题已经通过司法解释予以明确。

三、其他严重危及人身安全的暴力犯罪的界定

《刑法》第20条第3款除对特殊防卫的起因进行明文列举以外，还作了兜底式的规定，即“其他严重危及人身安全的暴力犯罪”。那么，如何理解这里的“其他严重危及人身安全的暴力犯罪”呢?《指导意见》规定，《刑法》第20条第3款规定的“其他严重危及人身安全的暴力犯罪”，应当是与杀人、抢劫、强奸、绑架行为相当，并具有致人重伤或者死亡的紧迫危险和现实可能的暴力犯罪，因此，对“其他严重危及人身安全的暴力犯罪”应当从暴力性与严重性这两个方面进行把握。暴力性是性质特征，而严重性是数量特征。据此，只有暴力犯罪才能成为无过当防卫的客体，由此可以排除非暴力犯罪成为无过当防卫客体的可能性。不仅如此，暴力犯罪还必须达到严重程度，如果是轻微的暴力犯罪，则仍然不能成为无过当防卫的客体。但根据《指导意见》，对于不符合特殊防卫起因条

件的防卫行为，致不法侵害人伤亡的，如果没有明显超过必要限度，也应当认定为正当防卫，不负刑事责任。例如侯某秋故意伤害案[1]就是对“其他严重危及人身安全的暴力犯罪”进行防卫而被认定为特殊防卫的典型案例。

侯某秋，男，1981 年 5 月 18 日出生，务工人员。侯某秋系葛某经营的养生会所员工。2015 年 6 月 4 日 22 时 40 分许，某足浴店股东沈某因怀疑葛某等人举报其店内有人卖淫嫖娼，遂纠集本店员工雷某、柴某等 4 人持棒球棍、匕首赶至葛某的养生会所。沈某先行进入会所，无故推翻大堂盆栽挑衅，与葛某等人扭打。雷某、柴某等人随后持棒球棍、匕首冲入会所，殴打店内人员，其中雷某持匕首两次刺中侯某秋右大腿。其间，柴某所持棒球棍掉落，侯某秋捡起棒球棍挥打，击中雷某头部，致其当场倒地。该会所员工报警，公安人员赶至现场，将沈某等人抓获，并将侯某秋、雷某送医救治。雷某经抢救无效，因严重颅脑损伤于 6 月 24 日死亡。侯某秋的损伤程度构成轻微伤，该会所另有 2 人被打致轻微伤。

公安机关以侯某秋涉嫌故意伤害罪，移送检察机关审查起诉。浙江省杭州市人民检察院根据审查认定的事实，依据《中华人民共和国刑法》第二十条第三款的规定，认为侯某秋的行为属于正当防卫，不负刑事责任，决定对侯某秋不起诉。

本案涉及对《刑法》第 20 条第 3 款规定的“其他严重危及人身安全的暴力犯罪”如何理解的问题。对于本案，检察机关认为，本案沈某、雷某等人的行为属于《刑法》第 20 条第 3 款规定的“其他严重危及人身安全的暴力犯罪”，侯某秋对此采取防卫行为，造成不法侵害人之一雷某死亡，依法不属于防卫过当，不负刑事责任。其主要理由如下：

第一，沈某、雷某等人的行为属于“其他严重危及人身安全的暴力犯罪”。判断不法侵害行为是否属于《刑法》第 20 条第 3 款规定的“其他”犯罪，应当以本款列举的杀人、抢劫、强奸、绑架为参照，通过比较暴力程度、危险程度和刑法给予惩罚的力度等综合作出判断。本案沈某、雷某等人的行为，属于单方持

---

① 参见最高人民检察院指导案例第 48 号。

械聚众斗殴，构成犯罪的法定最低刑。这虽然不重，与一般伤害罪相同，但《刑法》第292条同时规定，聚众斗殴，致人重伤、死亡的，依照刑法关于故意伤害致人重伤、故意杀人的规定定罪处罚。刑法作此规定表明，聚众斗殴行为常可造成他人重伤或者死亡，结合案件具体情况，可以判定聚众斗殴与故意致人伤亡的犯罪在暴力程度和危险程度上是一致的。本案沈某、雷某等共5人聚众持棒球棍、匕首等杀伤力很大的工具进行斗殴，短时间内已经打伤3人，应当认定为"其他严重危及人身安全的暴力犯罪"。

第二，侯某秋的行为具有防卫性质。侯某秋工作的养生会所与对方的足浴店，尽管存在生意竞争关系，但侯某秋一方没有斗殴的故意，本案打斗的起因系对方挑起，打斗的地点也系本方店内，所以双方攻击与防卫的关系清楚明了。沈某纠集雷某等人聚众斗殴属于正在进行的不法侵害，没有斗殴故意的侯某秋一方可以进行正当防卫，因此侯某秋的行为具有防卫性质。

第三，侯某秋的行为不属于防卫过当，不负刑事责任。本案沈某、雷某等人的共同侵害行为，严重危及他人人身安全，侯某秋为保护自己和本店人员免受暴力侵害，而采取防卫行为，造成不法侵害人之一雷某死亡，依据《刑法》第20条第3款的规定，不属于防卫过当，不负刑事责任。

我国《刑法》第20条第3款关于特殊防卫的规定，涉及对"其他严重危及人身安全的暴力犯罪"的正确理解问题。本案的要旨是：单方聚众斗殴的，属于不法侵害，没有斗殴故意的一方可以进行正当防卫。单方持械聚众斗殴，对他人的人身安全造成严重危险的，应当认定为《刑法》第20条第3款规定的"其他严重危及人身安全的暴力犯罪"。这一要旨，对于正确认定"其他严重危及人身安全的暴力犯罪"具有重要参考价值。

《刑法》第20条第3款关于特殊防卫的客体，采取了明文列举加兜底的规定方式。对于刑法条文明文列举的犯罪行为，在通常情况下不难理解，然而，对于"其他严重危及人身安全的暴力犯罪"这一兜底式规定如何理解，则容易产生意见分歧。侯某秋正当防卫案通过对单方聚众斗殴行为分析，表明对此可以为特殊防

卫，为在司法实践中正确理解“其他严重危及人身安全的暴力犯罪”提供了参考。

我国《刑法》第 292 条规定了聚众斗殴罪。这里的聚众斗殴是指出于寻求精神刺激、填补精神空虚的流氓动机，聚集多人进行斗殴的行为。关于聚众斗殴的表现形式，在我国刑法学界存在争议，主要反映在双方聚众斗殴与单方聚众斗殴方面。其中，双方聚众斗殴的观点认为，只能将双方主观上均有斗殴故意并实施互殴的行为认定为聚众斗殴罪。而单方聚众斗殴的观点则认为，聚众斗殴并不要求斗殴双方同时构成犯罪，只要一方有斗殴故意并纠集三人以上进行斗殴的，就符合本罪的主客观要件。即使对方没有互殴故意，但对有斗殴故意的一方仍可以认定为聚众斗殴罪。在我国司法实践中，采纳单方聚众斗殴的观点。例如，倪某刚等人聚众斗殴案的裁判理由就明确认为，单方有聚众斗殴故意的也可以构成聚众斗殴罪。① 本案就涉及雷某、柴某等人行为的定性问题。从案情来看，雷某、柴某等人纠集在一起，手持棒球棍、匕首赶至葛某的养生会所旅行殴打等行为。该行为在某种意义上也可以说是一种行凶行为，但由于是纠集多人实施聚众性的殴打行为，已经不单纯是行凶，而是具有聚众斗殴的性质。由于这种聚众斗殴是雷某、柴某等人单方实施的行为，故侯某秋的反击行为具有防卫的性质，不能认为是与对方的斗殴行为。在这种情况下，侯某雨的行为是针对雷某、柴某等人的单方聚众斗殴行为的正当防卫。由于单方聚众斗殴是一种暴力犯罪，而《刑法》第 20 条第 3 款对这种暴力犯罪并没有作为特殊防卫的起因加以明文列举，因而属于“其他严重危及人身安全的暴力犯罪”。

第三节　特殊防卫的防卫时间

特殊防卫的防卫时间与普通防卫的防卫时间之间并没有根本的区别，根据我

① 参见陈兴良、张军、胡云腾主编：《人民法院刑事指导案例裁判要旨通纂》（下卷），2 版，1342 页，北京，北京大学出版社，2013。

国《刑法》第 20 条第 1 款和第 3 款的规定，都是不法侵害正在进行。当然，由于特殊防卫与普通防卫相比，其不法侵害具有更为强烈的暴力性，对防卫人的人身危害更为急迫，因而在防卫时间的把握上也更为困难。对此，不能苛求防卫人，而是应当设身处地地从防卫人的角度进行考察，作出实事求是的正确判断。例如，李某俊故意伤害案：

辽宁省抚顺市中级人民法院经公开审理查明：被告人李某俊系辽宁省抚顺市顺城区会元乡马金村村民。2011 年 8 月 26 日 4 时许，李某俊夫妇在家中睡觉时被院内狗叫声吵醒，其妻刘某元走到院门口，看见刘某强（被害人，男，殁年 42 岁）持尖刀刺其院门，并声称要"劫道"。李某俊随后赶来，见状立即回院内取来一根铁管，并打电话通知村治保主任刘某钢等人前来帮忙。刘某强又来到李某俊家厨房外，用尖刀割开厨房纱窗，被刘某元发现后躲进院内玉米地。李某俊持铁管进玉米地寻找刘某强，在玉米地里与持尖刀的刘某强相遇，二人发生打斗。李某俊持铁管击打刘某强头部，致其倒地。后刘某强被送往医院救治，因颅脑损伤于次日死亡。

对于本案，抚顺市中级人民法院经审理认为：被害人刘某强在凌晨 4 时许持刀砍击被告人李某俊家大门并声称要"劫道"，后又闯入李家带有围墙的后院，划开厨房纱窗，其行为已经严重危害李家人的人身和财产安全。李某俊为保护自己及家人的安全持铁管击打刘某强，致其死亡。该行为符合特殊防卫的条件，构成正当防卫。公诉机关指控李某俊犯故意伤害罪的罪名不能成立。据此，依照《中华人民共和国刑法》第二十条第三款之规定，判决如下：被告人李某俊无罪。

本案一审宣判后，抚顺市人民检察院提出抗诉。其抗诉意见是：(1) 被害人躲进玉米地后，不法侵害的现实威胁已消失，不存在实施防卫的紧迫性，被告人李某俊的行为不具有防卫性质。(2) 李某俊系故意伤害未对其与家人实施任何不法侵害的被害人，不具备正当防卫的前提条件。(3) 李某俊主观上具有主动加害的意图，不具有防卫目的。

本案二审中，辽宁省人民检察院提出如下意见：(1) 本案不属于特殊防卫。

被害人刘某强在凌晨到被告人李某俊家用刀劈刺大门，并闯入李家后院划开纱窗，其行为已严重危及李某俊及其家人的人身安全。数名村民闻讯赶到李家后，能够控制现场的局势，且刘某强已躲进李家玉米地，严重危及人身安全的危险及防卫的紧迫性均已消失，因而不构成特殊防卫。(2) 本案属一般的正当防卫，但防卫明显过当。刘某强持刀劈刺李家院门并进入李家院内后，不法侵害已经开始；刘某强躲进院内玉米地后，李某俊持铁管进入玉米地搜索时，对可能发生的致人伤亡的后果持希望或放任态度；二人相遇后李某俊持铁管击打刘某强头部，致刘某强死亡，防卫明显超过必要限度，但应当减轻或免除处罚。被告人李某俊及其辩护人提出，其为了保护家人的安全持铁管击打被害人，没有伤害故意，其行为构成正当防卫。

辽宁省高级人民法院经公开审理认为，被告人李某俊对正在进行的行凶暴力犯罪采取防卫行为，造成不法侵害人死亡，不属于防卫过当，不负刑事责任。李某俊持铁管进玉米地寻找被害人刘某强时，虽然在场人员已经报警，但现场局势并未得到控制，持刀藏匿在李家封闭院落内的刘某强依然对李家人构成现实威胁，且其后续行为足以证实其并未放弃实施不法侵害的念头。李某俊持械进入玉米地寻找刘某强，属于公民依法行使保护自身权利的行为，不能据此认定李某俊有加害故意。刘某强藏匿在李家封闭院落内的玉米地里，并持尖刀刺扎李某俊，故其行为属于正在进行的严重危及人身安全的行凶暴力犯罪，李某俊的防卫行为应适用刑法关于特殊防卫的规定，构成正当防卫。据此，依照《刑事诉讼法》第二百二十五条第一款第一项之规定，裁定驳回抗诉，维持原判。

本案涉及的问题主要是：不法侵害人持刀闯进院内并躲进玉米地后，被告人在搜寻不法侵害人时发生打斗，造成不法侵害人死亡的，是否属于不法侵害正在进行？这是一个防卫时间的问题。值得注意的是，辽宁省人民检察院在二审中提出的第二个问题，即本案属于普通防卫，并且构成过当。应该说，以上两个问题是存在矛盾的：如果在本案中如检察院所说，严重危及人身安全的危险及防卫的紧迫性均已消失，那么不仅不能构成特殊防卫，而且普通防卫也同样不能构成。

因为无论是特殊防卫还是普通防卫，都必须存在正在进行的不法侵害。因此，我认为，本案如果成立正当防卫，只能是特殊防卫而不可能是普通防卫。就此而言，本案的主要争议点还是在于：如何理解不法侵害正在进行?

本案的裁判理由指出："如何认定正当防卫，是司法实践中的一个难题。尽管近年来已出现一些认定为正当防卫的案件，但由于案件之间的差别较大，分析案件性质的视角又各有不同，故对于新出现的案件，认定上仍然容易引发争议。"本案审理过程中，对被告人李某俊的行为是否构成正当防卫有三种意见：第一种意见认为，被害人躲进玉米地后，不法侵害的现实威胁已消失，不具备构成正当防卫的前提条件。李某俊持铁管寻找被害人时有加害的故意，故其构成故意伤害罪。第二种意见认为，被害人躲进玉米地后不法侵害仍在继续，但并未严重危及李家人的人身安全，李某俊寻找被害人时对可能发生的危害后果持希望或放任态度，后在打斗中打死被害人，其防卫明显超过必要限度，构成防卫过当。第三种意见认为，被害人躲在玉米地内对李家仍有现实威胁，李某俊持械进入玉米地寻找被害人的行为具有正当性、合理性。其在遭到被害人持刀攻击时击打被害人致死，符合刑法关于无过当防卫的规定，构成正当防卫。根据《刑法》第20条第3款的规定，对正在进行行凶、杀人、抢劫、强奸、绑架以及其他严重危及人身安全的暴力犯罪，采取防卫行为，造成不法侵害人伤亡的，不属于防卫过当，不负刑事责任。刑法理论一般将这种情形称为特殊防卫。构成特殊防卫，除在防卫目的、防卫起因、防卫客体、防卫时间等方面要符合正当防卫的一般要求外，还要具备两个条件：一是行为人面临行凶、杀人、抢劫、强奸、绑架以及与前述行为危害程度相当的严重暴力犯罪，行为人的人身安全受到严重威胁，甚至是侵害；二是行为人实施的防卫不受防卫限度条件的限制，即使造成不法侵害人伤亡，也不属于防卫过当。结合本案的具体情况，我们认为被告人李某俊的行为构成无过当防卫，具体分析如下。

（一）被害人刘某强躲进玉米地后其实施的不法侵害并未结束

刘某强凌晨持刺刀砍击被告人李某俊家大门，后翻墙进入李家院内划割厨房

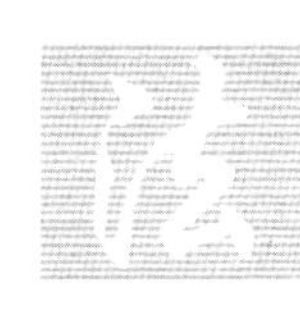

纱窗，其行为严重威胁李某俊及家人的人身安全，属正在进行的不法侵害。刘某强划割纱窗被李某俊妻子发现后躲入院内的玉米地，虽未继续行凶，但其躲避的目的是准备逃离现场还是伺机行凶，根据现有证据无法查明。同时，在案证据证实刘某强患有精神病，案发时处于精神异常状态，攻击他人的可能性较大。由于该玉米地与李家住房均用围墙围在一个大院落内，且玉米地与住房距离较近，刘某强躲在玉米地内对李家人仍有现实威胁，也可认为是侵害状态的延续，故认为被害人躲入玉米地后不法侵害仍然存在的意见有一定道理。

（二）被告人李某俊在多名村民前来帮助的情况下持械进入玉米地寻找被害人刘某强的行为具有正当性、合理性，不应认定其具有加害故意

面对躲在自家院内玉米地里的持刀男子，由于不能确定其是否再次实施侵害，李某俊有权利保护自身及家人的安全，其进玉米地搜寻持刀人的目的是排除现实危险，携带铁管防身也是人之常情，即使其认识到可能与对方发生打斗，对对方造成伤害，也不影响其目的的正当性。《刑事诉讼法》第82条规定，对正在实行犯罪或者在犯罪后即时被发觉的人，任何公民都可以立即扭送公安机关、人民检察院或者人民法院处理。如将在自家院内搜捕潜在侵害人的行为认定为意图加害他人的行为，则是对公民自行抓捕、扭送犯罪嫌疑人权利的不当限制，与刑法鼓励、提倡同犯罪分子作斗争的立法目的不符。有意见认为，多名村民到场后李家人的安全已有保证，李某俊应等待警察到场处置，其直接持械进入玉米地进行搜索，处理不当，应承担相应的法律责任。我们认为，选择等待警察到场处置虽然也是一种处理方式，但在自家院内搜捕潜在侵害人是公民应有的权利；况且案发时为凌晨，光线较暗，刘某强躲过在场人员的监控，潜入室内行凶的可能性是客观存在的。因此，李某俊在警察到来之前自行搜捕不法侵害人，既是合法的，也是合理的。

（三）被告人李某俊在玉米地中与被害人刘某强发生打斗，并将刘某强打倒的行为属于无过当防卫

根据李某俊的供述，二人相遇后，刘某强首先持刀攻击，李某俊在还击中将

刘某强打倒。李某俊供述的二人在玉米地里发生打斗的情节无其他人目击，但当时在院内的多名证人均证实李某俊进入玉米地后听到铁器撞击声，一定程度上印证了李某俊所供打斗情节。结合李某俊打倒刘某强后立即呼叫他人，其家人积极协助救治的情节看，其在打斗中无明显的杀伤意图，打击手段亦有节制，对其供述应予采信。因此，李某俊在遭到刘某强持刀攻击的情况下持铁管还击并将刘某强打倒的行为，符合《刑法》第 20 条第 3 款规定的无过当防卫的构成要件，系正当防卫，依法不负刑事责任。一、二审法院认定李某俊无罪是正确的。

从以上裁判理由的论述来看，本案中死者刘某强凌晨持刺刀砍击被告人李某俊家大门，后翻墙进入李家院内划割厨房纱窗的行为，属于正在进行的不法侵害。这是没有疑问的。关键在于，刘某强的侵害行为被李某俊家人发现以后，刘某强躲入李某俊院内的玉米地的时候，不法侵害是否已经终止？对此，检察机关认为，刘某强躲进李家玉米地，严重危及人身安全的危险及防卫的紧迫性均已消失，因而不再存在正在进行的不法侵害。但法院认为，李某俊持刀藏匿在李家封闭院落内依然对李家人构成现实的威胁，因而不法侵害依然存在没有结束。而且，此后李某俊与刘某强再次相遇，刘某强持刀对李某俊进行攻击，这也说明刘某强的不法侵害并没有终止。对于上述检察机关和法院对本案不法侵害是否正在进行的两种截然相反的判断，我认为法院的认定是正确的。对正在进行的不法侵害的司法认定，不能采用机械的方法，而应当结合整个案情的发展情形全面考察。在本案中，刘某强的不法侵害实际上可以分为两个阶段：第一阶段是持刀在凌晨闯入李某俊家中，这个行为明显属于《刑法》第 20 条第 3 款所规定的行凶。如果李某俊直接对刘某强进行防卫，当然构成特殊防卫。但现实生活是复杂的，本案的案情并没有完全按照一般的预想发展。刘某强被发现以后，没有撤离现场，而是躲藏在李某俊院落内的玉米地中。这里应当注意，玉米地是在李某俊的院内，因而仍然属于家的范围。此时，不法侵害只是暂时停止，但对李某俊及其家人的危险并没有被排除。在这种情况下，不法侵害仍然处于进行之中。而且，在李某俊在玉米地中发现刘某强以后，刘某强没有放弃不法侵害，而是持刀与李

某俊进行打斗。然而，这里的打斗不能被认定为是互相斗殴，因为李某俊的行为属于防卫行为。这种防卫是对刘某强凌晨持刀闯入李某俊院内进行不法侵害的反击，因而是整个防卫行为的一部分，不能将其与先前的防卫行为割裂开来进行考察。根据以上分析，我认为李某俊对刘某强的行凶行为的防卫属于特殊防卫，不负刑事责任。

第四节　特殊防卫的防卫限度

特殊防卫的特殊性表现为不存在防卫限度，因此，讨论特殊防卫的防卫限度似乎与特殊防卫的性质相背离，是一个伪命题。其实，虽然刑法明确规定特殊防卫造成不法侵害人伤亡的，不属于防卫过当，然而，在司法实践中，某些具体案件对特殊防卫提出防卫限度的要求。对此，应当从正当防卫的理念上加以厘清。

一、特殊防卫与普通防卫的界限

特殊防卫是正当防卫的一种特殊类型，因此，特殊防卫在具有普通防卫共性的同时，又具有特殊性。这种特殊性就在于：无过当。也就是说，普通防卫是有过当的防卫，而特殊防卫则是无过当的防卫。从立法机关对特殊防卫无过当的条件设立来看，立法机关赋予公民在某些特殊情况下更大的防卫权，甚至是在一定程度上采取了无限防卫权。这在世界各国关于正当防卫的立法中都是十分瞩目的正当防卫立法例。

立法机关之所以设立特殊防卫，是为了有效地保护公民的人身、财产或者其他合法权益。根据我国《刑法》第 20 条第 3 款的规定，只有对正在进行的行凶、杀人、抢劫、强奸、绑架以及其他严重危及人身安全的暴力犯罪才能实行特殊防卫。对其他犯罪行为则不能实行特殊防卫。由此可见，刑法对特殊防卫的适用范

围具有明确的限定。特殊防卫是一种力度较大的正当防卫制度，立法机关的意图是通过特殊防卫强化公民的防卫权。

那么，特殊防卫与普通防卫如何区分呢？尤其是在刑法设立特殊防卫制度以后，针对行凶、杀人、抢劫、强奸、绑架等不法侵害，是否还存在普通防卫？也就是说，是否针对上述不法侵害实行的防卫都一概被认定为正当防卫？我认为，这是一个值得探讨的问题。我国《刑法》第 20 条第 3 款对特殊防卫的起因描述为：正在进行的行凶、杀人、抢劫、强奸、绑架以及其他严重危及人身安全的暴力犯罪。应当注意的是，刑法规定将特殊防卫的起因落脚在暴力犯罪，即只有针对人身的暴力犯罪，才能成为特殊防卫的起因；否则，即使是针对人身的非暴力犯罪，也不能成为特殊防卫的起因。对于杀人、抢劫、强奸、绑架等行为是否应当受到暴力犯罪的限制，我国刑法学界存在三种观点[①]：第一是全面否定说，该说认为对于杀人、抢劫、强奸、绑架手段无论如何不应当有所限制，即不管其是否以暴力手段实施，只要构成该相应的具体犯罪，就都可以实行正当防卫。第二是全面肯定说，该说认为在认定特殊防卫对象时，应当以暴力犯罪严格界定与限制刑法中列举的杀人、抢劫、强奸、绑架等犯罪。第三是区分说，该说认为鉴于杀人与绑架在犯罪手段上必然严重危及人身安全的基本属性，当然应当允许对其实施特殊防卫。就强奸罪而论，从结果层面上看，由于被害人的性权利最终都会遭受非法侵害，而不论不法侵害行为人采取何种犯罪手段，根本上仍然属于严重危及人身安全的暴力犯罪范畴，也应允许对其实行特殊防卫；但是对于那些没有使用暴力手段，并且财产数额也不是特别巨大的抢劫犯罪，以及携带凶器抢夺的场合，则不应允许实施特殊防卫。我认为，暴力犯罪是指犯罪的手段，而不是犯罪结果。因此，对于作为特殊防卫起因的四种犯罪是否应当受到暴力犯罪的限制，应当从犯罪手段而不是犯罪结果的角度进行考察。在此，之所以没有提及行凶，是因为行凶本身就是一种暴力手段，不再需要讨论。那么，杀人、抢劫、强

① 参见张宝：《正当防卫中的不法侵害》，179 页，北京，法律出版社，2019。

奸、绑架犯罪都是暴力犯罪吗？换言之，是否存在非暴力的杀人、抢劫、强奸、绑架？应该说，杀人和绑架都具有暴力性质。这是容易理解的。但抢劫与强奸则不然。根据我国刑法对抢劫罪与强奸罪的规定，这两种犯罪的手段是暴力、威胁或者其他方法。因此，行为人采用暴力手段实施抢劫与强奸，则构成暴力犯罪。但如果行为人采用威胁或者其他手段实施抢劫与强奸，则属于非暴力犯罪。基于这一理解，我认为，对于抢劫罪和强奸罪应当通过暴力犯罪加以限制，将非暴力的抢劫与强奸排除在特殊防卫的起因之外。

二、特殊防卫与防卫过当的界限

特殊防卫既然是一种无过当的防卫，当然其防卫行为就不受必要限度的限制。正如《刑法》第 20 条第 3 款所规定：特殊防卫造成不法侵害人伤亡的，不属于防卫过当，不负刑事责任。在这个意义上说，只要成立特殊防卫，就不可能存在防卫过当。然而，在司法实践中，对于特殊防卫能否成立防卫过当，还是存在某种错误理解。例如有司法实务人员提出了“特殊防卫权应有防卫限度”的命题，此命题源于王某故意伤害案。①

北京市第一中级人民法院经审理查明：被害人陈某海系被告人王某妻子薛某的前夫。2010 年 2 月 14 日凌晨 1 时许（除夕之夜），陈某海来到北京市西城区前妻家中探望儿子，在卧室中见到了被告人王某，二人因言语不和而扭打在一起，陈某海将王某压在床上对其实施殴打，陈某海当时手里还握着一把刀。薛某见状上前劝阻，左前臂被刀划伤。薛某当时已经怀孕，她害怕再受伤，于是跑到外面呼救。其间，王某夺过陈某海所持尖刀，陈某海手中的刀虽被夺下，但仍继续对王某进行殴打，王某持刀猛刺陈某海左胸部两刀，并扎伤陈某海左上臂一刀。后经鉴定，陈某海因被伤及心脏致急性失血性休克死亡。

---

① 参见高翼飞：《特殊防卫权应有防卫限度》，载《人民司法》，2014 (4)。

对于本案，被告人王某的辩护人提出如下辩护意见：根据刑法第二十第三款的规定，对正在行凶、杀人、抢劫、强奸、绑架以及其他严重危及人身安全的暴力犯罪，采取防卫行为，造成不法侵害人伤亡的，不属于防卫过当，不负刑事责任。被告人王某在遭遇陈某海持刀入室行凶的情况下，为了保护自身及妻子的生命安全，夺刀将不法侵害人刺死，其行为符合无限防卫的条件，系正当防卫。

对于被告人王某的辩解及辩护人提出的辩护意见，北京市第一中级人民法院经审理后认为：被告人王某夺过陈某海所持尖刀后，持刀猛刺陈某海左胸部两刀，并扎伤陈某海左上臂一刀，伤及陈某海心脏，致其急性失血性休克死亡。从扎伤陈某海的刀数及力度来看，王某伤害陈某海的故意明显。王某为了使本人的人身权利免受陈某海正在进行的不法侵害，夺刀防卫，扎伤陈某海，致陈某海死亡，造成重大损害，防卫明显超过必要限度。其行为符合防卫过当的条件，应认定防卫过当，王某应依法承担刑事和民事责任。故王某的此项辩解以及辩护人的辩护意见均不能成立，应不予采纳。被告人王某为了使本人的人身权利免受正在进行的不法侵害，对不法侵害人采取防卫，持械故意伤害不法侵害人的身体，致人死亡，防卫明显超过必要限度，造成重大损害，其行为已构成故意伤害罪，依法应予惩处。

北京市第一中级人民法院依照《中华人民共和国刑法》第六条第一款、第二百三十四条第二款、第二十条第二款、第六十一条、第三十六条第一款，和《中华人民共和国民法通则》第一百一十九条、第一百三十一条，以及最高人民法院《关于审理人身损害赔偿案件适用法律若干问题的解释》第十七条第三款、第三十五条，最高人民法院《关于刑附带民事诉讼范围问题的规定》第一条、第二条之规定，判决被告人王某犯故意伤害罪，判处有期徒刑五年；一审宣判后，在法定期限内，被告人王某对一审判决不服，提出上诉。北京市高级人民法院经审理后将本案发回重审。原一审法院经审理后，判决被告人王某犯故意伤害罪，判处有期徒刑三年六个月。被告人王某对重审的一审判决不服，提出上诉。北京市高级人民法院经审理，驳回上诉，维持原判。

在本案中，辩护人认为王某的行为系特殊防卫，不负刑事责任。但检察机关和法院均认为本案被告人王某的行为构成防卫过当。在本案审理过程中，争议的焦点在于被告人王某夺刀后刺死陈某海的行为是正当防卫还是防卫过当?

第一种意见认为，陈某海在王某家中持刀行凶，王某面对突如其来的严重暴力侵害，人身安全遭受极大威胁，为了有效制止不法侵害，夺刀后刺死陈某海，其防卫行为符合无限防卫的条件，并无过当之处。《刑法》第20条第3款明确规定："对于正在进行行凶、杀人、抢劫、强奸、绑架以及其他严重危及人身安全的暴力犯罪，采取防卫行为，造成不法侵害人伤亡的，不属于防卫过当，不负刑事责任。"因此，被告人王某的行为属于正当防卫，不构成犯罪。

第二种意见认为，被告人王某在与不法侵害人陈某海搏斗中夺过了陈某海手中的刀，此时陈某海虽然没有停止对王某的殴打，不法侵害行为仍在继续，但陈某海的手中已经没有能够威胁王某生命的凶器了，而是赤手空拳实施暴力。这种程度的暴力并不足以导致王某重伤、死亡的重大危险，王某手中已持有凶器，对抗形势发生逆转，王某掌握了防卫的主动权。王某夺过刀后朝陈某海连刺三刀，其中有两刀刺进左胸，伤及心脏，致使陈某海当场死亡。王某的防卫行为明显超过了必要限度，造成重大损害结果，依照《刑法》第20条第2款的规定，属于防卫过当。从王某刺伤陈某海的行为可以看出，其具有明显的伤害他人身体的故意，故应当按照故意伤害罪定罪处罚。

以上两种意见，第一种意见认为王某的行为是特殊防卫；第二种意见认为王某的行为系普通防卫，且属于防卫过当。也就是说，对于本案来说，如果是特殊防卫就不可能构成防卫过当；反之，如果是普通防卫就构成防卫过当。显然，司法机关对本案被告人王某的行为评价为普通防卫，因而构成防卫过当。应该说，本案的法律争点是十分明确的。那么，本案中王某的行为到底是属于特殊防卫而被认定为防卫过当呢，还是属于普通防卫而被认定为防卫过当?本案的裁判要旨指出："针对严重危及人身安全的暴力犯罪，防卫人采取正当防卫对不法侵害人造成的最严重的损害后果可以是死亡，但这并不意味着致命的防卫行为可以不受

任何约束。当暴力侵害的现实危险性降低至不足以致人重伤、死亡的程度时，防卫人不得采取致命的防卫手段伤害不法侵害人并致其死亡，否则，应当认定为防卫过当并追究刑事责任。”按照这一裁判要旨，可以得出“特殊防卫权应有防卫限度”的结论。据此，本案被告人王某的行为似乎是在被认定为特殊防卫的基础上，因超过必要限度而构成防卫过当。法官在评析意见中，指出：“防卫限度是正当防卫与防卫过当的分水岭。我国刑法学界关于正当防卫的必要限度主要有三种观点：一是必需说，即认为只要防卫强度是制止不法侵害所必需的，即使防卫在强度、后果等方面超过对方可能造成的损害，也不能认为是超过了必要限度。二是基本相适应说，即认为正当防卫是否超过必要限度，应将防卫行为与不法侵害行为在手段和后果等方面加以比较，看是否相适应。三是折中说，即认为必要限度原则上应以制止不法侵害所必需为标准，同时要求防卫行为与不法侵害行为在手段、强度等方面不存在过于悬殊的差异。我认为，折中说的观点兼顾了防卫行为的必要性和相当性，既能够鼓励公民积极行使防卫权，也能够防止防卫权被滥用。在刑法第二十条第三款规定的情形下，相比一般的正当防卫，其防卫行为的相当性要求已经适当地放宽，但仍应当要求其防卫行为具有必要性，即防卫限度至少应以制止不法侵害所必需为限。在防卫人有较大选择余地的情况下，应尽量采取有效的且杀伤力较弱的防卫手段，如果一般强度的防卫手段能够有效制止侵害，则杀伤力更强的防卫手段就明显缺乏必要性。例如，防卫人只需要对不法侵害人造成轻伤就足以制止暴力侵害，却实施了致其重伤的行为；或者只需要对不法侵害人造成重伤就能有效阻止其继续侵害，却造成不法侵害人死亡，均可能构成防卫过当。为了保护不法侵害人的生命权，法律允许防卫人采取致命的防卫手段应当受到更严格的条件限制。我认为，首先，防卫的法益应为生命权和健康权、性自决权等重大法益，而不能是单纯的财产法益；其次，防卫人面对的不法侵害必须是严重危及人身安全的暴力犯罪，即能够致人重伤或者死亡的暴力侵害行为；再次，防卫行为具有紧迫性，如不及时制止将造成无法弥补的严重后果；最后，防卫人必须合理地相信致命的防卫手段具有必然性或者不可替代性，即非

使用致命手段不足以制止暴力侵害行为。”

根据以上评析意见，本案属于特殊防卫，但因超过防卫限度而构成防卫过当。这一结论与我国《刑法》第 20 条第 3 款关于特殊防卫的规定直接相抵触，混淆了特殊防卫与防卫过当的关系。我认为是应当厘清的。引起我思考的问题在于：在《刑法》第 20 条第 3 款对特殊防卫不负刑事责任的法律后果作了如此明确规定的情况下，在司法实践中为什么还会产生如此难以理解的解释？根据评析意见，对特殊防卫仍然应当坚持防卫必要性，如果违反防卫必要性，还是会构成防卫过当。为解释这里的防卫必要性，评析意见还专门引用我国台湾地区学者林山田的论述：“所谓必要性，并不是指防卫手段能够有效防止不法侵害就足够了，而是当客观上存在可以选择的数种有效并且可行的防卫手段时，防卫人应考虑采取造成损害最低的防卫方法。”① 但论者没有想到，在我国台湾地区是不存在特殊防卫制度的，因而这里的防卫必要性原则只适用于普通防卫。考虑到本案审理活动发生在 2011 年至 2013 年，本文发表于 2014 年，当时还处于正当防卫司法激活之前的时代，本案与此文可以成为窥视当时我国正当防卫司法状态的一个视窗。

从本案的案情来看，其存在两个问题：如果王某的行为被认定为特殊防卫，则不需要再考虑防卫过当；如果认定王某的行为是普通防卫，才需要考察其防卫行为是否超过必要限度。就第一个问题而言，王某与陈某海发生争执，陈某海将王某压在床上对其实施殴打，陈某海当时手里还握着一把刀。考虑到薛某不仅是女性，还是孕妇，其面临陈某海的暴力威胁是显而易见的。根据薛某陈述的事实，其害怕再受伤，于是跑到外面呼救。其间，王某夺过陈某海所持尖刀，陈某海手中的刀虽被夺下，但仍继续对王某进行殴打，王某持刀猛刺陈某海左胸部两刀，并扎伤陈某海左上臂一刀。后经鉴定，陈某海因被伤及心脏致急性失血性休克死亡。由此可见，王某是从陈某海的手中夺过尖刀，在被陈某海继续殴打的情

① 林山田：《刑法通论》（上册），207 页，北京，北京大学出版社，2012。

况下，持刀将陈某海刺死的。在本案中，陈某海是持刀行凶，符合特殊防卫的对象条件。而且，王某是在面对陈某海殴打的情况下，持刀反杀，因而其行为完全符合特殊防卫的成立条件。那么，司法机关为什么又没有认定王某的行为系特殊防卫呢？本案判决指出："王某为了使本人的人身权利免受陈某海正在进行的不法侵害，夺刀防卫，扎伤陈某海，致陈某海死亡，造成重大损害，防卫明显超过必要限度，其行为符合防卫过当的条件，应认定防卫过当。"由此可见，法院将王某的行为认定为防卫过当的主要理由在于：持刀刺死陈某海，造成了重大损害结果。然而，我国《刑法》第 20 条第 3 款明确规定：特殊防卫造成不法侵害人伤亡的，不属于防卫过当，不负刑事责任。虽然本案判决中没有直接表述王某的行为属于特殊防卫，因超过必要限度而构成防卫过当，但办案人员对本案裁判要旨以及评析意见的论述都十分清楚地呈现了"特殊防卫权应有防卫限度"这一有悖于刑法关于特殊防卫立法精神的观点。

那么，在防卫过程中，随着防卫进程的发展，是否存在从普通防卫到特殊防卫，或者从特殊防卫到普通防卫的转变呢？例如在本案中，评析意见指出："本案中，被告人王某的防卫行为可分为夺刀前和夺刀后两个阶段：第一阶段是王某面对不法侵害人陈某海持刀行凶的行为实施反抗和夺刀的行为。陈某海持刀将王静压在身下对其实施殴打，对王某的人身安全构成严重的威胁，此时王某无论采取何种防卫行为都不过分，只要能够有效地制止不法侵害的，都应当认定为正当防卫；第二阶段是王某将刀子从陈某海手中夺下后将其刺死的行为。当王某成功地夺过陈某海所持的尖刀后，陈某海手中已经没有能够威胁王某生命的武器了，陈某海虽然没有停止对王某的殴打，不法侵害仍在继续，但是该不法侵害已经不致对王某造成更严重的伤害。并且，此时王某的妻子薛某已经跑到外面呼救，王某手中有刀，局势已经完全逆转，王某在对抗中已处于优势状态，掌握了防卫的主动权。从王某本人的供述来看，夺刀之后陈某海并没有使暴力侵害升级，而是继续徒手对其进行殴打。王某本可以采取非致命的防卫措施，如将刀子扔掉徒手与之搏斗，或者刺伤其非要害部位迫其停止不法侵害，而王某却连刺陈某海三刀，陈某海左胸部连中两刀，伤及心脏，导致急性失血性休克死亡，从王某扎刺的部位、刀数和力度来看，其伤害陈某海的故意明显。王某持刀对陈某海的要害部位猛刺，造成陈某海死亡的后果，确实明显超出了正当防卫的必要限度。即使刑法第二十条第三款规定了无限防卫权，也要求正在进行的不法侵害达到致人重伤以上后果的危险程度时，防卫人方能采取剥夺不法侵害人生命的防卫手段。而当陈某海手中的刀被夺下后，致命的危险已经解除，也就不具备无限防卫的前提条件。因此，王某用刀反复扎刺陈某海致其死亡，并不符合刑法第二十条第三款的规定，应认定为防卫过当。”根据这一评析意见，在夺刀之前，由于陈某海是使用凶器进行不法侵害的，因而王某的行为属于特殊防卫。按照评析意见，此时王某无论采取何种防卫行为都不过分，只要能够有效地制止不法侵害，都应当认定为正当防卫。这里的正当防卫显然是指特殊防卫。可惜，此种特殊防卫在本案中由于王某的夺刀行为而并没有发生。在夺刀以后，陈某海赤手空拳，不再是严重危害人身安全的暴力犯罪，因而其防卫行为应当就转变为普通防卫，具有防卫的限度。王某的行为超过了正当防卫的必要限度，构成防卫过当。如果按照这一理解，那么，本案也并不像文章标题所显示的那样，是特殊防卫权应有防卫限度。我认为，在本案中，不能以夺刀为时间节点，把王某的防卫行为区分为特殊防卫与普通防卫两个阶段。正如我国学者陈璇指出，王某选择使用刀具进行防卫具有合理性。一方面，陈某海在王某抢下尖刀之后仍然压在他身上施暴。这就导致，被告人要取得对陈某海的优势进而制服他，除使用手上这把尖刀之外，别无其他工具可选。另一方面，陈某海在毫无征兆的情况下突然来袭，也使被告人不能不担心：在刀被夺走之后，身上是否还有其他凶器？若将刀丢弃，陈某海是否会迅速拾起并重新刺向自己？假如王某将刀弃之不用，则一旦上述担忧变为现实，就再无补救措施，其人身安全也将失去最后的防护可能。[①] 我认为，上述分析是站在防卫人立场上的一种设身处地的思考，这是在正当防卫司法认定中应有

① 参见陈璇：《正当防卫：理念、学说与制度适用》，181页，北京，中国检察出版社，2020。

的一种态度。反之，如果以一种冷峻的、客观的、事后的视角进行判断，则会对防卫人十分不公与不利。按照陈璇的分析，即使在王某夺过尖刀以后，王某仍然面临着陈某海的严重危及人身安全的暴力犯罪。因为严重危及人身安全的暴力犯罪并不限于使用凶器的行为。不能认为，只要侵害人赤手空拳，就绝对不存在严重危及人身安全的暴力犯罪。《指导意见》第15条已明确指出，“未使用凶器或者未使用致命性凶器，但是工具不法侵害的人数、打击部位和力度等情况，确已严重危及他人人身安全的”，应当认定为《刑法》第20条第3款中的“行凶”。在本案中，即使陈某海不使用刀具，仅凭其掐脖子、持续殴打的行为也足以认定他所实施的是给生命、健康带来严重威胁的暴力侵害，故只要该侵害仍在继续中，王某就依然享有特殊防卫权。因此，王某的行为不属于防卫过当。陈璇认为王某的防卫属于特殊防卫而不是普通防卫，所以不构成防卫过当。对于这一结论，我完全赞同。即使在本案中存在夺刀前后两个阶段，也不能简单地说，夺刀前防卫属于特殊防卫，夺刀后防卫就是普通防卫。这一点，可以与此后发生的昆山反杀案继续对比：在于某明正当防卫案中，驾驶宝马的刘某龙在冲突发生后，从车里拿出一把砍刀连续击打自行车车主于某明，途中砍刀掉落，反被于某明抢到砍刀并将其砍伤，最终死亡。在此，同样存在夺刀前后的区分。但对于夺刀以后的反杀行为，仍然被认定为特殊防卫。由此可见，不能认为夺刀前后的不法侵害性质存在根本变化。在于某明正当防卫案中，于某明抢到砍刀，刘某龙上前争夺，在争夺中于某明捅刺刘某龙的腹部、臀部，砍击其右胸、左肩、左肘。刘某龙受伤后跑向宝马轿车，于某明继续追砍2刀均未砍中，其中1刀砍中汽车。从这里可以看出，抢到砍刀以后，刘某龙存在夺刀的动作，于某明是在此过程中将刘某龙砍伤的。此后，刘某龙跑向轿车，但意图不明，于某明害怕刘某龙去拿其他凶器，因而追砍。这些动作都发生在一刹那之间，于某明根本没有思考时间，因此这一追砍行为当然应当被视为是正当防卫的延续。通过王某案与于某明案的对此，我认为，将王某的行为认定为特殊防卫是正确的，特殊防卫根本就不存在限度问题。因此，“特殊防卫权应有防卫限度”本身就是一个伪问题。

第十二章

正当防卫的具体形式

正当防卫具有共性，因而对正当防卫的概念和条件的研究，为司法实践正确地认定正当防卫提供了一般标准。当然，在研究正当防卫的时候，不能离开正当防卫的具体形式。正如在司法实践中不存在所谓一般的犯罪一样，抽象的正当防卫也是没有的，在现实生活中发生着的是具体的正当防卫，即对具体犯罪的正当防卫，例如对杀人罪的正当防卫、对强奸罪的正当防卫等。我们对正当防卫的研究，不应停留在对正当防卫的一般形式的揭示上，而是要在此基础上，深入地研究正当防卫的具体形式。

正当防卫的一般形式和具体形式，是共性和个性、抽象和具体的关系。研究正当防卫的具体形式不能离开正当防卫一般理论的指导，而对正当防卫具体形式的研究又无疑有助于揭示正当防卫的一般形式，因为共性往往寓于个性之中。而且，正当防卫是对不法侵害，主要是对犯罪行为的反击，在一定程度上它受到不法侵害的制约。而不法侵害的性质等条件的不同，又必然影响正当防卫的构成。所以，我们有必要深入地研究正当防卫的具体形式，为司法实践正确认定正当防卫提供更为容易掌握的标准。这就是研究正当防卫具体形式的实际意义。

第一节　人身权利犯罪的正当防卫

人身权利犯罪是侵犯人身权利犯罪的简称，它是司法实践中常见多发的犯罪，在所有犯罪中所占的比例是最大的。正当防卫的主要目的就在于保护公民本人或者他人的人身权利不受不法侵害，因此，人身权利犯罪是正当防卫的主要对象。

一、故意杀人罪的正当防卫

根据我国《刑法》第232条的规定，故意杀人罪是指故意非法剥夺他人生命的行为。故意杀人罪是侵犯人身权利犯罪中最为严重的犯罪。在公民面对故意杀人的不法侵害的时候，为保护本人或者他人的生命权，可以对不法侵害实施正当防卫，并且可以实施特殊防卫，不受防卫限度的限制。

对故意杀人罪实行正当防卫，其防卫时间在一定程度上取决于犯罪工具，对此也应具体分析。大多数故意杀人罪，都借助于一定的犯罪工具，用棒者有之，用刀者有之，甚至用枪者也不乏其人。这些犯罪工具的共同特点是具有较大的威胁性，能够致人伤亡。但由于这些犯罪工具的性能不同，又各有其特点——枪被称为热武器，它的杀伤能力强，作用范围广，而刀棒之类被称为冷武器，其杀伤能力不及枪，只能在近距离起作用；因此，在防卫时间的要求上，对使用热武器者的正当防卫和对使用冷武器者的正当防卫也应有所不同：对持枪者实行正当防卫，不必待其子弹上膛扣扳机，而只要持枪者将枪投入使用就可以对其实行正当防卫；对持棒、持刀者实行正当防卫，则一般须待其举棒欲打或举刀欲砍才能认为不法侵害已经开始，可以实行正当防卫。

在现实生活中，虽然故意杀人案件屡有发生，但对故意杀人罪正当防卫的案例却较为少见。因为故意杀人罪属于严重犯罪，犯罪人通常采用致命工具，或者

是在激愤之中杀人，因而防卫的空间较小。当然，对故意杀人罪的正当防卫案件也还是存在的，例如褚某兴、张某涛、吴某丽、钟某注故意杀人上诉案。①

苏基峰怀疑制毒窝点被警方捣毁的举报人是上诉人钟某注，遂让上诉人钟某注与他同坐宝马车。行驶中，苏某峰用手铐将上诉人钟某注的左手铐在车上，持手枪追问检举之事并击中上诉人钟某注腹部1枪，致其腹部表皮及表皮下组织贯通伤。其后因车胎爆裂停在路边时，上诉人钟某注挣脱手铐，拉开车内1枚催泪弹，在与苏某峰搏斗中，抢得1把手枪朝苏某峰连开3枪，其中1枪击中苏某峰胸部，致苏某峰死亡。裁判理由认为，《刑法》第二十条第三款规定，对正在进行行凶、杀人、抢劫、强奸、绑架以及其他严重危及人身安全的暴力犯罪，采取正当防卫行为，造成不法侵害人伤亡的，不属于防卫过当，不负刑事责任。上诉人钟某注因被苏某峰怀疑是制毒窝点被警方捣毁的举报人，在被枪击后，又继续铐在车上。在与苏某峰搏斗中，上诉人钟某注为了本人的生命免受仍在进行的不法侵害而开枪打死直接实施不法侵害者苏某峰，上诉人钟某注的行为构成正当防卫，依法不负刑事责任。

本案防卫人钟某注在面对枪杀的紧迫关头，夺枪反杀，这是典型的对故意杀人罪的正当防卫。本案的裁判规则是："为了本人的生命免受仍在进行的不法侵害而开枪打死直接实施不法侵害者的行为构成正当防卫，依法不负刑事责任。"我认为，这一裁判规则完全正确。

二、故意伤害罪的正当防卫

根据我国《刑法》第234条的规定，故意伤害罪是指故意伤害他人身体健康的行为。故意伤害罪根据伤害结果的轻重，可以分为三种情形：第一是轻伤害，

① 参见《防卫的刑事责任——褚建兴、张兴涛、吴晓丽、钟长注故意杀人上诉案》，载最高人民法院中国应用法学研究所：《人民法院案例选》，人民法院出版社，2006。

第二是重伤害，第三是伤害致人死亡。由此可见，故意伤害罪是根据行为所造成的结果定罪的，具有十分明显的结果犯的性质。在结果没有发生的情况下，难以确定其犯罪性质，因而我国《刑法》第 20 条第 3 款规定的行凶，其实就是指故意伤害。在司法实践中，对故意伤害行为防卫的案件是最为常见的正当防卫类型，由于伤害行为具有对人身权利的较大侵害性，因此我国《刑法》第 20 条第 3 款明确规定，对行凶行为进行防卫的，属于特殊防卫，不存在防卫过当。这一规定，对于保护公民的人身权利具有重要意义。例如甘肃省泾川县王某民正当防卫不批捕案[①]：

2008 年，王某民之女王某霞与潘某结婚，婚后生育儿子潘甲（11 岁）、女儿潘乙（9 岁）。因感情不睦，潘某多次对王某霞实施家暴，2016 年 1 月 12 日二人协议离婚，约定潘某抚养儿子潘甲，王某霞抚养女儿潘乙。一年后，经他人撮合，二人共同生活，但未办理复婚手续。2019 年 7 月，二人先后独自外出打工。2020 年春节前夕，王某霞打工返回王某民家中居住，潘乙跟随王某霞在姥爷王某民家中上网课，不愿意跟随潘某回去，潘某以领回潘乙为由两次来到王某民家中滋事。

2020 年 3 月 21 日 16 时许，潘某驾驶摩托车载潘甲来到王某民家中，要求领回潘乙，因潘乙不愿回家，王某霞和潘某发生争吵，王某霞电话报警，派出所民警出警后将潘某劝离。3 月 22 日 16 时许，潘某再次驾驶摩托车来到王某民家中，进入王某民儿媳薛某某的西房，欲抱炕上薛某某刚满月的婴儿时，被随后赶来的王某霞劝离该房间。潘某又到正房，拉起床上熟睡的潘乙欲离开，王某霞阻拦时，二人发生争吵。潘某右手持随身携带的单刃匕首（全长 26.5 厘米，柄长 11 厘米，刃长 15.5 厘米，刃宽 2.8 厘米），左胳膊夹着潘乙走出院子大门，王某霞紧随其后，因潘乙不愿随潘某回家挣扎并大哭，王某霞再次阻拦时，潘某遂持匕首在王某霞左腰后部、头部各刺戳一下，致面部血流模糊双眼，王某霞大声喊

① 2020 年 11 月 27 日最高人民检察院颁布正当防卫不捕不诉典型案例，案例一：《甘肃省泾川县王某民正当防卫不批捕案——准确理解和把握“正在进行”“行凶”等严重危及人身安全的暴力犯罪》。

叫。此时正在大门外东侧棚房内收拾柴火的王某民听到喊叫声后，随手拿起一把镢头跑到大门外的水泥路上，见王某霞头部大量流血，潘某持匕首仍与王某霞、潘乙撕扯在一起。王某民见状持镢头在潘某的后脑部击打一下，潘某倒地后，欲持匕首起身时，王某民又持镢头在潘某后脑部击打两下，潘某趴倒在地。后王某民即拨打110报警电话和120急救电话。29分钟后，120到达案发现场，出诊医生发现潘某手中攥着匕首，经检查潘某已死亡。王某霞被送往医院救治，被诊断为：左腰部开放性伤口、左腰部肌肉血肿、左肾包膜下血肿、左肾周血肿，左肾挫伤、头皮裂伤。经鉴定，潘某系被钝器多次打击头部致重度颅脑损伤死亡。

2020年3月23日，甘肃省泾川县公安局以王某民涉嫌故意伤害罪立案侦查，并对其采取刑事拘留强制措施，3月30日提请批准逮捕。泾川县人民检察院经审查认为：潘某的行为严重危及他人人身安全，王某民为保护家人免受侵害而采取防卫行为，造成不法侵害人潘某死亡，符合《刑法》第20条第3款的规定，依法不负刑事责任。径川县人民检察院于4月6日决定不批准逮捕，同日王某民被释放，随后公安机关对王某民作出撤销案件决定。

本案死者，即不法侵害人潘某与嫌疑人王某民之女王某霞系夫妻关系，因而本案是发生在家庭内部的一起案件。潘某手持匕首对王某霞进行行凶，在这种情况下，王某民为解救王某霞，持镢头在潘某的后脑部击打一下，潘某倒地后，欲持匕首起身时，王某民又持镢头在潘某后脑部击打两下。本案王某民的行为属于对潘某行凶行为的防卫，检察机关认定属于特殊防卫，王某民对潘某的死亡不负刑事责任。本案的“典型意义”指出：“我国刑法关于特殊防卫的规定，不苛求防卫行为与不法侵害行为完全对等，判断暴力侵害是否正在进行时要设身处地考虑防卫人所处的具体情景，作出法理情相统一的认定，彰显‘法不能向不法让步’的价值理念。此案中，不法侵害人潘某持致命性凶器刺中王某霞，王某民闻声赶到时潘某与王某霞撕扯在一起，王某霞头部流着血，王某民持镢头反击属于对正在进行的行凶实施防卫。潘某倒地后欲持匕首起身，仍有可能继续实施侵害，不法侵害的现实危险仍然存在，应当认定为不法侵害已经开始、尚未结束，

仍处于正在进行中。王某民在面对突如其来的不法侵害时，精神处于高度紧张状态，不能苛求其反击方式、部位、力度精确到刚好制止不法侵害。王某民对正在进行的暴力侵害实施防卫，符合特殊防卫的起因条件，致不法侵害人死亡的，依法不负刑事责任。”在本案中，死者潘某“持匕首在王某霞左腰后部、头部各刺戳一下”的行为明显属于行凶，这是一种故意伤害行为，因而王某民对潘某的防卫属于对故意伤害罪的正当防卫。

三、强奸罪的正当防卫

强奸罪是一种严重侵犯妇女身心健康的犯罪。根据我国刑法的规定，强奸罪是指违背妇女意志，使用暴力、胁迫或者其他手段，强行与妇女发生性交的行为。在司法实践中，经常发生对强奸罪的正当防卫。因此，对这种正当防卫的特点进行一些研究，具有一定的实际意义。

以暴力手段强奸妇女，是强奸罪的基本形式。根据司法解释，暴力手段是指犯罪分子直接对被害妇女采用殴打、捆绑、卡脖子、按倒等危害人身安全或者人身自由，使妇女不能抗拒的手段。显然，这些暴力手段严重地侵犯了妇女的人身权利，妇女可以对实施暴力强奸的犯罪分子实行正当防卫。

以胁迫手段强奸妇女，是强奸罪的重要形式。根据司法解释，胁迫手段是指犯罪分子对被害妇女威胁、恫吓，达到精神上的强制的手段，如：以行凶报复、揭发隐私、加害亲属等相威胁，利用迷信进行恐吓、欺骗，利用教养关系、从属关系、职权以及孤立无援的环境条件，进行挟制迫害等，迫使妇女忍辱屈从，不敢抗拒。在上述情况下，犯罪分子虽然不是直接使用暴力，而是进行精神上的强制，但其中包含着使用暴力的可能性，妇女为了保护本人的人身权利不受侵犯，对采取胁迫手段的强奸罪也可以实行正当防卫。

以其他手段强奸妇女，是强奸罪的特殊形式。根据司法解释，其他手段是指犯罪分子用暴力、胁迫以外的手段，使被害妇女无法抗拒。例如：利用妇女患重病、熟睡之机进行奸淫；以醉酒、药物麻醉，以及利用或者假冒治病等方法对妇女进行奸淫。由于以上述其他手段强奸妇女，主要是利用了妇女不知反抗的状态，因此，在这种情况下，不发生正当防卫的问题。

对强奸妇女犯罪实行正当防卫，目的在于制止强奸行为，保护妇女的人身权利，因此，从防卫时间上来说，其必然是发生在着手实施强奸之际，或是在强奸的过程中。如果强奸已经实施完毕，就失去了正当防卫的前提条件，不能再实行正当防卫，否则，就是报复侵害。例如，一天晚上，李某回家，见许某对妻子陈某强奸后身披棉衣，一手提着裤子朝门外跑。因裤子未穿好，跨门槛时跌倒，李某就按着许某，陈某拿扁担打许某，李某也用木柱打许某。许某因被打致伤，血液循环出现障碍，未能及时治疗而死亡。在处理这起案件时，有人认为陈某、李某的行为是在许某的犯罪过程中实施的，属于防卫过当。我认为，本案陈某、李某打许某，发生在强奸以后。这时，已经不存在不法侵害，因此没有正当防卫可言，陈某、李某的行为也就谈不上是防卫过当，而应以故意犯罪论处。

根据我国《刑法》第 20 条第 3 款的规定，对强奸犯罪实行的正当防卫，属于特殊犯罪，不受防卫限度的限制。例如安徽省枞阳县周某某正当防卫不起诉案①：

2018 年 9 月 23 日晚 19 时许，许某某醉酒后驾驶电动三轮车路过许祠组农田时，遇见刚打完农药正要回家的妇女周某某，遂趁四周无人之机下车将周某某仰面推倒在稻田里，意图强行与周某某发生性关系。周某某用手乱抓、奋力反抗，将许某某头面部抓伤，并在纠缠、反抗过程中，用药水箱上连接的一根软管将许某某颈部缠绕住。许某某被勒住脖子后暂停侵害并站立起来，周某某为了防止其继续对自己实施强奸行为，一直站在许某某身后拽着软管控制其行动。二人先后在稻田里、田埂上、许某某驾驶的三轮车上对峙。其间，许某某声称愿意停止侵

① 2020 年 11 月 27 日最高人民检察院公布正当防卫不捕不诉典型案例，案例五：《安徽省枞阳县周某某正当防卫不起诉案——对强奸行为实施特殊防卫的认定》。

害并送周某某回家，但未有进一步实际行动；周某某大声呼喊求救时，远处某养鸡场经营户邹某某听到声音，走出宿舍，使用头灯朝案发地方向照射，但未靠近查看，此外再无其他人员留意或靠近案发现场。二人对峙将近2小时后，许某某下车，上身斜靠着车厢坐在田埂上，周某某也拽住软管下车继续控制许某某的行动。许某某提出软管勒得太紧、要求周某某将软管放松一些，周某某便将软管放松，许某某趁机采取用手推、用牙咬的方式想要挣脱软管。周某某担心许某某挣脱软管后会继续侵害自己，于是用嘴猛咬许某某手指、手背，同时用力向后拽拉软管及许某某后衣领。持续片刻后，许某某身体突然前倾、趴在田埂土路上，周某某认为其可能是装死，仍用力拽拉软管数分钟，后见许某某身体不动、也不说话，遂拎着塑料桶离开现场。次日清晨，周某某在村干部王某某的陪同下到现场查看，发现许某某已死亡，遂电话报警、自动投案。经鉴定，许某某系他人勒颈致窒息死亡。

2018年9月24日，周某某“投案自首”，9月25日因涉嫌故意杀人罪被安徽省枞阳县公安局刑事拘留，9月28日枞阳县公安局以周某某涉嫌过失致人死亡罪提请批准逮捕，9月30日枞阳县人民检察院批准逮捕。同年11月28日，枞阳县公安局以周某某涉嫌过失致人死亡罪移送枞阳县人民检察院审查起诉。枞阳县人民检察院经审查认为，周某某的行为可能属于正当防卫，遂决定对其取保候审，并重点围绕是否构成正当防卫退回补充侦查、补强证据。该院检察委员会经研究认为，周某某对正在实施强奸的许某某采取防卫行为，造成不法侵害人许某某死亡的行为，符合《中华人民共和国刑法》第二十条第三款的规定，依法不负刑事责任，于2019年6月25日决定对周某某不起诉。

本案是最高人民法院公布的典型案例，其典型意义在于：我国刑法将正在进行的“强奸”与“行凶”、“杀人”、“抢劫”、“绑架”等严重危及人身安全的暴力犯罪并列规定，可以实行特殊防卫，造成不法侵害人伤亡的，不负刑事责任，体现了对妇女人身安全和性权利的充分保障和尊重。此案中，不法侵害人许某某将周某某推倒在稻田里，趴在周某某身上，解其裤腰带，意图强行与周某某发生性

关系的行为，已经构成严重危及人身安全的强奸行为。周某某对正在实施的强奸行为进行防御和反抗，致不法侵害人死亡，符合《刑法》第 20 条第 3 款的规定，依法不负刑事责任。在证据采信上，此案发生于夜晚的野外田间，没有目击证人，周某某供述稳定，且能够与其他证据相互印证，周某某的供述应予采信。在双方对峙过程中，周某某试图求救但没有实现，在救助无门、逃跑不能的特殊环境下，在近 2 个小时的高度紧张和惊恐状态下，不能苛求周某某对许某某是否继续实施不法侵害作出精准判断，应当采信周某某认为不法侵害行为处于持续状态的判断。在此案办理中，检察机关充分发挥诉前主导作用，依法及时作出不起诉决定，体现了对妇女权益的充分尊重和依法保障。此案的不起诉对弘扬社会正气，消除社会戾气，促进社会治理产生积极影响，有利于鼓励公民勇于同违法犯罪行为作斗争。同时，其有助引领社会公众养成保护弱势群体的风尚，弘扬真善美，抵制假恶丑，自觉践行社会主义核心价值观，维护社会和谐安宁。

四、非法拘禁罪的正当防卫

非法拘禁是严重侵犯公民人身自由权利的犯罪。我国宪法保障公民的人身自由权利，刑法规定非法拘禁行为构成犯罪，应当追究刑事责任。在大多数情况下，对非法拘禁都是通过司法机关追究犯罪分子的刑事责任。但某些非法拘禁犯罪，拘禁的地点隐蔽，不易被人发觉；拘禁的时间长，有时长达数月。在这种恶劣的环境中，被害人不仅失去人身自由，而且肉体和精神上也备受折磨，被害人为了把自己从拘禁中解脱出来，可以对不法侵害人实行正当防卫。

根据我国《刑法》第 238 条的规定，非法拘禁罪是指以拘禁或者其他强制方法非法地剥夺他人人身自由的行为。非法拘禁罪由其犯罪的特点所决定，其犯罪行为必然在一段时间处于持续状态，因此，在刑法教义学中属于继续犯。对非法拘禁罪这样的继续犯实行正当防卫，其防卫时间不同于对其他犯罪的正当防卫。我认为，只要不法侵害人着手拘禁，就可以对其实行正当防卫，而在拘禁行为持

续的过程中，都可以对不法侵害人实行正当防卫。

非法拘禁罪的保护法益是公民的人身自由，而被害人实行正当防卫的目的也是解除拘禁，保护本人的人身自由。因此，在确定对非法拘禁罪的正当防卫的必要限度时，首先要考察对不法侵害人造成的人身损害是否为解除拘禁所必需。例如，被害人从拘禁场所破门逃出，不法侵害人加以阻止，被害人为了脱身可以对不法侵害人实行正当防卫。但其防卫强度，只能限制在为解除拘禁所必需的限度之内，否则就是超过了正当防卫的必要限度。当然，不法侵害人在拘禁过程中可能具有殴打、侮辱情节，或者被害人在逃跑时可能受到不法侵害人的暴力阻止。被害人对此实行正当防卫，其必要限度还应以这种殴打、侮辱和暴力的强度、缓急为转移。值得注意的是，我国学者周光权认为："行为人在持续的非法拘禁过程中，如果实施危害程度较高的暴力，尤其是拘禁后向第三人提出索取债务要求，明显利用了第三人对被害人的担忧的，虽然被告人的行为最终要以非法拘禁罪定罪处罚，但其行为构造和绑架罪完全类似，且严重危及被拘禁者的人身安全，此时如果被拘禁者的防卫行为导致侵害人死伤的，对防卫者应该可以类推适用《刑法》第 20 条第 3 款关于绑架的规定。"① 我认为，这一观点是有道理的。因为绑架罪与非法拘禁罪虽然在罪名上完全看不出两罪之间的重合性，但从构成要件内容分析，绑架罪强调的是被绑架人丧失人身自由的原因行为，绑架以后的必然后果就是对被绑架人进行拘禁，因而非法拘禁突出的是被拘禁人丧失人身自由的结果状态。在某种意义上说，绑架罪是以勒索财物为目的的非法拘禁罪，而非法拘禁罪则是不以勒索财物为目的的绑架罪。可以说，绑架罪与非法拘禁罪在客观外在形态上具有重合性。因此，行为人在被非法拘禁的情况下，就其所处的丧失人身自由的客观状态而言，完全与绑架罪无异。因此，在对绑架罪可以适用特殊防卫的情况下，对非法拘禁罪类推适用特殊防卫，具有一定的合理性。

在现实生活中，存在着各种传销犯罪。为了招揽传销人员，传销组织者往往

---

① 周光权：《论持续侵害与正当防卫的关系》，载《法学》，2017（4）。

欺骗不知情的人员加入传销组织。被害人被骗入传销窝点以后，受到非法拘禁，难以离开。在非法拘禁过程中，侵害人对被害人进行洗脑，并伴随着殴打等行为。在这种情况下，被害人采取对看管人员人身伤害或者杀害的方式脱离拘禁的，是一种较为典型的对非法拘禁罪的正当防卫，例如盛某平正当防卫案①：

2018年7月30日，传销人员郭某（已判刑）以谈恋爱为名将盛某平骗至杭州市桐庐县。根据以“天津天狮”名义活动的传销组织安排，郭某等人接站后将盛某平诱至传销窝点。盛某平进入室内先在客厅休息，郭某、唐某某（已判刑）、成某某等传销人员多次欲将其骗入卧室，意图通过采取“洗脑”、恐吓、体罚、殴打等“抖新人”措施威逼其加入传销组织，盛某平发觉情况异常后予以拒绝。后在多次请求离开被拒并遭唐某某等人逼近时，盛某平拿出随身携带的水果刀予以警告，同时提出愿交付随身携带的钱财以求离开，但仍遭拒绝。之后，事先躲藏的传销人员邓某某、郭某某、刘某某（已判刑）等人也先后来到客厅。成某某等人陆续向盛某平逼近，盛某平被逼后退，当成某某上前意图夺刀时，盛某平持刀挥刺，划伤成某某右手腕及左颈，刺中成某某的左侧胸部，致心脏破裂。随后，盛某平放弃随身行李趁乱逃离现场。当晚，传销人员将成某某送医院治疗。医院对成某某伤口进行处治后，嘱咐其回当地医院进行康复治疗。同年8月4日，成某某出院，未遵医嘱继续进行康复治疗。同年8月11日，成某某在传销窝点突发昏迷经送医抢救无效于当晚死亡。经法医鉴定：成某某系左胸部遭受锐器刺戳作用致心脏破裂，在愈合过程中继续出血，最终引起心包填塞而死亡。

公安机关以盛某平涉嫌故意伤害罪（防卫过当）向检察机关移送审查起诉。浙江省杭州市人民检察院认定盛某平的行为构成正当防卫，作出不起诉决定。

检察机关在总结本案的典型意义时指出：通常认为，成立正当防卫，应当同

① 参见《盛某平正当防卫案——正当防卫时间条件、限度条件的把握》，人民法院网，2020-09-03。盛某平正当防卫案，中国法院网（chinacourt.org），2021-05-15。

时符合起因、时间、主观、对象、限度等五个条件。本案在诸多方面，对于正确把握正当防卫的成立条件具有指导和参考意义。

第一，关于正当防卫的起因条件。正当防卫的前提是存在不法侵害。不法侵害既包括侵犯生命、健康权利的行为，也包括侵犯人身自由、公私财产等权利的行为；既包括犯罪行为，也包括违法行为。就本案而言，本案案发开始时和案发过程中盛某平并不知道成某某、郭某等人是传销组织人员，也不了解他们的意图。在整个过程中，盛某平始终不能明确认识到自己陷入的是传销窝点，甚至以为对方要摘自己的器官，其感受到人身安全面临不法侵害是有事实根据的。而且，盛某平在进入传销窝点后即被控制，随着成某某、郭某等人行为的持续，盛某平的恐惧感不断增强。盛某平到桐庐是和郭某初次见面，且进入郭某自称的住处后，提出上厕所、给家里人打电话，均被制止，此时其已经感觉到了危险。之后，一名陌生男子不断劝盛某平进入里面房间，而里面又出来一名陌生男子，盛某平感觉到危险升级，拒绝他们靠近。随后房间内又出来三名陌生男子逼近，对盛某平而言，不断升级的危险不仅客观而且紧迫。盛某平拿出随身携带的刀具警告阻吓不法侵害人无效后，精神紧张状态进一步增强。传销人员不断逼近，成某某上前夺刀。从当时情境看，盛某平面临客观存在且威胁、危害程度不断升级的不法侵害，其行为符合正当防卫的起因条件。

第二，关于正当防卫的时间条件。正当防卫必须是针对正在进行的不法侵害。对于不法侵害已经形成现实、紧迫危险的，应当认定为不法侵害已经开始。本案中，传销组织在得知盛某平来杭后，一边指令郭某前去接站诱进，一边准备实施以恐吓、体罚、殴打和长期拘禁等违法犯罪行为为主要内容的“抖新人”措施，威逼盛某平加入传销组织，系正在进行的有组织侵害行为。盛某平进入案发现场后，即遭多人逼近并实施拘禁，其遂拿出随身携带的水果刀，警告阻吓传销人员放其离开，而传销组织人员反而增加人手进一步逼近，侵害手段不断升级。由此可见，本案中的不法侵害已经开始、正在进行，且危险程度不断升级，符合正当防卫的时间条件。

第三，关于正当防卫的对象条件。正当防卫必须针对不法侵害人进行。对于多人共同实施不法侵害的，防卫人既可以针对直接实施不法侵害的人进行防卫，也可以针对在现场共同实施不法侵害的人进行防卫。本案中，一群以“天津天狮”为名义的传销人员有组织地共同实施不法侵害。其中，成某某不仅参与围逼盛某平的侵害行为，而且当盛某平拿出随身携带的刀具警告时，还上前意图夺刀。此时，盛某平对其实施防卫，属于该种情境下一般人的正常反应，完全符合正当防卫的对象条件。

第四，关于正当防卫的限度条件。防卫是否“明显超过必要限度”，应当综合不法侵害的性质、手段、强度、危害程度和防卫的时机、手段、强度、损害后果等情节，考虑双方力量对比，立足防卫人防卫时所处情境，结合社会公众的一般认知作出判断。在判断不法侵害的危害程度时，不仅要考虑已经造成的损害，还要考虑造成进一步损害的紧迫危险性和现实可能性。本案中，多名传销组织人员对盛某平实施人身控制，盛某平在多次请求离开被拒并遭唐某某等人逼近时，拿出随身携带的水果刀予以警告，同时提出愿交付随身携带的钱财以求离开，但仍遭拒绝。其后，又有多名传销人员来到客厅。成某某等人陆续向盛某平逼近，并意图夺刀。在此种情形下，盛某平持刀挥刺，划伤成某某右手腕及左颈，刺中成某某的左侧胸部，致心脏破裂。成某某受伤后经住院治疗，已经出院，但未遵医嘱继续进行康复治疗，导致心脏在愈合过程中继续出血，最终于出院一周后因心包填塞而死亡。考虑案发当场双方力量对比情况，特别是盛某平所面临的不法侵害的严重程度，同时考虑成某某的死亡过程和原因，应当认为盛某平的防卫行为没有明显超过必要限度，符合正当防卫的限度条件。

本案发生在非法传销的窝点，也就是说，盛某平是被他人骗到传销窝点的，而且并没有开始具体实施传销活动。盛某平在人身自由受到限制的情况下，多次请求离开被拒并遭唐某某等人逼近。在这种情况下，盛某平持刀进行反击，造成成某某的死亡。从后果上来看是较为严重的，因为不法侵害人实施的只是非法拘禁行为。但在当时的情况下，盛某平想要离开，成某某等多人逼近，当盛某平拿

刀进行反抗时，成某某不仅不退让，而且步步紧逼，甚至想要夺刀。在这种情况下，盛某平持刀乱刺，其行为具有防卫性。那么，该防卫行为是否超过了正当防卫的必要限度呢？对此，存在一定的争议。公安机关就是以防卫过当移送检察机关的。如果仅仅从人身自由和生命权或者健康权相比较的角度看，似乎会得出防卫过当的结论，然而，对于本案不能孤立地看待盛某平的反击行为。在对方多人步步紧逼，而且事件发生在非法传销窝点，盛某平处在孤立无援的境地，盛某平不仅人身自由被侵犯，而且还存在受到人身侵犯的危险。因此，综合起来分析，盛某平的防卫行为不能认为超过了必要限度，检察机关对本案的处理是完全正确的。

五、绑架罪的正当防卫

根据我国《刑法》第239条的规定，绑架罪是指以勒索财物为目的绑架他人的，或者绑架他人作为人质的，以勒索财物为目的偷盗婴幼儿的行为。同时，我国《刑法》第239条第2款还规定："犯前款罪，杀害被绑架人的，或者故意伤害被绑架人，致人重伤、死亡的，处无期徒刑或者死刑，并处没收财产。"因此，我国刑法中的绑架罪与故意杀人罪、故意伤害罪之间存在整体法与部分法之间的法条竞合关系。也就是说，绑架罪实际上包含了故意杀人罪和故意伤害罪，只不过杀害和伤害对象仅限于被绑架人。

在现实生活中，对绑架罪正当防卫的案件并不多见，但鉴于绑架罪是一种严重侵犯公民人身权利和财产权利的犯罪，因而我国《刑法》第20条第3款将对绑架罪的正当防卫规定为特殊防卫，不受防卫限度的限制。绑架罪中的正当防卫，主要存在于被绑架之时和绑架以后被拘禁之时。尤其是在被拘禁的情况下，行为人丧失了人身自由，而且随时面临被"撕票"的危险，也就是被杀害的担忧，心理处于极度恐慌之中。在这种情况下，被绑架人趁看管人疏于防范或者熟睡之机而将看管人杀死或者杀害的，应当认定为是对绑架罪的正当防卫，即使造

成看管人的死亡或者重伤，也不负刑事责任。

这里还应当指出，根据 2020 年 8 月 28 日最高人民法院、最高人民检察院、公安部《关于依法适用正当防卫制度的指导意见》第 16 条的规定，我国《刑法》第 20 条第 3 款特殊防卫中的绑架，不是指具体罪名，而是指具体犯罪行为。因此，以绑架手段拐卖妇女、儿童的，可以对其实行特殊防卫。有关行为没有严重危及人身安全的，应当适用一般防卫的法律规定。由此可见，对绑架行为的防卫不仅是指对绑架犯罪行为的正当防卫，而且还包括对以绑架为手段的其他犯罪行为，例如绑架妇女、儿童犯罪行为的正当防卫。

六、侮辱罪的正当防卫

根据我国《刑法》第 246 条的规定，侮辱罪是指用暴力或其他方法，公然贬低他人人格，破坏他人名誉，情节严重的行为。侮辱一般可以分为以下三种。

第一是文字侮辱，即以大字报、小字报、漫画等形式对被害人进行侮辱。我认为，在文字侮辱的情况下，一般不发生正当防卫的问题，因为侮辱性的文字出现后，不法侵害已经过去，不能再实行正当防卫。而在张贴侮辱性的大字报、小字报、漫画时，如果被害人上前加以制止，撕掉这些侮辱文字，当然是法律所允许的。但这种行为没有犯罪的外观，也就不发生正当防卫的问题。如果不法侵害人抗拒制止，进而对被害人进行暴力伤害，被害人可以正当防卫。但这已经不是对文字侮辱的正当防卫，而是对故意伤害的正当防卫。

第二是言词侮辱，即以言词对被害人进行嘲笑、辱骂，使其当众出丑。言词侮辱虽然会使被害人的自尊心和人格受到严重伤害，但由于不存在侵害的紧迫性，因此也不发生正当防卫问题。遇到言词侮辱，可以向人民法院告诉，追究不法侵害人的刑事责任。如果对言词侮辱者以拳相见，大打出手，对侮辱人造成人身伤亡，不得以正当防卫论，而只能是故意犯罪，应依法追究刑事责任。例如被告韩某与邻居周某为倒垃圾之事发生争吵，周某用扫帚指着韩某的脸破口大骂，

韩某一气之下用菜刀将周某的头、脸等多处砍伤。对此，对韩某应以故意伤害罪论处。当然，考虑到韩某是在周某的言辞侮辱下激愤伤人的，可以适当地从轻处罚，但绝不能认为是正当防卫，也不发生防卫过当的问题。

第三是暴力侮辱，即对被害人施以暴力或以暴力相威胁，使其人格、名誉受到损害，例如故意将粪便泼在被害人身上、剥光被害妇女的衣裤等。在暴力侮辱的情况下，被害人不仅人格、名誉受到损害，而且人身也受到伤害，因此，对暴力侮辱可以实行正当防卫。在确定对暴力侮辱的正当防卫的必要限度时，主要根据其防卫强度是否为足以抵御暴力侮辱所必需来考察。具体地说，要看不法侵害人采取的是何种形式的暴力以及暴力的强度。同时，还应看到侮辱罪严重地伤害了他人的自尊心，防卫人出于义愤可能对不法侵害人造成过重的损害。如果损害明显过重，应构成防卫过当，但在量刑时应当减轻或者免除处罚。

在司法实践中，对侮辱罪的正当防卫案例较为罕见，但并非绝无仅有，例如邓某娇故意伤害案。①

湖北省巴东县人民法院经审理查明：2009 年 5 月 10 日晚上 8 时许，时任巴东县野三关镇招商办主任的邓某大、副主任黄某智等人酗酒后到巴东县野三关镇“雄风宾馆梦幻城”玩乐。黄某智进入“梦幻城”5 号包房，要求正在该房内洗衣的宾馆服务员邓某娇为其提供异性洗浴服务。邓某娇向黄某智解释自己不是从事异性洗浴服务的服务员，拒绝了黄某智的要求，并摆脱黄某智的拉扯，走出该包房，与服务员唐某一同进入服务员休息室。黄某智对此极为不满，紧随邓某娇进入休息室，辱骂邓某娇。闻声赶到休息室的邓某大与黄某智一起纠缠、辱骂邓某娇，拿出一沓人民币向邓某娇炫耀并扇击其面部和肩部。在“梦幻城”服务员罗某建、阮某凡等人的先后劝解下，邓某娇两次欲离开休息室，均被邓某大拦住并被推倒在身后的单人沙发上。倒在沙发上的邓某娇朝邓某大乱蹬，将邓某大蹬开。当邓某大再次逼近邓某娇时，邓某娇起身用随身携带的水果刀朝邓某大刺

① 参见湖北省巴东县人民法院邓某娇案（2009）巴刑初字第 82 号刑事判决书。

击，致邓某大左颈、左小臂、右胸、右肩受伤。一直在现场的黄某智见状上前阻拦，被刺伤右肘关节内侧。邓某大因伤势严重，在送往医院抢救途中死亡（殁年45岁）。经法医鉴定：邓某大系他人用锐器致颈部大血管断裂、右肺破裂致急性失血休克死亡。黄某智的损伤程度为轻伤。

法院认为，被告人邓某娇故意伤害他人身体，致人死亡。其行为已构成故意伤害罪，公诉机关指控的罪名成立。关于邓某娇的辩护人提出邓某娇的行为属于正当防卫，不构成犯罪的辩护意见，法院经审查认为：邓某娇在遭受邓某大、黄某智无理纠缠、拉扯推搡、言行侮辱等不法侵害的情况下，实施的反击行为具有防卫性质，但明显超过了必要限度，属于防卫过当，邓某娇的行为构成犯罪，故对此辩护意见本院不予采纳。鉴于邓某娇是部分刑事责任能力人，并具有防卫过当和自首等法定从轻、减轻或者免除处罚情节，可以对邓某娇免除处罚。邓某娇的辩护人提出如果认定邓某娇构成犯罪，应当对其免于刑事处罚的辩护意见成立，本院予以采纳。依照《中华人民共和国刑法》第二百三十四条、第十八条第三款、第二十条第二款、第六十七条第一款和最高人民法院《关于处理自首和立功具体应用法律若干问题的解释》第一条规定，判决如下：被告人邓某娇犯故意伤害罪，免于刑事处罚。

本案是一个轰动性案件，曾经引起公众的广泛关注。在媒体报道与口口相传中，邓某娇案往往被认为是对强奸犯的反杀案。其实不然，从本案的事实中可以获知，死者只是提出了异性洗浴服务的不法要求，被邓某娇严词拒绝以后，纠缠、辱骂邓某娇，还拿出一沓人民币向邓某娇炫耀并扇击其面部和肩部。这一行为被判决认定为言行侮辱。因此，本案是对侮辱罪的正当防卫。当然，法院认定邓某娇的正当防卫超过了必要限度，构成防卫过当。鉴于本案被告人邓某娇具有部分责任能力、防卫过当和自首等法定从轻、减轻或者免除处罚情节，最终法院判决对邓某娇免除处罚。应该说，这一判决结果是较轻的。当然，民愤因素，以及死者系咎由自取，对判决也不无影响。

七、非法侵入住宅罪的正当防卫

根据《刑法》第245条的规定，非法侵入住宅罪是指违背住宅内居住人的意愿，贸然进入公民住宅，或进入公民住宅后经宅内居住人要求退出而拒不退出的行为；因此，非法侵入他人住宅罪的行为分为两种：第一种是主动进入，第二种是拒不退出。主动进入是作为，而据不退出则是不作为。无论是作为还是不作为，都侵犯了他人的居住权，因而我国刑法将其规定为犯罪。从性质上来说，非法侵入他人住宅罪并非严重的暴力犯罪，然而公民住宅具有私密性，国家法律对他人的居住权是严格保护的。非法侵入他人住宅的行为，都会遭到住宅居住人的奋力反抗。在这种情况下，抗拒非法侵入住宅或者强行要求他人退出住宅都会引发一定的暴力，由此会发生正当防卫。例如赵某华故意伤害案：

被告人赵某华，男，1951年7月28日出生，汉族，工人，初中文化程度，系上海市海滨印刷厂职工，住上海市河南北路365弄20号。因涉嫌犯故意伤害罪于2000年4月16日被取保候审。上海市闸北区人民检察院以故意伤害罪向上海市闸北区人民法院提起公诉。上海市闸北区人民法院经公开审理查明：被告人与被害人王某儿及周某因故在上海市某舞厅发生纠纷。事后王某儿自感吃亏，于2000年1月4日19时许，与周某共同到赵某华家门口，踢门而入，被在家的被告人赵某华用凶器打伤。经法医鉴定，王某儿头面部多处挫裂伤，属轻伤。上海市闸北区人民法院认为：被告人赵某华故意伤害他人身体，致人轻伤，其行为构成故意伤害罪，依法应予惩处，鉴于赵某华案发后的行为可被视为投案自首，依法可以从轻处罚。依照《中华人民共和国刑法》第二百三十四条第一款、第六十七条第一款和第七十二条的规定，判决：被告人赵某华犯故意伤害罪，判处拘役3个月，缓刑3个月。一审宣判后，被告人赵某华不服，认为其行为属正当防卫，提出上诉。

上海市第二中级人民法院经公开审理查明：被告人赵某华与王某儿、周某原

本不相识，双方在舞厅因琐事发生过争执。事后，王某儿、周某等人多次至赵某华家，采用踢门等方法，找赵某华寻衅，均因赵某华避让而未果。2000 年 1 月 4 日晚 7 时许，王某儿、周某再次至赵某华家，敲门欲进赵家，赵某华未予开门。王某儿、周某即强行踢开赵家上锁的房门（致门锁锁舌弯曲）闯入赵家，赵某华为制止不法侵害持械朝王某儿、周某挥击，致王某儿头、面部挫裂伤，经法医鉴定属轻伤；致周某头皮裂伤、左前臂软组织挫裂伤，经法医鉴定属轻微伤。事发当时由在场的赵某华的同事打“110”报警电话，公安人员到现场将双方带至警署。

上海市第二中级人民法院认为：王某儿、周某为泄私愤曾多次上门寻衅，此次又强行踢开赵家房门，闯入赵家实施不法侵害。赵某华为使本人的人身和财产权利免受正在进行的不法侵害而采取的制止不法侵害的行为，虽造成不法侵害人轻伤，但赵某华的行为未明显超过必要限度造成重大损害，符合我国刑法关于正当防卫构成要件的规定，是正当防卫，依法不应承担刑事责任。原判决未对王某儿、周某的不法侵害行为作出正确认定，仅根据赵某华对王某儿造成的伤害后果，认定赵某华的行为构成犯罪并追究刑事责任不当，应予纠正。赵某华的上诉理由应予采纳。依照《中华人民共和国刑事诉讼法》第一百八十九条第二项、《中华人民共和国刑法》第二十条第一款的规定，判决：(1) 撤销上海市闸北区人民法院（2000）闸刑初字第 628 号刑事判决；(2) 上诉人（原审被告人）赵某华无罪。

本案的裁判理由指出：故意伤害案件是司法实践中常见的刑事案件。故意伤害罪是指故意非法损害他人身体健康的行为。这种伤害行为必须是非法的，如果是合法的行为，即使造成了一定程度的伤害后果，行为人亦无须承担刑事责任。正当防卫即为法律规定的合法的行为。根据《刑法》第 20 条第 2 款的规定，实施正当防卫行为，只要未明显超过必要限度造成重大损害（所谓重大损害，就单个人而言，一般应指造成重伤以上），不负刑事责任。

本案被告人赵某华与王某儿、周某原本不相识，双方在舞厅因琐事发生争

执。人们在社会生活中相互之间产生矛盾、发生摩擦是经常的，但王某儿、周某等人事后多次到赵某华家，采用踢门等方法，找赵某华寻衅，均因赵某华避让而未果。这说明被告人赵某华不想再发生争执，也说明了其根本没有非法伤害对方的主观故意。然而，王某儿、周某却屡屡找赵某华寻衅。2000 年 1 月 4 日晚，王某儿、周某再次至赵某华家，在踢开赵家房门后强行闯入赵家，致赵家房门锁舌弯曲，家中凌乱，一些物品被损坏。王某儿、周某不经住宅主人同意，强行破门闯入他人住宅，侵犯了他人的合法权利，性质当然是一种不法侵害行为。我国《宪法》第 39 条规定、中华人民共和国公民的住宅不受侵犯，禁止非法搜查或者非法侵入公民的住宅。我国《刑法》第 245 条规定了非法侵入住宅罪，非法侵入他人住宅的，处 3 年以下有期徒刑或者拘役。非法侵入他人住宅，表现为未经住宅主人同意，非法强行闯入他人住宅，或者经住宅主人要求退出其仍拒不退出，妨害他人正常生活和居住安全的行为。对非法侵入住宅的行为，住宅主人有权自行采取相应的制止措施，包括依法对非法侵入者实施必要的正当防卫。本案中，被告人赵某华针对王某儿、周某非法侵入其住宅的行为，实施的正是正当防卫的合法权利。

根据我国刑法的规定，成立正当防卫必须具备五个条件：(1) 必须是为了保卫国家利益、公共利益，本人或者他人的人身、财产和其他合法权利，才能实行正当防卫。此即为防卫目的的正义性，是成立正当防卫的首要条件，也是刑法规定正当防卫不负刑事责任的主要根据。正当防卫应当以制止不法侵害、维护合法权益为目标。(2) 必须是对不法侵害的行为，才能实行正当防卫。不法侵害行为既包括犯罪行为也包括其他违法的侵害行为，也就是说，不法侵害行为并非一定要达到犯罪的程度，才能对其实行正当防卫。(3) 必须是对正在进行的不法侵害行为，才能实行正当防卫。(4) 必须是针对实施不法侵害行为的人实行正当防卫。(5) 正当防卫不能明显超过必要限度，才能认定为防卫过当。具体说，行为人的防卫措施虽然明显超过必要限度但防卫结果客观上并未造成重大损害的，或者防卫结果客观上虽造成严重损害但防卫措施并不明显超过必要限度的，均不能

认定为防卫过当。就本案而言，本案被告人赵某华一人要对付王某儿、周某两人的不法侵害，其采取的防卫措施，虽较激烈，但还说不上明显超过必要限度，且防卫结果仅造成一人轻伤、一人轻微伤，也没有造成重大损害，因此，赵某华的防卫行为完全符合我国《刑法》第 20 条第 2 款关于正当防卫的规定，依法不应对王某儿的轻伤后果承担刑事责任。综上，二审法院认为赵某华的行为构成正当防卫，不负刑事责任，并依法撤销一审法院认定赵某华构成故意伤害罪的判决，宣告赵某华无罪的判决是正确的。

八、家庭暴力的正当防卫

在通常情况下，正当防卫所针对的不法侵害人都是与防卫人不存在亲属关系的其他社会成员。然而，在现实生活中，不法侵害不仅来自家庭外部的社会成员，而且也可能来自家庭内部的成员。其中，家庭暴力就是一种较为常见的不法侵害。因家庭暴力具有隐蔽性，对家庭暴力进行正当防卫的案件是较为罕见的。然而，在某些受虐妇女杀夫案中，正当防卫却往往成为一个重要的辩护理由。对虐待性质家庭暴力正当防卫的正确认定对于受虐妇女杀夫案的合理处理具有重要的指导意义。

（一）家庭暴力的概念

家庭暴力，严格地说并不是我国刑法的法定概念，因为我国刑法对家庭暴力并无明确规定。然而在其他法律中却规定了“家庭暴力”的概念，例如《民法典》第 1042 条第 3 款明确指出：“禁止家庭暴力。”在此，《民法典》提及“家庭暴力”这个概念，但并未对家庭暴力的内容予以明文规定。2015 年 12 月 27 日颁布的《反家庭暴力法》第 2 条对家庭暴力作了定义式规定：“本法所称家庭暴力，是指家庭成员之间以殴打、捆绑、残害、限制人身自由以及经常性谩骂、恐吓等方式实施的身体、精神等侵害行为。”这一规定，可以作为理解家庭暴力的法律根据。

1. 家庭暴力范围的限定性

区别于其他暴力具有范围的限定性，家庭暴力发生在家庭成员之间。暴力行为由施暴人（加害人）与被施暴人（被害人）两方构成，在家庭暴力中，施暴人与被施暴人之间具有家庭成员的关系。这是家庭暴力区别于其他暴力的根本特征之所在。因此，对于家庭暴力的理解，始于对家庭成员的界定。我国《民法典》第五编婚姻家庭第三章家庭关系分别对夫妻关系、父母子女关系及其近亲属关系作了规定。《民法典》第 1045 条还专门对家庭成员作了规定："配偶、父母、子女和其他共同生活的近亲属为家庭成员。"因此，具有夫妻关系、父母子女关系的人员，当然属于家庭成员范畴。其他亲属，则只有在共同生活的情况下才能归属于家庭成员，否则就不能认定为家庭成员。例如已经别居异财、独立生活的兄弟姐妹之间就不属于家庭成员。

除上述家庭成员以外，社会中还存在基于再婚、收养等法律行为而形成的家庭成员。例如继子女和养子女，同样应当被认定为家庭成员。我国《民法典》第 1072 条规定："继父母与继子女间，不得虐待或者歧视。继父或者继母和受其抚养教育的继子女间的权利义务关系，适用本法关于父母子女关系的规定。"家庭暴力既可能发生在配偶、父母、子女和其他共同生活的近亲属之间，也可能发生在继父母子女、养父母子女之间。例如《民法典》第 1072 条第 1 款规定："继父母与继子女间，不得虐待或者歧视。"例如在 2021 年 9 月 26 日最高人民法院公布的十起涉家庭暴力典型案例之七邓某萍故意伤害案中，被害人范某某（女，时年 7 岁）出生后不久即由被告人邓某萍收养的。在收养期间，邓某萍多次采取持木棒打、用火烧、拿钳子夹等手段虐待范某某，致范某某的头部、面部、胸腹部、四肢多达百余处皮肤裂伤，数枚牙齿缺失。2010 年 3 月 26 日上午，因范某某尿床，邓某萍便用木棒殴打范某某腿部，致范某某左股骨骨折，构成轻伤。案发后，邓某萍向公安机关投案。对于本案，法院经审理认为，被告人邓某萍故意伤害他人身体的行为已构成故意伤害罪。邓某萍为人之母，长期对养女范某某进行虐待，又因琐事持木棒将范某某直接打致轻伤，手段残忍，情节恶劣，后果严

重，应依法惩处。鉴于邓某萍自动投案后，如实供述自己的罪行，具有自首情节，依法可对其从轻处罚。据此，贵州省关岭布依族苗族自治县人民法院依法以故意伤害罪判处被告人邓某萍有期徒刑2年2个月。在本案中，被告人邓某萍与被害人范某某之间属于养母女关系，法院判决明确将养母邓某萍对养女范某某的虐待行为认定为家庭暴力。

除上述依法形成的家庭成员以外，在现实生活中还存在因事实婚所形成的家庭成员关系。需要指出，目前我国婚姻法律制度并不承认事实婚，因而由此形成的家庭成员关系也不是法律所承认的。但在这种事实婚中出现的虐待等行为，能否被认定为家庭暴力？这是一个值得研究的问题。2015年3月4日最高人民法院、最高人民检察院、公安部、司法部颁布了联合制发的《关于依法办理家庭暴力犯罪案件的意见》，同时公布了五起涉家庭暴力犯罪的典型案例。其中案例四朱某春虐待案就是一起发生在没有法律婚姻关系的家庭成员之间的虐待案：

1998年9月，被告人朱某春与被害人刘某（女，殁年31岁）结婚。2007年11月，二人协议离婚，但仍以夫妻名义共同生活。2006年至案发前，朱某春经常因感情问题及家庭琐事殴打刘某，致刘某多次受伤。2011年7月11日，朱某春又因女儿的教育问题及怀疑女儿非自己亲生等与刘某发生争执，持皮带抽打刘某，致使刘某持刀自杀。朱某春随即将刘某送医院抢救。经鉴定，刘某体表多处挫伤，因被锐器刺中左胸部致心脏破裂大失血，经抢救无效死亡。当日，朱某春投案自首。湖北省武汉市汉阳区人民法院经审理认为，朱某春经常性、持续性地采用殴打等手段损害家庭成员身心健康，致使被害人刘某不堪忍受身体上和精神上的摧残而自杀身亡，其行为已构成虐待罪。朱某春自动投案，如实供述自己的罪行，构成自首，可以从轻处罚。依照刑法有关规定，以虐待罪判处被告人朱某春有期徒刑5年。宣判后，朱某春提出上诉。武汉市中级人民法院经依法审理，裁定驳回上诉，维持原判。

本案的“典型意义”指出：“本案是一起虐待共同生活的前配偶致被害人自杀身亡的典型案例。司法实践中，家庭暴力犯罪不仅发生在家庭成员之间，在具

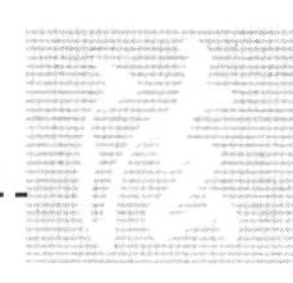

有监护、扶养、寄养、同居等关系的人员之间也经常发生。为了更好地保护儿童、老人和妇女等弱势群体的权利，促进家庭和谐，维护社会稳定，《关于依法办理家庭暴力犯罪案件的意见》将具有监护、扶养、寄养、同居等关系的人员界定为家庭暴力犯罪的主体范围。本案被告人朱某春虽与被害人刘某离婚，但二人仍以夫妻名义共同生活，朱某春经常性、持续性地实施虐待行为，致使刘某不堪忍受而自杀身亡，属于虐待“致使被害人死亡”的加重处罚情节，应依法予以重判。”此外，2022 年 3 月 6 日北京市人民检察院发布检察机关依法维护妇女权益五件典型案例之一王某某故意伤害案的“典型意义”明确指出：“对没有法定婚姻关系，但根据习俗由双方家人交聘礼、给嫁妆，以夫妻身份生活的，可适用‘两高两部’《关于依法办理家庭暴力犯罪案件的意见》的规定。”因此，上述案例的“典型意义”都对家庭成员作了广义的理解，在一定程度上扩张了家庭暴力的范围，对于同类的家庭暴力案件的处理具有一定的参考价值。

2. 家庭暴力内容的广义性

家庭暴力是发生在家庭成员之间的一种暴力，因此具有暴力的一般特征。然而，《反家庭暴力法》所规定的家庭暴力中的“暴力”不同于刑法中的暴力。家庭暴力规定的是广义上的暴力，而刑法规定的暴力则属于狭义上的暴力。根据《反家庭暴力法》第 2 条的规定，家庭暴力中的暴力可以分为两种类型：第一种是身体侵害行为，包括殴打、捆绑、残害、限制人身自由。第二种是精神侵害行为，包括经常性谩骂、恐吓。

（1）身体侵害行为。

身体侵害行为是对人的身体健康或者行动自由的侵害。《反家庭暴力法》第 2 条列举了殴打、捆绑、残害、限制人身自由等四种情形。

殴打是指采用拳打脚踢的方法侵害他人身体健康的行为。殴打作为一种身体侵害行为，在日常生活中是最为常见的家庭暴力，但殴打是一种较轻的人身侵害。对于殴打，我国刑法并没有将其一般性地规定为犯罪，而只是在《刑法》第 293 条关于寻衅滋事罪的行为规定中包含了随意殴打他人的情形。这里的随意殴

打他人，不仅具有侵害身体健康的性质，更为主要的是具有扰乱社会管理秩序的特征。在我国刑法没有设立殴打罪的情况下，在通常情况下，殴打并不是我国刑法中的罪名，而只是《治安管理处罚法》所规定的违反治安管理的行为，例如《治安管理处罚法》第43条规定了殴打他人的，或者故意伤害他人身体的行为。这里的故意伤害他人身体是指轻微伤，由此可见，殴打对身体造成的损害比轻微伤还要轻。这里应当指出，殴打虽然不是我国刑法中的独立罪名，但它往往成为某些犯罪的手段，因而也具有暴力的性质。例如我国刑法中的抢劫罪和强奸罪的手段行为都包含暴力，这里的暴力中就包括殴打。此外，殴打也往往作为其他犯罪的恶劣情节，例如《刑法》第238条规定，犯非法拘禁罪具有殴打情节的，从重处罚。由此可见，殴打并不是非法拘禁罪的构成要件要素，而是非法拘禁罪附随的从重处罚情节。

捆绑是指采用绳索或者其他方法对他人的身体进行束缚，使其丧失行动自由的行为。捆绑具有暴力的属性，在抢劫罪、强奸罪和绑架罪等暴力犯罪中都包含捆绑行为。我国学者指出，捆绑是一种使被害人丧失四肢活动自由的行为，例如用手铐将被害人的双手铐上，用绳子将被害人双手反捆在背后，使被害人的双手不能自由活动。因此，捆绑是非法拘禁行为。[1] 可以说，捆绑是非法拘禁中较为恶劣的情形。

残害是指采用热烫、冷冻或者曝晒等方法对他人身体进行摧残折磨。残害是一种较为残忍的暴力方法，在家庭暴力中也较为常见。

限制人身自由是指采用限制活动的方法，在一定程度上剥夺他人自由行动。我国《刑法》第238条规定的非法拘禁罪中的拘禁行为是指非法拘禁他人或者以其他方法非法剥夺他人人身自由的行为。在此，刑法只是规定了剥夺人身自由，但并没有涉及限制人身自由。那么，剥夺人身自由与限制人身自由之间究竟是什么关系呢？应该说，剥夺人身自由与限制人身自由在性质上具有相同性，只不过

---

① 参见张明楷：《刑法学》（下），6版，1154页，北京，法律出版社，2021。

存在程度上的不同而已。因此，《刑法》第 238 条规定的是以剥夺剥夺人身自由为内容的非法拘禁行为，而《治安管理处罚法》第 40 条规定的是非法限制他人人身自由行为。因此，《反家庭暴力法》所规定的限制人身自由，并不是指刑法规定的非法拘禁行为，而是指《治安管理处罚法》所规定的侵害身体的行为。

（2）精神侵害行为。

精神侵害行为不同于身体侵害行为，身体侵害行为是对人体健康或者人身自由的侵害，但精神侵害行为则是对人的精神的侵害。《反家庭暴力法》规定了两种精神侵害行为，即经常性谩骂和恐吓。

经常性谩骂是指在一个较长时间内对某个特定的人进行辱骂。谩骂具有对他人的名誉或者人格的贬损性，是对他人的一种精神侵害。古代刑法将谩骂行为规定为犯罪①，但现代刑法一般都未专门设立谩骂的罪名，而是将谩骂作为侮辱罪的一种行为方式进行处罚。《反家庭暴力法》将经常性谩骂规定为精神侵害行为，强调了谩骂只有在经常性的情况下才能构成家庭暴力，如果只是偶尔的谩骂，则不能认定为家庭暴力。因此，这里对谩骂的时间限制条件是一个必不可少的特征。

恐吓是指威胁或者胁迫，对他人具有一定的精神强制性，因而《反家庭暴力法》将其规定为精神侵害行为。应当指出，我国刑法并没有专门设立恐吓罪，《治安管理处罚法》第 42 条将写恐吓信或者以其他方法威胁他人人身安全规定为违反治安管理处罚的行为。在司法实践中存在将威胁认定为家庭暴力的典型案例，例如 2021 年 9 月 26 日最高人民法院公布的十起涉家庭暴力典型案例之二郑某丽诉倪某斌离婚纠纷案，确立了威胁作为一种家庭暴力手段的裁判要旨。本案的裁判理由指出："法院经审理认为，原告郑某丽与被告倪某斌婚前缺乏了解，草率结婚。婚后被告将一个裹着白布的篮球挂在家中的阳台上，且在白布上写着对原告具有攻击性和威胁性的字句，还经常击打篮球，从视觉上折磨原告，使原

① 参见（明）雷梦麟：《读律琐言》，怀效锋、李俊点校，396 页，北京，法律出版社，2000。

告产生恐惧感，该行为构成精神暴力。”

3. 家庭暴力的比较分析

在对家庭暴力的形式进行论述的基础上，我们可以将《反家庭暴力法》规定的家庭暴力与刑法中的暴力进行对比。通过比较，我认为《反家庭暴利法》中的家庭暴力相对于刑法中的暴力而言，具有身体侵害性家庭暴力的限缩性和精神侵害性家庭暴力的扩张性特点。

（1）身体侵害性家庭暴力的限缩性。

身体侵害性家庭暴力的限缩性主要表现为《反家庭暴力法》所规定的第一种家庭暴力类型——身体侵害行为具有限缩性，在某种意义上说是在刻意回避刑法规定，具有较为明显地将身体侵害性家庭暴力限制在《治安管理处罚法》的范围内的立法意图。例如，《反家庭暴力法》规定了殴打行为，但殴打行为也是《治安管理处罚法》规定的行为，刑法规定的是故意伤害（包括轻伤害、重伤害和伤害致人死亡）。由此可见，家庭暴力包含的是没有达到故意伤害程度的一般殴打行为，甚至轻微伤害都不能包括，更不必说刑法中的轻伤以上的伤害。又如，我国刑法规定了非法剥夺他人人身自由的行为构成非法拘禁罪，《治安管理处罚法》规定了限制人身自由的违法行为，《反家庭暴力法》采用了《治安管理处罚法》中限制人身自由的表述，而回避了刑法中剥夺人身自由的用语。由此可见，家庭暴力中的限制人身自由是一种对人身自由较为轻微的侵害，并没有达到刑法所规定的非法拘禁罪的程度。从以上内容来看，身体侵害性家庭暴力是指没有达到犯罪程度的身体侵害行为。

然而，以上限缩具有明显的不当性。例如，限制家庭成员的人身自由属于家庭暴力，但更为严重的剥夺人身自由的行为却不是家庭暴力。然而，《反家庭暴力法》并没有对限制人身自由的家庭暴力专门设立处罚条款。《反家庭暴力法》第五章法律责任第 33 条规定：“加害人实施家庭暴力，构成违反治安管理行为的，依法给予治安管理处罚；构成犯罪的，依法追究刑事责任。”由此可见，将犯罪程度的家庭暴力排除在家庭暴力的概念之外并不合理。值得注意的是，在司

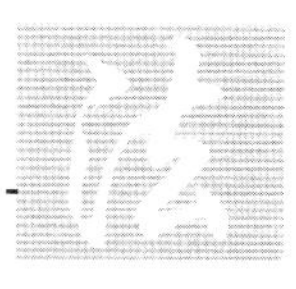

法实践中，各种严重侵害家庭成员的身体侵害行为，甚至包括故意杀人罪都被解释为家庭暴力。这在很大程度上突破了《反家庭暴力法》对家庭暴力的限制，也在一定程度上为对家庭暴力的正当防卫提供了可能性。例如 2015 年最高人民法院发布涉家暴犯罪典型案例之二沐某盈故意杀人案：

被告人沐某盈经常酗酒后殴打父母、妻儿，因不堪忍受其暴行，父母搬离，妻子亦离家，留下其与女儿沐某某（被害人，殁年 5 岁）共同生活。2014 年 2 月 2 日晚，沐某盈认为沐某某常在外面玩耍、难以管教，遂用绳子将沐某某捆绑在家里的柱子上，并对沐某某扇耳光、用绳子抽打。后沐某盈将沐某某松绑，见沐某某又往外跑，遂用力拉扯沐某某的衣袖，将沐某某拽倒在地，随后又用木棒殴打，沐某某因钝性外力致颅脑损伤死亡。后沐某盈将沐某某的尸体用编织袋包裹并移至树林里掩埋。同月 11 日，沐某盈到公安机关投案自首。云南省曲靖市中级人民法院经审理认为，沐某盈作为被害人的监护人，长期以来经常殴打被害人，案发当日多次对被害人进行殴打，致被害人死亡，后为掩盖罪行掩埋尸体，其行为已构成故意杀人罪。沐某盈针对毫无反抗能力的儿童实施加害行为，情节恶劣，应依法严惩。鉴于沐某盈有自首情节，可依法对其从轻处罚。依照刑法有关规定，以故意杀人罪判处被告人沐某盈无期徒刑，剥夺政治权利终身。宣判后，沐某盈在法定期限内没有上诉、抗诉，判决已发生法律效力。

本案的“典型意义”指出：“本案虽发生在家庭内部，但被告人常年对至亲之人实施家庭暴力，案发时又对年仅 5 岁的女儿施暴，且不加节制，案发后也不积极救助，终致被害人死亡，犯罪情节恶劣，后果极其严重，应从严惩处，但因其具备自首情节，故从轻判处无期徒刑，量刑适当。”由此可见，家庭暴力也可能达到杀人的程度。

（2）精神侵害性家庭暴力的扩张性。

在身体侵害性家庭暴力具有限缩性的同时，精神侵害性家庭暴力则完全超越了暴力这个概念的界限，具有明显的扩张性。在上述郑某丽诉倪某斌离婚纠纷案的裁判理由中，明确将威胁认定为精神暴力。因此，精神侵害性家庭暴力实际上

就是所谓精神暴力。但在刑法中暴力只是限于对身体的物理性侵害，例如我国刑法关于强奸罪和抢劫罪的规定，都把暴力与胁迫相提并论。例如强奸罪中的暴力是指对被害妇女采用殴打、捆绑、卡脖子、按倒等危害人身安全和人身自由，使妇女不敢抗拒的手段；胁迫，是指对被害妇女进行威胁、恫吓，达到精神上的强制，使妇女不敢反抗的手段。例如，侵害人以行凶报复、揭发隐私、加害亲属等相威胁，利用迷信进行恐吓、欺骗，利用教养关系、从属关系、职权以及孤立无援的环境条件，进行挟制、迫害等，使妇女忍辱屈从，不敢反抗。由此可见，强奸手段可以分为身体强制与精神强制。只有身体强制才能被归属于暴力，精神强制则只能是胁迫。因此，我国刑法并不承认所谓精神暴力这个概念。值得注意的是，在司法实践中出现了所谓软暴力的概念。我国刑法中并没有软暴力这个概念，软暴力的概念被用于对黑恶势力的行为特征的描述。我国《刑法》第294条对黑社会性质组织行为特征的描述中，对行为特征作了以下描述："以暴力、威胁或者其他手段，有组织地多次进行违法犯罪活动，为非作恶，欺压、残害群众。"在此，立法机关将威胁或者其他手段和暴力相并列，因此，威胁或者其他手段就是暴力以外的手段。相对于暴力手段而言，威胁或者其他手段就是一种非暴力手段。2009年12月9日最高人民法院、最高人民检察院、公安部出台的《办理黑社会性质组织犯罪案件座谈会纪要》（以下简称《2009年纪要》）明确采用了非暴力手段的概念。最高人民法院相关人员在阐述上述规定的时候指出："在黑社会组织通过打打杀杀树立恶名后，出于自我保护、发展升级的需要，往往会竭力隐藏起暴力、血腥的本来面目，更多地使用软暴力手段，以此给司法机关打击处理制造障碍。"[①]在此，采用了软暴力的概念来诠释《2009年纪要》中的非暴力。其实，软暴力和非暴力词异而义同。此后，软暴力这个概念逐渐流行。

① 高憬宏、周川：《〈办理黑社会性质组织犯罪案件座谈会纪要〉的理解与适用》，载最高人民法院刑一庭、刑二庭、刑三庭、刑四庭、刑五庭主办：《刑事审判参考》，第74集，180页，北京，法律出版社，2010。

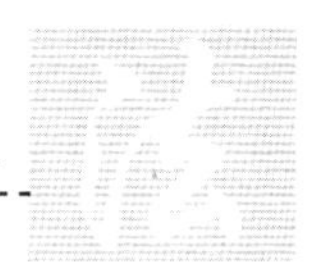

我认为，软暴力这个概念只有在对其以暴力论处的情况下，才具有实质意义。如果软暴力仍然是非暴力，而且刑法和司法解释都已经明确规定其他非暴力手段也可以构成黑恶犯罪，则软暴力的概念没有特殊意义。可以说，精神暴力的概念与软暴力具有异曲同工之处，它们都是对暴力界限的不适当的扩张。[①] 值得指出的是，在《反家庭暴力法》的制定过程中，曾经出现将冷暴力规定为家庭暴力的意见，未被立法机关采纳。但在地方性立法中，2020 年 8 月施行的《吉林省反家庭暴力条例》，已将冷暴力纳入家暴范畴，规定采取冷淡、漠视等具体行为方式为家庭暴力。安徽省人大常委会审议的《安徽省实施〈中华人民共和国反家庭暴力法〉办法（草案）》，拟将冷淡、漠视等行为纳入家暴，认为家庭成员之间的冷淡或漠视，作为一种冷暴力，后果不亚于身体侵害，同样不为法律所容忍。[②] 我认为，冷暴力如同软暴力一样，都是对暴力概念的不当扩张，不值得赞许。暴力作为一个法律概念，应当具有较为稳定的内涵与外延。目前暴力概念在我国不同的法律之间含义已然有异，如果进一步扩张不利于对暴力概念的正确把握。

如前所述，《反家庭暴力法》规定的家庭暴力可被分为身体侵害行为和精神侵害行为两种情形，显然对精神侵害行为不能进行正当防卫，只有对身体侵害行为才存在正当防卫问题。而且，作为正当防卫起因的家庭暴力，应当达到不法侵害所要求的严重程度，通常来说只有具有犯罪性质的身体侵害行为才能成为正当防卫的起因。2015 年 3 月 2 日最高人民法院、最高人民检察院、公安部、司法部《关于依法办理家庭暴力犯罪案件的意见》（以下简称《意见》）第 19 条对家庭暴力的正当防卫作了明确规定："准确认定对家庭暴力的正当防卫。为了使本人或者他人的人身权利免受不法侵害，对正在进行的家庭暴力采取制止行为，只要符合刑法规定的条件，就应当依法认定为正当防卫，不负刑事责任。"对家庭暴力

---

① 在现实生活中，暴力概念的扩大化现象随处可见，语言暴力就是一个典型的例子。

② 参见陈碧：《反家庭冷暴力，如何才能落到实处》，反家庭冷暴力，如何才能落到实处｜新京报专栏｜反家庭暴力法｜家庭冷暴力｜家庭暴力（qq. com），2022－03－28。

的正当防卫是正当防卫的一种特殊形式，对此应当严格按照正当防卫的成立条件进行认定。当然，考虑到家庭暴力的正当防卫发生在家庭成员之间，因而应当在司法认定上准确地把握刑事政策。身体侵害性家庭暴力可以分为即时性家庭暴力和虐待性家庭暴力。这两种家庭暴力在表现形式上存在明显区别，因而应当分别加以论述。

（二）即时性家庭暴力的正当防卫

即时性家庭暴力是指对家庭成员所实施的具有即时紧迫性的身体侵害行为。这种家庭暴力又分为两种情形：第一种是对家庭成员实施的突如其来的身体侵害行为。第二种是对家庭成员的侵害具有一定的累积性，但最终突然爆发严重的身体侵害行为。应当指出，对即时性家庭暴力的正当防卫除发生在家庭成员之间以外，其他条件与一般正当防卫并无明显区别。因此，对于即时性家庭暴力的正当防卫应当按照我国刑法规定的正当防卫条件进行准确认定。

1. 即时性家庭暴力正当防卫的防卫条件

即时性家庭暴力正当防卫的起因条件是指正在进行的身体侵害行为。这里的家庭暴力具有时间上的紧迫性和性质上的严重性。例如叶某天正当防卫被宣告无罪案。[①] 自诉人徐某与叶某玲系夫妻关系，婚后育有一子。因徐某有赌博恶习，夫妻产生矛盾，叶某玲于2010年12月6日向法院起诉离婚。2011年1月4日傍晚，徐某行至其岳父即被告人叶某天家接叶某玲和儿子回家，叶某玲不同意，双方发生口角，叶某玲责怪徐某把儿子严重打伤，两人讲到离婚，徐某说要么三人一起回去，要么同归于尽。叶某天听后很生气，便推徐某出去。徐某冲到停放在大厅里的女式两轮摩托车前，拧开油箱盖，拿出打火机。刘某（系徐某的连襟）见状冲上去按住坐垫，阻止徐某。同时，叶某天随手从地上捡起一根长约50厘米的铁管朝徐某脚上打了两下。徐某挨打后坐在地上继续说要炸死叶某天全家，

① 参见江西公布五起涉正当防卫典型案例，江西省高级人民法院（chinacourt.gov.cn），2022-04-01。

叶某天和刘某把徐某抬到屋外，关上门。后经叶某玲打电话报警，民警到达现场将徐某劝走。经鉴定，徐某损伤程度为轻伤甲级。2011 年 3 月 10 日，上栗县公安局以该案属于正当防卫为由不予立案。徐某遂以叶某天犯故意伤害罪，于 2015 年 12 月 30 日向上栗县法院提起自诉。本案由上栗县人民法院一审，萍乡市中级人民法院二审。法院认为，自诉人徐某与其妻因婚姻家庭矛盾，多次扬言要同归于尽，并且打开摩托车油箱盖，拿出打火机。其行为已经对叶某天、叶某玲等人的人身和财产安全构成现实威胁，叶某天在此紧迫情形下捡起钢管击打不法侵害人徐某造成其轻伤，属正当防卫，依法不负刑事责任。据此，依法认定叶某天无罪。本案的“典型意义”指出：“在本案中，徐某有家庭暴力行为，案发时正与其妻叶某玲闹离婚，多次到岳父叶某天家中闹事，扬言要炸房子报复和同归于尽，其打开摩托车油箱盖，拿出打火机欲点燃油箱的行为，已对叶某天和叶某玲等人的人身、财产安全构成了现实危险。叶某天为保护本人和家人的合法权利，对徐某进行反击以制止其不法侵害，从其击打部位、击打力度和造成后果看，未明显超过必要限度造成重大损害，属于正当防卫，依法不负刑事责任。”

在上述案例中，家庭暴力的受害人是叶某玲，施暴人是叶某玲的丈夫徐某，但防卫人则是徐某的岳父叶某天。防卫人虽然不是家庭暴力的直接受害人，但本案中在防卫时叶某天的家人受到徐某正在进行的不法侵害，因而叶某天的行为构成正当防卫。在司法实践中，不仅被家庭暴力伤害的其他亲属可以进行正当防卫，而且与施暴人没有亲属关系的其他人也可以对家庭暴力进行正当防卫。例如经渭城区人民检察院依法审查查明：2020 年 8 月 27 日 15 时许，邱某酒后在咸阳市渭城区某基地内殴打其妻子，妻子同事杨某上前制止，在撕扯过程中，邱某将杨某的脸部咬住，后者用办公室里的保温壶击打前者。随后，杨某与单位保安及其他工作人员一起将其控制按压在地，并拨打了报警电话。杨某之后前往医院救治。出警民警到达现场后，发现邱某已经死亡。渭城区人民检察院认为，本案中，邱某明知自身有较严重的高血压性心脏病及冠心病，仍然醉酒前往公众场合滋事，杨某与其素不相识，不能预见到其患有严重的心脏病；无论是对单位同事

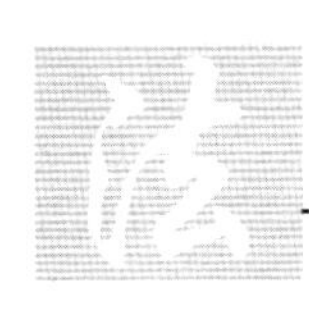

的帮助，还是对自身面部及眼睛受到邱某撕咬的防卫，杨某的行为均应当认定为正当防卫。2021年11月26日，渭城区人民检察院决定，依法对杨某不起诉。在本案中，死者邱某对其妻实施家庭暴力，同事杨某进行制止。邱某不仅不停止侵害，而且对杨某实施侵害。在这种情况下，杨某用保温壶击打邱某，邱某因患有心血管疾病而死亡。对于本案，检察机关将杨某的行为认定为对邱某家庭暴力的正当防卫，作出不予起诉的决定是完全正确的。

对即时性家庭暴力的正当防卫应当以存在正在进行的不法侵害为前提。它与一般正当防卫相比，作为防卫起因的不法侵害具有家庭暴力的性质。这里应当指出，如果没有正在进行的不法侵害这一正当防卫的前提条件，尊亲属私自将卑亲属处死，其行为不得视为正当防卫，而应以故意杀人罪论处。例如，被告庄某与死者是父子关系。死者庄某才原系云南省勐定农场职工，因偷窃、贩卖等被关押。庄某才一直闲居在家，因家庭琐事及违法活动，父子经常发生争吵，庄某才曾动手殴打过父亲，为此父子关系恶化，庄某遂起杀人歹念。庄某以对庄某才严加管教为名，通过其女儿庄某1要其未婚夫陈某荣帮忙喊人捆绑庄某才，陈某荣就叫了其外甥范某德、范某国一起帮忙。某日晚，庄某在陈家与庄某1、陈某荣等人策划捆绑庄某才时，声称是为了教训这个不肖之子。同月某日凌晨5时许，陈某荣等四人，携带绳子到庄某家中，乘庄某才熟睡之际将其捆绑在床上，庄某待他们离开后，即独自一人在房内用电将庄某才电死。案发后，人民法院对庄某以故意杀人罪论处。我认为法院的定性是准确的，因为庄某与其子庄某才虽有矛盾，庄某才亦有违法及不孝之处，但这绝不能成为私自将其处死的理由。由此可见，对家庭暴力的正当防卫需要严格把握不法侵害的起因条件。

2. 即时性家庭暴力正当防卫的限度条件

对即时性家庭暴力除要严格把握防卫条件以外，还应当正确认定正当防卫的限度条件，即在保护家庭暴力被害人的同时，还要注意保护家庭暴力的施暴人。值得注意的是，前引《意见》第19条对家庭暴力正当防卫的限度条件作了明确规定，指出："防卫行为造成施暴人重伤、死亡，且明显超过必要限度，属于防

卫过当，应当负刑事责任，但是应当减轻或者免除处罚。认定防卫行为是否‘明显超过必要限度’，应当以足以制止并使防卫人免受家庭暴力不法侵害的需要为标准，根据施暴人正在实施家庭暴力的严重程度、手段的残忍程度，防卫人所处的环境、面临的危险程度、采取的制止暴力的手段、造成施暴人重大损害的程度，以及既往家庭暴力的严重程度等进行综合判断。”对家庭暴力的正当防卫同样受到正当防卫限度的限制，只不过在司法实践中认定限度的时候，应当考虑到家庭暴力正当防卫案件的特殊性。我认为，对即时性家庭暴力的正当防卫，在判断防卫限度的时候，应当充分考虑既往家庭暴力的严重程度，而不是仅仅考虑防卫时的不法侵害强度等因素。因为受害人长期受虐，一旦对正在进行的家庭暴力实施正当防卫，受到强烈的情绪支配，具有积怨爆发的特征，正所谓“新仇旧恨涌上心头”，防卫行为很容易失控。在这种情况下，在考察某些行为是否超过正当防卫必要限度的时候，还应当从有利于受虐妇女的角度进行判断。正如2021年4月28日最高人民检察院颁布的依法惩治家庭暴力犯罪典型案例之四毛某某故意伤害案的“典型意义”指出：“是否‘明显超过必要限度’，应当以足以制止并使防卫人免受家庭暴力不法侵害的需要为标准，根据施暴人正在实施家庭暴力的严重程度、手段的残忍程度，防卫人所处的环境、面临的危险程度、采取的制止暴力手段、造成施暴人重大损害的程度，以及既往家庭暴力的严重程度等综合判断。”唯有如此，才能对家庭暴力正当防卫的必要限度作出准确判断。

这里应当指出，对家庭暴力的不法侵害虽然法律允许正当防卫，但应当严格把握正当防卫的必要限度；如果超过防卫限度则构成防卫过当，应当追究刑事责任，但应当从轻或者减轻处罚。例如常某故意伤害案[①]：

被告人常某与其父常某春（被害人，殁年56岁）、母郑某共同居住，常某春饮酒后脾气暴躁，经常辱骂、殴打家人。2012年8月29日18时许，常某春酒后又因琐事辱骂郑某，郑某躲至常某卧室。当日20时许，常某春到常某卧室继续

① 参见2015年3月4日最高人民法院颁布的涉家庭暴力犯罪典型案例之三。

辱骂郑某，后又殴打郑某和常某，扬言要杀死全家并到厨房取来菜刀。常某见状夺下菜刀，常某春按住郑某头部继续殴打。常某义愤之下，持菜刀砍伤常某春头、颈、肩部等处，后将常某春送往医院救治。次日，常某到公安机关投案。当晚，常某春因失血性休克死亡。对于本案，重庆市江津区人民法院经审理认为，常某持刀故意伤害致一人死亡的行为已构成故意伤害罪，但其行为属于防卫过当，依法应当减轻或免除处罚。案发后，常某投案自首，其母表示谅解，同时考虑被害人常某春平时饮酒后常常对家庭成员实施家庭暴力，故对常某减轻处罚并适用缓刑。依照刑法有关规定，以故意伤害罪判处常某有期徒刑 3 年，缓刑 5 年。宣判后，在法定期限内没有上诉、抗诉，判决已发生法律效力。

本案的“典型意义”为：“本案被告人常某已经将被害人常某春手中的菜刀夺下，但常某春对郑某的不法侵害仍在继续，虽然殴打的不是常某，但其扬言要杀死全家，结合常某春平时酒后常有严重的家庭暴力行为，不能排除其暴力行为造成更严重后果的可能。因此，常某针对常某春正在进行的家庭暴力，有权进行防卫。但从常某持菜刀砍击常某春造成多处损伤并致其因失血性休克死亡分析，确实与常某春徒手家暴行为的手段和严重程度不对等，因此可以认定常某的行为构成防卫过当，同时考虑到常某将常某春砍伤后立即送往医院救治，案发后投案自首，得到其母亲的谅解。常某春具有家庭暴力既往史，常某春的其他亲属和邻居也要求对常某从宽处理。”我认为，在本案中，死者常某春长期对其妻子郑某实施家庭暴力，甚至还持刀进行威胁，虽然没有着手行凶，但威胁迫在眉睫。而且常某春的威胁内容是扬言杀害全家，因此对所有家庭成员的人身安全都构成威胁。在这种情况下，常某夺刀进行防卫，其行为的防卫性完全成立。最终法院将常某反杀行为认定为防卫过当，主要理由是常某在夺刀以后，持刀进行防卫与常某春徒手家暴行为的手段和严重程度不对等。对此，可能会存在争议。这里涉及的问题是：常某的正当防卫是否属于特殊防卫，也就是说，常某春持刀行为是否构成《刑法》第 20 条第 3 款规定的行凶？从案情来看，在常某夺刀以后，常某春继续殴打郑某，此时是徒手的不法侵害，因而常某是对这一殴打的防卫，属于

普通防卫。在对家庭成员防卫的情况下，对于特殊防卫掌握是更为宽松还是更为严格？这是一个值得探讨的问题。当然，即使法院对常某认定为防卫过当，考虑到自首等从宽情节，最后适用缓刑，这是值得肯定的。

3. 即时性家庭暴力的特殊防卫

即时性家庭暴力的正当防卫具有突发性，家庭暴力的施暴人可能采取危及被害人生命、健康的极端手段，对此应当允许防卫人实行特殊防卫。我国刑法中的特殊防卫是相对于普通防卫而言的：普通防卫是具有防卫限度的防卫行为，但特殊防卫则是无过当的防卫行为，没有防卫限度。例如华某某正当防卫案[①]：华某某，女，1969 年 11 月 7 日生，无业。华某某与陈某某系夫妻关系。2019 年 2 月 11 日 11 时许，二人至广德县民政局办理离婚手续，因没有书面协议且财产分割问题未谈妥，工作人员遂劝二人回家协商。当日下午 14 时许，华某某再次到民政局，但陈某某因饮酒较多没有前往，并在电话中让华某某回家。15 时许，华某某回到家（路边门脸房）后，陈某某对华某某进行辱骂、殴打，并将家中卷帘门反锁，且用螺丝刀将门卡死，在厨房内先后持水果刀、菜刀追砍华某某，在厮打过程中陈某某所持水果刀掉落地上，华某某捡拾水果刀后，一刀刺中陈某某心脏部位，致其死亡。对于本案，公安机关以华某某涉嫌故意伤害罪立案侦查，并对其刑事拘留，后提请检察机关批准逮捕。检察机关经审查后认为，本案事实不清、证据不足，且华某某可能构成正当防卫，根据《中华人民共和国刑事诉讼法》第 90 条的规定，决定不批准逮捕华某某，同时建议公安机关补充侦查并列出详细补充侦查提纲。公安机关经补充侦查，以华某某构成正当防卫作出撤销案件决定。对于本案，检察机关认为，陈某某的行为可能属于《刑法》第 20 条第 3 款规定的“行凶”，华某某的行为可能具有防卫性质。因此，本案华某某刺死陈某某的行为构成对即时性家庭暴力的特殊防卫。检察机关认为：“本案属于典型

① 参见万春主编：《法不能向不法让步：正当防卫类案纵横》，325 页以下，北京，中国检察出版社，2021。

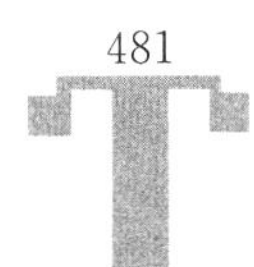

的因长期受家庭暴力而引发的极端事件。最高人民法院、最高人民检察院、公安部、司法部《关于依法办理家庭暴力案件的意见》指出：要准确认定对家庭暴力的正当防卫。为了使本人或者他人的人身权利免受不法侵害，对正在进行的家庭暴力采取制止行为，只要符合刑法规定的条件，就应当依法认定为正当防卫，不负刑事责任。本案以正当防卫作撤销案件处理，既符合法律规定，也充分体现司法与民意的统一，有较好的法律效果和社会效果。”[①] 本案中陈某某的行为被认定为行凶，其虽然并没有实际造成华某某的身体伤害，但具有造成身体伤害的重大危险，因而对陈某某行凶行为的防卫属于特殊防卫。在家庭暴力中，施暴人对被害人动刀舞棍实施家庭暴力是较为常见的，但在大多数情况下，被害人往往东躲西藏，勇于反抗的极少。在本案中，华某某面对陈某某持刀刺杀，自己的生命遭受严重威胁，夺刀反杀，这是法律需要鼓励的与家庭暴力作斗争的英勇行为。公安机关在检察机关的支持下，对华某某的行为作出正当防卫的处理结论，充分体现了“法不能向不法让步”的理念。

（三）虐待性家庭暴力的正当防卫

虐待性家庭暴力是指以虐待为特征的家庭暴力。这种家庭暴力具有累积性，例如经常性的殴打、谩骂。虐待性家庭暴力的概念，最早见之于司法解释。例如前引《意见》第17条指出：“采取殴打、冻饿、强迫过度劳动、限制人身自由、恐吓、侮辱、谩骂等手段，对家庭成员的身体和精神进行摧残、折磨，是实践中较为多发的虐待性质的家庭暴力。根据司法实践，具有虐待持续时间较长、次数较多；虐待手段残忍；虐待造成被害人轻微伤或者患较严重疾病；对未成年人、老年人、残疾人、孕妇、哺乳期妇女、重病患者实施较为严重的虐待行为等情形，属于刑法第二百六十条第一款规定的虐待‘情节恶劣’，应当依法以虐待罪定罪处罚。”在以上规定中就出现了“虐待性质的家庭暴力”的概念，显然，这种家庭暴力不同于即时性家庭暴力，它具有累积性而不具有突发性。

① 万春主编：《法不能向不法让步：正当防卫类案纵横》，327页，北京，中国检察出版社，2021。

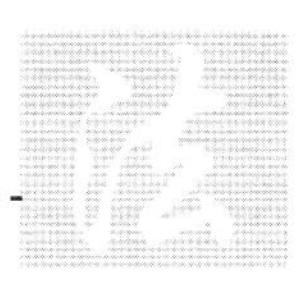

1. 虐待性家庭暴力正当防卫的防卫条件

虐待性家庭暴力是以虐待罪为前提的，因而它与虐待罪这两个概念之间存在一定的重合关系。根据我国《刑法》第 260 条第 1 款的规定，虐待罪是指虐待家庭成员，情节恶劣的行为。这里的虐待是指经常以打骂、冻饿、捆绑、强迫超体力劳动、限制自由、凌辱人格等各种方法，从肉体、精神上迫害、折磨、摧残共同生活的家庭成员的行为。由此可见，虐待行为可以分为暴力性虐待和一般性虐待这两种情形。行为人在采用暴力进行虐待的情况下，可能致使被虐待人死亡或者重伤，对此，我国《刑法》第 260 条第 2 款规定，犯前款罪，致使被害人重伤、死亡的，属于本罪的结果加重犯，应当判处 2 年以上 7 年以下有期徒刑。虐待罪在某些情况下具有家庭暴力的性质，其主要特征表现在以下三个方面：第一，虐待者与被虐待者之间具有亲属关系。虐待行为是发生在家庭内部的一种行为，在现实生活中虐待行为通常有三种情形：第一种是父母虐待子女。第二种是子女虐待父母。第三种是配偶之间发生的虐待。在配偶之间的虐待中，较为常见的是丈夫虐待妻子。第二，虐待行为本身具有一定的复合性。相对于杀人、伤害等构成要件行为的定型性而言，虐待行为的内容通常表现为打骂冻饿，打骂冻饿存在程度上的区别：轻者只是对被虐待者造成皮肉之痛，重者造成伤害，甚至死亡。因此，虐待行为也可以看作是对亲属的一种人身凌辱、伤害，其内容具有一定的复合性。第三，虐待行为具有持续性。如果是对亲属一次性的伤害，不可能构成虐待罪。虐待行为的持续性决定了对被虐待的家庭成员长期处于恐惧之中，对被虐待者不仅会造成重大的身体损害，而且会造成重大的精神损害。

前引《意见》规定家庭暴力的正当防卫是“对正在进行的家庭暴力采取制止行为”，如何理解这里的“制止行为”？如果将这里的制止行为理解为对正在进行的家庭暴力的制止，则发生在某次家庭暴力结束以后的杀人行为，就不符合正当防卫的时间条件。但如果将这里的制止行为理解为对此后预期必然发生的家庭暴力的制止行为，则不能否认这种杀人行为具有防卫的性质。例如刘某霞故意杀人案：2003 年 1 月 17 日晚 11 时 30 分，河北省宁晋县公安局接到报案，苏家庄乡

东马庄发生一起命案，死者张某水于当晚6时被毒鼠强毒死。警方经过调查确认，投毒人是死者的妻子刘某霞。宁晋县人民法院于2003年7月10曰审理此案，认为刘某霞杀人动机的形成，是因为张某水长年家庭暴力所致。刘某霞犯罪的主观恶性和社会危害性不大，最终以故意杀人罪判处刘某霞有期徒刑12年。

对于本案的定性，在审理过程中存在两种意见[①]：第一种意见认为，刘某霞毒死张某水时并未受到虐待，因此不能将其行为认定为正当防卫。刘某霞主观上具有杀死张某水的故意，客观上实施了杀死张某水的行为，且其行为直接造成张某水的死亡结果，亦无责任阻却事由。因此，刘某霞的行为成立故意杀人罪。至于刘某霞长期受到其丈夫的家庭暴力，不能作为其无罪的抗辩理由，仅可作为酌定量刑情节，在对其量刑时予以考虑。第二种意见认为，刘某霞的行为成立正当防卫。刘某霞的行为并不符合传统意义上的正当防卫构成要件，因为正当防卫的时间条件不具备。但刘某霞长期遭受丈夫的家庭暴力，其心理及行为特征与受虐妇女综合征完全符合。在具有受虐妇女综合征的情况下，其杀人行为可以被认定为正当防卫。以上两种意见对刘某霞的杀夫行为是否构成正当防卫提出了截然相反的处理结果。我认为，这种受虐妇女杀夫案在其性质上不同于普通杀人案件，如果按照普通故意杀人罪定罪量刑，尤其是处以严厉的刑罚，对受虐妇女确实不公平。就刘某霞故意杀夫案而言，刘某霞采取的是投毒方式，投毒行为发生在晚上6时，当时并不存在家庭暴力。在这个意义上说，对家庭暴力采取以暴制暴的杀人案，通常都是受害人因受到长期虐待，在积怨甚深情况下的一种爆发。如果按照通常的正当防卫条件衡量，受虐妇女杀人案成立正当防卫确实具有一定的难度。正如我国学者指出：“正当防卫必须针对正在进行的不法侵害。具体而言，正当防卫行为人只能在不法侵害从开始到结束的时间段内针对侵害人实施防卫行为。而在受虐妇女杀夫案中，由于男女生理差距导致女性在遭受虐待的当时无法

① 参见唐丽君：《“受虐妇女综合症“与正当防卫——刘某霞故意杀人案分析》，西南政法大学硕士学位论文（1912年）。

进行反抗，所以妻子只能利用丈夫熟睡时对危险的无法预知与无法防御而实施杀人行为，以避免之后继续遭受家暴。在此类案件中否定正当防卫之适用正是由于不存在正在发生的不法侵害。换言之，受虐妇女杀夫通常是前一次虐待已经结束，后一次虐待尚未开始，不法侵害和防卫行为不具有同时性，按照传统的正当防卫理论，不符合‘不法侵害正在进行’的要求。”① 因此，我们需要进一步考察虐待罪行为的性质，在此基础上界定虐待性家庭暴力正当防卫的时间条件。

虐待罪属于继续犯，因而虐待行为具有时间上的持续性。最为典型的继续犯是非法拘禁罪，在将他人予以扣押以后在一定时间内剥夺他人人身自由。因此，非法拘禁罪在拘禁行为着手实施以后，其行为一直处于持续状态没有中断。对于虐待罪来说，不可能实施一次殴打或者谩骂行为就构成虐待，虐待行为本身必然具有时间上的持续性。这是没有疑问的，问题在于：如何看待继续犯的行为不间断这个特征。非法拘禁行为在被害人被扣押以后，将其置于一定的封闭空间，这种拘禁行为在被拘禁人获得解救之前具有不间断性。但是，虐待行为的殴打或者谩骂不可能像非法拘禁行为那样一直不停，而是今天殴打、明天谩骂，在两个行为之间必然具有时间上的间隔性。那么，能否将这种时间上的间隔理解为行为的中断呢？我的回答是否定的。我认为，对继续犯的行为持续性不能作机械理解，而是应当理解为在一定时间内某个犯罪行为虽然时断时续，但该行为始终存在，例如虐待往往持续时间长达数年，甚至更长。在这种情况下，不能否定虐待行为具有持续性。因此，我们对于虐待性家庭暴力的存在形式，应当重新审视。例如我国学者提出，家庭暴力应该被看作是一种长期持续的侵害行为，作为整体来把握。因为不少现实情况是施暴者将受暴者打倒在地后，受暴者出于畏惧或体能悬殊，可能无法站起来反抗。此时要求其对施暴者机械防卫有些强人所难。在家庭暴力中，受害者无法预测下一次家庭暴力何时会到来，他们可能终日处于提心吊

① 隗佳：《责任阻却性紧急避险的厘清与适用——以受虐妇女杀夫案为视角》，载《法学家》，2020（1）。

胆的状态下，而这一切都源于施暴者的恶劣行为。正如“雪崩的时候，没有一片雪花是无辜的。”家庭暴力案件中的起始原因不同于普通案件中的一次突如其来的侵害，其是施暴者长期加害行为累积的结果。因此，在不法侵害尚未开始但受暴者根据以往经验判断出施暴者即将开始施暴或不法侵害已经结束的状态下，虽然没有正在进行的不法侵害，能否进行正当防卫，是一个难点问题。[①] 我认为，应当将虐待性家庭暴力界定为一种持续侵害，以此诠释虐待性家庭暴力的正在进行。具有虐待性质的家庭暴力存在一种累积效应，我国学者周光权提出了危险性累积升高的命题，认为持续侵害的不法性、危险性存在累积升高的性质，指出：“如果综合地、整体地判断这一连串行为，可以认为在防卫人实施‘绝地反击’的那一刻，其面临的持续累积起来的不法侵害，从量的角度看总量已经很大；从质的角度看足以评价为不法侵害人在‘行凶’。在防卫人遭受的不法侵害的‘质’和‘量’都符合《刑法》第 20 条第 3 款规定的特殊防卫权所设定的不法侵害程度，其防卫行为的必要性明显得到肯定时，进行防卫就不存在过当的问题。”[②] 周光权在此虽然讨论的是防卫过当，但我认为危险性升高原理对论证虐待性质的家庭暴力也是十分贴切的。家庭暴力具有持续性与连续性，而且长期巡回实施，甚至已经形成某种规律性，例如只要喝酒后就会施暴。在这种情况下，虽然受虐妇女在杀夫时可能并不存在即时的家庭暴力，但不能否定这种杀人具有制止此后其发生具有一定必然性或者具有较高或然性会的家庭暴力的防卫性质。

对于虐待性家庭暴力正当防卫的时间条件的理解，完全取决于从何种角度考察虐待性家庭暴力的客观形态。只有在持续侵害的意义上，才能深刻把握虐待性家庭暴力的特征。我国学者周光权对持续侵害进行了论述，指出：“在不法侵害持续发生的场合，即便反击结果造成对方死伤的，也应该承认行为的防卫性质，并且要特别考虑‘累积升高’的不法侵害对防卫相当性的特殊影响，不能轻言防

① 参见万春主编：《法不能向不法让步：正当防卫类案纵横》，88 页，北京，中国检察出版社，2021。

② 周光权：《论持续侵害与正当防卫的关系》，载《法学》，2017（4）。

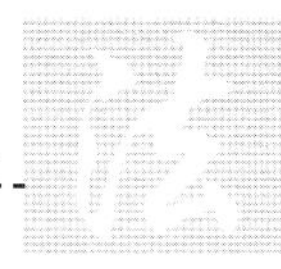

卫行为‘明显超过必要限度’，尤其要考虑防卫人对未来的担忧，即‘侵害者有可能改采更严重的法益侵害手段’[①]。基于此，在许多持续侵害案件中，都不能轻易得出防卫过当的结论。对于少数持续侵害，可以考虑将该侵害行为视为行凶或其他与绑架、强奸具有类似危险性的严重危害人身安全的暴力行为，从而肯定反击者的特殊防卫权。在《刑法》第 20 条第 3 款的适用被否定的情况下，需要进一步考察防卫行为是否明显超出必要限度造成重大损害，防止人为限定持续侵害下防卫行为的正当性。”[②] 我赞同周光权的观点，对持续侵害完全可以实施正当防卫。这里应当指出，持续侵害这个概念与我国刑法中的继续犯、连续犯等概念具有一定的相关性。在我国刑法中，继续犯是指犯罪行为着手实施并处于既遂以后，在相当长的时间内处于持续状态的情形。连续犯是指在较短的时间内，数个犯罪行为连续实施，因而在刑法教义学中被视为一罪而非数罪的情形。继续犯与连续犯不同于即成犯，只要即成犯的犯罪行为一经实施，犯罪结果随即发生，因而其犯罪持续的时间是极为短暂的。但在继续犯与连续犯的情况下，犯罪行为持续的时间具有一定的延展性。对于正当防卫的时间来说，即成犯的正当防卫时间较为短促，但继续犯与连续犯的正当防卫时间较长。在受虐妇女杀夫案中，虐待行为本身属于继续犯，而且间隔一段时间实施的虐待行为具有可预期性。在这种情况下，可以将虐待行为理解为持续侵害，只要在受虐期间，无论防卫时是否存在正在进行的不法侵害，都可以实施正当防卫。对此，可以比较对非法拘禁罪的正当防卫。在被骗误入传销场所的情况下，人身自由被限制，为脱离传销场所，行为人在半夜看管人熟睡的情况下，将看管人杀死或者杀伤，得以重获自由。此种行为被认为具有防卫性质，至于防卫是否过当则应当根据案件具体情况作出判断。如果仅仅从防卫行为时分析，虽然当时并不存在有形的不法侵害，但此时非法拘禁行为处于持续之中，因而符合正当防卫的时间条件。对于虐待性家

---

① 王政勋：《正当行为论》，204 页，北京，法律出版社，2000。

② 周光权：《论持续侵害与正当防卫的关系》，载《法学》，2017（4）。

庭暴力的正当防卫来说，亦是如此。虽然在防卫时有形的殴打等虐待行为并不存在，但不能否定此种虐待行为处于持续之中，因而为避免将要到来的虐待性家庭暴力而实施的制止行为完全符合正当防卫的时间条件。

2. 虐待性家庭暴力正当防卫的限度条件

虐待性家庭暴力在现实生活中发生次数是较多的，但对其正当防卫的案件却较少。尤其是在子女被虐待的情况下，由于子女作为未成年人，年龄小，与作为成年人的父母相比，力量对比悬殊，难以实行正当防卫。但在配偶之间发生的虐待存在正当防卫的空间。虐待性家庭暴力实施正当防卫同样应当受到防卫限度的限制。这是毫无疑问的。当然，在此类案例中，防卫人因长期受到虐待，形成一定的积怨，因而一般都采取杀人等极端的方式进行防卫，往往造成其丈夫的死亡或者重伤的严重结果。在这种情况下，其正当防卫行为一般都明显超过必要限度。例如上述刘某霞受虐妇女杀夫案，刘某霞虽然长期受到其丈夫的家庭暴力，但其采取投毒杀人方式杀害其丈夫，造成的严重结果已经超出了正当防卫的必要限度。在绝大多数此类案件中，极少有符合防卫限度条件的，即使认定为正当防卫，也属于防卫过当。因此，前引《意见》提出了应当考虑在这种虐待性家庭暴力正当防卫案件中的防卫因素这个概念。例如《意见》第20条规定："充分考虑案件中的防卫因素和过错责任。对于长期遭受家庭暴力后，在激愤、恐惧状态下为了防止再次遭受家庭暴力，或者为了摆脱家庭暴力而故意杀害、伤害施暴人，被告人的行为具有防卫因素，施暴人在案件起因上具有明显过错或者直接责任的，可以酌情从宽处罚。对于因遭受严重家庭暴力，身体、精神受到重大损害而故意杀害施暴人；或者因不堪忍受长期家庭暴力而故意杀害施暴人，犯罪情节不是特别恶劣，手段不是特别残忍的，可以认定为刑法第二百三十二条规定的故意杀人'情节较轻'。在服刑期间确有悔改表现的，可以根据其家庭情况，依法放宽减刑的幅度，缩短减刑的起始时间与间隔时间；符合假释条件的，应当假释。被杀害施暴人的近亲属表示谅解的，在量刑、减刑、假释时应当予以充分考虑。"这一规定指出了受虐妇女杀人案中存在的防卫因素，尤其是揭示了在受虐妇女杀

夫案中，存在防止再次遭受家庭暴力，或者摆脱家庭暴力的动机。这就为受虐妇女杀夫案的从轻、减轻量刑提供了根据。但是，如何理解这里的防卫因素，仍然是一个值得研究的问题。例如姚某香故意杀人案：被告人姚某香和被害人方某丙系夫妻关系。方某丙多次对妻子实施家暴，并与第三者有染。案发前一天，方某丙提出离婚，并表示以后不抚养子女，姚某香遂产生杀害方某丙的想法。次日凌晨，姚某香待丈夫熟睡后，持铁棍猛击其头部，又持菜刀割其脖子，致其当场死亡。案发后姚某香向公安机关投案，并在法庭对杀人行为供认不讳，但她表示因为长期遭受丈夫的家庭暴力，忍无可忍才实施杀人行为。温州市中级人民法院认为，被告人因遭受家庭暴力，故意杀人致人死亡，应以故意杀人罪追究其刑事责任。但根据 2015 年最高人民法院、最高人民检察院、公安部、司法部颁布的《关于依法办理家庭暴力犯罪案件的意见》第 20 条的规定，因不堪忍受长期家暴而故意杀害施暴人，犯罪情节不是特别恶劣，手段不是特别残忍的，可以认定为故意杀人“情节较轻”。最终法院以故意杀人罪判处姚某香有期徒刑 5 年。

我们可以将本案与刘某霞案相对比，两案的性质都是受虐妇女杀夫案，只不过刘某霞采用投毒方法，姚某香则采取刀割棍打的方法，都是造成死亡结果。但发生在《反家庭暴力法》和《意见》之前的刘某霞案，即使考虑到其是家庭暴力的受害人，仍然对其故意杀人行为适用 10 年以上法定刑，只是予以从轻处罚，判处有期徒刑 12 年。而发生在《反家庭暴力法》和《意见》之后的姚某香案，则直接被认定为情节较轻的故意杀人，适用 3 年以上 10 年以下法定刑，并从轻处罚判处 5 年有期徒刑。对于上述发生在不同时期的受虐妇女杀人案，虽然情节相似但处理结果大不相同，由此可以感受到对处理受虐妇女杀人案的刑事政策的重大转变。然而，在姚某香案中，虽然适用《意见》规定，但仍然没有将姚某香的杀夫行为认定为防卫过当。正如我国学者指出：“处理此类案件仅局限于量刑情节的考察并不妥当，并且司法机关在否定正当化事由之适用后又承认行为具有防卫因素也显得矛盾。司法机关将有利于行为人的因素不加区分地置于量刑阶段，模糊了刑法对行为的定性与评价，同时会架空犯罪构成中对违法性与责任的判断，

剥夺出罪事由在此类案件中的讨论空间。”① 我认为，应当将前引《意见》所规定的受虐妇女杀夫案中的防卫因素理解为，具有防卫前提但超过了正当防卫必要限度，也就是防卫过当。在这种情况下，受虐妇女杀夫案具有法定的从轻、减轻或者免除处罚情节，可以充分发挥正当防卫制度在受虐妇女杀夫案处理中的实质作用。

（四）受虐妇女杀夫案的处理

受虐妇女杀夫案在家庭暴力的正当防卫中是较为瞩目的一种情形，它可以归属于对虐待性家庭暴力正当防卫的范畴。也就是说，受虐妇女杀夫案并不是发生在即时性家庭暴力中，而是在遭受虐待长期累积怨恨的情况下，在虐待的间隙对施暴的丈夫实施了故意杀人行为。对受虐妇女杀夫案的处理，除正当防卫以外，我国刑法学界还存在以下三种路径。

1. 受虐妇女综合征

受虐妇女综合征作为一种心理学理论，主要是用来分析受虐妇女在遭受家庭虐待期间的一系列的心理状态，在美国司法实践中作为一种出罪事由而存在，辩护律师利用该理论支持受虐妇女的杀夫行为构成正当防卫，也可依此主张精神障碍辩护事由。但由于精神抗辩事由的消极意义，美国多把其作为证据支持自我防卫辩护事由。而我国司法实践在面对受虐妇女杀夫案时，法官以“没有法律依据”为由，否认律师提出的“受虐妇女综合征”的辩护理由，甚至仅把受虐妇女的客观事实作为酌定量刑情节，且量刑总体过重。对此，我国学者指出：“司法机关对受虐妇女杀夫案的判决，严重损害了受虐妇女的合法权益，缺乏人性基础。我国应借鉴美国受虐妇女综合征司法适用的合理之处，完善我国的刑事立法与司法，从而使受虐妇女得到公平、合理的判决结果。”② 我认为，受虐妇女综合征理论在一定程度上回避了防卫行为的时间条件，对于传统的正当防卫制度是一种挑战。但以受虐妇女综合征作为认定正当防卫的根据，我认为是极为牵强

① 隗佳：《责任阻却性紧急避险的厘清与适用——以受虐妇女杀夫案为视角》，载《法学家》，2020（1）。

② 姜敏、谷雨：《“受虐妇女综合征”：概念、体系地位与启示》，载《刑法论丛》，2019（3）。

的。即使受虐妇女综合征在科学上可以成立，那也只是一个主体责任问题，应该是一种责任排除事由而不是违法阻却事由。更何况，在刑法和司法解释没有明文规定的情况下，根据受虐妇女综合征而出罪，存在难以逾越的法律障碍。

2. 防御性紧急避险

我国学者绕开正当防卫，以紧急避险作为受虐妇女杀夫案的出罪根据。例如我国学者指出："在受虐妇女杀夫案中，因缺少正在进行的不法侵害而无法认定行为成立正当防卫，但丈夫长期对妻子或其他家庭成员实施家庭暴力，根据现实情况能够推断出，丈夫将来还会再次实施家庭暴力。这就意味着在此类案件中法益客观上处于迫在眉睫的危险状态中。虽然此时现实的侵害行为尚未开始，但只有立即采取防御行为，才能有效避免之后对法益造成损害，否则将丧失保护法益的最佳时机。德国通过一系列案件，如'平底锅案（Spannerfall）'和'赫辛格案（Hechingerfall）'的判决，确定了危险的现时性为持续性所涵盖，即在受虐妇女杀夫案中存在紧急避险所要求的正在发生的现实危险。"[①] 对于上述以紧急避险评价受虐妇女杀夫案的观点，我并不认同。关于受虐妇女杀夫案的出罪事由，论者以紧急避险取代正当防卫的主要理由是不具备正当防卫时间条件，但同时又认为具备紧急避险的时间条件。如果从我国《刑法》第20条和第21条对正当防卫和紧急避险的时间条件来看，其实法律规定是相同的：正当防卫是正在进行的不法侵害，紧急避险是正在发生的危险。尽管在时间条件上正当防卫与紧急避险的规定相同，但在刑法教义学中，确实对紧急避险的时间条件掌握得较为宽松。在论及紧急避险的时间条件现在之危险时，往往在现在危险之外，同时还涉及持续性危险。我国台湾地区学者指出："持续性的危难[②]，类型众多，但通常是指该危难'随时'可能转化为实际损害，亦即，危难可能经过一段时间之后才

① 隗佳：《责任阻却性紧急避险的厘清与适用——以受虐妇女杀夫案为视角》，载《法学家》，2020年（1）。

② 在我国台湾地区紧急避险的危险被称为危难。特此说明。

变成实害，但亦无法排除立即发生损害的可能性。典型例子是结构不安全而随时有倒塌危险的房屋。还有，反复性危难也被放在持续性危难的脉络讨论，诸如酗酒莽汉每次酒后皆会殴打太太，这类危难如果已经急迫到非立即实施避难行为不足以有效排除该危难时，即符合现在之要件。整体而言，紧急避难[①]与正当防卫虽然皆以现在性为前提，但‘危难之现在性’比起‘侵害之现在性’概念更广泛。”[②] 在我国台湾地区将相关规定正当防卫与紧急避险的时间条件都规定为“现在”的情况下，我国台湾地区学者认为紧急避险的危难不仅包括即时的危险，还包括持续的危险。这里的持续的危险是指实施避险行为时，危险尚未发生，因此这是一种即将发生的危险。但实际上，不仅紧急避险可以针对持续的危险，正当防卫也可以针对持续的侵害。

对受虐妇女杀夫案采用紧急避险的出罪路径，其思路来自德国的防御性紧急避险概念。例如我国学者认为，可以发掘防御性紧急避险，为受虐妇女杀夫案提供出罪根据。[③] 防御性紧急避险并不是《德国刑法典》的规定，而是《德国民法典》的规定。《德国民法典》将紧急避险区分为攻击性的紧急避险和防御性的紧急避险。这是根据避险行为所针对的客体来区分的。防御性紧急避险，是指为避免正在发生的危险，避险人对危险源实施了避险行为。而攻击性紧急避险，是指为避免正在发生的危险，避险人对与危险源无关的第三人实施了避险行为。前者是针对危险源的，因此其具有防御性；而后者是针对与危险源无关的第三人的，因此其具有攻击性。《德国民法典》第 228 条对防御性紧急避险作了明文规定：“为使自己或者他人免遭他人之物所引起的紧迫危险而毁损或者破坏他人之物的人，如毁损或者破坏为避免危险所必要，且损害并非与危险不相当，则不是不法地实施行为。”我国刑法没有规定防御性紧急避险，而且《民法典》也没有类似

---

① 在我国台湾地区紧急避险被称为紧急避难。特此说明。

② 林钰雄：《新刑法总则》，264 页，台北，元照出版有限公司，2018。

③ 参见陈璇：《家庭暴力反抗案件中防御性紧急避险的适用兼对正当防卫扩张论的否定》，载《政治与法律》，2015 (9)。

规定。因此，对于受虐妇女杀夫案的出罪只有正当防卫和一般紧急避险这两种路径。根据我国刑法的规定，正当防卫只能针对人的不法侵害行为，但紧急避险则既可以是针对人的行为，又可以针对来自动物或者自然界的危险。在都是针对人的情况下，正当防卫与紧急避险的区别就在于：正当防卫是以制止不法侵害为目的，因而只能对不法侵害人实施正当防卫；但在紧急避险的情况下，是以牺牲较小的合法利益保全较大的合法利益，因而在受到不法侵害的情况下，不可能针对不法侵害人本人实施紧急避险。因此，受虐妇女杀夫案如果不符合正当防卫的时间条件，则也不可能符合紧急避险的其他条件，因而并不具备适用紧急避险的可能性。

3. 期待不可能

对于受虐妇女杀夫案，我国学者张明楷提出了不可避免的期待可能性的出罪方案，指出，“对于非对峙型的受虐妇女反杀案，不能作为违法阻却事由处理，也不能作为免责的紧急避险处理，只能认定为超法规的责任阻却事由。亦即，在少数案件中，受虐妇女确实缺乏期待可能性的，应当宣告无罪；在此外的案件中，受虐妇女并不完全缺乏期待可能性时，可以承认不可避免的期待可能性的积极错误，因而没有责任，否认犯罪的成立。”① 这里的非对峙型的受虐妇女反杀案，也就是本文所说的虐待性家庭暴力所引发的杀夫案，而对峙型的受虐妇女反杀案则是本文所说的即时性家庭暴力所引发的杀夫案。此外，对于这种受虐妇女杀夫案除了即时性家庭暴力情况下的杀夫案具有反杀的性质，对虐待性家庭暴力情况下的杀夫则不能称为反杀。因为反杀是指反而杀之，它以面临被杀为前提。但是，如果是针对施暴者具有杀人性质的即时性家庭暴力进行正当防卫，则可以称为反杀。以不可避免的期待可能性作为受虐妇女杀夫案的出罪方案是责任排除事由，不同于正当防卫的违法阻却事由；也就是说，这是在确认受虐妇女杀夫行为具有违法性的前提下，以缺乏有责性为由而排除受虐妇女的刑事责任。然而，这种方案存在的一个最大的问题是忽略了受虐妇女杀夫案中的行为人通常并不是

① 张明楷：《受虐妇女反杀案的出罪事由》，载《法学评论》，2022（2）。

无罪而是减轻、从轻处罚的实际情况。如前所述，法院在确认受虐妇女杀夫案具有防卫因素的前提下，通常都会认定其行为属于防卫过当，应当承担刑事责任。这样就为受虐妇女杀夫案获得较轻处罚提供了法定情节。在我国司法实践中，以2015年《反家庭暴力法》和《意见》颁布为标志，在2015年之前，司法机关在一定程度上考虑到了家庭暴力中杀夫行为系家庭矛盾激化引发的，与一般严重破坏社会治安的犯罪有所不同，对酌定从宽情节作了相应考量，但仍从犯罪构成角度承认了受虐妇女以暴制暴行为的不法性，大多未将其在违法本质上与普通故意伤害、故意杀人罪加以区分；而在2015年之后，此类行为被认定为防卫过当的案例逐渐增多，尤其是自2018年以来，被认定为正当防卫的案件数量开始呈现增长趋势。[①] 因此，对受虐妇女杀夫案采用正当防卫与防卫过当的解决方案，不仅解决了对家庭暴力反抗行为的正当性问题，而且在超过防卫限度的情况下，还可以适用防卫过当追究刑事责任。但如果采用不可避免的期待可能性方案，对受虐妇女杀夫案只有构成犯罪与不构成犯罪这两种处理结果，并不利于对受虐妇女杀夫案的合理解决。

第二节　财产权利犯罪的正当防卫

根据我国《刑法》第20条的规定，公民不仅为了保护国家、公共利益和本人或者他人的人身权利可以对不法侵害人实行正当防卫，而且，为了保护本人或者他人的财产也可以对不法侵害人实行正当防卫。

一、抢劫罪的正当防卫

在我国刑法中，抢劫罪是指以非法占有为目的，以暴力、胁迫或者其他方法

① 参见万春主编：《法不能向不法让步：正当防卫类案纵横》，88页，北京，中国检察出版社，2021。

强行将公私财物抢走的行为。从抢劫罪的概念可以看出，抢劫罪所侵害的是复杂客体，它不仅侵犯国家、集体或者个人的财产权利，而且同时侵犯被害人的人身权利，严重地威胁着他人的生命、健康的安全，是最严重的侵犯财产罪。因此，对抢劫罪，尤其是对施以暴力手段的抢劫罪可以实行正当防卫。不仅如此，我国《刑法》第20条第3款，还明确规定对抢劫罪实行正当防卫属于特殊防卫，造成不法侵害人伤亡的，不负刑事责任。

实施抢劫罪的暴力方法，是指对被害人的身体实施打击或者强制，例如捆绑、殴打、禁闭、伤害，甚至于杀害。暴力形式的抢劫罪不仅侵害被害人的财产权利，而且直接侵害被害人的人身权利，并且可能形成侵害紧迫性，所以可以实行正当防卫。实施抢劫罪的胁迫方法，是指对被害人用暴力相威胁、恫吓，迫使其不得不立即交出财物或者不敢阻止抢劫者把财物抢走。胁迫者虽然不是直接使用暴力，但以暴力相威胁，存在着使用暴力的可能性，因此，被害人可以对其实行正当防卫。实施抢劫罪的其他方法，主要是指对被害人施加某种力量，使其处于不能抗拒的状态，从而掠走其财物，例如，用酒灌醉、用药物麻醉等。由这种方法的特点所决定，被害人不可能对抢劫犯实行正当防卫。

我国《刑法》第269条规定："犯盗窃、诈骗、抢夺罪，为窝藏赃物、抗拒抓捕或者毁灭罪证而当场使用暴力或者以暴力相威胁的，依照本法第二百六十三条的规定定罪处罚。"在刑法教义学中，把这种犯罪称为由盗窃、诈骗、抢夺罪转化为抢劫罪的情况。在这种情况下，犯罪分子当场使用暴力或者以暴力相威胁，已经构成对被害人的人身权利的严重威胁，因此可以对其实行正当防卫。例如王某岚、姜某勇故意伤害案：2000年2月3日和6日，被告人王某岚家先后两次被盗，使得全家人十分恐慌，王某岚将其妻送至娘家暂住，并让内弟姜某勇来家中做伴。当日下午5点许，王某岚、姜某勇二人回到家中，将院门反锁。在睡觉前，王某岚将外屋圆桌上的菜刀和放在沙发北面的一把片刀，都立着放在沙发北面的地上，并拉上了西屋的窗帘。二人从进屋后至睡觉一直未开灯。当晚21时许，王某岚的邻居谭某伟携手电翻墙进入王某岚家中行窃。谭某伟站在墙头上时还用手电对着王家西屋窗户往屋里照，而后跳入王家院内。王某岚、姜某勇二人赶紧起来站在沙发北头冲着门口。谭某伟进屋后，推开西屋门，用手电照见屋内有人，便向外屋跑，并当即抄起外屋圆桌上的炒勺向王某岚、姜某勇砸去。姜某勇往后一躺，谭某伟又往姜某勇的膝盖上踹了一脚，姜某勇倒在地上。与此同时，王某岚、姜某勇分别抄起片刀、铁管向外追赶谭某伟，谭某伟跑到外间屋北面隔断的小屋门口，抄起脸盆回击王某岚、姜某勇二人。黑暗中（里、外屋始终未开灯），王某岚持片刀、姜某勇持铁管与持脸盆的谭某伟在外屋发生搏斗。双方搏斗时间持续 20 分钟左右，至王某岚、姜某勇二人制服并捆住谭某伟。随后，王某岚、姜某勇二人即到公安机关报案。后谭某伟被送往医院，经 4 个多小时抢救，不治而死。王某岚家两次被盗大部分物品，公安机关于 2000 年 2 月 8 日 24 时在被害人谭某伟住处依法搜出。

对于本案是否构成正当防卫，存在两种意见：第一种意见认为，王某岚、姜某勇二人的行为依法构成犯罪而不构成正当防卫。其主要理由如下：第一，王某岚、姜某勇二人事先准备菜刀和片刀，具有行凶的故意而不能认定具有防卫意图。第二，谭某伟进屋后发现屋内有人，就向外屋逃跑，尚未实施盗窃，王某岚、姜某勇二人用事先准备的菜刀和片刀对其进行攻击，属于事先防卫、假想防卫。第三，王某岚持片刀、姜某勇持铁管追打谭某伟，而谭某伟只是用脚踹、用炒勺、脸盆砸向王某岚、姜某勇二人，双方使用的工具、手段明显失衡，防卫的强度明显超过不法侵害的强度并且造成谭某伟死亡的严重后果，因而构成防卫过当。第四，王某岚、姜某勇二人本应开灯而没有开灯，是导致防卫强度明显超过不法侵害强度并造成谭某伟死亡的主要原因，因而王某岚、姜某勇构成防卫过当，应负刑事责任。第二种意见认为，王某岚、姜某勇二人的行为构成正当防卫、不应负刑事责任，主要理由如下：第一，被告人王某岚家两次被盗造成全家恐慌，王某岚、姜某勇二人事先准备菜刀和片刀，具有明显的防卫意图，不能武断地认定具有行凶的故意。第二，谭某伟进屋后发现屋内有人，虽未能实施盗窃，但已构成盗窃犯罪预备，而且谭某伟并非单纯向外屋逃跑，而是抄起炒勺砸

向王某岚、姜某勇二人，后又一脚将姜某勇踹倒在地、抄起脸盆砸向王某岚、姜某勇。这一系列举动已对王某岚、姜某勇二人的人身安全构成正在进行的、现实的不法侵害。此时，王某岚、姜某勇分别抄起片刀、铁管追打谭某伟，既符合正当防卫的起因条件，也符合正当防卫的时间条件。第三，案发前王家连续两次被盗，已经造成王某岚、姜某勇心理的恐慌，而且案发时谭某伟先下手攻击，案发地光线暗淡。在这种十分紧迫的关头，王某岚、姜某勇根本无暇顾及自身防卫的强度问题，法律亦不能强人所难，因而不构成防卫过当。第四，王某岚、姜某勇之所以没有开灯，一方面是由于当时情况紧急，二人自顾不暇；另外，王某岚、姜某勇不开灯既无可厚非又是明智的，因为是在自己熟悉的家中，占尽天时地利人和，而一旦开灯则会失去了天时地利的优势。第五，王某岚、姜某勇二人制服并捆住谭某伟后，即到公安机关报案，没有再对谭某伟实施殴打之类的行为，这可以说明二人的反击是有节制的。第六，王家两次被盗的大部分物品，事后由公安机关依法从谭某伟住处搜出，亦能说明谭某伟入户盗窃的意图及其严重人身危险性。我认为，本案是一起由入户盗窃转化为抢劫的典型案件。死者本意是进行入户盗窃，但事主因多次失窃而有所准备。在这种情况下，死者为抗拒抓捕而实施暴力，其行为已经由盗窃转化为抢劫，因而属于对转化性抢劫罪的正当防卫。在以上两种对本案是否构成正当防卫的不同意见中，第一种意见存在自相矛盾之处，并且结论明显不当。例如，第一种意见一方面认为王某岚、姜某勇二人主观上具有行凶的故意而不具有防卫意图，但另一方面又认为王某岚、姜某勇构成防卫过当应负刑事责任。同时，第一种意见还认为王某岚、姜某勇的行为属于事先防卫、假想防卫。由此可见，第一种意见对正当防卫与防卫过当，以及防卫不适时、假想防卫等概念之间的关系未能正确区分。防卫过当是以正当防卫为前提的，属于正当防卫超过必要限度的情形。防卫行为只有在具有防卫性质的情况下，才可能构成防卫过当。至于事后防卫与假想防卫都属于防卫不当的情形，既不构成正当防卫也不构成防卫过当。第二种意见是正确的，对半夜三更入户进行盗窃，在被事主发现的情况下又以暴力抗拒抓捕，这种转化型抢劫犯罪完全可以

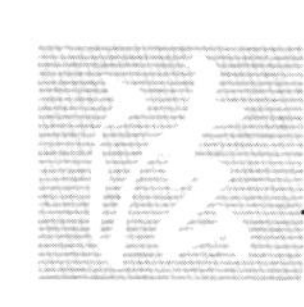

实行正当防卫。

抢劫罪还经常和其他犯罪一起发生，例如抢劫杀人、抢劫强奸。刑法往往把这种具有并发关系的犯罪规定为一个新罪，例如《日本刑法典》就有这样的规定。这种情况在刑法教义学中称为结合犯。我国刑法对抢劫杀人、抢劫强奸等情况虽然没有规定为结合犯，但在现实生活中，这种并发型的犯罪是客观存在的。对这种并发型的犯罪可以实行正当防卫。例如，一个女工下夜班行至僻静处，忽然从背后窜出一个歹徒，低沉而凶狠地说："不许喊，出声扎死你！"说着一把匕首顶住了女工后腰。几乎同时歹徒捋下她的手表，女工趁歹徒往口袋里塞手表之机撒腿就跑。歹徒三步两步追上，将她掠倒在地意欲行奸。刹那间，女工捡起他扔下的匕首，冲其后腰猛刺一刀，将歹徒刺死。事后，歹徒的家人说，一没抢成，二没奸成，反被刺死，所以很是不服。但我认为，女工的行为是特殊防卫，对歹徒的死亡不负刑事责任。

二、盗窃罪的正当防卫

在我国刑法中，盗窃罪是指以非法占有为目的，秘密窃取数额较大的公私财物的行为。抢夺罪是指以非法占有为目的，乘人不备，公然夺取数额较大的公私财物的行为。这两种犯罪，主观上都以非法占有为目的，但客观表现不同：抢夺罪是公然夺取，表现为公开占有；盗窃罪是暗中窃取，表现为秘密占有。但这两种犯罪都是对公私财产的不法侵害，并且从犯罪的手段来看，都可以成为正当防卫的起因。

盗窃是秘密窃取，其中包括入室行窃。在入室盗窃的情况下，犯罪分子的两个行为分别触犯了非法侵入住宅罪和盗窃罪两个罪名。对此，在司法实践中一般不按数罪并罚处理，而按牵连犯原则处理，即一般以盗窃罪论处。无论司法实践中如何处理，我认为对这种入室行窃的犯罪都可以实行正当防卫。尤其是夜间入室行窃，被害人对不法侵害人的意图——是偷还是抢、是奸还是杀一时无法弄清。

在这种情况下，防卫人对入室行窃的不法侵害人造成较重的损害应当是允许的，不能说超过了正当防卫的必要限度。从防卫时间上来说，自盗窃犯进入住宅之时起就可以对其实行防卫。例如，李某半夜被大门的拨弄声响惊醒，遂披衣起床，手持门闩隐身于门后，不一会儿，盗窃犯推门入内，正要抬头，被李某当头一棒打倒在地。我认为，李某的防卫是适时的，对盗窃犯的伤害不负刑事责任。如果盗窃犯行窃后从门窗跳出，适值失主回家，失主见此情景，一棒将盗窃犯打倒，夺回财物，其行为也属于正当防卫，而不是事后防卫。在现实生活中，经常发生打小偷的情况，失主抓住小偷不是及时扭送司法部门，而是痛打一顿，致伤致死。有人还认为打小偷不犯法，甚至认为这是正当防卫。我认为这种看法是错误的，小偷正在行窃时可以对其实行正当防卫。事后抓到小偷，已经不存在防卫时间，不发生正当防卫的问题。在这种情况下，行为人如果将小偷打伤打死，应负故意犯罪的刑事责任。

值得注意的是，在现实生活中，对盗窃罪的正当防卫往往发生在盗窃行为实施完毕以后，此时盗窃罪已经既遂；但在盗窃现场或者附近及时被事主或者他人发现，在这种情况下能否对盗窃犯实施正当防卫，是一个值得研究的问题。如果仅仅从盗窃罪已经既遂角度来看，对财产的不法侵害已经结束，似乎不再具有防卫时间，但在可以及时挽回财产损失的情况下，行为人对盗窃犯采取暴力或者其他手段取得赃物的行为，应当视为正当防卫。对此，《关于依法适用正当防卫制度的指导意见》规定："在财产犯罪中，不法侵害人虽已取得财物，但通过追赶、阻击等措施能够追回财物的，可以视为不法侵害仍在进行。"当然，如果行为人在挽回财产损失过程中，遭到盗窃犯的暴力反抗，则对此的防卫不仅是为了保护本人财产权利，而且也是为了保护本人的人身权利。将之认定为正当防卫更是理所当然。例如，2021 年 7 月 21 日凌晨 4 时许，林某从自家经营的早餐店返回家中时，发现一名陌生男子手持一把刀，另一手提着一包现金，从自家卧室出来，林某上前阻止时被男子砍伤，随手操起镰刀反击，将男子砍伤。男子逃至楼下准备骑摩托车逃离时，再次被追赶的林某阻止，男子弃车逃跑，在逃离至案发现场 800 多米一处围墙时，男子体力不支瘫倒在地，被及时追来的林某及群众抓获交

给民警，民警立即拨打120，后经抢救无效死亡。在上述案例中，根据案例实际情况来看，男子实施了入户盗窃既遂，但是被林某当场发现，男子为窝藏赃物、抗拒抓捕或者毁灭罪证而当场将林某砍伤了，也就是说，此时男子的行为已由盗窃罪转化为抢劫罪。因而，林某的行为构成正当防卫。

三、抢夺罪的正当防卫

抢夺是当着被害人的面，乘其不备，公然夺取。在不法侵害人正要夺取之际，他人可以对其实行正当防卫。如果被害人突然发觉有人抢夺，则其本人也可以对不法侵害人实行正当防卫。即使是不法侵害人已经把财物抢走，但还没逃远，被害人上前抢回财物，其行为也应被视为正当防卫。如果被害人上去夺回，而不法侵害人以暴力抗拒或以暴力相威胁，则其抢夺罪已经转化为抢劫罪，当然可以对其实行正当防卫。例如，王某过失致人死亡案[①]：

2018年11月14日下午14时许，陈某驾驶小轿车尾随其朋友王某的摩托车，到王某所开的汽车维修店安装行车记录仪。当陈某、王某驾车行驶至化州市东山街道办大山尾路段时，刘某驾驶摩托车搭着邱某从后赶上王某，在刘某驾驶的摩托车超过王某时，邱某伸出手将王某佩戴在脖子上的项链扯断抢走。邱某得手后，刘某驾车加速往同庆方向逃跑。王某被抢走项链后，挥手示意让陈某驾车去追赶，陈某便驾车往同庆方向追赶刘某驾驶的摩托车。在化州市同庆镇乾连路口旧农药厂路段，陈某驾车追上了刘某二人，陈某驾车超过刘某二人并将轿车迫近其二人，试图让刘某二人停车。陈某将车辆往右侧打了一下方向盘，因双方均是高速行驶，双方驾驶的车辆均在发生碰撞后失控，造成刘某、邱某二人当场死亡，陈某的轿车起火被完全烧毁的交通事故。

---

① 参见钟惠灵：《驾车追赶抢夺逃犯致其死亡应如何定性》，载 http：//www.maoming.jcy.gov.cn/llyj/yasf/202102/t20210223_3137625.shtml，2022-02-02。

对于本案存在两种意见。第一种意见认为：陈某的行为属于正当防卫，并且没有明显超过必要限度，其行为不构成犯罪。第二种意见认为：陈某的行为属于正当防卫，但其正当防卫明显超过必要限度且造成了两人死亡的重大损害，其行为构成了过失致人死亡罪。在本案中，刘某和邱某构成飞车抢夺的共犯。根据2013年11月11日最高人民法院、最高人民检察院《关于办理抢夺刑事案件适用法律若干问题的解释》（以下简称《意见》）第2条第4项的规定，驾驶机动车、非机动车抢夺的，属于抢夺罪的较为严重的情节，因而其犯罪数额按照一般抢夺罪数额较大的50%计算。同时，第6条还规定了飞车抢夺转化为抢劫罪的条件："驾驶机动车、非机动车夺取他人财物，具有下列情形之一的，应当以抢劫罪定罪处罚：（一）夺取他人财物时因被害人不放手而强行夺取的；（二）驾驶车辆逼挤、撞击或者强行逼倒他人夺取财物的；（三）明知会致人伤亡仍然强行夺取并放任造成财物持有人轻伤以上后果的。"由此可见，飞车抢夺是一种不仅侵害财产权利而且侵害人身权利的犯罪。本案是在邱某飞车抢夺得手以后，事主陈某为挽回财产损失驾车追赶过程中发生的一起交通事故。从驾车追赶并试图逼停刘某驾驶摩托车的行为来看，具有一定的防卫性质，然而，在高速公路上驾车追赶并逼停摩托车的行为具有高度危险性，陈某对其行为造成的人员伤亡和财产损失具有过失，我认为陈某构成防卫过当，应当承担刑事责任。

这里应当指出，抢夺罪不同于抢劫罪。抢劫罪是使用暴力或者以暴力相威胁，而抢夺则不使用暴力手段。因此，在确定对抢夺罪的正当防卫必要限度时，主要根据财物价值的大小，同时考虑其他有关的因素，以得出其防卫行为是否超过必要限度的正确结论。

四、故意毁坏财物罪的正当防卫

在我国刑法中，故意毁坏财物罪是指故意毁灭或者损坏公私财物，情节严重的行为。我国宪法规定公共财产不可侵犯，并保护公民个人的合法财产。而故意

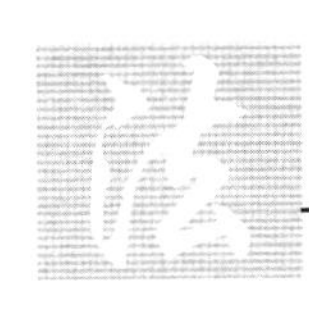

毁坏财物罪是对公私财物非法进行毁坏，使其丧失使用价值，并且可能形成侵害紧迫性，所以可以实行正当防卫。

对故意毁坏财物罪的正当防卫，从防卫时间上来说，只有对正在着手毁坏财物的行为才能实行正当防卫。例如，张某与黄某有仇，就约了几个人去扒黄某的房子出气。张某等人带着工具来到黄某家，黄某进行阻止，但张某等人不听劝阻，执意要上房掀瓦。见此情形，黄某为使房屋免遭毁坏，一棒将张某的腿打断。我认为，黄某的行为属于对毁坏财物罪的正当防卫。从防卫时间上来说，黄某在张某等人正欲毁房之际及时防卫，是适时的。在毁坏财物的过程中，为了防止财物遭受更大的毁坏，防卫人也可以对不法侵害人实行正当防卫。例如，李某与其邻居发生争执，遂闯入邻家捣毁其家具，并欲砸彩色电视机。被害人见势不妙，从背后一刀砍在李某的手上，使电视机得以保全。这一行为属于正当防卫。但在财物被毁坏、不法侵害终止以后，不再发生正当防卫问题，否则就是报复侵害。

在确定对毁坏财物罪的正当防卫的必要限度时，主要根据正当防卫所保护的财物价值的大小来考虑。在对毁坏财物罪的正当防卫中，不法侵害人损害的是财物，防卫人损害的是人身。在一般情况下，财物和人身是不等价的。根根我国刑法理论，在紧急避险中，人身权利大于财产权利，不容许为保全本人的财产而牺牲他人的人身健康或者生命，但对毁坏财物罪的正当防卫则不是如此，它与紧急避险有所不同。因为紧急避险是对第三者实施的，该第三者的财产和人身都是受法律保护的，只是为了挽救一个更重要的利益才不得已牺牲另一个较小的利益。在这种情况下，当然不允许为保全本人的财产而牺牲他人的健康或者生命，但在正当防卫的情况下，不法侵害人实施毁坏财物的犯罪行为，已经使自己处于非法的境地，所以，被害人可以损害其人身而保全本人的财物。这从伦理学的意义上说，也完全符合社会主义的道德规范。当然，如果防卫人为了保全本人价值不大的财物，而对不法侵害人造成过重的人身损害，就应当认为明显超过了正当防卫的必要限度，对其所造成的重大损害应负防卫过当的刑事责任。

在现实生活中，暴力拆迁现象时有发生。这里的暴力拆迁是指采用暴力手

段，非法强行拆除他人房屋。伴随着暴力拆迁的是侵害公民人身合财产的相关犯罪，其中最为重要的是故意毁坏他人财物罪。在这种情况下，针对暴力强拆，公民是否可以实行正当防卫？这是一个值得关注的问题。例如，河北省辛集市耿某华正当防卫不批捕案：

2017 年 8 月，石家庄某房地产公司与康某某达成口头协议，由其负责该公司开发的辛集市某城中村改造项目中尚未签订协议的耿某华等八户人家的拆迁工作，约定拆迁劳务费为 50 万元。

2017 年 10 月 1 日凌晨 2 时许，康某某纠集卓某某等八人赶到项目所在地强拆民宅。其中，卓某某组织张某某、谷某明、王某某、俱某某、赵某某、谷某章、谷某石（以上人员均因犯故意毁坏财物罪被另案处理）等人，在康某某带领下，携带橡胶棒、镐把、头盔、防刺服、盾牌等工具，翻墙进入耿某华家中。耿某华妻子刘某某听到响动后出屋来到院中，即被人摁住并架出院子。耿某华随后持一把农用分苗刀出来查看，强拆人员对其进行殴打，欲强制带其离开房屋，实施拆迁。耿某华遂用分苗刀乱挥、乱捅，将强拆人员王某某、谷某明、俱某某三人捅伤。随后，卓某某、谷某章、赵某某等人将耿某华按倒在地，并将耿某华架出院子。刘某某被人用胶带绑住手脚、封住嘴后用车拉至村外扔在路边。与此同时，康某某组织其他人员使用挖掘机等进行强拆。当晚，强拆人员将受伤的王某某、谷某明、俱某某以及耿某华等人送往医院救治。经鉴定，王某某、俱某某二人损伤程度均构成重伤二级，谷某明、耿某华因伤情较轻未作鉴定。经勘验检查，耿某华部分房屋被毁坏。

案发后，公安机关对强拆人员以故意毁坏财物罪立案侦查。其中，康某某、卓某某、王某某、张某某、俱某某被分别判处有期徒刑 2 年 6 个月、3 年 2 个月等相应的刑罚。石家庄某房地产公司因在未达成拆迁协议的情况下，聘用拆迁公司拆除房屋，支付了相关人员的医疗费等费用，对耿某华房屋毁坏部分予以相应赔偿。

2018 年 11 月 16 日，河北省辛集市公安局以耿某华涉嫌故意伤害罪立案侦

查，于 2019 年 5 月 22 日提请辛集市人民检察院批准逮捕。其提请逮捕时认为，耿某华的行为虽有防卫性质，但明显超过必要限度，属于防卫过当。辛集市人民检察院审查中，对于适用《中华人民共和国刑法》第二十条第一款的一般防卫，还是第二十条第三款的特殊防卫，存在认识分歧。同年 5 月 29 日，辛集市人民检察院经检察委员会研究认为，卓某某等人的行为属于正在进行的不法侵害，耿某华的行为具有防卫意图，其防卫行为没有明显超过必要限度，本案不符合特殊防卫的规定，依据《中华人民共和国刑法》第二十条第一款的规定，耿某华的行为属于正当防卫，依法作出不批准逮捕决定。同日，公安机关对耿某华作出撤销案件决定。

本案是一起对暴力强拆实行正当防卫的典型案件。在本案中，不法侵害人不仅实施了暴力强拆行为，而且还有殴打被害人、侵入住宅等违法行为。在这种情况下，被害人对暴力强拆的不法侵害人实施正当防卫，检察机关予以正确认定，有力地保护了公民的合法权益。本案的“典型意义”指出：耿某华面对正在进行的非法暴力拆迁，其实施防卫行为具有正当性，对于致二人重伤的结果，应当综合不法侵害行为和防卫行为的性质、手段、强度、力量对比、所处环境等因素来进行分析判断，作出正确的法律评价。不法侵害人深夜翻墙侵入耿某华住宅，强制带离耿某华夫妇，强拆房屋。耿某华依法行使防卫权利，其防卫行为客观上造成了二人重伤的重大损害，但是，耿某华是在被多人使用工具围殴，双方力量相差悬殊的情况下实施的防卫，综合评价耿某华的防卫行为没有明显超过必要限度。另外，此案不法侵害的主要目的是强拆，是对财产权利实施的暴力，对耿某华夫妇人身伤害的主要方式和目的是强制带离现场。虽然强制带离和围殴也是对耿某华夫妇人身的伤害，但是，综合案件具体情况，不法侵害行为不属于《刑法》第 20 条第 3 款规定的“行凶、杀人、抢劫、强奸、绑架以及其他严重危及人身安全的暴力犯罪”，应当适用一般防卫的法律规定。在我国经济社会快速发展的背景下，因暴力拆迁引发的矛盾和冲突时有发生。在这类案件办理中，司法机关要查明案件事实，弄清强拆是否依法、合规、正当，依法惩治犯罪、保障无

辜的人不受刑事处罚，同时，妥善处理拆迁中的矛盾纠纷，促进社会稳定有序。司法机关要引导房地产企业依法文明规范拆迁行为，教育被拆迁业主要参与协商，依法维权，避免财产损失和人身伤害的发生。

需要指出的是，对暴力拆迁的正当防卫同样应当严格控制防卫限度，如果超过必要限度，防卫人也应当承担防卫过当的刑事责任。例如王某玲故意伤害案①：王某玲的母亲李某英居住的房屋就在拆迁范围内。拆迁公司具体负责拆迁的人袁某（39岁）为达到拆迁目的，多次带领众多拆迁人员到61岁的李某英家中，"辱骂、威胁李某英及其女儿"，砸坏李家的玻璃，放火焚烧其家门前的木柴。李某英的女儿王某玲等人曾报警，但仍无济于事。未达到目的的袁某又追到王某玲家中，指使手下人用强力胶水将王某玲家中防盗门锁眼堵住，致王某玲家人须从窗口爬进爬出。2009年5月30日上午，袁某带领9名拆迁公司人员再次来到王某玲家，要求与应某或王某玲"商谈"拆迁事宜，因家中仅有5名女性（其中3人未成年），并对拆迁公司之前的一系列行为有厌恶和畏惧心理，王某玲不敢开门让袁某等人进屋。袁某等人就一直在王某玲家门前辱骂、砸门，并将防盗门上的猫眼砸坏。王某玲的两个弟弟（另案处理）得知情况后，分别持菜刀、铁锨赶至王某玲家门口保护姐姐，并与拆迁公司人员发生争执。在室内的王某玲以为弟弟已经和拆迁公司的人打起来了，担心弟弟吃亏，随即挤开防盗门，持菜刀向站在门口的袁某颈部、头部猛砍数刀，致袁某当场死亡。对于本案，江苏省宿迁市中级人民法院一审判决，被告人王某玲持刀砍击被害人，致其死亡，其行为已构成故意杀人罪。法院同时认为，本案是被害人袁某等人为达拆迁目的，多次对被告人方采取违法手段进行逼迫、恐吓，给王某玲等带来极大心理恐惧，后又到她的合法住宅进行辱骂、砸门，侵犯了他人合法的住宅权利，并威胁到他人的人身安全。王某玲在遭受不法侵害情况下实施的反击行为具有防卫性质，但明显超过必要限度造成重大损害，属于防卫过当，应负刑事责任，但应减轻处罚，

① 参见 https：//mp. weixin. qq. com/s/4qemdGZudgAmEdvycGvjxw，2022－01－22。

判处王某玲有期徒刑 8 年，并赔偿附带民事诉讼原告人经济损失 27 万元。江苏省高级法院作出终审判决，推翻了一审法院对王某玲作出的“犯故意杀人罪，判有期徒刑 8 年”的判决。江苏省高级法院将案件定性为故意伤害罪，对王某玲判有期徒刑 5 年。

我认为，本案的判决是正确的。值得肯定的是，无论是一审法院还是二审法院，都对本案被告人王某玲的行为认定为防卫过当，只是一审法院定性为故意杀人罪，二审法院定性为故意伤害罪。本案表明，对于暴力强拆行为可以实行正当防卫，但超过正当防卫必要限度的，同样应当承担刑事责任。

这里应当指出，只有对暴力拆迁才能实行正当防卫，因为暴力拆迁本身是违法行为，属于对公民合法财产的不法侵害，但如果拆迁是合法的，则被拆迁人具有服从的义务，不得以任何暴力手段抗拒合法拆迁，否则将会构成妨碍公务罪，如果造成拆迁人员伤害或者死亡，还可能构成故意伤害罪、故意杀人罪。

在非法拆迁的情况下，能否对拆迁行为实行正当防卫不可一概而论。我认为，关键还是要看是否属于暴力拆迁的性质。如果具有暴力拆迁的性质，则被拆迁人可以实行正当防卫。如果虽然是非法拆迁，但没有采取暴力手段，则不能对这种拆迁实行正当防卫。例如，范某根故意伤害案：2013 年 10 月，苏州市虎丘区通安镇政府将被告人范某根等住户房屋的动迁工作，委托给中诚拆迁安置有限公司（简称中诚公司）。后中诚公司项目经理张某某又将该动迁事务违规转包给柳甲和被害人柳乙。此后，柳乙本人或其安排的其他人员多次至范某根家动员拆迁。其间，柳乙等人采用了砸坏范某根家窗户玻璃、将屋内生活物品丢弃水井中等违法手段骚扰范某根及其家人。2013 年 12 月 3 日 10 时许，陆某某、戚某、卞某某、周某某、孙某受柳乙指派，到范某根待拆迁房屋处，见范某根在家，便堵住前后门，并欲踢门进屋纠缠范某根商谈动迁事宜，因范某根夫妇在屋内反抗而未果。范某根为阻止对方企图持伸缩棍砸门窗进屋，拿出一把单刃尖刀，警告对方不要进入，否则便要拼命。随后，派出所巡逻警接到报警后赶至现场，对双方人员进行劝阻。范某根表示愿意前往派出所解决问题，但陆某某等人继续拉扯、

纠缠范某根，阻止其离开现场。此时，柳乙带领胡某某和吴某驾车赶至现场，上前对范某根进行围堵、拉扯。范某根在被柳乙打了一耳光后，将插于腰间的尖刀拔出。陆某某、胡某某和吴某一起持金属伸缩棍击打范某根，范某根退让间持刀捅刺胡某某胸部一刀。柳乙随即持手提包跃起击打范某根，落地时滑到路旁一侧水塘内，范某根持刀跟下水塘，往柳乙右腰部、腹部各捅刺一刀。胡某某被刺后当场死亡；柳乙被送医院经抢救无效死亡。一审法院认定范某根的行为系防卫过当，以故意伤害罪判处其有期徒刑 8 年；二审维持原判。在本案中，拆迁行为不仅是违法的行政行为，而且受委托拆迁人员采取了暴力拆迁的手段，因而法院判决认定范某根具有防卫权，只是其防卫行为超过了必要限度，属于防卫过当。

但如果拆迁本身属于行政违法行为，但并没有采取暴力手段进行拆迁，对这种具有行政违法性的非暴力的强制拆迁行为不能实行正当防卫。例如，张甲故意伤害案：为了城市建设和改善人居环境的需要，经安徽省人民政府批准，铜陵市狮子山区人民政府征用其辖区的土地。被告人张甲的住房亦在被征收范围内。铜陵市狮子山区政府决定于 2013 年 11 月 8 日实施强制拆除，并决定专项行动由区城市管理行政执法局牵头负责，被害人黄某某任组长。11 月 8 日 7 时许，张甲在其房屋楼顶通过扔石头、扔酒瓶、放鞭炮等方式阻止拆迁人员靠近。黄某某带领工作人员登上楼顶准备规劝，张甲用事先准备的汽油泼向黄某某等人并引燃，导致黄某某被烧伤。经鉴定，黄某某的伤情为重伤。另查明，2014 年 6 月 4 日安徽省铜陵市中级人民法院作出（2014）铜中行初字第 00001 号行政判决书，确认狮子山区政府组织实施本次强制拆迁的行政行为违法。一审法院以故意伤害罪判处张甲有期徒刑 3 年 10 个月；二审维持原判。本案中的强制拆迁被法院确认行政违法行为，但法院仍然否定张甲的行为具有防卫性质，而是以故意伤害罪论处。对此，我国学者指出："对于张某某妨害公务、故意伤害案，尽管在本案审理之前，区政府的拆迁行为已经被行政判决明确认定为违法，但法院仍然否认被告人享有正当防卫权。在其他类似案件中，以及公民以暴力抗拒执法人员检查、抵制拆除违章建筑的案件中，法院也常常以行为人应通过复议、诉讼等途径主张权利为由，否定其行为存在成立正当防卫的可能性。”① 我认为，对拆迁行为实行正当防卫，其重要前提是暴力拆迁，即只有暴力手段才能界分对拆迁行为能否实行正当防卫。因为正当防卫是以正在进行的不法侵害为前提的，如果没有紧迫的不法侵害，就不存在正当防卫。至于拆迁行为是合法还是违法，对能否实行正当防卫并没有决定性作用。即使是合法的拆迁行为，在拆迁过程中采取暴力手段，被拆迁人同样可以实行正当防卫。反之，如果是违法的拆迁行为，但在拆迁过程中并没有采取暴力手段，被拆迁人也不能实行正当防卫，而只能通过其他合法方式寻求权利救济。

第三节　管理秩序犯罪的正当防卫

社会秩序是国家政权赖以生存、国家机器正常运转的必要条件之一。妨害社会管理秩序的犯罪不仅侵害公民的人身和财产权利，而且更主要的是破坏社会治安，具有严重的社会危害性。在妨害社会管理秩序的犯罪中，有些是以暴力为手段的，可能形成侵害紧迫性，所以，公民可以对这些犯罪实行正当防卫。

一、妨害公务罪的正当防卫

根据我国《刑法》第277条的规定，妨害公务罪是指以暴力、威胁方法阻碍国家工作人员依法执行职务的行为。妨害公务罪是以暴力、威胁的方法实施的，它不仅阻碍了国家工作人员依法执行职务，而且对国家工作人员的人身安全形成威胁，所以，在侵害十分急迫的情况下，国家工作人员可以对不法侵害人实行正当防卫。我们必须严格地把妨害公务罪与群众闹事区别开来，只有对妨害公务罪

① 陈璇：《正当防卫：理念、学说与制度适用》，95页，北京，中国检察出版社，2020。

才能实行正当防卫；对于群众闹事则不应采取暴力手段，而是应当进行解释和教育工作。在确定对妨害公务罪的正当防卫的必要限度时，主要应考察防卫强度是否为排除对公务的妨碍、使公务得以正常执行所必需的。

二、聚众斗殴罪的正当防卫

聚众斗殴罪、寻衅滋事罪是一种性质恶劣的罪行，它对社会治安和秩序的破坏十分严重，因此是我国刑法的打击重点。根据我国《刑法》第 292 条的规定，聚众斗殴罪是指聚众斗殴，破坏公共秩序的行为。聚众斗殴罪在许多情况下都带有暴力性，在公共场所或交通要道聚众斗殴，往往造成社会秩序的严重混乱，并可能使无辜的群众惨遭伤害。因此，为了维护社会秩序，保护公民的人身权利防卫人可以对聚众斗殴罪实行正当防卫。

根据刑法规定，聚众斗殴一般是指出于私仇、争霸或其他流氓动机而成帮结伙地斗殴，往往造成严重后果。本书第四章已经指出，互相斗殴因主观上缺乏防卫意图，因而不存在正当防卫的问题。聚众斗殴是互相斗殴的一种形式，因此，参加聚众斗殴的任何一方都不得以正当防卫为由免除其刑事责任。例如杨某松、赵某配聚众斗殴案①：

张家港市人民法院经公开审理查明：2003 年 7 月 9 日下午，被告人杨某松与陈某虎在张家港市金港镇南沙汽车站公共厕所内，因琐事与冯某、王某等人发生争吵，杨某松即赶至南沙宁宇理发店纠集了被告人赵某配及姚某、张某等人并携带铁钩赶至南沙汽车站，与陈某虎会合后一起冲到南沙汽车站对面 8 路车停靠站，持铁钩、木棍等工具与在此候车的冯某、王某等人斗殴，陈某虎、张某、姚某均被冯某用刀刺伤，经法医鉴定已构成轻伤。张家港市人民法院经审理认为：

① 参见《杨某松、赵某配聚众斗殴案——聚众斗殴中是否存在正当防卫》，载《中国审判案例要览》。

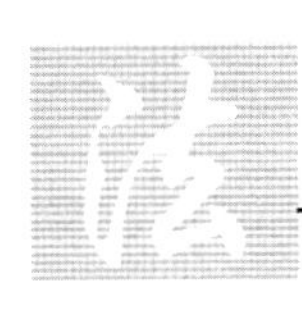

被告人杨某松纠集被告人赵某配等人持械聚众斗殴，被告人杨某松、赵某配的行为均已构成聚众斗段罪。被告人赵某配在庭审中辩解其捡木棍为了防身，主观上没有斗殴的故意，但是从被告人赵某配在冲到汽车站对面去之前已经知道是要去打架的情况下其仍积极参与，并与同伙一起冲到公路对面。这足以说明其主观上有与对方斗殴的故意，客观上又实施了持木棍与对方斗殴的行为，符合聚众斗殴罪的构成要件。辩护人提出被告人赵某配的行为属正当防卫。而从本案的事实可以看出当时是双方互相在进行斗殴，被告人赵某配自己也有斗殴的故意，那么当时被告人一方的人正在实施的也是不法侵害的行为，并非正当的行为，因此也就不存在被告人赵某配是为了制止不法侵害而实施了防卫的行为，在互殴过程中不存在正当防卫，被告人赵某配的行为不属于正当防卫。被告人的辩解和辩护人的辩护意见不能成立。张家港市人民法院根据《中华人民共和国刑法》第二百九十二条第一款第（四）项、第二十五条第一款之规定，作出如下判决：被告人杨某松犯聚众斗殴罪，判处有期徒刑 3 年 6 个月。被告人赵某配犯聚众斗殴罪，判处有期徒刑 3 年 6 个月。

在本案中，辩护人以正当防卫作为辩护理由，但法院对此并没有采纳，而是明确指出，本案的性质属于聚众斗殴，不存在正当防卫问题。本案的解说指出："目前在司法实践中，对于聚众斗殴犯罪中是否存在正当防卫，特别是对于聚众斗殴过程中处于弱势一方的行为是否存在正当防卫，较难把握。本案中被告人杨某松和陈某虎因被强迫给人道歉，心中产生不满，便纠集被告人赵某配、姚某、张某等人携带铁钩等凶器意欲报复，陈某虎、姚某、张某、杨某松首先与对方发生殴打，当被告人赶到对方面前着手与其殴打时，陈某虎、姚某、张某已经被对方冯某用刀刺成轻伤。自己一方明显处于弱势。在此情况下，被告人赵某配从地上拣起一根木棒向对方打去，被对方刺成轻微伤。庭审中，被告人赵某配及其辩护人否认有斗殴的故意，辩护人又提出了被告人赵某配的行为系正当防卫。究竟如何认定被告人赵某配行为的性质是本案的一个焦点。根据现行刑法规定，聚众斗殴罪是指拉帮结伙，人数达三人以上，双方均有斗殴故意的互相殴斗行为。对

双方行为人而言，其主观上都是为了争强斗狠或出于报复他人，在斗殴时，均怀有非法侵害他人人身权利的故意，双方行为都是处于实施犯罪的状态之下，其实施斗殴行为是为了击败对方以显示己方的强大，本身即具有侵害他人的故意。由于其目的不是保护自己的合法权益免受正在进行的不法侵害，而是继续实施其侵害他人的行为，以达到争强斗狠的最终目标。其行为不具有正当性，主观上也不具有防卫的意图，所以不能因该行为具有一定的防卫性即认为是正当防卫，即使其中一方因受到对方的殴打受伤后进而反击，也不能视为是正当防卫。一审法院认定被告人赵某配的行为构成聚众斗殴罪，不是简单地从被告人以往供述中承认自己有斗殴的故意来判定被告人的主观故意，而是从其客观行为来推断其主观心态。从被告人赵某配到汽车站看到被告人杨某松手里拿着铁钩，就知道是要去打架；后来看到其他人冲到马路对面，自己也跟着冲了过去，看到当时双方已经开始打起来了，仍从地上捡起一根木根击打对方，在没砸到的情况下，又捡起地上的铁钩追赶。因此从被告人赵某配在主观上明知是要去打架的情况下，自己仍实施了积极参与的一系列行为，即冲到马路对面捡木棍用木棍砸对方，后又捡起铁钩追对方，足以推断其主观上有斗殴的故意。因此被告人辩解捡木棍是为了防身，辩护人提出被告人的行为是正当防卫的理由是不能成立的。一审法院认定被告人赵某配构成聚众斗殴罪，综合被告人认罪态度等情节，对其判处有期徒刑3年6个月是恰当的。”上述解说对聚众斗殴罪与正当防卫的区分问题进行了较为详细的分析与论述，对于在司法实践中正确区分两者的界限具有重要参考价值。

三、寻衅滋事罪的正当防卫

根据我国《刑法》第293条的规定，寻衅滋事罪是指在公共场所肆意挑衅，无事生非，进行破坏骚扰。情节恶劣的寻衅滋事行为表现为以打人取乐，随意殴打群众，结伙哄抢、哄拿或任意毁坏公私财物等。这些行为严重地侵犯了公民的人身权利和公私财产所有权，对此可以实行正当防卫。我们绝不能把对寻衅滋事

行为的正当防卫误认为是流氓械斗，否则必将挫伤公民同寻衅滋事犯罪作斗争的积极性。

在确定对寻衅滋事罪正当防卫的必要限度时，我们应该从不法侵害的强度、缓急等方面考察。更为重要的是，我们还应该看到对寻衅滋事罪的正当防卫是人民群众同犯罪活动作斗争的形式之一，它的意义不仅在于保护公民的人身和财产权利，还在于维护社会秩序。在某些情况下，寻衅滋事行为的侵害强度虽不是很大，但对公民人身安全的危害十分严重，对社会治安的破坏也十分严重。对这种寻衅滋事行为实行正当防卫，即使造成较重的损害，也不能说是超过了正当防卫的必要限度。

公民在对寻衅滋事罪实行正当防卫中，即使防卫过当，其和寻衅滋事行为作斗争的精神还是应该被肯定的。我们绝不能把对寻衅滋事罪的正当防卫中的过当行为和寻衅滋事行为混为一谈，只有这样，才能分清是非，依法正确处理。例如湖北省京山市余某正当防卫不起诉案：

2018 年 7 月 30 日 14 时许，申某某与朋友王某某、周某某等人饮酒吃饭后，由王某某驾驶申某某的越野车，欲前往某景区漂流。与申某某同向行驶的余某驾驶越野车，带其未成年儿子去往同一景区。在行驶过程中，王某某欲违规强行超车，余某正常行驶未予让行，结果王某某驾驶的车辆与路边防护栏发生轻微擦碰。申某某非常生气，认为自己车辆剐蹭受损是余某未让行所致，遂要求王某某停车，换由自己驾车。申某某在未取得驾驶证且饮酒（经鉴定，血液酒精含量 114.4mg/100ml）的情况下，追逐并试图逼停余某的车。余某未予理会，驾车绕开后继续前行。申某某再次驾车追逐，在景区门前将余某的车再次逼停。随后，申某某下车并从后备厢中拿出一根铁质棒球棍走向余某的车门，余某见状叮嘱其儿子千万不要下车，并拿一把折叠水果刀下车防身。申某某上前用左手掐住余某的脖子将其往后推，右手持棒球棍击打余某。余某在后退躲闪过程中持水果刀挥刺，将申某某左脸部划伤，并夺下申某某的棒球棍，将其扔到附近草地上，申某某捡取棒球棍继续向余某挥舞。围观群众将双方劝停后，申某某将余某推倒在

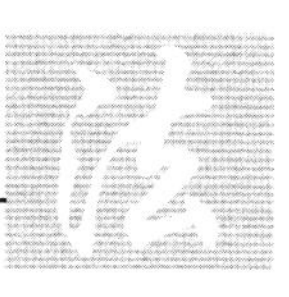

地，并继续殴打余某，后被赶至现场的民警抓获。经鉴定：申某某左眼球破裂，面部单个瘢痕长5.8厘米，损伤程度为轻伤二级；余某为轻微伤。

2018年11月，湖北省京山市公安局以余某涉嫌故意伤害罪、申某某涉嫌危险驾驶罪分别立案侦查，同年12月分别移送京山市人民检察院审查起诉。京山市人民检察院并案审查后认为，余某的行为应当认定正当防卫，依法不负刑事责任，于2019年1月18日决定对余某不起诉。同时，申某某在道路上追逐拦截余某，把余某的车逼停后，手持铁质棒球棍对余某挑衅、斗狠、威胁及殴打，其行为符合《中华人民共和国刑法》第二百九十三条“随意殴打他人，情节恶劣”的规定，构成寻衅滋事罪。京山市人民检察院依法履行诉讼监督职能，决定追加起诉申某某的寻衅滋事犯罪。2019年3月4日，京山市人民法院以危险驾驶罪、寻衅滋事罪数罪并罚，判处申某某有期徒刑9个月。

本案涉及对寻衅滋事等行为的正当防卫，这种正当防卫十分容易与互相斗殴相混同。本案的“典型意义”指出：实践中，双方因琐事发生争吵、冲突、打架，导致人员伤亡，在故意伤害类刑事案件中较为常见、多发。正确判断是故意伤害行为还是正当防卫行为，行为人具有相互斗殴意图还是防卫意图，是司法中面临的重点和难点问题。在依法准确认定行为人是否具有防卫意图时，不能简单地以防卫行为造成的后果重于不法侵害造成的后果，就排除当事人具有防卫意图。应当从矛盾发生并激化的原因、打斗的先后顺序、使用工具情况、采取措施的强度等方面综合判断当事人是否具有防卫意图。应以防卫人的视角，根据不法侵害的性质、强度和危险性，防卫人所处的具体环境等因素，进行符合常情、常理的判断。此案中，防卫人余某正常行驶，不法侵害人申某某挑起矛盾，又促使矛盾步步升级，先拿出凶器主动对余某实施攻击。反观余某，其具有防卫意图，而且防卫行为比较克制，只是造成申某某轻伤的结果，不能认定为互殴。余某在车辆被逼停，申某某拿着棒球棍走向自己的情况下，携带车内水果刀下车可被视为防身意图，不影响防卫目的成立。司法机关要切实转变司法观念，坚决摒弃“唯结果论”和“各打五十大板”等执法司法惯性。对引发争吵有过错、先动用武力、使用工具促使矛盾升级的一方实施还击的，可以认定还击一方具有防卫意图。在判断是否防卫过当时，不应苛求防卫措施与不法侵害完全对等。要依法对有过错一方主动滋事的行为进行否定性评价，对于构成犯罪的，应当依法追究刑事责任。要切实防止“谁能闹谁有理”“谁死伤谁有理”的错误做法，坚决捍卫“法不能向不法让步”的法治精神。现实生活中，道路行车过程中发生纠纷和轻微剐蹭比较常见，车辆驾驶人员应当遵守交通规则，谨慎驾驶，冷静处理纠纷。此案警示人们要注意道路行车安全，理性平和对待轻微剐蹭事件，避免以武力解决纠纷。

第十三章 职务上的正当防卫

第一节　职务上正当防卫的性质

职务上的正当防卫是指在执行职务过程中实施的正当防卫行为，在其他国家刑法理论中一般都将它界定为执行职务的行为而不是归之于正当防卫。这一点，是我国刑法和其他国家刑法的主要区别之所在。在其他国家，违法阻却事由可以分为法定的违法阻却事由和非法定的违法阻却事由两类。正当防卫和紧急避险一般都是法定的违法阻却事由，而执行职务的行为在有些国家的刑法中有规定，因而也是法定的违法阻却事由，在有些国家的刑法中没有规定，属于非法定的违法阻却事由。例如，《日本刑法典》第35条规定："基于法令或者正当业务的行为，不处罚。"这里的法令行为，是直接基于成文的法律、命令的规定，作为权利或者义务所实施的行为。[①] 而对法令行为又可以进一步区分为以下三种：第一种是

① 参见［日］大塚仁：《刑法概说》（总论），3版，冯军译，401页，北京，中国人民大学出版社，2003。

职权（职务）行为，第二种是从政策理由排除违法性的行为，第三种是由法令引人注意地明示了违法性的行为。上述第一种就是我们所称的执行职务的行为。因此，在日本，执行职务的行为属于法定的违法阻却事由。而《德国刑法典》对执行职务的行为并无规定，但在德国刑法教义学中，将公务员的职权行为予以合法化。德国学者指出："在许多法律中，行使国家强制手段被作为执行不同公务行为的最后手段加以规定。国家机关基于这样的职权并在该职权范围内，满足刑法的构成要件的行为是合法的（例如，故意杀人、伤害、剥夺自由、强制、侵入他人住宅、拆开信笺、破坏财物）。"① 由此可见，在德国刑法中，执行职务的行为属于非法定的违法阻却事由。

在我国 1979 年《刑法》中，对执行职务的行为并没有规定。9 月 13 日最高人民法院、最高人民检察院、公安部、国家安全部、司法部联合颁布的《关于人民警察执行职务中实行正当防卫的具体规定》（以下简称《具体规定》），为职务上的正当防卫认定提供了规范根据，但这不是刑法规定。在 1997 年《刑法》修订过程中，对于是否在刑法中规定职务上的正当防卫存在争议。在刑法修订过程中，对于人民警察依法执行职务的行为，《具体规定》中有过类似规定，但其中所列必须采取正当防卫的情形，大多属于人民警察依法执行职务的行为，与正当防卫行为有所不同。为了加强对人民警察依法执行职务行为的保护力度，避免将这类行为与正当防卫行为混同，《刑法修订草案》曾两次设专条作了规定。第八届全国人大五次会议审议时，认为：对"人民警察依法执行职务，受法律保护"，《人民警察法》有明确规定。对于人民警察在执行职务中，在什么情况下依法使用警械、武器不承担责任，违法使用警械、武器要承担责任，《人民警察法》和《人民警察使用警械和武器条例》都已有规定，对这个问题可以不在刑法中另作

① ［德］汉斯·海因里希·耶赛克、托马斯·魏根特：《德国刑法教科书》（上），徐久生译，528 页，北京，中国法制出版社，2006。

规定，因而删去了草案提出的这一条规定。[①] 由此可见，立法机关倾向于认为人民警察依法使用警械和武器制止正在进行的违法犯罪行为为执行职务的行为而不是正当防卫。但对此在刑法中没有规定，而《人民警察法》等只是对职务行为的实体和程序的规定，并没有涉及对该行为的定性。并且，1983 年颁布的《具体规定》没有废止，仍然有效。因此，我国刑法中的人民警察执行职务的行为仍然属于正当防卫的范畴。当然，考虑到职务上的正当防卫具有其特殊性，在具体认定的时候，还要参照其他的法律或者法规。例如，在涉及使用枪支的正当防卫时，就需要参照有关人民警察使用枪支的相关规定，只有这样才能正确地认定职务上的正当防卫。这里应该指出，我国刑法并没有关职务上的正当防卫的一般规定，《具体规定》所规定的也只是人民警察执行职务中的正当防卫，这是职务上的正当防卫的一种特殊类型。本章是在人民警察执行职务中的正当防卫叙述对象，并未涉及其他职务上的正当防卫，特此说明。

《具体规定》的颁布，对于人民警察在执行职务中对正在进行不法侵害的犯罪分子实行正当防卫，以履行其维护社会治安和秩序的神圣职责，有着重大的意义。在《具体规定》颁布以前，由于对人民警察执行职务中的正当防卫问题没有明确和统一的认识，以至于在个别地方发生了人民警察在执行职务中实行正当防卫而被错捕的事件。例如张某宇故意伤害案：

1982 年 12 月 17 日下午，在秦皇岛港煤区作业的码头工人于某洲等二人，违反港口管理的有关规定，到停靠外轮的六号码头，从日本“幸信九号”货轮上拿了一卷 17 米长的塑料布。监护此船的执勤民警张某宇发现后立即制止，但于某洲态度蛮横，并把塑料布踢到海里，随后于某洲又闯进执勤岗楼进行骚扰，此后，又约本班工人江某强进行寻衅，先用拳头，后用硬塑料安全帽殴打张某宇。张某宇在背靠大海，面对于某洲、江某强二人逼近殴打的情况下，被迫掏枪并两

① 参见周道鸾等：《刑法的修改与适用》，80～81 页，北京，人民法院出版社，1997。

次发出口头警告，于某洲不但没有停手，反而上来夺枪，双手抓住枪管。争夺中，枪支走火，击中于某洲的头部，打穿双眼，造成于某洲双目失明。事件发生后，秦皇岛市公安局将民警张某宇拘留，10天后经检察机关批准逮捕。1983年2月，此案以过失伤害罪移送到检察机关。检察机关于6月1日以故意伤害罪向海港区人民法院起诉。此事引起有关方面的关注和上级检察机关的异议。海港区人民检察院重新核实了证据，反复分析研究了案情，认定这是一起错案，于1983年7月4日撤诉，12日将民警张某宇无罪释放。但至此张某宇已经被羁押7个月之久。我认为，本案中民警张某宇的行为完全属于执行职务中的正当防卫。于某洲等人先上外轮私拿塑料布，监护此船的民警张某宇加以制止，显然是在依法履行其职责。于某洲等人对此十分不满，后又闯进执勤岗楼寻衅滋事，甚至发展到动拳殴打执勤民警。在这种情况下，张某宇掏枪自卫，是理所当然的。但于某洲、江某强二人不仅不听警告，而且上来夺枪，这一行为已经构成我国1979年《刑法》第112条规定的抢夺枪支罪。在争夺中，枪支走火，使于某洲致残。这是咎由自取。但由于有关司法机关对这一事件的错误定性，加上当时法律对人民警察执行职务中的正当防卫问题没有具体规定，以至于将民警张某宇错捕。我认为，人民警察依法执行公务应当受到法律保护，人民警察在执行职务中完全有权对正在进行不法侵害的犯罪分子实行正当防卫。《具体规定》的颁布，明确了人民警察执行职务中的正当防卫问题，是十分必要，也是非常及时的。

《具体规定》的颁布，不仅对于保护人民警察依法执行公务具有重大意义，而且明确了人民警察执行职务中的正当防卫问题上的一些法律界限。这对于保护人民群众的合法权益也有重大意义。人民警察执行职务中的正当防卫，采用的是武器以及其他警械。这些手段的威力是其他防卫工具所无法比拟的，如果使用不当，会造成对人民群众的生命财产的不应有的危害。对此，法律必须加以明确规定，以便使人民警察执行职务中的正当防卫发挥积极的效果。

值得注意的是，《刑法修正案（十一）》第31条增设了袭警罪。根据我国《刑法》第277条第4款的规定，袭警罪是指暴力袭击正在依法执行职务的人民

警察的行为。袭警罪的设立对于保障人民警察正当执行职务，具有重要意义。面对暴力袭警行为，人民警察可以实行正当防卫。这种正当防卫具有职务上的正当防卫的性质。

第二节　职务上正当防卫的特征

人民警察执行职务中的正当防卫，实际上是一种依法执行职务的行为，在外国刑法中，也有的称之为法定职务行为，是违法阻却事由之一。① 我国刑法没有把它单独地规定为违法阻却事由的一种形式②，而是把它纳入正当防卫的范畴。但它确实具有某些特殊性，是正当防卫的特殊形式。现将人民警察执行职务中的正当防卫的特征阐述如下。

一、正当防卫主体的特征

正当防卫是公民依法享有的权利，适用于全体公民。但《具体规定》对人民警察执行职务中实行正当防卫作了特殊规定。在主体的问题上，必须注意以下三点。

（一）人民警察必须是正在执行职务

《具体规定》是对人民警察执行职务中正当防卫的规定，如果人民警察不是在执行职务中，而是在其他情况下遇到正在进行的不法侵害，当然也可以实行正当防卫，但没有适用《具体规定》的必要。

---

① 参见甘雨沛、何鹏：《外国刑法学》（上册），328页，北京，北京大学出版社，1984。

② 关于这个问题，我国刑法学界存在两种观点，第一种观点认为，对这种行为我国刑法没有加以明确规定，也没有规定的必要。第二种观点认为，对这种行为刑法有必要加以规定，并建议立法机构修改刑法时，对此进行相应的或概括的规定。

那么，人民警察的任务和职责是什么呢？根据 1995 年 2 月 28 日全国人大常委会通过的《中华人民共和国人民警察法》（以下简称《警察法》）① 第 6 条的规定，公安机关的人民警察按照职责分工，依法履行下列职责：(1) 预防、制止和侦查违法犯罪活动；(2) 维护社会治安秩序，制止危害社会治安秩序的行为；(3) 维护交通安全和交通秩序，处理交通事故；(4) 组织、实施消防工作，实行消防监督；(5) 管理枪支弹药、管制刀具和易燃易爆、剧毒、放射性等危险物品；(6) 对法律、法规规定的特种行业进行管理；(7) 警卫国家规定的特定人员，守卫重要的场所和设施；(8) 管理集会、游行、示威活动；(9) 管理户政、国籍、入境出境事务和外国人在中国境内居留、旅行的有关事务；(10) 维护国（边）境地区的治安秩序；(11) 对被判处管制、拘役、剥夺政治权利的罪犯和监外执行的罪犯执行刑罚，对被宣告缓刑、假释的罪犯实行监督、考察；(12) 监督管理计算机信息系统的安全保护工作；(13) 指导和监督国家机关、社会团体、企业事业组织和重点建设工程的治安保卫工作，指导治安保卫委员会等群众性组织的治安防范工作；(14) 法律、法规规定的其他职责。从《警察法》的具体规定来看，人民警察的职责范围是十分广泛的，其任务是十分重要的。人民警察行使上述职责，均应被视为执行职务。

（二）人民警察必须是依法执行职务

人民警察必须在依法执行职务中实行正当防卫，才能适用《具体规定》。如果人民警察不是依法执行职务，而是进行违法行为，则不能对反抗其违法行为的人实行正当防卫。

依法执行职务是对人民警察的基本要求，《警察法》第 4 条规定："人民警察必须以宪法和法律为活动准则，忠于职守，清正廉洁，纪律严明，服从命令，严

① 根据 2012 年 10 月 26 日第十一届全国人大常委会第二十九次会议通过、2012 年 10 月 26 日中华人民共和国主席令第 69 号公布、自 2013 年 1 月 1 日起施行的《全国人民代表大会常务委员会关于修改〈中华人民共和国人民警察法〉的决定》修正。

格执法。”因此，人民警察只有在依法执行职务的过程中，对正在进行的不法侵害才能实行正当防卫，包括使用武器和警械等；如果没有依法办事，引起群众不满，不能以正当防卫为借口使用武器和警械。

那么如何评价判断人民警察执行职务的合法性呢？关于这个问题，在刑法理论上存在三种学说：一是实质说，其认为应根据人们的法律意识来评断执行职务的合法性。二是形式说，其认为应看执行职务的活动是否具备法律要求的必备要件，以此来评断执行职务的合法性。例如人民警察逮捕人犯时，要看其是否持有逮捕证。三是折中说，其认为一方面要看其活动内容是否合乎法律意识的要求，另一方面要看其活动是否具备法律所要求的必备形式，把两者结合起来对执行职务的活动是否合法作出评断。我认为，实质说实际上是主观说，以人们的内心确信作为评断标准，而每个人的法律意识不都相同，因此等于没有客观标准，可见实质说不足取。形式说实际上是客观说，以法律形式为评断标准，有一定的可取之处。但该说过于机械，不能适应某些特殊情况。例如我国 2012 年《刑事诉讼法》第 136 条第 2 款规定：“在执行逮捕、拘留的时候，遇有紧急情况，不另用搜查证也可以进行搜查。”在这种情况下，逮捕、拘留是具有法律形式的，应视为合法。但搜查没有搜查证，不具有法律形式，按照形式说，该搜查不能视为合法。显然这种理解是有悖于法律的。因此，我们也不能完全采形式说。折中说，取实质说和形式说两说之所长，不无合理之处，但它也不可避免地吸收了两说之不足。因此，我对折中说也不能持完全肯定的态度。

我认为，在评断人民警察执行职务的合法性问题上，应采取内容和形式统一说，就是说要求人们既要注意必要的法律形式，又不要拘泥于形式，而是要透过法律形式，从内容和形式的统一上去评断人民警察执行职务的活动是否合法。还是以搜查为例：我国 2012 年《刑事诉讼法》第 136 条第 1 款规定，“进行搜查，必须向被搜查人出示搜查证”。在这种情况下，持有搜查证的搜查便是合法的，是依法执行职务，否则就是非法。但在紧急情况下，为了防止犯罪证据被转移或者销毁，根据我国 2012 年《刑事诉讼法》第 136 条第 2 款的规定，“在执行逮

捕、拘留的时候，遇有紧急情况，不另用搜查证也可以进行搜查”。在这种情况下，没有搜查证的搜查也是合法的，是依法执行职务，但应当向被搜查人说明情况，讲解法律的规定。倘若被搜查人还不服，进而以暴力或者其他手段阻碍搜查，人民警察可以实行正当防卫。

（三）除人民警察外，司法机关的工作人员也可以行使职务上的正当防卫权

《具体规定》第 7 条指出：“本规定也适用于国家审判机关、检察机关、公安机关、国家安全机关和司法行政机关其他依法执行职务的人员。”上述几种人员，从其工作的性质上来说，都属于司法工作人员，在其依法执行职务的过程中，都有可能面临正在进行的不法侵害，因此，法律规定其准用《具体规定》。这是完全必要的。

二、正当防卫手段的特征

公民实行正当防卫，一般使用拳脚、木棒或者刀具。而人民警察执行职务中的正当防卫则一般使用武器和警械。这是由人民警察的职责所决定的。人民警察为了顺利地履行职责，必须要有一定的权限，而使用武器正是人民警察的权限之一。

《警察法》第 10 条规定：“遇有拒捕、暴乱、越狱、抢夺枪支或者其他暴力行为的紧急情况，公安机关的人民警察依照国家有关规定可以使用武器。”为了规范人民警察正确地使用武器和警械，有关部门制定了《人民警察使用警械和武器条例》，所以，《具体规定》第 2 条指出：“人民警察执行职务中实行正当防卫，可以按照 1980 年 7 月 5 日国务院批准的《人民警察使用武器和警械的规定》，使用警械直至开枪射击。”应当指出，这里的《人民警察使用武器和警械的规定》已经被 1996 年国务院颁布的《人民警察使用警械和武器条例》所替代。《人民警察使用警械和武器条例》第 4 条规定：“人民警察使用警械和武器，应当以制止违法犯罪行为，尽量减少人员伤亡、财产损失为原则。”第 7 条第 2 款规定：“人

民警察依照前款规定使用警械，应当以制止违法犯罪行为为限度；当违法犯罪行为得到制止时，应当立即停止使用。”人民警察在执行职务中实行正当防卫时，应该遵守上述规定，正确地使用武器和警械，以免对人民的生命财产造成不应有的危害。例如，北京市昌平县马池口乡楼自庄农民赵某玖和张某忠，自1985年5月以来，先后撬锁盗窃作案10起。昌平县公安分局已于1986年元月下旬将他俩抓捕归案。元月25日凌晨2时左右，昌平县公安分局民警在搜查赵某玖、张某忠二犯住宅时，押在马池口乡派出所院内的张某忠乘机扭断手铐锁链翻墙逃跑。民警闻讯后立即追捕。当民警追出150米即将抓获张某忠时，张某忠手持砖头行凶拒捕，民警先口头警告，后又对空鸣枪警告均无效。为有效制止犯罪，抓获张某忠，民警朝张某忠右脚底部开枪射击，张某忠脚部受伤后停止反抗被擒。民警在正当防卫过程中，严格执行了有关规定：先是口头警告，后是对空鸣枪警告，最后才使用武器进行正当防卫，且避开张某忠的要害部位，击其脚底，使其受伤被擒。

三、正当防卫起因的特征

由人民警察执行职务这一特点所决定，其正当防卫的起因具有一定的特殊性。在某种意义上，人民警察执行职务中的正当防卫具有制止犯罪的性质。《具体规定》第1条指出：遇有下列情形之一，人民警察必须采取正当防卫行为，使正在进行不法侵害行为的人丧失侵害能力或者中止侵害行为。

（1）暴力劫持或控制飞机、船舰、火车、电车、汽车等交通工具，危害公共安全时。这里所说的暴力劫持或控制飞机、船舰、火车、电车、汽车等交通工具，是一种严重危害公共安全的犯罪。人民警察遇到这种情况，应该挺身而出，实行正当防卫。

（2）驾驶交通工具蓄意危害公共安全时。驾驶交通工具蓄意危害公共安全，可能使不特定的多数人的生命和国家财产遭受重大损害，例如发生在天安门广场

的姚某云驾车蓄意撞人一案，造成的后果是十分严重的。人民警察遇到这种情况，也应该坚决与之作斗争，实行正当防卫。

（3）正在实施纵火、爆炸、凶杀、抢劫以及其他严重危害公共安全、人身安全和财产安全的行为时。这里所说的纵火、爆炸是指我国《刑法》第114条规定的放火罪和爆炸罪。这是严重危害公共安全的犯罪。《具体规定》所说的凶杀是指我国《刑法》第232条规定的故意杀人罪和第234条规定的故意伤害罪。这是严重侵犯公民人身权利的犯罪。《具体规定》所说的抢劫是指我国《刑法》第263条规定的抢劫罪，它不仅是侵犯财产权利的犯罪，而且是侵犯人身权利的犯罪。除上述《具体规定》明文列举的犯罪以外，《具体规定》还概括性地指出了其他严重危害公共安全、人身安全和财产安全的行为。这些行为包括：1）我国《刑法》分则第二章危害公共安全罪中的其他犯罪，例如破坏交通工具罪、破坏交通设备罪、破坏易燃易爆设备罪等危害公共安全罪。2）我国《刑法》分则第四章侵犯公民人身权利、民主权利罪中的其他犯罪，例如强奸罪等侵犯人身权利罪。3）我国《刑法》第五章侵犯财产罪中的其他犯罪，例如抢夺罪、敲诈勒索罪、故意毁坏公私财物罪等侵犯财产罪。人民警察遇到上述正在进行的不法侵害，应当实行正当防卫。

（4）人民警察保卫的特定对象、目标受到暴力侵袭或者有受到暴力侵袭的紧迫危险时。人民警察担负着十分繁重的保卫任务，使这些受保卫的特定对象和目标不受暴力侵袭，是人民警察的神圣职责，所以，在这些特定对象和目标受到暴力侵袭或者有受到暴力侵袭的紧迫危险时，人民警察应当实行正当防卫。这里所说的受到暴力侵袭，是指暴力侵袭已经发生，并且正在进行。如果已经结束，特定对象和目标已经遭到破坏，那就不存在正当防卫的前提了。这里所说的有受到暴力侵袭的紧迫危险，是指在客观上存在暴力侵袭的现实可能性，情势十分紧迫，非正当防卫不能制止。如果暴力侵袭只是主观臆想，实际上根本不存在，那就是假想防卫。如果虽然存在暴力侵袭的可能，但情势不是十分紧迫，可以通过其他方法制止，也没有实行正当防卫的必要。

(5) 执行拘留、逮捕、审讯、押解人犯和追捕逃犯，遇有以暴力抗拒、抢夺武器、行凶等非常情况时。人民警察职责的一个重要内容就是执行拘留、逮捕、审讯、押解人犯和追捕逃犯，在执行这些任务中，会遭到人犯的反抗，有时甚至严重威胁人民警察的生命安全，因此，人民警察遇到上述非常情况，应当实行正当防卫。

(6) 聚众劫狱或看守所、拘役所、拘留所、监狱和劳改，其他监禁场所的被监管人员暴动、行凶、抢夺武器时。我国《监狱法》第46条规定，人民警察和人民武装警察部队的执勤人员遇有下列情形之一，非使用武器不能制止的，按照国家有关规定，可以使用武器：1) 罪犯聚众骚乱、暴乱的；2) 罪犯脱逃或者拒捕的；3) 罪犯持有凶器或者其他危险物，正在行凶或者破坏，危及他人生命、财产安全的；4) 劫夺罪犯的；5) 罪犯抢夺武器的。因此，人民警察遇到上述情况，应当实行正当防卫。

(7) 人民警察遭到暴力侵袭，或佩带的枪支、警械被抢夺时。人民警察是人民的忠实卫士，不法分子对人民警察恨之入骨，因此，人民警察往往成为不法分子暴力侵袭的对象。在这种情况下，人民警察为了保护本人的人身权利，应当对正在实施暴力侵袭的犯罪分子实行正当防卫。例如，1983年7月11日下午5时，吉林省农安县公安局侦查员官某、杨某林等三人，去石场村拉拉屯调查一起犯罪集团案件，找与犯罪集团案有牵连的战某才核实情况。官某等三人进入战家，战某才挥起斧子向官某砍来，官某等三人即闪出屋外。战某才持斧子追了出来。官某等三人退到150多米处停住。战某才仍杀气腾腾地追赶过去。这时官某掏出手枪，先口头警告，后鸣枪警告。战某才不仅不听劝阻，反而扬起斧子向官某砍去。官某只得开枪自卫，凶犯被当场击毙。除人民警察的人身往往成为不法分子暴力侵袭的对象以外，人民警察所佩带的枪支、警械更是为不法分子所窥视。近年来，犯罪分子公然抢夺人民警察枪支的犯罪案件时有发生，严重地威胁着公共安全和社会治安。因此，人民警察为了保护枪支、警械，使其不落入不法分子手中，应当对正在抢夺枪支、警械的犯罪分子实行正当防卫。

《具体规定》明文列举了上述七种人民警察执行职务中的正当防卫的起因。根据《具体规定》，人民警察遇到上述情况之一时，必须实行正当防卫。这是人民警察的职责之所在。当然，除上述七种情况以外，人民警察在执行职务中遇到其他十分紧迫的不法侵害，也可以实行正当防卫。

四、正当防卫义务的特征

对于普通公民来说，正当防卫是道义上的义务。因此，面对正在进行的不法侵害，公民不实行正当防卫，不发生法律责任的问题，而是一个道德谴责的问题，至多受到纪律处分。例如，一个妇女被流氓分子追逐纠缠，这个妇女跑到一个工厂请求保护，但是这个厂的厂长因害怕流氓分子，不敢同罪犯作斗争，竟把这个受害妇女关在工厂门外，结果这个妇女惨遭凌辱。为此，这个厂长受到了纪律处分。

根据《具体规定》，对于人民警察来说，正当防卫是法律上的义务。正当防卫对于人民警察来说，之所以是法律上的义务，一方面固然是由人民警察的职责所决定的，另一方面也是由司法道德所决定的。司法道德是指人们以司法工作为职业，在履行其职责的活动中形成的并应当遵循的道德规范的总和。① 司法道德是职业道德的一种，它是司法工作人员，包括人民警察，在维护我国法制、保障现代化建设事业的顺利进行的过程中，通过应当遵循的准则、程序以及工作方法而形成的一套特有的道德规范。

在我国现阶段，司法工作人员，包括人民警察，担负着巩固人民民主专政、保卫国家安全、保卫国家的现代化建设、保卫人民利益的伟大而艰巨的任务。可以说，司法工作人员面临的任务是十分艰巨的。在这种情况下，司法工作人员必须严格地执行法律规定，依法和各种违法犯罪行为作斗争。唯有如此，才能不辱使命，为经济建设保驾护航；否则，就会对犯罪分子打击不力，这不仅是严重的

① 参见何士英：《司法道德简论》，29页，北京，北京大学出版社，1984。

失职，而且也违背了司法工作人员的职业道德。司法道德要求我们的人民警察在对敌斗争中，必须具有临危不惧、不怕牺牲的精神。当发现违法犯罪分子进行破坏活动的时候，人民警察要挺身而出，坚决与之斗争，即使是献出自己的生命，为了保护人民生命财产的安全，也要与之搏斗，坚决实行正当防卫。

应该指出，绝大多数人民警察是能够遵守司法道德，勇于和正在进行的不法侵害作斗争的，但也有个别人面对正在进行的不法侵害，或者无动于衷，或者临危退缩，严重失职。这有损于人民警察在人民群众心目中的高大形象，给人民和国家带来了严重的危害。例如，有一个女青年被一群流氓殴打侮辱，在光天化日之下这个女青年被打得遍体鳞伤，衣服都被撕烂了。这个女青年跑到值班警察岗前请求保护，但是值班的警察对此竟然置之不理。这个民警眼见女青年遭到流氓犯罪分子的侵扰，却无动于衷，这是严重失职行为，应当受到严肃处理。因此，《具体规定》把人民警察执行职务中的正当防卫规定为法律上的义务，是完全必要的。

《具体规定》第 4 条指出："人民警察在必须实行正当防卫行为的时候，放弃职守，致使公共财产、国家和人民利益遭受严重损失的，依法追究刑事责任；后果轻微的，由主管部门酌情给予行政处分。"由此可见，人民警察不实行正当防卫的法律责任可以分为两种：一是刑事责任，二是行政责任。《具体规定》没有明确规定如何依照刑法的有关条文追究刑事责任。我认为，如果人民警察在必须实行正当防卫的时候，放弃职守，致使公共财产、国家和人民利益遭受严重损失的，可以按照玩忽职守罪处罚；至于行政责任，按照《警察法》的规定，可以予以行政处分。

职务上的正当防卫是指审判机关、检察机关、公安机关、国家安全机关和司法行政机关中依法执行职务的人员，在执行职务过程中实施的制止正在进行的不法侵害的行为。根据《具体规定》，职务上的正当防卫具有以下四个特征。

（一）主体的特殊性

职务上的正当防卫区别于普通正当防卫的主要特征就在于主体不同：普通正当防卫对防卫主体没有限制，所以公民都可以成为防卫主体。而职务上的正当防

卫的主体限于审判机关、检察机关、公安机关、国家安全机关和司法行政机关中依法执行职务的人员。因此，职务上的正当防卫具有主体的特殊性。

（二）职务的关联性

职务上的正当防卫是一种与职务相关的正当防卫，因而是在履行职务的过程中实施的。审判机关、检察机关、公安机关、国家安全机关和司法行政机关中依法执行职务的人员如果不是在执行职务的过程中，而是在日常生活中面对正在进行的不法侵害，为保护本人、他人或者国家、公共利益，当然可以对不法侵害行为实施正当防卫，但这种正当防卫就不是职务上的正当防卫。因此。职务上的正当防卫具有职务的关联性。

（三）手段的专业性

职务上的正当防卫发生在执行职务的过程中，而人民警察等依法执行职务的手段具有专业特征，一般都涉及对专门工具例如枪支或者其他器械的使用。《警察法》和《人民警察使用武器和警械的规定》对人民警察在执行职务中为制止正在进行的违法犯罪行为如何使用武器和其他警械作了专门规定。这些规定对于正确认定职务上的正当防卫具有重要的指导意义。可见，职务上的正当防卫具有手段的专业性。

（四）起因的特定性

职务上的正当防卫是一种制止违法犯罪的职业行为，它所针对的是那些具有紧迫性的违法犯罪行为。对此，《具体规定》明确列举了下述七种情形：(1) 暴力劫持或控制飞机、船舰、火车、电车、汽车等交通工具，危害公共安全时；(2) 驾驶交通工具蓄意危害公共安全时；(3) 正在实施纵火、爆炸、凶杀、抢劫以及其他严重危害公共安全、人身安全和财产安全的行为时；(4) 人民警察保卫的特定对象、目标受到暴力侵袭或者有受到暴力侵袭的紧迫危险时；(5) 执行收容、拘留、逮捕、审讯、押解人犯和追捕逃犯，遇有以暴力抗拒、抢夺武器、行凶等非常情况时；(6) 聚众劫狱或看守所、拘役所、拘留所、监狱和其他监禁场所的被监管人员暴动、行凶、抢夺武器时；(7) 人民警察遇到暴力侵袭，或佩戴

的枪支、警械被抢夺时。可见，职务上的正当防卫具有起因的特定性。

第三节 职务上正当防卫的认定

职务上的正当防卫由于涉及人民警察执行职务的问题，而且一般都会造成人员死亡或者重伤的严重后果，因而在司法认定中应当极为谨慎。例如张某故意杀人案，就是一起具有重大影响的职务上的正当防卫案件。本案在认定过程中，曾经引起社会公众的广泛关注，并且在司法机关内部也存在分歧意见。

2009 年 12 月，郭某华侄子郭某松托人携带礼品向女青年余某静求婚，被余某静拒绝。后经协商，由当时与余某静谈恋爱的代某的父母赔偿郭某松家 1 360 元。2010 年 1 月 12 日 16 时许，郭某华、郭某文酒后在关岭县坡贡镇街上与代某忠、代某良、代某相遇，双方因赔偿之事发生争执并抓打。16 时 15 分，坡贡镇派出所值班协警王某胜接到报警电话称，有人在坡贡镇粮管所门口打架，要求出警。王某胜遂向坡贡镇派出所主持工作的副所长张某报告。张某随即带领王某胜驾驶警车赶到现场，见郭某文、郭某华与代某忠、代某良正在抓打。张某、王某胜上前制止，郭某华、郭某文不听劝阻，反而过来抓打张某、王某胜。张某将郭某文推倒在地，郭某文捡起砖头准备击打张某，张某见状掏出佩带的六四式手枪进行警告，郭某文被迫扔掉砖头。此时，郭某华也被王某胜制服。随后张某、王某胜带着冲突双方郭某华、郭某文和代某忠、代某良准备回派出所调查处理。一行人走到坡贡镇政府岔路口时遇到醉酒的郭某志。郭某志得知与代家发生打斗的情况后欲上前殴打代某忠，被张某、王某胜阻止。郭某华和郭某志即上前抓打张某，将张某推到街道边沟里。张某从边沟里起来后，面对郭某志、郭某华的抓扯往后退让，同时掏出手枪朝天鸣枪示警。郭某志、郭某华继续向张某扑去，张某边退边再次朝天鸣枪示警。张某在郭某志上前抓扯的过程中击发第三枪，击中郭某志的右大腿。接着，张某挣脱郭某志继续抓扯时击发第四枪，击中郭某华左面部，郭某华倒地死亡。郭某志见状再次扑向张某，张某击发第五枪，击中郭某志的左额颞部，郭某志倒地死亡。经法医鉴定，死者郭某华、郭某志案发当日醉酒，二人均系枪弹伤致严重颅脑贯通伤死亡。

案发后，张某用手机分别向关岭县公安局、坡贡镇负责人报告此事，并在现场等候处理。公安机关调查期间张某如实供述了犯罪事实。在羁押期间，张某检举揭发同监室犯罪嫌疑人盗窃摩托车的犯罪事实，使公安机关得以侦破系列盗窃案。

法院经审理认为：本案中，张某接警、出警是依法执行公务的行为。张某在执行公务过程中遭受郭某志、郭某华的不法侵害，在鸣枪示警后，郭某志、郭某华仍未停止对其实施侵害。郭某志、郭某华的行为属暴力袭警行为，张某为制止不法侵害开枪射击具有防卫性质。从本案具体案情看，张某前往现场处置的是一起普通治安案件，现场多名目击证人均证实张某是在被害人与其推搡、拉扯过程中开枪射击被害人头部的，没有听到二郭说过要缴张某的枪或看到二郭当时正在抢枪。现场勘查笔录、尸检报告所载及证人证言证实，被害人郭某华中枪倒地时右手还握着一只手套。从这一细节看，认定郭某华当时在抢张某手枪的行为难以成立。《人民警察使用警械和武器条例》第 9 条规定，人民警察判明有“以暴力方法抗拒或者阻碍人民警察依法履行职责或暴力袭击人民警察，危及人民警察生命安全”的暴力犯罪行为，经警告无效，可以使用武器。《刑法》（2009 年修正）第 20 条第 3 款规定：“对正在进行行凶、杀人、抢劫、强奸、绑架以及其他严重危及人身安全的暴力犯罪，采取防卫行为，造成不法侵害人伤亡的，不属防卫过当，不负刑事责任。”但适用上列规定的前提必须是存在危及人民警察生命安全或严重危及公民人身安全的暴力犯罪。对行凶行为需要区分暴力侵害的严重程度，行凶不应该是一般的拳脚相加之类的暴力侵害，对一些充其量只能造成轻伤害的轻微暴力侵害，不能适用特殊防卫。故张某对未危及其生命安全，赤手空拳与其推搡、抓扯的被害人，不能适用特殊防卫，其朝二郭头部开枪打死二郭属防卫过当。张某作为一个从警多年、受过多次警务培训的公安干警，对于持枪射击

被害人头部的行为会造成严重后果应当明知，其主观心态既不属于疏忽大意的过失，也不属于过于自信的过失。其行为应被定性为防卫过当的故意杀人，应判处有期徒刑8年。

本案的裁判理由认为：被告人张某在依法出警过程中，遭到被害人郭某志、郭某华暴力阻挠和攻击时，经鸣枪示警无效后，予以开枪射击。其行为符合《具体规定》第1条第7项规定的“人民警察遭到暴力侵袭”的情形，具有防卫性质。但张某在二被害人对其徒手抓扯并未危及其生命安全的情况下，持枪近距离射击二被害人的要害部位，造成二被害人当场死亡的严重结果。其防卫明显超过必要限度，造成重大损害，系防卫过当，其行为构成故意杀人罪，其依法应当负刑事责任。对被告人张某及其辩护人所提张某系正当防卫、不应承担刑事责任的辩解及辩护意见，本院不予采纳。公诉机关指控罪名成立，本院予以确认。被告人张某犯故意杀人罪，应当依照《中华人民共和国刑法》（2009年修正）第二百三十二条之规定：“故意杀人的，处死刑、无期徒刑或者十年以上有期徒刑；情节较轻的，处三年以上十年以下有期徒刑”。被告人张某系防卫过当，应当依照《中华人民共和国刑法》（2009年修正）第二十条第二款、第六十三条之规定：“正当防卫明显超过必要限度造成重大损害的，应当负刑事责任，但是应当减轻或者免除处罚”，“犯罪分子具有本法规定的减轻处罚情节的，应当在法定刑以下判处刑罚”。被告人张某系自首，应当依照《中华人民共和国刑法》（2009年修正）第六十七条第一款中之规定：“对于自首的犯罪分子，可以从轻或者减轻处罚。”被告人张某具有立功表现，应当依照《中华人民共和国刑法》第六十八条第一款中之规定：“犯罪分子有揭发他人犯罪行为，查证属实的，或者提供重要线索，从而得以侦破其他案件等立功表现的，可以从轻或者减轻处罚。”据此，根据被告人张某犯罪的事实、犯罪的性质和情节、对社会的危害程度，依照《中华人民共和刑法》（2009年修正）第二百三十二条、第二十条第二款、第六十三条、第六十七条第一款和第六十八条第一款之规定，判决被告人张某犯故意杀人罪，判处有期徒刑8年。

张某系一名警察，2010年1月12日在出警处置治安案件的过程中，受到一

个治安案件当事人与另外一个当事人的亲属的袭击，在鸣枪示警未能阻止的情况下，持枪将该二人击毙。本案发生以后，引起了公众的广泛关注，社会观感也反映不一：既有对民警当众持枪杀人表示愤慨，要求严惩凶手以儆效尤的；也有对袭警行为加以谴责，要求将袭警行为犯罪化以保障执法民警的人身安全的。如此等等，不一而足。确实，本案从一个侧面反映了当前我国警民关系的紧张，也对如何约束警察权的行使、避免警察权的滥用提出了课题。当然，这些都是案外需要思考的问题。现在法院所面临的问题是：对本案在刑法上如何定罪处罚？应该说，本案不仅是一个具有政治敏感性的案件，还是一个法律上的疑难案件。在对张某定罪量刑的过程中，涉及事实认定、法律定性和刑罚裁量这三个方面的问题。可以说，本案的一审判决以事实为根据、以法律为准绳，对以上问题都能够严格依法处理，使本案处理的法律效果与社会效果得到统一：既惩罚了违法使用枪支的民警，告慰了两名死者，又确认了本案所具有的职务正当防卫的前提，以防卫过当构成故意杀人罪对张某定罪处罚，做到了罚当其罪、罪刑相当。

（一）事实认定

在对本案的认定中，涉及的是事实认定问题，即：两名死者在被枪击之前，是否有袭警行为？这种袭警行为是否构成抢夺枪支？对上述两个事实问题的认定，直接关系到对本案的定性。如果在本案中根本就不存在袭警行为，被告人张某在没有任何使用枪支的事实前提的情况下将两名死者击毙，那么，被告人张某的行为就是一种枪杀无辜的行为。这将是一种十分严重的杀人犯罪行为，应当受到法律的严惩。反之，如果两名死者存在袭警行为，而且袭警行为构成了抢夺枪支罪，那么，被告人张某的行为属于依法使用枪支。击毙两名死者的行为不仅不构成犯罪，而且是职务上的正当防卫行为，应当受到表彰。由此可见，本案事实的认定对于被告人张某之行为的定性至关重要。一审判决根据在场群众的证人证言、被告人张某的供述、鉴定结论等证据，客观地还原了案发当时的场景，为本案的定性提供了事实根据。

根据一审判决的认定，在案发时确实存在死者的袭警行为：“郭某华和郭某

志即上前抓打张某，将张某推到街道边沟里。张某从边沟里起来后，面对郭某志、郭某华的抓扯往后退让，同时掏出手枪朝天鸣枪示警。郭某志、郭某华继续向张某扑去，张某边退边再次朝天鸣枪示警。”在以上两名死者中，郭某华系治安案件的当事人，在一开始就与另一治安案件当事人郭某文对张某及协警王某胜欲带他们到派出所处理的执法行为进行过反抗，被张某与王某胜制服。此后，在张某带他们到派出所的途中，遇见另一名死者郭某志，郭某志上前欲打对方当事人，在张某与王某胜予以制止时发生冲突，并对张某进行袭击。这一袭击行为具有袭警的性质，是对张某作为警察执行职务活动的非法干预。在这种情况下，张某鸣枪示警，完全是一种合法处置行为，因此，可以排除张某在没有任何使用枪支的事实前提的情况下将两名死者击毙的可能性。一审判决对两名死者袭警行为的认定是具有事实根据的。

同时，一审判决也否定了两名死者的行为构成了抢夺枪支，指出：“从本案具体案情看，张某前往现场处置的是一起普通治安案件，现场多名目击证人均证实张某是在被害人与其推搡、拉扯过程中开枪射击被害人头部的，没有听到二郭说过要缴张某的枪或看到二郭当时正在抢枪。现场勘查笔录、尸检报告所载及证人证言证实，被害人郭某华中枪倒地时右手还握着一只手套。从这一细节看，认定郭某华当时在抢张某手枪的行为难以成立。”应该说，这一认定是具有事实根据的。在本案中，张某供述是在两名死者抢枪的情况下开枪将两名死者击毙的。但一审判决并未采信这一供述，而是根据在场群众的证言和死者的状况，否定了两名死者抢枪的说法，为本案的定性奠定了扎实的事实基础。

（二）法律定性

张某在出警过程中使用枪支，对其行为的法律评价涉及《人民警察使用警械和武器条例》的规定（以下简称《警察使用警械和武器条例》）。根据《警察使用警械和武器条例》的规定，警察使用枪支的条件其实可以分为程序性条件与实体性条件。这里的程序性条件是指对于使用枪支在程序上的要求，例如《警察使用警械和武器条例》第 9 条对于使用武器就规定了警告程序，包括鸣枪示警。当

然，《警察使用警械和武器条例》第 9 条也规定了另外的情形，即在来不及警告或者警告后可能导致更为严重危害后果的情况下，可以直接使用武器。在本案中，张某在对死者开枪之前进行了鸣枪示警。这是符合使用武器的程序要求的，应当予以确认。实体性条件是指对使用枪支在实体上的要求。对此，《警察使用警械和武器条例》第 9 条规定了十五种可以使用武器的情形。这是对使用武器的积极条件的规定。此外，《警察使用警械和武器条例》第 10 条还规定了两种不得使用武器的情形。这是对使用武器的消极条件的规定。从本案的情况来看，张某在出警中面临袭警行为，属于《警察使用警械和武器条例》第 9 条第 10 项规定的“以暴力方法抗拒或者阻碍人民警察依法履行职责或者暴力袭击人民警察，危及人民警察生命安全”的情形，可以使用武器。因此，张某使用武器本身是具有正当性与合法性的。但是，《警察使用警械和武器条例》第 4 条还对使用武器的限度作了明文规定，即“人民警察使用警械和武器，应当以制止违法犯罪行为，尽量减少人员伤亡、财产损失为原则”。根据这一规定，即使是在符合使用武器的条件的情况下，武器使用也应当受到程度上的严格限制，避免武器的滥用。《警察使用警械和武器条例》第 14 条还对超过限度使用武器的法律后果作了规定：“人民警察违法使用警械、武器，造成不应有的人员伤亡、财产损失，构成犯罪的，依法追究刑事责任。”在本案中，张某虽然具备使用枪支的条件，但显然超过了限度，属于过度使用武器的情形。在张某所射击的五枪中，前两枪是鸣枪示警，第三枪击中郭某志的右大腿，尚符合限度条件；但第四枪近距离击中郭某华的左面部，第五枪击中郭某志的左额颞部，致使上述二人死亡，属于滥用枪支，造成了不应有的死亡，应当依法追究其刑事责任。

在对张某追究刑事责任的时候，首先应当确认张某存在防卫前提，因为《具体规定》规定，人民警察遇到暴力侵袭，可以对不法侵害人实行正当防卫。这种正当防卫就是职务正当防卫，它是一种较为特殊的正当防卫，但即使是职务正当防卫，也应当遵循不能超出必要限度的规定。值得注意的是，一审判决排除了本案属于特殊防卫的可能性。根据我国《刑法》（2009 年修正）第 20 条第 3 款的规

定，只有对正在进行的行凶、杀人、抢劫、强奸、绑架以及其他严重危及人身安全的暴力犯罪实行正当防卫，才不受防卫限度的限制。在本案中，张某面对的袭警行为，主要是推搡、抓扯等肢体性的轻微暴力，尚没有达到严重危及人身安全的程度，因此，一审判决认为不能适用特殊防卫。这是完全正确的。不法侵害的程度较为轻微，张某却对两名死者近距离开枪，击中要害部位致其死亡。该行为明显超过了正当防卫的必要限度，对张某按照正当防卫过当追究刑事责任是合乎法律规定的。

法院在对张某进行刑事责任追究的时候，还涉及如何认定罪名的问题。对此也是有争议的，主要存在以下三种意见：第一种意见认为，张某的行为是一种滥用职权的行为，应以滥用职权罪定罪。第二种意见认为，张某的行为属于过失致人死亡，应当以过失致人死亡罪定罪。而第三种意见认为张某的行为属于故意杀人，应以故意杀人罪定罪。在以上三种意见中，滥用职权罪属于渎职罪，张某滥用枪支的行为当然具有滥用职权的性质，但并非对国家机关工作人员滥用职权的行为都定滥用职权罪。我国《刑法》第 397 条第 2 款后半段明确规定："本法另有规定的，依照规定。"也就是说，国家机关工作人员的滥用职权行为如果符合其他规定构成犯罪的，应当优先适用其他规定定罪。据此，可以排除滥用职权罪。那么，对张某的行为是定过失致人死亡罪呢还是定故意杀人罪？这两个罪名都属于杀人罪，只不过在主观上有过失与故意之分。就防卫过当构成犯罪的罪过形式而言，是根据实施过当行为的主观心理状态认定其罪过形式，还是根据对防卫限度的主观心理状态认定其罪过形式？对此，在刑法教义学中存在争论。但在我国司法实践中，一般都是根据实施过当行为的主观心理状态认定罪过形式。本案的一审判决认定："张某作为一个从警多年、受过多次警务培训的公安干警，对持枪射击被害人头部的行为会造成的严重后果应当明知，其主观心态既不属于疏忽大意的过失，也不属于过于自信的过失。其行为应被定性为防卫过当的故意杀人。"我认为，这一关于防卫过当的罪名认定是具有充分的事实根据与法律根据的，符合本案的实际情况。

（三）刑罚裁量

在对张某进行量刑的时候，应当同时适用我国分则《刑法》（2009 年修正）第 232 条关于故意杀人罪的法定刑和第 20 条第 2 款关于防卫过当的处罚原则。《刑法》（2009 年修正）第 232 条规定，故意杀人的，处死刑、无期徒刑、10 年以上有期徒刑；情节较轻的，处 3 年以上 10 年以下有期徒刑。就张某的故意杀人行为本身而言，其杀死两人，显然不属于情节较轻的情形，应当在 10 年有期徒刑以上裁量刑罚。但根据《刑法》（2009 年修正）第 20 条第 2 款的规定，对于防卫过当的，应当减轻处罚或者免除处罚。这里的应当，是指必须。这是一种强制性规定，司法机关在量刑时必须遵守这一规定。对于本案，考虑到张某杀死了二人，显然不能免除处罚，而是应当减轻处罚。这里的减轻处罚，是指应当在 3 年以上 10 年以下这个法定刑幅度内量刑。最终，一审判决根据张某犯罪的起因、情节、后果以及犯罪后的自首及立功表现，判处张某有期徒刑 8 年。我认为是罚当其罪的。

随着一审判决宣判，本案的一审程序结束了。本案警示人民警察在执行职务中，即使遇到袭警等不法侵害，也应当冷静处置，依法履行职务，不得滥用武器，造成不应有的死亡后果，否则将承担刑事责任。本案的处理，反映了人民法院严格依法办案，既保护被害人的合法权益，也实事求是地对被告人定罪量刑，体现了司法公正，对于此后处理同类型案件具有重要的启示意义。

参考书目

1. [德] 李斯特. 德国刑法教科书, 徐久生, 译. 北京, 北京大学出版社, 2021

2. 马克思恩格斯选集: 4 卷. 2 版. 北京: 人民出版社, 1995

3. [苏] 谢苗诺夫. 婚姻和家庭的起源. 蔡俊生, 译. 北京: 中国社会科学出版社, 1983

4. [美] 摩尔根. 古代社会. 杨东莼, 等译. 北京: 商务印书馆, 1977

5. 瞿同祖. 中国法律与中国社会. 北京: 中华书局, 1981

6. [日] 西田太一郎. 中国刑法史研究. 段秋关, 译. 北京: 北京大学出版社, 1985

7. 列宁选集. 3 版. 北京: 人民出版社, 1995

8. 徐朝阳. 中国刑法溯源. 上海: 商务印书馆, 1933

9. 蔡枢衡. 中国刑法史. 南宁: 广西人民出版社, 1983

10. 睡虎地秦墓竹简. 北京: 文物出版社, 1978

11. 长孙无忌等. 唐律疏议. 北京: 中华书局, 1983

12. ［英］洛克．政府论：下篇．瞿菊农，叶启芳，译．北京：商务印书馆，1964

13. ［法］孟德斯鸠．论法的精神．张雁深，译．北京：商务印书馆，1961

14. 欧阳涛，等．英美刑法刑事诉讼法概论．北京：中国社会科学出版社，1984

15. 徐鹏飞．比较刑法纲要．上海：商务印书馆，1936

16. ［德］汉斯·海因里希·耶赛克，托马斯·魏根特．德国刑法教科书：总论．徐久生，译．北京：中国法制出版社，2001

17. 高铭暄．中华人民共和国刑法的孕育和诞生．北京：法律出版社，1981

18. 张穹主编．"严打"政策的理论与实务．北京：中国检察出版社，2002

19. 高西江主编．中华人民共和国刑法的修订与适用．北京：中国方正出版社，1997

20. 高铭暄，赵秉志编．新中国刑法立法文献资料总览：下．北京：中国人民公安大学出版社，1998

21. 胡康生，李福成主编．中华人民共和国刑法释义．北京：法律出版社，1997

22. 万春主编：法不能向不法让步：正当防卫类案纵横．北京：中国检察出版社，2021

23. 王政勋．正当行为论．北京：法律出版社，2000

24. 田宏杰．刑法中的正当化行为．北京：中国检察出版社，2004

25. 王幼璋主编．刑事判案评述．北京：人民法院出版社，2002

26. ［日］大塚仁．刑法概说（总论）：第 3 版．冯军，译．北京：中国人民大学出版社，2003

27. ［苏］乌切夫斯基．苏维埃刑法中的罪过．俄文版

28. ［日］山口厚．刑法总论：第 2 版．付立庆，译．北京：中国人民大学出版社，2011

29. ［苏］特拉伊宁．犯罪构成的一般学说．王作富，等译．北京：中国人

民大学出版社，1958

30. [德] 克劳斯·罗克辛．德国刑法学总论：第1卷．王世洲，译．北京：法律出版社，2005

31. [日] 高桥则夫．刑法总论．李世阳，译．北京：中国政法大学出版社，2020

32. [日] 佐伯仁志．刑法总论的思之道：乐之道．于佳佳，译，北京：中国政法大学出版社，2017

33. 陈璇．正当防卫理念、学说与制度适用．北京：中国检察出版社，2020

34. 王利明主编．中国民法典释评：总则编．北京：中国人民大学出版社，2020

35. 张新宝．中国民法典释评：侵权责任编．北京：中国人民大学出版社，2020

36. 黎宏．刑法学总论．2版．北京：法律出版社，2016

37. 高铭暄主编．刑法专论．北京：高等教育出版社，2006

38. [德] 乌尔斯·金德霍伊泽尔．刑法总论教科书．6版．蔡桂生，译．北京：北京大学出版社，2015

39. 张友渔主编．中国大百科全书：法学卷．北京：中国大百科全书出版社，1984

40. 刘清波．刑法概论．台北：开明书店，1967

41. [意] 杜里奥·帕多瓦尼．意大利刑法学原理．注评版．陈忠林，译评．北京：中国人民大学出版社，2004

42. [苏] 苏联司法部全苏法学研究所主编．苏联刑法总论：下册．彭仲文，译．上海：上海大东书局，1950

43. 高铭暄主编．刑法学．修订本．北京：法律出版社，1984

44. 王作富主编．中国刑法适用．北京：中国人民公安大学出版社，1987

45. 高铭暄主编．中国刑法学．北京：中国人民大学出版社，1989

46. ［苏］基里科夫．苏维埃刑法中错误的意义．北京：法律出版社，1956

47. 张宝．正当防卫中的不法侵害．北京：法律出版社，2019

48. 何鹏．外国刑法简论．长春：吉林大学出版社，1985

49. 王觐．中华刑法论．北平：朝阳学院，1933

50. ［日］大场茂马．刑法总论．日文版

51. 陈兴良编．人民法院刑事指导案例裁判要旨集成．北京：北京大学出版社，2013

52. 陈兴良，张军，胡云腾主编．人民法院刑事指导案例裁判要旨通纂．北京：北京大学出版社，2013。

53. 丁胜明．正当化事由的事实前提错误：基于故意论系统思考的研究．北京：法律出版社，2016

54. ［日］大谷实．刑法讲义总论：新版第2版．黎宏，译．北京：中国人民大学出版社，2008

55. ［日］西田典之．日本刑法总论．2版．王昭武，刘明祥，译．北京：法律出版社，2013

56. ［日］日高义博．违法性的基础理论．张光云，译．北京：法律出版社，2015

57. 周光权．刑法总论．3版．北京：中国人民大学出版社，2016

58. ［日］牧野英一．日本刑法．日文版

59. 张明楷．刑法学．4版．北京：法律出版社

60. 高铭暄主编．刑法学原理：第2卷．北京：中国人民大学出版社，1993

61. 中央政法干部学校刑法刑事诉讼法教研室．中华人民共和国刑法讲义：总则部分．北京：群众出版社，1982

62. 杨敦先主编．刑法学概论．北京：光明日报出版社，1985

63. 张尚鷟．中华人民共和国刑法概论：总则部分．北京：法律出版社，1983

64. ［苏］多马欣．苏维埃刑法中的紧急避难．张保成，译．北京：法律出

版社，1957

65. ［日］西田典之．日本刑法总论．2版．刘明祥，王昭武，译．北京：法律出版社，2013

66. ［日］桥爪隆．正当防卫论的基础．东京：有斐阁，2007

67. 金凯．比较刑法．郑州：河南人民出版社，1985

68. ［日］泉二新熊．日本刑法论．日文版

69. 谢雄伟．紧急避险基本问题研究．北京：中国人民公安大学出版社，2008

70. ［德］约翰内斯·韦塞尔斯．德国刑法总论．李昌珂，译．北京：法律出版社，2008

71. ［德］汉斯·海因里斯·耶塞克，托马斯·魏根特．德国刑法教科书．徐久生，译．北京：中国法制出版社，2001

72. ［苏］基里钦科．苏维埃刑法中关于正当防卫理论的基本问题．俄文版

73. 瞿同祖．中国法律与中国社会．北京：中华书局，1981

74. 清朝续文献通考，卷248

75. ［日］久礼田益喜．日本刑法总论．日文版

76. ［日］川端博．刑法总论二十五讲．余振华，译．北京：中国政法大学出版社，2003

77. 长孙无忌．唐律疏议．北京，中华书局，1983

78. 蔡枢衡．中国刑法史．南宁：广西人民出版社，1983

79. ［日］山口厚．从新判例看刑法，3版．付立庆，刘隽，译．北京：中国人民大学出版社，2009

80. 陈朴生编著．刑法总论．6版．台北：正中书局，1969

81. 高格．正当防卫与紧急避险．福州：福建人民出版社，1985

82. 欧阳涛等．英美刑法刑事诉讼法概论．北京：中国社会科学出版社，1984

83. 马克思恩格斯选集：第2卷．2版．北京：人民出版社，1995

84. ［法］勒内·弗洛里奥．错案．赵淑美，张洪竹，译．北京：法律出版社，1984

85. 高铭暄主编．刑法学．北京：法律出版社，1982

86. 甘雨沛，何鹏．外国刑法学：上册．北京：北京大学出版社，1984

87. ［德］黑格尔．逻辑学．杨一之，译．北京：商务印书馆，1966

88. 列宁全集：第 55 卷．2 版．北京：人民出版社，1990

89. 高格．刑法知识问答．哈尔滨：黑龙江人民出版社，1982

90. 马克思恩格斯选集：第 4 卷．2 版．北京：人民出版社，1995

91. 国家法官学院．中国人民大学法学院编．中国审判案例要览：2000 年刑事审判案例卷．北京：中国人民大学出版社，2002

92. 陈兴良主编．判例刑法总论．北京：中国人民大学出版社，2020

93. 日本刑法判例评释选集．台北：汉林出版社，1977

94. 吴家麟主编．法律逻辑学．北京：群众出版社，1983

95. 李海东．刑法原理入门（犯罪论基础）．北京：法律出版社，1998

96. ［英］边沁．立法理论：刑法典原理．孙力，等译．北京：中国人民公安大学出版社，1993

97. 林山田．刑法通论：上册．北京：北京大学出版社，2012

98. 林钰雄．新刑法总则．台北：元照出版有限公司，2018

99. 周道鸾，等．刑法的修改与适用．北京：人民法院出版社，1997

100. 何士英．司法道德简论．北京：北京大学出版社，1984

附录1　从于某案谈正当防卫[①]

主持人：

车浩：北京大学法学院教授

嘉宾：

北京大学法学院陈兴良教授

清华大学法学院周光权教授

德恒律师事务所合伙人王兆峰律师

中国人民大学法学院付立庆教授

中国社科院法学所邓子滨研究员

北京大学法学院梁根林教授

北京冠衡律师事务所主任刘卫东律师

北京紫华律师事务所主任钱列阳律师

车浩：这一期的主题是“从于某案谈正当防卫”。先简单说一下这个活动的

① 北大冠衡刑事法治沙龙第2期，北大冠衡刑辩研究院主办，2017年6月23日。

形式，尽管来了这么多老师，但我们不采取一个论坛或讲座的形式，也没有主讲人与评论人之分，而是采取自由一点的沙龙形式，希望有一个宽松的讨论氛围。先请一位近期对这个专题有研究的老师来引出题目，然后再请其他老师分别发言，每位老师发言尽量控制在15分钟之内。这个环节之后，是自由讨论的时间。相信在座各位有很多问题，围绕着这些问题把讨论引向深入。各位老师在前面言而未尽的，可以把更多时间留在后面部分。

大家知道，今天上午于某案二审结果刚刚出来，其实我们早就想搞一期这样的沙龙，但一直等到今天判决结果出来才举办，一是尊重法院，二是让讨论更加言之有物、有的放矢。大家都知道了，二审认定于某防卫过当，构成故意伤害罪，判处有期徒刑5年，判决理由也写得很详细了。今天的讨论，各位老师可以围绕着于某案本身来谈，也可以针对二审判决谈看法，当然还可以从于某案引申谈论正当防卫的一般性问题。

最后跟大家说明一点，由于我们这个活动性质是沙龙，所以尽管各位老师一开始的发言有时间限制，但还是希望畅所欲言，没有约束，放开了谈。

不过，需要在场各位同学和朋友配合的是，在得到我们允许之前不要录音。我们有速记人员帮我们整理，在经过各位老师审核之后再公开发表出来，如有新闻媒体的朋友在现场，那么请以那个公布的内容为准进行报道，以免断章取义。因为讲的过程中大家比较尽兴，如果摘几句话报道出来，可能难以真实正确地反映发言老师的本意，这样对我们以后的沙龙活动也会有影响。这是每一次活动之前，都要特别对各位交代的。来的都是客，我们欢迎各位，也希望大家对这一点有共识。谢谢！

下面，首先请清华大学法学院周光权教授做一个引题发言，他最近写了一篇关于正当防卫中的持续侵害问题的文章。请周老师控制好发言时间，大家欢迎。

周光权：谢谢车浩教授，确实得感谢。车浩老师不仅文章写得好、课讲得好，活动也主持得很好。主持这场活动除需要耐心以外，也需要坚持的勇气，挺不容易。

我先不评价今天上午的案子。下午就有个报社记者打电话想采访我，问我对于某案的判决结果是什么态度，我说我太忙了，今天还没有来得及看判决书。下面我说五层意思，会讲得比较简单。

（1）司法实务当中人为压缩正当防卫空间的现象确实存在，而且触目惊心。这值得司法高层重视。车浩老师刚才提到我写过一篇文章《论持续侵害与正当防卫的关系》，在这篇文章里我只研究了其中一个问题，就是司法实践中大量存在的、很长时期内持续的侵害没有被认定为不法侵害，比如非法拘禁。我找了很多案件，为了写这篇文章我看了裁判文书网上的300多个判决书，非法拘禁很长时间没有被认定为不法侵害，非法侵入住宅也是持续了很长时间没有被认定为不法侵害，还有收买妇女以后长期控制她的也不被认定为不法侵害。类似这样的问题很多，所以我用类型学的方法去思考类似于持续侵害的场合，不法侵害一定是存在的。那么对应的防卫一定也是存在的，至于定正当防卫还是防卫过当可以再议，但防卫的性质不能否认。我的文章在《法学》发表[①]，这个案子二审庭审，检察官引用了我那个文章中的很多观点，认为这个案件有持续侵害，存在防卫成立的余地。我从一个点切入说明实践中存在着压缩正当防卫空间的现象。

除于某案件以外还有很多案件，明明存在不法侵害但没有被认定的。司法实践中否认正当防卫现象最突出的是以下三个问题：

第一，把不法侵害限定为暴力犯罪。比如我看过有的判决书很明确地说，不法侵害是指严重损害对方的人身权利的暴力犯罪，把不法侵害限定成暴力犯罪。这是很错误的，没有把公民的防卫权当成基本的权利来对待，很不尊重人。第二，互殴认定的范围太广。别人把刀架我脖子上，我要打他一拳，他还我一拳，很多判决会说他打你一拳，你又还人家一拳，这就是互殴。一旦认定为互殴，正当防卫就被否定。这是司法实践中很普遍的现象，你要找这样的判决书非常多。第三，一旦有死伤后果，正当防卫几乎成立不了。

① 参见周光权：《论持续侵害与正当防卫的关系》，载《法学》，2017（4）。

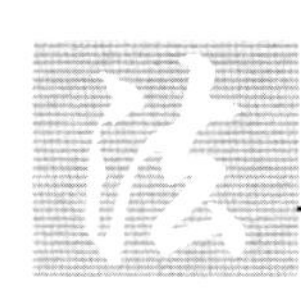

最近有人统计说，律师在辩护当中提出是正当防卫或者防卫过当的案子，在最近的 2 000 件判决书中，最后法院认定正当防卫的大概有就只有 5、6 件，很少，所以很多人当律师一辈子碰不到正当防卫的案子很正常，很多法官做一辈子也碰不到一件可以成立正当防卫的案件。那么，这些现象的背后原因是什么？正当防卫案件明明很多，为什么认定总是很困难？我认为，这不能单纯怪法官或者检察官不敢担当，原因很复杂。

第一个原因，从社会学上看，最近这 30 多年以来，单位体制在中国逐步淡化，原来每个人都有个单位，一旦纠纷发生了，单位出面先解决。随着经济发展，单位概念越来越淡化，单位有很多事不管，另外很多人没有正式单位。在纠纷发生以后，特别是有死伤后果以后，单位不再出面给你挡一下，让那些不法侵害者的家属放弃诉求。原来纠纷出现以后，实施防卫者把人捅死了，死者单位或者防卫人单位帮助解决，单位出面做很多工作，死者这边可能就说“是我这边人不对，法院认定正当防卫我也可以接受”，甚至不赔钱都行。现在单位体制瓦解以后，第一道防线没有了，所有风险压在法院和检察院身上，受害人的家属，无论有理没理，最后压力都到检察官和法官身上了。当然公安机关也承受着很大压力，但毕竟是第一环，案子可以往下交，交到法院、检察院手上就没有办法了。1997 年新《刑法》对正当防卫条件放得很宽，按理说成立正当防卫应该比 1979 年《刑法》要容易。可看判决书会发现 1997 年新《刑法》以后成立正当防卫、法院宣告的正当防卫比例以前还难、还小。这说明法院和检察院都在火山口上，成了第一道防线。

第二个原因，刑诉法对正当防卫的成立难有一定责任。为什么？刑诉法里把被害人作为当事人，这个在旧刑诉法里没有，多数国家的刑诉法没有。可是，作为正当防卫讨论的案件里都是有死伤的情况，在这些案件里，被害人一旦参加诉讼，问题就变得很复杂。刑诉法学界也在讨论，说被害人参与诉讼，会使控辩对抗失衡。中国控方本来就强势，在强势控方之外又有一个被害家属参与诉讼并和控方站在一起，被告人一方就没有办法了。

第三个原因，确实是法院、检察院不敢担当，这个话完全可以说。看判决书，有些正当防卫不能正确认定确实是司法不敢担当造成的。有的时候，明明是个正当防卫案件，判决书里要否认，而且否认到底，连说防卫过当都没有。所讲的道理，基本都是东拉西扯，就是没有办法。

（2）总体上我们应该有一个基本判断，就是这个国家的治理越有效，公民社会越发达，警察力量越强，出警越快，这个国家正当防卫成立空间就应该越小；反过来，正当防卫成立空间应该越大。有的人会提出，国外有的国家正当防卫认定的也很少，但得去看背后的因素。

（3）有学者不断地提出一个问题，说认定正当防卫是不是只能依据第 20 条第 3 款。也就是说在第 20 条第 3 款特殊防卫权行使的情形之外，是不是不再有正当防卫了？特别是在有死伤后果的场合？总是有学者提出这样的问题，说被害人一旦死了，律师辩解正当防卫的话，只能引用第 20 条第 3 款，如果第 20 条第 3 款用不了，正当防卫不可能成立。我要说这种观点是错的，这种观点也是只看结果的结论。我现在能找出的正当防卫判决书很少，但还是有很可贵的——2006 年广西一个县法院判了一个案子，防卫行为导致他人死亡，被告人被抓捕到最后判决中间隔了好多年，被告一直被羁押着，拖了很多年，最后作出了无罪判决。法院引用的是第 20 条第 1 款，没有用第 20 条第 3 款，法院说防卫行为虽然不符合第 3 款，不是面对抢劫、杀人、绑架的防卫行为，但防卫还是正当的。我觉得这个判决书很了不起，所以不要认为第 20 条第 3 款之外没有正当防卫的空间。

（4）对正当防卫的思考要用类型思考的方法。如我刚才讲的，持续侵害的场合，正当防卫有存在空间。这是一个类型学的思考。除这个思考方法以外，认定正当防卫一定要有方法论的指引，类型思考是很重要的方法，哪些案件这种情形一旦发生，被告人可以防卫，实践中可以做梳理。这种工作最高人民法院和检察机关都需要去做，不能把板子都打到法院身上，说法院应当判正当防卫的都判成防卫过当或者定罪了，检察机关也有很大责任。

在我们这种办案机制下，无罪率那么低，案子送到法院，让法官顶着无穷压

力作无罪判决确实挺难，所以检察机关那儿要有很多过滤和很多可用的出罪机制，所以方法论很重要。现在发生的案子，哪些明显认定为正当防卫错了需要去梳理，需要发布指导案例指导地方司法机关。类型学思考是很重要的方法论。另外一点是客观性思考。客观性思考意味着什么？结果发生以后，当然要重视结果，重视结果的时候要有价值评价，做价值评价的时候，又要有综合判断的观念，而不是简单去看死伤后果。这种思考不是我们通常理解的认定犯罪从主观出发，很多正当防卫案子从主观出发就很可怕，被告人没有辩解机会。举一个例子：

有人告诉我明天晚上10点钟在北大东门门口要提斧头砍死我，那个想砍死我的人知道我明天晚上10点钟要从北大东门站坐地铁去哪里。这时候我告诉他，正义不向邪恶屈服，我还不信，就要过去。这时候我身上准备了刀，而且想好如果他砍我，我就一刀捅死他。我从那儿路过的时候，他确实举起斧头砍我，但他举起斧头砍下来的那一瞬间，我把刀捅过去，最后发现我一刀把他捅死了。问正当防卫成不成立？法院通常说不成立，人家告诉你的时候，你就说了，你要从那儿路过，他敢砍你你要捅死他，你杀人故意早就有，后面有杀人行为。我说你们这样思考问题基本上不分是非，如果把你们的逻辑贯彻到底，一个社会可能就成为黑社会控制的了。黑社会说你敢怎么着，我收拾你，每个人都忍让的话，社会正义就没有存在的空间。所以就客观说，他举起斧头那一刻就有不法侵害，面对这种不法侵害我要保护我的生命权，这时候法律对他的生命权缩小评价，虽然他也是个人，司法里会觉得你这时候砍死的一个人，但他是想杀人的人，是规范不保护的人，所以他的利益被缩小评价，法律保护我，我站在正义一方，所以头一天我有没有杀人故意有没有关系？没有。认定正当防卫的案子不要先从主观切入，从主观切入方法有问题。

(5)《刑法》第20条第2款“正当防卫明显超过必要限度造成重大损害”的规定中，关于防卫条件是一个还是两个？很多人认为是一个，但我认为这是两个条件，这样的话对防卫过当的限定就应该更严格，对正当防卫的认定就应该更宽

松，正当防卫成立的比例就应该更大。

由于时间的限制，我先讲到这里，谢谢大家。

车浩：谢谢周光权老师在短时间内简明扼要表达了他的观点，听下来我很有启发，不知道我的理解是否对。首先，周光权老师在实体法层面指出以往我们对不法侵害的理解往往会倾向于对人身安全造成威胁或侵害的危险。他通过梳理很多判例发现，对人的人身自由进行限制场合，认定成立不法侵害的判例相对比较少。这点很值得我们重视，就是人身安全之外，对自由法益的保护和自由法益的重要性。然后是诉讼法上的原因，被害人家属参与使公诉方力量过于强大以至于压倒被害人。这点倒可以展开探讨。周光权老师还谈到法院和检察院的担当问题，以及防卫认定和社会治理方面的能力等因素的相关性。特别是提到，具体法条适用上，《刑法》第 20 条第 3 款并不是在伤亡结果出现的场合必须适用的法条，第 3 款之外仍然有针对伤亡结果进行正当防卫的空间。这点也是特别重要的。最后，周光权老师还谈了类型学思考，我非常赞同。不过，司法机关能不能做得了这个工作？会不会出现路径依赖，比如错误判决因循积累下去怎么办？这些问题都值得我们思考。下面请陈兴良老师接着做个发言。

陈兴良：今天晚上的沙龙虽然是以于某案作为切入，但我并不限于对于某案的思考，而是透过于某案对我国刑法中的正当防卫进行制度性的反思。在我的学术生涯中，正当防卫制度一直是我关注的重点问题，1984 年我的硕士论文的题目就是《正当防卫论》，并且在 1987 年出版了《正当防卫论》[①] 专著。当时我国处于严打过程中，对正当防卫条件限制极为苛刻，不利于公民利用正当防卫的法律武器来保护自己的人身安全。1997 年《刑法》修订过程中，立法者为了避免正当防卫制度近乎被虚置，成为一个僵尸条款，对正当防卫规定作了重大调整，主要表现在两个方面：一方面是在第 20 条第 3 款设置了无过当防卫。无过当防卫制度的设立，在世界范围来看都是极为罕见的，赋予公民以无过当的防卫权，

① 参见陈兴良：《正当防卫论》，中国人民大学出版社，1987。

由此可以看出立法机关对公民正当防卫权利给予重大关注。另一方面，《刑法》第20条第2款规定了防卫过当，只有在正当防卫明显超过必要限度造成不应有的危害的情况下，才构成防卫过当，才应当承担刑事责任。从制度设计上来看，1997年《刑法》关于正当防卫的规定，可以说是极大地放宽了公民行使正当防卫权的条件，有利于鼓励公民和不法侵害作斗争。但在1997年《刑法》实施以后，关于正当防卫的司法认定并没有如同立法者所期望的那样：有利于公民行使防卫权。事实上，有关司法机关仍然按照传统的司法惯性，正当防卫制度仍然受到明显的压抑。于某案就是一个十分典型的案例，从这个案件可以清楚地折射出正当防卫的司法认定上的各种问题。在此，我们可以比较两个案件：一个是孙某亮故意伤害案，另一个就是于某故意伤害案。这两个案件相距30年左右，但结果惊人地相似。

孙某亮案发生在1984年。在1984年6月25日傍晚，孙某亮和朋友蒋某平去看电影，在甘肃某地电影院门口看到本案的被害人郭某等三人尾随并纠缠少女陈某和张某。孙某亮和蒋某平上前制止，由此而和郭某等人发生了争执。从这个情况来看，孙某亮行为显然是见义勇为行为。在争执当中，蒋某平动手打了郭某面部一拳，郭某三人分头逃跑。后来郭某等人纠集6人寻找孙某亮等人企图报复。在这个过程当中，郭某等人就把孙某亮等二人截住，双方发生了冲突，郭某对蒋某平面部猛击一拳。蒋某平挨打后，和孙某亮退到附近街道街墙垃圾堆上，在这种情况下郭某仍然上来拉扯并扑打，孙某亮掏出随身携带的弹簧刀向迎面扑来的郭某胸部刺了一刀，郭某当即跌倒。孙某亮又持刀对空乱刺几下，然后和蒋某平一起趁机脱身跑掉。郭某因失血过多，在送医途中死亡。从我所叙述的案件可以看出，孙某亮是见义勇为，看到郭某等人调戏两个少女前去制止，由此而和郭某发生纠纷。郭某又纠集6个人对他们进行殴打，将他们逼到墙角，这种情况下孙某亮掏出随身携带的弹簧刀将郭某刺死。对这个案件，检察机关以故意杀人罪对孙某亮提起公诉。一审法院认定孙某亮在打架斗殴中持刀伤害他人致死，后果严重，以故意伤害罪判处孙某亮有期徒刑15年。一审判决根本没有考虑案件

当中存在的正当防卫前提，直接认定为故意伤害罪。一审判决后，检察机关以一审判决定罪不准，量刑畸轻为由，向甘肃省高级人民法院提起抗诉。也就是说，按照检察机关的观点，本案不应该定故意伤害罪，而应当定故意杀人罪。就量刑来说，一审法院判 15 年，而检察机关认为至少应该判无期徒刑以上，因此提起抗诉。因为提起抗诉要经过省检察院批准，甘肃省人民检察院在审查是否支持抗诉过程中认为抗诉不当，撤回抗诉。因为孙某亮没有上诉，本案判决就生效了。在这种情况下，甘肃省高级人民法院认为本案的一审判决适用法律确有错误，就进行了再审。在再审中，甘肃省高级人民法院认为，一审判决对孙某亮的行为性质认定和在适用刑罚上均有不当，认为孙某亮是制止郭某等人在公共场所对少女实施流氓行为发生的纠纷，而不是流氓分子之间的打架斗殴，是公民积极同违法犯罪行为作斗争的正义行为，应予肯定和支持。郭某等人不听劝，反而纠集多人拦住孙某亮等人进行报复。这种情况下，伤害行为是为了避免正在进行不法侵害所实施的防卫行为，而认为本案有防卫前提。但又认为本案孙某亮持刀将郭某刺伤致死，其正当防卫行为超过必要限度，造成不应有的危害后果，属于防卫过当，由此构成故意伤害罪。甘肃省高级人民法院就以故意伤害罪判处孙某亮有期徒刑 2 年，缓刑 3 年。这个案件最后经最高人民法院审判委员会讨论，认为甘肃省高级人民法院对这个案件定性和量刑是正确的。对孙某亮案，甘肃省高级人民法院改变定性，认定孙某亮有防卫前提，这样的改判是完全正确的。但甘肃省高级人民法院仍然将孙某亮的行为认定为是防卫过当，对于是否超过必要限度这点上还比较保守，仍然秉持着对方只是徒手打你，但你用刀把人家刺死的看法。主要考虑双方之间武器不平等以及造成死亡后果，由此认定是为防卫过当。

我们对照一下发生在 30 年后的于某故意伤害案。2016 年 4 月 14 日下午，赵某某以欠债为名，纠集 10 多人到于某母亲的单位催要欠款。在此期间，讨债人员对于某母子进行拘禁，并且有辱骂、侮辱、拘禁和殴打行为。在这种情况下，于某用刀将对方一人刺死，两人重伤，另有数人轻伤。一审法院对于某的行为根本就没有考虑它本身具有防卫的性质，直接认定是故意伤害致人死亡而判处无期

徒刑。这样的判决结果是完全不分是非，只是简单地根据死伤后果定罪判刑，否定了在该案中的正当防卫制度适用。因此一审判决出来以后，引起民意哗然。现在山东高院二审改判，承认在于某案中存在防卫前提，这样的改判我认为是完全正确的。对于某案中防卫性质的认定，可以说分清了是非。我们现在司法实践中有许多案件，司法机关只是机械地适用法律，而没有正确地区分是非，这样的判决结果往往和社会公众一般的心理期待相去甚远，由此而引起社会舆论的反弹。

当然对于某案山东高院仍然认为于某行为是过当的。这是一个司法裁量的问题。二审判决之所以认定于某的防卫是过当的，主要有四点理由：第一，死者行为是催讨债务行为，主观目的是催讨债务，和那些直接实施暴力有差别。第二，未携带、使用任何器械。第三，不法侵害性质只是非法拘禁和侮辱，以及轻微殴打，没有严重的暴力。第四，当时警察仍然在场。基于以上四点理由，虽然认定于某行为具有防卫性质，但超过了必要限度，因此以防卫过当判处有期徒刑5年。这样的判决和一审判决相比较，从无期徒刑到5年有期徒刑，这之间有着天差地别。当然，认定于某防卫过当的理由是否成立，可以进一步在学术上研究，仍然存在可探讨的空间。因为在这些理由里，最根本的还是造成了死伤的严重后果。那么到底怎么看防卫行为所造成的后果，能不能说只要造成死伤后果就是过当？这样的话，正当防卫成立的空间大为限缩了。

从30年前孙某亮案件曲折演变的过程，到30年后于某案从一审到二审的改变，虽然行为的防卫性都得到法院的判决确认，从重刑改为轻刑，但最终都没有达到认定为正当防卫获得无罪的判决结果。这也充分表明在我国司法实践中，对正当防卫认定是极为困难的。在此，存在着关于正当防卫的思想认识上的一系列误区，我分析起来，主要有四个误区。

第一，只能对暴力行为防卫，对非暴力侵害不能防卫。有的法院判决甚至认为只有对严重的暴力行为才能防卫。我认为对不法侵害理解存在误区，不能把不法侵害片面地理解为暴力侵害。对严重的暴力侵害，《刑法》第20条第3款已经作出了无过当防卫的规定。对较轻的暴力侵害或者非暴力侵害，同样可以适用正

当防卫。在于某案中，不法侵害主要表现为非法拘禁和侮辱行为。在类似非法拘禁案件中，防卫为解除对自己的非法拘禁，对拘禁人采取适当的暴力措施，应当认为具有防卫的性质。从整个案件看，于某确实是针对不法侵害采取了防卫措施，防卫的性质没有问题。

第二，只有在暴力侵害发生的一刹那才能实行防卫，这是对正当防卫时间条件的认识错误。事实上，大部分的防卫都发生在不法侵害产生侵害后果之前。在这种情况下，我们还是要承认防卫人有防卫权，而不能等他被不法侵害人造成一定伤害以后才开始具有防卫权。对不法侵害的进行不能片面地理解，例如持刀行凶杀人或者伤害，捅刀子的时间十分短暂，可能就一刹那。不能将这种不法侵害的正在进行理解为捅刀的那一刹那，如果这样理解，根本就没给防卫留下防卫时间。

在于某案中，从下午 4 点到晚上 10 点，杜某等人采取极端方法讨债，限制于某母子人身自由，并进行辱骂，整个过程都是不法侵害，被侵害人有权进行正当防卫。在司法实践中，对非暴力的，尤其是不法侵害具有持续性的，如何认定不法侵害正在进行存在理解上的偏差。比如过去有一个案件，一少女被拐卖，被男方强奸，并暴力打骂，女孩多次逃离未果。一天晚上，乘母子俩睡觉，女孩将其杀死后逃跑。这一行为是否具有防卫性质？如果对不法侵害片面理解，男子正在睡觉，根本没有不法侵害，就只能认定为故意杀人，但实际上，不法侵害处在持续当中，女孩是在无奈的情况下实施的行为。在这种情况下，我认为具有防卫的性质。刚才周光权教授提出持续侵害的防卫问题，是极有见地的。

第三，只要双方打斗就是互殴，就不是防卫，把互殴认定得非常宽泛，由此使防卫空间大为限缩。在正当防卫或者防卫过当未被认定的案件中，将正当防卫或者防卫过当与互殴相混淆，是我国司法实践中较为常见的情形。在对方已经实施侵害的情况下，被侵害人对侵害行为的反击，在客观上呈现出来的就是双方互相打斗，因此具有互殴的外观。如果不能明确地区分防卫与互殴，则正当防卫制度就会拖拽在互殴的污泥潭而不能自拔。将防卫与互殴区分就如同去除连泥拔出

的莲藕身上的污泥，还其洁白的本色。防卫与互殴虽然具有相似的外观，但两者存在根本的区别，这就是事先是否具有殴斗的合意。只有事先双方经过约定，具有互相殴斗的合意，此后的相互打斗行为才能认定为互殴，双方都不具有防卫的性质。如果一方首先对另一方进行侵害，则另一方的反击行为不能认定为斗殴而是防卫。确实，防卫与互殴这两种情形，都存在双方之间的互相侵害。我在《防卫与互殴的界限》[①] 一文中，对区分防卫与互殴主要提出了两个区分的关键点：(1) 基于斗殴意图的反击行为，不能认定为防卫。(2) 对不法侵害即时进行的反击行为，不能认定为互殴。因此，只有事先具有互相殴打的约定，才能认定为互殴。如果没有这种约定，在一方首先对他人进行侵害的情况下，只要是为了制止他人侵害的行为，都应当认定为具有防卫性质。

第四，只要发生死伤结果就是防卫过当。刑法要求过当是明显超过必要限度，结合这点考虑，在考察于某的行为是否过当的时候，需要考虑以下因素：一是人数对比，对方人高马大，有 11 人，能够控制局面；于某母子 2 人，处在弱势局面。二是存在严重侮辱行为。虽然侮辱行为在前，但明显会引发被告人的激愤，对后来于某采取的反击措施在心理上有刺激作用。三是侵害的时间长达 6 个小时，不是一般的拘禁，是持续的殴打、侮辱。四是警察来了之后不能有效解除不法侵害，致使于某感到绝望。私力救济是在不能得到公力救济的特殊情况下，为维护自己的人身财产安全而采取的措施。本案中公力救济虽来了，但未能有效制止不法侵害。此时，于某才寻求的私力救济。这点必须考虑。五是于某要出门时，对方强力阻止，有殴打行为，从而刺激了于某。六是作案工具不是刻意准备的，而是随手从桌上拿的，说明具有随机性。如果当时没有这个刀，他就不会干这个事。所以，拿刀防卫具有一定合理性。七是将多人捅伤是在对方围上来拦他并要殴打他的情况下做出的，有一定的消极被动性。

基于以上几点，我认为不能简单地以结果论，认为捅死捅伤人了就是过当。

---

① 参见陈兴良：《防卫与互殴的界限》，载《法学》，2015 (6)。

我倾向于认为于某的防卫不构成过当，即使根据《刑法》第 20 条第 1 款普通正当防卫，也不能认为是防卫过当。因为对方采取了长时间的侮辱、殴打等非常过分的侵害行为，于某是在公权力介入不能及时解除不法侵害的情况下实施的防卫行为，不应认为是超出正当防卫必要限度。

在考虑正当防卫必要性时，不仅仅应当从客观上的暴力程度、力量对比来考察，还要考察被告人受到长时间折磨产生的压力和激怒。这些主观因素是免责的事由，有些外国刑法有明确规定，我国虽然没有明确规定，但在考察是否超过必要限度，是否需要承担刑事责任时，还是要考虑这些主客观因素，综合进行分析。

在对是否超过正当防卫必要限度的判断中，存在一个最大的认识误区就是：只要发生死伤结果就是防卫过当。如前所述，我国学者甚至认为第 2 款的防卫后果根本就不包括重伤和死亡。换言之，只要防卫行为造成重伤或者死亡就是防卫过当。这种在司法实务和刑法理论中存在的做法和说法，我认为是完全错误的。在日本刑法理论中，存在行为相当性和结果相当性之分，这种只要发生死伤的结果就是防卫过当的观点，类似于结果相当性说。其实，任何防卫行为都会造成不法侵害人一定的伤亡结果，问题只是在于：这种伤亡结果是否为制止不法侵害所必要，是否与侵害行为相适应？在此，考虑更多的应该是在行为具有防卫性的基础上，再考察行为强度和结果避免的可能性。只有在当时推定时空环境中可以并且完全能够采取强度较轻的反击行为进行防卫的情况下，防卫人没有控制反击强度采取了明显超过必要限度的防卫行为，才能认定为防卫过当。反之，如果在当时的情况下，只能采取一定强度的反击措施，即使造成了一定的伤亡结果，也不能认为超过了正当防卫必要限度。因为在这种情况下，死伤的防卫结果具有难以避免性。对防卫过当的判断，不能苛求被告人，应当设身处地地考虑。尤其是，根据我国刑法规定防卫不需要迫不得已，只有紧急避险才需要迫不得已。对于正当防卫是否超过必要限度的判断，应当是对行为时的判断，而不是对行为后的判断。在进行这种判断的时候，不仅要考虑防卫行为与侵害行为在客观上是否具有

相当性，而且要考虑侵害行为对防卫人心理造成的恐慌、激愤，由此带来认识能力和控制能力的减弱，因而不能十分准确地把握防卫限度。当然，就是否存在防卫和防卫是否过当这两个不同环节的问题而言，我们首先需要解决是否存在防卫的问题，接下来再来解决防卫是否过当的问题。于某案的二审判决，较好地解决了是否存在防卫的问题。但防卫是否过当的问题，仍然有待于进一步研究。

这些对正当防卫的认识误区导致司法实践中认定防卫非常困难，认定正当防卫就更加困难。在我国目前司法实践中，律师虽然以正当防卫辩护的案件不少，但辩护意见最终被法院所采纳，认定为正当防卫并且宣告无罪的案件是极为罕见的。由此使正当防卫的法律规定几乎成为一个僵尸条款，所以通过于某案，应当澄清正当防卫上的思想认识误区，使正当防卫制度在司法实践中真正发挥它应有的作用。

车浩：谢谢陈兴良老师。他刚才对 1979 年到 1997 年刑法关于正当防卫条款的立法沿革及背后理念变迁做了简要回顾，对比了当年的孙某亮案和今天的于某案，给我们很多启发。陈老师又提到于某案一审和二审不同的认定，认为一审按照伤亡结果来倒推认定是错误的，赞成二审认定存在不法侵害。特别是，他提出实践当中对正当防卫问题存在的四个认识误区：第一是只能是针对暴力行为，第二是只能是暴力的一刹那，第三是只要是双方打斗就容易按照斗殴来论，第四是唯结果论。如果受到这四种误区的影响，正当防卫条款——按照陈老师说法就是——变成僵尸条款。那么，如何激活这个条款，怎么解决认识上的误区，一会儿大家再进行展开讨论。好，刚才有两位学者讲过了，下面请几位大律师讲一下。兆峰先来吧。

王兆峰：听了周光权和陈兴良老师对正当防卫的解析以后很受启发，我想目前正当防卫在我们国家适用不足是一个共识，同时也是大家对司法实务的普遍印象。对正当防卫目前适用的现状该如何来解读，可能大家的角度不同，有从制度层面来解读的，也有从其他方面来解读的。我从网上搜了很多，看到大家从制度这方面解读得比较集中。应该肯定，正当防卫首先是一种制度，对它进行制度解

读是必要的。同时，我认为正当防卫还是一种刑事政策。也就是说还可以从刑事政策角度来看待正当防卫目前适用不足的情况，来探寻正当防卫适用不足的原因到底在哪里。我的认识不一定准确。我认为这里面一方面是刚才前面几位老师提到的，有误区的问题，也有其他制度自身设计上的问题，比如条款不清晰，容易有其他的限缩解释空间。

从刑事政策角度来讲，是不是正当防卫的解释立场有问题。因为司法机关更多的是站在权力立场，在权力本位的刑法观前提下进行解读。也就是说在公民权利和国家权力之间，公权力往往表现得比较任性、比较自信乃至于自负，认为自己可以也有能力全面干预社会生活。当公民的某种侵害行为发生的时候，意味着另外一方的权利，无论是人身或者其他权利面对侵害时，国家有能力来干预、有能力来救济，因此给予私力救济空间很小，换句话说，不容许不倡导公民个人进行私力救济。如果抱着这样的立场，对法条作出的解释自然是限缩的。相反，如果从国家权力来讲，干预公民生活时，首先能认识到国家不是万能的，如果认为国家有些地方能够做到，但有些地方国家无论是从时间、空间等方面都有其局限性，这种情况下就应该给公民留出进行私力救济的必要空间。实际上，从救济的方式渊源上来看，私力救济产生在国家救济、公力救济之前，国家是后面存在的一种生态，此前私力救济早就存在了。国家介入到公民生活里，这种介入应该受到一定的限制，也就是在国家权力和公民权利之间要进行合理的调整和平衡。这种平衡到底是一种什么样的标准？我没有想好，是不是说当国家有足够的能力，无论是客观上还是主观判断上有足够能力时，可以用公权力来救济，满足社会保持基本秩序和状态情况下就可以？如果国家不具有这样的能力呢？比如在战乱期间或者一个国家变革时代，国家根本没有这种能力还不允许公民自力救济，动不动视为这些不存在正当防卫，那公民的权利如何来保障？或者说，即便是在总体比较平稳的年代，某一个领域——比如大家常常议论的强拆领域频频暴露出这样那样的冲突，但在这个地方可以看出几乎没有适用正当防卫的空间，因为没有这样的判例，好像所有权力行为都是正当的。但强拆的好多案例中，我们都能看到

不少权力行为已经超过合法执法的范围了，在非法执法情况下有没有存在正当防卫空间，能不能给予公民私力救济这样的空间？这些问题都是要考虑的。

同时，从刑事政策角度还要考虑到各种价值目标的协调问题。刚才周光权教授提到价值评价问题，值得重视。某一个时期可能对某一种价值——这个价值可能是多方面，包括对伦理价值进行的某种倡导。于某案为什么在社会上激起这么大的社会反响？一方面是受害人行为表现激烈，多次持续采取极端行为。关键是这里面媒体表述这个问题时经常强调的“辱母杀人”，值得重视。因为这意味着在中国伦理当中（不仅仅是中国）对母亲这么一个特殊的社会角色的伦理关系的保护。如果倡导某一种社会秩序、伦理秩序或者某种宗教秩序，如在某些宗教国家可能会出现的那样，虽然不是要对我的人身怎么着，但对我的宗教信仰进行了极大的冒犯，这种情况下该不该进行防卫？尽管在我们国家暂时还没有发现这样的案例，不过讲来有可能会出现这样情形。我想国家在进行刑事政策调控时，一方面倡导尊老爱幼，百善孝为先，一个孩子当自己的母亲受辱时，倡导他要孝敬、孝顺，要保护母亲，这是中国传统理论中至高的伦理目标和要求；另一方面，在刑事政策实施时，进行案件评判时，又把保护母亲的行为评价为犯罪，那就是对这个伦理价值目标保护不当。也就是说刑事政策目标、内部价值目标出现紊乱和冲突，这是问题，需要被修正。

如果制度安排相对来讲有一定的滞后性，相对来讲有固化和类型化的特点，那么刑事政策作为相对有弹性的东西，应该在弥补制度不足方面发挥更大的空间。我们知道我们国家的刑事政策往往通过行业内部会议来调控，可能不动你的法条，但由行业会议，以刑事政策的方式来干预，使正当防卫制度在一个合理的状态下运行。这个很重要。因时间关系我简单谈这么多，谢谢大家。

车浩：谢谢王兆峰律师，他讲的跟前面两位老师的角度不太一样。他认为正当防卫不仅仅是一种制度，而且体现了政策思想的变化。他认为现在的正当防卫实践更多体现国家权力的立场。他有一个观点说得很清楚，那就是防卫在国家公

权力救济和公民个人自我保护权利之间的分配：如果国家提供足够的公权力救济时，当然可以限缩公民权利；当国家公权力救济达不到充分水准时，就要多给公民防卫权，不能让公民处于防卫不足的情况下放任风险实现，所以二者之间处在一种此消彼长的紧张关系中，需要根据社会变化要进行平衡。这里面引入了政策性的思考，讲得非常好。下面请梁根林老师谈谈他对这个问题的看法，大家欢迎。

梁根林：先给主持人车浩教授提个意见，有人说今天晚上的沙龙是正当防卫派的聚会。从目前进展的情况来看，出席沙龙的防卫过当派确实少了些，沙龙的对抗性因而就会弱一些，因此最好把防卫过当派召几个过来当面切磋一下。但我们的主持人是防卫过当派，最后还是由他对正当防卫派进行反击吧。

于某案最终裁判结果已经出来了，不管怎么样，对于经过正当法律程序作出的二审裁判，还是应当给予充分理解和尊重。在这个前提下，我们讨论于某案，应该在立足于于某案、聚焦于某案的同时，超越于某案，刚才几位老师的发言和观点实际上都是秉持这样的立足于于某案、超越于某案的思路。基于相同的逻辑和思路，我个人认为对于某案关注应当从三个层面展开：第一个层面是对于某案的关注应该上升到对我国《刑法》规定的正当防卫制度和所保障的公民正当防卫权利的一般性思考，反思我国刑法理论特别是我国司法实践对正当防卫性质和正当防卫适用条件理解与适用上的种种误区。第二个层面是对于某案的关注，应当上升到对我国定罪思维模式也就是通常讲的犯罪构成理论的反思，从于某案延伸出对定罪过程中不法和责任区分的思考。第三个层面是对于某案的关注，应当进一步上升到对刑法基本思维方法或者基本思维范式的反思，也就是对存在论思维的反思和规范论思维的建构。

下面先谈第一个层面的问题，即由于某案引发的对正当防卫权利、正当防卫制度，尤其是其所决定的正当防卫性质、适用条件的一般性思考。在这一层面上，一审判决的焦点问题主要是对于某的行为有没有防卫性质的认定。而于某案上诉期间，学界、实务、舆论对于某案的关注重点，已经从于某行为是不是具有

防卫性质，转向了于某行为是正当防卫还是防卫过当即防卫限度的争论。对于某的行为的防卫性质，二审裁判予以确认，学界也存在共识，可以说围绕着这一问题的争议基本已经解决，刚才周光权教授和陈老师、兆峰大律师谈的我都赞成，不再重复。现在的主要问题是对于某的行为是否属于防卫过当存在分歧。关于于某案行为到底是正当防卫还是防卫过当，我想我们都是局外人，没有亲历现场，不可能完全把握案件全部的真实情况，所以不能断言二审法院认定是防卫过当就一定错了。其实，对正当防卫限度的把握既取决于对案件事实的认定，也取决于刑法理论的运用和刑事政策的展开，取决于我们公权力与私权利、法秩序与法自由的价值选择。如果强调公权力与法秩序，可能会倾向于限缩公民私力救济的范围。如果注重私权利与法自由，就可能会倾向于扩张公民私力救济的范围。德国对公民行使正当防卫权利的限度，就存在着类似的转向，过去强调私权利与法自由的保障，对公民正当防卫的限度就放得比较开。后来强调所谓法秩序，就开始适度限缩正当防卫的限度。此外，一国的文化传统、特定时期的治与乱等具体国情等因素都可能影响到我们对正当防卫限度的理解。例如，美国公民可以合法拥有枪支，我国原则上不允许公民持有枪支，不同的国情与语境必然会对我们对正当防卫限度条件的把握产生影响。尽管如此，在对正当防卫限度条件的把握这一操作层面，我还是要强调特别注意这么几点。

其一，对正当防卫的时间点以及这个时间点上不法侵害行为的性质、不法侵害行为的强度判断，我们不能拘泥于通常所理解的出手、反击的一刹那对方不法侵害行为的事实。在于某案中，我们当然应当主要根据第三时间段（9点50多分到10点之间）于某拿刀捅人前讨债人的行为事实判断其不法侵害行为，但同时又必须综合考虑第一时间段（头天讨债人到于某家里讨债，把于某母亲苏某霞脑袋往马桶里摁的行为事实）、第二时间段（从当天下午到晚上警察出警到现场期间这些讨债人非法限制人身自由、对于某母子进行人身侮辱、暴力推搡殴打的行为事实）。把第一、第二、第三时间段的行为事实予以综合考虑，这也就是周光权教授讲到的不法侵害行为持续性或者持续性的不法侵害问题。对不法侵害事

实的这一判断会直接影响我们对正当防卫限度的把握。

其二，必须正确理解与认定警察到场以后又离开接待室的举动对于某行为和心理的影响，由此提醒我们在判断防卫行为是否过当时必须具有设身处地、换位思考的意识。通俗地讲，你不能高高在上，站着说话不腰疼。如果没有这种情境思维，几乎99%的正当防卫案件都会被错误地认定为故意伤害，甚至是故意杀人罪。

其三，必须正确对待防卫行为人使用刀具反击不法侵害人徒手实施的不法侵害，审慎地认定这样的防卫行为是否明显超过必要限度造成重大损害，特别是要强调避免陷入“对等武装论”与“唯结果论”的泥淖。现在司法实践中的主要问题就在于陷入了“对等武装论;”与“唯结果论”。如果非要强调“对等武装论”不可，说对方不法侵害时没有拿家伙，你反击时操了家伙，你就超出了必要限度；或者奉行“唯结果论”，说你的防卫行为致人重伤或者死亡了，对不起，你就构成犯罪了。这不如干脆将正当防卫制度废除算了。在我看来，我国司法实践的症结就在这里。

第二个层面的问题是要超越于某案的具体结论，强调刑法上区分不法和责任的意义。我的问题是，就于某案以及类似的防卫案件而言，即便于某的防卫行为或者其他类似的防卫行为“明显超过必要限度造成重大损害”，具有社会危害性，构成了刑法上的不法，那么是不是当然地就构成犯罪？我想在座各位老师和同学大多知道，不法与责任的区分是现代犯罪科学理论取得的最大成就。不法与责任的区分意味着，行为不法并不当然就构成犯罪，即在行为客观不法的基础上要认定行为人是否构成犯罪，还要进一步考察行为人是不是在值得刑法谴责的罪过支配下实施了该不法行为。因此，退一步讲，即便防卫人的行为构成防卫过当，有不法的行为事实和结果存在，客观上构成不法，但是如果要认定其构成犯罪，还要进一步考察其主观上是不是具有罪责。也就是说，防卫过当行为即便属于刑法上的不法，也未必构成犯罪。我认为，很多防卫过当案件都可以运用这个理论予以出罪处理。因为很多防卫人都是在突然面临不法侵害、惊慌失措的情况下仓促

应战、被动反击不法侵害的，此时很难期待他对防卫行为的限度作出准确的判断和掌控，更不可能期待他精确地计算对方想对他造成什么样的伤害，他能够采取什么样的方式作出完全对等的反击。运用缺乏“期待可能性”这一规范责任论的核心概念和理论，完全可以达到阻却防卫过当行为的责任，因而对防卫过当行为予以出罪处理的效果。从这个意义上讲，犯罪构成理论的科学建构特别是不法与责任的区分，对于实现正当防卫案件个案处理的公正，具有重大的实践指导意义。

第三个层面的问题是，再退一步讲，即便一个防卫行为确实属于防卫过当，并且难以排除行为人主观上的罪责，也就是说既能够认定防卫过当行为的不法，也能够认定防卫过当行为人具有责任，因而其防卫过当行为构成犯罪。但其构成什么罪、构成什么性质的罪，是当然地构成故意犯罪还是一般情况下应当认定为过失犯罪，仍然是一个值得认真思考的问题。这涉及刑法方法论上对存在论思维与规范论思维的选择问题。我个人认为，现在司法实践基本上奉行存在论思维，没有规范论思维。如果把规范论思维引进来，一般情况下防卫过当行为即便构成犯罪也只能构成过失犯，因为行为人不具备规范论视野中的故意罪责。

车浩：谢谢梁老师，他批评得非常好，这次请嘉宾时确实没注意到观点的多样性，现在发现还真是，几位老师都是主张成立正当防卫的。我自己的确有不同的看法，不过今天我的任务主要是主持，后面有时间我再谈自己的看法，没时间的话以后再说。梁老师讲得非常清楚，三个层面，首先是从正当防卫的性质、理解层面谈了正当防卫认定的不法侵害的时间点，提醒要避免陷入对等武装的陷阱当中；又进一步提升到关于定罪模式的反思，按照梁老师的观点是想在不法责任框架下，在责任阶段解决满足不法防卫过当行为如何认定责任减轻的问题。后来谈到退一步讲，责任形态认定上是故意和过失，这是很技术化的问题，里面有规范论和存在论的思考，究竟是事实认定的心理活动还是规范上评价为一种故事。这一点很深刻，但是没有时间展开讨论了。有一个问题，前面几位老师反复提及，那就是不法侵害的时间点，是不是只能在暴力的一刹那进行防卫。所谓不法

侵害正在发生，实践当中往往会把构成要件行为的着手时点，与不法侵害正在发生的时点等混同在一起。这确实是一个很大的问题。尽管我们学刑法时，各种版本的教科书都会提到不法侵害正在发生的起点不等于着手时点，但实践中操作起来，还是会有混乱。那么，不等于着手时点，应该等于什么？我觉得，这里需要一种“去构成要件化”的思维。我们认定刑法上的犯罪行为，需要一种构成要件思维，其实是在一整段发生的事件当中，用我们法律规定的几个构成要件特征去衡量，用这个构成要件的框，这个人工制作的框，去从那个整体性的事件中切除一块出来，那个切除点就是行为的着手。尽管从自然的状态来看，任何事件都是如流水一样，是自然、连贯发生的情况，但是为了认定犯罪的需要，我们还是要采用技术方法，用概念的方式去处理，所以，构成要件行为是一个人造概念，不是自然状态。而当我们认定正当防卫中的不法侵害时，恰恰需要一种逆构成要件化、反构成要件化的过程，尽量从人造概念的思维状态还原到自然状态下。因为那个防卫人在当时情境下判断不法侵害的行为性质时，更多的是一种对自然状态下的事件流程的理解。这和法官在事后按照专业主义思维来判断行为、来精准地切割着手时点是不一样的。所以，只要处在防卫人当时的境地，从自然主义的角度来看，觉得有一个侵害正在发生，这就足够了，即使与法官从构成要件的着手时点的判断有些出入，也并不重要。这跟周光权老师之前讲的持续性不法侵害有相近的地方。怎么理解持续性，从什么时候开始，这不能完全从人造的着手时点认定，而是自然感觉事件的发生。总之，我们时刻要记住，防卫人面对的是一个侵害事件，而不是一个构成要件行为。这个问题我们一会儿可以再探讨。

下面请钱列阳律师说说。今天钱列阳律师能过来非常好。我们之前在北大开刑事辩护实务课时，我跟钱列阳老师有一次合作，讲的就是一个正当防卫案件。课堂上我们专门拿起道具模拟了一下，钱列阳律师作为被告人，我作为被害人，模拟了一下搏斗的过程以及刀插入的位置。今天他又过来聊正当防卫，感到非常亲切，欢迎。

钱列阳：谢谢。正当防卫案子大家一直特别关心，上次北大的课上第一次把杀人犯直接带进教室。这个杀人犯是我辩护的，我认为是正当防卫，最后（法院）判防卫过当，判了3年半有期徒刑。等到判决的时候已经关了3年半，所以自由了。正因为这样，那次车老师让我讲课的时候，我就给刑满释放的杀人犯打电话，问他愿不愿意跟我一起到教室讲他的事。他愿意。所以，在北大的课堂上我直接把刑满释放的杀人犯带进了教室。

搞司法实务的，有时候会这样看问题：正当防卫在理论上的争议没有被解决，一直存在着很多争议，从刑法主导思想开始就变了好几遍，而这里面主导思想、刑事政策，在理论上一直有争议。比如不法侵害的范围和对人身有伤害的范围、行为，这两个范围不一样。不要动不动就把不法侵害和对人身可能的伤害混为一谈，不法侵害包含了对人身有伤害的行为，但还有对人身没有伤害的不法行为。所以，概念一定要区分开。那么这里面边界怎么划？前面老师说了出手时间点，这些理论都还没有解决。由于理论上没有清晰的确定，因此在法律条文中规定得不明确。大家都知道：法条复杂了，执法简单了；法条简单了，执法复杂了。正当防卫的问题是典型的法律规定简单了，司法实践复杂了。很多其他罪，尤其是财产类犯罪，规定得特别复杂，但实施起来特别简单，大家都可以照法条来。由于这种法条的简单，在司法实践中自由裁量的空间扩大了。这个扩大表现为不仅是理论层面的自由讨论的空间扩大了，更重要的是法外因素对这个案件的干预空间也扩大了，以至于虽然警察也认为这就是正当防卫，但受害人只要在公安局门口举个牌子、拿个照片，一施加压力：死了人能白死吗？公安局说正当防卫，这个人不该抓，那我找他拼命去。二次刑事犯罪又发生了。所以凡是伤害案件，在司法实践中没有一个案件由于公安机关认为是正当防卫所以不往检察院送了，或者公安局不拘人了，到此结束。别的案子有，伤害案件公安局不敢有，于是击鼓传花，你给我施加压力，我给检察院，检察院不诉，公安局没意见。于是乎受害人举着条幅跑到检察院门口，检察院说这个事压力太大，送给法院——法院判无罪，我不抗诉。于是击鼓传花推给法院，法院刚刚拿到案件，受害人的条

幅又到法院门口立着了，于是一审判，二审判，二审撤销。就这么一节一节往后推。

在实践中整个正当防卫、防卫过当案件，由于理论因素、学术因素少了，法外因素的空间反而大了。这在司法实践中实在是没有办法。比如两年前我在北大的课堂讲的一个案子：前夫酒后带刀到前妻家里，前妻又结婚成家了，前夫直接拿出刀冲向家里现任丈夫，两个人打起来，现任丈夫把刀夺过来，往前夫胸口捅两刀。晚上 12 点，任何外人喝醉酒带着刀闯进你家，男主人能不奋起反抗吗？最后两刀捅在心脏把人捅死了，检察官问为什么不捅一刀。要一刀死不了呢？这是一个连续动作，双方扭打在一起，好不容易把刀夺过来，就连着两刀，两刀完了就把刀扔掉了。控辩双方到法庭上，为什么一瞬间捅的是两刀而不是一刀，说不定一刀就死不了。这已经到了很可笑的争论空间里去了。其实说到底就是一句话：归根到底是各级司法机关不是不想依法办事，而是依据的法条本身不够强有力，顶不住法外因素。包括于某案这次判决，我个人仍然认为今天得出这样的结果，不完全是理论上的问题。

我就说这些。谢谢。

车浩：谢谢钱律师，讲得非常接地气。他认为有时候不是法律本身问题而是法外因素。谈到了击鼓传花的压力，之前周光权老师谈到检察院、法院不敢担当也是这样的含义，不断地转移压力。下面有请社科院法学所邓子滨老师谈谈他对这个问题的看法，欢迎。

邓子滨：重量级的老师、律师都发言了，在他们之后发言有些诚惶诚恐，我干脆把他们已经谈的问题从我思想中删除，就谈谈他们没说的事情，以便扩展各位的思考。我是公安大学本科毕业的，同学里很多人作为地方公安机关领导，都很熟悉法条。谈到陈老师刚才说的孙某亮案件，有一个细节：俩人被攻击时，孙某亮从兜里拿出一个弹簧刀。我大学同学指出这一点，说：子滨你告诉我，这个案子如果判成正当防卫，全国人民都携一把刀怎么办？中国有句古话叫“身怀利器，杀心必起”。因为携带一把刀，随时可以保卫自己。我等着，万一有谁拿斧头砍我呢？这种思维不能说不对，但必须讲，这是一种公安局局长思维。从社会

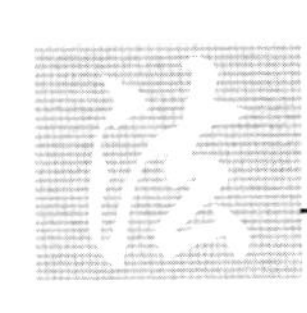

管控角度，其为了某种利益的实现，比如要管控凶器携带，于是就不应当评价为完全的正当防卫。他们觉得解决不了这个问题，就把问题塞给我。我真的有点冷不防，现在把这个问题抛给大家。

知道于某案以后，我一直就是坚决的正当防卫派，认为不存在过当的问题。但其中有个细节我想提醒大家：这个案子能够有今天，从无期到5年的结果，实在是幸运，实属偶然。如果没有“辱母”二字，这个案子会有今天吗？不会的。我们听对案子的深入解说后了解到辱母和动刀之间隔了一段时间。换句话说，他真正动刀时，辱母情况已经过去了。如果要说这是一个正当防卫，必须和辱母问题切开才行，因为辱母已经过去了，那些警察也来过了。那怎么切开？我认为过去在认定正当防卫条件上，只是对身体的伤害和杀害。可是这次坚定了我另外一个经过重新思考的信念：当自由被限制时，应当是可以无限防卫的。这就要看你把自由看得有多重。在当前中国人的观念中，好像自由多一点少一点无所谓，就需要重新提倡把人的自由看到跟生命身体一样的高度。周光权教授说到持续问题，我把他的问题向前推，推到极致。假设我们一会儿散会出门，突然来了三个人，把我往一辆车里塞。我想问问大家：我是否可以采用无限防卫？我不知道他们是讨债、拘禁，还是抓错了、绑架勒索我。反正来了三个不明身份的人把我往车上塞。我相信在座所有人会同意这时候我可以采取无限防卫以获得自由。非法拘禁、绑架等行为，在实施之初是竞合的。那么我们从法逻辑上可不可以这样推演？既然着手抓我的时候都可以无限反抗、无限防卫，已经实现了把我控制住、塞到车里，持续一段时间后我反而不能反抗了吗？以于某案来讲，我想说，如果你承认别人剥夺他自由伊始可以反抗，那么剥夺自由过程中也应可以反抗。最后，这个判决最大的遗憾是——当然比原来的好——承认有防卫前提但过当，“过当”在哪儿？有一些说法，说用了武器，扎伤了这么多人。最奇怪的是，这个期待不可能。

我给一个生动的说法：谁能要求于某拿起刀对着对面几个人大喊：兄弟们，把你们的非要害部位亮出来，让我先扎两刀。这种情况是可能的吗？不可能。一

旦有动刀前提，法律必须认可动刀的所有后果，否则就等于不认可动刀。一旦动刀，只是扎了对方非要害部位，大家想想，就没有震慑作用，七八个人蜂拥而上，他和他的母亲会更惨。所以你说“过当”，到底“过当”在哪儿？没有。还有警察来和警察走也有细节问题。一审时，把警察来了、在场，作为对于某不利的一个论点。二审淡化了这一点，提到警察在场，但没有继续说是对于某有利还是不利。大家有没有注意到，二审判决出台前有一件事，检察院对警察带人去，作了一个“没有玩忽职守行为，不予立案”的认定，但又说“他们在执法过程中不规范”。我说这是用上帝思维回头看，你说他不规范，请问哪个法条说这个警察这会到场必须做什么。如果有，没做就是不规范；没有，检察院凭什么认定这个警察做法不规范。再说，警察不可能预见到后面于某马上就动刀了。其实，于某事后行为和警察是否适当要切分开，也就是说，这个警察的处置，没有把他带出去，无论是否规范，都必须承认在客观效果上使于某感到公力救济无望。这就够了。他没能离开现场，他的人身自由没有恢复。这就足够了。我就做这样的简短说明，谢谢大家！

车浩：谢谢邓子滨老师。我听他讲有很多启发，他提出问题，抛给了在场所有人。我先简单谈一下我的理解。你说的公安局局长的思维，如果把这个案件正当防卫，其他人都学着带刀，那么社会秩序怎么管理，我觉得，这个是法律经济学思维，是一种后果主义思维，不是对已然发生问题进行法教义学上的评价，而是考虑如果赋予一个惩罚后果，对未来发生事件，对其他人有什么激励效果。这种思考方式，在国外一些判决当中有时候会出现，会考虑到这样的政策后果、激励效果，然后对案子采取什么样的判决。有很多经济分析和后果主义的思维进入美国法院判决当中。你说的公安局局长的想法，也是一个很好的例子。另外，邓老师有一点讲得很好，就是要把自由放在很重要的位置上。针对限制自由的行为是不是可以无限防卫？这个问题如果后面有时间，我也想讲一讲。仅针对你谈的例子，出了门口，三五个人把你绑着往车上推，你也不知道干什么，这时候可不可以拿刀把他们捅了？关键是客观上判断，是要行凶、杀人还是绑架？强奸不太

可能。在《刑法》第20条第3款规定的情况都有可能的情况下，如果对方实际上也是这样的行为，你对他进行无限防卫没有问题。因此这里就是第20条第3款的适用，不需要涉及额外考虑到自由。如果他们不是这样的意图，就是开玩笑，把你绑起来，把你弄到那边操场一起踢球或者打麻将，你要参加讲座，可对方一定要绑着你去踢球或者打麻将去。如果你不知道对方的意图，以为是要绑架杀人，然后捅了人，那涉及假想防卫。如果你知道他们是绑着你去踢球，你不想去，但他们非绑着你去，限制了你的自由，这时候你拿出刀捅人了，我认为肯定不能构成正当防卫，具体理由在后面再展开讨论吧。下一位，请冠衡律师事务所的刘卫东律师发言。

刘卫东：非常高兴能参加沙龙，首先作为合办沙龙方之一，对今天参加活动的各位老师、同学和朋友表示感谢。今天题目特别好，车浩教授想出来要做这个活动。

于某案在《南方周末》刊登出来以后，我第一时间在微信发了，认为是防卫过当，我这个从业24年的律师的观点是防卫过当。后来突然发现陈兴良老师说能够成立正当防卫，我马上把我的那个微信给删了。因为这几十年的经验告诉我，如果我的观点和陈老师观点不一致，那绝对不是陈老师有问题，从来没有想过论证我是对的，陈老师是错的，肯定要努力反思为什么我是错的。陈老师说得非常好，立法的目的是要降低成立正当防卫的门槛，加大侵害人的成本或者对他们的威慑力，最终目的是保证公民或者公共利益不受损害。这是真正的立法目的。至于这个案件为什么最后认定防卫过当，是因为造成了严重后果，一个死了、两个重伤了。这就回到到底是一个要件还是两个要件，司法实践当中超过必要限度但没有造成重大后果的，可以成立正当防卫，没有问题。现在这个案子已经造成重大损害，我们想当然认为超过必要限度，但实际上是否“明显”超过必要限度，在于某案中还是有讨论空间的。

在司法实践中，钱列阳律师谈了比较多的正当防卫疑难案件，在互殴案件过程中能不能成立正当防卫，我认为双方互殴应该是不成立的。如果一方停止了，

另一方继续加害他、追他、捅他，一方防卫，奋起反击，我认为这可以成立正当防卫。还有正在进行的不法侵害是不是必须要达到相当的严重性才能够实施正当防卫？最高人民法院案例有肯定答复，并不是必须要达到相当的严重性才能够实施正当防卫。类似于某案件就非常典型，这是没问题的，正当防卫的前提可以成立。就简单讲这些，谢谢。

车浩：谢谢刘律师。他谈了几点都是我们讨论案子的核心问题，不法侵害、造成重大侵害后果和明显超过必要限度之间的关系，包括紧迫性等。时间紧张，我就不多评论了。前面时间短，各位老师只是一个简单的展开，先把规定动作完成，最后压轴的是中国人民大学付立庆教授，请他发表观点。

付立庆：非常高兴回到母校北大，在陈老师、梁老师面前谈一些自己的看法。在2001年读硕士期间，我和梁老师在姜伟老师主编的《刑事司法指南》上合发过一篇文章，题目叫作《寻觅制度正当和运作理性的顺畅表达——析王晓岚、姜海勇正当防卫致人死亡案》[①]，提到了正当防卫制度在司法实践之中运作很不正常的现象。应该说，运作不正常既包含着司法实务上对法律规定本身的僵化理解，也存在钱律师所说的法外因素的干扰问题。但不管怎么说，司法实践中对正当防卫案件认定过窄是一个事实。

第一，关于防卫限度问题。事实上，于某案件值得肯定的地方在于否定了一审判决所认定的根本不存在防卫前提的结论，正确肯定了防卫前提，焦点由此转移到是否超过了必要限度的问题。二审判决在涉及《刑法》第20条第3款的前提之下，认为于某由于受到不法侵害的性质没有严重危及人身安全，因此无从适用第20条第3款。应该说，在杜某浩等人的行为性质难以被认定为包括抢劫、行凶等第20条第3款所明文列举和概括规定的行为类型的前提之下，认定于某的行为不能直接通过第20条第3款正当化，是能成立的。但不能适用第20条第

① 参见梁根林、付立庆：《寻觅制度正当和运作理性的顺畅表达——析王晓岚、姜海勇正当防卫致人死亡案》，载姜伟主编：《刑事司法指南》，第3辑，北京，法律出版社，2001。

3款不等于就意味着存在防卫前提情况之下只能是过当，这涉及周光权教授所提到的，能不能通过第20条第1款直接将行为正当化，进而涉及第20条第3款和第2款到底是什么关系。如果将第20条第3款理解为不过是一个注意规定，提醒司法人员注意，不要在造成了人员伤亡等重大后果的场合一概认定为防卫过当的意义上来说，即便没有第20条第3款规定，也完全可能通过第2款的正确解释，而将本案之中的于某行为认定为没有明显超过必要限度造成重大损害。也就是说，第20条第3款充其量是第2款的补充而不是例外。

这就进而涉及前面几位老师提到的关于第2款防卫限度的规定到底是一个条件还是两个条件的问题。第2款规定，正当防卫明显超过必要限度、造成重大损害的是防卫过当，应当负刑事责任。本案中山东高院的理解，实际上将"明显超过必要限度造成重大损害"综合性一体评价为一个要件，也就是说，在最终结果造成一人死亡、两人重伤、一人轻伤的场合，认为不但造成了重大损害，而且当然超过了必要限度。前面提到的武器是否对等、暴力是否轻微、警察是否在场等因素，不过是论证明显超过必要限度的佐证而已。实际上最终核心观点还是在出现重大损害结果情况之下，"唯结果论"的思维影响了对"明显超过必要限度"与否的判断。根据另外一种观点——我个人也持这样的观点——《刑法》第20条第2款实际上是两个要件，只有在两个要件同时具备的场合才能被认定为是防卫过当。在于某案中，尽管可以说客观上所造成的危害结果——一死两重伤称得上是造成了重大损害，但结果过当并不必然等同于最终防卫过当，同时还要具备另外一个要件，即手段是否明显超过了必要限度。恰恰在这个问题上，这个案件完全值得讨论。在母子二人的人身自由、人格尊严较长时间面临不法侵害的场合，在面临着警察到场之后离开，于某要求离开现场被现场人员制止、推搡、撕扯等场合，不法侵害正在进行且具备紧迫性，在对警察缺乏进一步期待的设身处地的场景之下，在自己言语威胁对方"别过来"等类似场合无效的情况之下，拿出刀来捅扎的行为，即便是超过了必要的限度，也并没有"明显"超过必要限度。特别是也考虑到在这样的案件中，作为一个儿子在母亲人格尊严之前受到侮

辱、之后还可能受到进一步侮辱的场合而实施的这种行为，认为没有明显超过必要限度是可能的。即便从结果来说，造成了重大损害，但没有明显超过必要限度，并没有满足防卫过当的两个条件是可能的。

第二，这种情况下，是否明显超过了必要限度可能会有疑问，因为是否“明显”本身是价值判断，是见仁见智的。这涉及保护天平到底是向谁倾斜，是向不法侵害人倾斜还是向防卫行为人倾斜的问题。在这个问题上，我非常赞同前面几位老师提到的观点，在我们这样的国家，对公权力及时有效发挥作用实际上缺乏理性预期的社会背景之下，对公民个人自力救济限度适当放宽，降低正当防卫门槛，应当说保护天平向防卫行为人倾斜可能是一种比较理性的政策选择。所以，在是否明显超过必要限度这一点上有争议的场合，结合政策倾向也应该认为，于某的行为没有“明显”超过必要限度。

第三，涉及刑法上防卫过当和民法上防卫过当的区别问题。今年刚刚通过生效的《中华人民共和国民法总则》第 181 条专门有一个关于民法上的正当防卫和防卫过当的规定，第 1 款规定因正当防卫而造成损害的不承担民事责任。第 181 条第 2 款规定，正当防卫超过必要限度造成不应有损害的，正当防卫人应当承担适当的民事责任。大家会看到，《民法总则》第 181 条第 2 款关于防卫过当的规定，不同于 1997 年《刑法》第 20 条第 2 款的规定，却和 1979 年《刑法》关于防卫过当限度条件的规定一样，“超过必要限度造成不应有的损害”。那怎样理解民法上防卫过当的规定和刑法上防卫过当规定在法条规定本身上的差异？这可能是一个问题。如果立足于所谓法秩序统一性的理论，可能就会得出结论：这里面用语上虽然有差异，但应该做一体化、统一的理解，刑法上是正当的、没有过当的，民法上只能认为是正当的，不应该过度解读法条用语上的差异。如果认为刑法和民法关注重点、保护对象有所差别，理论上坚持违法相对性的立场，就可能得出结论：刑法上的正当防卫完全可能在民法上是防卫过当的。也就是说，在刑法上虽然没有明显超过必要限度，没有符合第 20 条第 2 款的规定，但毕竟超过了必要限度，只是不明显而已。如果这样来理解，就可能认为于某的行为没有

“明显”超过，但毕竟是“超过了必要限度”，因此刑法上不过当，但民法上可以认为他是过当的，适用《民法总则》第181条第2款的规定，认为超过了必要限度造成了不应有的损害，因此承担适当的民事责任。这种理解的最终结论，从效果来说，可能会使被害人杜某浩的家属获得民事赔偿，即便认定行为在刑法上构成正当防卫，但也可能为死者家属获得赔偿找到一种法律上的根据。这样一种方案对于解决，至少部分解决问题可能是有所帮助的。如果完全认定于某行为在刑法上包括在民法上都是正当防卫的话，尽管逻辑上可能更周延，也可能更符合法秩序统一性的要求，但是否从最终法律效果上更好，被害人家属如果完全不接受，连请求权主体都不具备，效果上可能未必好。从这个意义上来说，认为于某的行为毕竟是超过必要限度，造成不应有损害；这个意义上认为民法上过当、刑法上是正当的，可能效果上会更好一些。当然这点我提出来供各位老师批判。其他地方，各位老师发言给我很多启发，暂时先说到这儿。

车浩：谢谢付立庆教授。对于第20条第2款、第3款的关系理解，和对第2款内部两个内容是作一体化解释还是分别拆分的理解，谈了他个人观点，非常好，谢谢他。各位老师时间把握不错，8位嘉宾每人15分钟，现在正好过去2个小时。

下面时间留给各位发挥。老师们可以自由讨论。另外，在座来宾和同学，有针锋相对意见的，都可以提出来，评论控制在2～3分钟之内，也可以向几位老师提出问题。但我作为主持人有权力判断问题质量和回答的必要性，以保证沙龙的顺利进行。

邓子滨：虽然今天还没有听到“过当派”的观点，但我先抛出一个挑战性的问题——写判决书的或者背后支配写判决书的人，他们脑子里到底有没有充分发挥一下想象力，于某到底怎么做才不过当?

付立庆：这应该让主张防卫过当的人来回答。

车浩：我先尝试着回答一下。我一直在琢磨二审的判决书，非常有意思，这里面肯定是久经酝酿，集合多方智慧。但判决书也有不少问题，不仅是法官的，

而是对理论提出很大挑战。我边看边想，可能不是怪法官没有把这个问题讲清楚，而是我们的常规教义学理论，也并没有把这个问题讲清楚。我们假设，于某案去掉辱母这个情节的话，就是一个索债者把人围起来不让他走的简单案件，然后中间伴有轻微殴打行为。这样的话，你把人捅死了，认定防卫过当可能问题不大。

因为这种因讨账产生的纠纷案件每天都在发生，比如说，很多包工头欠农民工钱，农民工把他围起来了，不让他走，还有辱骂和推搡的，该怎么办？允许这个包工头拿刀把人捅死吗？《人民的名义》这个电视剧里，大风厂老板被一群工人围住不让走，还被打倒在地上。当时他能不能拿出一把刀把人捅了？恐怕不行。他捅了，这个电视剧就变成真的研究法律问题了。所以，能不能说在讨债、逼债场合，人身自由受到一定程度的限制，因此可以直接实施致对方死亡的防卫行为？如果行，为什么行？如果不行，我们就要考虑于某案特殊在哪儿？我觉得关键是辱母情节。但辱母发生在前，怎么把它和后面的行为连接起来，写这个判决书的法官很纠结，一会儿讲杜某浩当着于某面裸露下体侮辱其母，但又谈到距离于某实施的防卫行为已经间隔 20 分钟。这好像意味着辱母并不是防卫行为所要针对的不法侵害，不法侵害仅仅是围堵人身的行为。判决书提到，“辱母行为严重违法、亵渎人伦，应当受到惩罚和谴责”。好，现在我们换一个角度来提问，如果这个“亵渎人伦”的辱母行为发生当时就防卫的话，是否可以当场杀死这个亵渎人伦的不法侵害人？我始终觉得，公众关注这个案子的焦点，跟法律人回答这个案子不在一个轨道上。很多法律人是在讨论这个案子的具体情节和结论，但是公众关注这个案子是因为想知道，如果几个人把你和你母亲围在一起，当众用极端方式性侮辱你母亲，如果你用其他方式无力制止，恰好此时手上有刀，能不能捅死对方？法律人总以为公众是在关注于某案。错了。其实，公众真正关心的，是在于某案的各种报道中，有意或无意地去除掉各种事实细节，剪裁出我上面说的那样一个高度抽象化之后的场景，希望法律人回答。但法律人通常回避公众真正关心的问题，认为那只是舆论的炒作和对案件事实的错误认识。

其实，公众关心的问题不是没有法律意义，而是在理论上很有挑战性。对方准备杀你时，你捅死他没有问题，对方严重亵渎人伦时，你捅死他行不行？法院判决书值得肯定的是，把辱母的性质提出来了，也就是严重违法，亵渎人伦。这就涉及人格尊严，要上升到宪法高度。但是法官没有进一步回答我上面的问题。因为他的职责所在，只能就这个具体案件事实去说理。从判决书的逻辑来看，其似乎是认为辱母行为已经结束，与防卫行为间隔 20 分钟，就不能再去杀他了。那如果辱母当时就杀人，行不行？这个话没有讲出来，但绕来绕去把这个问题提出来了。这是很有价值和意义的。这是值得学界去深入研究的。因为对这个问题的回答具有一般性规则的意义，是有类型化作用的，以后遇到类似案件，在他人当众以极端方式侮辱父母至亲，只能用刀具才能制止的情况下，当时就拿出刀来捅人行不行？是不是防卫过当？这个问题我打算写篇文章，先抛出来，给各位老师做讨论。现场有同学对这个问题有想法也可以接着说。

刘卫东：于某案中的讨债和农民工讨债本身有区别：农民工讨债一般都是基于合法请求；于某案中是高利贷，讨要的是非法债务。并且讨债人采取了限制人身自由的手段，所以和农民工讨债不可同日而语。判决书认为持刀捅的时候有报复性质在里头，这对于某不是有利的认定，不是正当防卫，因为辱母而去报复，这种推定是怎么来的，所以这个判决有点问题。判决书还认为辱母是对于某有利的量刑情节，这个案子首先解决的是定罪问题，这点应该可以拿出来探讨，反而说辱母是对他量刑有利的情节。对此我请教陈老师。

陈兴良：回到于某案，辱母情节是媒体报道案件时所抓到的一个新闻点，辱母情节对于于某案广为人知产生了重要影响，确实非常吸引眼球。但从案件事实呈现来看，在辱母当时，于某并没有动刀子。在辱母当时如果动刀子，至少一审就不会认为是普通犯罪，至少会认为有防卫情节。至于是否过当另当别论。但正如二审判决书所说的，间隔 20 分钟才发生捅刀子事件，因此捅刀子不是因为辱母才捅刀子。于某案中的不法侵害有个时间上的持续性，周光权教授称为持续侵害。这是十分准确的概括。我认为，于某案中的侵害不仅是一种持续侵害，还可

以提出另外一个概念，就是复合性侵害，不是单一侵害而是多种侵害，有侮辱、殴打、非法拘禁等。有些殴打带有侮辱性，用鞋底抽耳光甚至把头摁到马桶上，是一种复合性的侵害，而且侵害持续了七八个小时。这是一段很长的时间。因此最后于某捅刀子是积压了很长时间情绪的总爆发，而不是针对当时几个人围着他要打他，不是对当时情境的反映，而是一天下来整个情绪的总爆发。只要这样看待于某的反击，这种情况下，不能认为于某的反击是报复性的。

尤其这里面二审判决还提到门外有警灯闪烁，警察在场。其意思是既然警察在场，就不应该采取这么激烈的防卫手段，你的安全是有公权力保障的。实际上警察来了以后，问了几句就退出，客观来看警察想撤走但还没来得及撤走。正是因为警察没有妥当处理事件，警察进来看到互相冲突，于某说对方要打我，对方说没有打他。对方人多势众，警察短时间内无从判定是打了还是没有打。在这种情况下，如果按照执法规范的做法，就应该把双方分开，询问、了解情况，但警察说的是“讨债可以，但别打人”，然后往外走。警察往外走恰恰使于某心理发生重大转折。于某本来希望警察来以后能够解救他们母子，可以制止持续了一天的不法侵害。但警察没有实现于某的愿望，而是走了。警察一走成为压垮于某情绪的“最后一根稻草”，使于某的情绪爆发，造成这样的后果。所以对正当防卫案件的分析不能机械、简单地看待，不能一对一地进行分析，而是要看具体环境、事态发展、人的主观心理等具体情况。

我特别赞同梁根林教授刚才所做的分析，也就是把不法和责任要区分开来。首先是否构成正当防卫，这是不法是否被阻却的问题，是不法环节要考虑的问题。即使没有阻却不法，还要看有没有责任，还要考虑当时情况下心理所受到的压力、受到不法侵害处于极度惊慌和恐慌当中，很难约束自己的行为，尤其很难准确把握防卫的强度，包括防卫部位，如邓子滨刚才讲的“露出非要害部位让我捅”。这是根本不可能的，他捅在哪儿就在哪儿，造成后果就算是后果，防卫人无从把握后果。

1997 年《刑法》明确说是“明显超过必要性”而不是一般超过，也就是允

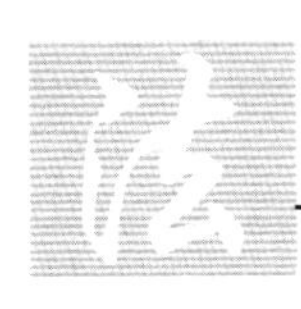

许超过，只有超过是明显的才认为构成防卫过当。那么什么叫“明显”？什么叫“不明显”？这当然是法官的自由裁判问题。上海的游伟教授发表过一个经典的议论：什么叫“明显超过必要限度”？只要对是否超过必要限度有争议就是没有明显超过。其实我认为游伟教授讲得很有道理，也就是说只要有争议，就是不明显，如果明显则毫无争议。所以，这里采用常人的判断标准特别必要，而不是法官事后理性地进行判断。也就是说，如果作为一般人处于于某那样的位置，你会做出什么样的举动，是否会像于某一样捅刀子。如果大家都认为我面临这样的情境也会做出与于某一样反应，说明于某做出这样的反应有正当性和防卫性，至于是否防卫过当还要根据具体情况考察。现在只要造成了严重后果，死了人，尤其是死者一方施加压力，司法机关很难顶得住这种外在压力。这样给我们正当防卫的认定带来很大困难。

前面我提到正当防卫制度是刑法规定和司法实践之间反差最大的一个制度，为什么会有这么大的反差？这真是值得认真研究。要说在这个问题上，立法者做到极限，赋予公民无限防卫权，1997 年无限防卫权的规定出来以后，我们都说这下麻烦了，公民动不动捅刀子，都是防卫，防卫权会不会越来越被滥用？结果跟过去一样，甚至还不如原来的，很少有案件被认定为正当防卫。所以对正当防卫的立法规定和司法认定之间的巨大反差，我们不仅仅是从教义学角度研究，还要从制度的社会契合度，分析这种差距造成背后的社会心理和政策以及其他方面的原因。刚才王兆峰律师提到国家垄断暴力权的问题，只有我才能保护你，你不能动用武力，只要动用武力就是和公权力对着干，就是不允许的。这种思想和公民防卫权的立法是格格不入的，防卫权使公民在自己的合法权益得不到公权力救济时，得采用私力救济进行补偿。公民的防卫权也是宪法赋予公民个人的权利。

有些国家，如美国，公民可以持枪防卫自己，国家给他这么强的一种极端工具进行防卫。如果对公民自我防卫都作为犯罪处理，确实不利于整个社会的稳定，也不利于惩治犯罪。如果法院判决都是非不分，只要死人就定罪，则不利于通过刑法的正确适用来传递给社会一个正确的价值观，对公民行为进行正确引

导，所以这点做得很不好。这个问题上有很大的改进空间，谢谢。

梁根林：我申请发个言，讲座进行当中我收到西北政法王政勋教授发过来的纪念杨敦先老师的文章。没有经过他的同意，我念其中的一段：杨老师在当年上刑法课时讲到了正当防卫，举了一个案例。歹徒持刀拦路强奸妇女，行为完毕以后，当歹徒正在穿裤子的时候，被害妇女捡起刀一下子捅在歹徒的肚子上，之后穿上衣服便报了案。公安、检察机关认为是事后防卫，构成故意杀人罪。起诉到法院以后，法官觉得对被害妇女不宜定罪，但是正当防卫必须发生在不法侵害正在进行时，此案中的强奸行为却已经实施完毕，法官不知道该怎么处理，于是向杨敦先老师求教。杨老师反问："你能保证被害人不会再次遭受更严重的侵害吗?"法官答："不能。"杨老师说："所以危险并未消除，不法侵害并未结束。"法官恍然大悟，本案最终判决无罪。这个案例回答了刚才邓子滨提的问题。这是杨老师20世纪80年代讲的案例，30年过去了，我们的司法理念、我们的司法思维到底是进步了、还是落后了？如果是落后了，是什么原因造成司法思维、司法理念的落后？是立法的原因吗？我看不是！1997年《刑法》关于正当防卫的规定其实非常超前、非常先进，甚至在我看来已经把不法和责任的区分观念融入进了法条。所谓"明显超过必要限度造成重大损害"才是防卫过当，其实就是说，防卫行为过当一点没关系，但别"明显超过必要限度"。"明显超过必要限度"意味着超出了一般国民所认可的反击不法侵害的限度。这里面其实已经把常识、常情、常理，把期待可能性的思想精髓融入法条之中，因此是非常先进的立法。但这样非常先进的立法在实践中得不到贯彻，立法的良苦用心在司法实践中得不到落实，我们能反过来责怪立法吗？显然不能！

正好收到政勋教授的短信，没有经过他的允许，在这儿转读一下，谢谢大家。

提问1：谢谢，我是京师所的律师。我讲一个案例：年轻夫妻20多岁，坐公交时有一个男的摸了女士腰部附近，被丈夫发现之后，丈夫善意提醒了一下摸的男人。这个男的反过来就打他，丈夫就还手，老婆也在边上帮忙。然后打人的帮

凶过来摁着他老婆，这时候几个人围殴他，他听见有摔瓶子声音，掏出随身携带的一把小刀捅过去，对方直接倒地死亡了。这个是否构成正当防卫？经查实，他听见摔瓶子的声音并不是这几个人摔的瓶子，他以为是别人要拿瓶子来打他或者他老婆。

王兆峰：其实正当防卫的案件，不同的正当防卫会有一千个“哈姆雷特”，所以周光权教授才提出类型化的必要性问题，对正当防卫的常见情形必须要类型化。但是接下来有一个问题，即情境正义也就是当下正义的问题。在本案中，这个丈夫善意提醒对方，在这种情况下不但不接受善意提醒，而且一群人对丈夫进行围殴。这时候丈夫听到摔瓶子，是在围殴过程中摔的瓶子，这是当下情境的东西，必须纳入评价里面考虑。几个人把这个丈夫摁住，又在打他，听到摔瓶子，他就拿刀扎人。在这种情况下我认为可以作为正当防卫处理。这种情境下不要说瓶子没准不是这几个人摔的怎么办，不能站着说话不腰疼。

刘卫东：我补充一点，你这个案子还是有些事实认定方面的问题。第一个，你说看见自己的夫人被别人不法侵害，善意地去提醒，这个情况我觉得不太可能存在，不太可能是善意的提醒。第二点，听到瓶子摔的时候，可能加上自己主观想法，前面的事实证据认定，在这个搞清前提之下再讨论更好。比如有不法侵害存在，或者互殴一方停止，你这边还要继续实施反击。这有证据方面的问题和事实认定问题。

周光权：律师提的案例很好，部分跟今天晚上主题有关，有一部分是超越主题的。对这个案件分析分两个层面：对于强制猥亵行为是否可以防卫？我的观点是没有问题。现在把正当防卫说得太少了，我上课经常给学生举例子，你正在洗澡，不管是男的、女的，旁边有人偷窥你、看你，你捡起一块砖头把对方砸伤了，你是正当防卫，没问题。上滚梯，有人在你后面用照相机偷拍，这时候你一脚把人家踢翻，滚下电梯，这是正当防卫，没有问题。这个案子正当防卫没有问题，即针对猥亵进行反击没有问题。现在有争议的是，以为摔瓶子，认为对方要用瓶子伤害他，实施反击，针对后面反击造成重伤结果的部分，要考虑有没有假

想防卫的问题。对方没有这么高的用瓶子伤害你的暴力程度，而你误以为这种程度的暴力伤害是实施了暴力程度很高的反击。这是假想防卫。假想防卫要区分两种情况处理：当时情况下，摔瓶子声音是否来自这几个人，是否容易判断，对被告人来讲容易判断，就可能有过失，就是过失致人死亡的问题。如果现场太乱，情况太紧张了，根本判断不了，就没有故意也没有过失，对方死亡是意外事件。你讲的案件，公交车空间很小，当时很混乱，被告人情绪各方面很紧张，我倾向于他判断不了，不能容易区分砸瓶子声音究竟来自谁，所以我倾向于他没有过失，是意外事件，是无罪结论。针对前面猥亵，完全是正当防卫；针对后面的死亡结果，主观上没有过失，整个是无罪。

车浩：我接着说。这个案子，其中的常规问题讨论起来意义不大。现在很多人想要找和于某案近似的案件，涉及夫妻之间、母子之间等。但实际上，按照你所描述的事实，这个案件中，妻子受侮辱仅仅是行为人后面行为的起因，实施防卫当时，面对的是群殴，他面对不法侵害的类型，是针对他的身体伤害，与妻子受辱无关，所以这是一个常规问题。这个问题放在普通案件中讨论就 OK，并不值得专门提出来。现在的疑难问题是什么？刑法上只有《刑法》第 20 条第 3 款规定强奸、绑架、杀人、伤害这些危及人身安全的暴力行为，针对人身安全法益侵害时，你的防卫程度可以达到杀死对方。可是除此之外的法益，比如侮辱他人，侵害他人的名誉和尊严，或者一般性猥亵等，这时候不法侵害人回击的力度应该是什么样的才算没有过当？比如你的案子，妻子受侮辱，也没有达到强奸的程度。对一般性的侮辱，周光权老师说可以防卫，我也赞成可以防卫，但现在的问题是可以防卫到什么程度。他摸你，你能不能捅死他？防卫当然没问题，因为是不法侵害，问题是针对这种不法侵害，什么程度的防卫才叫“没有超过必要限度”。问题焦点可能在这里。

钱列阳：于某案辱母杀人案，我仔细看了一下判决书，判决书里对防卫过当构成的伤害罪讲了两段。第一段是“在于某持刀警告不要逼过来时，杜某浩等人虽有出言挑衅并向于某围逼的行为。但并未实施强烈的攻击行为。即使四人被于

某捅刺后，杜某浩一方也没有人对于某实施暴力还击行为”。这一段讲的是防卫过当，可见对方虽然逼过来但并没有真正的伤害行为，事后也没有暴力行为。第二段是“且其中一人即郭某刚系被背后捅伤，应当认定于某的防卫行为明显超过必要限度，造成重大损害”。判决书里讲了两个过当行为，一个是那几个人没有东西，另外一个是后背一刀的行为。这里面没有讲清楚的是这四个人被捅，如果不反抗，这四个人对他可能形成的伤害程度是 4∶1，虽然四个人手里没有刀，他们会伤到何种程度？我认为根本不亚于你拿刀。

梁根林：当时不是 4∶1，对方捅刀子时应该是 10 个人，是 10∶2（母子俩）。

钱列阳：所以这个陈述有问题，可能形成的伤害是 10∶1。还有郭某刚背后一刀，这个没有讲清楚。

陈兴良：刺中郭某刚背部的这一刀，是郭某刚转身时捅到其后背上的。

梁根林：是在殴打过程中转身捅到的。

刘卫东：而且在那种情况下不太可能要求还得看到某个部位捅，有点勉为其难，力量对比悬殊。

梁根林：说来说去还是机械、教条还是动态、整体考察即思维方法的问题。如果把几个行为孤立切割当然可能做出这样的判断，但是如果进行动态、整体考察，就不至于做出这样的判断。

周光权：我讲一下我刚才讲的持续侵害观点，我提的概念，文章里还有一句话：持续侵害场合风险、危险累积升高，一旦有持续侵害的场合，不法侵害风险是一直往上升的，升到什么时候是最高点？被害人忍受不了时就是最高点。所以你就不能用传统的观点说我打你一拳，你不能一刀捅过来。我把你拘禁 10 个小时以后，你到了崩溃那一刻，有一个过激行为，这完全符合人性。我们一直觉得中国刑法学者好像没有什么太大贡献，我觉得我这个观点对中国司法实务是特别大的贡献。这个观点在司法实践中好好把握了，好好按照这个去判，好多案子不会判错。

非法拘禁导致防卫的案子很多。现在传销很多，把一个人骗进去，想出来很费劲。中国裁判文书网上有很多这样的案子，进去之后发现是传销组织，想脱身，一旦发现你想脱身，每天始终有五六个人盯着你，你要走出房间半步，拉进来一顿打，腿都要打断。有很多案子是这样的人为了脱身，对看管他的人捅刀子，最后定了罪。我看到甘肃一个案子，那个判决最后说有不法侵害，因为传销是犯罪行为，传销人对你的拘禁是犯罪行为，所以这个案子有不法侵害，可以防卫。可一刀子捅过去捅死好几个人，超过必要限度，可考虑到必要情节对你免予刑罚。

但我认为应该成立正当防卫，持续对他人拘禁，又是传销组织，给人家洗脑，让人家没法生存，处于崩溃状态，所以你对他的危险是累积升高的，总有一刻神经受不了。法院不能反过来说：进了传销组织应该温和地跑，你还有别的办法，这样防卫就超过了限度。这就是邓子滨刚才问的，你教他怎么才能跑出去？五六个人天天形影不离地跟着他，他没有办法。所以法益累积升高看起来像是简单概念，但背后是客观归责的法理。客观归责是讲风险算在谁的头上。持续侵害场合，危险累积升高以后，最后风险全部要算到不法侵害人头上，比如，持续侵害时，防卫人持刀警告拘禁者不要逼过来时，不法侵害人还向对方围逼的，如何归责？在我看来，如果是持续侵害的场合，危险累积升高，被拘禁的人被拘禁了很长时间，持刀说别过来，那些人围上去的行为（还别说有语言倾向、语言挑衅）就足以把被害人的心里压垮。防卫人说我拿出刀，你们别过来。这表明他已经承受不了了。你再往前靠一步，在我看来就是客观归责里的被害人自我答责，被害人在别人警告情况下再向前跨一步的行为导致的结果都要由自己负责，不能把账算在防卫人头上；否则，司法机关就是没有规范判断的理念、客观归责的观念。

再说，在持续侵害的场合，如果防卫人捅了多人是否就一定不成立正当防卫，也还需要分析。我们讲共同犯罪的时候说只要是共同犯罪正犯，一个人的行为就是全部人的行为，部分行为全部负责，这个理念在这个地方为什么不能贯彻下去？防卫人亮出刀说“你们别过来”，一个不法侵害人涌上去的行为就是代表所有侵害人的行为，一个人围上去导致的防卫风险，自然要及于围在边上的其他

侵害人。因此，客观归责、规范判断观念很重要。社会总得有一些是非、总得有一些正义、总得有一些对错，如果司法机关不进行规范判断，要准确认定正当防卫确实很难。

邓子滨：我再补充一句，刚才钱律师读了判决，中间还有一句话，"捅完刀之后，其他人没有再反击上来"。哪能这么说话呢？这是一个事后判断，前面捅了4个人，其他人还会不会再上来？这个事情能决定前面该不该捅吗？这里我也跟周光权讨论一个问题：当社会或者司法机关完全不能接受我们观点时，你作为这么著名的法学家，提出的一些判断标准要谨慎。比如在滚梯上，由下往上拍女孩子裙底，女孩子用脚踢他。如果女孩子都这么办，绝对不可能认定为是正当防卫。这一脚下去有几种可能：踢得最好是把手机踢飞，手机飞出去，人没飞出去，这就没事；踢到人有两种可能的后果：一是女孩高跟鞋踢眼睛上；二是整个人翻下滚梯后脑着地。司法机关能认可女孩子这一脚吗？最后就找到你，因为是你出的主意，说可以踢这一脚。

梁根林：你别"威胁"光权啊，周光权不背这个锅的。

周光权：我是说这种情况下有防卫的前提，可以防卫，如果一脚踢下去踢死了就有防卫过当，防卫要承认。完全否认存在防卫的前提，肯定是错的。

车浩：防卫没有问题，关键是防卫的强度。

周光权：要承认可以防卫。

王兆峰：如邓子滨提到的那样，公安同志提出一个问题，如果允许这样做，以后谁兜里都揣着刀子。揣刀子的多了，公安说我的执法成本高、管理不方便了。这相当于说一个电影院有两个门，逃票机会多，为了减少逃票机会，方便我，把另外一个门索性关起来。这是考虑问题的立场问题：为了自我方便，方便的是管门人，并不是站在方便公众的立场考虑问题。每人拿刀子，出事可能机会多，但同时自力保护能力提高了，你国家可以想办法使管控水平也提高，而不是因为有了这种情况可能导致防卫滥用，就干脆把公众的刀收起来？相关国家没有这么做，所以我觉得这就是考虑问题的立场问题，就是说到底是站在权利立场上

还是权力立场上的问题。

车浩：我稍微有点不太同意。警察治安能力和公民个人的防卫权存在着此消彼长的状况，这部分多一点，那部分少一点，或者那部分少一点，这部分多一点。现在比较中美，不能光拿美国人可以持枪、中国枪支管控严来比较，还要比较一下中美两国社会治安状况安全感。这种情况下，普通公众宁愿选择前者还是宁愿选择后者。比如说，为了持枪自由，你愿不愿意付出治安混乱的代价，哪怕大街上治安很不好，过来一个人就有可能把你一枪打死，你是不是愿意付出这个代价？还是说，我宁愿压缩我的自由，把这部分防卫权推给警察，让警察把治安搞好，哪怕我手里的防卫能力下降，面对不法侵害时我的防卫空间很小？这个问题还不能简单地说对错，也要看公众的民主选择。

王兆峰：这是一个如何平衡的问题，选择什么样的立场要根据情势变化而定。

车浩：但我就要问，哪个国家平衡得好？这可能见仁见智了。就个人自由度而言，很多人可能愿意生活在美国；但是就治安情况而言，很多中国人可能不愿意生活在美国。美国近年发生的恐怖事件比较多，安全感下降。当然这个话题说起来就远了。

提问2：我是周老师说的应该被教育的检察官。我工作了一些年，办过好几个有正当防卫情节的案子，大家讨论时我一直在想，为什么基层检察院不能对正当防卫作法定不起诉？为什么这么多年来我没有碰到过正当防卫的法定不起诉？我判过有正当防卫的案子：两个人互殴，我把被害人搞定，不要再闹，让公安撤案。我同事办正当防卫案子，想来想去作了相对不起诉。还有的同事办的正当防卫案子，想来想去起诉了，法院判不了拿回来。为什么这么多年来，没有碰到过正当防卫作法定不起诉的？想来想去，周老师说的被教育是法学意义的被教育，基层上可能要面临的法律之外的问题太多了，比如什么叫正当防卫里面没有超过必要限度，就是没有争议，有争议就是超过必要限度，只要提出这个案子是可能正当防卫肯定会有争议。大家对这些东西的评价太主观了，如果超出明显限度，

这个东西还原每个人有每个人的观点。如果是在检法体系下，员额改革，但很多地方甚至还延续以前行政管理模式下，大家还是要把案子拿到检察官会议上讨论，听其他观点，做到周全、万无一失，作出这个决定以后被害人不会闹，没有人找你麻烦。从基层检法角度来说，因为正当防卫判无罪或因为正当防卫作法定不起诉，大家会思考很多问题，但还是因为基层检察院除法律问题以外，还有很多其他问题要考虑，这导致我以前碰到这样的案子要不然作相对不起诉，要不然让公安拿走撤案，要不然勉强处理。这是我个人的思考。

提问3：刚才付立庆老师讲了《民法总则》和《刑法》第20条的问题，判决书是刑事附带民事判决，我关注的是民事。我看到杜某浩有一对7岁的双胞胎女儿，还有一对5岁的龙凤胎儿女，有4个不满10岁的孩子，附带民事赔偿只赔3.09万多元，重伤赔了5万多元。我想请教付老师，在刑事附带民事赔偿里赔多少有没有一个标准？如果赔的不是3万元，而是赔了300万元，可能获得被害人家属谅解，量刑上会有一个变动。赔3万元或者赔300元、3 000元，完全获得被害人家属谅解，量刑就重，一审判决无期，10年以上有期、无期、死刑，为什么不判死刑？是不是因为拿不出这么多钱赔他，没有获得被害人谅解，判死刑太过就判了无期，二审判5年有期，但赔偿数额一点都没有变，所以赔偿数额是否有标准，还是完全自由裁量？

付立庆：就我有限的理解来说，比如单纯故意杀人案赔偿没有明确的标准，很多案件赔几万块钱都比较常见。正因为如此，提供了较多数额的赔偿获得了被害人的谅解，因此在量刑时被减轻的情况是比较常见的。但在司法实践中，现在的问题，不是像你所说的被告人拿不出钱来，因此没有在刑罚从轻上获得优待。恰恰是在杀人案件之中，由于被害人一方不接受赔偿、不予以谅解，从而作为一种妥协，法官一方面判了被告人的重刑甚至是死刑；另一方面在赔偿数额上，作为对被告人一方的一种交代，既然你们不接受赔偿就少判点赔偿，既然要重刑就判重刑。这可能存在这么一个结果：一方面是赔偿缺乏明确标准问题，另一方面是实践中“唯谅解论”以及来自被害人家属一方不要赔偿而是要求“杀人偿命”。

这些观念是实践中需要警惕的。

刘卫东：我补充下：第一点，赔重伤比赔死的人多不一定说判决有问题，实际上现在刑事案子里的赔偿限定为直接损失，人死不像人瘫痪的损失容易算出来，瘫痪的、几级伤残比人直接死掉的赔偿额多一点，有法律依据。第二点，为什么叫附带民事赔偿？法院给了他一个比较重的刑事判决，这本身就是对他的一个很重的惩罚。比如杀死人对被告人判死刑，他本身也赔不了。为什么附带民事赔偿？主要是要惩罚，惩罚是对他刑事部分的惩罚。这是很重的惩罚。于某案判了5年，这5年本身也是一种惩罚。第三点，法院本身有些考虑，比如判你30万元、50万元，实际上被告人没有赔付能力，搁在这儿以后，有可能被害人家属为了30万元、50万元赔偿天天找法院要求执行。咱们国家刑事案件执行率非常低，据统计只有不到百分之二三十的执行率，很多空判在那里，得不到执行。反过来说，如果民事部分里得到比较高的赔偿，双方达成谅解。这是值得鼓励的事情，因为有很多邻里纠纷和临时起意的刑事案件，给了比较高的赔偿，获得被害人谅解可以给予相对轻处罚。

车浩：时间已经差不多了。今天几位老师观点讲得非常充分，唯一有点遗憾的是，梁老师提出来的，来的嘉宾观点似乎太过于一致了。所以我就要来做一个反对者的角色，在其中跟各位老师提些问题，争论一下。今天讨论于某案涉及辱母情节，涉及尊严问题，涉及杀人问题，涉及限制自由，等等。我们最后以一首小诗——可能很适合描述于某案的情况——结束今天的沙龙：生命诚可贵，尊严价更高。若为自由故，两者皆可抛。谢谢大家。

附录2　洪范论坛实录：正当防卫的反思性检讨[①]

主持人：

王涌，中国政法大学教授、洪范法律与经济研究所所长

主讲人：

陈兴良，北京大学法学院教授

评议人：

周光权，清华大学法学院教授

刘仁文，中国社会科学院法学研究所研究员

王涌：各位来宾，各位朋友，大家下午好。今天洪范法律与经济研究所举行关于“正当防卫的反思性检讨”主题研讨会，我们非常荣幸地请到了北京大学陈兴良教授为我们主讲。这个主题是大家非常关心的，特别是前一段时间发生在昆山市的“龙哥反杀案”。这个案件发生之后，民间舆论普遍认为这是正当防卫，

① 洪范经济与法律研究所主办，2018年12月18日。

而有些办理过重大刑事案件，特别是正当防卫案件的律师却表现出保守的态度。这是因为本案中存在一些细节，例如在“追杀”的情况下能否成立正当防卫？我们知道，我国过去的司法机关对正当防卫的认定是非常苛刻的。我们也能看到许多国家对正当防卫的认定和我国的不同之处，尤其是美国的一些案例，我们发现它似乎更为开明，对正当防卫人的保护更加充分。对这个案件，当地的公安部门作出了构成正当防卫的认定。这是否标志着今后我国的正当防卫司法政策会发生一定的转变？陈兴良老师是我国最早研究正当防卫的刑法学者，他的硕士论文就是《正当防卫论》，并在此基础上形成了专著。陈老师是北京大学法律系 1977 级的学生，1982 年年初毕业。这一级的北大法律系学生可谓是人才辈出、群星璀璨，陈兴良老师是其中的佼佼者。今天我们同时还邀请到清华大学周光权教授担任评议人，周教授是中国人民大学法学博士，现在是清华大学刑法学院教授，同时，周教授担任全国人大宪法与法律委员会副主任。当然，今天周教授是作为一个学者来参加我们这个会议。另外，我们还请到了中国社会科学院刑法室主任刘仁文研究员担任评议人，刘仁文老师也是一个激情澎湃的人，每次听他的演讲，令人非常震撼，气势如虹。

我们今天的流程安排是这样的：首先由陈兴良老师作大约 1 小时的主题演讲，然后两位评议人作评议，之后时间就交给我们在场的嘉宾和朋友共同参与讨论。我们等会儿还会建一个微信群，大家可以现场问，也可以在微信群当中提问。下面我们以热烈的掌声欢迎陈老师给我们作主题演讲！

陈兴良：今天很高兴受邀到洪范法律与经济研究所来举办这么一个活动。今天讨论的主题是“正当防卫”，非常感谢周光权和刘仁文两位教授来共同参加讨论！我先作一个主题发言，然后共同来讨论正当防卫制度。

正当防卫制度在刑法中并不是一个非常核心的问题，而是一个较为边缘的问题，但近期由于几个轰动性案件，例如“于某案”和“于某明案”，在社会上引起了广泛的争议，由此而使正当防卫成为当前社会关注的一个热点问题，在刑法学界也有很多学者参与讨论，当然也存在一些不同的观点。我们今天的讨论主要

是想对正当防卫制度进行理论上的分析，而不是要解决个案的问题。当然，在讨论中不可避免地会涉及个案，但是我们不是以解决个案作为主要的目的，而是要对正当防卫制度进行一个整体性的反思。这点我觉得是非常有意义的。我的主题发言分三个部分：第一部分主要是从理论上对正当防卫的性质和特征作一个分析；第二部分是对正当防卫的立法作一个考察；第三部分是对正当防卫的司法作一个分析。下面开始我的主题发言。

第一个问题，首先对正当防卫制度从理论上进行分析。这里主要涉及正当防卫的性质问题，正当防卫的一个前提就是防卫权的问题。正当防卫是一项权利。这一点在刑法规定中是极为特殊的，因为刑法中所规定的都是犯罪和刑罚，它是一个制裁性的法律、是一个禁止性的法律；但正当防卫是一个授权性的规定，授予公民在某些紧急状态下具有防卫的权利，这种防卫权是我们对正当防卫制度进行思考的一个出发点。那么如何来理解正当防卫的权利属性？应该说在历史上是存在着一个演变的过程，主要存在以下三种理论：第一种理论是把正当防卫看作个人的自然权利，称为自然权利说。这种自然权利说和社会契约论的观点有一定的渊源关系。因为根据贝卡利亚的说法，国家刑罚权实际上是个人的自然惩罚的权利、报应的权利交给国家来统一行使，在这种情况下公民就丧失了惩罚权，为了保障公民个人在某些紧急状态下能够有效地维护自己的权利，就保留了在例外情况下、紧急状态下的自卫权，所以自卫权是对国家刑罚权力的必要补充，根据这种理论，正当防卫的性质主要体现为对自我权利的防卫，是自力救助，它是对公力救助的补充。在德国的刑法教育学中把这种观点称为保护理论，它是为了保护公民个人的自然权利。应该说，这种保护理论对解释公民的自卫权是比较合理的，因为在正当防卫中主要的部分是在本人的权利受到不法侵害的情况下，为保护本人权利而对不法侵害进行防卫，这是一种自卫权的行使。第二种理论是社会权利说。因为正当防卫不仅仅包括对自我权利的防卫，而且包括对他人权利的保护，为保护他人权利而对不法侵害实施防卫行为，那么，对于这种防卫他人的行为来说，从理论上能够为它提供正当性根据的是社会权利说。德国的刑法教义学提出了所谓法确证理论，也就是通过对不法侵害的防卫来确认法的有效性，因为不法侵害是对法律的否定，那么对不法侵害实行防卫就可以证明法律规范的有效性，从这个角度为防卫他人的这种正当防卫提供正当性的根据。应该说，这两种理论实际上并不是互相矛盾的，而是互相补充的，因为第一种理论能够比较有效地解释自卫权的正当性根据，而第二种理论能够为保护他人的正当防卫提供正当性根据。第三种理论是公共权利说，即正当防卫不仅包括对自己权利的防卫和对他人权利的防卫，还包括为保护国家利益和公共利益而实行的正当防卫。在这种情况下，正当防卫就具有了与犯罪作斗争的积极使命，由此所确定的正当防卫范围就相当宽泛。从我国《刑法》第 20 条第 1 款关于正当防卫的规定来看，我国刑法中的正当防卫实际上是包含了三种情形：第一种是为保护本人的人身权利、财产权利，而对不法侵害实行的正当防卫；第二种是为了保护他人的人身和财产权利，而对不法侵害实行的正当防卫；第三种是为了保护国家和公共利益，而对不法侵害实行的正当防卫。从我国《刑法》第 20 条第 1 款的规定来看，是把“为保护国家利益和公共利益而实行的正当防卫”是在放在首位的。由此可见，我国刑法中的正当防卫从法律上来说它的范围是比较宽泛的，它不仅具有自力救助的性质，而且具有和犯罪作斗争的社会职能。这一点是和其他国家的正当防卫制度有所不同的，也是我国刑法关于正当防卫规定的特殊性。可以说，我国刑法关于正当防卫的立法规定本身是比较超前的，甚至比较激进的，由此与我国正当防卫司法的保守性之间形成了鲜明的对比。我认为正当防卫的特征主要有三个。

第一是紧急性。正当防卫不是第一性的权利，不是一种原权利，而是第二性的权利，是一种派生的权利，它只有在特定的紧急状态下才能被实施。因此，正当防卫行为也被称为一种紧急行为，只有在受到正在进行的不法侵害的情况下，才能对不法侵害人实行防卫。

第二个是防御性。正当防卫是在受到不法侵害的情况下，为了避免国家和公共利益、本人和他人的人身和财产权利受到正在进行的不法侵害所采取的一种防卫措施，因此它具有防御性。但这里的防御性并不意味它必然具有消极性。防御

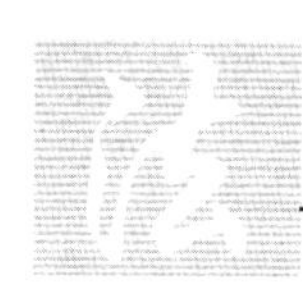

性和消极性并不存在一个等同关系。防御性本身在某种情况下是可以包含攻击性的，也就是这种防御性和攻击性两者并不是绝对对立的，防御性并不意味着正当防卫只能是消极的抵抗。为了制止不法侵害，它可以主动对不法侵害人的人身和财产造成一定的损害。这一点对于我们正确认识正当防卫的有关条件，我觉得也是极为重要的。

第三是适当性。正当防卫要有一定的适当性，也就是我国刑法规定的，要符合必要限度。只有在必要限度内，防卫才能被认为是正当的。如果超过了正当防卫的必要限度，就像黑格尔所说的“法就转化为不法”，所以，正当防卫要受到不法侵害的限制，也就是说正当防卫是为了防御不法侵害。因此，正当防卫只能是在实现防卫的目的范围内才有正当性，而不能演化成一种报复侵害。

以上三点是正当防卫作为一种法律赋予公民的防卫权所具有的主要特征。这些特征转化为刑法所规定的正当防卫成立的一定条件，这些条件是以一种规范的形式表现出来的。但我们在理解这种法律规范的文字表述的时候，要看到它背后的属性。

最后我想讲一下正当防卫在整个犯罪论体系中的地位。因为我在前面主要是从正当防卫的权利属性和性质角度来对正当防卫作了一些理论上的分析。正当防卫毕竟是一个刑法问题，因此它必须要被纳入刑法的犯罪论中来考察。在此。我们可以将三阶层的犯罪论体系和四要件的犯罪构成理论作一个对比。在四要件的犯罪构成体系当中，是没有正当防卫地位的，正当防卫作为一种排除社会危害性的行为，是被放在四要件之外来考虑的。这里的三阶层是指构成要件该当性、违法性和有责性。在三阶层的犯罪论体系当中，正当防卫是作为符合构成要件存在，但是属于违法阻却事由，因而不被认为是犯罪。也就是说，正当防卫是符合构成要件的，像正当防卫条件下的杀人也符合杀人罪的构成要件，但是在第二个阶层，也就是违法性阶层考察，它是一种违法阻却事由，因而在违法性阶层就被排除在犯罪之外，是一个犯罪排除事由。根据三阶层的犯罪论体系确定正当防卫的体系性地位，正当防卫就是违法阻却事由，类似于正当防卫情形的还有紧急避

险。正当防卫之所以作为一个刑法问题进入到我们的视野，主要是因为它具备了某种犯罪构成要件的外观。如果其根本就不具备构成犯罪要件的外观，那是不可能被纳入刑法视野的。当然，从违法阻却事由这个角度来说，它是比较消极的，是一个否定犯罪的事由。而我国刑法把正当防卫看作是公民的一项权利，尤其是把正当防卫看作是和犯罪作斗争的一种手段。如果把正当防卫的积极的社会功能和政治功能进行比较，应该说在犯罪论体系中把正当防卫界定为违法阻却事由，是一种比较消极的理论上的对待。尽管如此，我们还是不能否定正当防卫的社会性质和法律性质之间的这种差异。

第二个问题就是正当防卫的立法考察。首先，我们从立法层面来做一个考察。正当防卫在我国刑法中存在一个演变的过程，这就是从 1979 年《刑法》到 1997 年《刑法》，正当防卫的规定发生了显著的变化。1979 年《刑法》第 17 条对正当防卫作了规定。我国《刑法》是 1980 年 1 月 1 日实施的，刑法实施以后，在司法实践中就陆续出现了一些正当防卫案件，这些正当防卫案件引起了争议，当时几乎每一起正当防卫案件都存在争议，因此，正当防卫制度就在理论上受到广泛的关注。我是 1982 级刑法专业硕士研究生，在确定硕士论文题目的时候，就选择了研究正当防卫问题。我是 1984 年底通过硕士论文答辩的，题目是《正当防卫论》。在研究过程中，我发现正当防卫在司法实践当中争议很大。尤其是从 1983 年开始，我国展开了一场“严打”：严厉打击严重破坏社会治安的刑事犯罪和严重破坏社会经济秩序的经济犯罪，“严打”在某种意义上来说也是一场运动。在“严打”的背景下，对正当防卫的认定受到了很大的扭曲。对正当防卫的认定存在两个问题：第一个是防卫前提的认定，即某一案件能不能认定具有防卫前提。如果这个认定发生偏差，就会把具有防卫前提的行为认定为普通的犯罪，就不承认行为的防卫性。第二个是在认定具有正当防卫前提的条件下，认定是否过当。如果这个认定发生偏差，就会把符合正当防卫限度条件的行为认定为防卫过当。但从当时的情况来看，我们甚至连第一个问题都没有解决好，也就说是否具有防卫前提的问题在司法实践当中都没有得到很好的解决。当然，司法机关也

做了一些努力，例如刊登在 1985 年《最高人民法院公报》第 1 期的孙某亮案，被告人叫孙某亮，是发生在甘肃的一个案例。孙某亮实际上是见义勇为，发现几个小青年在调戏一个 16 岁的少女，为了解救这个少女，孙某亮和几个歹徒发生了冲突，几个歹徒冲上来要打他，在这种情况下他就掏出了随身携带的一把水果刀进行随意捅刺，结果致使对方一个人死亡。这起案件的起因是见义勇为，但这起案件却被检察机关以故意杀人罪起诉，一审法院以故意伤害致死判处孙某亮有期徒刑 15 年，根本就没有认定防卫前提，更不用说认定正当防卫了。一审宣判以后，检察机关提出了抗诉，认为：第一，这个案件定性错误，检察机关认为本案应当认定为故意杀人罪；第二，量刑畸轻，这个案件要判无期徒刑或死刑。在抗诉期间，甘肃省高级人民法院在审理中认为这个案件适用法律有错误，就进行改判，最后认定为防卫过当，以故意伤害（致人死亡）罪改判有期徒刑 2 年，缓刑 3 年。这个案件被收入《最高人民法院公报》，最高人民法院审判委员会对这个案件进行了讨论，认为二审判决是正确的，较好地解决了正当防卫的认定问题，把孙某亮案作为一个正当防卫的标志性案例来加以肯定。从理论上来看，我认为这个案件完全就是一个正当防卫案件，而一开始甚至连防卫前提都不认定，即使二审进行改判，最高人民法院予以肯定，也仍然认定为防卫过当。这个防卫过当认定已经很不容易了，因为检察机关认为孙某亮构成故意杀人罪，要判无期徒刑以上的刑罚。由此可见，在当时“严打”的背景下，对正当防卫案件的处理难度是非常之大的。对正当防卫认定的这种偏差在我国司法实践中一直就存在。应该说，对正当防卫的认定和“严打”惩治犯罪的理念之间发生了很大的冲突。

到了 1997 年《刑法》修订时，立法机关对正当防卫制度作了重大调整，这个调整的基本方向就是要扩大公民的防卫权。立法调整表现在两个方面。

第一个是对正当防卫的必要限度作了修改。根据 1997 年《刑法》的规定，“正当防卫明显超过必要限度并且造成重大损害的才构成防卫过当”，立法机关在这里加了“明显”两个字。也就是说，在判断是否超过“必要限度”的时候，要从有利于防卫人角度来考虑，不是一般的超过，而是“明显”超过。当然，对如

何理解这里的“明显”可能会有争议，因为“必要限度”的用语本身就表明了立法机关已经把正当防卫限度的裁量权授予司法机关，由司法机关根据案件具体情况来判断到底有没有超过必要限度。但是，这里加了“明显”两个字，又表明了立法者的一定的倾向。如何来理解这里的“明显”，当然是很值得研究的一个问题，有的学者就曾经说：“什么是‘明显’超过？凡是对是否超过必要限度有争议的就不能认为‘超过’。”也就是说，只有在对是否超过必要限度没有争议的情况下，才能认定为明显超过了必要限度。如果对是否超过必要限度有争议，那就是没有明显超过必要限度，因为如果明显超过就不会有争议。这个说法我觉得还是很有启发的。立法机关对正当防卫的限度条件的调整，表明立法者要放宽正当防卫的尺度。

第二个重大调整是在《刑法》第 20 条第 3 款规定了“无过当防卫”。根据刑法的规定，对于行凶、杀人、强奸、抢劫、绑架等暴力犯罪实行正当防卫的，不存在“超过必要限度”问题，不负刑事责任。这一规定实际上赋予了公民一种无限的防卫权，也就是对暴力犯罪进行防卫就不存在过当的问题，立法机关就直接规定不负刑事责任。无过当防卫的制度设计应该说在世界各国刑法当中都是绝无仅有的，它非常明确地表明了立法者要赋予公民更为宽泛的防卫权。这种立法意图可以说是显露无遗。当然在 1997 年《刑法》修订中，对在刑法中是否规定无过当防卫，争议还是比较大的。有些人就担心在立法上规定了无过当防卫以后，公民的防卫权会被滥用，尤其是无过当防卫主要是针对暴力犯罪，而一般的正当防卫主要也是针对暴力犯罪，因此，刑法规定了无过当防卫以后，可能就会使一般的防卫完全被架空。

在 1997 年 10 月 1 日《刑法》实施以后，有一个标志性的案件——叶某朝案。被告人叶某朝是一个饭店的老板，有几个歹徒来吃饭的时候寻衅闹事，发生纠纷，用饭店里面的凳子打叶某朝，在这种情况下叶某朝就拿刀砍这两个人，把这两个人砍死。这个案件就被法院认定为正当防卫，而且是无过当防卫。这个案件是在无过当防卫的规定出台以后，第一起适用无过当防卫的案例。这个案件就

被收入了最高人民法院刑庭所主编的《刑事审判参考》，作为一个典型案例，产生了很大的影响。最高人民法院有关部门想通过这个案例来宣示无过当防卫制度。但是，随着时间推移，我们就发现无过当防卫案例实际上是极为个别或者说基本上没有的。大量符合无过当防卫条件的案例不仅没有适用无过当防卫的规定，甚至连普通的正当防卫都没有认定。因此，在1997年《刑法》修订之时，那种无过当防卫制度规定以后公民会滥用防卫权的情况，完全没有发生。可以说立法虽然很超前，甚至某种意义上也可以说很激进，但它并没有对司法实践中的正当防卫认定带来有效的影响，可以说这种立法的意图完全是落空的。这样就出现了我们所说的，在正当防卫问题上激进的立法和保守的司法之间形成了鲜明的对照。

在这种情况下，引起我们思考的是立法和司法之间的关系。在现代法治社会，立法权和司法权的分立，是一个基本的规则。立法机关通过立法活动来创造规范，为司法活动提供规范，而司法机关通过它的法律适用活动来落实法律规范，将一般的法律规范适用于个案，将一般公正转化为个案公正。但立法和司法之间的这种关系，我认为可以分为两种情况：第一种是立法和司法之间的理想状态。第二种是立法与司法之间的疏离状态。理想状态是指立法机关的立法意图能够通过司法适用活动，在个案当中得到圆满的体现。但在现实的司法活动当中，这种理想状态事实上是很少出现的，在很多情况下立法和司法之间存在某种抵牾、偏差，这就是立法与司法之间的疏离状态。这种情况主要可以分为两种：第一种是司法越权，也就是说司法机关在法律适用当中超越法律规定的限度，滥用法律。这种现象在司法活动当中总是会存在的，只不过是存在多少的问题和大小的问题。比如我们现在司法实践中存在所谓的“口袋罪”，例如非法经营罪、寻衅滋事罪，应该说在一定程度上其存在被滥用的情况，体现怎么表现呢，也就是司法机关超越了法律的规定。第二种是立法虚置。法律的规定在司法活动中并没有得到有效的贯彻，法律被虚置了，法律成为僵尸条文。这种情况又可以分为两种：一种是合理的虚置。在某些情况下这种立法的虚置是合理的，比如我国刑法规定了预备犯普遍处罚原则，也就是根据刑法总则关于犯罪预备的规定，只要是

犯罪预备，都应当受到惩罚。但在司法活动中，预备犯实际受到处罚只是个别的，绝大部分的预备犯事实上并没有受到处罚。这种现象之所以出现，主要是因为立法规定对预备犯的处罚范围过于宽泛，需要通过司法活动对其进行一定的纠正。这种立法虚置具有一定的合理性。而另外一种是不合理的立法虚置，正当防卫制度就是一个很好的例子。立法机关在立法上赋予公民比较广泛的、充分的防卫权，但是司法机关在认定防卫权的时候却表现出比较保守的态度，并没有完全按照法律规定来认定正当防卫。尤其是 1997 年《刑法》，虽然规定了无过当防卫制度，但在司法实践当中极少认定。在这种情况下，无过当防卫规定几乎被虚置了，立法意图落空了。这种现象是值得我们思考的。

在这里涉及对正当防卫制度功能的理解，需要从个人防卫权和国家法秩序垄断之间的矛盾出发进行分析。防卫权是一种私力救治，防卫本身表现为一定的暴力；而在现代法治国家暴力是由国家垄断的，只有国家才能通过刑法来使用暴力保护公民的权利，这是一种公力救济。但在紧急状态下，当公力救济不足以保护公民个人权利的时候，国家法律就赋予公民在特定情况下享有一定的防卫权，这种防卫权就是一种暴力。在这种情况下，公民可以合法地使用暴力来进行防卫，所以个人的防卫权本身是一种特殊情况下的暴力，但它和国家的法秩序垄断之间形成一定的矛盾。也就是说，公民个人普遍使用暴力进行防卫，可能会对国家的法秩序会带来一定的冲击。当然，这种情况比较复杂，虽然私力救济和公力救济之间存在相关性，在公力救济能够及时有效保护公民权利的情况下，可以避免私力救济的使用。只有当公力救济不能够及时、有效地出现，公民个人的权利不能受到国家法律有效保障时，私力救济像正当防卫这种情况才会出现。因此，正当防卫和社会治安状况有着密切联系，同时也和我们的警察反应之间存在着密切的关系。也就是说，在一个社会中，如果社会秩序比较好，国家警察机关能够有效地保障公民个人权利，正当防卫案件出现的概率是很小的。我记得张明楷教授就曾经说过，日本公民报案后只要四五十秒钟警察就到场了。在这种情况下，公民用不到正当防卫。受到某人的威胁，马上报警，警察一会儿就到了，就没有防卫

的必要，所以在这些国家正当防卫案件就很少。但在我国当前的这种社会治安背景下确实具有一定的特殊性，我国现在犯罪还是比较严重的，社会治安状态不佳，而且我国警力不足，国家难以及时有效地保障公民的个人权利。在这种情况下，赋予公民一定的防卫权，我觉得是有其必要性的。当然，在这个问题上，立法机关和司法机关之间是存在一定矛盾的，立法机关是倾向于赋予公民更多的防卫权，但司法机关在正当防卫的认定上却表现出一种非常保守的态度。这里面主要还是对暴力的国家垄断的一种看法，如何来看待暴力的国家垄断？是不是应当赋予公民在一定条件下使用这种暴力的权利？这个问题涉及对正当防卫的社会功能的认识，只有从社会的角度来看待正当防卫，对这个问题才能够正确理解。

第三个问题，对正当防卫的司法状况进行考察。因为前面实际上已经讨论到了司法机关在认定正当防卫当中存在的一些问题。我国刑法关于正当防卫的规定已经很明确了，而且鼓励公民大胆行使防卫权的立法意图也已经表露无遗，为什么司法机关对正当防卫的认定还是存在那么多的偏差？这种偏差是如何产生的？这个背后的原因和刑事政策以及司法理念等都有很大关系。在这里，我主要想从刑法教义学的角度，对正当防卫认定中的司法偏差进行具体的分析。我认为司法机关在正当防卫认定上存在三个偏差。

第一是防卫起因理解的偏差。所谓防卫起因指的是不法侵害，因为只有对不法侵害才能进行防卫。那么如何理解这里的不法侵害？我觉得这在正当防卫认定中是一个很大的问题。在这个问题上存在一个严重偏差，主要是把防卫和互殴混为一谈，由于防卫和互殴在外观上是相同的，所谓的互殴就是你打我、我打你、互相殴斗，而防卫是首先有不法侵害，针对这种不法侵害实行防卫，因而也表现为互相之间的一种暴力的侵害，在外人看来，防卫也是你打我、我打你，就此而言，防卫和互殴的外观是一致的，因此，在我国司法实践中往往都把那些具有防卫性质的行为认定互殴。这就引起我们的思考：到底如何正确区分防卫和互殴？在互殴的情况下，为什么第二个人（就是还击的那个人）的行为不被认定为防卫，而被认定为互殴，是一种互相殴斗？而在正当防卫中，却把第二个人（反击

那个人）的行为认定为防卫？两者之间到底有什么区分？我国司法实践中往往是单纯地从外表上来看这个问题，认为只要你打我、我打你，就是互殴，而没有从性质上区分这两者。我曾经对防卫和互殴的问题结合四个具体案例作了一些分析，怎么区分防卫与互殴呢？我认为所谓互殴是具有事先殴斗的意图，在这种意图的支配下，你打我，我打你，这才能被认定为互殴。事先有殴斗的共同意图，就是事先就约定了要互相打斗，要有这样的主观殴斗意图，才能认定为互殴。如果没有事先约定的互相殴斗意图，而是在客观上遭受他人的不法侵害以后，行为人为了保护自己的人身权利和财产权利而对不法侵害实行反击，就应当认定为防卫。如果按照这样的标准，那么就会极大地压缩互殴的范围，而为正当防卫的防卫性的认定提供客观根据。因此，我认为首先要正确区分防卫和互殴。我国司法机关对防卫和互殴没有正确地划分。在这种情况下作出的判断或者判决，我认为是不分是非，它把这个前因给抹杀了。在这种情况下，任何一个防卫都会被认定为互殴，因为它只是客观化，也只是表面化地理解互殴，而没有把互殴的意图作为认定互殴的重要条件。

防卫起因的司法偏差还表现为，把正当防卫的不法侵害仅仅限定为暴力性的不法侵害，那么对那些非暴力性的不法侵害，能不能认定为防卫？例如对非法拘禁等，能不能进行防卫？我国司法实践中还是认为：只有对暴力性的犯罪才能进行防卫，认为对非暴力性的不法侵害就不能进行防卫。我认为这样的理解和我国刑法的规定本身是不符合的，例如我国刑法规定，公民不仅在的人身权利遭受不法侵害时可以防卫，而且在财产权利遭受侵害时也可以防卫。那么，对人身权利的侵害既可以包含暴力性的侵害，像杀人、伤害等，也可以包含非暴力性的侵害，比如对人身自由的侵害，也可以进行防卫。不仅对人身侵害可以防卫，对财产侵害可以进行防卫，对带有暴力性的抢劫可以进行防卫，对于盗窃也可以进行防卫，尤其是一些入室盗窃，当然可以进行防卫，所以，防卫起因不能限定于暴力。而且从我国《刑法》第 20 条第 2 款和第 3 款的区别来看，第 3 款是针对暴力性不法侵害的，无过当防卫专门针对暴力性犯罪，而第 2 款专门针对非暴力性

的不法侵害或者比较轻微的暴力性不法侵害所实行的防卫。从这个意义上来看，我们对防卫的起因的不法侵害的范围要作合理的界定。

第二是对防卫时间理解的偏差。刑法规定的防卫时间是“不法侵害正在进行”，如何理解这里的“正在进行”？“正在进行”，我们通常都说是指“不法侵害已经发生尚未结束”。不法侵害的时间和正当防卫的时间两者之间并不是完全重合的，这两者之间还是有一定时间差的。这里我们重点需要讨论的是不法侵害的结束时间和防卫的时间两者是否完全一致？在司法实践当中，对这个问题往往进行比较机械的理解，认为只要不法侵害人已经不再进行不法侵害了，防卫行为就应该马上停止。这里涉及所谓追杀，比如像于某明案件中就涉及追杀，也就是不法侵害人已经逃跑了，你还去追他，认为这种追杀就是防卫不适时，因为此时已经不具备防卫时间了，因此这种所谓追杀就不是防卫。但这种认识有一定的偏差，我认为不能把防卫的结束时间简单地认定为不法侵害人脱离现场或者逃离现场，而是要看不法侵害人是不是已经丧失了侵害能力，或者这种不法侵害的危险是否已经被排除，以此作为防卫的结束时间标准。这就是所谓的危险排除说。只有不法侵害的危险已经被排除，在这种情况下，防卫权才消失，防卫时间才结束。这里的危险已经被排除可以表现为不法侵害人已经丧失了侵害能力，例如由于在防卫中被打伤了，已经不能再侵害了，对此就不能再进行防卫；或者不法侵害人已经逃跑了，根本就不可能再反过来进行侵害，在这种情况下也不能再进行防卫。当然像于某明案件中的所谓追杀，实际上还不能仅仅从客观上来看好像行凶者刘某龙逃跑，还要结合防卫人的主观认识，就是于某明以为他是要回到车上去拿其他凶器或者是开车来撞人，所以防卫人自己还没有认识到危险已经被排除。在这种情况下，就不能认为不法侵害已经过去、不能再进行防卫。所以能否进行防卫，要看在当时情况下不法侵害的危险是否被排除。在司法实践中曾经发生过一个案例，能够非常能形象地说明对不法侵害的正在进行应该怎么理解。这个案例就是：在一个偏僻的山区，一个回娘家的妇女正好遇见一个歹徒，这个歹徒是一个屠夫，他身上拿着刀，要对她进行强奸，这个妇女就比较冷静地说同意

跟他发生关系。他们就来到了一个粪池旁边，这个妇女同意在这里跟歹徒发生关系，并且自己先把外衣给脱了，然后让这个歹徒也脱掉他的外衣。当歹徒脱毛衣包住头的时候，她一下把歹徒推进粪池里面去，因为是冬天，天气很冷，所以被推进粪池里的不法侵害人就在粪水里挣扎。这个时候应该说不法侵害已经停止，因为侵害人掉到粪池里面去了，但不法侵害人又用手想爬上来。这时候那个妇女没有逃跑，而是用石头砸他的手，不让他爬上来，过了一会儿，这个人就被粪水给溺死。在这个案件中需要讨论的问题是，妇女把侵害者推到粪池里面去，不法侵害行为是不是已经停止了？这个妇女是不是应该逃跑？推到粪池致使侵害者溺死的行为能不能被认定为正当防卫？也就是说，侵害者的死亡是由这个妇女防卫行为造成的，还是由不法侵害行为结束以后，妇女又对不法侵害人进行了侵害，而造成死亡结果的发生？对这个问题存在比较大的争议。但结合这个具体的案例，歹徒掉到粪池里去，不可能再施行强奸犯罪，这点是没问题的。但考虑到当时地处偏僻，这是个山区，前不着村，后不着店，如果歹徒爬上来，他有可能追上这个妇女，再对她进行报复。也就是说，不法侵害的危险并没有被排除，至少防卫人是这么认识的。在这种情况下，这个妇女采取用石头砸他手的方法，不让他爬上来，这个行为本身具有一定的防卫性，不能认为这是在不法侵害已经停止以后的一种事后的报复侵害，所以这个案件我认为还是成立正当防卫。因此，对防卫时间的认识要结合具体案例加以具体分析，而不能机械地把防卫时间和不法侵害时间进行对比。另外，这里还有一个问题，就是我们要考虑不法侵害本身具有持续性，有的不法侵害是即时的，比如用刀扎人可能就一刀，所以它给你留下的防卫时间是短暂的，但有些不法侵害有个发展的过程，是一种持续性的不法侵害。在这种情况下，防卫的时间并不限于某一刻、某一时，而是在不法侵害的持续过程当中，被侵害人都有防卫权。这是对正当防卫时间的认识，而这一点对区分正当防卫和普通犯罪具有重要的意义。恰恰在这个问题上，某些司法机关存在一些认识上的偏差。

第三是对防卫限度认识的偏差。在司法实践中，往往是一个案件只要造成了他人的重伤死亡，那么就会认为超过了防卫限度，所以对防卫限度问题本身的认识是有偏差的。这种偏差主要表现为唯结果论，就是只看结果，只要致人死亡就认为过当。但事实上，在绝大部分情况下，正当防卫都会造成不法侵害人重伤、死亡。在没有造成重伤、死亡，只造成轻伤的案件中，基本上不会判断错误。但是，我们不能根据防卫行为造成了不法侵害人的死亡，就认定为防卫过当，而是要看这种造成不法侵害人重伤、死亡是否为制止不法侵害所必要。这才是判断防卫是否过当的关键。事实上，防卫过当本身可以分为行为过当和结果过当，只有在同时具备行为过当和结果过当的条件下，才能认为是防卫过当。如果仅仅是造成重伤、死亡结果，尽管这一结果从表面上看与不法侵害是不相称的，但这是达到防卫目的所必要的，那么就不能认为超过了正当防卫的必要限度。所以，对正当防卫必要限度的认定也是一个很值得研究的问题。

在最近出现的于某明案件当中，公安机关就直接认定于某明的行为是正当防卫，尽管他造成了不法侵害人死亡的结果。但是在于某案当中，一审根本就没有认定防卫前提，而是认定为普通的故意伤害致人死亡罪，判处无期徒刑。二审改判，认定存在正当防卫前提，但认为超过了必要限度。当然对于某案当中，防卫行为是否超过必要限度这一点，在刑法学界争议还是比较大的。有一部分学者认为于某的行为超过了正当防卫的必要限度，认定为防卫过当是正确的，但也有一部分学者认为于某的防卫行为并没有超过正当防卫的必要限度。我个人还是认为于某的防卫行为并没有超过正当防卫的必要限度。正当防卫问题上的司法偏差，主要还是理念问题造成的。打击犯罪虽然是司法机关的不可推卸的责任，司法机关在履行这一职责的时候，首先应当区分罪与非罪，以便准确地打击犯罪，而不能将防卫认定为犯罪。唯此，才能获得司法正义。

这就是我的发言，谢谢大家！

王涌：好，谢谢陈兴良老师精彩的主题演讲！陈老师不愧是刑法大家，对正当防卫的基本理论烂熟于心，娓娓道来，尤其是从宏观的角度提出了我国所面临的关于正当防卫的立法与司法的偏差。听了您这个观点我还是非常惊讶的，因为

普通的民众都以为中国不管是立法还是司法，在正当防卫这个问题上都是非常保守的，但通过您刚才的讲解，我能非常惊讶地发现，原来中国的立法还是比较超前的，而这样的一个超前的立法在司法实践的时候却变成了非常的保守。当然，您没有说这个背后的更深层次的原因是什么，您用了许多的案例来表达这种倾向。陈老师最后的观点是非常鲜明的，我觉得您的这个观点应该属于一种比较现代的，从增加侵害者的侵害成本这个角度思考正当防卫的司法认定问题。我们发现在国外有很多的案例，当然这些案例可能广泛流传于我们现在的微信当中，它们的真实性没有最终得到确认，但是我估计很多案例可能在美国或者欧洲还是非常典型的。比如说一个歹徒在停车场推了一个老人（因为老人指责他们），这个老人被强行推倒之后就立刻拔出枪对着歹徒开了两枪，把歹徒给干掉了。这个画面令人震撼，如果说要在中国的司法机关审判，这个老头防卫过当，（陈兴良：防卫过当都认定不了）对吧，防卫过当都认定不了，所以为什么在欧美国家的防卫过当的认定标准比我们要宽松很多？背后的社会原因和立法理念、司法理念到底是什么？如果说今后我们对正当防卫不断地放宽其标准，会出现什么问题？另外，正当防卫除了公民之间的正当防卫，还可能包括针对一些公务员、国家力量的不法侵害的正当防卫，那么这里面是不是采用同样的标准？我们最后在司法认定的时候这是否也是一个比较令人顾忌的问题？这些都是值得深思的。好，按照我们以前的惯例，我们进入评议和讨论阶段。我们先建立微信群，大家可以在微信群里提出问题。各位在两位评议人进行评议的时候也可以在微信群里提出问题。好，下面我们有请光权教授作评议，大家欢迎！

周光权：谢谢王老师，这个活动非常好！刚才陈老师讲的大多数观点我都同意。确实像王老师刚才讲的，陈老师的观点非常符合现在的权利保障理念，非常合理。我对正当防卫的基本判断和陈老师是完全一样的，就是司法实务确实对正当防卫的标准掌握得太严，与立法理念不一致。因为长期以来，司法实务上认定正当防卫的手太紧了，这才导致 1997 年修改《刑法》的时候，立法者花了那么多精力，费了那么多功夫，把条文写成现在的第 20 条第 3 款的样子。这真的是

很不容易。大家去看才通过不久的《民法总则》，其中有关于正当防卫的条款，它的第2款也是关于防卫过当的条款，但它在那个条文里就简单，就是（民事上的）正当防卫超过必要限度，造成损害是防卫过当。它的写法模仿了1979年《刑法》的这个写法，那个写法就很粗放。但在民事审判上就觉得没问题，民事上认定民事侵权和民事的正当防卫之间的关系，处理的时候从来没出现过什么问题。但在刑法领域确实就有些问题，由此可以发现这两个部门法关于正当防卫的规定是不一样的。有的人一遇到疑难案件出来就批评立法，说立法有很多不明确，为什么不把防卫过当的标准写得很明确？这个批评基本上没有道理的！最高人民法院提出来说要出司法解释把防卫过当的标准明确，但事实上也是很难做到的，可以说是做不到的。所以，我们现在的立法写成这样很不容易，不能一出问题就把这个板子打到立法的身上。接下来我想讲三点，有的是对陈老师的观点做一些补充。

第一，确实要把正当防卫制度放到社会治理当中去考察，就是不能单纯地说，正当防卫就是一个刑法条文，只是一个在司法实践中如何认定的问题。实际上，正当防卫的规定牵一发而动全身，涉及这一制度背后的理念、社会治理的一般观念等。在对正当防卫的认定当中，社会治理系统的一些弊端、人性的很多弱点、这个社会当中的很多软肋，在一个案子中就足以暴露出来了，包括基层的社会治理状况、基层的金融乱象等，所以正当防卫制度要放到社会治理当中去解决。对此，我大概分这么三个方面来讲。

第一方面，如果要实现一个好的社会治理，实现善治，国家必须让渡出很大的一部分权力，让公民去行使。这样的话，正当防卫的认定空间应该要比现在这个稍微大一点。我们长期习惯于“一元”的治理，就是靠国家的权力去强力推行。从1949年到1978年，我们基本上是这样去做的，当时看不出有大的问题。但是改革开放以后，主体多元化、利益诉求多元化、价值观多元化以后，如果全靠国家去治理，很多事是搞不好的，所以刑事政策模式要从国家模式向国家和社会合作这样一个模式去运转。现在大家可以看到，我们居住的小区有很多保安，

到处都是防护设施，南方的很多城市到处都装防护网，另外还有一些私人侦探的机构。虽然按现在的这个法律来讲它是不合法的，但它在那儿运转。这就说明其实对付犯罪、对付违法行为的政策单靠国家是做不好的。这种权力的让渡其实是没有办法的。陈老师刚才讲到像在日本、德国很多国家，警察出动很及时，所以这个时候公民正当防卫的案子确实在现实生活中是很少的。那就是因为国家权力足以帮助个人的时候，公民个人权利的压缩就会是自然的。但是，在警力不充分，特别是中国广大的农村还有一些小县城，像于某案就是一个放大镜，你可以看到基层的这种治理，甚至警察来了之后走一圈，然后就出去了，他并没有起到“我来了之后，不法侵害就会停止”的作用。所以，这个时候还不允许公民个人去救济的话，就达不到善治的目标。所以，我们不要对国家权力有一种迷恋，不要认为它可以包打天下，阳光下就没有罪恶。对此，要有一个务实的态度。

第二方面，需要很好地理解正当防卫的正当化的根据。如果认为这个防卫一旦造成了结果，防卫行为就不正当了，实际上我们的司法理念就是这样的，这种立场更接近刑法上报应的立场——行为人造成什么后果，就对这些后果负责，所以防卫就不能有死伤的后果，有死伤的后果通常就很可能被认定为防卫过当。结果主义立场的这种认识导致正当防卫受到限制。还有一种立场就是说，有没有结果有时候不是最重要的，谁对谁错是非曲直才重要，因为谁的行为导致规范被动摇了谁就不对，国家要维护规范的效力。究竟谁对谁错？在认定正当防卫时必须要分清楚。这是另外一种立场。关于国家刑罚权的正当根据，现在很有影响的理论就是积极的一般预防，国家通过适用刑罚来告诉国民“被告人是错的”，他的行为动摇了规范，动摇了我们这个社会当中最起码的这些标准、这些行为规则，所以他必须接受刑罚惩罚。对罪犯定罪判刑是要告诉国民，守规矩是对的。如果你守规矩，你的生活就会过得很好。如果每个人都能认识到这一点，那么每个人的生活都会过得很好。所以国家动用刑罚，是要通过定罪判刑来确认规范的有效性，来实现否定之否定。其实正当防卫制度也是这样，它只不过是在特别紧急情

况下个人的一种私刑。这种私力救济或者私刑动用，背后同样有一个正当法根据，对这个根据我们过去的理解存在一定的偏差，仅仅在报应这个层次上面去看是不足的，确实要考虑规范效率的维护和对错的标准。

第三方面，我们确实需要考虑司法的功能。最近我的同事劳东燕教授在今年《法学家》第五期有一篇文章①，讲正当防卫司法功能的异化和司法的功能。我们以前把正当防卫定位为纠纷来解决，而对纠纷的解决往往最后定位摆平。这就产生了“死者为大”的观念。一旦有防卫，有人死了，死了的那方就有理，所以最后法官、检察官就觉得你都弄死人了，如果我不给你认定一个防卫过当，这个事根本就摆不平。所以，最后维稳的观念、摆平的观念、纠纷解决的观念会使正当防卫变得很少。因此，司法的功能在解决正当防卫这个问题上需要被调整，要回到规范违反和对规范效率的维护，判断谁对谁错这个问题上。如果不这样，确实就会出现陈老师刚才讲的，司法实践中定出那么多互殴，不分对错。去年我为此写了一篇正当防卫的文章②，看了好多判决书，有好多人就是被人领到了一个传销窝点，就被骗去了，骗去了之后要摆脱，摆脱不了，每天三五个人看着他，根本就没办法逃脱，最后行为人把看管他的人打一顿，有的时候下手重了，有时候看管的人也反抗，就相互打，最后把看管的人打成重伤或者打死了，最后被骗进传销窝点的打人者跑了。对这种人，很多判决书里没有认定他是正当防卫，有些甚至连防卫的性质都没有确定，这些法官我真不知道他的底线在哪里？他的标准究竟在哪里？你说一个人陷入传销以后，他怎么才能脱身？他没有办法！他不这样做的话他真的是没有其他任何办法！所以，在我看来，陷入传销窝点的很多人的行为其实是为了脱身而把人打死打伤的，很多人都可以认定为正当防卫，但是司法实践中都没有。这就说明我们司法是有偏差的，就是把“死者为大”的观念、“摆平”和“维稳”的观念带到了我们的司法里面，使司法丧失了基本的区

---

① 参见劳东燕：《正当防卫的异化与刑法系统的功能》，载《法学评论》2018年第5期。

② 参见周光权：《正当防卫的司法异化与纠偏思路》，载《法学评论》2017年第5期。

分是非、对错的理念。

第二，我也想讲一讲对防卫过当判断的一般的观念。有的问题跟王涌老师刚才提到的有关系，就是说，像美国，我们可以看到很多时候它的防卫都很夸张，但是最后都被认定为正当防卫。防卫者无论是他的行为还是结果，都很夸张，动不动就把枪掏出来，动不动就是有死伤，但法官最后说这就是正当防卫。那么这样的一个理念或者观念能不能被贯彻到我们的司法里？我的感觉这个问题需要仔细判断，那这就又回到我国《刑法》第 20 条的第 2 款。准确的看法应当是：防卫行为的不妥当加上防卫结果也不妥当，这两者同时具备的时候，才是防卫过当，因为第 20 条第 2 款就是这么规定的，“正当防卫明显超过必要限度”。这是讲行为的限定，就是“行为明显超过必要限度”，“明显超过”才是不必要。你不这样做就足以把对方制服，你为什么还要这样做？这是讲防卫行为的。另外，“造成重大损害”，这是讲后果，所以这是对《刑法》第 20 条第 2 款自然的解读，就是应该这样讲。所以我去年在《法学评论》上有一篇很长的文章，讲正当防卫的司法异化和纠偏的思路。我在这篇文章前面举了很多有意义的现象，后面有一个纠偏的思路。那我就回到第 20 条第 2 款，回到第二 20 条第 2 款就是要同时判决行为不妥当和结果不妥当。我自己认为如果作这样的解读，刑法的基本理念就不是以结果为导向，而是以行为为导向的，就是和我的行为无价值二元论是一致的，所以这个行为明显违反规范，不妥当，而且造成后果的时候，才是违法。因为防卫过当是一个违法行为，所以第 20 条第 2 款其实是白纸黑字写出了，跟我的刑法立场相同的观点，那就是说行为违反规范，进而造成法益侵害的才是不法行为。所以，我自己觉得第 20 条第 1 款实际上涉及刑法基本立场，它不是一个一般的条文我怎么去解读，它背后有一个刑法的基本理念在里面。就是说当这个行为过分，结果也过分的时候，我们才说你这个防卫行为过当了，才是个犯罪行为。那么，这个结果是不是过分呢？很多时候是相对比较好判断的，就是说有一个死伤结果，我们通常就说这个结果可能是过分的。但这个时候我觉得就要重新绕回来，看他的行为是不是过当，如果行为不过当，司法上不能说人家防卫过

当。而这个行为是不是过当，确实是要在每个案子中具体判断，跟国情有关、跟刑事政策有关。为什么我一开始讲正当防卫事关国家治理，事关一个国家是不是想实行“善治”？对防卫行为是不是妥当的判断，确实跟一个国家一个时期的政策有关联。比如说，为什么美国的正当防卫这么多，美国的警察权力也大，限制较少？这跟它的国情，就是枪支的持有和使用比我们要受的限制少有关。中国不允许个人持有枪支，个人持有枪支属于非法。而美国在个人大量持有枪支的情况下，你动不动对别人动粗，然后手揣在口袋里，那人家就在想：“那人是在掏枪”，所以肯定一上来就得做出比较强烈的反击，按防卫人的预测来讲，他觉得是可以的。所以他在司法判断上有很重要的一个规则，防卫人在他有合理的根据来判断对方实施暴力程度很高的侵害的时候，就可以防卫，他的防卫就几乎无底线，就没有什么限制。所以，美国刑法强调从防卫人出发来判断，考虑防卫人面临多大的危险。我判断我面临多大危险的时候，我当然是判断的出发点，所以他考虑的是防卫人的判断。此外，防卫人当时的判断，是事中的判断而不是事后的判断。“马后炮”“事后诸葛亮”的判断会说：“你当时跑就行了嘛，你为什么要防卫？正当防卫主要靠跑，对吧？为什么不跑？你当时就可以跑嘛。”事后来看可能是这样，但是人家处于当时的这种情况，一个中立、理性的第三人在当时的那种情况下也只能这样做。昆山这个案子中警方，认定于某明的行为是正当防卫，大家都基本能接受。不法侵害人这么残暴地反复在人家头上打、拍，当然也有人说“他就没想砍死他”，但是你要处于那个事中的、当时的、防卫人的那种处境来看的话，那你就觉得特别危险。所以，防卫行为是否妥当，行为人的判断其实很重要。当然，这个时候我们也要参考一个中立的第三人，他在这个时候会怎么判断。有的行为人特别矫情，受到一点小的攻击，比如别人打他耳光，他却摸出一把刀来把对方捅死，然后他说：“哎呀，我当时就觉得危险。”这不行，对吧？这还得参考一个理性的第三者究竟做什么样的表态。所以，理性第三人事中的判断很重要，而不是“马后炮”。我们现在很多司法判断其实侧重于“事后诸葛亮”，就是你这个后果很严重，从事后看有什么问题。所以，对防卫行为是不

是过当的判断跟国情有关联，跟判断的时点、判断的基准都有很重要的关联。

另外，不能要求“武器对等”，要求凶器或者手段、武器对等，这是很落后的、古老的观念。对方空手打你一拳，你反击的时候就不能用刀；对方侵害你的时候用刀，反击的时候你就不能用枪。这是不对的。确实，各国的司法早期都比较保守，都要求“武器对等”，但现在基本不要求了，因为要求武器对等，会对防卫人的限制太多。在日本就有这种判例：别人打他一拳，他觉得别人对他太凶了，他在后备厢把一根铁棍拿出来然后反击。然后法院就说：这是正当防卫，这没问题。就是不能要求对方赤手空拳，你也赤手空拳对打，那就太傻了，这个法官就太保守了。人家在这个判决就说“武器对等的这些原则不需要”。所以我觉得对防卫过当的判断基本的观念确实要回到防卫人通过什么样的行为才造成这个后果，只有行为不妥当和结果的不妥当同时存在的时候，才能说他是防卫过当。

最后一点，要建立一些具体的司法判断的规则。比如说不法侵害人实施不法行为的时候，使用的凶器特别危险，而且外观上特别危险，那这个时候你对防卫人的防卫判断标准就要放宽。像昆山反杀案中，刘某龙从车子上面拿出这么长一把刀来，这个时候防卫人受到危险的感受和一般人是不一样的。那在掏出枪来的时候，即使事后证明是假枪，但是由于假枪做得很真，一旦掏出来，也可以允许防卫人用强度比较高的防卫。在一些紧急情况下，要做有利于被告人的判断。比如说行凶，这个词在《刑法》第 20 条第 3 款出现了，很多人批评它是一种犯罪学的、现象学的用语，不是刑法学规范用语，写在刑法条文里不规范。但是，立法者想的是要把杀人、抢劫、强奸等这样一些行为之外的暴力程度较高的行为，认定为行凶，所以对行凶其实就是要做广泛的理解。另外，《刑法》第 20 条第 3 款规定被害人对强奸可以实施防卫，不存在防卫过当问题。如果在特别紧急的情况下，这个被告人只是想对这个妇女进行猥亵，事后也有别的证据证明被告人确实不是想实施强奸，他就是想强制猥亵妇女。那么即使这个妇女反抗的暴力程度很高，我觉得正当防卫也可能成立。这个时候你就不能去说刑法上强奸罪和强制猥亵妇女罪是两个罪名，这两个是不一样的，就不能这样去考虑这个问题。

在很多国家，进入他人住宅是不法侵害行为，这个时候，防卫人的防卫权要给予放宽。英美国家是特别强调这个的。你到人家家里去，别人防卫把你打死了，你就白死了。因为家是一个人最安全的地方，他回到家里就觉得最安心，结果罪犯带着凶器、带着枪、带着管子就进入你的家，就上楼去了，那这会给人特别恐惧的感觉，所以在这样的场合实际上要特别地考虑放宽。有人可能会说："你这样一个考虑没有法律依据。"那我就说，我们完全可以把"携带凶器进入他人住宅"认定为行凶。侵害人可能去了之后，敲了门直接就进去了，还没有拔刀，没有拿出凶器来，那也可以类推解释为《刑法》第20条第3款的行凶，所以这个时候需做有利于防卫人的各种类推来解释，把这个案件妥善处理。这其实也是要考虑的一个思路。最后一点就是持续侵害。侵害行为如果是持续不断的，这个时候防卫人的防卫权要放宽。这主要是因为持续侵害的风险、危险性是累积升高的，而且这种风险对防卫人的心理形成的一种压力、恐惧感也是不断升高的。如果这种场合你还说，"不法侵害人的暴力程度是一般的"，但是被害人被关押了好几十个小时，被害人到了崩溃的程度，这个时候你还在跟一般的案子去比较不法侵害的大小、去进行法益衡量等，那是不可以的。这一点在于某这个案子里就表现得很充分，所以于某这个案子我完全赞成陈老师的观点，有成立正当防卫的余地。如果你考虑不法侵害，就是非法拘禁的时间那么长，去要债的人那么多，考虑一系列这样的因素的话，那么对正当防卫的判断就和一般的案子是不一样的。有人会说："你这样讲话是不是太主观了？不法侵害行为是不是危险本来是一个客观的判断，你现在把危险的判断弄得很主观。"那我就会说："对危险判断也不是纯客观的。"要考虑在中立的、理性的第三人眼中，这个危险有可能向前发展，那它就不是纯客观的。这个危险性的大小跟人的感受有关系。同样，不法侵害人短期内和长时间拘禁一个人，这时候不法侵害的大小确实是不一样的，需要仔细判断。我最后说一句话，可能我们很多人认为：正当防卫确实在实践中很少，这个板子要打到司法机关的头上，说"我们这边条款用得很少，立法在实践中虚置了，有点僵尸条款的味道"。这样讲讲是没问题的。但是，司法实践中，

我们也不要否认很多司法机关是做了很多努力的，我们在做研究的时候也能看到，有的地方作了很多正当防卫的判决。当然和我国案件总量比起来，这种判决确实很少。但是你要知道，做一个正当防卫案例对司法人来说都是巨大的煎熬，他要反复考虑很多因素。我看过某个县法院做的一个正当防卫的判断，一个被告人前后羁押了 6 年，就一直羁押着，主要是因为防卫行为导致有人死了，所以一直就羁押着。到 6 年以后，法院作了一个正当防卫的判决，我就在想：这 6 年期间司法机关也是不容易的，上下左右前后，各种关系都要处理好、协调好，所以你也要看到司法机关的一些担当和他们做的一些努力。另外，有的案子，你看它最后的结局我们是不满意的，好像没有担当，但是我们这个大的社会背景就是这样的，大的思维就是这样，出了事以后拼命去掩盖、拼命去摆平、拼命去安抚。在这个背景下，你要求司法机关处处有担当，有时候很难做到。所以我觉得，首先这个社会要树立一种“正义永远不向邪恶屈服”这样一个理念，在这个背景下，我们每个人遇到不公平的时候都要去抗争。这个大背景形成以后，我们才可以说司法机关作为社会中很重要的一员，遇到不公平的事，要分清是非，然后去判决，而不是说正义向邪恶屈服。我们这个社会当中的每一个人、每一个机构都需要反思：我们在什么地方、在哪些事情上是委曲求全的？只有每个人结合自己的日常生活或者你的本职工作，你能做到不委曲求全，你才能去要求司法机关在所有的案件里不要去委曲求全。所以，这对我们来说其实是一个非常大的、系统的工程，不是哪一家的事情，而对司法机关的这些努力我们还是要去发现。

王涌：好，谢谢周光权周教授！光权教授基本的观点和陈老师的观点还是一致的，从散射的角度来判断正当防卫的立法和司法。那么周光权教授也非常细心，从很多具体的构成要件上分析这个问题，比如说什么叫“侵害正在发生”？这个侵害是一个客观的标准，还是一个主观的标准？在许多个案中，当事人的主观感受是完全不一样的。当然周光权教授也提出了一个表面上说是矛盾的——又要客观又要主观的标准。这个就给司法机关的认定带来了很大的困难。怎么就又要客观又要主观呢？这个标准是从哪儿来的呢？另外，周光权教授还分析了互

殴，这个从形式上来说正当防卫好像就是个互殴的过程，是吧？你殴我一下，然后我反殴一下，对吧？表面上看就是互殴，但是在第二次殴的时候，这个标准是什么？那么司法机关在认定的时候，为什么对正当防卫认定的比例相对较小？除了死者为大、事后摆平、维护稳定，是不是取证也是一个非常重要的原因？有很多的正当防卫是发生在非常隐蔽的角落，它们不像我们最近发生的几起，像昆山的“反杀案”，都有好莱坞大片的那种屏幕非常清晰地展现整个过程，看得都特别的过瘾，每一个细节大家都能够把握。有许多案件当中是不可能有这种现场还原的，所以这个可能是法官在裁判这种案子的时候更为谨慎的一个非常重要的原因，也是认定正当防卫比例非常低的一个非常重要的原因。当然，我们也感谢周光权教授最后分析了我们司法机关在这方面也是做出了努力。当然，你也承认司法机关裁判的正当防卫的比例还是非常低的。还有你说6年呢，我的感受跟你不太一样，你在6年的羁押过程中看到了司法机关的纠结，而我看到了当事人的这种折磨。好，这个看来还是一个非常复杂的问题，再次感谢周光权教授的精彩的点评！下面我们有请刘仁文研究员做点评，大家欢迎！

刘仁文：好，谢谢！很高兴来听陈兴良老师的这个报告，然后跟周光权教授一起点评。我来参加这个活动，第一，因为这是我们的专业问题，所以想借这个机会听一听陈老师、周光权教授还有大家的意见；第二，陈老师、周光权教授我们关系也很好，但是我们在有些问题上确实观点还不太一致。不过我也没有压力，因为我知道他们都有“君子和而不同”的风度。另外，王涌教授我们也是很多年的朋友，现在王涌教授刚刚接任所长，能顺便来支持一下他的工作也是应当的。

对陈兴良老师的主报告和刚才周光权教授的点评，我首先要承认自己是深受启发，尽管对他们的观点也熟悉，我们就这个话题之前在有关司法机关内部讨论时也交换过一些观点，具体而言就是之前于某案一审后最高人民检察院曾邀请过专家内部研讨，我们仨当时都参加了。但是今天他们的发言仍然给我很大的启发，我也记下了很多他们的观点，还没有来得及整理，所以我现在主要是来学习

的，让我今天来发言，我还没有理出个头绪。加上现在时间可能也有点紧了，我就不一一展开了。但是，我想表明一下基本的观点：我跟周兴良老师和周光权教授对我们目前正当防卫在司法实践中认定门槛太高，我们要适当放宽正当防卫认定的范围，这是一致的。但是，正当防卫的权限要放大到多大的范围和限度？可以说我跟他们俩的结论是有不一致的地方的。既然来了，如果自己是这样一个想法，我想就分享出来，也可以说是和大家一起讨论这个问题。

我们大家都希望实现善治，希望实现心中的正义，但具体内容和路径可能会有不同。现在的问题就是我非常担心的，如果我们的立法和司法以及学界完全是这样一边倒的声音，那后果会是什么？坦率地讲，我从来不是刻意要提出一个什么不同的、引人注目的见解，这恰恰不是我目前的心态。我的直觉是，我非常担心我们这样一个演变的趋势，从于某案到昆山案，里面有跳跃式的发展。我们三位都参加了最高人民检察院组织的于某案一审后的内部讨论会，可以说最后二审的结果和我当时的发言大体是吻合的。当然我们不必以司法机关最后的结论作为我们学界主张的对错标准。但是，他们两位教授和我的观点当时也是不太一致的，当然有一点我们是一致的，就是一审判得太重了，而且我们认为正当防卫的范围应该放大。这个没有问题。对于一审判得太重，对于针对那种非法拘禁的行为可以实施正当防卫，在这些点上我们没有争议，但是如果按照两位教授刚才说的观点，认为这个案子就是正当防卫，不是防卫过当，坦率地讲我是接受不了的。我个人对二审的改判结果大体上能接受，我觉得相对地说是可以的；也就是说，我不同意一审判那么重，但是我也不同意对这个案件做一个完全无罪的处理。于某案到现在有没有 2 年？结果现在昆山案走得更远了，无论实体、还是程序。我不是很了解细节，尽管有很多朋友发来一些视频或者发来一些东西。现在我们看到在昆山案中，公安机关就撤案了。对这样一些重大的有争议问题，特别是我们在推进以审判为中心的司法改革时，我不认可这样的做法，不管最后法院判决的结论是有罪还是无罪。所以，我感觉到在当前这样一种自媒体高度发达的社会中，特别当时还有“中非论坛”等敏感的时间节点，我感觉到这种媒体和民

意给的压力绝不是某个个体或者某个当事人所能左右的，我也能想象这个给我们司法机关、给我们有关的治理当局所带来的压力。这种压力背后给我们带来的困惑和深思，我只是想说“不寒而栗”，但是我现在还来不及消化。当然，陈兴良老师、周光权教授他们都是基于自己的学术见解，毫无问题。我们整个社会大多都是他们这个观点，我这个是少数观点。如果在这样一个情况下，再推动最高人民法院，不管是发布指导性例，还是出台司法解释，再把它继续往前去推，我就非常担心。所以，我的基本观点：对于这种暴力，即使万不得已，国家要出让这个权力必须要十分地慎重，要相当地小心，不能矫枉过正。有些情况来不及细说了，刚才主持人和两位老师都讲到在欧美怎么正当防卫。实际上王涌教授你说的那个例子，刚才周光权教授讲了一个细节，效果就不会一样。那不是简单地推你两下，而是美国人是可以合法持有枪支，法官最后认定你是无罪，是因为基于你当时的判断，你有合理根据觉得对方是伸手在掏枪。这才是一个最关键的细节。所以有一年我在美国看到一个案子，这个案子无罪判决出来以后，黑人抗议这个警察被判无罪。法官判他无罪，因为那个警察说：这个黑人有掏枪的姿势。尽管事后证明他口袋里没有枪，但是如果说每一个警察在这种情况下——人人有枪的情况下，他也可以合理地判断他是在掏枪，如果我还不敢防卫，那美国的警察怎么执法？我顺便跟陈老师、周光权教授报告一下，我在欧美国家两次看到有人被餐厅的服务员从餐厅一直追打到大街上，拳打脚踢地打那个人。我当时想：“如果这个人有心脏病或者什么病，那肯定就死掉。”但是他人高马大，什么问题也没有。当时在旁边的老太太都在喊“My God!”（我的天啊！）当时我并没有觉得在几秒钟或者几分钟内警察马上就能赶到，过了一阵，警察来了以后调查调查，没什么事，就走了。假如在欧美大家普遍的观念就是，你侮辱我的人格，或者一有侵害行为，我就可以捅死你，开枪打死你，那我很奇怪：那个“牛高马大”的被打的人，为什么只有招架之功没有还手之力？为什么不奋起反抗把对方激烈地弄死？有些问题可能没有时间展开了。比如说陈老师讲到“严打”期间，他说因为在“严打”的背景下要严打犯罪，所以我们正当防卫认定就从严。我个人觉得这个内在的逻辑还要商榷一下，因为严打犯罪恰恰就是有利于对不法侵害人进行反击啊，1997 年《刑法》我们是在“严打”这个过程中颁布的，当时为什么出现了对正当防卫有点扩大防卫权？主要是为了伸张正义，打击犯罪。我们打击犯罪，更多讲到的还是打击不法侵害人，对吧？刚才两位教授也介绍了一下，在 1997 年《刑法》要增加特殊防卫权时，当时是有很多争议的，也有很多的类似于我这样的一种担心，后来立法机关在当时“严打”的这种情况下，为了要正气压倒邪气，所以我们把正当防卫在立法上做了这样一个比较激进的处理，所以，我也在想：此一时彼一时也，我们的法律要讲规范，要讲价值吧。在 1997 年的时候，我们许多的刑法学者还在为立法这样一个规定，从另一个角度提出了很多的担忧，但是今天好像我们看到的局面就有变化。从当时过多的担心防卫权被滥用，到今天大家更多地说防卫权用得不够，我们还要继续往前推。因此，对于这样的一些情况，我反正是有一些自己的不安吧。我们不妨再回忆一下 2009 年湖北邓某娇案件，当时邓某娇把要她陪其洗浴的邓某大刺死，还刺伤阻止她的黄某智，最后被法院判决防卫过当，但免予刑事处罚。邓某娇的案件当时也是在民意压力下后来做了一个非常宽松的处理，本来防卫过当也是要判得比免予刑事处罚更重的，但在当时的民意压力下，最后法院是以邓某娇在精神上属于限定刑事责任能力这一理由来轻判的。我听到的结果是邓某娇本人在当地后来也抬不起头来，有一个说法是她出家了，还有人说她出去打工了，为什么这样说？因为按照当地人的观念，你把人家捅死了，结果你却没事了，好像也不符合常理，所以我说于某案如果当时按照无罪处理，恐怕连他本人和他母亲也想不到会是这么轻的判决，对吧？我们讨论问题还要结合一定的时空。我们在这里肯定觉得你闯入我的办公室侮辱了我的人格，可是在于某那个农村地区，刚才周光权教授恰恰点到，那是在一个农村地区，可能他本人都觉得我是要欠债还钱呀，我是理亏的一方。可能从当事人的角度，在他那儿的习惯下，他就觉得“我们对不起人家，我们欠债，是我们的不是，”对吧？所以，这些问题呢，其实很复杂。像前段时间的滴滴司机杀人案，我们想不出来他为什么要杀害空姐、杀害那个女孩，我看到

有报道说是因为他之前有很多的不幸，他的负面情绪已经积累到就想要杀一个人，自己也想去死。我们也听说在昆山案中，这个所谓防卫人实际上他和他家庭遇到了一些不幸，他的心理压力非常大，所以，他的奋起反抗后面是否也有特定的心理因素呢？我自己作为一个刑法学者，好歹也在社科院从事刑法研究 25 年了，以此为饭碗，我常常感到非常的悲哀，非常的无奈。我们所有的刑法学者今天在一个假设的前提下，就是你为什么要犯罪呢？因为你是罪有应得的，因为你是有自由意志的。但是这个东西现在只是一个假设，有人说这个假设从来没有得到过证明，有人说如果你有机会去跟被枪毙的人沟通，他一定会说我没有自由意志，是你们认为我有自由意志的。所以，我们对犯罪行为的发生，包括侵害人的行为和被侵害人的行为反应，解释上还面临许多的困难。好，这个问题扯得太远了，我说的意思就是，正当防卫这个问题太复杂，从我的角度来看，既不希望出现不法侵害，也不希望在不法侵害出现后，被侵害的人在防卫之名下由于其道义的劣势，受到无节制的反击，甚至死了活该、死了白死。两者都是社会的悲剧。我们需要根据每一个国家的社会治安情况、国家治理的现状，结合国内外法治及其社会背景的异同，有的地方是相似之处，有的地方有不同，我们怎么样动态地找出一个最大的平衡，在权衡和保护被害人以及不法侵害人的生命之间找到一个最大的公约数。这是我目前非常关注的一个事情。谢谢大家！

王涌：好，谢谢刘仁文老师！刘老师确实有点变化，您当年是激情澎湃，现在您言谈当中表现出一种非常深刻的悲天悯人的情怀，您具有一种佛系刑法学家的味道，您提出的好多视角确实引人深思，比如，美国对于正当防卫的判断和它的普遍持枪还是有关系的，因为普遍持枪，所以当事人对危险的判断标准就不一样。中国人在正当防卫的时候，因为没有枪，基本上是用刀，所以对刀的判断，它的危险性要降低，所以既然大家都没有枪，只是刀或者只是赤手空拳，那么正当防卫者在判断对方是否处在不法侵害的时候的标准要求就会非常高，就不大容易构成侵害。好，这些观点都是非常值得我们深入思考的，那么下面我们就进入讨论和提问阶段。

陈兴良：我先来回应一下刘仁文。我主要回应一下刘仁文刚才讲的一个问题，就是正当防卫认定的程序性问题。你说对昆山于某明的这个案件，公安机关直接就做出了一个判断，认为于某明反杀刘某龙是正当防卫，不是犯罪。这是不是违反以审判为中心的制度设计。对这个问题我也注意到了，确实有些人质疑，但这个问题和不同国家的刑事诉讼的程序设置有关系。如果在西方国家，它是完全以审判为中心的，那么控方只要有表面证据就可以提起公诉，最后由法院来判决。在这种刑事诉讼体制下，它可能是会把于某明这样的案件送到法院。但我国刑事诉讼制度设置和西方国家是有很大不同的，我国是公检法机关互相配合、互相制约这样一种所谓的流水线式的设计。按照我国刑事诉讼法的规定，公安机关在审查一个案件的时候，只有在它认为构成犯罪的情况下，才向检察院移送起诉。然后，检察院经过审查，认为构成犯罪了，才向法院提起公诉。反过来说，如果公安机关认为不构成犯罪，就直接把诉讼程序给中断了，就撤案了。但是，如果到了检察机关，检察机关在审查起诉中认为不构成犯罪，就不起诉，也使案件中断了。只有在公安机关和检察机关都认为构成犯罪的情况下，案件才会被起诉到法院，才由法院来作出有罪或者无罪的判决。在于某案的讨论当中，因为我对司法实践当中的正当防卫问题比较感兴趣，所以最高人民检察院副检察长孙谦就给我送过来一些资料——最近10年来检察机关以正当防为为名，作出不起诉的案件的资料供我研究参考。确实在司法实践当中有大量的案件，主要是在检察机关就以正当防卫为名作出了不起诉的决定，这个比重还是比较大的，大概有万分之一、万分之二左右。当然，那些案件主要是造成较轻的伤害，极少数可能是重伤。但在致人死亡的案件中，检察机关作出不起诉的正当防卫案件确实比较少，大量案件还是起诉到了法院。但这也恰恰是，只要死人了或多人受伤了，那么就认为构成犯罪，就起诉到法院。这样就给法院造成很大的压力。案件起诉到法院，表明公安机关、检察机关都认为是构成犯罪的。在这种情况下，法院认定是正当防卫，不构成犯罪，就会有很大的压力。当然这是一个涉及刑事诉讼制度安排的问题，怎么解决这个问题值得研究。但我想说明的一点，就是昆山的公安

机关对于某明案件，在认定为正当防卫的情况下，作出撤诉这样一个决定，这本身是符合我国刑事诉讼法的规定的。当然，在具体操作中，在作这个决定之前，是不是需要征求检察机关的意见？这是可以讨论的，因为检察机关有一个监督职责。在征求检察机关意见时，如果检察机关也认为是正当防卫，那么直接由公安机关作出撤案决定。这个做法本身是符合我国的刑事诉讼法规定的。至于这样的做法将来要不要修改，是不是合适？那是另外一个问题。最后需要说，于某明这个案件，事实上公安机关在作出不起诉之前，是征求了检察机关意见的，并且检察机关也认为于某明的行为构成正当防卫。在这种情况下，公安机关才对于某明案作撤案处理决定。

王涌：龙哥的家属在现行的刑事诉讼法当中，有没有程序导入呢？

陈兴良：对，他可能有，他可以向公安机关提出复议。

王涌：从自诉的角度来说呢？

陈兴良：自诉从理论上来说也可以使用，因为公安机关、检察机关认为不构成犯罪，但被害人认为他构成犯罪。

王涌：那他可不可以启动这样一个程序？

陈兴良：他可以启动，也就是所谓的公诉案件转自诉。

王涌：启动大概在刑事案件中会进展到哪一层呢？

陈兴良：他可以直接向法院起诉。

王涌：也就是说他实际上是有救济渠道的？

陈兴良：有救济的渠道。这也是我们 1996 年《刑事诉讼法》作出的规定，是为了保障被害人这一方的诉讼权利。

王涌：刘老师你担心的那个问题其实在现行的《刑事诉讼法》当中是有空间的，是可以导入以审判为中心，然后来查清事实的。

陈兴良：对！

刘仁文：那是理论上可以这样。

陈兴良：对，理论上有空间，但实际上这样的案件几乎就没有多少。

王涌：但如果龙哥的家属说，我不在乎最后的结论是什么，就是要求查清事实，所以要导入到法院的这个程序。

陈兴良：对，这是可以的。

王涌：然后在法院审理过程当中，对证据进行呈现，双方进行论辩，这完全可以的。这不存在问题，所以说检察院即使撤诉，也没有产生这个事件没有通过审判来查清的这样一个不公平的结论。

陈兴良：对，是这样的。

王涌：好，谢谢陈老师回应！好，非常感谢两位老师，刚才除理论的基本阐述之外，我们的这个讨论还直接触及最近几年所发生的一些非常敏感的、轰动性的案件。周光权老师有没有什么要回应的？

周光权：我要回应一下仁文教授的另外一个担心，就是：按我们这个观念，以后正当防卫就太多了，是吧？由此引发的一些情况，大家会考虑另外一方的平衡。当然这个问题是要考虑的，但是这种担心不太可能会出现。因为我们一定要相信公检法机关的能力、知识水平、判断力，就是在要不要确定打击的这个问题上，其实是没有问题的。当然这也是为什么我国正当防卫案这么少的一个原因。就是司法机关整体的这种判断，他觉得应该是可以避免的，通常不会说刻意地去放过真正的罪犯。以外，我们总是担忧立法或者有司法解释以后，司法机关就闻风而动，但事实上你从 1997 年《刑法》第 20 条写成那样，司法机关也没有就完全按立法机关的意图认定正当防卫，所以和立法的这种相对的主动和开放来比，司法机关可能总是更保守的。本来立法已经相对保守和滞后了，实际上有很多人呼吁立法要多少松点口，但是立法的这种松口到了司法机关这儿是层层打折扣的，立法的很多原意是很难被准确地传达到最基层的司法机关的，所以也不用太担心说我们昆山这个案子认定为正当防卫以后，全国的正当防卫的例子会多得不行，这样，死伤的那方就太惨了。这种担心我自己感觉基本上是多余的，不太会走到那一步。

王涌：好，谢谢光权！光权现在还担任全国人大宪法和法律委员会的委员，

他刚才提出了立法的很多意图不一定能够传达到司法层面。其实你要传达到司法层面，通过什么渠道来传达呢？不就是立法上具体的语言吗？由此看来，一个国家的某一个立法政策的导向并不是只在立法当中使用了某一些词语。这可能还是一个非常复杂的问题。但是我觉得您作为全国人大宪法和法律委员会的委员，还应该发挥更大的作用。好，下面我们就进入听众的提问环节，大家在微信群里已经提了很多的问题，大家可以现场直接向三位老师提问。

陈兴良：我先来回答几个问题吧？

王涌：也可以，您就直接对着微信也可以。

陈兴良：我先来回答两个问题吧。第一个问题是关于刚才提到了判断标准的客观性和主观性的问题，就是这个危险到底是不是客观的，还是主观认知的或者说是防卫人认为有这个危险？刚才我们讨论当中好像都倾向于要考虑主观怎么认为，防卫人他主观上认为有什么危险，而不完全根据客观上的危险来判断。这个问题确实涉及一个司法判断的标准问题。在司法判断的标准问题上，有不同的观点或者不同的标准：第一种是客观标准说，不以主观怎么认识为转移，而根据客观上有没有危险来判断。第二种是主观标准说，根据主观认知来判断，主观认为有危险就有危险，不考虑客观上有没有危险或者危险有多大。第三种是一般人标准说或者平均人标准说，就是根据一般人的标准来判断。我个人觉得在这种情况下采用一般人标准说比较合理，一般人标准说既不完全将客观标准作为有没有危险的判断根据，也不完全是以主观上的认知作为有没有危险的判断标准，而是根据一般人认为有没有危险作为判断标准。那么，什么是一般人标准呢？就是我们不是完全根据防卫人个人的认识，而是根据这种个人的认识和社会一般人的认识是否一致。如果社会一般人在他那个情况下都会做出和他相同的判断，尽管这种认知和客观情况不一样，那么我们也应当根据防卫人主观认知来判断。如果社会一般人在当时情况下不会做出和防卫人相同的认知，在这种情况下，就应该否定他的判断。因此，刑法中主观判断和客观判断的标准，所谓主观主义和客观主义是非常复杂的，例如存在所谓客观的主观说和主观的客观说、形式的主观说和实

质主观说等。所以，在这个问题上，我认为应当采取一般人标准。这是比较合理的。一般人标准实际上就是考虑了社会公众的一种认知，以此作为判断是否有危险的标准，而不是完全根据客观情况来判断。比如说刚才讲到刘某龙案，他拿着刀，这个刀很长，拿着刀的话一般人认为都要往死里砍了，对不对？但是确实他只是用刀背在砍，所以可以看出来，在客观上刘某龙并不是想要把于某明杀死（当然刀背也可能造成伤害），他主要是要吓唬于某明。但是，能不能根据客观情况就说刘某龙根本不想致于某明死亡？于某明把刘某龙杀死了，就是过当了呢？我认为，不能以此为标准。在当时的一般情况下，面临拿着一把刀向你打过来，那你就会认为“他是要想把我杀死”，那么他这个判断是符合一般人标准的，其他人在当时情况下也会得出和防卫人相同的认知。在这种情况下，我们就应当采纳这个主观认知，以此为标准，而不能以客观上他不想把你杀死为标准。这里还有这样一个问题，也就是说即使在当时情况下，他的认识和社会一般人的认识是不一致的，社会一般人在当时情况下不会做出这个判断，但也不一定就认为他对这个后果要承担责任。因为在当时他做出了一个错误的判断，不仅和客观标准不符，而且和社会一般人标准也不符合。但是，他之所以作这个判断，是由于受到突如其来的不法侵害，导致他精神上高度紧张，产生一种惊恐，在惊恐状态下做出了这样一个行为。那么在这种情况下，尽管可以认定为正当防卫，但是根据我们期待可能性理论，那么也应该不负刑事责任。对此，有些国家的刑法是有明确规定的。所以，法律上对防卫人是相当宽宥的。

王涌：在判断危险正在发生的时候，这是一个重要的构成要件吧。这个要件到底是个一般第三人，还是特定案件当中的当事人？

陈兴良：所谓社会一般人标准就是社会一般人处于防卫人的那种特定情形下，他会做出一种什么样的判断。

王涌：如果在这个案子中像于某明是个普通人，他哪见过这种场面？一辈子可能都没见过别人在自己面前舞刀，所以他发出了一种惊恐的精神状态。

陈兴良：是。

王涌：对吧？虽然从龙哥的角度来说，整天就是舞刀的，“你怎么能那么胆小呢？”那是另外一回事。好的，谢谢陈老师！刚才有人举手，好，你直接站出来，那儿有话筒，你用一下。

听众1：谢谢陈教授的点评！那个问题就是我提出来的，您说的这个问题我有一点思考，就是您说的一般人在现实中尤其在现行司法环境下，我们经常会遇到类似像媒体或者意见领袖对案情的引导。那么这些会不会对您刚才提到的一般人或者旁观者的话产生一个误导？如果已经产生误导并且在社会上产生影响的情况下，那么我们是否还按一般人或者说怎么排除这种情况？谢谢！

陈兴良：你这个问题指的是社会一般人，谁代表社会一般人？

听众1：对，因为一般人的这个定义理论上可以，但实际上可能会有很多，尤其是一般人本身也是作为代表性的意见来提出的。

陈兴良：好的，我知道你这个问题了。那么怎么来选择社会一般的标准、怎么来判断？在西方实行陪审团的制度下，陪审团就是社会一般人。陪审团认为他们的反映是代表社会公众的，社会公众在这种情况下具有和他相同的认知，陪审团就代表社会一般人。我国不实行陪审团制度，但我国有陪审员。在这种情况下，通常来说，陪审员、法官就代表社会一般人，因为陪审员、法官通过审理掌握整个案情。当然，陪审员和法官代表社会一般人代表得好不好那是另外一回事，可能有时候代表得不好。总之，对不法侵害的危险性以及程度的这种判断不应该是事后判断，而应该是事中判断，要考虑到防卫人当时的特殊情景。我们看到在一些案件中，就是像我前面讲到的孙某亮这个案件，他被几个歹徒逼到墙角后不得已拿出刀来捅人家，把一个人捅死了。但是，在这个案件中事后有人提出，说：“他虽然在墙角，但这个墙很矮，你一翻墙就跑了，你为什么不翻墙？”这样一种认知、这样一种判断，我认为就是不合适的，因为这种判断就没有考虑到在当时特定的情况下，孙某亮有没有考虑能不能逃跑。因为他在墙角，他根本就没有时间去看这个墙的高低能不能跑。另外，这里有一个更重要的理念问题：为什么要鼓励他逃跑？逃跑就意味着合法要向不合法让步。你是建立在这样一个观念基础上的，也就是你认为这个防卫要不得已，没办法了，不能采取其他办法了，才能防卫。这种观念是对防卫权的一种错误认知。难怪现在有一种说法："正当防卫靠跑。"刚才周光权教授也讲到美国的案例，当事人把警察推倒，他就用枪把当事人打死了，这也可以认为正当防卫。当然，这个案件也比较极端，但有没有防卫性质和理论上怎么评价是没有关系的。严格来说，你打我一拳，我再打你一拳，把你打死了，这也是防卫。因为你先打我，我为了制止你，我再打你一拳，把你打死，这也是防卫。但是，这个防卫不能在法律上认定为正当防卫。首先这里有一个是非问题。我们现在把正当防卫的防卫标准设得太高，当然和我们对防卫过当的减轻和免除处罚这个规定也有一定的关系。即使再从轻、减轻或者免除处罚，也还是在这个案件中，只要你先动手，我不管怎么样反击，即使构成犯罪也是过当，过当就应该从轻，因为你先打我嘛。所以，在这个案件中，首先要分清是非，然后再来看是否应当负刑事责任。要把这两个问题给区分开来。但我们现在对防卫情节法律上设置了比较高的标准，所以导致了这样一个法律规定往往得不到有效的适用。

王涌：好，我先用特权问三位老师一个问题，就是正当防卫是在侵害正在发生之时，那么这个侵害怎么理解？它必然要侵害一个利益，那么对这个利益如果我们从民法的角度提问的话，就会提出一个问题：对刑法上的正当防卫，侵害的利益是不是要有一个限制？要是说利益的话，生命权、健康权、人格权、财产权、知识产权、股权，对吧，利益的表现形式就很多啦，那是不是说正当防卫应该被限制在某一些特定的法益受到侵害的场合？比如说你侵害了我的专利，你在工厂里生产了，那么我找一批人上门去把你的机器捣毁、电脑给砸了，我能不能说这是正当防卫？

陈兴良：这个问题不是通过利益对象本身来界定的，而是通过紧急性来界定的。只有在紧急性求助于公权力而不能避免利益受损的情况下才有防卫。

王涌：也就是说，通过这样的一个解释，任何法益都可能在正当防卫、侵害的这个概念范围之内。

陈兴良：对，在符合紧急性条件下，应该说对任何法益的侵害都可以进行防卫，因为刑法规定是为了防卫本人的人身权利或者财产权利。

王涌：比如，在现实生活中最常见的就是诽谤、侮辱。它是一个持续性的过程，也可能是一个阶段性的过程，对诽谤、侮辱同样也可以使用正当防卫？

陈兴良：对诽谤、侮辱，就不能采取过于激烈的防卫措施了。

王涌：不能采取过于激烈的防卫措施。这个敏感的案件就是于某案，刺死辱母者，然后《南方周末》的标题是非常醒目的——《刺死辱母者》。陈老师刚才说的，就是对诽谤、侮辱在采用的防卫方式上会有一些特殊性，和为保护生命健康的防卫不一样。

陈兴良：是这样，对于某的案件，《南方周末》的报道是杀死辱母者，这个和实际情况有点不符合。这是一个标题党。如果在辱母的当时就对侮辱者实行某种暴力手段，那么被认定为正当防卫的可能性更大。但事实上，辱母过了很长时间以后，才发生把人刺伤致死这样一个事情，这两者在时间上并没有紧密性。当然，在这个案件当中，它涉及一个什么问题呢？涉及不法侵害的复合性。刚才周光权老师提到，不法侵害的持续性、复合性，既有拘禁，又有侮辱，侮辱不仅仅是语言侮辱，而是举动侮辱，性质还是比较严重的，而且又加上非法拘禁持续时间比较长。而且这也不完全是于某正当防卫的理由。最后于某要出去，那几个人围上来，按照于某自己的叙述是要掐他的脖子，要对他进行伤害，不让他出去。在这种情况下，于某情绪爆发，实行了防卫。所以，于某的案件防卫前提可能存在复合性。而且，用于防卫的那把刀并不是于某事先准备的，就在桌上放着，他发现了拿起来，就地取材，实行了这个防卫。当然，于某这个案件防卫限度的问题，即是否超过必要限度，是极有争议的。在过去对正当防卫控制这么严格的情况下，作出防卫过当的认定，由无期改为 5 年有期徒刑，这已经不容易了。但是，我也要说，这个案件正因为一审作出了无期徒刑的判决，给二审认定正当防卫带来很大的压力和困难。这个案件如果也像于某明案件一样，《南方周末》记者的那个报道如果写在一审之前，你看法院有没有可能作出正当防卫的判决？我

觉得完全有可能。当地司法机关作出了无期徒刑判决，最后要让二审法院改判无罪，这个难度太大了，法院的脸面都要丢了。法院还是要有一个台阶下，这也是顺理成章的。当然，这里面即使要认定正当防卫，我觉得还是有道理的，就是矫枉必须过正，因为过去正当防卫认定出现这么多的问题，那么在这个案件里就矫枉过正。这为后来的司法认定提供一个标准，我觉得对整个正当防卫的司法认定也是有意义的。

刘仁文：好，我接着陈老师的话稍微讲一下，于某案大家要看真实情况，为什么我个人认为按照我们现在的刑法规定，对他不能完全做无罪处理呢？就是因为他不仅仅是捅死了辱母者，他还把别的人也给捅死了或者捅成重伤了。你说这个人直接侮辱你母亲你把他捅死，问题是这个案子还有别的人也被他捅死、捅成重伤了，别的人至少没有直接参与辱母吧，等于你也认为他参与了。这是一个问题。有人问过我，说："刘老师，按照您的观点，这个案子不能做无罪处理，那假如您在那个时候怎么办？被他非法拘禁了那么久，警察走一走，不了了之，怎么办？"其实，我们正当防卫在立法上还是有一个欠缺，有什么欠缺呢？你看我们要认定这个人无罪或者减轻责任，有一些不同的根据。国外的正当防卫的很多条款我也注意看了一下，其实它有一个规定，就是对这种人，比方，他已经被非法拘禁了很长时间，心理压力到了极限，他控制不了自己的情绪。这个是可以作为减轻或者免除处罚的一个理由的，这个是从另一个角度说的，不是从违法性上来说的，而是从责任能力上来说的。我们刑法上恰恰欠缺这样一个规定。也就是说，如果一个人在当时特定的时空环境下，表面看好像是侵害的强度不是很暴力、很激烈，但实际上，从心理学上讲，其压力已经到了没有办法控制自己的境地，这个时候就可以从有责性的角度给他减免责任。这个没有问题。所以，我觉得在这个问题上，我们的刑法立法还是要把这个加进去。另外我简单地回应一下刚才王涌教授的这个问题，我个人稍稍是倾向于对正当防卫还是做严格限制的。你不能把它搞成知识产权那些东西都可以去正当防卫，那怎么得了！刚才也说了，国家暴力是在极其特别的情况下做出极其特殊的出让啊！所以实际上刚才我

的发言稿中因为时间没有了，我想私下再跟陈老师请教，因为他刚才讲到对荣誉都可以实行正当防卫，是吗？我个人的观点，咱们也不要完完全全地回到过去那种只有暴力侵害才能实施正当防卫的保守和不合理境地，但是也不能从一个极端走向另一个极端，正当防卫的语境还是要跟暴力有关的。不管是你说的闯入住宅（这其实是有住宅这样一个极其特殊的城堡规则在里面起作用），还是非法拘禁，它还是要跟暴力有关，所以恐怕这个我们还是要做一些限制，这个毕竟是极其特殊的私力救济呀。你还要承认我们现在社会上戾气还是很重的。要是这样说的话，万一周光权教授不小心说了一句在他看来可能并不严重但按我老家习俗是很严重的话，那我说你今天侮辱了我的人格，这个东西有时也是个主观性非常强的判断，难道我就可以捅死你？不好意思啊，我说得有点夸张。我的意思是对正当防卫还是要做一些非常严格的限定。

王涌：在刑法上现有的规定和理论上对它作限缩吗？

刘仁文：按照陈老师说的，从立法上看不出来，但是从司法实践上，实际上于某案就已经做了一个突破，因为在过去一般只有针对暴力侵害才能实施正当防卫。所以在于某案中，大家看一审实际上是没有认定防卫性质的，一审为什么判他无期徒刑？因为法院根本就不认为是防卫行为。后来二审做了突破，即对非法拘禁行为也可以实施正当防卫。这也是我们专家都认可的，只不过这个扩大到底要扩大到哪一步？我个人不成熟的观点，其还是要跟暴力有联系。

周光权：正当防卫的问题涉及好多法理。按照我国《刑法》第20条的规定来讲，我有两点跟仁文教授不太一样。一个问题就是说，可以防卫的权利对象是不应当有限定的，就是说那个对象能不能成为防卫的权利对象不应当被限定。另外一个问题是，你能不能防卫？这是两个层面的问题。比如说我现在发现有个人偷越国边境，根据我国刑法规定，偷越国边境是犯罪行为。我可不可以把他从国边境那个墙上拉下来？我说："你不能跑，你跑了你就犯罪了。"我是没问题的，所以针对偷越国边境，防卫人为了维护国家利益可以防卫，这个国家利益就成为防卫的对象。而《刑法》第20条第1款恰好规定"为了使国家、公共利益、本

人或者他人的人身财产或者其他权利免受不法侵害”，所以那个防卫范围很广泛，包括人身权利、财产权利、其他权利。比如说我发现某个明星正在组织人做假账，为了逃税，这个时候我要报告公权力来不及，那我要制止他，我把这些人撵走，然后我说“我要保护账目，你们不能销毁”。这是正当防卫。所以可以正当防卫的权利基本是没有限制的。但是，在另外一个层面上，当公权力来得及救济的时候，陈老师刚才讲了，不紧急的时候，你不能防卫。我发现有个人要偷越国边境，他对我本人没有什么损害，但是旁边有个武警站岗，我可以跟武警说那个人要偷越国边境，那么这个时候就不允许我防卫，因为公权力来得及。有人销毁账目，我报告税务机关，税务机关来得及，它就不需要我来防卫。

王涌：就是说普通公民可以直接闯到范冰冰的办公室去?

周光权：这个时候就有个衡量，然后再来讨论正当防卫的其他条件符不符合。这就是公共权利、国家权力本身能够成为防卫的对象，在中国刑法里是没争议的，至于你能不能确实符合其他的防卫的条件，那是后面进一步讨论的问题。比如：北方有的地方没有专门的洗澡堂子，有的人可能就在野外洗澡，但是有的人偏偏就要站在旁边偷看，洗澡的人发现后把他的眼睛给砸了。正当防卫啊！这当然是正当防卫，这是保护人身权利呀，这在民法上也是正当防卫，并且中国《刑法》第20条就是这样规定的，所以这个权利对象能够成为防卫的对象。这不应当有争议。

王涌：那这样的话，这就比较开阔了，就是说：第一，为了个人利益和社会公共利益；第二，无论是暴力手段还是非暴力手段（周光权：都可以防卫）；第三，任何被侵害的法益都可能作为正当防卫保护的对象。

周光权：都能成为防卫的对象。至于能不能成立正当防卫？人家就偷看洗澡，就一砖头把人砸死了，那是另外一回事。

王涌：这个是强度的问题。

周光权：针对他人偷看被害妇女洗澡，被害人可以防卫。这是不应当有争议的。如果说刑法上有争议，那民法上的正当防卫肯定是成立的，不然民法规定正

当防卫干什么？所以，一个对象能不能成为防卫的对象，不应当人为设定限制范围。这是法律赋予公民的权利。当然，防卫人要把握好度，超过这个度他就有别的危险，但这是另外一个层面的问题。

刘仁文：我“防卫”一下我的观点。

王涌：可以，也在正当防卫的范畴之内。

刘仁文：我觉得你谈的这个问题太复杂了，不要把什么东西都作为正当防卫来解读。另外，还有一个比例性原则，那我们最起码也得受这个原则的一些制约，对吧。

王涌：他说那个是过当，但是如果比例变得100∶1。

刘仁文：比如刚才光权说偷越国边境，旁边也没有武警，这个人眼看就要爬到边界上，好，假如你把他拉下来，这个属于阻止犯罪行为的发生，应当在刑诉法上去找依据。

周光权：你还是在讲别的问题。这是两个不同层面的问题。

刘仁文：看来我是“防卫”不了他，他的语言暴力太厉害。我说的是什么意思呢？我认为这个里面尽管立法是这么规定的，但我们在司法实践的过程中、我们在学理上，怎么去解释？我们动不动说某人偷越国边境，你去防卫的时候，你虽然是在捍卫国家权益，但我觉得这个里面还是要慎重，做一些限缩性的解释，重点应放在对个人的权益的保护上。

周光权：你要是能把偷越国边境的人都拉回来，国家一定会给你奖励，奖励你的理由就是你维护了国家利益。

刘仁文：你那个又是别的东西，什么见义勇为、阻止犯罪行为的发生。这在哪个国家都是提倡的。

陈兴良：光权讲的这个问题涉及公民扭送，扭送权是刑诉法赋予公民的权利。在扭送过程中，把嫌疑人捆起来，也涉及对他的人身自由的剥夺。从构成要件来说，它可能符合非法拘禁的构成要件。在这种情况下，把这种行为认定为正当防卫，我觉得是可以的。

刘仁文：这个没有问题。

陈兴良：公民把发现的嫌疑人捆起来了，这就是符合了非法拘禁的构成要件，但是在违法性阶层考察公民是行使刑诉法规定的扭送权，这是正当的，所以公民扭送罪犯在一定的条件下，和正当防卫可能是有重合的。但是有些公民扭送可能和正当防卫是无关的。所以，关于公民扭送和正当防卫的关系，我觉得还是有一部分重合的。在这个意义上，我还是同意周光权教授的观点。

王涌：好，几位老师辩论非常激烈，甚至出现了拉扯的现象，从正当防卫已经进入互殴模式了。好，刚才光权也提到说，在中国现在的立法上，其实正当防卫的适用范围是非常宽泛的，但是，在司法竟然就是那么狭窄，所以在正当防卫这个问题上，中国的立法是丰满的，司法是骨感的。好，下面我们继续提问。

听众2：您刚才说“立法是很丰满的，司法是骨感的”，其实关于这个方面正当防卫的教育更是骨感。我刚才在群里面提了一个问题，因为我是做青少年犯罪教育的，也涉及我们日常身边的一些事情，比方上周在大兴发生抢孩子的事件，说是误抢。遇到这种情况，我们的家长、我们的学生在什么情况可以正当防卫？我们如何教给他们？

王涌：他说的是现实生活中怎么做。光权说吧，您说的话更符合您的身份。

周光权：这个问题很抽象，不太好很简单地回答，因为正当防卫确实也跟不法侵害的类型都有关系，所以你得看侵害是什么，然后有针对性地去实施防卫，所以不太好抽象地讲。但是总的来讲，人生活在世界上没有必要向邪恶屈服，当你遭受了一些侵害的时候，你有权利反击。这是一个基本的原则。侵害和防卫相互平衡这种关系，它都必须借助具体的案件。我趁这个机会再说一句，我不是主张在国家利益、社会公共利益受到侵害的场合都要公民去防卫，我不是这个立场。比如说要防止偷越国边境，要防止偷税逃税，这是国家的责任。只是说在极其罕见、极其特殊的情况下，如果真有人防卫了，你要给他正当化，你不能说他是犯罪。这个时候正当化的理由其实就是正当防卫的规定。一种权利能不能成为防卫的对象，和最终正当防卫是否能成立，是两个问题。王涌刚才提的一个利

益、一个权利能不能成为防卫的对象，我说是可以的，很广泛的。当然仁文回答的是说，你最后能不能成立正当防卫？限制条件很多，它是两个层面的问题。但是我还是同意刚才陈老师讲的观点，正当防卫是公民在极其罕见、极其特殊的情况下私权利的行使，它确实不能泛化，泛化以后确实会带来别的危险，所以在国家利益和社会公共利益受到损害的时候，当然是国家自己的责任。因为我们用纳税人的钱去供养公权力机构，这些机构的人应当有义务去做这些事情，所以我并不是主张公民都要去天天看谁爬墙？谁是不是偷越国边境了？没有这个义务！只是在特别罕见的情况下，法律上应该承认他有这个权利。

王涌：好，继续提问。

听众3：刚才听陈老师和周老师分析了对非暴力的不法侵害是可以进行正当防卫的，但是请问老师：对非暴力的不法侵害，我们应该怎样去防卫？假设一个人他骂了我，我是继续骂他或者我可以直接塞他的嘴或者扇他耳光吗？这种比例性质在哪里？

王涌：这个问题问得非常具体。

陈兴良：你提的这个问题，涉及对非暴力的侵害行为能否进行防卫。这在过去是被否定的，现在则逐渐受到肯定。非暴力的不法侵害程度比较轻，因而对防卫要求也比较严格，法律不允许为保护轻微利益而造成不法侵害人严重损害。但对非暴力可以采取必要的制止手段，如果这种制止行为符合某种犯罪的构成要件，就应当认定具有防卫性。另外，刚才光权一直讲到这个观点，也就是对哪些法益的侵害能够实行防卫和采取什么样的措施来防卫、防卫强度多大，这是两个不同的问题。我们现在首先讨论对哪些法益能够进行防卫？应该说这个范围是比较宽泛的，这一点我也同意刚才周老师的分析。那么至于防卫达到什么程度？我们民法中的正当防卫，当然用得很少，对吧？但是你对这种比较轻微的不法侵害进行防卫，而它的外观又没有达到犯罪的程度时，那么就按照民法正当防卫给解决掉了。只有当它的外观达到了犯罪的程度，在这种情况下，它符合构成要件，通过正当防卫把这种行为正当化。所以，正当防卫是正当化的根据，它是使刑罚

合理化的一个重要途径。这点非常重要。也就是说，某一行为符合了客观的构成要件，本来应该作为犯罪来处理，但是由于它是正当防卫，所以我们就把它除罪了，这是一个违法阻却事由，通过这样一个途径使刑罚合法化了。只不过我们在很多情况下都没有意识到这一点，比如一个小偷把你的东西偷走了，你回来发现了，你直接从他的手里面把东西夺过来。我们认为“这是天经地义的呀”!。他把你东西偷走了，你夺回来，这个当然是很正常的，是吧？但是这里面有个正当防卫的问题，因为你夺他人财物。这就符合了抢夺罪的构成要件。如果这个东西不是你的，你夺过来，就是抢夺罪了。但是，他违法性质有所缓解，因为他是一种自救行为，而且在符合了构成要件的情况下，他现在也是正当防卫，被正当化了，这是公民个人的一种权利的行使。所以，这点我觉得还是非常重要的。

王涌：好，我再问一个问题，我们珍惜这个机会向三位老师请教。刚才我提到在公权力行使过程当中，公民面对公职人员，至少说在表象上具有行使公职权力这样的一种公民，在行使正当防卫的时候，这个判断标准和普通的判断标准是否一样？

陈兴良：我明白这个问题，对你这个问题过去我在《正当防卫论》一书中论述过。比如说面对司法公职人员的刑讯逼供、非法搜查等，公民能不能进行防卫？那么从理论上来说，他是可以进行防卫的，对吧？但是在客观上来说，防卫的可能性又很小。因为如果他对你进行刑讯逼供，你进行防卫，也就是所谓的反抗吧，那么你可能会遭受更大的侵害，所以客观上不可能。

王涌：用通俗的话就是“找死”，对吧？

陈兴良：嗯，是这个意思。另外，我国还存在警察在执行职务中的正当防卫，把警察执行职务中的一些行为也认定为正当防卫。也就是说，我国刑法中的正当防卫范围非常宽泛，比国外要宽泛得多。国外主要是承认自卫，对自己的权利受侵害的防卫，少数情况下防卫他人也认为是正当防卫。但对保护国家利益、公共利益的行为，尤其警察执行职务，不认为是正当防卫。但是，我国的正当防卫在立法上放得非常宽泛。

王涌： 在中国的立法中，面对公职人员的非法侵害可以防卫吗？

陈兴良： 在理论上没有问题。我想表达的一个意思也就是说，我国立法上把正当防卫规定得非常宽泛，赋予公民很大的防卫权，但司法上的这个权利却很小很小。所以我说是激进的立法、超前的立法和保守的司法之间存在矛盾。

王涌： 好，刘老师您有话要说？

刘仁文： 我向你这个主持人提一个问题。你是民法教授，刚才多次提到民法中也有正当防卫，那从民法上这个问题怎么解决？可否跟我们简单讲一讲民法中的正当防卫跟刑法中的正当防卫的衔接关系？

王涌： 民法上很多的构成要件在中国跟刑法是一样的，比如说欺诈。搞刑法的人老问我："民法的欺诈跟刑法的欺诈有什么区别？"我说："我们跟你们刑法一样，而且你们刑法永远走在前面。"所以，民法层面的正当防卫的构成要件基本上取决于刑法的认定。如果刑法上认定这个法益是包括的，民法里面也包括。如果说你认为不法侵害包含非暴力，那基本上跟民法认定的非暴力是一样的。

刘仁文： 你给举个例子，就是民法正当防卫的判例。

王涌： 非常遗憾，民法上正当防卫的判例，比刑法少了很多，引起广泛争议的全都是刑法上的正当防卫的案件，民法上很少。民法上一般来说就是在侵权行为中，适用侵权责任法，免除责任的时候，会认定这是正当防卫。

陈兴良： 我可以来讲一下民法的正当防卫和刑法的正当防卫的区别，最主要的区别就是防卫行为有没有达到符合犯罪构成要件的程度。

刘仁文： 不，我的意思是没有达到的时候，民法上是怎么去处理的？我就想问一下这个问题，因为肯定在民法上是成立的嘛。

王涌： 没有达到，它只是一个情节上的问题。

刘仁文： 就是民法上怎么处理，是民事赔偿吗，还是什么？

王涌： 不，正当防卫主要是免责。

周光权： 你一下宣告为正当防卫，一分钱不用赔。

王涌： 正当防卫在民法上的体系地位是属于侵权责任的免责。

刘仁文：但是他们说我们所有的权利都可以成为正当防卫的对象，对吧，那如果刑法上都可以，民法上不就更加可以了吗？民法上怎么处理？这个问题不构成犯罪，我们三个人都说：哦，这不是刑法的问题，达不到犯罪构成，那么民法上怎么去处理？

王涌：在民法上假如说侵犯了权利，例如我去打砸你的电脑，我对电脑构成了侵权，但我防卫的起因是你这个电脑在复制我的专利。这个确实是可以构成我的一个免责。但是，这个免责不是完全免责，它肯定是有一个过错比例的。民法特别强调比例原则，过错的比例、损害的比例，那么在刑法上这个比例原则是怎么体现的？

周光权：你这个按《民法总则》也可以完全免责，在刑法上因为一般有死亡后果，才成为问题。所以仁文刚才讲，正当防卫为什么都感觉不法侵害是暴力的，那主要就是因为现在成为问题的，摆在司法机关面前的，都是有死伤后果的。一般的没有死伤、没有暴力的不法侵害，确实都没有进到刑事程序里。这是民法和刑法的差别。因此，民法上对正当防卫好多问题，我觉得思考得不像刑法那么透彻、那么深入，那是因为在司法实践中没有遇到什么特别有挑战性的问题。

王涌：但是民法有一个好处是什么呢？就是这个问题通过比例把它消解掉了，比如过错赔偿，他不会说你这个是正当防卫，你就不赔了，对吧？他很可能看过错的比例。你把我电脑都砸了，我确实有过错，因为我侵害了你的专利，你是有正当防卫，但是赔偿可能按照比例。因为民法是财产责任，所以按照一定比例进行切割是非常容易的。但刑法上的一个问题是什么呢？刑法的问题就是说，要么就是，要么就不是，对吧？要么是刑事责任，要么没有刑事责任，刑法的问题就变成这样一个问题。

陈兴良：我接着王涌刚才的思路再往前延伸一点，也就是碰到专利侵权，正当防卫的前提条件是有紧急性，如果不采取措施就难以挽回这个权利，所以就把侵权人的电脑给砸了。但是，把这个电脑给砸了，损失达到 5 000 元以上，那就

变成了刑法问题，故意毁坏财物啊！你把人家的电脑砸了，财产损失数额达到5 000元以上，外观上就符合了故意毁坏他人财物罪的构成要件。在这种情况下，只有刑法上的正当防卫才能排除刑事责任。这就是刑法所规定的为了保护人身财产权利而行使的正当防卫。

王涌：但是这里面有个比例，比如人家是高级电脑，值 1 000 万元？

陈兴良：如果它要值 1 000 万，那你就过分了，但是你值 1 万元、2 万元的，砸了，那还是正当防卫。

王涌：就是说防卫过当。

刘仁文：讨论到这一步，这个就特别有意思了。我们一般的说法，就是说刑法是民法的保障法，比如最早来源于侵权，那侵权后来就分为民事侵权和刑事侵权，刑法是在民法的基础上更加严重一点，对吧？一般的逻辑是这样的。你看我们有很多人就是这个观点，包括我也是这样的观点，如果民法上能够更加有作为一些，那刑法上的任务就减轻了。但是我们就发现在这个问题上非常有意思，民法上几乎就不作为。这里面就是说，我也没有想清楚，你看这跟通俗的命题是不一致的，民法上它会针对这个问题，可能我们很多案子都是这样，你有过错，我也有过错，然后分别赔 30%、50%。好多的案子都是这样处理的。可是刑法上就没办法，你要么是有罪，要么是无罪，这个就这么认定。那这里面民法和刑法就会发生一些冲突，能不能简单地说这个逻辑不一致？我只是提出这个问题来，我感到困惑。

王涌：是，现在你对民法的这个批评确实非常有道理。但是在立法过程当中，民法当中跟刑法有交错的一些概念，刑法对民法的影响比较大。比如，欺诈，就是说排除合理怀疑，是属于刑法上诈欺的那种罪行，这种刑法上的原则最后通过民事诉讼法的司法解释的第 109 条就进入民法了，所以现在民法很奇怪，民法反而在这些问题的适用上在采用刑法的这个标准。

陈兴良：我再补充一点，民法上正当防卫之所以没有大量地在审判当中显现出来，有很重要的原因，在民事诉讼当中它是按照当事人的意思自治。比如，刚

才讲的，我侵犯你的专利权了，你把我的电脑砸了，但是砸了我一看理亏，不向法院去起诉。事实上，这也是一个正当防卫，只不过他不向法院起诉，认了，那么就没有形成一个案件。如果他向法院起诉，这个时候砸的人他就可以正当防卫作为抗辩理由，说："我为什么砸你，因为你侵犯我的专利权，我保护自己的权利。"这个时候法院就判他正当防卫。

刘仁文：法院不可能完全判决一个赔偿，另一个不赔偿。不像刑法案件，民法上是这样的，交通肇事案撞死人了，哪怕这个人毫无过错，全部是对方违章，最后也要赔偿一部分，因为这里面确实就是制度设计不一样。如果按刑法思维："我没有任何过错，我凭什么要赔偿？"

陈兴良：民法上也有防卫过当吧？

王涌：有啊，这个道理、理论是一样的。

陈兴良：对，民法也有防卫过当。如果民法认定是正当防卫，那他一分钱不赔了；如果认为是防卫过当，那他得赔一部分。这时候采用比例原则。

刘仁文：所以我就想问你，这个怎么去认定？

王涌：民法里过当之后会表现为赔偿金额的大小。但是刑法有一个问题，就是变成了刑法之后，好像没有一个财产刑在这方面的适用，是吧？国外有很多罪名，所以它一个普通的不法行为也会变成一个罪，但是它最后是通过财产刑来解决这个问题的。

陈兴良：但这里还有这样一个问题，如果刑法认定为正当防卫，不构成犯罪，在这种情况下，防卫人不仅不承担刑事责任，民事责任也不承担。

王涌：只不过过当的时候表现为赔偿的金额。

周光权：我跟各位讲一下《民法总则》第 181 条：因正当防卫造成损害的，不承担民事责任。正当防卫超过必要的限度，造成不应有的损害的，正当防卫人应当承担适当的民事责任。"适当的民事责任"，所以它跟刑法表述都不一样。

听众 4：我举一个极端的例子，打个比方，行走在乡间的小路上，然后有人碰瓷了，在这种情况下，没有发生刑事的这种责任，但是撞伤了这算不算一种正

当防卫的行为？

陈兴良：就是把碰瓷的人撞伤了？

听众 4：对对对！

王涌：这在民法上是属于受害人有过错，所以可能还不能认定为正当防卫，因为他有过错，并不是说他对你产生侵害呀，对吧？他在路上也没有一种直接的侵害行为。

陈兴良：也就是说碰瓷本来是想演戏，却不小心把自己碰伤了，对吧？确实那个碰伤行为本身不是一种防卫行为，因为防卫行为是他认识到一种不法侵害，对不法侵害予以制止，由此而造成的损害后果。这才是正当防卫，所以他不是一个防卫行为。

王涌：好的，大家好像也没有问题了，我们的时间也差不多了。

听众 5：我这里有问题，我在群里已经提了，我想请周教授来回答这个问题，我希望他看一下。

王涌：那你就再说一遍吧。

听众 5：是这样的，因为周教授看了很多的判例，说是传销窝点造成的伤害和死亡，像这种情况，已经判决的案件，如果法院没有认定正当防卫，依现行的刑法，是不是可以进行申诉？如果不申诉，有什么救济途径？

周光权：针对生效判决按现有刑诉法是可以申诉的。但是，难题在于是不是能够被受理或者能不能启动再审程序。问题在哪里呢？刚才我们三个人都谈到了的，就是长期以来我们把不少原本可以成立正当防卫的认定成防卫过当或者根本没有认定，这样的案子不是一起两起，所以，纠正哪一起不纠正哪一起，会出现选择困难，而如果大面积纠错的程序启动了，司法机关的运转就有困难。这是一个现实的难题。因此，好多案子现在要以正当防卫来提起申诉什么的，我估计都很难。这是我的回答。

王涌：好，谢谢！哦，您还有问题？

听众 6：各位老师，我是来自公安局的，我也办了很多案件，就是常常陷进去很久，然后从我的角度看，刚才您谈到的正当防卫的含义问题，在基层一线的话，有点像周教授说的这种“一报还一报”的理念，我们更强调武器的对等性。假如说你骂我，我就可能骂你；你打我，我可能打你；还有可能是我侵害你的名誉权，那么你也反过来侵害我的名誉权。但我更高一级的健康、生命权是不容侵犯的，我们可能比较倾向考量法益对这个人的重要性。但是，从我学到的学术观点来看，正当防卫和紧急避险不一样，因为正当防卫和紧急避险像周教授说的都是违法阻却事由，紧急避险是比较两害相争取其轻，而正当防卫不是这样的，从它的立法角度来看，只要是侵犯了健康权或者生命权，我就要去防卫，我可以防卫比我低的法益，也可以防卫比我高的法益。现在我想请问周教授的一点就是，在这么复杂的情况下，您怎么看待假想防卫。可能这个人没有去伤害他，然而他认为这个人对他有侵害，那么您怎么看待这个假想防卫？

周光权：假想防卫要不要成立犯罪？确实是需要具体判断，就是要结合每个案子的具体情况进行判断。比如：有个地方拍电影，剧组为了使这个电影拍得更真实，街道也不封，人来人往的。有个人从那儿路过，发现一个“歹徒”把刀架在一个女的脖子上，结果路过的人见义勇为，上去三拳两拳就把这个“歹徒”打得半死，推倒以后摔成重伤。事后证明这是剧组在拍电影，但是，路过的人判断不了，因为这个戏拍得太真了，摄像机什么的都很隐蔽。这样的话，假想防卫我认为是成立的，而且被告人就是无罪。如果剧组对这个路口是封闭的，告诉所有人在拍电影了，结果后来偶然路过的人进去后还是把这个“歹徒”弄成这样，那他就至少有过失。所以，就得看每个案子的具体情况，不好“一刀切”说有个什么标准。他如果能够认识，就是有过失；如果不能够认识，就是意外事件，要做无罪处理。

王涌：好，时间差不多了，非常感谢三位老师为我们奉献了一场非常精彩的、高水平的关于正当防卫的研讨。这也是最近几年来中国司法实践当中出现了诸多关于正当防卫的引起全社会轰动和关注的案件之后，我们举行的一次深入的研讨。相信今天研讨的这些内容，一旦经过编辑公开之后，也会引起我们社会的广泛的反响。非常感谢！

洪范法律与经济研究所是著名的经济学家吴敬琏老师和著名的法学家江平老师共同创办的，以定期的研讨会的形式、发布研究报告的形式，来回应中国社会所面临的一些重大的经济与法律问题。我们非常感谢各位嘉宾今天的光临，也希望大家继续关注洪范，参加洪范的活动。

好，谢谢大家！谢谢各位老师！

附录3　正当防卫三人谈

——关于正当防卫制度的准确适用与未来发展[①]

编者按：正当防卫条款规定在1979年《刑法》中，但在司法实践中适用率偏低。2018年以来，最高人民检察院先后指导地方检察机关办理昆山于某明案、福州赵某见义勇为案、涞源反杀案等案件，依法认定正当防卫，引领、重塑正当防卫理念，“法不能向不法让步”深入人心。2020年8月28日，最高人民法院、最高人民检察院、公安部联合印发《关于依法适用正当防卫制度的指导意见》，进一步细化相关规定，但办案实践中对防卫时机的把握、防卫限度的认定等仍存在不少困惑。为正确理解和准确适用正当防卫制度，检察日报社主办、人民检察杂志社承办了“正当防卫三人谈”，邀请法学专家和实务界人士就正当防卫相关重点、难点、焦点问题进行研讨，敬请关注。

主持人：

王渊：《人民检察》主编助理

① 最高人民检察院《人民检察》编辑部主办，2020年11月20日。

特邀嘉宾：

陈兴良：北京大学博雅讲席教授、博士研究生导师

陈璇：中国人民大学法学院副教授、博士研究生导师

王勇：江苏省苏州市人民检察院副检察长

文稿统筹：

华炫宁：《人民检察》编辑

主持人：正当防卫合法化的依据和理论基础是什么？“法不能向不法让步”的内涵是什么，司法人员需要从哪些方面着力，才能在正当防卫的司法实践中切实贯彻这一理念？如何理解正当防卫构成要件“不法侵害”中“不法”和“侵害”的具体含义？未来可以从哪些方面进一步推动正当防卫的理论发展与制度完善？今天的研讨内容将聚焦“正当防卫制度的准确适用与未来发展”这一主题，感谢各位嘉宾的参与。

问题一：正当防卫的本质和正当性根据

主持人：关于正当防卫的正当性根据，当前较为流行的观点是法益保护说和法秩序维护说。作为一种对他人法益造成实质损害的行为，您认为正当防卫合法化或者作为出罪事由的依据和理论基础是什么？

陈兴良：法益保护说和法秩序维护说这两种学说都和违法性的本质相关。关于违法性的本质，一般有两种观点：一是法益侵害说，另一种是规范违反说。法益侵害说认为犯罪行为具有法益侵害性，规范违反说认为犯罪的本质特征是对法律规范的违反。以上述两种观点为基础，具体到正当防卫的正当性根据，法益保护说认为，正当防卫从整体上说，是制止不法侵害、保护合法权益的一种行为，因此不具备法益侵害性，并由此获得正当性根据。法益保护说的反面是法秩序维护说，其认为正当防卫之所以不构成犯罪，主要是出于维护法律秩序的需要。

上述两种学说是理论层面的阐述，司法实践中，应基于我国现行刑法规定对正当防卫的正当性根据进行讨论。从法条规定来看，我国刑法中的正当防卫有三

种类型：一是为保护本人合法利益的正当防卫，也就是所谓的自卫型正当防卫；二是为保护他人合法利益的正当防卫，属于紧急救助行为；三是为保护国家和公共利益的正当防卫。上述三种正当防卫的正当性根据并不完全相同。第一种正当防卫是为保护本人人身权利和财产权利，其正当性根据在于权利保护，即在个人合法权利受到侵害的情况下，行为人完全有权利对不法侵害进行防卫。第二种正当防卫实际上属于见义勇为。第三种正当防卫是出于保护国家和公共利益的需要，具有鼓励公民和犯罪作斗争的价值导向。综上，对于正当防卫的正当性根据，应结合刑法关于正当防卫的具体规定，分门别类予以理解、把握。

此外，在犯罪构成要件体系中，正当防卫是一种正当化的出罪事由。客观上看，防卫行为本身符合某个具体犯罪的构成要件。通常情况下，一个行为只要具备了犯罪构成要件符合性，就具备了犯罪的违法性。但是当这种行为具有正当防卫或者紧急避险以及其他一些正当化事由时，其违法性就被阻却了，即在犯罪构成要件体系中，正当防卫是作为一种违法阻却事由来讨论的。

陈璇：应明确正当防卫不是一种专属于刑法领域的单纯出罪事由，而是由全体法秩序（各部门法）所共享的赋权事由。赋权事由的特点在于，它使公民在例外情形中获得了损害他人法益的权利，与此相对应，遭受法益损害的一方负有忍受的义务。基于此，关于正当防卫的合法忍受性根据，需要说明两个问题：其一，为什么针对不法侵害所实施的反击行为是一种权利行使行为？其二，为什么正当防卫较之于其他赋权事由，如紧急避险、公民扭送权等，具有显著的强势性和凌厉性？对此，可从以下两个方面理解：一是权利的防御机能。根据《宪法》第 33 条第 2 款的规定，公民在法律面前一律平等。人与人之间的平等关系，是以公民能够通过强力将来犯者驱逐出自己所辖之权利空间，从而宣示他人对自己不享有优越地位和支配特权为前提的。权利若无相应的防御权作为后盾，则形同虚设；自由若无反击权作为保障，则法律不过是一纸空文。二是侵害人自陷风险。侵害人完全知道：一方面，从自然本能上，遭受侵害的公民会进行抗争和反击；另一方面，从法律规范上来说，国家容许公民捍卫自身的权利。既然侵害人

是在对风险有确切认知的情况下自愿置身于可能受到反击的风险之中的，那么他的法益在自陷风险的限度内便不再值得保护。

王勇：我国刑法关于正当防卫目的的规定包含“保护本人权利、他人权利、国家利益和公共利益”。从比较法的视野看，其他国家关于正当防卫的规定主要是为保护本人利益的自卫型正当防卫。从我国司法实践中各地发生的典型案例看，目前认定较多的正当防卫也主要是自卫型正当防卫，福州赵某案是一个比较典型的见义勇为型正当防卫，但为保护国家和公共利益的正当防卫比较罕见。且《关于依法适用正当防卫制度的指导意见》第2条规定，要立足防卫人防卫时的具体情境，综合考虑案件发生的整体经过，结合一般人在类似情境下的可能反应，依法准确把握防卫的时间、限度等条件。也就是说，司法人员办理正当防卫案件要结合一般人的常识，站在防卫人角度，立足当时的情景判断是否构成正当防卫。这实际上要求司法人员统筹考虑天理国法人情，鼓励其依法准确认定正当防卫。基于此，个人认为，对自卫型正当防卫在司法实践中应该更加大胆地适用。

问题二：正当防卫适用偏少的根源

主持人：司法实践中，唯结果论、对防卫限度把握过于严格等做法导致正当防卫制度在适用中处于一种“缩手缩脚”的状态，这种情况出现的根源在哪里？《关于依法适用正当防卫制度的指导意见》明确提出，要切实防止“谁能闹谁有理”“谁死伤谁有理”的错误做法，坚决捍卫“法不能向不法让步”的法治精神。对这一规定，司法人员应重点从哪些角度理解、把握与纠偏？

陈兴良：应当说，正当防卫制度是立法和司法之间脱节最厉害的一个制度。1979年《刑法》就明确规定了正当防卫。但1979年《刑法》实施以来，正当防卫制度在许多案件的适用中都存在很大争议，一些司法人员对正当防卫构成要件的理解也存在一定偏差。1997年《刑法》对正当防卫制度内容做了非常大的调整，对防卫限度规定了“明显超过必要限度”这一条件，且增加规定了无过当防卫制度，彻底免除防卫人的后顾之忧，从立法上鼓励公民积极运用正当防卫的法

律武器来保护本人、他人权利，国家和公共利益。1997 年《刑法》实施以后，虽然一开始有几个典型案例体现了鼓励正当防卫的立法精神，但是后来在相当长的时间内，正当防卫制度并没有得到有效落实，司法实践中对正当防卫制度的适用一直处于“缩手缩脚”的状态，适用率较低。直至 2018 年，最高人民检察院先后指导地方检察机关办理若干起正当防卫案件，依法认定正当防卫，“激活”了正当防卫条款。之后又通过发布指导性案例，联合最高人民法院、公安部发布《关于依法适用正当防卫制度的指导意见》等措施，促进正当防卫制度在司法实践中的积极适用，鼓励公民大胆行使正当防卫权。正当防卫本身是刑法制度的一个重要组成部分，只有正当防卫制度得到了有效落实，司法公正才能真正得以实现。

陈璇：从《关于依法适用正当防卫制度的指导意见》第 1 条规定应当防止“谁能闹谁有理、谁死伤谁有理”这一点可以看出，最高司法机关对“唯结果论”出现的根源已经有了比较明确的认识。作为一种个人的暴力反击举动，公民行使防卫权的行为固然会起到保护个人权利和法益的作用，但也不可避免会在一定程度上打破社会的平和状态。因此，司法机关在办理相关案件时，往往就需要在保护个人权益和维护社会安定之间进行权衡。之所以在相当长的时间内，司法实践对公民防卫权的行使施加比较严苛的限制，最根本的原因可能就在于，在维权与维稳之间，司法机关的天平明显朝后者一方倾斜。有学者曾提出过“权利换和谐”的观点，即个体放弃或让渡部分权利，以置换共同体的整体和谐。这是中国传统社会的价值追求，也是中国传统法律为实现国家治理和社会控制，构建稳定社会秩序的主要路径。这种传统思想对当前司法理念也产生了一定影响。于是，就出现了即便存在正在发生的不法侵害，但司法机关认为公民不应立即行使防卫权，而应及时躲避不法侵害，以及即使可以行使防卫权，但不能导致不法侵害人重伤、死亡结果的发生等现象。

但个人认为，形成稳定、和谐的社会秩序，首先需要保障每个公民的权利得到有效行使。捍卫自身法益免受不法侵害是公民的一项基本权利。如果这项权利行使得不到国家的支持，那么公民就难以树立起对规范的信赖、认同和尊重。

陈兴良：正当防卫实际上是一种私人暴力。在现代法治国家，国家垄断暴力是基本原则，这对于维护社会稳定和良好社会秩序非常重要。但任何原则都有例外，国家垄断暴力也并不绝对。在紧急情况下，国家允许个人行使暴力，如行使正当防卫权等。此时，这种个人暴力就具有正当性和合法性，它是对国家垄断暴力的必要补充。因此，从这个层面讲，维稳思维和正当防卫制度并不矛盾。

此外，以往在司法实践中，存在司法人员机械司法的情况，即对于正当防卫案件，坚持“唯后果论”，只要出现造成他人死亡等后果就认定构成防卫过当。不考虑案件发生的背景和前因后果，不做是非善恶的判断。这是机械司法的表现，是一种不分是非的司法，最终不可能达到很好的社会效果。社会效果和法律效果是密不可分的，没有法律效果就没有社会效果，没有社会效果同样也没有法律效果，二者是一个问题的两个方面。是非观念是一种关于善恶的伦理判断，其与严格按照法律规定认定犯罪并不矛盾。因此，司法人员办理正当防卫案件不可机械司法，而应具有是非观念，进行价值判断，努力做到办案政治效果、法律效果和社会效果的统一。

王勇：首先，从比较法的视野看，我国刑法关于正当防卫的法律规定可能是最全面的（如《刑法》第 20 条第 2 款要求明显超过必要限度且造成重大损害才构成防卫过当，第 3 款又规定了无过当防卫权）。其次，司法机关高度重视正当防卫制度的适用。自 1997 年《刑法》实施以来，最高人民法院和最高人民检察院通过发布典型案例、指导性案例和联合出台司法解释等方法，详细阐述了不同类型正当防卫案件的适用规则。但在司法实践中，仍存在正当防卫被认定为犯罪的情形。究其原因，个人认为主要包括以下两个方面：一是司法惯性改变难。有学者曾指出，我国司法实践中对先例的遵循程度，可能比判例法国家有过之而无不及。长期以来，办案人员不敢大胆适用正当防卫条款的司法惯性深深影响了对正当防卫的认定和案件办理。理念转变需要一个过程，一下子转变很难。二是取证能力有待提高。一般来说，防卫人是在极度紧张、恐惧的情况下实施了防卫行

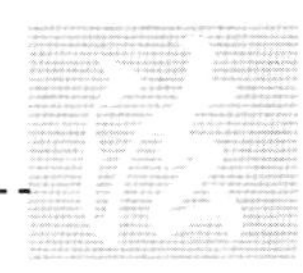

为，很多时候是一瞬间的应激反应，事后很难回忆起当时的案发情况。因此，正当防卫案件在办理中，一般很难收集到有效的言词证据。这就要求司法人员必须提高收集客观性证据的能力，具体而言，应通过现场勘查、鉴定等取证手段全面还原案件事实，在综合审查认定各种证据的基础上，做出行为人是否构成正当防卫的判断。

问题三：正当防卫条款“激活”背后的司法理念变化

主持人：近年来，昆山于某明案、涞源反杀案等一系列影响性案例发布，大力倡导“法不能向不法让步”的理念，深刻地改变了正当防卫的司法实践。据12309中国检察网文书统计，在全国检察机关办理涉正当防卫案件中，从2017到2019年，不批捕和不起诉的件数及人数在2年之间翻了一番；2019年，涉正当防卫不捕不诉案件呈大幅增长之势，比前2年总和还分别增长34.5%、35.4%。请三位专家谈谈，“法不能向不法让步”的内涵是什么？司法人员需要从哪些方面着力，才能在司法实践中切实贯彻这一理念？

陈兴良：“法不能向不法让步”这句法律格言和我们的法治国家建设进程密不可分。就这句法律格言的含义来讲，其涉及法与不法的对立。防卫行为和侵害行为这对矛盾，实际上是法与不法、正与不正的关系。这是认识正当防卫的一个基本前提。正当防卫和紧急避险不一样，紧急避险是牺牲较小的合法权益来保护较大的合法权益，也就是说所牺牲的权益是合法的，只是在紧迫情况下，基于法益权衡而采取的一种不得已措施。但正当防卫是防卫人受到了不法侵害，侵害行为属于不法，防卫行为则具有正当性，也即，作为一种正当性权利，法律鼓励公民积极行使正当防卫权，所以，用“法不能向不法让步”这种思想理念指导司法机关正确适用正当防卫制度，具有非常重要的意义。

陈璇：“法不能向不法让步”最早由德国著名刑法学家贝尔纳（Berner）于19世纪中叶提出，其本意是指一项权利没有必要向侵害这一权利的行为屈服，任何一项权利的背后都自然而然地包含着一项防御性的反制权，包含着对侵犯该权利的行为进行反抗和驱逐的权利。但任何理念要在法律实践中得以贯彻都离不

开对法律的解释。为更好地理解“法不能向不法让步”这一理念，需要对正当防卫的成立要件做更为合理的解释。个人认为，可以从以下两个方面理解：其一，在存在不法侵害的情况下，除非这种侵害表现为侵犯债权或属于较为轻微的行政违法行为等，否则不能轻易地要求公民放弃防卫权，如要求公民面对不法侵害时选择逃跑、躲避等行为方式；其二，在对防卫限度的把握上，应摆脱基本相适应说（该说认为，正当防卫的必要限度是指，防卫的性质、手段、强度和后果同不法侵害的性质、手段、强度和后果要大体相当，否则，构成防卫过当）的束缚。

王勇：“法不能向不法让步”的理念对一线司法人员来说更多的是启迪和引领作用。以前，司法实践中对正当防卫案件认定较少，一个很重要的原因是司法人员将正当防卫和紧急避险混为一谈，认为行为人只有穷尽所有救济手段（如躲避、逃跑、报警等）后才能选择防卫。“法不能向不法让步”的理念在一定程度上扭转了部分司法人员的思想偏差，使其敢于认定正当防卫。

但另一方面，不能狭隘、片面地理解“法不能向不法让步”这一理念。不能仅看所谓的“不法侵害”发生时一瞬间“法”与“不法”的对比，应系统、整体地看待整个案件，结合案件发生的起因、过程及行为人的一贯表现等作出综合判断。如果行为人的行为不具备正义性，不是为了保护正当、合法利益而实施所谓的防卫行为，就不能认定为正当防卫。

问题四：正当防卫构成要件的具体把握

主持人：根据法律规定，正当防卫必须是针对正在进行的不法侵害。如何理解“不法侵害”中的“不法”，对过失导致的侵害能否防卫、对违法行政行为能否防卫？如何理解“不法侵害”中的“侵害”，“不法侵害”仅指侵害行为，还是也包括侵害状态？《关于依法适用正当防卫制度的指导意见》第6条规定，在财产犯罪中，不法侵害人虽已取得财物，但通过追赶、阻击等措施能够追回财物的，可以视为不法侵害仍在进行。这一规定精神是否可以贯彻到除财产犯罪之外的其他犯罪类型中？

陈兴良：首先，从理论上来说，不法侵害中的“不法”应当指一种客观的不

法行为，并不需要考虑侵害人的主观心态，也无须考虑侵害人有无责任能力等。当然，这种客观不法行为必须具有紧迫性。不同的不法行为对紧迫性的要求也有所不同。关于对违法行政行为能否防卫，从逻辑上来说，只要受到了不法侵害，就可以进行防卫，但是针对不同情形的侵害行为，所采取的防卫行为在限度把握上应该有所区别。

其次，关于“不法侵害”是仅指侵害行为，还是也包括侵害状态，这个问题涉及如何理解“正当防卫正在进行”。通常来说，对于那种即时性的暴力侵害行为，防卫人进行防卫没有争议。但在某些情况下，不法侵害是一种状态，如非法拘禁中，拘禁的状态一直持续，此时除防卫人人身自由受到限制以外，侵害人并没有对防卫人进行具体的侵害。个人认为，这种情况仍然可以进行防卫。因为不法侵害既可以是即时的，也可以是持续的。

综上，在正当防卫构成要件的理解上，需要重点把握两点：一是侵害行为需具有不法性，防卫人只能对不法侵害行为进行防卫。二是侵害行为需具有紧迫性。正当防卫和紧急避险都是在非常紧迫情况下实施的，由于此时公权力机关无法及时介入，法律授予防卫人一定的防卫权，允许其通过私力救济来保护自身合法权益。

陈璇：首先，“不法侵害”中的“不法”包括过失侵害。对于违法行政行为是否可以防卫，可以确定的是，违法行政行为当然属于不法侵害。但是，这种不法侵害又具有一定特殊性，因为行政行为本身具有公定力。所谓行政行为的公定力，是指具体行政行为一经作出，不论是否合法，均被推定为合法有效，并要求所有国家机关、社会组织或者个人予以尊重的一种法律效力。基于此，个人认为：一是对于重大违法的行政行为，根据《行政诉讼法》第 75 条的规定属于无效行政行为的，自始不具有公定力，故行政相对人可对其进行正当防卫。二是对于一般违法的行政行为，根据《行政诉讼法》第 70 条的规定属于可撤销的行政行为，如果存在行政诉讼、行政复议等有效公力救济途径的，则行政行为具有公定力，行政相对人的防卫权被“冻结”；但如果缺少公力救济机制，或者事后救

济无法挽回损失，则行政行为的公定力不复存在，行政相对人仍可行使防卫权。三是对于轻微程序违法的行政行为，根据《行政诉讼法》第 74 条第 1 款第（2）项的规定属于仅被确认违法但不予撤销的情形，此时行政行为仍具有公定力。由于该类行政行为不会对行政相对人的实际利益造成影响，故难以满足正当防卫的前提要件。所以，在此种情况下，行政相对人自始不享有正当防卫权。

其次，不法侵害并不是指任何一种法益侵害事实，而是专指侵害行为。在继续犯中，如在非法拘禁或者绑架案中，由于违法行为和不法状态同时处于持续状态，自然可以对拘禁者或者绑架者实施正当防卫。但是，如果只有单纯的不法状态而没有违法行为，则不能实施防卫。例如，在盗窃发生几天后，物主偶然发现了持有赃物的盗贼，在此情形下，物主只能根据《民法典》第 1077 条关于自助行为的规定，在不能及时获得国家公权力保护的情况下，可以先行扣押赃物，之后应立即向有关国家机关寻求处理。《关于依法适用正当防卫制度的指导意见》第 6 条适当扩大了财产性不法侵害行为的持续成立时间，也即即便盗窃、抢夺、抢劫等行为已经既遂（取得对财物的占有），但只要通过当场追击能够取回财物的，就可以认定侵害行为尚未结束，仍存在正当防卫的空间。

王勇：对违法行政行为进行防卫应严格把握、慎重对待。只有在行政行为严重违法，且具有暴力性、攻击性和紧迫性等特征时，才可以考虑正当防卫的成立空间。如果违法行政行为仅对财物造成损害，可通过事后救济渠道解决的，原则上不能行使防卫权。

个人认为，《关于依法适用正当防卫制度的指导意见》第 6 条所规定的“在财产犯罪中，不法侵害人虽已取得财物，但通过追赶、阻击等措施能够追回财物的，可以视为不法侵害仍在进行”是指犯罪尚未得逞。因为在这种情形下，不法侵害人没有离开现场，不法侵害人尽管物理意义上控制了财物，但被害人并没有彻底丧失对财物的控制。被害人在现场对财物存在一个“目光控制”，由于不法侵害人没有彻底地占有财物，因此不能视为犯罪既遂。由于此时不法侵害仍在进行中，被害人可以行使防卫权，采取追赶、阻击等措施追回财物。但如果不法侵

害人彻底离开了现场，脱离了被害人的视野，此时属于犯罪既遂，被害人原则上不能再享有正当防卫权。

此外，看待正当防卫制度不能仅仅着眼于保护防卫人的防卫权利，还需考虑整个国家的法治建设进程和法治秩序。目前，我国法治建设正在逐渐完善过程中，公民的法治意识还需进一步强化、提升。在这种情况下，如果对正当防卫制度的适用放得过宽，与社会文明的发展程度不能同步，则可能会反伤现行社会秩序，影响社会治安稳定。因此，正当防卫制度的适用应与国家的法治文明发展程度相适应。

问题五：防卫时间的判断标准及认识错误情形的处理

主持人：《关于依法适用正当防卫制度的指导意见》中对防卫时间的判断采取“事前标准说”立场，以“防卫时”“社会公众一般认知”为标准进行认定。对此，您如何看待？实践中，对于认识错误导致的假想防卫、防卫不适时等情况，如何认定和进行责任分担？在罪名和处罚依据上如何把握？

陈兴良：假想防卫实际上是对正当防卫的起因条件认识错误引起的，也就是说客观上并不存在不法侵害，行为人误认为存在不法侵害，因而对他误认为存在的不法侵害实行防卫，造成他人伤亡的情形。假想防卫具有正当防卫的外观，但实际上并不属于正当防卫。因为正当防卫只能针对现实客观存在的不法侵害实施，如果不法侵害根本不存在，行为人对他误认为存在的不法侵害进行了所谓的防卫，这种行为本身就是一种不法侵害，此类案件在司法实践中比较多。

根据认识错误理论，对于假想防卫，可以排除犯罪故意，不能认定为故意犯罪。至于行为人是否应当承担过失责任，要看行为人对侵害行为主观上有无过失。如果有过失，按照过失犯罪处理；如果主观上无过失，就属于意外事件，不应当承担责任。

陈璇：《关于依法适用正当防卫制度的指导意见》采取“事前判断标准”，强调要“立足防卫人在防卫时所处的情境”，认识到防卫人在急迫情境下认识和行动能力往往会有不同程度的削弱，故对于正当防卫的判断不能强人所难。但是，

个人认为，并不是正当防卫的所有成立条件都要奉行“事前判断标准”。正当防卫的成立条件大体可以分为两大类：一是前提条件；二是行为条件。对于前提条件，即是否存在正在进行的不法侵害的判断，应坚持“事后判断标准”。而对于行为条件即侵害行为是否结束以及防卫行为是否明显超过必要限度等的判断，应坚持“事前判断标准”。

王勇：司法实践中，由于防卫人一般是在极度紧张、恐惧情况下实施的正当防卫，对当时的具体情境完全可能出现误判。鉴于此，个人认为，即使不法侵害的程度比较轻，但只要不法侵害客观存在，就不能成立假想防卫。客观上有无不法侵害行为，是质的区别；而不法侵害行为是强还是弱，只是量的区别。

关于事后对不法侵害人继续攻击的行为是否属于正当防卫，这涉及对正当防卫的一体化判断。一体化判断应当以时间空间是否发生中断，不法侵害人是否彻底丧失攻击能力为标准。如果时间空间没有发生中断，不法侵害人还有可能继续实施不法侵害，就不能认为不法侵害已经结束，防卫人仍享有防卫权，不能认为防卫人属于事后防卫。

陈兴良：从时间上来看，正当防卫只能针对正在进行的不法侵害实施，如果不法侵害已经终止，就不能防卫。不法侵害终止有几种情况，包括不法侵害人已经死亡或者丧失侵害能力等。但由于正当防卫是在一种很激烈的情况下进行的，在当时的特定情况下，防卫人可能无法准确判断不法侵害人是否确实已丧失侵害能力。也就是说，对于不法侵害人是否已丧失侵害能力，防卫人在判断上可能出现认识错误，误以为侵害人还会对其造成侵害，基于对自己人身安全的考虑，防卫人可能会继续对不法侵害人实施暴力打击等。此时，如果打击时间连续或比较接近，可以认为这种认识错误具有一定合理性，也即，防卫人的防卫行为不能认定为事后防卫，其防卫行为仍在防卫时间内。

理论上的事后防卫指的是，防卫人已经非常清楚地认识到不法侵害已经终止，而基于一种报复心理，对已经丧失侵害能力的不法侵害人继续进行打击。实践中，对于这种在时点上能够明确区分开来的事后报复行为，应认定为事后防卫。

问题六：防卫过当的认定

主持人：根据《刑法》第 20 条第 2 款的规定，认定防卫过当应当同时具备“明显超过必要限度”和“造成重大损害”两个条件，缺一不可。实践中，司法机关要准确地判断防卫限度，应当注意运用何种判断方法、着重考虑哪些因素？

陈兴良：关于何为明显超过必要限度，有观点认为，凡是对“是否明显超过必要限度”有争议的，就是没超过。因为既然有争议，那就说明没有明显超过必要限度。关于何为重大损害，传统观点认为必须造成重伤以上结果，但也有学者认为不应排除轻伤的情况。个人认为，防卫过当包括结果过当和行为过当，二者同时满足才构成防卫过当。不能简单地认为只要造成了重伤或死亡结果就认为构成防卫过当。此外，对防卫过当的认定还需注意一点，即涉正当防卫案件中，防卫人受到突如其来的暴力侵害，精神高度紧张，生理上处于一种应激状态。因此很难对客观状态进行理性、准确的判断，在防卫限度上也不可能有很精准的把握。在这种情况下，行为人如果是由于惊恐，对现场情境产生误判从而导致防卫过当，此时也不应该承担刑事责任。

综上，对于防卫过当，应认识到它是在正当防卫的特殊情况下出现的一种特殊犯罪，因此在一定程度上应减免行为人的刑事责任。

陈璇：关于防卫限度的把握，司法实践中需要重点注意以下四点。

第一，应将明显超过必要限度和造成重大损害分立为两个独立的要件，且二者对防卫过当的成立缺一不可，也即，单纯的损害结果对于认定防卫是否过当并无“一锤定音、一票肯定”的地位，成立防卫过当，首先必须要求防卫手段本身明显超过必要限度。如此一来，能够从根本上防止以死伤结果认定防卫过当的积弊。

第二，关于何为防卫手段超过必要限度。以往，受基本相适应说的影响，司法实践中习惯认为，所谓超过必要限度，是指防卫手段的性质、强度和危险性超过了侵害行为的性质、强度和危险性。而实际上，决定防卫行为是否处于必要限度之内的关键在于，防卫人所采取的反击手段是否为及时、有效和安全地制止不

法侵害所必不可少。因此，超过必要限度，只能是指防卫行为超出为制止侵害所必要的范围，而不是指防卫行为在强度上高于侵害行为。

第三，判断是否明显超过必要限度，应综合考虑多种因素。《关于依法适用正当防卫制度的指导意见》对判断防卫限度需要考虑的因素作了比较全面的列举。个人认为，需要着重注意以下两个方面：一是“人数”因素；二是危险升高的可能性。2019年，浙江省杭州市人民检察院对于“盛某平正当防卫案”的处理中，已突出强调了“攻防双方的人数对比”这一因素在防卫限度判断中的重要性。

第四，应从民法和刑法两个维度综合考量。结合《民法典》和《刑法》规定来看，民法上的防卫过当和刑法上的防卫过当，其成立条件不尽相同：前者是“超过必要限度造成不必要的损害”，而后者是“明显超过必要限度造成重大损害”。由此可见，可罚的防卫过当的成立条件比一般违法的防卫过当的成立条件要更为严格。

陈兴良：正当防卫不仅在刑法中有规定，在民法中也有规定。二者的区别在于：刑法中的正当防卫是免除刑事责任的一个出罪事由。防卫行为在外观上必须符合犯罪的构成要件。这是适用刑法中正当防卫的一个前提。如果没有正当防卫这样一个事由，行为人的行为就要入罪，所以正当防卫是一个出罪事由。而民法中的正当防卫是免除民事责任的一个事由，也就是说，行为人对他人的人身和财产利益造成了一定损害，但这个损害没有达到犯罪程度，所以不需要适用刑法中规定的正当防卫。而如果没有民法中的正当防卫，行为人需要承担民事侵权责任；有了民法中的正当防卫，就可以免除行为人的侵权责任。刑法中的正当防卫保护的是比较重大的人身和财产利益；对于比较轻微的不法侵害，只能采取民法中的正当防卫。

问题七：如何避免滥用防卫权

主持人：为防止正当防卫制度从一个极端走向另一个极端，将滥用防卫权的行为认定为正当防卫，您认为在办理涉正当防卫案件中，如何厘清法律界限，切

实避免以防卫之名行不法侵害之实的违法犯罪行为发生？

陈兴良：首先，避免防卫权滥用或者对防卫权进行限制的一个主要法律制度就是防卫过当。也就是说，行使正当防卫不能明显超过必要限度，如果明显超过必要限度，就属于防卫权的滥用，防卫人需要承担刑事责任。正如德国哲学家黑格尔所说，法向前多走一走，就会转化为不法。其次，从另一个角度来说，也可以认为防卫权不可能被滥用。因为防卫权是消极防御权，只有受到了正在进行的不法侵害，防卫人才能防卫。从这个意义上来说，防卫权不可能被滥用，有不法侵害才能防卫，没有不法侵害不能防卫。

陈璇：《关于依法适用正当防卫制度的指导意见》从多个方面对预防滥用防卫权进行了规定。一是根据第 10 条的规定，对于显著轻微的不法侵害，即便致人重伤或者死亡的反击方式是当时条件下有效制止不法侵害的唯一措施，也禁止防卫人采取。二是根据第 8 条的规定，挑拨防卫不成立正当防卫。

王勇：1997 年《刑法》刚颁布的时候，由于其规定了无过当防卫权，当时学术界就有过类似担心。但实际上，到现在为止，几乎没有出现过防卫权滥用的现象。究其原因，主要在于执法司法机关对出罪有严格的审查把关机制。这是由公安机关、检察机关和法院的现行工作机制所决定的。但是，确实应重视防止滥用防卫权的情况发生。这就需要司法机关应特别注意保障当事人及其近亲属的申诉权等救济权。当事人的申诉权若能得到有效保障，自然能产生制约滥用防卫权的效果。

问题八：正当防卫的理论发展与制度完善

主持人：《关于依法适用正当防卫制度的指导意见》对公检法三机关在各诉讼阶段办理正当防卫案件提出了具体要求，您认为还有哪些需要完善之处？关于正当防卫制度，下一步还需要加强哪些方面的研究，以更好地指导、回应司法实践？

陈兴良：办理正当防卫案件，理念转变很重要，同时细化规则也很重要，未来应进一步健全正当防卫的适用规则，以指导司法人员正确认定和区分正当防卫

与非正当防卫、正当防卫与防卫过当。理论研究方面，未来应立足于司法实践，尤其应结合《关于依法适用正当防卫制度的指导意见》和指导性案例进行研究，紧密联系司法实践，促进正当防卫理论的发展。

陈璇：一是需充分发挥指导性案例的作用。正当防卫案件案情纷繁复杂，需要综合考虑的因素众多，往往“细节决定性质”，一个变量的不同就足以影响行为整体的合法性。作为具有普遍指导性的适用规则，《关于依法适用正当防卫制度的指导意见》不可能为千差万别的正当防卫案件直接提供现成的认定方法。从司法解释确定若干适用规则，到司法人员真正实现个案公正、合理裁断，还有相当大的空间。目前最高司法机关发布的指导性案例比较集中在防卫限度认定等正当防卫的个别要件阐述上，对于防卫挑拨、不法侵害开始时间点的确定等问题，应加大解释力度。因此，未来应加大指导性案例的下发力度，为司法人员全方位理解适用正当防卫制度提供借鉴和指导。二是正当防卫的条款规定还有进一步完善的空间。例如，当防卫过当是在行为人慌乱、恐惧等情绪支配下实施之时，是否存在阻却责任的空间，防卫人是否可以就此免责。1997年《刑法》修改时，有观点曾提出应增设“情绪性出罪事由”或者免罚事由，但当时立法机关出于种种考虑没有采纳。现在看来，在正当防卫的条款中增加上述规定具有一定的必要性。

王勇：目前，关于正当防卫的法律规定和司法解释已经比较健全，司法机关应当用好现有法律规定和司法解释，不断增强法律解释能力。除此之外，还需要细化完善具体规则，如公安机关应树立全面侦查的意识，全面收集行为人有罪无罪、罪轻罪重等证据。再如，关于检察官客观公正义务的落实，应要求检察机关在办理人身伤害类正当防卫案件中查清案件发生的背景和起因等要素。不仅要查清案件发生时某个“点”的事实，更要查清该事实的前因后果，查清整个线、整个面的事实。只有建立案件事实强制性查清机制，才能把客观公正义务真正落实落细到案件办理中。更为重要的是，司法人员在办理正当防卫案件时，应统筹考虑天理、国法、人情，通过具体的个案彰显公平正义。

名词索引

案例索引

图书在版编目（CIP）数据

正当防卫论 / 陈兴良著．--4版．--北京：中国人民大学出版社，2023.11
（刑法学文丛）
ISBN 978-7-300-32024-3

Ⅰ.①正… Ⅱ.①陈… Ⅲ.①正当防卫-研究 Ⅳ.①D914.04

中国国家版本馆CIP数据核字（2023）第151798号

刑法学文丛
正当防卫论（第四版）
陈兴良　著
Zhengdang Fangwei Lun

出版发行	中国人民大学出版社		
社　　址	北京中关村大街31号	邮政编码	100080
电　　话	010－62511242（总编室）		010－62511770（质管部）
	010－82501766（邮购部）		010－62514148（门市部）
	010－62515195（发行公司）		010－62515275（盗版举报）
网　　址	http：//www.crup.com.cn		
经　　销	新华书店		
印　　刷	涿州市星河印刷有限公司	版　　次	1987年6月第1版
开　　本	720mm×1000mm　1/16		2023年11月第4版
印　　张	43.5	印　　次	2023年11月第1次印刷
字　　数	632 000	定　　价	238.00元